hänssler

Marianne und Gerda Held
in Liebe und Dankbarkeit gewidmet.

»Das lebendige Leben muss
etwas unglaublich Einfaches sein.
Deswegen gehen wir an ihm vorüber,
ohne es zu erkennen.«

Fjodor Michailowitsch Dostojewski

Fritz Held

Vom Gauchosattel auf die Kanzel

Mein Lebensweg

Hänssler-Hardcover
Bestell-Nr. 394.655
ISBN 978-3-7751-4655-5

© Copyright 2007 by Hänssler Verlag,
D-71087 Holzgerlingen
Internet: www.haenssler.de
E-Mail: info@haenssler.de
Umschlaggestaltung: Vaihinger Satz + Druck, Vaihingen/Enz
Titelbild: Fritz Held
Satz: BuchHaus Robert Gigler, München
Druck und Bindung: Ebner & Spiegel, Ulm
Printed in Germany

Inhalt

Vorwort

»Schreib doch ein Buch! Du mit deinen 38 Jahren Südamerika!«
So lag mir meine Umwelt schon lange in den Ohren. Besonders
wenn ich bei fröhlicher Runde ins Reden kam, und sollte dann gar
ein Gläschen Wein die Zunge gelockert haben, konnte es immer
stiller werden und man hörte mir zu. Aber ein Buch schreiben? Biographien sind doch nur Sache
berühmter Menschen. Zu denen gehöre ich nicht. Auch plagte
mich die Unruhe, die Sache könnte schief gehen. Das wiederum hängt mit meinen Komplexen zusammen. Hatten mir doch schon in frühester Kindheit hellseherische Schulmeister und Pädagogen bescheinigt, dass aus mir nichts werden könne
und dass es für mich besser gewesen wäre, die Wölfe hätten mich
gefressen – so der Ausspruch eines »Lehrkörpers«.

Untermauert wurden solche Prophezeiungen durch entsprechende Zeugnisnoten und Zugaben: reichlich Prügel mit einem
gelben Meerrohr, dazu schallende Ohrfeigen und einmal sogar –
welche Meisterleistung! – ein fürchterlicher Faustschlag ins Gesicht, wobei es ein reines Gotteswunder war, dass das Nasenbein
nicht brach. Der Schlag hatte nur heftiges Nasenbluten zur Folge,
und es war das erste und letzte Mal in meinem ganzen Leben, dass
mir so etwas passierte.

Nimmt es daher Wunder, dass ich mich mein Leben lang mit
großer Dankbarkeit an das Lob eines Schuldirektors erinnern werde, der zum großen Ergötzen der ganzen Klasse den Ausspruch tat,
dass der Held wohl doch nicht so dumm sei, wie er ausschaue?

Bis ich die Ursache herausfand, brauchte ich Jahre. Ein echter
Pädagoge hätte mir mit einer Aussprache unter vier Augen auf die
Sprünge helfen können. Ich hatte so sehr darauf gewartet, aber solche Lehrer gab es selten, und wenn, dann hatten sie dafür keine
Zeit.

Ich war in den ersten Grundschuljahren ein guter Schüler und
bewegte mich leistungsmäßig im ersten Viertel der Klasse. Auch

den Übergang in die Oberschule schaffte ich mühelos, aber dann brach das Unheil über mich herein. Ich war gerade zwölf Jahre alt, da stellte der Schularzt bei einer Routine-Untersuchung Skoliose fest, zu Deutsch: Rückgratverkrümmung. Ich hatte ein schiefes Kreuz. Sofort wurde ich für einige Wochen in eine Spezialklinik gesperrt. Dort gab es lauter »Bucklige«, wie man uns bedauernswerte Geschöpfe damals nannte. In dieser Anstalt wurde mein Bewusstsein brutal in zwei Teile gespalten, wie mit einer Axt. Als man mich nach Hause holte, hatte sich meine Persönlichkeit verändert. Ich war ein Gezeichneter, fühlte mich als verkrüppelter Außenseiter und flüchtete mich in die Welt der Träume und Illusionen. Im sommerlichen Freibad deckte ich mich verschämt mit einem Badetuch zu, keiner sollte meinen krummen Rücken sehen. Auch über meine verwundete Seele warf ich einen Schleier, es waren Bitterkeit und Resignation. Plötzlich war aller Ehrgeiz weg, und meine schulischen Leistungen stürzten ins Bodenlose ab.

Blamierten mich dann die Lehrer vor der Klasse, rächte ich mich auf meine Art. Die verwegensten Bubenstreiche waren die Folge. Ich setzte auf volles Risiko, denn zu verlieren gab es für mich, wie ich meinte, nichts mehr. Mit wahrer Akribie studierte ich die Schwachstellen meiner Peiniger, und schadenfroh grinste ich in mich hinein, wenn es mir gelang, sie zu ärgern, zu täuschen oder hereinzulegen.

Sehr bald erkannte ich auch den hohen Stellenwert der »gespielten Dummheit«. Wer sich dumm stellt, wird unterschätzt und schnell übersehen. Man meint, er sei gar nicht da. Und genau das ist der Moment, wo du auf leisen Sohlen an ihnen vorbeiziehen und dahin schleichen kannst, wo sie dich am wenigsten vermuten. Sollten sie dich dann noch in der alten »Schublade« suchen wollen, ist diese so leer wie ihr dummes Gesicht.

Aber den schulmeisterlichen Orakelspruch: »Du kannst und bist nichts«, bin ich lebenslang nicht mehr losgeworden. Er hat sich so in meinem Unterbewusstsein festgebissen, dass er mich bis zur Stunde vor jeder Aufgabe aufs Neue verunsichert. Ob Predigtvorbereitung oder Ausarbeitung eines Vortrags, ob beim Sinnieren über einem neuen Lied oder Gedicht – immer ist diese Blockade da. Oftmals so, dass ich mich im Nachhinein über mich selber wundere. Aber dass »das Werk den Meister lobt«, das kann ich erst glauben, wenn es mir von anderer Seite bestätigt wird.

Ob trotz aller düsteren Vorhersagen dann doch noch etwas aus mir geworden ist, das mag der Leser selbst entscheiden. Vielleicht sind dabei einige Titulierungen hilfreich, die mir von Weggenossen verschiedenster Art angehängt worden sind. So war ich beispielsweise für einen Pfarrer der größte Windhund, der ihm je begegnet sei. Auch als »Schlitzohr« wurde ich hinter vorgehaltener Hand gehandelt. Ein Vorgesetzter kam nie dahinter, wie er mir einmal gestand, ob sich hinter meiner Person nun ein Proletarier oder ein Aristokrat verberge. Der deutsche Botschafter von Asunción nannte mich bei einem öffentlichen Empfang den »Häuptling von Südparaguay«, und ein nicht ungefährlicher katholischer Priester betitelte mich spöttisch als den »Luther von Paraguay«. Die Rotarier von Geislingen glaubten, in mir den »Luis Trenker von der Schwäbischen Alb« entdeckt zu haben, während eine alte Kreolin im argentinischen Chaco noch nach Jahrzehnten in mir den verrückten Gringo wieder erkannte, »der damals auf jeden ebenso verrückten Gaul gestiegen« sei.

Dagegen bedauerten versierte Geschäftsleute in Argentinien außerordentlich meine Berufswahl zum Pfarrer, weil ich es in ihrem Berufsstand »todsicher zum Millionär« gebracht hätte. Im Land der unbegrenzten Möglichkeiten war das nicht auszuschließen.

Fassen wir alles zusammen in einem Urteil, das mir einmal ein Kirchenpräsident mit äußerst bedenklichem Gesicht zuflüsterte: »Wenn du kein Christ wärst, du wärst ein Verbrecher geworden!« Gut gebrüllt, Löwe!

Zum Schluss noch ein Geständnis. Dass es auf keine Art und Weise dem heutigen Zeitgeist entspricht, macht mich geradezu stolz, denn ich habe zeitlebens, schon aus meiner Verunsicherung heraus, immer nach Vorbildern gesucht. Ich brauchte Orientierung, jemanden, nach dem ich mich richten und ausrichten konnte. Ohne Maßstab kann man bekanntlich nicht messen, und wer sich selber nicht messen kann, der kann auch nicht wissen, wer er ist.

So ist als erstes Vorbild mein göttlicher »Arbeitgeber« Christus zu nennen. In seinem Ruf zu Umkehr und Erneuerung sehe ich den einzigen Ausweg aus allen menschlichen Tragödien. Seine gelebte Liebe, Geduld, Demut, Barmherzigkeit und sein persönliches

Opfer zeigen mir wahre Größe, denn nur sie führen zum wirklichen Frieden. Und als menschliches Vorbild imponiert mir der preußische Feldmarschall von Moltke mit seiner Lebensmaxime: »Viel leisten, wenig hervortreten, mehr sein als scheinen.«

Im Geiste höre ich dazu das Glockenspiel der Potsdamer Garnisonskirche, zu welchem Ludwig Christoph Heinrich Hölty einen Text verfasste. Wir lernten das Lied als Buben, denn im 19. und angefangenen 20. Jahrhundert stand es noch in jedem Schulbuch, ging aber dann mit den Werten des einstmaligen christlichen Abendlandes unter:

Üb immer Treu und Redlichkeit
bis an dein kühles Grab,
und weiche keinen Finger breit
von Gottes Wegen ab.

Dann wirst du, wie auf grünen Au'n,
durchs Pilgerleben gehn,
Dann kannst du,
sonder Furcht und Grau'n,
Dem Tod ins Auge sehn.

Die Melodie stammt aus Mozarts *Zauberflöte*. Schließlich ist es noch ein Wort von Bismarck, das ich als Maßstab auf mein Banner schrieb. Der eiserne Kanzler hatte dem Freiherrn von Bodelschwingh, dem Gründer der Bethel'schen Anstalten, einen äußerst lukrativen Regierungsposten in Ankara angeboten. Doch Bodelschwingh lehnte ihn ab, weil er bei seinen Kranken und Schwachen bleiben wollte. Die anerkennende Antwort Bismarcks darauf lautete: »Jeder Mann muss immer den Weg gehen, der ihm nach Fleisch und Blut der weniger angenehme ist.«

Diesen Rat habe ich grundsätzlich vor meine Entscheidungen gestellt und auch zu beherzigen versucht. Dies ging meist auf Kosten materieller Vorteile, hat aber im Ergebnis letztendlich nie geschadet, im Gegenteil.

Herkunft und Kindheit 1924–1929

Meine Heimatstadt ist Ulm an der Donau, wo ich am 21. Oktober 1924 geboren wurde. Der Stadtname Ulm ist seit dem 22. Juli des Jahres 854 bekannt, wo König Ludwig der Deutsche einige Urkunden besiegelte, auf denen erstmalig der Name »Hulma« erschien. Der Buchstabe H verschwand dann später. 1163 durch Friedrich Barbarossa zur Stadt erhoben, wurde Ulm Mitte des 14. Jahrhunderts zur Freien Reichsstadt. Das bedeutete, sie unterstand mit einer selbstständigen Verwaltung unmittelbar dem Kaiser. Ihr Wohlstand erklärte sich schon im Mittelalter aus dem Vers: »Nürnberger Pracht, Augsburger Macht und Ulmer Geld regiert die Welt.«

Sichtbarer Ausdruck dafür war der Bau eines großartigen Münsters im Jahre 1377, welches bis heute mit dem höchsten Kirchturm der Welt – er hat eine Höhe von 161,5 Meter – zum Himmel ragt. Ulm war ein wichtiger Umschlagplatz für die aus Italien durchziehenden Handelskarawanen, berühmt für seine Leinwand- und Barchentweberei, und galt mit seiner Flussschifffahrt als wichtiger Ausgangspunkt für den Handel mit den Donauländern.

Der Schiffer muss steuern ins Leben hinaus,
doch sehnt in der Fremd er sich wieder nach Haus.

So sangen es die Ulmer Schiffsleute zum Abschied, wenn sie auf ihren Flößen oder später auf den selbst gefertigten Flachschiffen, den so genannten »Schachteln«, die Donau abwärts bis nach Wien fuhren und Frachten und Personen beförderten, zum Beispiel während der Türkenkriege im 16. Jahrhundert. Damals wurden Tausende von Soldaten auf diesem Weg nach Wien beziehungsweise Ungarn gebracht. 1732 fuhr Prinz Eugen auf Ulmer Schiffen, und 1745 ließ sich sogar Kaiserin Maria Theresia mit ihrem Gefolge von Ulm nach Wien transportieren.

Einen großen Anteil an diesen Transporten bildeten auch die Auswandererströme aus Hessen, der Pfalz und dem Schwabenland, die nach den Türkenkriegen zur Donau strömten, um ins Ungarnland zu fahren. Die bittere Not und die Verwüstungen der Kriege zwangen sie zum Verlassen der Heimat, und man hoffte, vor den Steuereintreibern des Kaisers fliehen zu können. Unter diesen Fahrensleuten waren auch meine Ahnen väterlicherseits. Urkundlich erscheint der Name eines Veit Held zum ersten Mal 1648 im Zusammenhang mit einer Bitte des Herzogs Ernst I. von Sachsen-Gotha an den Rat der Stadt Ulm. Der Herzog beabsichtigte die Schiffbarmachung der Flüsse Werra und Unstrut, wozu er Flachschiffe nach dem Muster der Ulmer Schachteln bauen lassen wollte.

Der Rat suchte und fand zwei Freiwillige, darunter den jungen Veit Held. Er und sein Kamerad machten sich noch 1648 zu Fuß auf die 300 Kilometer lange Reise nach Thüringen, wohl auf der großen Landstraße über Nürnberg, was damals nicht ungefährlich war. Denn kurz zuvor war der Westfälische Frieden geschlossen worden, und nun machte immer noch die eine oder andere marodierende Soldatentruppe die Gegend unsicher. Vom unruhigen Blut meiner Vorfahren habe ich sicherlich eine ganze Portion geerbt.

Die Donauschiffer aßen ein hartes Brot. Hatten sie in Wien ihre Waren abgeliefert, wurden die Schiffe zu Geld gemacht, und man marschierte etwa 500 Kilometer weit nach Hause. Diese Menschen von besonders derbem Schlag nannte man die »Räsen«.

Das schwäbische Wort »räs« erscheint nicht im Duden, könnte aber übersetzt werden mit »offen«, »derb«, ja auch »grob« bis »unhöflich«. Die Räsen wohnten mit ihren Familien gleich hinter der Stadtmauer und nur wenige Schritte von der Donau entfernt. Ihre alten, einander stützenden Fachwerkhäuser umfriedeten einen Platz, auf dem von alters her an Samstagen ein Schweinemarkt, im Volksmund »Saumarkt« genannt, abgehalten wurde. An einer Hauswand war auf einer Tafel zu lesen:

Auch auf dem Markt der Säue
wohnt echte deutsche Treue.

Dorthin kamen die Bauern von der Alb mit ihren Blauhemden. Aber sie kamen auch aus dem jenseits der Donau gelegenen Bayern mit ihren Fuhrwerken, luden die Holzkäfige mit den quietschenden Ferkeln und grunzenden Muttersauen ab, und der Handel begann. Noch heute habe ich diesen penetranten Gestank von Schweinemist und warmen, dampfenden Pferdeäpfeln – den »Rossbollen« – in der Nase, nachdem ich als Bub dieses Treiben immer mit höchstem Interesse beobachtete. War der Kauf per Handschlag besiegelt, wurde er anschließend in der »Forelle« begossen.

Schon im Mittelalter waren die freien Handwerker der Stadt in Zünfte gegliedert. Ein von der städtischen Obrigkeit eingesetzter Zunftmeister hatte darüber zu wachen, dass die Zunftordnungen und Zunftbräuche eingehalten wurden. In der Galerie der Zunftmeister im Ulmer Museum sind meine Vorfahren zu finden. Auf dem »Saumarkt« stand auch das Haus der Helds.

Als im 19. Jahrhundert die Eisenbahn ihren qualmenden Einzug hielt, brachte sie das Ende der kommerziellen Schifffahrt mit sich. So wurde mein Großvater, Christoph Held, Lokomotivführer. Der sehr sensible und in sich gekehrte Mann galt als gewissenhaft und zuverlässig. Mit Stolz verkündet die Familiengeschichte, dass man ihn zum Zugführer bestimmte, wenn es galt, den König von Württemberg durch das »Ländle« zu seinen Landeskindern zu bringen, denn der rote Teppich musste auf den Zentimeter genau angefahren werden. Ebenso durfte er den Schnellzug nach Paris führen, zu damaliger Zeit ein besonderer Vertrauensbeweis der Bahnbehörde.

In Ulm kennt man seit 1549 das traditionelle »Fischerstechen«. Das sind Zweikämpfe auf der Donau, wobei ein Gegner den anderen ins Wasser zu stoßen hat. Die Teilnehmer tragen historische Gewänder. Hier gewann mein Großvater am 30. Juni 1877 als Römer das Turnier.

Er hatte einen ausgeprägten Gerechtigkeitssinn. Als er bei einem Betriebsausflug mit den Eisenbahnkollegen in einem Gasthaus übernachtete und die Reisegesellschaft schon morgens um vier lautlos und heimlich das Gasthaus verließ, um kein Trinkgeld an das Personal zahlen zu müssen, schüttelte er angewidert den Kopf und nahm sich vor, nicht wieder mit diesen »Knickern« auf Reisen zu gehen.

Das uneingeschränkte Regiment im Hause führte aber die Großmutter Emma (eine geborene Jakober). Sie stammte aus einer alten Ulmer Weber-Dynastie. Ihr Vater hatte sein Häuschen dicht an der Stadtmauer. Er hielt aus wirtschaftlichen und sonstigen Gründen der Agrarwirtschaft Kaninchen, wäre aber, anstatt den langen Tag hinter seinem Webstuhl zu sitzen, viel lieber als Jägersmann durch Wald und Feld gestreift. Galt es, ein Kaninchen zu schlachten, ließ er diesem in dem kleinen Garten freien Lauf, holte seine Flinte und erschoss das arme Tierchen. So konnte er sich als »freier Wildbretschütz« fühlen. Dass die ganze Nachbarschaft ihn deswegen auslachte, war ihm egal. Todsicher haben auch meine Gene von ihm einen »Schuss« abbekommen.

Die Großmutter verwaltete nicht nur mit eiserner Hand das monatliche Gehalt ihres Ehemannes, 80 Goldmark, die er ihr auf den Tisch zählen musste, sondern sie betrieb neben dem großen Haushalt auch noch eine Wäscherei, eine Mosterei und eine Badeanstalt. Sie allein bestimmte die Berufslaufbahn ihrer vier Söhne und brachte es fertig, dem 22-jährigen Matthäus, damals bereits Unteroffizier, eine derartige Ohrfeige zu verpassen, dass er vom Stuhl flog, weil er ihr eine freche Antwort gegeben hatte.

Ich habe diese resolute Frau nur noch sehr vage in Erinnerung, und zwar im Zusammenhang mit den Besuchen, die wir Kinder bei ihr machen durften. Nachdem man an einer glänzenden Messingklingel in der Form eines Fisches gezogen hatte, öffnete sich oben ein Fenster, und ihre Kommandostimme rief herunter: »Schuhe ausziehen!«, denn sie war bekannt als Putznärrin.

Meine Großeltern mütterlicherseits stammten vom »Unterland«, wie man die Neckargegend mit der Landeshauptstadt Stuttgart nennt. An den Hängen rundherum wachsen die Weinreben stellenweise bis in die Stadtmitte herab. Das Klima lässt einen guten Wein gedeihen, und das mag wohl der Grund sein, dass die Menschen dort aufgeschlossener und herzlicher sind. Mit großer Inbrunst hörte man die Alten in fröhlicher Runde singen:

Drunten im Unterland,
do isch halt fei.
Schlehen im Oberland,
Trauben im Unterland.
Drunten im Unterland
möchte i halt sei.

Gern und oft sang meine Mutter dieses Lied, besonders wenn sie den Vater necken oder ärgern wollte. Die Unterländer erkennt der Oberländer gleich an ihrem weicheren, singenden Dialekt. Ich konnte auch Jahrzehnte später bei meinen Vorträgen feststellen, dass die Unterländer nicht nur ein offeneres Herz, sondern auch eine weitaus offenere Hand haben. In der Regel liegen nach einer Wohltätigkeitsveranstaltung bei gleicher Teilnehmerzahl mindestens 50, aber sehr oft 100 Prozent höhere Spenden im aufgestellten Opferteller, als dies im »rauen« Oberland der Fall gewesen wäre.

Mein Großvater mütterlicherseits, Johannes Elsässer, stammte aus dem nahe bei Stuttgart gelegenen »Sieben-Mühlen-Tal«. Der Vater war Bürgermeister in Steinenbronn, seine Mutter kam von der bekannten Seebrucken-Mühle und war eine »von Au«, worauf man besonders stolz war.

Die Familie ließ sich in Fellbach nieder, wo der Großvater mit mehreren Gesellen und Lehrbuben die Küferei betrieb. In der ganzen Gegend als »der Weindoktor« bekannt und angesehen, verstand er es, falsch behandelte, auch manchmal schon halb verdorbene Weine wieder trink- und handelsfähig zu machen. Man rief ihn in die ersten Hotels der Stadt, wie in das Nobelhotel »Marquard«, aber ebenso ins berühmte Remstal, wo die württembergischen Spitzenweine zu Hause sind.

Seine Frau Karoline, meine Großmutter (eine geborene Berner), stammte aus einem alten Winzergeschlecht vom Dorf Rotenberg, welches auf dem gleichnamigen Berg liegt. Von Stuttgart aus ist dessen Kapelle sehr gut sichtbar. Dort war Wirtenberg die Stammburg der Grafen und Könige.

Die Großmutter war die Seele des großen Handwerkerbetriebs, energisch, aber doch gütig und fromm. Sie versuchte, ihren christlichen Glauben auf vielerlei Art in die Tat umzusetzen. So konnte sie das für ihre Familie gedachte Mittagessen – es waren große Bleche mit Zwetschgenkuchen, die sie im öffentlichen Backhaus backte – kurz entschlossen an eine gerade dort rastende Kompanie Soldaten verteilen, ohne lange zu überlegen. Das Nachher und den morgigen Tag legte sie in Gottes Hand.

Sie war sehr bescheiden und demütig. War bei besonderen Fest- und Feiertagen eine übervolle Kirche zu erwarten, klemmte sie sich ein extra angefertigtes Klappstühlchen unter den Arm, um niemandem einen Platz wegzunehmen. Sonntagnachmittags aber saß sie in ihrer »Stunde«, wie man in Württemberg die Versammlungen der Pietisten bis zum heutigen Tage nennt.

Ich habe meine Biographie bewusst mit den Großeltern begonnen, weil ich bei der Suche nach mir selbst bis zur Stunde keine endgültige Antwort gefunden habe und gern mit dem Poeten Martinus von Biberach spreche:

Ich komme und weiß nicht woher,
ich bin und weiß nicht wer.
Ich gehe und weiß nicht wohin:
Mich wundert, dass ich so fröhlich bin.

»Ich bin und weiß nicht wer?« Aber sicher bekommt man manchen Aufschluss über sein Ich, wenn man den Spuren seiner Vorfahren nachgeht und plötzlich den eigenen Gesichtsausdruck auf einem alten Foto wieder entdeckt oder feststellt, dass man manche unliebsamen Eigenschaften mit Familienmitgliedern aus früheren Generationen teilt. Man findet sich wieder in seinen Ahnen. Das kann Ausgewogenheit und Selbstvertrauen schaffen, wo man an sich selber zweifeln oder gar verzweifeln möchte. Aber es bewirkt auch Demut, wo der Hochmut mehr aus uns machen will, als wir sind.

Nun komme ich zu meinen Eltern. Mein Vater Friedrich war unter den vier Söhnen der zweitälteste. Auf einem Familienfoto von damals fällt er durch eine volle Lockenpracht auf. Er fühlte Künstlerblut in den Adern und wollte unbedingt seiner Umwelt etwas davon weitervermitteln. Schon als Jüngling schmetterte er lautstark alle möglichen Arien durchs offene Fenster, was ihm den Spitznamen »Saumarkt-Caruso« eintrug, denn er hatte eine sehr gute Stimme.

Als Schüler, aber auch in späteren Jahren, trug er jeden ersparten Pfennig in das kleine, mit viel Plüsch und Gold ausgestattete Ulmer Theater, wobei er sich nur die hintersten Stehplätze, »Zwetschgendörre« genannt, leisten konnte. Es gab keine Oper, angefangen von Webers *Freischütz* bis zu Flotows *Martha*, die er nicht 30 bis 40 Mal gesehen hatte und deren Passagen er nicht auswendig singen konnte. Dazu hatte er die besondere Gabe, Menschen auf eine derart perfekte Art zu parodieren, dass wir Kinder

Meine Heimatstadt Ulm, 1948 von mir gezeichnet

keinen größeren Spaß kannten, als ihn Tante Paula oder den komischen Nachbarn Müller spielen zu sehen.

Es hätte für ihn nahe gelegen, Schauspieler oder Sänger zu werden, aber die energische und berechnende Mutter war anderer

Meinung. Sie sah den sichersten Beruf in dem des Beamten. »Da bist du lebenslang versorgt und bekommst einmal eine sichere Pension!« Und so ging der Vater zur Post, wo er es bis zum Inspektor brachte – und alle Sehnsüchte und Träume in seinen Briefmarkenalben versteckte. Die bunten Papierchen aus Haiti oder Argentinien brachten ihm den Duft der weiten Welt ins nüchterne Beamtendasein. Sein Herzenswunsch, einmal Italien zu sehen, ging nie in Erfüllung.

Meine Mutter hatte einen Bruder und zwei Schwestern. Nach damaligem Brauch schickte man die Töchter des mittleren Standes »in die Fremde«. So kam meine Mutter als Gouvernante in die Schweiz zu einer, wie es hieß, »herrschaftlichen« Familie, deren Oberhaupt ein hohes Regierungsmitglied war. Es gab eine Köchin und weiteres Personal im Haus, und das Essen wurde in weißen Handschuhen serviert. Alles war sehr etepetete. Dort blieb sie sechs Jahre.

Uns Kindern wurde sehr oft aus dieser Zeit und von ihren Herrschaften erzählt. Geradezu stolz wurde die Mutter bei der Erwähnung, dass man sie nur nach vielen Kämpfen habe gehen lassen, wobei wir natürlich auch gehörig stolz waren und an besonderen Feiertagen ebenso begeistert, wenn es die guten Schweizer Käsepasteten oder sonstige eidgenössische Leckerbissen gab.

Während des Ersten Weltkriegs lernten sich meine Eltern in einer Gastwirtschaft kennen. Der Anlass dazu soll das Mitleid meiner Mutter mit dem Soldaten gewesen sein, der in seiner schäbigen Uniform so verloren dagesessen habe. Sie verstanden sich recht gut, nur hatte die Mutter einen schweren Einwand: Während sie aus einem gläubigen Elternhaus kam, wo man nicht nur am Sonntag zur Kirche ging, sondern auch bei Tisch betete und eine Andacht las, war dies in der Familie des Vaters nicht der Fall. Man hatte sich von der Kirche entfernt. Den Grund dazu habe ein stadtbekannter Pfarrer gegeben, der im Religionsunterricht in seiner Wut einem Schüler das halbe Ohr abgerissen habe. So zählten sie zu den »Christen auf dem Papier«, ja, man lachte sogar über die Frommen. Erst nachdem mein Vater feierlich versprochen hatte, später auch in die Kirche mitzugehen, wurde 1919 geheiratet.

Als die junge Familie in das großelterliche Haus am Schweinemarkt einzog, baute sich eine alte Base, die ein Dachstübchen

Meine Eltern

bewohnte, vor der Mutter auf und begrüßte sie äußerst erregt mit
den Worten: »Dass du es gleich weißt, wir Ulmer mögen keine
Preußen, keine Katholischen und keine Unterländer!« Dabei zitter-
te ihr Häubchen wohl wie Espenlaub.

Meine Schwester Helene wurde 1921, mein Bruder Siegfried 1922, ich 1924 und die jüngere Schwester Eva 1927 in Ulm geboren. Schon bald zogen die Eltern in eine Mietwohnung in der Bessererstraße. Meine ersten Erinnerungen zeigen mir, wie ich als wohl dreijähriger Bub mit meinem Freund Wolfgang am Straßenrand sitze, in der Hand eine Flasche, aus der ich mit höchstem Genuss schwarzen Lakritzensaft trinke. Die kleinen schwarzen Stangen gab es für zwei Pfennige im Laden unter dem Namen »Bärendreck« zu kaufen. Sie wurden durch vieles Schütteln in Wasser aufgeweicht, und so hatte man länger etwas davon. Gleichzeitig färbte die schwarze Brühe sehr intensiv Hemdchen und Hose – zum Leidwesen der Mutter, die damals noch keine Waschmaschine kannte.

Aus den ersten sechs Kindheitsjahren sind mir eigentlich nur drei außergewöhnliche Ereignisse in Erinnerung geblieben. Da war als erstes ein Zirkusbesuch beim »Sarrasani«, wo mich die Kosaken mit ihren Reiterkunststücken begeisterten, aber ebenso die waschechten Indianer, die nach Wildwestart auf galoppierenden Pferden eine Postkutsche überfielen.

Das zweite Erlebnis begeisterte mich weniger, sondern trieb mir, dem damals sechsjährigen Lausbuben, den Schweiß aus allen Poren. Auf dem Stock über uns wohnte eine alte Frau, gebrechlich, gekrümmt, mit weißem Haar und vielen Runzeln im Gesicht. Sie sah beinahe aus, so stellte ich fest, wie die alte Hexe bei Hänsel und Gretel im Märchenbuch. Und so wusste ich nichts Besseres, als ihr auf der Straße – natürlich versteckt, damit sie mich nicht sah – bei jeder Gelegenheit »alte Hex« nachzurufen. Es dauerte ziemlich lange, bis sie hinter den Urheber kam und einen Besuch bei meiner Mutter machte. Die Strafe folgte. Ich musste mich entschuldigen. Oh, tat das weh. Viel lieber wäre mir eine Tracht Prügel gewesen. Zitternd stieg ich die Treppe empor, auf den Klingelknopf drückte ich äußerst zaghaft, und das auch nur, weil ich unten meine Mutter hüsteln hörte, die auf Horchposten gegangen war. Noch heute sehe ich den Schatten hinter der trüben Glastür, der, sich mit jedem Schritt vergrößernd, wie das Phantom eines Draculas auf das Häufchen Elend zukam. Ich stammelte dann unter Tränen die von der Mutter eingetrichterte Entschuldigungsformel. Sie nahm mich nachher in die Arme und der Fall war erledigt, aber ich habe nie mehr einem Menschen etwas Böses nachgerufen.

Unvergesslich ist mir noch ein Ereignis an Heiligabend. Wie immer hatte der Vater vor der Bescherung seine Geige vom Schrank geholt, eine feierliche Zeremonie, die sich zum Leidwesen von uns Kindern nur einmal im Jahr ereignete. Wir sangen die alten Weihnachtslieder, und anschließend fanden wir als freudige Überraschung einen »Holländer« unter dem Weihnachtsbaum. So wurde ein kleines, vierrädriges Fortbewegungsmittel genannt, das sein Fahrer mit einem Handhebel vorwärts bewegte. Sofort setzte sich der Bruder Siegfried zur Einweihung auf das Vehikel, lud mich

Wir Kinder
(v.l.n.r.):
Fritz, Helene,
Eva und
Siegfried

großzügig auf den Hintersitz ein, und los ging es, immer um den großen, festlich geschmückten Gabentisch herum. Es sollte immer schneller und schneller gehen, da bekam der Steuermann die Kurve nicht mehr und fuhr in den großen Weihnachtsbaum, an dem noch alle Wachslichter brannten. Dieser fiel über den Tisch, die Flammen loderten auf, und nur mit Müh und Not, Wasser und Tüchern konnte ein ausbrechender Brand gelöscht werden.

Stuttgart 1929–1938

Einen großen Einschnitt bedeutete 1929 unser Umzug nach Stuttgart, in dessen Hauptpostamt mein Vater versetzt worden war. In Stuttgart bezogen wir eine Wohnung im Vorort Gablenberg. Das Haus lag sehr schön am Hang. Wenn wir auf der Veranda saßen, sah man bis hinunter ins Neckartal. Ein großer Garten gehörte zum Haus und war perfekt angelegt. Er lieferte nicht nur das Gemüse für die Küche, sondern verschaffte uns Kindern auch eine äußerst unbeliebte Beschäftigung, nämlich Unkraut jäten oder auch »Rossbollen« sammeln.

Dazu schickte man uns mit einem kleinen Leiterwägelchen auf die Straße, wo wir mit Besen und Schaufel die Hinterlassenschaften der zahlreichen Pferdefuhrwerke aufsammelten. Dies war ein gesuchter Dünger für die Gemüsebeete. Erst nach getaner Arbeit gab es Zeit zum Spielen, manchmal auch ein paar Pfennige in die Sparbüchse. »Es ist von größter Wichtigkeit, dass Kinder arbeiten lernen«, so meinte es sogar einmal der große Kant, und genau dies war auch die Meinung der Eltern. Und damit konnte nicht früh genug begonnen werden. Die bibelfeste Mutter kannte sehr wohl auch den Rat aus Sprüche 22: »Wie man einen Knaben gewöhnt, so lässt er nicht davon, wenn er alt wird.«

»Man bekommt im Leben nichts geschenkt« – wie oft hörten wir diesen Ausspruch, und sehr früh verstanden wir, dass das so ist. Natürlich hatten wir Freunde und spätere Schulkameraden, die gar nichts zu tun brauchten, vielleicht weil die Eltern im Rückblick auf eine eigene harte Jugend der Meinung waren, dass ihre Kinder »es einmal besser haben sollten«. Das Leben hat mich gelehrt, wie verkehrt eine solche Meinung ist. Denn »was Hänschen nicht lernt, lernt Hans nimmermehr«. Unsere Mutter fand immer das richtige Mittelmaß.

1931 wurde ich eingeschult. Im Klassenraum der Gablenberger Volksschule saßen an die 40 Erstklässler. Unser Lehrer war ein guter alter Mann mit einer Glatze. Ich war kein schlechter Schüler, der Unterricht interessierte mich. Ganz besonders gefiel mir die Singstunde. Da holte der Lehrer seine Geige hervor und wir lernten »Goldne Abendsonne wie bist du so schön« oder »Ich hab mich ergeben mit Herz und mit Hand«.

Wenn einer frech war oder faul, bekam er mit dem Meerrohr, welches auf dem Schrank lag, eine »Tatze«, einen recht schmerzhaften Schlag auf die Fingerspitzen der ausgestreckten Hand. Aber unser Lehrer war kein »Schläger«. Es passierte also nicht oft, und wenn doch, dann war es immer verdient. Zu Hause ließ man davon kein Wort verlauten, weil sonst die Gefahr bestand, sich vom Vater noch mal einen »Nachschlag« zu holen. Allerdings gab es zu jener Zeit schon Eltern, die sich beim Lehrer beschwerten, dass man ihr Kind angerührt habe. Es ist mir bereits damals aufgefallen, dass solche Elternbeschwerden sich in dem Verhältnis steigerten, wie ihre soziale Schicht nach unten rutschte. Arme Leute haben oft mehr Komplexe, sie lehnen sich schneller und radikaler gegen eine so genannte »bessere Gesellschaft« auf, von der sie sich übersehen oder gar ausgebeutet fühlen.

Unvergesslich bleibt mir der Augenblick, in dem ein Mitschüler plötzlich zu Boden fiel, blau anlief und mit fürchterlichen Zuckungen und weißem Schaum vor dem Mund die Klasse in Schrecken versetzte. Er war Epileptiker und musste nach dem Erwachen betäubt, verschämt und von vielen Augen angestarrt nach Hause gebracht werden, wo ihn eine vergrämte Mutter und Arbeiterfrau in Empfang nahm. Ihren trostlosen Blick habe ich nie vergessen können.

Wenn wir morgens zur Schule gingen, standen in diesen frühen 30er Jahren oft ganze Gruppen von Männern diskutierend an Hausecken und Straßenbahnhaltestellen herum. Sie hatten Lederjacken und Stiefel an und Schirmmützen im Genick. Man sagte uns, dass dies arbeitslose Kommunisten und erklärte Feinde der SA, der Nationalsozialisten, wären. Irgendwie und ohne zu wissen warum hatte ich Angst vor ihnen. So rief ich ihnen schon von Weitem ein freundliches »Grüß Gott« zu. Ihre erstaunten Blicke wurden dadurch aber nicht freundlicher.

Von den Eltern war am Mittags- oder Abendtisch zu hören, dass es in diesem oder jenem Versammlungslokal, meist Gastwirtschaften, wieder blutige Schlägereien zwischen den beiden Gruppen gegeben habe, doch die politischen Hintergründe kannten wir Kinder nicht. Was wir sahen, waren die Umzüge und Märsche auf den Straßen und die Unterscheidungsmerkmale zwischen den beiden Gruppierungen.

Da kamen die Kommunisten, allen voran eine Schalmei-Kapelle. Sie blies und flötete »Die Internationale«, eine Melodie, die mir recht gut gefiel. Dahinter flatterten rote Fahnen, und es wälzte sich ein ungeordneter Haufen von Männern und Frauen mit erhobenen, geballten Fäusten heran. Manche Frauen zeigten sich sogar mit offenen Brüsten, oft schoben sie Kinderwagen vor sich her. Im Gegensatz dazu kam die SA anmarschiert, in Reih und Glied im Gleichschritt, wie Soldaten, und auch ihre Lieder gefielen mir gut: »Die Fahne hoch« oder besonders das traurige »Als die goldne Abendsonne«, wo man einen toten Hitlerkameraden zu Grabe trug.

Unsere Eltern sprachen grundsätzlich nicht mit uns über Politik, und unsere Fragen wurden kurz abgeschnitten. »Das ist nichts für Kinder!« Das blieb auch später so, als Hitler an die Macht kam. Dieses Schweigen wurde mit den Jahren sogar immer beharrlicher, denn es kam die Angst hinzu, die Kinder könnten auf der Straße oder in der Schule etwas ausplaudern.

Mein Vater war kein politischer Mensch. Er fühlte sich als Beamter eines Staates, der von seinen Beschäftigten Gehorsam und Loyalität verlangte. Seine Einstellung könnte man mit deutschnational bezeichnen. Sie war besonders im Mittelstand vertreten, wo man Kontakte zur Arbeiterschaft kaum kannte und auch nicht anstrebte.

Trotzdem machte es auf mich Eindruck, als ich in einem kommunistischen Waldheim – mein Schulkamerad Eugen hatte mich mitgenommen – von der Wirtin eine Scheibe Brot, mit Senf beschmiert, in die Hand gedrückt bekam. Da dachte ich: »Die Kommunisten sind doch nicht so schlecht!« Als mich Eugen einmal mit nach Hause nahm – sie wohnten in einer Kellerwohnung, und durch schmale Fenster unter der Decke sah man nur die Füße der vorbeieilenden Straßenpassanten –, da spürte ich förmlich diesen Klassenunterschied. Und der Gedanke war da: »Wenn ich so leben müsste, würde ich auch Kommunist werden.«

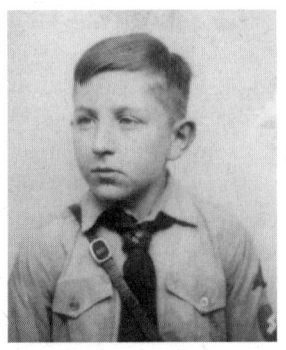

Als Pimpf beim Jungvolk

Schon kurze Zeit nach der Macht-übernahme durch Hitler, im Januar 1933, verschwanden die Kommunisten von den Straßen. Dafür gab es sehr schnell eine organisierte Jugendbewegung für Jungen und Mädchen. Es war das »Jungvolk« für die 10- bis 14-Jährigen und im Anschluss daran kam die »Hitlerjugend«. Der Eintritt war in den ersten Jahren noch freiwillig.

Nachdem ein Großteil meiner Klassenkameraden bereits beim Jungvolk war, wollte ich unbedingt auch dazu, als ich das Eintrittsalter erreicht hatte. Die erforderliche Uniform kauften mir die Eltern nach langem Betteln. Sie bestand aus einer kurzen schwarzen Hose, einem braunen Hemd, einer Kopfbedeckung, auch »Schiffchen« genannt, einem schwarzen Schlips mit Lederknoten und dem Schulterriemen.

Ein bis zwei Mal in der Woche war Antreten angesagt. Man versammelte sich in festgelegten Lokalen zu so genannten »Heimnachmittagen«. Dort wurden nicht nur viele Lieder gelernt, sondern man wurde auch mit seinen germanischen Vorfahren und ihren Bräuchen bekannt gemacht. Man lernte »Helden der Nation« kennen wie den »Roten Baron« von Richthofen aus dem Ersten Weltkrieg, mit 80 Feindabschüssen der berühmteste deutsche Jagdflieger, 1918 fürs Vaterland gefallen. Man hörte vom Tiroler Freiheitskämpfer Andreas Hofer aus dem Passeiertal, schmählich verraten und von den Franzosen 1810 in Mantua erschossenen, von dem deutschen Widerstandskämpfer Albert Schlageter, ebenfalls von den verdammten Franzosen 1923 in der Golzheimer Heide liquidiert, vom gemeinen Kommunistenmord an Horst Wessel oder dem Hitlerjungen Quex.

Natürlich war auch vom tapferen Frontsoldaten und furchtlosen Meldegänger Hitler zu hören und vom verräterischen Dolchstoß in den Rücken des tapferen, deutschen Heeres, der die Ursache für die Niederlage im Ersten Weltkrieg gewesen sei. Ebenso war die Geschichte des zweifellos ungerechten Versailler Vertrages mit seinen katastrophalen Bedingungen ein wichtiges Thema.

War das Wetter gut, marschierte man in Reih und Glied hinaus in die Wälder, machte Geländespiele, Zeltlager oder sportliche Veranstaltungen. Auf dem Marsch wurde immer und endlos gesungen. Man sang vom »Trommelbuben«, »Nur der Freiheit gehört unser Leben«, »Die blauen Dragoner, sie reiten«, »Lasset im Winde die Fahnen wehn« und so fort. An der Spitze wehte natürlich eine Fahne im Wind. Sie war schwarz und hatte in der Mitte eine weiße Rune, ein germanisches Schriftzeichen.

Es gefiel mir anfangs gut beim Jungvolk, denn solange ich dort war, brauchte ich zu Hause nichts zu schaffen. Auch genoss ich diese Gemeinsamkeit, die wir Kameradschaft nannten. Das Leitmotiv der »Pimpfe«, so die Bezeichnung der Jungvolkler, lautete: »Zäh wie Leder, hart wie Kruppstahl, flink wie Windhunde!« Unser Fähnleinführer – wobei hier zu sagen ist, dass der Begriff »Fähnlein« aus dem 16. Jahrhundert stammt und sowohl im deutschen als auch schweizerischen Söldnerheer einen Truppenteil bezeichnete – war ein 17-jähriger Pfundskerl und trotz seiner Jugend eine beeindruckende Persönlichkeit. Er beeindruckte nicht nur uns, sondern im weitaus höheren Maß die Mädchen der entsprechenden Jahrgänge.

Es war wohl im Jahr 1936, als mein Vater eines Tages geradezu wütend vom Dienst heimkehrte und vor versammelter Familie am Mittagstisch erklärte, dass er jetzt auch in die NSDAP eintreten werde. Schließlich habe er schon Jahre auf seine Beförderung zum Oberinspektor gewartet. Diese hätte für die oftmals ziemlich strapazierte Kasse des sieben Personen starken Haushalts eine willkommene Verbesserung bedeutet. Der Vater wurde jedoch noch deutlicher, indem er berichtete, dass jetzt auf einmal Kerle des unteren Beamtendienstes wie Briefträger und Sekretäre an den altgedienten Beamten vorbeibefördert wurden, nur weil sie dauernd »Heil Hitler« schrien. So habe man ihm angeraten in die Partei einzutreten, weil sonst keine Hoffnung für ihn bestünde.

Daraufhin wurde er Mitglied und bekam sein Parteibuch, ging aber nie zu einer der vorgeschriebenen Veranstaltungen. Die Beförderung blieb trotzdem aus, stattdessen bekam er nach Kriegsende, im Zusammenhang mit der so genannten Entnazifizierung, lange Zeit keine Pension, denn er wurde als Mitläufer eingestuft.

Im Hauptpostamt Stuttgart hatte er die Abteilung des allgemeinen Postabgangs mit 150 Angestellten unter seiner Führung. Er galt als überaus korrekt und streng, deswegen fürchteten die Faulenzer ihn und nannten ihn den »Schäferhund«. Abends kam er immer völlig abgespannt und müde nach Hause, dann durfte man ihn nicht ansprechen. Erst wenn er eine gewisse Zeit in seiner Briefmarkensammlung herumgestöbert hatte, taute er auf und war für Annäherungen offen.

Unsere Erziehung hatte allein die Mutter in der Hand, er mischte sich nicht ein. Hatten wir als Lausbuben etwas angestellt, strafte sie uns mit zusätzlichen Arbeiten oder auch einigen Hieben mit dem Teppichklopfer auf den Hintern, aber die taten nie weh. Nur bei ganz besonders bösen Streichen, nachdem die Polizei schon ins Haus gekommen war, wurde der Vater verständigt. Als Choleriker höchsten Grades holte er den Stock und schlug so lange wild auf uns ein, bis die Mutter rief: »Es reicht, es reicht!« Dies geschah aber nur zwei oder drei Mal in meiner ganzen Jugend.

Ihrer christlichen Einstellung getreu erzog uns meine Mutter gezielt und geradezu energisch dazu, den richtigen Blick auf unseren »Nächsten« zu haben. So fuhr sie meine noch halbwüchsige Schwester Helene einmal sehr barsch an, weil diese eine alte Frau nicht beachtet hatte, die sich mit ihrem schweren Gepäck abmühte: »Ja, siehst du denn das nicht? Lauf und hilf!«

Die Mutter war eine gute Köchin, aber weil das oberste Gebot aller schwäbischen Hausfrauen »sparen« hieß, kam immer nur das auf den Tisch, was der Garten gerade hergab, ohne Ausnahme und erbarmungslos, selbst dann, wenn Kohlrabi oder Mohrrüben schon anfingen, holzig zu werden. Fleisch und Wurst waren rar. Einen Braten gab es nur am Sonntag, und das größte Stück erhielt natürlich der Vater, weil er das Geld verdiente.

Zu dem schwäbischen Nationalgericht »Linsen und Spätzle« gab es ein halbes Saitenwürstchen. Reklamierten wir Kinder dies mit dem Argument, Hans von der Bäckerei Hugendubel oder Lieschen vom Schneidermeister Zwick bekämen ein ganzes Paar, wurde uns erklärt, dass wir Held hießen und dass sie, die Mutter, dafür alles Gemüse mit Butter koche, was uns aber völlig egal war, davon hatten wir nichts. Obst und Gemüse fehlten nie. Das billige Kommissbrot wurde beim »Konsum« gekauft, als Aufstrich gab es entweder Butter, welche die Mutter selber aufstrich, nur nicht zu dick, oder G'sälz: Marmelade. Doch beides zusammen gab es nicht, das wäre schließlich Verschwendung gewesen.

Weißbrot stellte eine festliche Ausnahme dar, und Kuchen wurde nur an Geburtstagen gebacken oder wenn Besuch kam. Da schauten wir dann durch das Schlüsselloch und beobachteten mit höchster Anspannung den Kuchenverzehr von Tante Emma, Onkel Gustav und sonstigen Besuchern. Denn nur, wenn die etwas übrig ließen, fiel auch für uns noch ein Stückchen ab.

Oft stellte ich mich als Knirps zu der Stunde, wenn der Vater nach der Mittagspause wieder zum Dienst ging, an das Schaufenster des nahen Bäckerladens. Kam er dann – ich konnte schon von Weitem den Schlag seines Spazierstocks auf dem Gehsteigpflaster hören –, drückte ich schnell meine Nase gegen die Scheibe und starrte in die Auslage. War der Vater gut aufgelegt, blieb er stehen und fragte mich betont neugierig, was ich denn hier suche? Darauf folgte sein heiß erwarteter Griff in seine Gesäßtasche, woraufhin er mir fünf Pfennige in die Hand drückte. War er aber schlecht gelaunt, herrschte er mich an: »Mach, dass du nach Hause kommst!«

Vor dem Fenster der Bäckerei Groß konnte ich stundenlang stehen und die Sacher-Törtchen, Cremeschnitten und Bienenstiche betrachten. Wenn die Bäckersfrau mich sah, rief sie »Fritzle« und schickte mich zum Metzger, wo ich 100 Gramm Schinken für den Meister kaufen sollte. Ich lief wie ein Wiesel, aber nicht zum angegebenen Metzger, welcher den besten Schinken machte, sondern viel weiter zu einem Laden, wo man mir ein Scheibchen Wurst abschnitt. Dann gab es von der Bäckersfrau noch einen Bienenstich von der vergangenen Woche. Ich war im Himmel und schleckte.

Doch musste einmal längere Zeit nichts eingekauft werden, rächte ich mich auf meine Art an den verführerischen Törtchen. Das Schaufenster hatte nämlich in seinem Eisenrahmen winzige, kaum wahrnehmbare Lüftungslöcher, welche ich mit einem längeren Draht durchdrang, um mit sadistischer Boshaftigkeit in den Backwaren herumzustochern. Das war natürlich nur möglich, wenn der Laden leer war und keiner mich sah.

Ja, auch in der Brust des allgemein als braven Fritzle bekannten Lausbuben lebten zwei Seelen. Aber ich lernte früh, dass kein Hindernis unüberwindbar und kein Problem zu groß ist, als dass es nicht mit einer Portion Kaltblütigkeit, Schneid und Risikobereitschaft in den Griff zu bekommen wäre. Daraus entwickelten sich auch meine Versuche als Fassadenkletterer, denn ich brachte es bald fertig, von außen durch das Fenster in einen verschlossenen Raum einzudringen, selbst wenn er sich im zweiten Stock befand. Dazu stieg ich aus dem benachbarten Raum aus und krallte mich wie eine Ratte an der glatten Hauswand fest, wobei nur ein zentimeterbreiter Vorsprung von einem Fenster zum anderen meinen nackten Zehen etwas Halt gab. Ein Absturz hätte den sicheren Tod für mich bedeutet. Es nützte auch nichts, mich zur Strafe in mein Schlafzimmer einzusperren, denn ich band einfach die Leinentücher zusammen, seilte mich ab und war weg.

»Man muss Ideen haben!«, das war der große Leitgedanke meines Vaters. »Lass dir etwas einfallen, auf das die anderen nicht kommen, dann hast du sie überholt!« Diesen Rat hörte ich immer wieder von ihm und er war mein Leben lang meine Devise, wenngleich der Versuch, danach zu handeln, nicht immer den gleichen Erfolg hervorbrachte.

Dazu ein Beispiel: Mein Schulfreund Paul hatte Geburtstag und lud die halbe Klasse ein. Seine Eltern wohnten in einer feinen Millionärs-Villa, denn der Vater war Inhaber des größten Stuttgarter Speditionsunternehmens. Nach einem Festtagskaffee mit vielen Torten und Kuchen führte man uns in die Reithalle der Familie. Pauls Vater hatte sich ein Spiel einfallen lassen, bei dem es zehn Pfennige zu gewinnen gab. Es wurde ein satteloses Pferd hereingeführt, das – an einem langen Seil angebunden – immer in der Runde trabte und auf welches es aufzuspringen galt. Allerdings handelte es sich dabei nicht um ein Pony, sondern um einen, wie mir schien, ungemein hohen Gaul. Ich war der Kleinste unter den Buben. Es ging der Reihe nach los, jedoch keiner schaffte es, und ich hatte Zeit zu überlegen. »Mit einem Mal packst du das nie«, so mein Kalkül. »Dieses Problem muss halbiert werden. Erster Schritt: Du machst einen Sprung und hängst seitlich an Mähne und Hals des trabenden Pferdes, da krallst du dich fest. Zweiter Schritt: Du versuchst, das rechte Bein auf den Pferderücken zu bringen. Gelingt das, bist du droben.« So geschah es auch. Die zehn Pfennige wurden an mich ausgezahlt, sie reichten gerade für ein Eis.

Da ich verhältnismäßig schmächtig von Statur und nach Aussage der Ärzte zudem blutarm war, sollte eine Luftveränderung während der großen Sommerferien zur Besserung beitragen. So schickte man mich in ein Kindererholungsheim auf die Insel Rügen. Das Haus wurde von Diakonissen geleitet, und gleich am ersten Abend hielt uns die Oberin einen Vortrag über die schlimme Unart des Bettnässens. Ich hatte dieses Wort noch nie gehört, verfolgte aber mit immer größer werdender Angst ihre Ausführungen, besonders bezüglich der Strafen, die es dafür geben sollte.

Wir schliefen in einem großen Raum mit 40 Betten. Schon in der ersten Nacht wachte ich auf und lag in einem nassen Bett. Als wir nach fünf Wochen wieder quer durch Deutschland zurück ins Schwabenland fuhren, trug ich einen verschlossenen Umschlag bei mir, in dem meinen überraschten Eltern mitgeteilt wurde, dass ich Bettnässer sei. Daheim war mein Bett nach der ersten Nacht jedoch wieder »so trocken wie die Zunge eines Papageis«, wie ein südamerikanisches Sprichwort sagt, und das blieb auch so. Ich lernte: Wer einen Menschen in Angst versetzt, kann ihn nicht nur verletzen, sondern zerstören. Denn die Angst hat keine Zukunft!

Mein Vater war kein alltäglicher Mensch, das merkte ich immer mehr. Er reiste im Geiste mit seinen Briefmarken nicht nur durch alle Länder der Welt, sondern ließ sich auch exotische Schmetterlingsraupen aus irgendwelchen Instituten in Hamburg kommen, die ich in unserem Gewächshaus täglich mit Blättern von Maulbeerbäumen zu füttern hatte. Die ausgeschlüpften, wunderbar bunten Tropenschmetterlinge, mit einem Durchmesser von bis zu 20 Zentimetern, wurden dann von ihm präpariert und in einem speziell dafür gefertigten großen Schrank aufbewahrt.

Weihnachten war natürlich das größte Fest des Jahres. Schon Wochen vorher backte die Mutter alle möglichen »Gutsle«, wie die Schwaben das Weihnachtsgebäck nennen. Jetzt war der Augenblick gekommen, in dem mich mein Bruder Siegfried auf die Fährte dieser so heiß begehrten Kekse setzte. Es kam so weit, dass unsere Mutter sie wie einen kostbaren Schatz einschließen und verstecken musste. Aber ob im Keller unter den Kohlen, auf der Bühne zwischen dem Brennholz oder im Elternschlafzimmer hinter der Bettwäsche: Ich war ein wahrer Spürhund und fand die Beute immer.

Unvergesslich war jenes Weihnachten, an dem ich eine kleine, schwarz-goldene Hohner-Ziehharmonika unter dem Tannenbaum fand. Dieses Geschenk bedeutete den Anfang meiner lebenslangen Ehe mit »Frau Musika«, der ich bis heute die Treue halte.

Es war auch am frühen Nachmittag eines Heiligabends, als die Mutter uns vier Geschwister aus dem Haus schickte, damit sie in Ruhe das Weihnachtszimmer für die Bescherung herrichten konnte. Aus irgendwelchen Gründen hatte meine jüngere Schwester Eva vom Vater zehn Pfennige bekommen, und die galt es nun unter allen Umständen an den Mann zu bringen. So berieten wir die Fünfjährige geschwisterlich und liebevoll mit allen möglichen Kaufvorschlägen, natürlich in der Hoffnung, davon zu profitieren. Wir beschlossen schließlich, zur Georgsruhe zu pilgern, denn dort stand immer ein Wagen, der Waffeln verkaufte.

Es war kalt und der Schnee lag 25 Zentimeter hoch. Plötzlich schrie die kleine Eva entsetzt auf: Sie hatte ihre zehn Pfennige verloren. Panisch stürzte sich die ganze Gruppe auf den Ort des Schreckens, begann zu suchen – und siehe da, der Spürhund Fritz fand das verlorene Geldstück, worauf man fröhlich weitereilte. Es ging steil bergauf und schon war man nahe dem Ziel, da ertönte erneut ein Schrei und lautes Geheul. Schon wieder war das Geldstück der kleinen, vor Kälte erstarrten Hand entfallen und die Suche begann von vorn.

Diesmal war die Sache jedoch um einiges komplizierter, weil Eva nicht wusste, wo sie den Zehner verloren hatte. Also wühlten wir verzweifelt im hohen Schnee herum und wollten schon resigniert aufgeben, da spürte ich zwischen meinen Fingern die Münze. »Hurra, ich hab's!«, rief ich. Aber als ich die Hand öffnete, lag nicht der gelbe Messingzehner darin, sondern ein silbernes Markstück. Eine Mark, ein Vermögen! Wir jubelten, waren nicht mehr zu halten und sprangen die Geroksteige hoch.

Im Laufen prasselten nur so die Vorschläge nieder, was man mit diesem Kapital alles kaufen wolle. Ja, und dann war da die Frage, ob man den Eltern etwas davon sagen sollte, denn eine Mark zu verputzen, das grenzte schon an Liederlichkeit, um nicht zu sagen Kriminalität. Wir kauften also Waffeln, in einer Bäckerei Schokoladenabfall, einige Törtchen »zum gleich Essen« und dann, sozusagen als Besänftigungsgeschenk, für die Eltern einige Java-Orangen.

An einem darauf folgenden Weihnachten bekam ich ein Luftgewehr geschenkt, wozu der Vater sich nach vielem und langem Betteln hatte breitschlagen lassen. Die Mutter kannte ihr Fritzle besser
und war strikt dagegen gewesen. Ich wollte das heiß erkämpfte
Geschenk gleich ausprobieren, und so kam es, dass es noch in derselben Heiligen Nacht zu später Stunde am hell erleuchteten Fenster des Nachbarn schepperte. Die anschließende Unruhe verfolgte
ich wie Winnetou aus sicherer Deckung mit gespanntem Interesse
und großem Vergnügen. Am nächsten Tag nahm ich dann die
Glasfenster der angrenzenden Gärtnerei aufs Korn, doch es dauerte nicht lange, da wurde das Gewehr vom Vater konfisziert und für
unbestimmte Zeit weggeschlossen. Aber wie sollte es anders sein,
ich fand sehr bald den dazugehörigen Schlüssel.

Nach Abschluss der Grundschule mit recht guten Zeugnissen –
»S'Fritzle macht so nette Aufsätze«, so der Lehrer – wechselte ich
über zur Wagenburg-Oberschule. Politisch veränderte sich
Deutschland in der Zeit stetig. Man war zufrieden, dass die sechs
Millionen Arbeitslosen von der Straße verschwanden. Die kinder-
reichen Mütter wurden wie die Frontsoldaten mit Kreuzen geehrt.
Für vier Kinder gab es Bronze, sechs Kinder bedeutete Silber und
acht Gold.

Bald marschierten auch die ersten Formationen der neuen
Wehrmacht mit munteren Liedern durch die Straßen. Der Zeppelin kam, alles stand auf den Dächern und winkte. Und an den neu-
en Staatsfeiertagen hingen überall Hakenkreuzfahnen aus den Fenstern. Auch mein Vater kaufte eine, denn schon ging die heimliche
Angst um, man könnte auffallen. Die früher beinahe täglich vor
den Haustüren erscheinenden Bettler, auch Handwerksburschen
genannt, verschwanden plötzlich. Ja, man hörte Gerüchte von so
genannten Konzentrationslagern, wo man diesen Arbeitsscheuen
zusammen mit Dieben, Kommunisten und sonstigem Gesindel die
nötige Zucht und Ordnung beibringen wolle. Wir Jungen küm-
merten uns wenig darum, schließlich hatten wir andere Sorgen.

Eines Tages saß ich im Wartezimmer unseres Zahnarztes, welcher sich zu einem schneidigen Mitglied der schwarzen SS gemausert hatte und wichtigtuerisch in seiner Parteiuniform herumstol-
zierte. Um nicht an die schmerzhafte Behandlung zu denken, die
mich erwartete, blätterte ich nervös in einem ausgelegten bunten

Bilderbuch. Man sah darin Juden mit Koffern und Kisten, wie sie in langen Reihen »mit Kind und Kegel« über eine Straße davonzogen. Auf einem Wegweiser stand »Jerusalem«. Diese Juden hatten große krumme Nasen, abstehende Ohren und trugen Namen wie Abraham, Isaak oder Sara.

Die Juden. Wer waren sie eigentlich? Wohl hatte man im Jungvolk gehört, dass sie maßgeblich die Mitschuld am verlorenen Weltkrieg trügen, wohl wusste man von vielen großen Kaufhäusern, die den Juden gehörten, und bei den Kiosken lag »Der Stürmer« aus, eine Zeitung, in der man schon auf der Titelseite solche Köpfe mit krummen Nasen sehen konnte. Die Juden. Natürlich hatten wir auch in der Sonntagsschule von ihnen gehört, schließlich galten sie in der Bibel als das auserwählte Gottesvolk, und der Herr Jesus war auch Jude.

Aber wer und wo waren sie eigentlich, diese Juden? Wir hatten keine Vorstellung. Also fragte ich meine Mutter und bekam die Antwort: »Es sind Menschen wie du und ich.«

Eines Tages kam ein neuer Schüler zu uns. Er sah zwar aus wie wir, aber irgendwie wurde er vom einen oder anderen Lehrer anders behandelt. Nicht böse oder benachteiligt, eben nur anders. Es war zu hören, dass er Jude sei, und es dauerte nicht lange, da war ebenso zu hören, wenn man den verhaue, würde einem nichts passieren. Woher diese Nachrichten stammten und wer sie verbreitete, das wusste keiner, aber es interessierte uns auch nicht, denn keiner von uns dachte daran, den Jungen ohne Grund zu verhauen. So muss es wohl einer der Lehrer gewesen sein, der diese Neuigkeit heimlich unter die Schüler gebracht hatte.

Mir tat der arme Kerl leid, er machte so einen gedrückten und scheuen Eindruck. Weil er in unserer Straße wohnte, besuchte ich ihn eines Tages und wollte ihn zum Spielen einladen. Die Wohnungstür öffnete sich nach meinem Läuten nur einen Spalt, und eine ängstliche, verschüchterte Frau schüttelte mit dem Kopf. Man schickte mich weg. Vielleicht sah sie in mir einen Spion, auf jeden Fall aber eine ernst zu nehmende Gefahr.

Im Haus des SS-Zahnarztes wohnte die Familie eines Staatsanwalts, dessen Sohn so alt war wie ich, und wir spielten öfters miteinander. Damals erregte ein Massenmörder, ich glaube, er hieß

Seeberg, die Gemüter. Nach dem vierten Mord wurde er in einem Waldstück bei Stuttgart, das von Polizei und SA im Großeinsatz durchkämmt worden war, entdeckt und gefangen genommen. Er hatte versteckt in einer Erdmulde gelegen, zugedeckt mit Moos und Zweigen. Der Prozess dauerte Wochen, und die Zeitungen berichteten täglich. Dabei belustigte die Leserschaft sehr, dass der Mörder dem Richter auf alle Fragen immer nur dieselbe Antwort gab: »Meine Person kommt nicht in Frage!« Er wurde zum Tode verurteilt, wobei der Vater meines Freundes als Staatsanwalt bei der Hinrichtung zugegen sein musste.

Warum er seinem Jungen so ausführlich darüber berichtete, ist mir unerklärlich, aber es war so. Mir sträubten sich die Haare, als Kurt mir den Hergang bis ins Detail schilderte. Er erzählte von der Guillotine, wie sie beschaffen sei, das Fallbeil, wie es herunterrasselte, und dann die Prozedur, wie man den Todeskandidaten darauf festschnallte. Vorn am Kopfende habe ein Korb mit Sägemehl gestanden, und als das Beil gefallen und der Kopf dort hineingeplumpst sei, hätte das Opfer noch eine ganze Weile mit den Augen gezwinkert. Mein Gott, war das aufregend! Mir lief ein Schauer nach dem anderen den Rücken hinab.

Noch eine weitere Sensation wühlte meine Seele auf: Wir bekamen Besuch aus Argentinien, von einem Bekannten meines Vaters, für den er, sozusagen als Zubrot, in Ulm einige Häuser verwaltete. Dieser Mann war Millionär, besaß einige Fabriken und kam mit seiner Frau, einer bildhübschen Paraguayerin, mit dem Zeppelin angeflogen. Damals war das eine Riesensensation und fürchterlich aufregend. Da man ein genaues Ankunftsdatum nicht erfahren hatte, war der Schreck groß, als das Ehepaar Ortlieb plötzlich vor unserer Tür stand. Der Vater war zudem noch im Dienst und musste sofort geholt werden.

Ich bekam den Auftrag, mit der Straßenbahn zum Hauptpostamt zu fahren, das gleich hinter dem Stuttgarter Hauptbahnhof lag. Als ich vor diesem Mann mit seinen vielen goldenen Zähnen stand und schüchtern auf das benötigte Fahrgeld von 20 Pfennigen verwies, griff er sofort in seine Westentasche. Ich hörte gespannt auf das Klimpern. Er drückte mir genau 32 Pfennige in die Hand. Ich habe diesen Betrag nie vergessen, denn der Überschuss von 12 Pfennigen versprach mir Großartiges.

Am Stuttgarter Bahnhof angekommen, stockte mein Fuß vor einem der vielen Kioske. Ich konnte einfach nicht widerstehen und kaufte eine Tafel Schokolade für 20 Pfennige. Zehn Pfennige hatte die Hinfahrt gekostet, jetzt blieb nur noch ein Rest von zwei Pfennigen übrig. Wenn ich mit dem Vater gleich nach Hause fuhr, so meine Rechnung, würde er ja die Rückfahrkarte bezahlen. Allerdings konnte dieser erst später die Arbeit verlassen, und so war für mich guter Rat teuer.

Ich überlegte, ging schließlich nochmals zu dem Kiosk und fragte ganz bescheiden, ob es nicht möglich sei, die halbe Schokoladentafel zurückzugeben. Die dicke Verkäuferin jagte mich zum Kuckuck, und so trat ich den langen Heimweg zu Fuß an.

Der erwähnte Millionär schickte uns nach seiner Rückkehr mit dem Schiff einen ganzen Sack voll grünem, gemahlenem Pulver. Wie er schrieb, handelte es sich dabei um den in ganz Südamerika berühmten *Mate*-Tee. Ein Aufguss davon würde den Kreislauf sehr anregen, er sei gesund und auch gut für die Verdauung. Wir machten sofort die Probe, aber der Tee schmeckte grauenhaft und bitter.

Die Mutter jedoch kannte kein Pardon, denn als sparsame Schwäbin warf sie nichts weg. Was im Haus war, wurde auf Gedeih und Verderb verbraucht. Bei Reklamationen bekam man nur zu hören, man sei »schleckig«. Wir verbrauchten den ganzen Sack und gewöhnten uns langsam daran, sodass wir, als er zur Neige ging, äußerst nervös wurden. Verzweifelt suchte man nach Ersatz, aber diesen Tee »Mate Gold« gab es nur in Apotheken und Drogerien, natürlich zu den entsprechenden Preisen. Auch schmeckten diese Präparate anders als das Original, daher erging ein verzweifelter Hilferuf nach Buenos Aires, und der gute Mann schickte uns nochmals einen Sack. Er erreichte uns gerade noch, ehe der Krieg losbrach.

Noch ein anderer Besuch erregte unsere Gemüter: Er kam aus Brasilien, war 18 Jahre alt, ein drahtiger, dunkler Bursche und Nachkomme eines ausgewanderten Onkels meiner Mutter. Es war zu jener Zeit, als Hitler die Jugend der Welt »heim ins Reich« rief. Man förderte diese jungen Männer durch Lehrstellen und bei der weiteren Berufsausbildung, wobei man sicher dabei schon an die spätere Besiedlung im Osten dachte.

Hermann wohnte bei uns und war ein überaus exotischer Typ,

denn er brachte uns Jungen echte Indianerbogen und Pfeile mit, außerdem Schlangenhäute sowie einen ausgestopften Ozelotschädel. Nebenbei konnte er steppen wie Marika Rökk, rauchte wie ein Schlot und tanzte Rumba. Von ihm hörten wir erstmals ein Lied, das mir später in Südamerika immer wieder begegnete, denn es gehört dort zu den Klassikern: *La Cucaracha*.

Ein ernstes Problem mit ihm gab es hinsichtlich der Verpflegung, denn als Brasilianer kannte er nur das tägliche Nationalgericht, schwarze Bohnen mit Reis. In Brasilien gibt es bis heute kein Hotel, kein Restaurant und keinen öffentlichen Mittagstisch, wo nicht, ganz gleich welches Essen man bestellt, ganz automatisch dieses Gericht mitserviert wird. Doch diese Bohnenart gab es in ganz Stuttgart nicht. Meine Mutter suchte vergebens Märkte, Reformhäuser und Drogerien ab, und Hermann konnte diese Umstellung kaum verkraften.

Schließlich wurde er regelrecht krank und bekam Heimweh. Aber letztendlich fand er dann eine Lehrstelle als Flugzeugmechaniker bei Heinkel in Berlin. Er kam in den Krieg und zeichnete sich im Afrika-Korps unter Rommel mit einsamen, gefährlichen Patrouillen als besonderer Wüstenspezialist aus. Von seinen Kameraden wurde er der »Brasilianer-Schwob« genannt. Er geriet in Gefangenschaft, war in England interniert und erreichte beim dritten abenteuerlichen Fluchtversuch mit einem Frachter endlich wieder seine Heimat Brasilien.

Die Sonntage bildeten immer den familiären Höhenpunkt der Woche. Da musste der Vater nicht in den Dienst und war daher meistens guter Laune. Schon morgens, wenn er sich rasierte, erklangen seine Arien aus dem Badezimmer – leise, wehmütig getragen aus *Zar und Zimmermann*: »Leb denn wohl, mein flandrisch Mädchen«, oder mit feierlichem, dunklen Bass aus der *Zauberflöte*: »In diesen heil'gen Hallen kennt man die Rache nicht«. Wenn er aber anfing, in den höchsten Tönen zu schmettern: »Freunde, vernehmet die Geschichte« aus dem *Postillon von Longjumeau*, dann galt es, den Augenblick zu nutzen, denn da befand er sich im absoluten Stimmungshoch.

Jetzt konnte man irgendwelche Wünsche oder Bitten vortragen, er zwinkerte nur mit den Augen und es hatte geklappt: Man bekam 20 Pfennige für das Cannstatter Volksfest, ein sich jährlich wiederholender Riesenrummel mit Geisterbahnen und Riesenrädern. Meistens setzte ich mein Kapital für Eis oder türkischen Honig ein, den der Verkäufer von einem bunten Zuckerblock abschabte.

Nur einmal überfiel mich doch die Neugier, denn da stand mit großer Aufmachung ein Riesenfernrohr am Rande des Volksparks, direkt am Neckar. Die Plakate verrieten »den Blick ins Jenseits« für zehn Pfennige, und die Leute strömten. Als ich an die Reihe kam, gespannt und sehr erregt zu erfahren, wie es drüben im Jenseits aussehe, erblickte ich nur das andere Ufer des Neckars. So ein Schwindel! Aber keiner von uns, die wir das Zelt verließen, verriet den Wartenden etwas davon. Sollten sie auch reinfallen. So blieb als einziger Genuss die Schadenfreude.

Hatte man gefrühstückt – es gab sonntags immer Hefekranz –, ging es unerbittlich in die Sonntagsschule oder später in die Kirche. An der Petruskirche in Gablenberg waren zwei Pfarrer, von denen der eine einfach und interessant predigte, man ging gerne zu ihm. Der andere jedoch sprach monoton und langweilig, bei ihm schaltete man einfach ab. Als ich älter wurde, steckte ich mir einen Karl May in den Hosenbund, setzte mich in die letzte Kirchenbank, und wenn der Pfarrer »Amen« sagte, stimmte ich gerne wieder in das Schlusslied ein.

Es gab damals schon Pfarrer der Bewegung »Deutsche Christen«, welche sich bald nach der Machtübernahme 1933 unter dem Einfluss der NSDAP formiert hatte. Sie forderte die Abschaffung des Alten Testament und den Arierparagraphen für Kirche und Pfarreien. Meine Mutter war als fromme Pietistin eine heftige Gegnerin dieser Richtung.

Sonntagnachmittags mussten wir Kinder meistens mit auf den traditionellen Familienspaziergang, welcher für uns nur dann interessant wurde, wenn man dabei irgendwo in einer Gaststätte einkehrte. Die Eltern vesperten einen Schwartenmagen, wir schauten meistens zu, bekamen hin und wieder ein Stückchen zum Probieren und tranken eine Limonade, denn für uns gab es zu Hause am Abend wieder den gefürchteten Hefenkranz mit Kakao. Ich konnte ihn lange Jahre nicht mehr sehen und riechen.

Ein bis zwei Mal im Jahr durften wir sonntags ins Kino. Das Geld dafür wurde vom Vater erbettelt, denn die Mutter hatte »für so was« nichts übrig. Im nahen Ostheim gab es ein kleines muffiges Kino, »Flohkiste« genannt, dort kostete der Eintritt nur 30 Pfennige. Weil der Vater auf ärztliche Verordnung viel Mineralwasser trinken sollte, hatten wir immer eine Kiste davon im Keller. Für die Flasche musste ein Pfand von 25 Pfennigen hinterlegt werden, das waren schon gut 80 Prozent des Eintrittbillets. Jetzt musste ich nur noch unbemerkt fünf Pfennige aus der Geldbörse meiner Mutter klauen, und schon saß ich in der verdunkelten Flohkiste und lachte mich, umgeben von einer Meute anderer Jungen, halb tot über Dick und Doof.

Alles schrie und jauchzte, besonders wenn noch Stinkbomben losgelassen wurden, die man als kleine Glaskugeln kaufen konnte. Wurde es dem Vorführer, der auch gleichzeitig der Platzanweiser war, zu dumm, brüllte er immer wieder durch den Saal: »Ruhe, oder ich schmeiß euch raus!«

In der Beschaffung von unerlaubten Geldmitteln im kleineren Stil entwickelte ich mich bald zum Spezialisten, sodass später selbst der alte, immer abgeschlossene Tresor des Vaters für mich kein Hindernis mehr darstellte. Ich wusste einfach, was ich zu tun hatte. Oft kam es vor, dass mir auch der ältere Bruder einen diesbezüglichen Auftrag erteilte. Gerne hätte ich in späteren Jahren meine Eltern deswegen um Verzeihung gebeten, sie hätten sie mir sicher gewährt. Aber es ist die Tragödie jeder Reue, dass sie immer zu spät kommt. Ich halte es für falsch, Kindern kein Taschengeld in die Hände zu geben. Schließlich muss es ja nicht viel sein, aber wer nie etwas hat, wird leicht zum Dieb.

In der Wagenburgschule hatten wir als Klassenlehrer einen alten Professor, wie aus den Bildern der Ludwig-Thoma-Geschichten herausgeschnitten. Auf der Nase hatte er einen goldenen Zwicker, der Spitzbart fehlte nicht, und der schon etwas abgenutzte dunkle Anzug glänzte ein bisschen wie Speck. Wenn er wütend wurde, griff er zum Meerrohr, wobei der Übeltäter aber immer noch wählen konnte: »Vorne oder hinten?« Vorne gab's was auf die Finger, hinten auf den Hosenboden.

Wir wählten immer den Hintern, denn da konnte man, sobald das Donnerwetter heraufzog, schnell noch ein Heft in den Hosenboden stecken, wodurch die Schläge abgeschwächt wurden. In der Zeugnisbenotung war der Professor jedoch ein wahrer Engel. Noch dem Letzten der Klasse schrieb er entschuldigend ins Zeugnisheft, dass er ein guter Junge sei. Damit wollte er sicherlich den väterlichen Zorn des armen Kandidaten dämpfen.

Der Musiklehrer hatte es besonders auf mich abgesehen, seitdem er mich erwischt hatte, wie ich mit meinem Hinterteil auf den Tasten seines wertvollen Flügels herumgehopst war. Der Religionslehrer war ein wahrer Hüne und verabreichte mir einmal eine so ungeheuere Ohrfeige, dass ich wirkliche Sterne sah. Ich hatte ihm, als er an mir vorbei kam, von hinten Maikäfer auf die Jacke gesetzt, die dann, als er wieder vor den Schülern stand, nach oben krabbelten und auf seinen Schultern mit Gebrumm starteten, natürlich zum großen Gaudium der Klasse.

Auch der Mathematiklehrer war ein guter Kerl, aber er hatte im Krieg ein Bein verloren und stapfte mit seiner Holzprothese durch die Gegend. So spürte er die Reißnägel meistens nicht, die ich auf seinem Stuhl ausgelegt hatte. Sie hefteten höchstens die Hose ans Holzbein, das war ja auch lustig.

Ich war gerade zwölf Jahre alt geworden, da ereignete sich in meinem Leben etwas, das einem Absturz gleich kam. Bei einer Untersuchung durch den Schularzt machte dieser plötzlich ein langes Gesicht und fing an, mit einem blauen Stift auf meinem Rücken herumzumalen. Er zeichnete eine senkrechte Linie vom Halswirbel bis zum Becken und malte dann den wirklichen Verlauf der Wirbelsäule nach. Die gezogene Querlinie wies auf eine Abweichung von etwa fünf Zentimetern hin. »Du hast eine Rückgratverkrümmung«, so seine Diagnose, »sie wird oder kann beim weiteren Wachstum einen Höcker bilden.«

Plötzlich war ich ein Gezeichneter, ein Krüppel. Die erschrockenen Eltern brachten mich zum besten Orthopäden der Stadt, welcher zur sofortigen Einlieferung in die so genannte Paulinenhilfe riet, eine spezielle Kinderklinik für solche Fälle. Eines Tages setzte mich meine Mutter dort ab. Was ich in der Klinik sah, gab mir den Rest. Lauter Bucklige, zum Teil dem Glöckner von Notre Dame vergleichbar, so lagen wir in großen Schlafsälen. Oftmals, wenn ihn keiner sah, weinte der Pimpf »aus Kruppstahl« in sein Kopfkissen, denn er kam sich vor wie ein zum Tode Verurteilter.

Die Therapie bestand aus vielen Gymnastikübungen und stunden-
langem Liegen auf schräg gestellten Holzbrettern.

Als mich meine Mutter nach fünf Wochen abholte war, ich ein
anderer Mensch geworden. Etwas war in mir zerbrochen. Ich
musste die folgenden Jahre wöchentlich zur Heilgymnastik. Bei
Nacht zwängte man mich in ein so genanntes Gipsbett, eine vom
Orthopäden angepasste Form, in die der Körper so hineingepresst
wird, dass die Wirbelsäule gerade gerückt wird. Meine Arme wurden dabei in entsprechende Positionen eingeschnürt. Es war fürchterlich, nicht nur wegen der Schmerzen.

Beinahe schlagartig ließen meine schulischen Leistungen nach.
»Es lohnt sich alles nicht mehr«, von diesem Satz wurde mein weiteres Denken und Handeln bestimmt. Dafür flüchtete ich mich in
eine andere Welt. Ich las zahlreiche Werke von Karl May, Rolf Tor-
ring, Billy Jenkins und wie diese Autoren und Abenteuergestalten
alle hießen, oft auch während des Unterrichts, ohne dass die Lehrer es merkten.

Ging es zum Turnen in die Schule oder im Sommer ins Freibad,
ließ ich den Oberkörper nach Möglichkeit immer bedeckt, denn
ich schämte mich. Keiner sollte mich mit dem krummen Kreuz
sehen. Es ist wohl nur den unnachgiebigen Bemühungen meiner
Eltern, verbunden mit großen finanziellen Opfern, zu verdanken,
dass die Verkrümmung im Rahmen blieb, sodass man bei nicht
gerade eng anliegender Kleidung nichts davon bemerkte.

Ist es verständlich, dass ich dafür umso eifriger im Jungvolk
mitmarschierte, wo ich in Reih und Glied so viel galt wie alle anderen? Oder dass es mir eine besondere Genugtuung war, wenn ich
im Schulturnen als Schnellster oben an der Kletterstange ankam?
Aufgrund dieser jahrelangen Gymnastik entwickelte sich meine
Muskulatur nach Aussagen der Fachleute besonders stark, was
wiederum dazu beitrug, dass ich von einer körperlichen Zähigkeit
war, die mir in den kommenden schweren Kriegsjahren von Nutzen sein sollte.

Im Jahre 1936 kam die Olympiade nach Berlin. Die Aufmachung war grandios. Hitler wusste das ganze Spektakel politisch
auszuschlachten, denn wir alle waren begeistert von den großen
Erfolgen der deutschen Sportler. Deswegen möchte ich fragen: Wer
gibt unseren späteren Anklägern das Recht, ein ganzes Volk wegen

seiner Despotenhörigkeit zu verurteilen, wenn der bedeutende englische Staatsmann Lloyd George[1] Hitler damals als den »George Washington von Deutschland« bezeichnete und der *Daily Express* am 17. September 1936 nach einem Interview schrieb: »Es kann kein Zweifel sein, dass Hitler eine wundervolle Verwandlung im Geiste des Volkes erzielt hat.«?

Einmal habe ich Hitler aus der Ferne gesehen, als er nach Stuttgart kam und in einem Hotel nächtigte. Auf dem davor liegenden Platz mussten sämtliche Schulen aufmarschieren, und es bildeten sich Sprechchöre wie: »Lieber Führer, sei so nett und zeig dich uns am Fensterbrett!« Das tat er auch und grüßte freundlich nach allen Seiten.

Ja, Hitler, die Ausgeburt alles Bösen, ein wahres Monstrum – so ist das bis heute zu hören. Doch ich schüttle meinen Kopf darüber und sage: Er war ein Mensch wie du und ich, mit guten und schlechten Veranlagungen. Aber er gab dem Teufel den kleinen Finger und wurde so zum Spielball seiner Dämonen, zum Besessenen, buchstäblich von allen guten Geistern verlassen. Und die Geister, die er rief, wurde er nicht wieder los.

Woher ich das weiß? Die Bibel sagt es mir, und sie sagt mir auch, dass Jesus als der Gottesmann solche Besessenen befreit hat. Aber wer durchschaute in dieser euphorischen Anfangsphase des Dritten Reichs schon dieses Spiel zwischen Gut und Böse, Recht und Unrecht? Es waren nur wenige. Selbst der spätere Hitlerattentäter Claus Schenk von Stauffenberg lehnte es noch 1940 im Blick auf seinen geschworenen Eid ab, Hitler zu töten. Peter Bamm sagt: »Das entscheidende Merkmal der Begeisterung ist der Verlust der Urteilskraft.«

Dann wurde mein Vater zuckerkrank, sodass er mit 56 Jahren in den Ruhestand treten musste. Nun wollte er zurück in seine Heimatstadt Ulm, wo er schon jahrelang zwei Häuser des bereits erwähnten Millionärs aus Argentinien verwaltete. Dieser hatte sie nach dem Weltbörsenkrach im Jahre 1929 für ein Butterbrot erworben. In eins der Häuser zogen wir im Frühjahr 1938 ein, in den zweiten Stock der Karlstraße 68.

---

[1] David Lloyd George war während des Ersten Weltkriegs britischer Premierminister.

Schul- und Lehrzeit 1938–1942

Den Umzug von Stuttgart nach Ulm im Frühjahr 1938 durften wir im Möbelwagen miterleben. Es war eine Reise in die Vergangenheit, aber auch in erwartungsvolles Neuland. Als von ferne die Spitze des Ulmer Münsters auftauchte, schlug das Herz höher. Was würde uns wohl hier in der alten Heimat erwarten?

Wir zogen in eine sehr große und geräumige Wohnung. Direkt vor dem Haus war die Haltestelle der Straßenbahn. Ihr ungewohntes Quietschen und sirenenhaftes Schleifen raubte uns allen in den ersten Nächten den Schlaf.

Was mir diesmal sofort auffiel, war die viel härtere Aussprache des Ulmer Dialekts. Ebenso ungewohnt war, dass die angrenzenden drei- oder vierstöckigen Häuser sehr eng aneinander standen, sodass man abends unbedingt die Vorhänge zuziehen musste, sonst schaute einem der Nachbar in den Suppenteller. Es gab auch ein Haus im Hinterhof. Mit anderen Worten: Man sah, egal aus welchem der Fenster man schaute, immer nur Mauern. Wie ganz anders war das in Stuttgart gewesen!

Naturgemäß waren wir sehr gespannt auf die neue Schule und die zukünftigen Lehrer. Ich kam in die vierte Klasse der Kepler-Oberschule und wurde bei meiner Ankunft vom Klassenlehrer, einem kleinen, älteren Professor, überaus herzlich empfangen und der Klasse vorgestellt mit den Worten: »Hier kommt ein Sänger und ein Held zugleich.« Er hatte meine Personalien und Zeugnisse in der Hand und erklärte der Klasse, was für ein hervorragender Schüler da angekommen sei.

Auweia, jetzt rächten sich die überzogenen Zeugnisnoten seines Stuttgarter Kollegen, und der Blamierte war ich. Sehr bald schon traten meine wirklichen Kenntnisse und Fähigkeiten zutage, und ebenso bald rutschte ich wieder dahin ab, wo ich hingehörte, nämlich nach unten.

Ich wurde geradezu zur Zielscheibe des Lateinlehrers. Er war kein guter Mensch und ich hatte Angst vor ihm. Als wir einmal einen Text vom sagenhaften Gründer Roms, Romulus, und seinem Zwillingsbruder Remus zu übersetzen hatten, die bekanntlich von einer Wölfin gesäugt wurden, schrie er mich, bevor ich mir die Antwort auf seine Frage überlegen konnte, wütend an: »Wenn nur dich die Wölfin gefressen hätte.« Die ganze Klasse lachte auf, ich aber kapselte mich noch mehr ab.

»Warum«, so dachte ich oft, »nimmt mich nicht mal ein Lehrer ganz allein zur Seite und redet mit mir auf eine gute Art? Warum macht mir keiner Mut und weckt meinen Ehrgeiz?« Ich weiß, dann hätte ich mich angestrengt, schon aus purer Dankbarkeit. Aber sie taten es nicht, mit Ausnahme des Deutschlehrers, der sogar einmal der Klasse einen Aufsatz von mir vorlas. Darüber freute ich mich sehr.

Selbstverständlich gab es auch eine Überweisung an die Ulmer Hitlerjugend beziehungsweise das Jungvolk, und weil mir die Musik immer gefallen hatte, meldete ich mich zum Spielmannszug. Das war eine Einheit aus Fanfarenbläsern und Landsknechtstrommlern, die bei besonderen Anlässen buchstäblich mit Pauken und Trompeten durch die Straßen marschierte und einen Mordskrach vollführte. Ich bekam eine Fanfare in die Hand gedrückt. Man erklärte mir die Technik, wie ich Luft holen und blasen musste, aber die Hauptsache sei eben das ständige Üben. Das tat ich dann auch, zum Fenster hinaus, auf den Hinterhof. Anfänglich brachte ich keinen Ton zustande, dann hatte ich es jedoch kapiert. Aber es waren Herz und Nerven durchdringende Töne, die aus dem Instrument herauskamen – dumpf und hohl, schrill und sirenenartig. Und dieser Widerhall! So ähnlich muss es in Jericho geklungen haben, wo sogar die Mauern umfielen. Ich war begeistert, aber die Nachbarschaft schloss sich diesem Hochgefühl nicht an. Die Fenster wurden aufgerissen, man bat um Ruhe, rief nach der Polizei und forschte nach der Ursache dieser »Sauerei«.

Da wurde mir klar, dass ich diese Übungsstunden nicht fortführen konnte. Aber weil ich mich vor den neuen Jungvolkkameraden nicht blamieren wollte, suchte ich einen Ausweg. Wenn wir in Reih und Glied marschierten, riss ich auf das entsprechende Kommando die Fanfare hoch, blies fürchterlich die Backen auf – aber ohne jeden Ton. So täuschte ich nicht nur meine Musikkameraden, sondern auch die Passanten, die bewundernd am Straßenrand stehen geblieben waren. Dass dies kein dauerhafter Zustand sein konnte, war mir klar. Da ich bereits 14 Jahre alt war, kam ohnehin die Überführung in die Hitlerjugend.

Schnell fand ich Anschluss an einige Nachbarsjungen. Wir trafen uns gewöhnlich an den Nachmittagen, besuchten uns gegenseitig in den Häusern, und je nach Wetterlage wurde ein Programm ausgeheckt. Man strich durch die Festungsanlagen und Wallgräben der Wilhelmsburg und suchte nach leeren Patronenhülsen der dort übenden Infanterie.

Man rauchte Zigaretten oder kaute Priem. Man kannte eine Buchhandlung, wo der Inhaber, ein alter Junggeselle, auf Nachfrage einen ganzen Stoß Abenteuerheftchen zur Auswahl auflegte, um dann wieder in seinem hinteren Büro zu verschwinden. Auch wir verschwanden schnell, allerdings nahmen wir einige Heftchen mit, ohne sie zu bezahlen. Ein Rauchwarenladen wurde auf die gleiche Weise heimgesucht. Wir spielten Fußball in den Straßen und waren weg, wenn eine Scheibe klirrte.

Auch den Spaß mit dem Kinderwagen werde ich nie vergessen. Wir fanden ihn im Müll. Er war ziemlich stabil und hatte den üblichen, aufklappbaren Sonnen- beziehungsweise Regenschutz. Da legte sich einer von uns hinein, zusammengekrümmt und unsichtbar, weil wir einen kleinen Vorhang konstruiert hatten. Jetzt fuhr ein anderer damit los, blieb vor einem Kaufladen stehen und der »Säugling« fing an, erbärmlich zu wimmern und zu weinen.

Dies rief mit großer Sicherheit das Mitleid meist älterer Damen hervor, die voller Anteilnahme hinzutraten, um einen Blick auf das arme Würmchen zu werfen. Beim Heben des Vorhangs blickte der Frau dann ein grinsender Bubenkopf entgegen, der ihr dazu noch die Zunge herausstreckte. Wenn der Schieber des Wagens nicht im Schnellstart ab- und davongefahren wäre, hätte es von den schimpfenden Omas sicherlich manche Ohrfeige oder einen Hieb mit dem Regenschirm gegeben. Wir anderen beobachteten die Szene natürlich aus sicherer Deckung und lachten uns halb tot.

Die Stadt Ulm war 1871 zur Reichsfestung mit vielen Befestigungsanlagen ausgebaut worden. Sie zählte zu den größten Garnisonsstädten Deutschlands und hatte mehr als 20 Kasernen. Im Münster hängen die Gedenktafeln der Ulmer Regimenter für die 27.000 Gefallenen des Ersten Weltkriegs, ebenso ihre Fahnen.

Es gab zwei so genannte Garnisonskirchen, eine evangelische und eine katholische. Dort marschierten die Soldaten auf, wenn Kirchgang verordnet war. Die evangelische Kirche hatte zwei hohe Türme, sie sahen aus wie Granaten. Gleich dahinter wohnten wir. Hier wurde ich im März 1939 konfirmiert. Unser Pfarrer Baierbach beeindruckte mich Lausbub sehr. Er gab mir den Konfirmationsspruch aus dem Petrusbrief: »Gott widersteht den Hoffärtigen, aber den Demütigen gibt er Gnade.« Ich verstand ihn damals noch nicht. Auch dieser gute Mann kehrte aus Russland nicht zurück.

Die kleinen Fensterchen an den Türmen dienten mir später als Zielscheiben für mein Flobertgewehr. Wenn es schepperte, hatte ich getroffen. Als wir erfuhren, dass man Läutebuben suchte, meldete sich unsere Gruppe geschlossen, denn es gab 30 Pfennige pro Sonntag zu verdienen. Sie wurden monatlich von dem alten Mesner ausgezahlt. Das war für mich viel Geld.

Aber noch größer war der Spaß, den wir dabei hatten. Die vier zum Teil sehr schweren Glocken mussten an ihrem jeweiligen Strang gezogen werden. Einmal in Schwung, konnte man sich hinhängen und wurde bis zu zwei Meter vom Boden hochgezogen. War das Hauptläuten am Anfang vorbei, dauerte es eine dreiviertel Stunde bis zum Vaterunserläuten, und in dieser Zeit beschäftigten wir uns mit allerlei.

Wir kletterten wie die Affen innen an den eisernen Steigleitern die Türme empor, stiegen oben durch die Öffnung zum Uhrenblatt hinaus, und als ich entdeckte, dass der Bühnenboden über dem Kirchenschiff winzige Lüftungsöffnungen hatte, holten wir kleine Steinchen und ließen sie auf die andächtig sitzenden Gottesdienstbesucher fallen. Sehen konnten wir sie nicht, aber wir stellten uns ihre erstaunten Blicke und ihre himmelwärts gerichteten Gesichter vor. Ach, war das eine Gaudi!

Da mein pensionierter Vater erst 56 Jahre alt war, suchte er nach einer zusätzlichen Beschäftigung und fand sie auch. Es gab in Ulm ein einziges Briefmarkengeschäft, das gerade mitsamt dem Warenlager zum Verkauf stand. Es war eine günstige Gelegenheit, und so schlug mein Vater zu. Er war Zeit seines Lebens Philatelist gewesen und galt in den Fachkreisen als Experte.

Das Geschäft war in der Keplerstraße, bestand aus nur einem Zimmer, und zur Straße hin hatte es ein Schaufenster. Wenn man einmal musste, ging man durch die Hintertür in einen stockdunklen Gang und von da auf den Abtritt der Vermieterin, einer alten Jungfer. Die Stätte der Erleichterung war ein hölzernes Sitzbrett mit Direktverbindung zur Grube.

Es war klar, dass die ganze Familie in das Geschäft eingespannt wurde. Meine älteste Schwester und meine Mutter mussten abwechselnd in den Laden, während ich mich daheim zum Fachmann für Auswahlsendungen und Geschenkpackungen entwickelte. Die Kundschaft war nicht allzu zahlreich, der Verdienst kaum mehr als ein Zubrot. Persönlich bescherte mir das Unternehmen – außer dem gelegentlichen Griff in die Kasse, denn im Haus daneben war eine Konditorei – vielleicht zusätzlich noch das Wohlwollen eines späteren Klassenlehrers, der es als besonders begünstigter Kunde dann nicht übers Herz brachte, den Fritz durchfallen zu lassen.

Politisch war jetzt eine angespannte Atmosphäre zu spüren. Der Ulmer Partei-Kreisleiter, ein Mann in den mittleren Jahren, war ein ordinärer, hochgekommener Opportunist und fanatischer Nazi. Er schrie bei einer nächtlichen Großveranstaltung mit sich überschlagender Stimme und erhobener Faust zum Himmel: »Wo ist er denn, der da droben?« Nie werde ich vergessen, wie sein Leichnam nur wenige Monate später auf einer Lafette mit feierlichem Ehrenzug zum Friedhof geleitet wurde, links und rechts die Fackelträger, da es schon dunkel war.

Auch der Polizeipräsident von Ulm war ein ähnlicher Typ. Selten waren in der braunen Hierarchie anständige und vertrauensvolle Menschen zu finden. Das ganze damalige Parteiwesen hatte die Eigenschaft eines Bierseidels: Es war der Schaum, der nach oben strebte. Doch wir Jungen durchschauten dieses Theater natürlich nicht.

Schon längst war der Gruß »Heil Hitler« in den Schulen eingeführt und den Lehrern bei Beginn des Unterrichts zur Vorschrift gemacht worden. Dabei war es ihren Gesichtern gut anzusehen, was sie davon hielten und wie sie zum Regime standen. Ein Lehrer verzog so sein Gesicht, als hätte er uns seinen baldigen Tod zu verkündigen. Ein anderer schaute beim Gruß durchs Fenster, was wohl das Wetter mache. Der Dritte hob nur ganz flüchtig und schnell seinen Arm, als wenn er eine Fliege verscheuchen wollte.

Hätte ein Lehrer den Hitlergruß verweigert, wäre dies der sichere Weg ins KZ gewesen. Aber natürlich gab es auch die Zackigen, und das waren meist die Jüngeren. Da wusste man gleich, woran man war. Ein Lehrer warf später, als schon Krieg war, die Drohung ins Klassenzimmer: »Wenn wir« – gemeint war die NSDAP – »den Krieg gewonnen haben, hängen wir als Erstes die Pfaffen an den Kirchtürmen auf!«

Dieser Spruch war in der Partei gängig, wie man mit der Zeit erfuhr. Auch ein mir bekannter Mann aus der Bauernschaft schrie ihn in der Gegend herum, obwohl sein eigenes behindertes Kind im Euthanasieprogramm zu Tode gebracht wurde.

Aber noch war Friede. Zwei Jahre nach der Rheinlandbesetzung im Jahre 1936 folgte der Anschluss von Österreich an das Deutsche Reich. Wie mir Beteiligte erzählten, war die Begeisterung der Bevölkerung ungeheuer, es war ein regelrechter Taumel. Aber natürlich zeigten die Medien die andere Seite nicht, denn »die im Dunkeln sieht man nicht«, wie Brecht formulierte. Und so sollte es auch bleiben. Die Angst ist nun einmal der Schatten eines Gespenstes.

1938 kamen die sudetendeutschen Gebiete zum »Reich«. Immer häufiger sah man jetzt Möbeltransporte zum Bahnhof rollen und es war zu hören: »Die Juden hauen ab.«

Wir hatten in unserer Klasse noch einen jüdischen Schüler, einen stillen, ja verschüchterten Buben, der mit niemandem Kontakt aufnahm. Hatte unser Klassenlehrer nach seinem Lehrplan etwas über die Juden zu sagen, dann machte er ein geradezu wehleidiges Gesicht und sagte zu dem Jungen: »Komm, geh raus!« Der verließ dann das Klassenzimmer und blieb so lange vor der Tür stehen, bis ihn der Professor wieder hereinrief. Passierte es aber, dass einer aus der Klasse einen geruchstarken »Wind« ließ, dann konnte der Pädagoge lautstark brüllen: »Fenster auf! Da heißt es immer, die Juden stinken! Nein, ihr stinkt! Pfui Teufel!«

Ich sah in dem Außenseiter irgendwie einen Leidensgenossen und versuchte, mich mit ihm anzufreunden. Auf mein Angebot, ihn zu Hause zu besuchen, reagierte er sehr vorsichtig. Als ich in seine Wohnung kam, befiel mich ein eigenartig bedrückendes Gefühl. Ich bekam den Eindruck, als ob mir seine Eltern aus dem Weg gingen. So blieb es bei meinem einzigen Versuch. Kurze Zeit später war ihre Wohnung leer, auch sie waren, gerade noch zur rechten Zeit, nach Amerika ausgereist.

So manch braver arischer Bürgersmann nutzte die einmalige Gelegenheit zu einem Schnäppchen. Die Auswanderer mussten ja verkaufen – ein Haus, ein Geschäft, Gold und sonstige Wertgegenstände – und viel Zeit zum Verhandeln blieb ihnen nicht. Auch mein Vater bekam einmal eine wertvolle Briefmarkensammlung angeboten, aber er lehnte ab, denn Notverkäufe weit unter dem Handelswert betrachtete er als Betrug.

Im November 1938 kam es zur berüchtigten Kristallnacht. Als wir morgens in die Schule kamen, wurde erzählt, dass die SA in der Nacht an jüdischen Geschäften die Schaufenster eingeschlagen hätte. Außerdem sei die Synagoge in Brand gesteckt worden, und den Ulmer Rabbiner, einen älteren Mann, hätten sie in den kalten Brunnen am Weinhof geworfen und an seinem Bart herumgezogen. Der Grund für diese Pogrome sei die Rache dafür, dass ein junger 16-jähriger Jude den deutschen Botschafter in Paris, vom Rath, erschossen habe.

Als es zur großen Klassenpause läutete, sprach es sich in Windeseile unter der Schülerschaft herum, dass der Besitzer eines Zigarrengeschäfts, nur wenige Häuser von der Schule entfernt, ebenfalls ein Jude sei und dass man ungestraft die Schaufenster einschlagen könne. Darauf rannten ganze Scharen zu besagtem Geschäft, schlugen die Schaufenster ein und raubten unter fürchterlichem Gerangel und Geschubse die Auslagen – Zigarren, Zigaretten, Pfeifen und anderes mehr.

Keiner der Schüler kannte den Besitzer, und keiner hatte vorher gewusst, dass er Jude war. Er hätte geradeso Inder oder Chinese sein können. Das Einzige, was man kapierte: Es war die einmalige Gelegenheit, Schaufenster zu zertrümmern und zu kostenlosen Rauchwaren zu kommen, ohne gestraft zu werden.

Auch der an der Hauswand angebrachte Zigarrenautomat einer auswärtigen Zigarren-Firma wurde zertrümmert, und noch heute sehe ich einige Schüler, wie sie krampfhaft versuchten, an die im unteren Teil des Automaten befindlichen Geldmünzen heranzukommen. Von der Polizei war nichts zu sehen. Schon damals ging es mir durch den Kopf: »Wie schnell verändert sich der Mensch, wenn er weiß, es ist alles erlaubt.«

Sehr gut erinnere ich mich noch an die Gesichter einiger Straßenpassanten. Es waren meistens Frauen, die stehen blieben und ungläubig den Kopf schüttelten. Man sah ihnen an, wie sehr sie diese Barbarei verurteilten. Aber niemand sagte ein Wort. Das Sprichwort sagt: »Angst ist die Voraussetzung fürs Überleben«, und so ist es, Gott sei's geklagt. Deshalb sollte niemand den Richter spielen wollen, der solche Ängste nicht am eigenen Leib ausgestanden hat.

Auch meine Mutter schüttelte nur den Kopf, als ich ihr beim Heimkommen alles erzählte. Ich wusste, dass sie diese verfolgten Menschen von Herzen bedauerte, doch damit war eben keinem geholfen.

Am darauf folgenden Sonntag war auch in den Kirchen beziehungsweise von den Kanzeln diesbezüglich nicht viel zu hören. Ganz bestimmt hat mancher Pfarrer den Versuch unternommen, in der Predigt »unterschwellig« und »durch die Blume« dieses Unrecht zu verurteilen. Aber offen geredet hat, soweit ich mich erinnere, nur ein Pfarrer unserer württembergischen Landeskirche. Er wurde im Anschluss daran von SA-Rabauken zusammengeschlagen.

Aber wer wirft den ersten Stein? Hielt doch in diesen fortgeschrittenen NS-Jahren bereits der Begriff »Sippenhaft« seinen schrecklichen Einzug. Selber hätte man vielleicht den Mund aufgemacht, aber da war die Frau, da waren die Kinder! Die echten Helden sind immer rar gesät. Erst, wenn diese gefallen sind, steigen die Maulhelden aus ihren Löchern. Wer damals die Parole zum Sturm auf den Zigarrenladen in die Welt gesetzt hatte, wurde übrigens nicht bekannt. Aber irgendwie dürfte auch hier gesteuert worden sein.

Im März 1939 wurde die Tschechoslowakei besetzt, es roch geradezu nach Krieg. Aber noch sangen morgens die ausmarschierenden Kompanien frisch und unbekümmert, wenn sie an unserem Haus vorbei zogen: »Frühmorgens, wenn die Hähne krähn, ziehn wir zum Tor hinaus« oder »Es ist so, schön Soldat zu sein, Rosemarie«. Man erkannte die verschiedenen Einheiten schon von ferne, denn jede hatte ihr eigenes Leib- und Magenlied.

Inzwischen waren meine Leistungen in der Schule so bedenklich geworden, dass eine Versetzung in die fünfte Klasse zweifelhaft wurde. Wiederholen wollte ich nicht, also musste ich raus aus der Schule. Aber wohin und was sollte ich anfangen? Zum Erlernen eines bestimmten Berufs hatte ich weder Hang noch Ideen. So folgte man dem Rat eines Onkels, der als guter Kaufmann und Junggeselle eine Uhrengroßhandlung betrieb: Vielleicht könnte ich einmal sein Nachfolger werden? Man meldete mich in der Höheren Handelsschule an. Dort gab es nach zwei Jahren die Mittlere Reife, und dann ... Gott mochte wissen, wie es weitergehen würde.

Aber plötzlich war der Krieg da. Am 1. September 1939 »wurde zurückgeschossen«, das hieß den Medien zufolge, dass man sich die dauernden Provokationen der Polen und ihre frechen Überfälle nicht mehr gefallen ließ. Also drauf, nichts wie drauf! So dachten wir Jungen. Aber die Alten schüttelten den Kopf und machten sehr bedenkliche Gesichter. Krieg? »Etwas Schlimmeres kann es nicht geben«, sagten sie. Hatte er nicht Recht behalten, der französische Marschall Ferdinand Foch, als er den unglücklichen Versailler Vertrag im Jahr 1919 mit den Worten bewertete: »Das ist kein Frieden. Das ist ein Waffenstillstand für 20 Jahre!« Es stimmte aufs Haar genau. Ein wahrer Prophet.

Schon in den folgenden Tagen kamen die Stellungsbefehle in die Häuser der Reservisten. Sie mussten ihr Köfferchen packen und Abschied nehmen. So auch unser Nachbar, ein junger Bäckermeister. Über Nacht stand die Frau mit ihren drei kleinen Kindern allein im Geschäft, als Hilfe war nur noch ein 16-jähriger Lehrjunge da.

Die Schulen schlossen ihre Pforten, hurra! Das war uns ganz Recht. Was lag jetzt näher, als sich in den Dienst des bedrohten Vaterlandes zu stellen? Ich meldete mich freiwillig. Nicht an die Front, o nein, dafür war ich viel zu jung, aber in die Backstube der Bäckerei.

Morgens um vier Uhr – raus aus dem Bett! Brötchen und Brezeln, Brot und Torten, alles wurde fabriziert unter der Anleitung des Lehrjungen. Sehr schnell entdeckte ich in einem rückwärtigen Zimmer das Lager von Schokolade und sonstigen Süßigkeiten ... es lässt sich leicht erraten, dass ich immer wieder in dem kleinen Lagerraum verschwand.

Schnell arbeitete ich mich ein. Als nachmittags die benachbarte Metzgerei große Bleche mit Fleischkäse zum Backen anlieferte, läuteten bei mir alle Alarmglocken. Diese Delikatesse, im Volksmund »Leberkäs« genannt, wurde immer ab 16 Uhr ofenwarm im Metzgerladen verkauft, war aber für uns Jungen aus finanziellen Gründen unerreichbar. Jetzt standen die Bleche mit dem rohen Fleischteig vor mir und schauten mich verlockend an. Wo war die Lösung?

In die Teigmasse hatte der Metzger oben ein bestimmtes Rastermuster eingeschnitten, das ohne Schwierigkeiten nachzuzeichnen war. Also eröffnete ich Hans, dem Lehrjungen, meinen Plan, und er war gleich einverstanden: Ich schabte sehr gleichmäßig und präzise von der Fleischmasse einen Teil ab und füllte damit eine kleine Backform. Die Rasterzeichnung wurde mit einem Messer wieder eingeritzt. Die kleine Backform, die vielleicht ein Kilo Inhalt hatte, wurde mitgebacken, und der Fall war gelöst. Ach, wie großartig schmeckte diese verbotene Frucht.

Es war damals Brauch und Sitte, dass die Hausfrauen am Wochenende ihren Sonntagskuchen zum Ausbacken in die Bäckerei brachten, das kostete zehn Pfennige. So kam einmal eine Frau und brachte einen Zwiebelkuchen, eine schwäbische Spezialität. Zusammen mit einer Suppe war es ein perfektes Mittagessen. Die fein geschnittene Zwiebelmasse, vermengt mit Eiern und Sauerrahm, ist flüssig und wird mit der Ofenhitze fest.

Nun gut, mit meinem weißen Schurz und der Mütze fühlte ich mich schon als absoluter Könner. Nur mit dem »Einschießen«, so wird das Einschieben der Teigwaren in den heißen Ofen mit einer drei Meter langen, hölzernen Backschaufel in Fachkreisen genannt, haperte es noch. Die Teile waren vorne recht schmal, vom vielen Gebrauch leicht abgerundet und dazu noch rutschig. Nun, ich setzte also das Blech auf, zog die Ofentür nach oben, wollte »einschießen« – und da passierte das Unglück: Der Kuchen rutschte weg, fiel und die Masse floss auf dem dreckigen Steinboden herum, auweia!

Schnell nahm ich eine Kehrschaufel, kehrte mit dem kleinen Besen die Brühe zusammen und füllte damit wieder die Form. Um es kurz zu machen: Als ich mich nachher von der Backfestigkeit des Zwiebelkuchens überzeugen wollte, rutschte er mir wieder, mittlerweile schon halb fest, von der Schaufel und dann auch noch ein drittes Mal. Immer wieder kehrte ich alles zusammen und schob es zurück in den Ofen. Als die Frau kam, um ihren Kuchen abzuholen, versteckte ich mich hinter den Mehlsäcken. Ich konnte aber aus dem Hinterhalt beobachten, wie sie vor dem Kuchen stehen blieb, den Kopf schüttelte und ganz verzweifelt hervorstieß: »O weh, der ist aber sehr gefallen, was wird da mein Mann sagen?« Dass er gefallen war, das stimmte, aber was ihr Mann sagte, erfuhr ich zum Glück nicht.

Die Bäckerei musste nach 14 Tagen geschlossen werden, und es war besser so. Immer mehr ging es drunter und drüber, denn auch der Lehrjunge hatte sein Grenzen. So endete mein erster Kriegseinsatz mit mancherlei Blessuren, aber auch der einen oder anderen schönen Erinnerung, besonders was den Leberkäs anbetrifft.

Die Handelsschule lag direkt an der Donau, nicht weit von der Stelle entfernt, an der Schneider Albrecht Berblinger im Jahr 1811 mit einem selbstgebauten Gleitflugapparat über die Donau hatte fliegen wollen. Dass er zum Spott der vielen Zuschauer dabei ins Wasser fiel, war sein Pech, aber der Versuch zeugt immerhin von schwäbischem Erfindergeist und Ulmer Tatkraft. Der Blick über den eigenen Tellerrand hinaus ist dort gang und gäbe.

In der neuen Schule sicherte ich mir geistesgegenwärtig und schnell einen Platz in der hintersten Bank, gemäß dem Grundsatz all derer, die Verfolgung leiden: »Wer nicht gesehen wird, kann nicht erwischt werden.« Beim Abfragen der Hausausgaben konnte ich mich unsichtbar machen, indem ich nach U-Boot-Manier abtauchte: Ich setzte mich auf den Boden unter die Bank. War die Kontrolle zu Ende, tauchte ich wieder auf.

Irgendwann wurde ich aber doch, um in der Marinesprache zu bleiben, »torpediert«, und man setzte mich als äußerst suspektes Individuum in die erste Bank. Somit war ich nach Meinung der Lehrer in ihr direktes Blickfeld gerückt. Aber sie irrten sich, denn jetzt saß ich im toten Winkel dieser Herren. Das ist vergleichbar mit einer dicken Person, die nicht auf die eigenen Schnürsenkel hinabsehen kann, weil sie im toten Winkel des Bauches liegen.

Jedenfalls schlug ich mich durch. Gab es Klassenarbeiten, schrieb ich ab. Aber nicht aus angefertigten Spickzetteln oder Notizen auf der Innenhand, nein, das war mir zu viel Mühe. Ich hatte die Lehrbücher auf den Knien, bei den Abschlussexamina war es sogar ein ganzer Lexikonband, in dem ich eiskalt und lautlos blätterte, während der Lehrer nur 50 Zentimeter vor mir stand und über mich hinweg die Klasse kontrollierte. Ich saß im toten Winkel. Und die Lehre daraus? Es kommt nicht auf die Entfernung an, sondern auf den Winkel. Gewusst wie!

Wir hatten keine schlechten Lehrer. Ganz stolz war ich, als mich eines Tages der Rektor mit den Worten lobte: »Der Held ist gar nicht so dumm, wie er ausschaut.« Ich hatte als Einziger eine schwierige Frage beantwortet. Aber es war auch auf dieser Handelsschule, wo ich zum ersten und letzten Mal in meinem Leben heftig aus der Nase blutete. Der Lehrer in Stenografie holte in einem Wutanfall mit der geballten Faust weit aus und versetzte mir einen fürchterlichen Schlag auf die Nase. Zum Glück brach mein Nasenbein nicht, sonst hätte ich es wohl meinem Vater sagen müssen. So aber war das nicht nötig. Wir waren ja »hart wie Kruppstahl«.

Der Krieg hatte begonnen. Aber noch merkte man in der Heimat nicht viel davon. Man hörte begierig auf die Sondermeldungen im Radio und war stolz auf die Leistungen der deutschen Soldaten. Nach Beendigung des Blitzfeldzugs in Frankreich rückten die siegreichen, blumengeschmückten Regimenter mit schneidiger Marschmusik und umjubelt von der Bevölkerung in die Heimatgarnison Ulm ein. Wir Schüler hatten nur die Befürchtung, der Krieg könnte ohne uns zu Ende gehen. Aber schon waren in den Tageszeitungen auch die schwarz umrandeten Anzeigen zu sehen, in denen über dem Namen stand: »Gefallen für Führer, Volk und Vaterland.«

Längst war ich vom Jungvolk in die Hitlerjugend übergewechselt. Unter diesem Gesamtbegriff gab es verschiedenartige Abteilungen wie die Marine-, Reiter-, Motor-, Flieger- oder Kultur-HJ. Sie waren auf diese Sachgebiete ausgerichtet, das heißt, im Programm lernte man beispielsweise das Motorradfahren, Segelfliegen oder Reiten.

Die »Truppe« durfte man sich selber aussuchen, wobei die Anwärter sicherlich schon mit einer entsprechenden späteren Verwendung im Heer liebäugelten. Ich meldete mich zur Kultur-HJ.

Dies sei, so wurde ich informiert, ein ziemlich zahmer Verein. Man nähme es nicht allzu genau mit der Antreterei und dem Dienst. Dieser Punkt war wichtig, denn mit Beginn des Krieges wurden alle Regeln strenger. Schon längst war die Zugehörigkeit zu den Jugendorganisationen nicht mehr freiwillig, sondern Vorschrift. Wer nicht erschien, konnte durch die Polizei geholt werden, so wurde gemunkelt. Ich habe aber nie von einem entsprechenden Fall gehört. Nur im Behinderungs- oder Krankheitsfall gab es Ausnahmen.

Schnell wurde ich in der Kulturtruppe heimisch. Ich fand gute Kameraden, brauchte aber einige Zeit, bis ich hinter das Geheimnis des Kulturschaffens kam. Wir sangen bei den Heimabenden weniger die gebräuchlichen Kampf- und Marschlieder, dafür Volkslieder wie: »Kein schöner Land«, »Es dunkelt schon in der Heide«, »Wenn alle Brünnlein fließen« und »Ade zur guten Nacht«.

Bei den Sonnwendfeiern stand man in der Nacht auf einem hohen Berg im großen Kreis um das brennende Feuer, hier ausnahmsweise zusammen mit dem Bund Deutscher Mädchen. Man hielt sich an den Händen und sang: »Flamme empor«, wo der dritte Vers sagt: »Heilige Glut, rufe die Jugend zusammen, dass bei den lodernden Flammen wachse der Mut.« Dann sprang man paarweise durchs Feuer.

In den Wintermonaten ging es hinaus auf die Dörfer, wo wir als Theatergruppe lustige Schwänke aufführten. Auch bei den öffentlichen Straßensammlungen für das Winterhilfswerk waren wir aktiv. So hatten wir einmal als besondere Attraktion eine Bühne aufgebaut, ganz nahe dem Münster.

Zur Aufführung kam eine Moritat, die von der unglücklichen Liebe des Ritters Kunibert zu dem Burgfräulein Kunigunde erzählte. Auf Bänkelsänger-Weise wurde der Text von den Beteiligten heruntergeleiert, begleitet von unserem Akkordeon-Ass mit dem Spitznamen »Negus«. Die Geschichte endet tragisch, und der verzweifelte Ritter stürzt sich in sein Schwert. Dieses war echt und sogar noch zweischneidig, wie uns der Hauptdarsteller zuvor sehr stolz erklärt hatte. Donnerwetter, wir prüften die Schneiden, sie waren messerscharf.

Die Vorstellung lief programmgemäß ab. Eine ganze Menge Zuschauer hatte sich eingefunden, die wir mit unseren Sammelbüchsen tüchtig »belästigten«. Jetzt kam die Stelle, wo Kunibert sich ins Schwert zu stürzen hatte. Er tat dies immer sehr echt, indem er noch im Fallen die Schwertspitze zwischen Brust und Oberarm hindurch schob. Aber diesmal blieb er mit der Spitze an der silbernen Rüstung aus Karton hängen – und fiel tatsächlich ins Schwert! Dieses durchstieß den Brustkorb und trat im Rücken in ganzer Länge heraus.

Die Zuschauer lachten begeistert, denn sie dachten an einen Trick, wie ihn die Zauberkünstler vorführen. Aber es war keiner. »Negus« wurde kreideweiß und unterbrach sein Spiel. Kunibert stand auf, zog sich das Schwert aus der Brust, dann stieg er von der Bühne und stolzierte mit sonderbar steifen Schritten über den Platz und trat durch die Tür des Musikhauses Reisser. Dort brach er zusammen.

»Hart wie Kruppstahl«, das war unsere Erziehung. Sie trug sicherlich dazu bei, dass der Krieg so lange dauerte. Kunibert kam mit dem Leben davon. Ob er auch den Krieg überstand, weiß ich nicht.

Eines Sonntagmorgens waren wir angetreten, da kam ein telefonischer Hilferuf vom Theater mit der Bitte, man möge doch sofort zwei Jungen schicken, sie würden als Statisten gebraucht. Die Vorstellung habe aber bereits begonnen. Ich meldete mich mit meinem Freund Albert, und wir rannten in die Innenstadt zum Theater, ohne zu wissen, was unsere Rolle sein würde.

Dort wurden wir schon erwartet. Man riss uns die Uniform vom Leibe, malte uns von oben bis unten mit brauner Farbe an, dann drückte man uns einen Turban auf den Kopf und auf meine angstvolle Frage, was das denn sei und was wir zu tun hätten, wurde nur abgewinkt, denn das würden wir dann schon merken.

Das Stück hieß »Das Schwert des Mythra«, und die Handlung spielte irgendwo im Orient. Ich sollte einen Sklaven darstellen, der hinter der Tür lauschend vom König entdeckt wird. Alles Weitere würde sich von selbst ergeben, ich solle dann einfach so lange am Boden liegen bleiben, bis der Vorhang falle. So informierte mich in Stichworten ein Kulissenmensch, dann schob er mich an meinen Lauscherposten.

Hinter dunklen Tuchwänden war ein großes Geschrei zu vernehmen. Es war der König. Dann ging alles blitzschnell. Das Tuch wurde zur Seite gerissen, vor mir stand ein Riesenkerl, den ich auf mindestens 150 Kilo schätzte. Er hatte mich entdeckt, riss mich unter fürchterlichen Drohungen hinaus auf die Bühne und warf mich auf den Boden, dass die Bretter nur so krachten. Ich blieb liegen, der Vorhang fiel und wir konnten wieder verschwinden.

Als Andenken behielt ich ein aufgeschlagenes Knie und die lebenslange Erkenntnis, dass der Lauscher an der Wand tatsächlich nie ein gutes Ende nimmt.

Da es in vielen Fabriken und Betrieben bereits große Lücken durch die Abstellungen zum Militär gab, suchten diese in den Ferienmonaten Schüler als Hilfskräfte. Weil man dabei etwas verdienen konnte, waren solche Arbeitsplätze sehr gefragt. Auch ich meldete mich, und zwar bei der Pflugfabrik Eberhardt. Dort musste ich Eisenteile sortieren. Der Stundenlohn betrug 14 Pfennige, der Gegenwert einer halben Tafel Schokolade.

Ein anderes Mal fanden wir Arbeit bei einer Käsefabrik. Hier galt es, in großen Kellern die dort gelagerten Käse zu sortieren und zu wenden. Hier erinnere ich mich besonders an die Berge von bulgarischem Schafskäse, hinter dem wir uns verschanzten und uns Käseschlachten lieferten. Es war ja keine Aufsicht da. Wir bewarfen uns gegenseitig mit den stinkenden weichen Käsebrocken, und ein Volltreffer im Gesicht des Gegners zeichnete uns als zukünftige Scharfschützen aus.

Wenn die Fabriksirene zum Feierabend tutete und die Arbeiterschaft dem Ausgang zuströmte, standen dort Kontrollen. Man wurde bei Verdacht abgetastet, aber mich haben sie nie erwischt. Ich durfte nur daheim nicht verlauten lassen, dass das Päckchen Schmelzkäse gestohlen war. Dafür fand ich eine andere Ausrede.

Im Jahr 1940 gab es in unserer Familie die erste tief greifende Veränderung. Mein Bruder Siegfried stand vor dem Abitur. Er war ein hervorragender Sportler und steuerte als Rennruderer in den Bahnen unseres Onkels Mateo, der 1907 in Paris im *Skuller* Europameister geworden war. Siegfried fuhr im Jugend-Vierer des Ulmer Ruderclubs und wurde in Berlin zweiter deutscher Meister.

Nun gab es für diese letzte Schulklasse die Möglichkeit, das gefürchtete Abitur zu umgehen, indem man sich freiwillig zum Militär meldete. In diesem Fall bekam man ohne jede Prüfung ein so genanntes »Notabitur« mit voller Gültigkeit für das spätere Universitätsstudium. Das war die Masche für die unsicheren Kandidaten, zu denen mein Bruder gehörte. Er war intelligenter als ich, aber genauso faul. Brachte er eine gute Note nach Hause, dann ärgerte er sich, wieder zu viel gelernt zu haben. Also meldete er sich freiwillig. Als Wasserratte wollte er zur Marine. Aber dort war zu seiner großen Enttäuschung alles besetzt.

Da gab es plötzlich an den Litfasssäulen der Stadt große Plakate, auf denen junge, schneidige Männer in feldgrauer Uniform zu sehen waren, in der Hand die Waffe und am Kragenspiegel zwei weiße Runen. Die Waffen-SS wurde aufgestellt.

In die Oberschulen und Gymnasien kamen junge, schneidige Offiziere dieser Truppe – in Feldgrau, nicht in Schwarz. Sie hielten Vorträge vor den Abiturientenklassen und warben überzeugend für diese neu aufgestellte militärische Truppe. Sie sei als Elite mit den besten Waffen ausgerüstet, dazu voll motorisiert, stelle hohe Ansprüche an die Bewerber und setze eine Mindestgröße von 1,72 Meter voraus.

Da die Schüler in der Regel noch nicht volljährig waren, brauchten sie zur Bewerbung die Genehmigung des Vaters. Als mein Vater unterschreiben sollte, fragte er sehr erstaunt: »Was ist denn das, die Waffen-SS?« Mein Bruder konnte ihn mit seiner Begeisterung zur Unterschrift überreden, und damit verschwanden für ihn schlagartig die dunklen Wolken des gefürchteten Abiturs.

Mein Bruder wurde nach einer sehr genauen Untersuchung angenommen und rückte Mitte 1940 zur Leibstandarte nach Berlin-Lichterfelde ein. Als er nach einigen Monaten auf Sonderurlaub kam – er war auf einer Sportveranstaltung dieser Einheit Sieger im 10.000-Meter-Lauf geworden –, war er noch schweigsamer als gewöhnlich.

Im gemeinsamen Schlafzimmer erzählte er mir manches. Zum Beispiel, dass die militärische Ausbildung derart hart sei, dass die Rekruten die Stunde ihres Eintritts mitsamt der dazugehörigen Dummheit öfters verflucht hätten. Im äußerst modern eingerichteten Hallenschwimmbad musste jeder auf das Zehn-Meter-Brett und springen. War jemand Nichtschwimmer, ließ man ihn im Wasser so lange zappeln, bis er nicht mehr auftauchte, dann erst wurde er herausgefischt.

1940 sind wir
Geschwister
zum letzten Mal
beisammen.
Vorn Helene
und Siegfried,
hinten Fritz und
Eva

Als ein Rekrut bei einer Feldübung einen kleinen Teil seines Maschinengewehrs verlor, musste die ganze Kompanie zur Strafe im Eiltempo etwa 60 Kilometer nach Berlin zurückmarschieren und wurde dabei schweißnass durch einen See getrieben, auf dem das Eis stand. Dann erzählte er mir noch – ich solle aber bloß die »Gosche« halten –, dass man die Rekruten mit Omnibussen nach Polen gefahren hätte. Sie mussten zuschauen, wie man einige zum Tode verurteilte Polen, die angeblich Deutsche ermordet hatten, aufhängte. Einige seiner Kameraden hätten sich dabei vor Angst und Schrecken übergeben.

Aus Siegfrieds späteren Berichten war dann aber zu hören, dass diese Schikanen in dem Augenblick aufhörten, wo die Ausbildung zu Ende war und sie einer Fronteinheit zugeteilt wurden. Die dortigen Offiziere fand er durchweg vorbildlich. Einen Unterschied zum einfachen Soldaten hätte es nicht gegeben, auch was die Verpflegung anbelangte. Ebenso wenig gab es die Anrede »Herr« wie bei der Wehrmacht.

Führer und Untergebene duzten sich, und bei den Angriffen standen die Offiziere an der Spitze. So wurden sie stolz auf ihre Einheit, keiner ließ den anderen im Stich. Beim Rückzug wurden die Verwundeten mitgeschleppt. War dies nicht möglich, drückte man ihnen – dies galt zumindest für Russland – zur Selbsttötung eine geladene Pistole in die Hand. So erzählte mir der Bruder.

Die Waffen-SS hatte die höchsten Verluste aller Einheiten. Sie wurde sehr oft als Feuerwehr an den Fronten eingesetzt und verheizt. So mancher Wehrmachtsoldat verdankt ihrer Standhaftigkeit sein Leben. Im fürchterlichen Kriegswinter 1941/42, der die Einheit meines Bruders bis an die Straßenbahnen von Moskau brachte, blieben noch 35 Mann von seinem ehemals 2.000 Mann starken Regiment übrig.

Als er nach zwei Verwundungen auf Heimaturlaub durfte und das Gespräch auf Himmler kam, tat er den Spruch: »Wenn sich dieser Schweinehund einmal zu uns nach vorne verirren sollte, kommt er nicht mehr lebendig zurück.«

Es war ihnen bekannt geworden, dass in den rückwärtigen Gebieten Mordkommandos zusammengestellt worden waren, die im großen Stil Erschießungen an Juden vornahmen. Die Ausführenden waren Abteilungen des so genannten »Sicherheitsdienstes« (SD), einer Art politischer Gestapo, dann die Polizei, vergleichbar mit den russischen Kommissaren, aber auch angeworbene Beutesoldaten, beispielsweise Ukrainer und abkommandierte Soldaten der Waffen-SS aus den rückwärtigen Diensten. Es habe vorher immer eine reichliche Portion Schnaps gegeben. Aber wer bei einem solchen Kommando gelandet war, verließ dieses nicht mehr, auch wenn er sich wegmelden wollte.

Das Regime war teuflisch perfekt, nicht nur was die Organisation anbetraf, sondern auch in Bezug auf die Geheimhaltung. Mein Bruder wurde später Offizier und reiste als Kurier, mit allen Vollmachten versehen, durch Europa. In seinem letzten Brief schrieb er: »Meine jetzige Aufgabe gefällt mir nicht. Ich will zurück zu meinen Kameraden an die Front, denn dorthin habe ich mich einst gemeldet und da bin ich zu Hause. Meine einzige Chance wegzukommen sehe ich darin, mich bei den Vorgesetzten so unbeliebt zu machen, dass sie mich abschieben.«

Das muss ihm gelungen sein, denn er kam an die Invasionsfront und verbrannte im Juni 1944 in seinem Sturmgeschütz, im Alter von 22 Jahren. Er war der erste Gefallene der Division »Götz von Berlichingen«, wie uns sein Kommandeur mitteilte. Aber nie werde ich Siegfrieds Händedruck und seinen eigenartigen Blick vergessen, mit dem er mich aus dem anrollenden Zug im Ulmer Bahnhof noch einmal grüßte – zum letzten Mal.

Wenn ich bei meinem Bruder etwas länger verweilt habe, dann deswegen, weil die Sieger nach Kriegsende diese Truppe von 900.000 Mann pauschal als »verbrecherisch« erklärten. Ich habe manchen Freund darunter gekannt. Sie zogen als begeisterte, opferbereite junge Männer ins Feld, »um das Vaterland zu verteidigen«.

Wir alle waren Opfer unserer Zeit, und weil jede Zeit »ihre« Wahrheiten in die Welt setzt, kann ihr wirklicher Wahrheitsgehalt immer erst dann ausgelotet werden, wenn sie vorüber ist und wenn sich eine neue, andere Zeit zum Vergleich anbietet. Wie in jedem Heer der Welt gab es Soldaten, und das wird immer so sein, die anständig blieben, und das vielleicht nur, weil sie das Glück hatten, nicht in Situationen zu geraten, wo andere »außer sich« gerieten, weil die Grenze ihrer psychischen Belastbarkeit überschritten wurde.

Im Frühjahr 1941 war die Schulzeit zu Ende. Mit der Note 4, genügend, kam ich gerade noch durch. Ich dankte Gott, dass es ein paar mitleidige Lehrer gab. Wir machten eine Abschlussfeier, tranken irgendwo einige Gläser Bier und stiegen die über 800 Treppen hoch aufs Ulmer Münster.

Noch heute sträuben sich meine Haare, wenn ich an diesen unglücklichen Soldaten denke, dem auf der höchsten Aussichtsplatte der heftige Wind die Mütze davongetrug. Sie blieb außen an einer so genannten Fiole, einer Verzierung, hängen. Da turnte dieser Mensch unter höchster Lebensgefahr auf einer schmalen Strebe bis zum äußeren Turmrand hinaus und holte sie sich wieder. Denn ein Soldat auf der Straße ohne Mütze, das hätte sicher drei Tage »Loch« gegeben.

Die Schule war zu Ende. Natürlich galt es jetzt, eine Lehrstelle für den zukünftigen Kaufmann zu finden. Es war mir klar, dass dicke Kontobücher und das dazugehörige »Griffelspitzen« nie zu meinen beruflichen Wunschträumen zählen konnten, aber in Ermangelung anderer Gelegenheiten blieb mir keine andere Wahl.

Bei der ersten Bewerbung, es war eine bekannte Ulmer Eisengroßhandlung, blitzte ich sofort ab, als man mein Abschlusszeugnis begutachtete. Mein Vater hatte mich begleitet, und beide gingen wir niedergeschlagen nach Hause. Mir ging es weniger um die Abweisung, aber mein Vater tat mir leid, und das machte mich traurig.

Bei einer anderen Bewerbung hatten wir mehr Glück. Der Chef schaute nur flüchtig in meine Papiere, dann nickte er mit dem Kopf. Er ist schon viele Jahre tot, aber ich werde ihm lebenslang für das Vertrauen dankbar sein, das er mir damals schenkte. Da wurde plötzlich etwas in mir wach, das man Ehrgeiz nennen könnte. Geizen um Ehre, aber nicht für mich, sondern für diesen Mann und seinen Betrieb. Das nahm ich mir vor und versuchte, es auch durchzuhalten.

Die Eisengroßhandlung lag nicht weit vom Ulmer Bahnhof entfernt direkt an den Gleisen. So konnten die Güterwagen an den Lagerplatz herangefahren und ausgeladen werden. Kräne gab es damals nicht. Die Waren wie Bleche, Eisenträger und Rohre mussten in schwerster Handarbeit ausgeladen werden.

Die dreijährige Lehrzeit im deutschen Handwerk und Handel hatte ihre genauen Vorschriften und Gebräuche. Da die Lehrlinge in der Regel nach der Volksschule eintraten, waren sie 14 Jahre alt. Als Entlohnung gab es im ersten Jahr monatlich 10, im zweiten 15 und im dritten 20 Mark. Die Hälfte davon musste ich an die Mutter beziehungsweise deren Haushaltskasse abliefern.

Der Lehrling im ersten Jahr hatte praktisch die Funktionen eines Laufburschen, Büroreinigers und Hilfsarbeiters im Lager. Er unterstand der Befehlsgewalt des Lehrlings im zweiten Jahr und wurde auch von den Damen des Büros je nach Laune und Stimmung freundlich oder barsch zu allen möglichen Diensten herumkommandiert – angefangen vom Holz- und Kohlennachschub für den großen schwarzen Ofen bis zum Bleistiftspitzen oder dem Einkauf von Vesperwecken in der Bäckerei.

Als Lehrling

Der Lehrling musste morgens immer eine halbe Stunde früher zur Stelle sein, um im Winter den Ofen anzuheizen, und er verließ als Letzter den Betrieb, nachdem er die Post durch die Frankiermaschine gekurbelt hatte.

Durch die Handelsschule war ich bei Eintritt bereits 16 Jahre alt, und es machte meinen jüngeren »Vorgesetzten«, den Lehrlingen im zweiten und dritten Jahr, das gleiche Vergnügen, mich herumzukommandieren, wie den Bürodamen unter die Röcke zu greifen. Ich habe in diesen zwei Jahren sehr viel über den menschlichen Charakter gelernt.

Da die Arbeiter des Betriebs größtenteils zum Militär eingezogen worden waren, hatte die Firma zwei kriegsgefangene Franzosen zugeteilt bekommen. Diese wurden von einem Lager in Neu-Ulm täglich unter Bewachung an einen Ulmer Sammelplatz gebracht, wo sie morgens abgeholt und abends wieder zurückgebracht werden mussten. Der Abholer war ich.

Die beiden Franzosen hießen Robert und René. Robert war ein großer, dunkler Typ, stammte aus Paris und war von Beruf Chemiker. Wir wurden gute Freunde. Ich verkaufte für ihn seine schwarzen Zigaretten der Marke des französischen Heeres »Poilu«, ebenso die aus Münzen im Lager angefertigten Siegelringe. Meine Mutter backte ihm ab und zu einen einfachen Kuchen ohne Eier.

Wenn wir durch die Straßen gingen, und es kam ein Mädchen, schnalzte er mit der Zunge und flötete: »Oh, là, là!« Aber wenn ich zum Mittagessen – es war täglich aus einer nahen Gastwirtschaft zu holen – *Choucroute* (Sauerkraut) brachte, roch er das schon aus der Ferne und schrie das von den Franzosen äußerst strapazierte *merde*. Was das heißt? Nichts anderes als das, was der wütende Heimwerker ausruft, wenn er sich mit dem Hammer auf die Fingerspitze gehauen hat. Das Essen für die Gefangenen zahlte die Firma. Es war kriegsmäßig, aber annehmbar.

Zwei Jahre führte ich täglich meine Franzosen durch die Stadt und es gab nie ein böses Wort oder eine entsprechende Geste seitens der Bevölkerung gegenüber den Gefangenen. Dasselbe galt für die Russen, mit denen wir täglich durch Hamburg zogen. Man betrachtete sie eher etwas mitleidig, weil sie als Soldaten und Menschen das schicksalhafte Pech hatten, verloren zu haben.

Dies stand im Gegensatz zu den Hass-Exzessen, die nach Kriegsende von einem Teil der französischen Bevölkerung gezeigt wurden. Da kam es vor, dass sich Franzosen auf Eisenbahnbrücken stellten und über den offenen Güterwaggons mit deutschen Kriegsgefangenen Kübel mit Exkrementen oder kochendem Wasser ausgossen. Auch Pflastersteine, Eisenteile und Holzbalken wurden geworfen und verursachten oft lebensgefährliche und sogar tödliche Verletzungen.

Dass der eine oder andere deutsche Landwirt oder Handwerksmeister seinen zugeteilten Gefangenen ausnutzte und wie einen Hund behandelte, steht außer Zweifel. Aber die Mehrzahl tat das nicht, sonst hätte es in den Nachkriegsjahren nicht so häufig Kartengrüße oder gar Besuche aus Frankreich gegeben.

Robert war ein fleißiger Arbeiter. Er wusste von meiner Behinderung. Ich trug damals ein metallenes Stützkorsett, und wenn ich mich bei der Arbeit bückte, wurde es im Rücken unter der Wäsche sichtbar. Einmal nahm mich der Chef auf die Seite und griff danach. Er dachte, ich hätte irgendein Eisen- oder Messingteil darunter versteckt, das ich geklaut hätte, um es mit nach Hause zu nehmen. Traurig schlich ich an diesem Tag nach Hause.

Wenn wir die schweren, bis zwölf Meter langen Moniereisen auszuladen hatten, konnte Robert furchtbar wütend die zur Arbeit abkommandierten deutschen Soldaten aus der nahen Kaserne beschimpfen, wenn er sah, wie sie mich an den schwersten Teil der langen Eisenträger stellen wollten. Er lehrte mich, dass bei einer blutenden Verletzung das sicherste Desinfektionsmittel Urin sei. Er selbst roch aber immer nach Parfüm. Ich habe keine Ahnung, wo er es her bekam.

Als gegen Kriegsende auch Ulm bombardiert wurde, beteiligte sich Robert, so wurde mir später berichtet, sehr couragiert bei der Brandlöschung. Bei meinem »Bombenurlaub« im Februar 1945 besuchte ich auch die halb zerstörte Firma, und Robert freute sich, als er mich sah. Wir saßen dann eine Weile in seiner kleinen Umkleidebude, köpften eine Flasche Rotwein, die er irgendwo versteckt hatte und philosophierten über den Krieg und die ganze *merde*. Er schrieb später einmal, längst wieder in Paris, eine Grußkarte an die Firma mit einem besonderen Gruß an den Fritz, der ihn »nie als einen Gefangenen behandelt« habe.

Mit Eintritt ins zweite Lehrjahr wurde ich ins Büro versetzt und musste die ausgelieferten Waren berechnen. Dazu hatte ich eine kleine Rechenmaschine mit einer Kurbel. Außerdem durfte ich, nach Absolvierung des Führerscheins Klasse 4, mit einem der vorhandenen Elektrowagen in die Stadt fahren und die Bleche, Winkel- oder Rundeisen an die Schlossereien oder größeren Betriebe wie Magirus, Kässbohrer oder die Pflugfabrik Eberhardt ausliefern.

Die Wagen hatten eine zentnerschwere Batterie unter der Ladefläche eingebaut, die jede Nacht aufgeladen werden musste. Mit einem Handhebel konnte man einen ersten und zweiten Gang einschalten. Die Höchstgeschwindigkeit betrug 20 Stundenkilometer. Aber wenn man den Ulmer Eselsberg hinab fuhr, konnte man auf eine Geschwindigkeit von 60 kommen.

Wir fuhren sogar Rennen mit den Lehrlingen der Konkurrenz. Sie hatten die gleichen Karren, und wir kannten uns gut. Da tobte dann der alte Schneckenburger – er war der Verwalter in Lager und Büro – herum und schrie: »Wo bleibt er denn, wo bleibt er denn, er müsste doch schon längst wieder zurück sein!« Aber »schreien hilft nicht«, so hatten wir schon in frühester Kindheit gelernt, wenn es Hiebe setzte.

In den Fabriken waren jetzt auch Fremdarbeiter aus dem Osten. Man hatte sie, wie wir erfuhren, zum Teil zwangsrekrutiert, einige seien auch unter gewissen Versprechungen freiwillig gekommen. Sie wohnten in geschlossenen Lagern.

Einmal lieferte ich in der Kässbohrerfabrik Bleche an, da kam in der Halle plötzlich ein Russe auf mich zu und drückte mir einen kleinen, goldenen Ring in die Hand. »Brot, Brot«, sagte er, und schon war er wieder verschwunden.

Brot gab es im zweiten Kriegsjahr nur zugeteilt auf Lebensmittelkarten. Auch zu Hause wurde es, wenn nicht gerade streng rationiert, so doch kontrolliert. Also musste ich es verschwinden lassen. Aber mehr als ein halber Laib war nicht drin.

Um es kurz zu machen: Der arme Kerl bekam nie sein Brot. Einmal gab es zu Hause nichts, das andere Mal hatte ich das Brot, wurde aber nicht in diese Fabrik geschickt. Als es dann einmal zusammenpasste, fand ich den Mann in den großen Hallen nicht mehr. Das tat mir sehr leid, und ich schämte mich. Gern hätte ich ihn nochmals getroffen, um ihm den Sachverhalt zu erklären.

Nach über 50 Jahren nahm ich Kontakt auf mit dem russischen Fernsehen beziehungsweise deren Suchsendungen, aber vergeblich. Als Wiedergutmachung bekommt seit 2001 ein Altersheim in Mittelrussland zur Winterszeit jährlich ein Schwein gestiftet. Und damit die Verdauung der »Babuschkas« nicht aus dem Rhythmus gerät, gibt's das für Russland so wichtige »Wässerchen«, den Wodka, gleich mit. Mein russischer Freund und Verbindungsmann Sergej managt die Operation, und die alten Frauen lassen dabei ihren »Friiitz« immer hochleben. Wenn das keine Völkerverständigung ist!

Zu dieser Zeit sah ich in der Stadt auch die ersten russischen Kriegsgefangenen, schwer bewacht und kahl geschoren wie Verbrecher. So sahen sie also aus, die so genannten »Untermenschen«.

Wenige Jahre später war ich selbst Gefangener bei den Russen. Nachdem diese uns die Haare geschoren hatten, sagte ich zu einem Kumpel: »Jetzt sehen wir genauso aus wie die Russen«, und so war es auch.

Die russischen Fremdarbeiter wurden morgens geschlossen unter Bewachung in die Fabriken gebracht, man hörte sie mit ihren Holzpantoffeln schon aus der Ferne daherklappern. Immer wieder steckte ihnen meine Mutter im Vorbeigehen ein Stück Brot zu, obwohl es streng verboten war.

Einmal erzählte ein Kunde im Geschäft unter vorgehaltener Hand, dass hinten auf den Rangiergleisen ein langer Güterzug eingefahren sei mit russischen Gefangenen. Die Wagen seien zwei Wochen nicht aufgemacht worden, die Gefangenen teilweise vor Entkräftung auf den Knien heraus gekrochen gekommen, und einige Tote seien von den Kameraden »angefressen« gewesen, Herz und Leber hätten gefehlt. Die Ausladung sei unter strengster Bewachung vor sich gegangen, alles war abgesperrt gewesen, niemand hatte es sehen sollen.

Uns schauderte. Wohl konnte man sich denken, dass die vielen Hunderttausenden von Gefangenen, die sich nach den ersten großen Kesselschlachten in Russland ergaben, wie Vieh in große Stacheldraht-Pferche zusammengesperrt werden mussten und tagelang ohne Essen blieben. Die deutsche Führung war auf solche Massen nicht vorbereitet, auch musste die Versorgung in erster Linie der eigenen Truppe gelten, die durch das schnelle Vordringen oft tagelang ohne Nachschub blieb.

Aber diese Transportbegleiter, das mussten Verbrecher oder Vollidioten sein, so dachte ich für mich, gewissenlose Befehlsempfänger, die sich eher die Hosen voll machten, als dass sie etwas aus eigener Verantwortung riskierten – in diesem Falle hätten sie den Zug anhalten und irgendwo das Notwendigste requirieren lassen sollen. Aber wie viele solche Menschen gibt es und wird es immer geben – und nicht nur bei den Deutschen?

Inzwischen waren die gelben Judensterne eingeführt worden. Aber nur ganz selten sah man in den Straßen solche gekennzeichneten Juden. »Sie sind alle nach Amerika«, hieß es. Auch den jüdischen Weltkriegsteilnehmer, er saß als Schwerverwundeter in einem Rollstuhl, sah man nicht mehr. Als Besitzer des Eisernen Kreuzes erster Klasse hatte es geheißen: »Dem tun sie nichts.«

Dafür bekam eine uns gut bekannte Familie die polizeiliche Aufforderung, ihren 20-jährigen, geistig behinderten Sohn Wolfgang in ein bestimmtes Heim einzuliefern. Wir kannten den Jungen sehr gut. Er war völlig harmlos und für einfache Arbeiten wie Holzspalten und ähnliches gut zu gebrauchen. Wenn er uns besuchte, trieben wir Kinder unsere Späße mit ihm, wovon unsere Eltern aber nichts wissen durften. Er hatte immer eine Mundharmonika bei sich und spielte darauf.

So schickten wir ihn einmal in die Gastwirtschaft »Wilhelmsburg«, er solle dort aufspielen und nachher mit der Mütze Geld einsammeln. Er ging, und wir starrten auf die Eingangstür des Lokals. Sie musste sich jeden Augenblick öffnen, zum Rausschmiss des Musikanten. Aber weit gefehlt. Er kam strahlend zurück und hatte 50 Pfennige in der Hand.

Zum angegebenen Termin lieferten die Eltern ihren Jungen befehlsgemäß ab, sie durften ihn auch hin und wieder besuchen. Aber eines Tages erhielten sie die traurige Mitteilung, er sei an einer plötzlichen Lungenentzündung verstorben. Aufgrund einer gesetzlichen Seuchenbestimmung habe man seine Leiche eingeäschert, aber wenn gewünscht, würde die Asche zugestellt.

Das war höchst eigenartig, denn Wolfgang war immer kerngesund gewesen. Aber Lungenentzündung, nun ja, daran konnte jeder plötzlich sterben, das war immer lebensgefährlich. Ich dachte mir nichts dabei.

Aber die Maschinerie der Euthanasie war angelaufen. Im erwähnten Fall machte der Vater keinen besonders traurigen Eindruck. Er hatte immer schon gejammert über die Probleme mit diesem Sohn. Ganz anders die Mutter. Als dann ein Jahr später ein behinderter Vetter von mir – ebenfalls völlig harmlos, dazu ein hervorragender Handwerker in Küferei – in einer Anstalt an »Herzversagen« starb, zweifelte keiner mehr am Mordgeschehen. Wohl munkelte das Volk hinter vorgehaltener Hand, aber wem nützte das schon! Wer den Mund aufmachte, wurde abgeholt.

Als ich eines Tages in unserer Metzgerei ein Stückchen Wurst kaufen sollte, trat ich durch die Tür mit dem in Süddeutschland üblichen »Grüß Gott«. Da trat ein Herr auf mich zu, schaute mich durchdringend an und sagte: »Weißt du nicht, dass das Heil Hitler heißt? Wenn ich das noch einmal von dir höre, kannst du dich auf etwas gefasst machen!« Er war einer der ganz Scharfen, es waren diese Parteitypen, die unser Volk und Land in den Abgrund rissen.

Sie waren es, die laut drohten, »was wir alles machen werden, wenn der Krieg gewonnen ist«. Es waren Parteibonzen, »Goldfasane« genannt, die der kämpfenden Truppe in die Ostgebiete nachfolgten, um die Verwaltung der besetzten Gebiete zu übernehmen. Abgesehen von wenigen Ausnahmen – ich kannte eine – spielten sie sich als die Herren auf und brachten es durch ihre menschenverachtenden Methoden fertig, dass der Aufruf Stalins an die russische Bevölkerung zur Bildung von Partisaneneinheiten auf fruchtbaren Boden fiel.

Diese russischen Menschen, die zum Teil unsere Soldaten mit Brot und Salz als die »Befreier vom Bolschewismus« empfangen hatten, wurden durch den Rassen- und sonstigen Wahn dieser Herren zu verhassten Gegnern. Als es dann brenzlig wurde, ließen diese »Herren« alles stehen und liegen, um ihre eigene Haut zu retten, wie der Gauleiter von Ostpreußen und der Ukraine, Koch.

So gab es gegen Ende des Krieges bereits Pläne und Muster für Armbinden mit dem gelben Judenstern und der Aufschrift: »Judenknecht«. Sie waren für solche Christen gedacht, die noch treu zur Kirche gingen. Dagegen war von vielen Frontsoldaten der Spruch zu hören: »Keine Angst, wenn der Krieg zu Ende ist, räumen wir auf mit diesem braunen Pack!«

Die immer wiederkehrenden Fragen nach dem Warum unserer deutschen Tragödie lassen sich nur lösen, wenn man beachtet, dass das deutsche Volk mit Beginn der Machtübernahme 1933 in viele Lager geteilt war. Da war Hitler mit seinen braunen Kolonnen, darunter die üblichen Karrieretypen aller Couleur. Er hatte nicht nur handfeste Argumente in der Hand, beispielsweise Versailles mit den hohen Reparationsforderungen, sondern er versprach auch den sechs Millionen Arbeitslosen Arbeit und Brot. Ich möchte den Ertrinkenden sehen, der die ausgestreckte rettende Hand nicht ergreift – und wenn es der Teufel wäre, der sie ihm hinhält.

Nur wer schon einmal am leeren Tisch saß und in die Augen seiner hungernden Kinder gesehen hat und trotzdem beim Nein geblieben ist, der darf mir widersprechen. Alle anderen sollen nicht urteilen.

Und wer stand Hitler gegenüber? Das waren die Parteigänger der Sozialisten und Kommunisten und jene Masse des Volkes, die politisch immer dahin tendieren wird, wo es ihr besser geht. Auch das ist menschlich und verständlich.

Hitler konnte in den ersten Jahren viele aus diesen Gruppen gewinnen. Es war etwas geschehen. »Keiner soll hungern, keiner soll frieren.« Die Arbeitslosen und Handwerksburschen waren weg von der Straße. Den Kinderreichen wurde geholfen. Jeder Arbeiter sollte sein Auto haben, seinen »Volkswagen«! Wo gab's denn das auf der Welt? Aber mit dem propagandistisch aufgedonnerten Wohlstand wuchs auch – lautlos und kaum wahrnehmbar – der Partei-, Polizei- und Überwachungsapparat. Bis so mancher dahinter kam, war die Falle bereits zugeschnappt.

Nach dem Krieg, also erst nachher, erzählte mir eine damalige Nachbarin, wie sie einmal ihren Mann, einen Beamten, dabei überrascht habe, wie er Hitlers *Mein Kampf* mit hochrotem Kopf in die Ecke geschleudert und die Worte hervorgestoßen habe: »Der Kerl bringt uns alle noch ins Unglück.« Der einzige Sohn hatte sich zu den Fliegern gemeldet.

Das war der Riss, der durch das Volk ging, den die Sieger als größten psychologischen Fehler, wie sie nachher selber zugaben, schon in Casablanca 1943 bei der Forderung der »bedingungslosen Kapitulation« nicht zur Kenntnis nehmen wollten. Man hat in allem »die Deutschen« gemeint und bestraft. Auch beim Ausradieren der Städte. Man kannte oder wollte keinen Unterschied kennen, auch nicht den zwischen Soldaten und Frauen mit Kindern.

Deswegen macht mir eine ehrliche Bewältigung der Vergangenheit bis heute Schwierigkeiten. Jedes Unrecht bleibt Unrecht. Wenn nicht bei den Menschen, so doch bei Gott. Und eine Untat – die Bibel nennt das Sünde – ist bei ihm nicht deswegen entschuldbar, weil sie der andere auch begangen hat.

Die Propaganda war unter ihrem Minister, dem Jesuitenschüler Goebbels, zweifellos so meisterhaft wie verführerisch und verlogen. Wir hatten keine Vergleiche, und wer keine Vergleiche hat, kann nicht beurteilen. Man muss und kann nur immer das glauben, was einem täglich durch Radio, Zeitung, Schule und die allmächtige Partei eingetrichtert wird. Das Abhören von Auslandssendern war bei Strafe verboten.

Wir hatten zu Hause einen kleinen Volksempfänger, allerdings nur Mittelwelle, und versuchten mit allen möglichen Antennentricks, auch das Ausland zu hören, natürlich nur bei fest geschlossenen Fenstern. War das spannend, wenn es plötzlich im Apparat so eigenartig knackte und man einige Fetzen von Radio London in deutscher Sprache vernahm. Natürlich war alles gelogen und verdreht, wie uns unsere Zeitungen berichteten, aber immerhin!

Wurde es aber 22 Uhr, dann hing man am Gerät und suchte den Soldatensender Belgrad. Da sang Lale Andersen so stimmungsvoll und wehmütig »Wie einst Lili Marleen«, und an den Fronten in Afrika und selbst in Russland hörten Freund und Feind mit. Das Lied sprach allen Soldaten aus dem Herzen. Es war ein einmaliger Renner.

Viele Jahrzehnte später traf ich im Hotel meiner Schwester in Argentinien einen alten, vornehmen Herrn. Er war Engländer und als Offizier an der Invasionsfront gewesen. Er erzählte mir, wie sie oft die Deutschen in ihren Gräben hätten singen hören und wie er diese Lieder nie habe vergessen können. Im Besonderen »Erika« und »Lili Marleen«. Ich holte ganz schnell mein Akkordeon und spielte und sang ihm diese Lieder vor. Da erhob er sich von seinem Stuhl, hörte stehend zu und bekam dabei ganz feuchte Augen. Am nächsten Tag hörte ich, dass man in der Nacht einen Arzt habe rufen müssen, so hätten ihn die Lieder aufgewühlt.

Immer noch marschierten morgens die Kompanien an unserem Haus vorbei, immer noch stand so manches Dienstmädchen hinterm Fenstervorhang und winkte heimlich ihrem Schatz. Aber die Lieder, die sie sangen, hatten sich geändert: »Glücklich ist, wer vergisst, was nicht mehr zu ändern ist«, »Halli, hallo, das ist nun einmal so« oder »Es wär so schön, so schön, es hat nicht sollen sein«.

Aber aus dem Radio tönten die Sondermeldungen, wobei jeder Kriegsschauplatz sein eigenes Lied hatte. Beim Frankreichfeldzug: »Vorwärts voran, über die Maas, über Schelde und Rhein, marschieren wir siegreich nach Frankreich hinein«, beim Russlandfeldzug: »Von Finnland bis zum Schwarzen Meer, vorwärts, vorwärts nach Osten, du stürmend Heer« oder bei den letzten Versenkungsziffern unserer U-Boote: »Reich mir deine Hand, deine weiße Hand, denn wir fahren gegen Engeland«. Das war Musik, die uns Jungen ins Blut ging.

In den überfüllten Kinos lief das »Wunschkonzert«, »U-Boote westwärts«, »Standschütze Bruggler«. Da steppten die bekanntesten Schauspieler und sangen: »Das kann doch einen Seemann nicht erschüttern« oder »Und wenn die ganze Erde bebt und die Welt sich aus den Angeln hebt«.

Zarah Leander, von uns »Klara Zylinder« genannt, versprach mit ihrer dunklen Stimme: »Ich weiß, es wird einmal ein Wunder gescheh'n, und dann werden alle Märchen wahr«. In den Wochenschauen sah man nur siegende, vorwärts stürmende Soldaten und niemals einen Toten.

Die Propagandamaschinerie lief, auch was die Unterhaltungsfilme anbetraf. Da lachten wir über Theo Lingen, der schon 1932 zu seinem Freund Paul Hörbiger gesagt hatte: »Der Hitler ist ein Verbrecher.« Man schmunzelte über Hans Moser oder Heinz Rühmann, sie alle sollten das Volk bei Laune halten, eine heile Welt vortäuschen.

Aber warum taten sie das, wenn sie doch mehr wussten? Warum warfen sie den Bettel nicht hin? Wir wussten nicht, dass alle drei Genannten mit Jüdinnen verheiratet waren. Es war die Angst!

Jochen Klepper, ein großartiger Autor von Kirchenliedern, aber auch des historischen Romans »Der Vater«, ebenfalls mit einer Jüdin verheiratet, meldete sich sogar freiwillig zum Heer, um seine Frau zu retten. Aber er zerbrach an dieser Spannung und ging mit Frau und Tochter in den Tod. So lief die Propagandamaschinerie auf Hochtouren, wir siegten ja für Deutschland. Und »ein Hundsfott, wer sich davor drückt«, so hätte wohl der Alte Fritz dazu gesagt. Und wir Jungen dachten ebenso.

Unsere Freundesclique hatte festen Bestand, nur waren wir als 16- und 17-Jährige älter geworden und vernünftiger, so meinten wir wenigstens. Einer unserer Treffpunkte war mein Schlafzimmer. Da hingen alle Wände voll mit alten Waffen, Pfeil und Bogen aus Brasilien, einem zwei Meter langen, ausgestopften Krokodil. Dahin zogen wir uns zurück, rauchten exotische Beute-Zigaretten Marke »Chesterfield«, die ich meinem Bruder im Urlaub geklaut hatte.

Dann wurde das Grammophon aufgezogen und wir versanken im »Duft der weiten Welt«, hörten Rosita Serrano »Roter Mohn« zwitschern oder den »Stern von Rio«. Auch die »Insel aus Träumen geboren«, nämlich Hawaii, versetzte uns in Ekstase. Das damals sehr populäre »Komm zurück« sangen wir in der Originalsprache Französisch mit.

Manchmal ging es auch in den Wald oder in eine Waldgaststätte. Dort tranken wir ein paar Seidel Bier, warfen, wenn es der Wirt nicht sah, die leeren Gläser zum Fenster hinaus und ergriffen die Flucht, natürlich ohne bezahlt zu haben. Einmal verfolgte uns der

Wirt durch ein großes Waldstück, dann ging ihm die Puste aus. Uns nicht, wir waren »hart wie Kruppstahl«.

Ich hatte mir aus besonderen Quellen einen Militärkarabiner besorgt, er war bei der HJ gestohlen worden. Um ihn gleich auszuprobieren – es war am Neujahrstag um die Mittagszeit, wo sich alle Welt auf dem Sofa von der langen Silvesternacht ausruhte –, schoss ich mit ihm zur Dachluke hinaus. Es gab einen fürchterlichen Schlag, die ganze Nachbarschaft riss die Fenster auf, denn man dachte an einen Fliegerangriff mit Bombeneinschlag.

Nur meine Eltern wussten mit Sicherheit, das muss Fritz gewesen sein. Man wollte die Waffe sofort beschlagnahmen, um sie an einem sicheren Ort zu verwahren. Ich übergab sie auch, aber es war nicht der besagte K 98, sondern ein altes französisches Lebelgewehr, Modell 1886, das ohnehin nicht mehr funktionierte. Da mein Vater keinerlei Ahnung von Waffen hatte, gelang der Coup.

Schon sehr früh hatte ich mich zu einem Waffensammler entwickelt. Am Judenhof gab es einen Trödlerladen, der ein ausgedehntes Lager an Restbeständen aus dem Ersten Weltkrieg hatte – Säbel, Bajonette, Stahlhelme aller Nationen, aber auch Speere, Keulen und Masken aus Afrika. Stundenlang konnte ich in dem Gerümpel herumwühlen und stöbern, und wenn ich Geld hatte, schlug ich zu.

Das einzige Problem war, dass dieser gute Mann sehr schwer anzutreffen war. Wenn man vor dem kleinen Laden stand, hing meistens das Schild »Komme gleich« an der Tür. Wartete man, konnten Stunden vergehen. Der gutmütige Sonderling hatte keine Familie und kam bei einem Fliegerangriff auf Ulm ums Leben.

Aber es gab noch eine andere geheime Waffenquelle. Der Sohn eines Zahnarztes, er war etwas älter als wir, hatte entsprechende Beziehungen. Wie und wo, das wusste niemand. Er selbst hatte ständig einen Klepper-Mantel an. Öffnete er diesen, konnte man einen vollen Patronengurt sowie die dazugehörige Kanone bewundern.

Eines Sonntagnachmittags, als er mit einigen Freunden in der Frauenstraße von einer anderen Gruppe belästigt wurde, zog er den Revolver und schoss. Er verwundete einen der Gegner schwer, wurde dann von einem vorbeikommenden Unteroffizier überwältigt und der Polizei übergeben. Der Polizeidirektor D. soll ihn mit einer Reitpeitsche fürchterlich verhauen haben. Er kam ins Gefängnis und, so war zu hören, später zu einer Wehrmachts-Strafkompanie.

Nachdem ich mich langsam, aber sicher vom Dienst in der Hitlerjugend abgekoppelt hatte – die Sache wurde mir zu langweilig –, suchte und fand ich Anschluss im CVJM, dem Christlichen Verein Junger Männer, wo man sich zwar nicht öffentlich, aber doch regelmäßig traf. Es war der andere Geist, der mich zog. Ich spürte einen inneren Halt, und es war dieser Glaube an eine göttliche Gerechtigkeit und den Erlöser, den ich mitnahm und der mich treu begleitete durch all die bösen Jahre hindurch.

Inzwischen kam das Frühjahr 1942. Die Lebensmittel wurden immer stärker rationiert, die Keller der Häuser wurden abgestützt, die Mauern verstärkt, und durch die Wände wurden Notausgänge geschlagen, denn man rechnete mit Fliegerangriffen. Auch Möbel und Betten wurden aufgestellt.

In unserem Keller organisierte unsere Clique einen Abschiedsabend, denn schon musste der eine oder andere zum Militär einrücken. Wiederum durch Beziehungen kamen wir zu ein paar Flaschen Rum und Likör. Sie wurden geleert, sodass mich die Freunde zum zweiten Stock hoch schleppen mussten. Es war fürchterlich. Tief erschrocken über meinen Zustand am nächsten Morgen konnte sich meine verängstigte Mutter überhaupt nicht erklären, wie es so plötzlich zu dieser Krankheit hatte kommen können.

Eines Tages lag auch in unserem Briefkasten die Aufforderung zur Musterung. Der Jahrgang 1924 war dran. In langen Reihen standen wir splitternackt in den Gängen einer Schule und warteten auf den Aufruf. Im Untersuchungsraum saßen an einem Tisch mehrere Militärärzte.

Wir wurden abgeklopft, gewogen und gemessen, auch der Hintern musste gezeigt werden wegen möglicher Hämorrhoiden. Ich war gesund. Nur als ich den Ärzten meinen Rücken zuwandte, schüttelten sie die Köpfe. Nein, sollte das heißen, nicht zu gebrauchen.

Als wir uns wieder ankleideten, erzählten sich die Altersgenossen gegenseitig ganz begeistert ihre zukünftige Waffengattung, zu der sie eingeteilt worden waren, Heer, Panzer, Marine oder Luftwaffe. Aber ich schlich innerlich zerstört nach Hause. Da war es wieder, dieses Gefühl aus der Stuttgarter Krüppelanstalt. Dass sich meine Mutter über das Ergebnis freute, war klar, aber zeigen durfte sie mir ihre Freude nicht. Ihr Trösten tat mir trotzdem wohl.

Im gleichen Jahr bekam ich aber noch eine Einberufung in ein so genanntes »Wehrertüchtigungslager« nach Kißlegg im Allgäu. Diese Einrichtungen waren von der HJ ins Leben gerufen worden und dienten einer dreiwöchigen militärähnlichen Grundausbildung. Sinn und Zweck war die kurz vor der Einberufung zum Kriegsdienst stehenden jungen Männer nochmals gehörig durchzutrainieren, damit sie nachher gute Soldaten abgäben.

Unsere Ausbilder waren durchweg Soldaten, Kriegsinvaliden mit teilweise hohen Auszeichnungen. Ein äußerst kompaktes Programm wurde durchgeführt, in manchem sogar härter als beim späteren Kommiss. Wir waren im Marsch eine schneidige Truppe und kehrten von den Schieß- und Geländeübungen mit hellem Gesang und stolzem Gefühl in das Barackenlager heim. Alle Leistungen und Disziplinen waren benotet worden. Am Schluss gab es eine Urkunde, und ich hatte die Note 1.

Aber noch galt es, im Büro herumzusitzen. Bei einer Betriebsfeier passierte mir dann ein Ungeschick, das sehr übel hätte ausgehen können. Wir hatten einen Juniorchef, der wegen einer früheren Knieverletzung seinen Soldatendienst in der Ulmer Garnison als Schreiber ableistete und natürlich erpicht war, diese Stellung zu halten. Auf besagter Betriebsfeier gab es zu aller Freude endlich einmal wieder ein alkoholisches Getränk, das die Betriebsleitung irgendwo aufgetrieben hatte. Es war süßer Wermutwein, der die Kehle hinunterrann wie Öl, wunderbar süffig. Ich war den Alkohol nicht gewohnt und ließ ich es mir immer mehr schmecken, zumal es nichts kostete und man dazu nicht wusste, wann einem so ein Glück erneut widerfahren würde.

Ich sah bereits doppelt, da ritt mich der Teufel. Ich klopfte an mein Glas, erhob mich und begann eine Rede. Alles war ruhig und wartete gespannt, was der Lehrling wohl zu sagen habe. Ich begann wie ein General am Kartentisch mit einer allgemeinen Beurteilung der Kriegslage. Dann ging ich über auf den Helden- und Opfermut unserer Soldaten an den Fronten, um schließlich, wie der Staatsanwalt im Gerichtssaal, mit anklagender, pathetischer Stimme in die Runde hineinzurufen: »Während unsere Brüder und Kameraden draußen an den Fronten ihr Blut vergießen und ihr Leben opfern, gibt es hier Drückeberger, die in der Heimat herumhinken und hinter ihren Schreibtischen in volle Deckung gehen!«

Es herrschte eine eisige Stille im Saal, nur die unteren Angestellten grinsten heimlich, alle anderen wussten nicht, wohin sie schauen sollten. Wie sagte Schiller: »Der Wein erfindet nichts, er schwatzt's nur aus«, und so war es auch. Der süße Wein hatte mich zum Schwätzer gemacht und damit zum Dummen. Das spätere Gewitter habe ich überlebt und die Lektion verstanden.

Im November 1942 kam plötzlich eine Vorladung zur Nachmusterung, und die übliche Untersuchung folgte. »Machen Sie kehrt!«, und beim Anblick des verkrümmten Rückens gab es wieder ein verneinendes Köpfeschütteln bei den Ärzten.

Da legte ich ihnen mein 1A-Zeugnis des Wehrertüchtigungslagers auf den Tisch, das ich in weiser Voraussicht mitgenommen hatte. Beim Studium desselben nickten sie schließlich und stuften mich in die Klasse GVH, Garnisons-Verwendungsfähig-Heimat, ein. Wenige Wochen später kam der lang ersehnte Stellungsbefehl. »Sie haben sich am 15. Januar 1943 bei der Einheit ›Baubataillon 5‹ in Schwäbisch Gmünd um 9.00 Uhr einzufinden. Bei Nichterscheinen erfolgt polizeiliche Überstellung.« So ungefähr war es zu lesen.

Kurz zuvor war ich 18 Jahre alt geworden. Aber vier Wochen vor meinem Geburtstag erwischte mich noch ein Schutzmann auf der Straße beim Rauchen einer Zigarette, und nach Vorzeigen meines Ausweises musste ich eine Mark Strafe bezahlen. So war das damals: Zum Rauchen war man zu jung, zum Sterben nicht.

Der Soldat 1943–1945

Schwäbisch Gmünd war damals eine Kleinstadt und lag eine Bahnstunde von Ulm entfernt. Es gab zwei Kasernen, in denen Einheiten des so genannten Baubataillons stationiert lagen. Die Soldaten gehörten, was die Kriegsbrauchbarkeit anbetraf, durchweg zur Gruppe GVH, Garnisons-Verwendungsfähig-Heimat. Sie hatten entweder einen körperlichen Schaden oder lagen altersmäßig über 40.

Die Baubataillone wurden hinter der Front eingesetzt im Straßen-, Brücken- und Stellungsbau. Als aber der Krieg andauerte und sich die großen Ausfälle an aktiven Truppen immer deutlicher bemerkbar machten, wurden auch sie als Kampftruppen eingesetzt. Am 15. Januar 1943 trat ich mit vielen Schicksalsgenossen und einem Köfferchen durchs Kasernentor. Unsere Namen wurden im Wachlokal abgehakt und wir bekamen unsere Stube zugewiesen, in der ich für die nächsten drei Ausbildungsmonate mit weiteren elf Kameraden leben sollte.

Wir waren eine Gruppe, die nicht nur zusammen wohnte, sondern auch beim Marsch und den Feldübungen eine Einheit bildete. So lernte man sich schnell kennen, half sich gegenseitig und passte aufeinander auf – auch und gerade dann, als es später brenzlig wurde. Man nannte das Kameradschaft. Ganz sicher war es gerade diese Bindung, die später den Gedanken ans Desertieren, an ein Überlaufen zum Feind, gar nicht aufkommen ließ, auch dann nicht, als alles schon aussichtslos geworden war.

Wir waren alle »fehlerhaft«. Der eine hatte ein Glasauge, ein anderer war nachtblind, wieder einem fehlten drei Finger oder er hatte starke Plattfüße. Auch chronisch Magenkranke gab es, die bekamen Weißbrot zugeteilt. Ach wie lecker, warum war ich nicht auch magenkrank? Wir waren ein wahrhaft gemischter Haufen, aber munter und fidel.

Ein Teil meiner Gruppe waren Elsässer, die zum Teil schon im französischen Heer gedient hatten. Nach Ende des Frankreichfeldzugs wurde das Elsass bekanntlich wieder dem Deutschen Reich einverleibt, deswegen nannte man diese Landser auch »Beutegermanen«. Schon nach wenigen Tagen waren wir gute Freunde.

Ich traute aber meinen Ohren nicht, als sie anfingen, über Hitler zu schimpfen. Sie nannten ihn einen »dreckigen Lüsbua«, »einen degenerierten Gottverdammi« und noch ganz anderes. Sie wünschten ihn zur Hölle und dahin, wo es am allerheißesten sei usw. usw. Dazu wiederholten sie mit großem Respekt den Spruch »*Vive la France*, mierde la Prusse, jaget d'Schwoba üs em Elsass nüss«.

Mit den Schwaben waren die Deutschen gemeint, mit Prusse die Preußen. Ich war sprachlos, so etwas hatte ich noch nie gehört! Waren diese Kerle wahnsinnig? Sie konnten sich um Kopf und Kragen reden. Nur eine Meldung, und man würde sie abholen, wenn sie Glück hatten, nur zu einer Strafkompanie. Wie konnte man nur so über »unseren Führer« reden?

Aber natürlich hat sie keiner angezeigt, im Gegenteil. Ich machte mir zum ersten Mal ernsthaft Gedanken darüber, was wohl der Grund war, dass man so gegen unsere Führung und Regierung sein konnte.

Schon in den ersten Tagen wurden wir gegen Typhus geimpft. Als wir in langen Reihen und mit freiem Oberkörper in den Gängen warteten, wurde es ziemlich laut. Da öffnete sich die Tür zum Behandlungsraum, und ein Sanitäts-Unteroffizier brüllte heraus: »Wenn nicht sofort Ruhe herrscht, nehmen wir die dicke Nadel!« Da wurde es mucksmäuschenstill.

Die Ausbildung begann nach der Einkleidung. Jeder bekam ein Gewehr. Wie es schien, fehlte es aufgrund der fortgeschrittenen Kriegslage an deutschen Gewehren. So bekamen wir französische Beutegewehre, die technisch längst veralteten Lebel-Modelle aus dem Ersten Weltkrieg. Das dazugehörige Bajonett war sehr lang und dreikantig. Man sagte uns, dass dadurch bei einem Stich in den Körper des Gegners das Blut hinein und nicht heraus fließe. Zum Glück wurde mir ein entsprechender Beweis erspart. Nach wenigen Wochen wurden dann die normalen deutschen Karabiner 98 an uns ausgeliefert.

In den ersten beiden Wochen hatte ich schlimmes Heimweh. Wenn wir auf dem Kasernenhof exerzierten, lief mir das Wasser aus den Augen. Ich stellte fest, dass es mich eigenartigerweise dann packte, wenn es Abend wurde und die Sonne sank. Dieser Seelenzustand hatte wohl weniger mit meiner Abnabelung von Haus und Familie zu tun, sondern mit einer verlorenen Zeit, die nie wiederkehren würde.

Die Ausbildung war ziemlich hart. In der Frühe marschierte man mit dem üblichen Gesang ins Gelände. Das Lieblingslied des Hauptmanns machte dabei den Anfang: »Früh morgens singt die Amsel, früh morgens singt der Star.« Dabei war meine zweite Oberstimme unüberhörbar.

Einen wahren Schreck bekam ich eines Sonntagnachmittags, als ich auf die Wache gerufen wurde: »Deine Mutter ist da!« Du liebe Zeit, die sollte sich bloß nicht sehen lassen, da wurde ich ja zum Gespött der Kameraden. Schnell lief ich zur Wache und ebenso schnell verschwand ich mit meiner Mutter in einem nahen Park. Als wir auf einer Bank saßen, packte sie gebratene Fische aus, die Vater gefangen hatte. Auch hatte sie einen kleinen Kuchen gebakken. Nachher schämte ich mich, und das war gut so.

Ende Januar 1943 ging die Tragödie von Stalingrad zu Ende. Wir mussten antreten, es kam feierliche Musik durchs Radio, vom Opfergang der 6. Armee wurde gesprochen. Eine Rede des dicken Reichsmarschalls Göring wurde von allen deutschen Rundfunksendern übertragen. Er verglich den Heldenkampf an der Wolga mit dem der Spartaner bei den Thermopylen. Auch hier würde es einmal heißen: »Wanderer, kommst du nach Stalingrad, so verkünde, du habest sie hier liegen gesehen, wie das Gesetz es befahl!«

Die Antwort auf diese Rede funkte am 31. Januar der Stalingrader Nordkessel, sie war aber erst nach Kriegsende zu erfahren und lautete lapidar: »Vorzeitige Leichenreden unerwünscht.«

Der verantwortliche Feldmarschall Paulus konnte einen entscheidenden Schritt nicht tun, nämlich den vom Kadavergehorsam zum Ruf seines Gewissens zugunsten seiner tapferen Soldaten. Anstatt entgegen dem Führerbefehl rechtzeitig den Ausbruch zu wagen, verheizte er 250.000 Mann.

Als den Deutschen später bei Charkow in kleinerem Maße ein Kessel drohte, gab der verantwortliche Kommandeur gegen den strikten Befehl Hitlers das Kommando zum Ausbruch. Sein Kommentar: »Es geht mir nur um meine Männer, nachher können sie

mich erschießen!« Er wurde nicht erschossen. Das wagte der Führer bei dem beliebten Truppenführer der Waffen-SS Hauser schon nicht mehr.

Viele Jahre später besuchte ich in Paraguay eine Familie Paulus. Wie sich herausstellte, war es der Vetter des Feldmarschalls, ein dunkler Typ, der ihm sogar ähnlich sah.

Unser Hauptmann, ein älterer Herr, der schon den Ersten Weltkrieg mitgemacht hatte, ritt bei den Ausmärschen immer stolz auf seinem Pferd voraus. Es imponierte ihm sehr – die Kompanie war im Karree angetreten –, als ich auf eine strategische Frage mit lauter Stimme die richtige Antwort schrie. Er konnte dann später bei ähnlichen Situationen laut rufen: »Wo ist der kleine Ulmer?«

Die Vorgesetzten behandelten uns nicht schlecht und das Essen war im vierten Kriegsjahr noch recht anständig. Am Donnerstag gab es zu meiner Freude immer saure Kutteln, am Freitag gebackene Fische mit Kartoffelsalat, und das Beste war, dass nachgefasst werden konnte.

Manchmal machten wir abends nach Dienstschluss einen Spaziergang ins benachbarte Dorf Oberbettringen. Dort gab es im »Ochsen« eine gutmütige Wirtin, die mit den hungrigen Soldaten, wie sie meinte, großes Mitleid hatte. Auch ohne die vorgeschriebenen Lebensmittelmärkchen gab sie uns den so genannten »Kaminfeger« zu essen, das waren Röstkartoffeln mit etwas Blutwurst vermischt. Mein Dank gilt ihr noch heute, übers Grab hinaus.

Langsam ging unsere Ausbildung ihrem Ende zu. Wir fühlten uns schon als richtige Soldaten, und bald stand die so wichtige Frage im Raum: »Wo werden sie uns wohl hinschicken?«

Eines Tages, es war im Juni 1943, kam der Befehl zum Abmarsch. Eine Musikkapelle marschierte vorneweg, und schmetternd hallte es durch die Gassen: »Und die Vöglein in Walde, die sangen so wunder-wunderschön, in der Heimat, in der Heimat, da gibt's ein Wiederseh'n!« Am Bahnhof wurden wir verladen.

Aus Gründen der Geheimhaltung konnten die Landser bei Bahntransporten grundsätzlich nur raten oder im Blick auf die eingeschlagene Himmelsrichtung vermuten, ob nach Ost oder West, Nord oder Süd gefahren wurde. Bei uns ging es immer nach Norden, und wir landeten – bloß – in Hamburg. Dort stand im Stadtteil Barmbek ein Barackenlager, und wir zogen ein.

Jetzt erfuhren wir auch Sinn und Zweck unseres Einsatzes. Durch die immer häufiger werdenden feindlichen Bombardierungen deutscher Städte rechnete man höheren Orts auch mit Angriffen auf die Großstadt Hamburg. So wollte man die Keller der mehrstöckigen Wohnhäuser als Luftschutzräume nutzen und zu ihrer Verstärkung mit Doppeldecken und Stützmauern versehen. Auch galt es Durchbrüche in die Nachbarhäuser als Notausgänge zu schaffen.

Da sich ältere Handwerker, darunter auch Maurer, in unserer Kompanie befanden, waren wir für diese Arbeit prädestiniert. Die Kompanie bekam noch 30 russische Kriegsgefangene zugeteilt. Sie wohnten mit uns zusammen, bekamen aber eine gesonderte Verpflegung. Diese war magerer als unsere, aber als wir später Gefangene der Russen waren, hätten wir uns die Finger danach geschleckt.

Unsere Kompanie hatte 200 Mann. Der Chef war ein Hauptmann in den mittleren Jahren, dick und füllig, von Beruf Lehrer. Der Hauptfeldwebel, auch »Spieß« oder »Mutter der Kompanie« genannt, war ein Badener. Dieser hatte die Betreuung der Soldaten sowie die so genannte »Schreibstube« unter sich. Dazu zählten ein Schreiber und ein Rechnungsführer, beides Unteroffiziere. Letzterer hatte das monatliche Gehalt von einer Mark pro Tag an die Soldaten auszuzahlen.

Außerdem gab es noch eine Hilfskraft, eine Art Laufburschen, der für die Botengänge, Befehlsübermittlungen und die Büroreinigung zuständig war. Dieser Mann wurde ich, nachdem der Spieß vor versammelter Mannschaft nach einem Mann mit höherer Schulbildung gefragt hatte.

Auch in der Schreibstube gab es für den 18-Jährigen viele neue Studien, durch die er sein Wissen, speziell über die Verschiedenartigkeit der Spezies Mensch, bereichern konnte. Es waren die Unterhaltungen der Vorgesetzten, ihre Beurteilungen von Chef und Kompanieangehörigen sowie der politischen und sonstigen Lage – ich saß auf einem interessanten Posten.

Im Raum der Schreibstube gab es ein besonderes Abteil, hinter dessen Holzwänden der Hauptmann seine Schlafstelle hatte. Anfänglich wunderte ich mich sehr, wenn er Damenbesuch bekam. Aber schon bald wusste ich Bescheid. Man hörte das gelegentliche Schmatzen von Küssen, ich beobachtete ein Grinsen der Schreibstuben-Besatzung, aber niemand sagte ein Wort. Zumindest solange der Held im Raum war, der ja von solchen Dingen als unbedarfter Hitlerjunge keine Ahnung haben sollte. Dabei wussten alle, dass der Hauptmann eine Braut hatte, ausgerechnet in Ulm.

Die Kompanie rückte morgens früh aus und kam spät abends zurück. Die Männer arbeiteten in den Kellern ganzer Straßenzüge, wobei das nötige Baumaterial sowie die Werkzeuge in einer nahen Bauhütte gelagert und ausgegeben wurden. Schnell erkor man mich zum Lagerverwalter. So manch interessante Unterhaltung kam da zustande, auch mit dem russischen Leutnant, dem ich hie und da etwas zusteckte oder ein Eis kaufte. Es tut mir heute noch leid, dass ich damals nicht mehr für die armen Russen tat, besonders um Zigaretten bettelten sie uns immer an.

Alles in allem schob die Kompanie eine ruhige Kugel. Sonntags stiefelten wir durch Hamburg. Wir gingen ins berühmte Wachsfigurenkabinett und dort natürlich auch in jene Abteilung, in die nur Besucher mit starken Nerven eintreten sollten. Hier waren wir richtig.

Trotzdem bekam ich einen gehörigen Schreck, als der in den 20er Jahren berühmt gewordene Berliner Massenmörder Haarmann mit seinem Hackebeilchen vor mir stand und mir in die Augen blickte. So naturgetreu und echt, es war unglaublich. Natürlich musste man auch das berühmte St. Pauli gesehen haben, das ich als Musikant sofort mit Hans Albers und »La Paloma« in Verbindung brachte.

Auch eine andere Nachricht machte sehr schnell die Runde: Eine ganze Straße nur Bordelle, wer hatte so etwas schon gesehen! Wir stolzierten auf und ab, sahen die Damen hinter Schaufenstern wie ausgestellte Puppen. Einige lagen in den Fenstern und winkten uns zu. Wir erkundigten uns nach den Preisen, damals fünf Mark, fingen an zu handeln und hatten den größten Spaß, wenn uns die Dame dann wutentbrannt zum Kuckuck jagte, nachdem sie dahinter kam, dass sie gar nicht mit uns als Kundschaft rechnen konnte.

Die Bordellstraße von St. Pauli war so voll wie die Einkaufsstraße einer Großstadt. Am Eingang war sie durch eine Blechwand abgegrenzt mit dem Schild: »Für Jugendliche unter 18 verboten!« Einmal machten wir auch eine Schiffsreise auf der Elbe, kurzum, es ließ sich leben in Hamburg.

Der Chef setzte zur Förderung der Gemeinschaft einen Kameradschaftsabend fest. Das Datum war Samstag, der 24. Juli 1943. Eine besondere Zuteilung von Marketenderwaren, also von Alkohol und Zigaretten, wurde in Aussicht gestellt und der Saal feierlich mit Blumen geschmückt. Der Abend verlief äußerst lustig und harmonisch, da ertönten gegen Mitternacht plötzlich die Sirenen.

Befehlsgemäß begab sich alles in den Luftschutzkeller, einen ehemaligen Heizungskeller einer Fabrik, die früher an der Stelle des Lagers gestanden hatte und abgerissen worden war. Die Decke war nicht stärker als 25 Zentimeter und jede 5-Kilo-Bombe hätte durchgeschlagen. Im großen Kellerraum saßen die Soldaten in langen Bankreihen, am Eingang war ein kleines Zimmer, die

Kommandantur. Da saßen der Chef und wir, die Schreibstubenbesatzung.

Es war zuerst mucksmäuschenstill, aber bald war ein erst leises, fernes, dann immer stärker anschwellendes Gewummer zu hören. Es waren die berühmten 88 Flak-Geschütze, die ihre Salven in den nächtlichen Himmel schickten. Beim Näherkommen der feindlichen Luft-Armada setzten auch die leichteren Kanonen ein.

Diese standen auf den Hausdächern und waren auf Bretter- und Balkengerüsten festgezurrt. Bedient wurden sie von Luftwaffenhelfern, das waren 16- bis 17-jährige Schulbuben. Als ich diese Schwalbennester zum ersten Mal sah, grauste mir. »Wie wird es diesen armen Kerlen ergehen? Sie werden vom Feuer- und Bombensturm heruntergeweht werden!« Und genauso war es dann auch.

Die Angriffe hatten System und Methode. Zuerst fielen die bis zu 1.000 Kilogramm schweren Sprengbomben und Luftminen, mit denen man die Bevölkerung in die Keller jagte. Dann kamen die Stabbrandbomben. Sie sollten die noch lebende Bevölkerung aus den Kellern heraus und zum Löschen auf die Dächer treiben, aber die auftretenden Feuerstürme machten dies unmöglich und die Menschen verbrannten.

Zum ersten Mal in meinem Leben hörte ich Bomben fallen. Es begann mit einem leisen, immer stärker anschwellenden Zischen, das sich dann in ein wahnsinniges Rauschen verwandelte. Anschließend erfolgte die Detonation, die einem schier das Trommelfell zerriss. Die Hölle war losgelassen. Der Boden, der ganze Keller wankte wie ein Schiff auf hoher See.

Aus der Kommandozentrale hatte man einen kleinen kaminartigen Beobachtungsturm gemauert. Der dortige Beobachter sollte das Lager übersehen und Vorkommnisse nach unten melden. Dieser rief plötzlich: »Das ganze Lager brennt!« Einzige Ausnahme war die Baracke, in der wir gefeiert hatten. Dort befand sich die Kantine, aber auch die Kompaniekasse mit allen Geheimdokumenten.

Da rief der Hauptmann plötzlich: »Freiwillige vor!« Von draußen hörte man die ständig neu anfliegenden Bomberwellen, und niemand rührte sich. Totenstille. Da streckte ich die Hand aus und rief: »Hier!« Noch ein anderer meldete sich, ein ehemaliger Zuchthäusler, wie ich aus seinen Papieren erfahren hatte. Wir beiden rannten die Stufen hoch, und es war, als sprängen wir in einen heißen Feuerofen. Hin zur Baracke und rein. Beinahe wäre ich in ein Loch gefallen, aus dem mich eine Riesenbombe anblitzte. Sie war nicht explodiert oder mit Zeitzünder versehen, konnte also jeden Augenblick losgehen.

Auweia, jetzt nichts wie raus! Im Zurücklaufen sah ich, wie die Flammen auf unsere Feldküche übergreifen wollten. Alles durfte verbrennen, nur die nicht! Wir versuchten, sie weg zu schieben, aber sie war zu schwer. Drunten im Keller saß unser Koch, ein wohlbeleibter Unteroffizier, der sich bei der Essenausgabe immer aufspielte wie der liebe Gott, als ob es allein ihm zu verdanken sei, dass es überhaupt etwas zum Essen gab.

Da ritt mich der Teufel. Ich riss die Kellertür auf und schrie hinunter: »Die Feldküche brennt! Wo ist B., der feige Hund! Er soll sofort raufkommen und helfen!« Ich weiß nicht, ob es jemals im deutschen Heer vorgekommen war, dass ein junger Rekrut einen Unteroffizier vor versammelter Mannschaft einen »feigen Hund« nannte, ohne dafür bestraft zu werden, jedenfalls kam er zitternd heraufgewankt mit seinen zwei Hilfsköchen, und so wurde die Küche gerettet. Jedoch nur für zwei Tage, dann kamen die Bomber wieder und der Feuersturm raste.

Aber noch war das Lager bewohnbar. Gleich in der Frühe des nächsten Tages fuhr ein Lastwagen mit einer Ladung Männer in Zebrakleidung vor, es waren Zuchthäusler. Sie sollten die große Bombe in der Kantine ausgraben und ein Feuerwerker sollte sie dann entschärfen. Die Sträflinge stürzten sich zuerst auf die vollen Aschenbecher, die vom Kameradschaftsabend auf den Tischen standen.

Da die Bombe jeden Moment explodieren konnte, war das ganze Gelände abgesperrt. Aus der Unterhaltung mit einem der Wachmänner erfuhr ich, dass sich die Sträflinge freiwillig zu diesem Himmelfahrtskommando melden konnten. Sie bekamen dafür Prämien in Form von Lebensmitteln und Zigaretten.

Es gab in derselben Woche noch zwei Angriffe gleichen Ausmaßes. Alles war nur noch Feuer, auch unser Lager. Wir rannten durch die Straßen und versuchten zu helfen. Ganze Häuserfronten brachen zusammen, in den oberen Stockwerken sah man verzweifelte Menschen durch die Zimmer rasen, denn sie kamen nicht mehr die Treppen herunter. Einige stürzten sich aus den Fenstern.

Als diese Woche zu Ende ging, waren 40.000 Menschen tot. Keine Soldaten, sondern Frauen, Kinder und alte Männer. Die britische Regierung hatte endgültig den Boden des Völkerrechts verlassen, und ihr Luftmarschall Harris konnte sich zufrieden die Hände reiben und später auf gewisse Vorwürfe antworten, er verstehe die ganze Aufregung nicht, Angriffe wie auf Hamburg seien immerhin noch eine vergleichsweise humane Methode gewesen!

Damit änderte sich auch der Aufgabenbereich unserer Kompanie. Luftschutzräume wurden nicht mehr gebraucht. Unsere Kompanie wurde sofort zur Ausgrabung verschütteter Keller und der Sammlung von Leichen sowie deren anschließender Bestattung in Massengräbern abkommandiert.

Die Kameraden erzählten Schauergeschichten, beispielsweise vom Ausräumen eines großen Gemeinschaftsbunkers, in dessen Luftschacht eine Mine gefallen war. Über 400 Menschen hätten bewegungslos und wie lebend auf den langen Bankreihen gesessen, darunter Mütter mit Säuglingen im Arm, es hatte ihnen einfach die Lunge zerrissen. Wenn abends unsere Männer anmarschiert kamen, roch man schon auf 100 Meter den Verwesungsgestank.

Nach diesen fürchterlichen Tagen schrieb ich in einem Brief nach Hause, dass wir in Hamburg vor lauter Rauch drei Tage die Sonne nicht mehr gesehen hätten. Das erzählte meine Mutter einer Nachbarin, die erzählte es weiter und dann kam die Gestapo.

Man verlangte nach dem Brief, sprach von »Wehrkraftzersetzung«, was so viel wie Hochverrat bedeutete, und bestellte die Eltern mit meiner Schwester Eva aufs Präsidium. Nach einem ausgiebigen Verhör vor einem Parteigericht rettete sie nur der Umstand, dass der Bruder an der Front in Russland stand. So kamen sie mit einer strengen Verwarnung davon, aber ebenso mit der Drohung: »Wenn das noch einmal passiert, dann ...!«

Da unser Lager völlig abgebrannt war, zog die Kompanie in einen großen Schulkomplex, der inmitten der Ruinen wie durch ein Wunder stehen geblieben war. Noch gab es in den Nächten Fliegeralarm, aber die Geschwader zogen weiter, denn Hamburg war ja erledigt.

Trotzdem musste man bei Alarm in die Keller. Ich hielt mich dabei an den Führungsstab, denn der bezog als Schutzraum das Lebensmitteldepot unserer Küche. Dort suchte ich mir immer ein besonderes Plätzchen aus, es war neben dem Butterfässchen.

Ringsherum saßen die Chefs und unterhielten sich bei der düsteren Notbeleuchtung. Aber mit der Zeit wurden sie ruhiger und schliefen ein. Darauf hatte ich gewartet und öffnete nun leise den Fassdeckel, immer die Gesichter der Schläfer im Auge, griff mit der Hand in die Butter und füllte die mitgebrachte Büchse. So kam es, dass ich jedem Alarm erwartungsvoll entgegensah, denn die dicken Butterbrote schmeckten herrlich.

Genau in dieser letzten Juliwoche 1943 kam der Abfall Italiens vom Reich. Der König hatte Mussolini verhaften lassen, die faschistische Partei wurde aufgelöst, und Marschall Badoglio schloss am 3. September einen Waffenstillstand mit den Alliierten, die noch am selben Tag im süditalienischen Kalabrien gelandet waren.

Die Achse Berlin – Rom hatte aufgehört, zu existieren, und die alliierten Truppen begannen ihren langen und äußerst verlustreichen Marsch Richtung Rom. Die deutschen Truppenteile hatten den Auftrag erhalten, die italienischen Verbände im Besatzungsgebiet zu entwaffnen, gefangen zu nehmen oder zu entlassen. Die Lage war kritisch und konnte bei Herannahen der Alliierten jederzeit in offene Rebellion umschlagen.

Da kam für uns der Befehl zur Verladung auf dem Güterbahnhof. Wir wurden wie üblich in offene Güterwagen verfrachtet und das Rätselraten nach dem Wohin begann. Die Pessimisten tippten auf den Osten, Russland, aber schon nach einigen Fahrtstunden deutete das Schicksal nach dem Süden, nach Italien.

Als wir Innsbruck beim letzten Schein der Sonne passierten, ging mir das alte Volkslied aus dem 14. Jahrhundert durch den Sinn: »Innsbruck, ich muss dich lassen, ich fahr dahin mein Straßen, in fremde Land dahin!« Was würde wohl aus uns werden?

Die Brennerstrecke war, wie es schien, von weiteren Truppentransporten sehr überlastet. Als wir bei längeren Aufenthalten endlich die italienische Grenze passierten, war es stockdunkle Nacht. Aber die Stimmung war prächtig, hatten wir doch tüchtig dem mitgeführten Weinkanister zugesprochen, der jetzt leer war. Da hielt der Zug mitten in den Weinbergen von Südtirol in Erwartung eines Signals.

Es war stockdunkel, aber unten im Tal sah man ein einsames Licht brennen. »Ich hol Nachschub«, sagte ich schon recht angeheitert zu meinen Kameraden, nahm den Kanister und sprang vom Waggon. »Du bist verrückt, jeden Moment fährt der Zug weiter!«, riefen sie mir nach, aber ich rutschte schon den langen Berg hinunter. Es war Mitternacht.

Am Haus rief ich die erschrockenen Bauersleute aus dem Schlaf. Sie füllten den Kanister mit 20 Litern, ich bezahlte die geforderte Summe, immer mit einem Auge nach den verdunkelten Lichtern des Zuges schielend. Ja, er war noch da. Dann ging es keuchend den Berg hinauf, ich reichte den vollen Kanister ins Abteil hinauf, und der Zug ruckte an. Sie zogen mich in den schon rollenden Waggon.

Das war noch mal gut gegangen. Der Wein war übrigens prima, aber ich legte mich bald ins Stroh neben die Pferde unserer Feldküche und schlief ein. Sie scharrten gelegentlich mit den Hufen und schnaubten durch die Nüstern, das war eine beruhigende Nachtmusik für mich.

Es war heller Tag, als ich erwachte und als es hieß: »Ausladen! Wir sind am Ziel.« Auf den Bahnhofstafeln stand Pisa. Aha, das war doch die Stadt mit dem schiefen Turm. Aber noch beim Entladen der Waggons ertönten die Sirenen, Luftalarm!

Unvergesslich bleibt mir der Anblick eines katholischen Priesters, der mit flatterndem Schlapphut und wehender Soutane so durch die Straße rannte, als ob der Leibhaftige hinter ihm her sei. Wir grinsten! Dass die Italiener nach dem üblichen Landserbegriff Angsthasen waren, wunderte keinen. Aber dass ein frommer Gottesdiener seinem Chef im Himmel weniger zutraute als seinen schnellen Beinen, das wunderte mich dann doch.

Die Bomber kamen und luden ab. Der Bahnhof brannte und ein Munitionszug explodierte. Uns war jedoch nichts passiert, und wir zogen in eine verlassene Kaserne. Überall lagen noch Waffen herum. Es musste auch ein Bombardement gegeben haben, man sah Trichter im Umfeld. Und noch etwas sahen wir: riesige Ratten, die an etwas herumnagten. Es war ein menschlicher Kopf. Ein Kamerad meinte mit belehrender Stimme, dass es sich hierbei um die bekannten »Pisaratten« handle. Er hatte wohl mal etwas von Bisamratten gehört.

Noch am Ankunftsabend war plötzlich zu vernehmen – gewisse Nachrichten verbreiteten sich in Windeseile –, dass es am Bahnhof Wein zu organisieren gäbe.

»Organisieren« war bei uns der Fachausdruck für stehlen, mitnehmen, auftreiben, wobei es keine Rolle spielte, inwieweit eine solche Aneignung rechtmäßig war. Jedenfalls bekam ich vom Spieß den Befehl, mich mit dem Fahrrad und einer großen Korbflasche sofort zum Bahnhof zu begeben. Dort standen auf einem Abstellgleis einige Waggons, mit denen man in riesigen Metallfässern Wein zu transportieren pflegte. Die Landser hatten einfach Löcher in die Fässer geschossen und versuchten, ihre Kochgeschirre, Kanister oder sonstigen Behälter mit dem heraussprudelnden Nass zu füllen.

Es war der feurige, goldgelbe Marsala-Süßwein. Er wird aus am Stock eingetrockneten Trauben gewonnen und enthält 16 bis 18 Prozent Alkohol. Wir sollten in den kommenden Monaten noch sehr oft und ausgiebig mit ihm Bekanntschaft machen. Jedenfalls wurde ich bei der Rückkehr mit großem Hallo empfangen. Die anschließende Sauferei war fürchterlich, das Kopfweh am darauf folgenden Morgen ebenso.

Wir blieben nicht lange in Pisa. Es ging weiter nach Süden, wo das Bataillon in den Bergen Auffang- und Verteidigungsstellen bauen sollte. Aber auch Brücken wurden für spätere Sprengungen vorbereitet. Die Alliierten kämpften sich langsam aber sicher den italienischen »Stiefel« hoch.

Unsere Befehlszentrale – also Schreibstube, Feldküche, Handwerker, zusammen auch Tross genannt – zog in eines der leer stehenden Bauernhäuser in den Weinbergen. In den Kellern fanden wir volle Weinfässer, aber auch riesige Korbflaschen mit Olivenöl, sodass die große Zeit der Bratkartoffeln begann.

Auf meinen Erkundungszügen fand ich hie und da noch ein einsames Huhn, mit dem der Speisezettel aufgebessert wurde. Meine Jägerei-Fähigkeiten kamen aber zur vollen Entfaltung, wenn bei Artilleriebeschuss oder bei einem der täglichen, blitzschnellen und überraschenden Tieffliegerangriffe die Küchenbesatzung in den Kellerraum oder Splittergraben stürzte.

Jetzt stieg ich im verlassenen Verpflegungs- oder Küchenraum auf den Tisch und holte mir die Räucherwürste von der Stange, die nur für die höheren Chargen bestimmt waren. Außerdem öffnete und untersuchte ich die Geheimkiste des fülligen Kochs, der in der Heimat eine Gastwirtschaft mit Metzgerei betrieb und unbedingt wieder lebendig ins schöne Badenerland zurückkehren wollte. Der arme Kerl hatte eine geradezu panische Angst. Diese wurde noch gesteigert, als ihm ein Tiefflieger durch sein Küchensieb schoss, mit dem er gerade die Nudeln aus dem Kessel herausfischen wollte.

Mein Dienst war sehr vielseitig, und es gab nichts, das man mir nicht befohlen und zugetraut hätte – wichtige Meldungen an Nachbareinheiten übermitteln, bei Stellungswechsel die Suche nach geeigneten Quartieren, das Schlachten eines Schweins, wobei das Abbrühen der Borsten wegen fehlender Hilfsmittel wie Wanne oder heißem Wasser immer besonders schwierig war.

Da fiel mir ein, dass in der Heimat meiner Mutter die getöteten Schweine nicht gebrüht, sondern gebrannt wurden, und zwar mit Stroh. Also bettete ich das tote Schwein ins Stroh, nahm ein Feuerzeug, das Feuerchen brannte und schon roch man auch die verbrannten Borstenhaare. Es klappte. Die Flamme wurde aber groß und größer.

Da rief der Spieß, der vom Fenster aus zugeschaut hatte, auf einmal ganz erschrocken: »Da brennt ja die ganze Sau!« Und so war es. Jetzt sprangen wir mit den Wassereimern herbei und mussten löschen. Ich ließ mir später sagen, dass diese Technik der Borstenbeseitigung sehr viel Erfahrung voraussetzt. Das wusste schon Napoleon, der sagte, dass die wahre Weisheit der Völker die Erfahrung sei. Das gilt sicher auch für die Technik eines Scheiterhaufens.

Ein anderer Brand, ebenfalls verursacht durch meine nie ruhende Experimentierfreudigkeit, hätte beinahe unsere ganze Unterkunft vernichtet. Es war ein zweistöckiges Bauernhaus. Wir litten dort unter einer großen Rattenplage. Da liefen ganze Familien an den glatten Hauswänden empor bis unters Dach. Wie war so etwas möglich? Ich erfuhr dann, dass diese Tiere sich nach dem System des Saugnapfs festhalten und weiterbewegen können. Wohl schoss der Spieß mit seiner Pistole so manche ab, aber es waren zu viele. »Da hilft nur noch ausräuchern«, sagte ich, also machte man Feuer unter dem Dach. Aber im Anschluss dürfte selten jemand so schnell mit Wassereimern gerannt sein wie wir.

Für die Küchenbesatzung galt ich als äußerst suspekter Kamerad. Wenn sie mich sahen, ließen sie mich nicht mehr aus den Augen. Sie hatten längst Verdacht wegen der verschwundenen Lebensmittel geschöpft, konnten mir aber nie etwas nachweisen. Mein Meisterstück lieferte ich eines schönen Tages.

Ich hatte in Erfahrung gebracht, dass nach einer Schlachtung das Räuchern der Würste anstand. Man hatte dazu ein leeres Haus mit einem großen, offenen Kamin ausfindig gemacht. Die zwei Küchengehilfen, sie kamen aus Böhmen, waren eifrig beim Räuchern. Groß war ihr Misstrauen bei meinem Auftauchen, und noch mehr wunderten sie sich, als ich meinen Besuch dahin erklärte, dass mich die Räuchertechnik schon immer sehr interessiert habe und ich unbedingt von ihrem großen Fachwissen etwas lernen wolle.

Jetzt fühlten sie sich geehrt, aber mein geschulter Blick hatte längst die Frontlage erfasst und ebenso schnell die weitere Strategie entworfen.

Da war also der offene Kamin, in dem ein leise gehaltenes Feuer mit großer Rauchentwicklung brannte. Im Kamin selbst hatten sie einige Quereisen angebracht, an denen die Würste im Rauch hingen, von außen unsichtbar. Neben dem Kamin stand ein Tisch, auf dem die zu behandelnden Würste lagen. So näherte ich mich dem Feuerchen, ließ mir die Technik des Vorgangs genau erklären, bückte mich und versuchte, in den Kamin hochzuschauen.

Mit weiteren Fragen nach der Anbringung der Eisen, dem vorgeschriebenen Abstand zum Feuer usw. brachte ich es so weit, dass sich die beiden auch in den Kamin hineinbückten und erklärend nach oben deuteten. Jetzt zog meine Hand im Rücken einen Wurstring vom Tisch und schob diesen ins Hinterteil der Hose. Den Gürtel, sprich das Koppel, hatte ich vorher gelockert.

Nachdem wir uns wieder aufgerichtet hatten, bedankte ich mich für die lehrreiche Lektion und verabschiedete mich. Sollten sie die Würste vorher abgezählt haben, hätte ich zu gern ihre dummen Gesichter gesehen. Aber alles, Wurst und Schadenfreude, kann man schließlich nicht haben. Mir genügte die Wurst, die ich mit einem guten Kameraden teilte.

Lagen wir einmal irgendwo in der Nähe einer Stadt, waren meine Dienste besonders gefragt, denn dann schickte mich der Spieß auf Erkundung. Aber nicht um die Stellungen des Feindes auszukundschaften, sondern um herauszufinden, ob und wo ein Bordell besserer Qualität, aber in erschwinglicher Preislage, die Freier einlud. So streifte ich durch die Straßen, hielt immer wieder einen männlichen Passanten an und fragte mich so durch bis zum gesuchten Etablissement. Dort erkundigte ich mich mit meinem mittlerweile ganz passablen Italienisch nach Preislage und Öffnungszeiten, und bei der Rückkehr meldete ich mich sozusagen militärisch »vom Spähtrupp zurück«.

Ganz besonders war man beeindruckt, wenn ich von einer entdeckten Marmorhalle mit Palmen berichten konnte. Wenn dann der abendliche Ausgang kam, machten sich die Herren fein und zogen los. Auch ich ging heimlich mit und suchte den Ort der Sünde auf. Dort setzte ich mich verdeckt in einen Winkel und beobachtete nur. Es war ein psychologisches Menschenstudium in Reinkultur, denn wer kam da nicht alles! Sieh da, der angegraute Herr Hauptmann, noch mit dem EK I vom Ersten Weltkrieg, der bei jeder Gelegenheit die Fotos seiner Familie herumzeigte. Und da der und der, ach, und der kommt auch noch, der schreibt doch, wenn es geht, jeden Tag einen verliebten Brief an die ferne Braut ... Wie sagte der griechische Dichter Epicharm schon 500 v. Chr.: »Was ist die Natur des Menschen? Aufgeblasene Bälge!«

Italienisch lernte ich sehr schnell. Es war nicht so fürchterlich mühsam wie Französisch und Englisch auf der Schulbank, was mir als pure Theorie völlig unnötig erschienen war. Sah oder spürte ich hinter einer Sache etwas, das mir von Nutzen werden konnte, war die Sachlage eine völlig andere und ich bemühte mich.

Schon recht bald galt ich in der Kompanie als Dolmetscher. Man holte mich bei eventuellen Missverständnissen mit der Bevölkerung. Und wenn ich »Vor der Kaserne, vor dem großen Tor« auf Italienisch sang, dann verdrehten besonders die Italienerinnen ihre Augen. Ich sah immer um mindestens zwei Jahre jünger aus. Das war bisher mein grausames Schicksal gewesen, wenn ich als Schüler in einen Film wollte, der für Jugendliche unter 18 Jahren verboten war. Da konnte ich mit einem tief ins Gesicht gezogen Schlapphut, mit einer dunklen Hornbrille auf der Nase und mit tiefster

Stimme an der Kasse das Billett verlangen – der Verkäufer schaute nur kurz auf und jagte mich mit einem »Hau bloß ab!« davon.

Hier in Italien wurde mir das bubenhafte Aussehen auf einmal zum Vorteil. Kaufte ich etwas in einem Laden, hieß es unter den Käuferinnen gleich bedauernd: »Que piccolo«, was für ein Bübchen. Oft schob mir die Verkäuferin ein »Extra« in die Tasche.

Es verging kaum ein Tag, an dem die Schreibstube nicht sang. Und das recht gut. Da konnte der Spieß plötzlich den Schrei »Held« von sich geben, und gleich darauf »Schwer mit den Schätzen«. Das war sein Leib- und Magenlied. Ich musste anstimmen und der Gesang »Ziehet ein Schifflein am Horizont dahin« erscholl mehrstimmig durchs Lokal.

Auch der Rechnungsführer aus Essen war ein großer Sänger. Er konnte an seinem Tisch plötzlich Haltung annehmen und sein »Mamatschi, schenk mir ein Pferdchen« losschmettern. Wir fielen sofort ein, und dann kam ein Lied nach dem anderen. Sicherlich sind diese Sängerstunden eine Ursache dafür, dass ich auch heute noch mindestens 200 Soldatenlieder kenne.

Unvergessen bleibt mir ein besonders gemütlicher Abend. Der Spieß hatte irgendwo einige Flaschen Sekt aufgetrieben. Ich musste einschenken, und die Stimmung stieg von Stunde zu Stunde. Da kam als völlig unerwarteter Besuch der Hauptmann einer Nachbareinheit. Er war im Zivilberuf Studienrat, sehr ruhig und dezent und – wie man wusste – absoluter Gegner von Alkohol und Zigaretten, möglicherweise war er auch Vegetarier.

Nach der Meldung – wir waren alle wie üblich aufgesprungen – offerierte ihm der Spieß zur Begrüßung ein Glas Sekt, aber der Hauptmann winkte ab. Doch der Hauptfeldwebel bohrte weiter und weiter, bis der gutmütige Mensch schließlich nickte. »Held, für Herrn Hauptmann ein Glas Sekt!« Ich schenkte ein, stellte mich in strammer Haltung vor den Offizier, hielt ihm das Glas entgegen und brüllte: »Auf Ihr Wohl, Herr Hauptmann!«

Er wollte lächelnd zugreifen, aber ich setzte das Glas an meine Lippen und trank es in einem Zug leer. Verblüfft sah er mich an, drehte sich um und verließ das Zimmer. Die Zuschauer waren erstarrt und schauten mit ungläubigem Entsetzen in die Runde. Dann ertönte ein Schrei: »Held, sofort ins Bett!« Dies brauchte man mir nicht zwei Mal zu sagen, noch schneller als der Blitz verließ ich das Zimmer. Aber ich bin sicher, dass sich die Belegschaft nachher halb totgelacht hat.

Die alliierten Streitkräfte waren inzwischen auf ihrem langsamen, aber unaufhaltsamen Vormarsch nach Norden bis ans Bergmassiv des Monte Cassino gekommen. Hier wurde ihnen für viele Monate besonders durch unsere Fallschirmjäger Halt geboten.

Der Berg blieb bis Mai 1944 Eckpfeiler der deutschen Front. Wir konnten in den verschiedenen Schlachten bei Nacht den ungeheuren Materialeinsatz des Gegners beobachten. Stundenlang und ununterbrochen leuchtete der Himmel auf wie eine ungeheure Gewitterwand, und je nach Wind hörten wir auch den entsprechenden Donner.

Es wurde Frühjahr 1944, die Verluste an allen Fronten nahmen zu, und die Heeresleitung begann intensiver, alle rückwärtigen Dienste nach einsatzfähigen Soldaten durchzukämmen, darunter besonders die jüngeren Jahrgänge. Auf einmal spielte es keine Rolle mehr, wenn zwei Finger oder gar ein Auge fehlten.

So kam eines Tages auch für mich der Abschied vom Baubataillon. Die in Italien kämpfende 44. Infanterie-Division nahm uns auf. Sie trug den geschichtsträchtigen Namen »Hoch- und Deutschmeister«, war österreichischen Ursprungs und eine Neuaufstellung der in Stalingrad gebliebenen Stammdivision. Die österreichischen Kameraden wurden von uns »Kamerad Schnürschuh« genannt, während sie uns Reichsdeutsche mit »Marmeladinger« betitelten.

Es folgte eine dreiwöchige Ausbildung. Einquartiert lagen wir in einem Bergdorf der Abruzzen. Es lag im Hinterland der Front und war nicht evakuiert. So bekamen wir oft Kontakt mit der Bevölkerung. Die Leute waren freundlich und luden uns manchmal zum Essen ein. »Ach, wird das aber schmecken, so viel Rührei«, so mein Gedanke, als ich die Bäuerin eine goldgelbe Masse in einer Riesenpfanne umrühren sah, die auf dem offenen Feuer stand. Aber es war Mais, die berühmte italienische *Polenta*, die ich hier zum ersten Mal kennen und schätzen lernte.

Immer mehr machte sich im deutschen Heer der Materialmangel bemerkbar. Während der Gegner auf jede Art und Weise den Krieg des reichen Mannes führte – er schoss stundenlang mit seiner Artillerie in der Gegend herum –, musste unsere Artillerie, wie uns die Landser einer Geschützstellung erzählten, bei einem erkannten Ziel zuerst telefonisch die Erlaubnis einholen, damit fünf Schuss genehmigt wurden.

Was besonders fehlte, war der Treibstoff. So kam man bei der Führung auf den Gedanken, notgedrungen und so wie einst im Ersten Weltkrieg bespannte Transportkolonnen aufzustellen, und zwar ganz schnell. Alle Regimenter mussten ihre überzähligen Pferde an einer Sammelstelle abgeben, vor allem auch die hochrassigen Reitpferde der Offiziere. Die berühmten kleinen russischen *Panje*-Karren, unser Beutegut, wurden angeliefert, und nun sollten ganz schnell diese Räder »für den Sieg rollen«, wie das auf allen Lokomotiven zu lesen war. Diese neu geschaffene »Siegeskolonne« bekam den Namen »Fahrschwadron«, und dazu wurde ich abkommandiert.

Was folgte, war unbeschreiblich. Unsere Kompanie lag weit verteilt in leer stehenden Bauernhäusern inmitten der Weinberge. Die Pferde standen in Ställen, wenn vorhanden, ansonsten in Wohnstuben. Wir sollten sie »einfahren«, doch die wenigsten von uns hatten es je mit Pferden zu tun gehabt.

Zum Glück hatten wir etliche »Hiwis«, die sich besser auskannten. Hiwi war die Abkürzung für »Hilfswillige«. Es waren russische Kriegsgefangene, die sich aus den Lagern freiwillig gemeldet hatten. Sie hatten deutsche Uniformen, nur ohne Schulterstücke, und sie trugen keine Waffen. Aber sonst waren sie uns in allem, auch was die Verpflegung betraf, gleichgestellt. In der Regel waren es gutmütige Burschen, mit denen wir gut Freund waren.

Diese Kerle verstanden etwas mehr von Pferden, aber trotzdem war die Sache schwierig. Die meisten Pferde hatten nie vor einem Wagen gestanden. Schon beim Einspannen schlugen sie verängstigt in die Stränge. Wollten wir langsam anfahren – einer hielt die Pferde dann vorne am Halfter –, drückten sie zurück, die Wagscheite schlugen gegen ihre Hinterbeine, und jetzt sprangen sie in die Luft vor Schreck und waren oft nicht mehr zu halten. Man konnte gerade noch einen Satz zur Seite machen, dann waren sie weg.

Unvergesslich war ein hoher Schimmel. Man sah ihn nur noch als weißen Strich durch die Reben rasen. Wir rannten keuchend hinterdrein, bergauf, bergab. Die Spur war nicht zu verlieren, denn alle paar Meter lag ein Brett oder ein Rad auf dem Weg, und am

Ende fanden wir das schnaubende Ungeheuer. Es hatte nur noch die Deichsel am Hals hängen, und der Wagen hatte sich in sämtliche Bestandteile aufgelöst.

Wir änderten die Methode, indem wir uns schwere Baumstämme beschafften, Eisenklammern hineinschlugen und die Tiere so vorspannten. Der erwähnte Schimmel war übrigens ein tolles Reitpferd. Als ich mich draufsetzte – ein Sattel war nicht da –, galoppierte er mit mir eine lange, zur Hauptstraße führende Zypressen-Allee hinab, dass mir Hören und Sehen verging. Als ich ebenso zurückgerast kam, staunten die Kameraden, sie hielten mich für einen versierten Rennreiter. Dabei war es der erste Ausritt und Galopp meines Lebens.

Viel Zeit zum Einfahren ließ man uns nicht. Der Großteil der Pferde lief einigermaßen, nur einige Unverbesserliche waren nicht zu gebrauchen. Die letzte Cassinoschlacht hatte begonnen, und an der Front benötigte man dringend Munition. So bekam jeder von uns sein Gespann zugeteilt, denn die kleinen *Panje*-Wagen waren meistens einspännig. Mit der Zeit wurde man zum Pferdefachmann, was aber nicht heißen soll, dass Überraschungen ausblieben.

Einmal gingen zwei Rappen, die ich vor meinem Wagen voll mit Minen beladen hatte, auf dem Marsch mit mir durch. Es war stockdunkel, und sie rasten mit mir auf der Asphaltstraße dahin, dass die Funken stoben. Das Fahrzeug schleuderte hin und her. Ich konnte an der Leine ziehen, wie ich wollte, sie hatten sich an der Kandare festgebissen und reagierten nicht mehr. Ich konnte mich nur noch an meiner Sitzunterlage festhalten, damit ich nicht heruntergeschleudert wurde. Irgendwann ging ihnen die Luft aus und sie blieben stehen.

Es passierte auch, dass die Pferde ausschlugen. Zwei Mal trafen sie mich sehr empfindlich. Aber Schuld daran hatte jedes Mal ich, weil ich vergessen hatte, mit ihnen zu reden, bevor ich von hinten an sie herangetreten war. Das Orientierungsvermögen der Tiere verwunderte mich immer wieder. In stockdunkelster Nacht, wenn wir buchstäblich nicht mehr die Hand vor den Augen sehen konnte, fanden sie sicher die Abzweigung Richtung Stall.

Unsere Kolonne bestand aus ungefähr 50 Fahrzeugen, die sich, sobald es dunkel wurde, auf der Straße sammelten. Bei Tag zu fahren war unmöglich, da die Jagdflugzeuge der Gegner, »Jabos« genannt, ständig in der Luft waren und auf jede Maus schossen. Die Kolonne fuhr nach hinten in das gut getarnte Munitionslager, man lud Granaten, Infanteriemunition, Minen und Benzin auf und fuhr zurück im Fliegerabstand von 50 Metern. Oft ging es bergauf über die Pässe und hinab in die weiten Täler zu den Stellungen.

Man sah sehr deutlich das Abschussfeuer der feindlichen Artillerie aufblitzen, und wenn sie die Passstraßen im Visier hatten, krachten die Einschläge rechts und links. Für uns galt als wichtigstes Gebot, die erschreckten Pferde in der Gewalt zu behalten.

Sehr oft kamen auch Angriffe aus der Luft hinzu. Die Jagdbomber warfen so genannte »Christbäume« ab, Leuchtfallschirme, die das Gelände hell beleuchteten. Wenn dann die Bomben fielen, durften wir uns nicht in den Straßengraben werfen, sondern mussten die Pferde vorne am Kopf fest- und niederhalten, da sie sonst mitsamt ihrer sehr gefährlichen Ladung davongerast wären. Traf die Bombe einen geladenen Wagen, blieb nichts mehr übrig.

Noch heute habe ich das einsame Pferd vor seinem Karren vor Augen. Es stand ganz allein, ein Granatsplitter hatte ihm den Bauch aufgerissen und die Gedärme hingen herab bis auf den Boden. Ich hatte nicht die Zeit, ihm den Gnadenschuss zu geben, weil wir im Galopp durch das feindliche Artilleriefeuer, das auf der Straße lag, hindurch mussten.

An ein Erlebnis erinnere ich mich immer wieder. Wir waren die ganze Nacht gefahren und schon graute im Osten der Morgen. Sobald es Tag wurde, das wussten wir, waren die Jabos da und flogen die Straßen und Wege ab. Wer nicht unter Dach und Fach war, wurde abgeschossen. Unsere Kolonne befand sich auf einem Bergpass. Auf den schmalen Serpentinen und Gebirgsstraßen gab es kein Ausweichen. Auf einer Seite ging der Fels hoch, auf der anderen gähnte der Abgrund.

Plötzlich stockten die Fahrzeuge. Es hieß, vorne versperre ein Panzer die Straße, er könne weder vor noch zurück. Auweia, dabei wurde es immer heller. Alles begann, nervös zu werden, die Fahrer schimpften und fluchten, Pferde schlugen aus, verkeilte LKW stellten ihre Motoren ab, die Stimmung war zum Zerreißen gespannt.

Da hörte ich Gesang, er kam aus dem Führerhaus eines LKW. Ein Landser sang in aller Seelenruhe: »Da streiten sich die Leut' herum, oft um den Wert des Glücks«, es war das Hobellied von Ferdinand Raimund. Paul Hörbiger hatte es immer gesungen, mit dem Schluss: »Da ist der allerärmste Mann dem andern viel zu reich, das Schicksal setzt den Hobel an und hobelt beide gleich.«

Ich stieg von meinem Bock, denn den Kerl wollte ich mir ansehen. Es war ein Österreicher, der hatte vielleicht Nerven. Schon stieg die Sonne hoch, da gab es vorne plötzlich einen Ruck. In höchster Eile rasten die Fahrzeuge den Berg hinab, unten standen Olivenhaine, wir erreichten sie gerade noch. Dann waren die englischen Jäger auch schon da und schossen. Einem unserer Küchengefreiten, er hatte sich in einen Olivenstrauch gesetzt, ging eine Kugel zwischen den Beinen hindurch, ohne ihn zu verletzen. »Man muss halt Fortune haben«, hätte der Alte Fritz dazu gesagt.

Hatten wir keinen Einsatz, musste bei Nacht Wache geschoben werden, da sich die italienischen Partisanen, die Roten Brigaden, immer stärker bemerkbar machten. Einzelne Fahrzeuge durften sich am Tag nicht mehr auf die Straße wagen, sie verschwanden und kamen nicht mehr zurück.

Unsere befohlenen Suchexpeditionen in den Bergen blieben immer erfolglos. Die Bevölkerung warnte sich gegenseitig, indem sie die Glocken läutete. Durchsuchte man dann die Häuser in den abgelegenen Bergnestern, war alles leer. Man fand höchstens ein altes verrunzeltes Weiblein auf den Knien, den Rosenkranz betend und das wusste natürlich von nichts.

Manchmal hatten wir ruhige Tage, da schaute man sich in der Gegend um und versuchte, die ziemlich einseitige Ernährung aufzubessern. Der ständige Kunsthonig hing einem zum Hals heraus, es gab sehr viel Reis und Ölsardinen, dafür kaum Fleisch. Neu für uns war auch, dass es in Italien wenig Salz gab. Da konnte man für ein Kilogramm Salz zehn Liter besten Wein eintauschen.

Bei einem seiner Erkundungszüge hatte ein Kamerad in einem einsam liegenden Bauernhaus das Grunzen eines Schweins vernommen. »Das organisieren wir uns!«, so der kurz gefasste Entschluss, und schon zogen wir in der kommenden Nacht los. Das Kommando bestand aus vier Landsern, einem langen Messer und einem leeren Sack.

Es war totenstill, als wir uns zu mitternächtlicher Stunde an das Haus heranschlichen. Einer wurde mit dem geladenen Karabiner an der Haustür postiert. Er sollte, wenn die Leute aufwachten und zur Tür hinaus wollten, um die Diebe zu verjagen, einen Schuss abgeben, natürlich nur in die Luft. Denn wenn sie uns erkannt und unseren Militärbehörden gemeldet hätten, wäre die Strafkompanie sicher gewesen. Es war dem deutschen Soldaten streng verboten, im besetzten Gebiet zu »requirieren«, also der Bevölkerung etwas ohne Bezahlung wegzunehmen.

So schlichen wir an den vermuteten Schweinestall, stiegen über allerhand Gerümpel, und plötzlich fingen die Hunde an zu bellen. Sie hatten uns gehört. Im Haus gingen die Lichter an, man hörte ein fürchterliches Geschrei und Gerenne, der Hausherr stürzte zur Tür und wollte sie aufreißen, aber da fiel der Schuss. Jetzt wurde das Gejammer im Haus noch größer.

Der lange Leipziger aber, er war Metzger von Beruf, tat schnell und gekonnt seine Arbeit. Nebenbei lehrte er mich in dem dunklen Schweinestall, wie man die Taschenlampe so im Winkel hält, dass sowohl der Akteur als auch der Beleuchter den Lichtkegel an der gewünschten Stelle sehen. Ich habe diesen Rat nie vergessen.

Wir verschwanden dann schnell wieder in die Nacht. Das nicht allzu große Schwein mussten wir in der Unterkunft sofort verstecken. Das Fleisch verteilten wir unter strengster Geheimhaltung an einige Kameraden, aber der liebe Gott strafte uns trotzdem für diese Untat. Wir hatten kein Salz und mussten das abgekochte Fleisch so essen, brr!

Vielleicht noch eine Erklärung zu dem von den Landsern so meisterhaft praktizierten »Organisieren«. Es bezog sich grundsätzlich nur auf Lebensmittel. Es gab immer wieder Tage, wo die Feldküche aus irgendwelchen Gründen ausfiel, besonders bei den Rückzügen. Aus leer stehenden Häusern irgendwelche Wertsachen mitzunehmen, das war nicht unsere Sache. Denn das wäre Diebstahl gewesen und Diebe wollten wir nicht sein.

Einmal zeigte uns ein Obergefreiter einige silberne Gegenstände, die er aus einem verschlossenen Haus, in das er eingebrochen war, gestohlen hatte. Wir ließen ihn fortan links liegen, denn mit einem Dieb wollten wir nichts zu tun haben.

Im Zusammenhang damit sei erwähnt, dass jeder deutsche Soldat in seinem Soldbuch die so genannten »zehn Gebote des Soldaten« zu beachten hatte. Dazu zählten unter anderem korrektes Verhalten im besetzen Feindesland und die Bezahlung beschlagnahmter Gegenstände. Auswüchse aller Art standen unter harter Bestrafung.

Ich persönlich habe im Laufe meiner Militärzeit nie etwas von kriminellen Ausschreitungen gesehen oder gehört. Dass Exzesse an anderen Orten vorkamen, stimmt sicher. Die wird es gegeben haben, nicht nur bei der Wehrmacht. Man denke nur an Vietnam und die Auslöschung ganzer Dörfer.

Aber nach einer Studie des israelischen Generalstabes schnitt das deutsche Heer sowohl im Ersten als auch im Zweiten Weltkrieg in seinem Verhalten unter allen Krieg führenden Nationen mit der besten Note ab. Ich weiß von einem hoch dekorierten, für seine Tapferkeit bekannten Unteroffizier, der eine Russin vergewaltigte. Er wurde vom Kriegsgericht zum Tode verurteilt und standrechtlich erschossen.

Die Musik brachte mir auch bei dieser neuen Einheit manchen Vorteil. Schnell wusste man, dass der Held die Ziehharmonika spielte. So rief man mich zum einen oder anderen gemütlichen Offiziersabend. Einen Geigenspieler gab es auch in der Kompanie, er war aus Wien und dort auf dem Zentralfriedhof als Leichenversorger angestellt. Er zerging beinahe vor Schmelz, wenn wir sein Lieblingslied vom Zigeunerkind vortrugen. Heute noch klingt es mir im Ohr: »Immer nur zu-u-u, Zigeunerkind hat keine Ruh.«

Aber wenn er nach dem ersten Liter Wein anfing zu erzählen, mit welchen Späßen er sich oft mit seinen Kollegen die Zeit vertrieben hatte, dann sträubten sich mir die Haare. Ein solcher Spaß sei beispielsweise gewesen, sich gegenseitig mit den Innereien der aus der Anatomie angelieferten Leichenteile zu bewerfen. Er verriet mir auch die Technik, wie man einen zusammen gekrümmten und bereits erstarrten Leichnam so streckt, dass man ihn noch ordnungsgemäß im Sarg verstauen kann. Gerade diese Technik sollte mir später in Südamerika noch von Nutzen werden.

Dass gewisse Lieder, zu einer bestimmten Zeit gehört, imstande sind, Brücken über viele Jahrzehnte hinweg in die Vergangenheit zu schlagen, kann ich nur bestätigen. Einmal stand ich in den Weinbergen auf Wache, es war in einer dieser warmen italienischen Nächte. Am Himmel stand groß und still der Mond, eine Grille zirpte im Gras, und ich träumte still vor mich hin. Da hörte ich aus der Ferne, aber sehr deutlich, ein mir noch unbekanntes Lied. Es war eine Nachbareinheit, und die Landser, so stellte ich mir vor, saßen in fröhlicher Runde beisammen, leerten ihre Becher und sangen mit hellen und klaren Stimmen: »Es scheint der Mond so hell auf dieser Welt, zu meinem Madel bin ich bestellt.« Ach, wie das bei mir ankam!

Am nächsten Tag suchte ich die Einheit auf und ließ mir den Text geben. Auf dem Weg dorthin erspähte mich ein Jabo. Er kam, vielleicht nur zehn Meter über der Erde fliegend, aus einem Tal heraus und schoss aus allen Rohren. Ich warf mich in den Straßengraben und stellte mich tot. Er drehte eine Kurve und kam zurück, als ich gerade wieder aufgestanden war, da sah ich sein lachendes Gesicht. Er grüßte mit der Hand und flog davon. Wahrscheinlich war ihm die Munition ausgegangen.

»Es scheint der Mond so hell«, sangen wir bald darauf auch. Wenn ich es heute in den Jäger- oder Schützenkreisen höre, auch bei Senioren, dann stehe ich wieder in Italien und denke zurück an die längst vergangene Zeit. Sie war schwer, aber sie ist ein Stück von mir.

Nach dem Fall von Cassino begann langsam, aber unaufhaltsam der Rückzug nach Norden. Immer öfter war der Spottvers zu hören: »Vorwärts Kameraden, wir müssen zurück!« Auch hörte man den nach der Melodie von Lili Marleen gesungenen Vers:

Auf der Straß' nach Moskau liegt ein Bataillon,
es sind die letzten Reste der ... Division!
Hitler wollte Moskau sehn, die Landser mussten stiften gehen
wie einst Napoleon, wie einst Napoleon!

Vor »Division« konnte die entsprechende Einheitsbezeichnung gesetzt werden. Nachdem die am 5. Juni 1944 geglückte Invasion in Frankreich nicht mehr aufzuhalten war und das Attentat auf Hitler am 20. Juli daneben ging, sah die Gesamtlage auch für den einfachen Soldaten nicht mehr rosig aus. Man hörte wohl von Wunderwaffen, aber viel eher glaubte man an ein böses Ende.

Nachdem sich auf der Konferenz von Casablanca im Januar 1943 Roosevelt und Churchill auf eine »bedingungslose Kapitulation« geeinigt hatten, war nicht zu erwarten, dass sie einen Unterschied machen würden zwischen den Anstiftern des Krieges und der großen Masse des Volkes. Wir hatten nichts mehr zu verlieren, aber unsere Haut sollten sie nicht geschenkt bekommen. Damals machte der makabere Spruch bei uns die Runde: »Kameraden, genießt den Krieg, denn der Friede wird fürchterlich. Verlieren wir, dann gnade uns Gott! Gewinnen wir, kommen wir nie mehr aus der Uniform heraus!«

Plötzlich konnte man sich aus den Trosseinheiten auch zur kämpfenden Truppe melden, sogar zu den Fallschirmjägern, die als Eliteeinheit galt. Da wäre ich früher gern dabei gewesen, aber damals hatten sie mich nicht gewollt. Und nun hatte ich meinen Stolz. Außerdem war mein Bruder bei Beginn der Invasion in der Normandie gefallen. Und ich sah keine Veranlassung, die Einheit, die Kameraden zu verlassen, um unter völlig fremden Menschen wieder neu anzufangen.

Im November wurde die 44. Hoch- und Deutschmeister-Division, ihr Divisionszeichen war das Malteserkreuz, nach Ungarn verlegt. Wir wurden im schönen und herbstlichen Udine in die üblichen Güterwagons verladen und erreichten Ungarn nach einer Fahrt durch die romantischen Karawanken, das war schon jugoslawisches Gebiet. Im südwestlichen Teil wurden wir ausgeladen und in ein friedliches Dorf eingewiesen.

Unterwegs sahen wir wollige Schafherden auf den Weiden, doch wie groß war unser Erstaunen, als diese sich als Schweine herausstellten! Einige waren so fett, dass ihr Bauch auf dem Boden schleifte. So etwas hatten wir noch nie gesehen, aber es war ein gutes Omen, das schnell seine Bestätigung fand. Ich wurde mit meinen zwei Rappen bei einem freundlichen Bauern einquartiert, bekam sogar ein überzogenes Bett.

Als der nächste Morgen kam, gingen mir nicht nur die Augen über, sondern auch mein Herz tat wahre Bocksprünge. Ich wurde zum Frühstück gerufen. Auf dem Tisch lag ein riesiger Laib Weißbrot, daneben standen eine große Schüssel mit fettreicher Schweinesülze und eine Flasche Rotwein. Das war es, das Schlaraffenland, von dem ich als Kind im Märchenbuch gelesen hatte.

Der Bauer fütterte mir morgens die Pferde, half mir beim Einfetten der Geschirre und beim Wagenschmieren, kurzum, ich hatte das große Los gezogen. Es waren unvergessliche Tage in diesem lang gestreckten Straßendorf, durch das früh morgens der Schweinehirte im Dreck daherstapfte und kräftig in ein Kuhhorn blies. Auf dieses Zeichen hin öffneten die Bauern die Verschläge ihrer Schweinekoben und die Tiere liefen auf die Straße, von wo sie der Hirte mit auf die Felder nahm. Abends kehrten sie heim, und jedes Tier rannte automatisch in seinen Stall.

Es war Dezember geworden, sehr kalt und mit viel Schnee. Wir hörten vom unaufhaltsamen Vormarsch der Russen, und dann kam unser Abschied von der Dorfidylle. Wir wurden in den Bereich der kämpfenden Division nachgezogen, wieder verladen in Bahnwaggons, und nach einer nächtlichen Fahrt am folgenden Tag auf freiem Feld ausgeladen, noch bevor wir am Ziel angekommen waren.

Die feindliche Artillerie wummerte ununterbrochen. Auf den Feldern standen abgeschossene Panzer, russische und deutsche, und als wir im nächsten Dorf Quartier bezogen, waren die meisten Häuser schon leer und von der Bevölkerung verlassen worden. Die Schreckensmeldungen über ihre Gräueltaten waren den Russen vorausgeeilt.

Wie immer wurden unsere Gespanne in die verschiedenen Häuser eingewiesen. Als ich an die Reihe kam, sah ich im Hof des Anwesens noch die Bauernfamilie herumrennen. Auch sie sahen mich vor dem geschlossenen Tor stehen, aber keiner öffnete mir. So musste ich, um das Tor aufzumachen, vom Wagen steigen. Sofort rannten die Tiere trotz meiner Schreie an mir vorbei in den Hof und mit dem Wagen gegen einen Baum. Ich hatte eine Mordswut.

In der Regel versuchten wir bei einer Quartiernahme, unsere Pferde in einem schon vorhandenen Stall unterzubringen. Gab es dafür keinen Platz, banden wir die Tiere im Freien unter einen Baum. Aber diesmal gab es kein Pardon.

Ich war übermüdet, nervös und wütend. Also band ich die drei Kühe in dem kleinen Stall los und jagte sie hinaus. Meine Pferde kamen an die Futterkrippe, ich fütterte sie mit dem Heu und Hafer des Bauern, dann legte ich mich ins Stroh, um einige Stunden zu schlafen. Nach dem Aufwachen tat mir meine schroffe Reaktion dann doch leid. Ich ging in den Hof, um ein Gespräch mit den Leuten zu suchen.

Sie waren gerade damit beschäftigt, ein großes geschlachtetes Schwein aufzuhängen. Schnell lief ich hinzu und half beim Ziehen. Das war der erste Schritt zur Versöhnung. In der Bibel steht: »Jaget nach dem Frieden mit jedermann.« Das wollte ich tun und noch viel mehr, weil ich bei dieser Jagd ein Schwein im Visier hatte. Bei der zögerlich beginnenden Unterhaltung erfuhr ich, dass die Familie am nächsten Tag auf die Flucht gehen und das Schwein mitnehmen wollte.

An meinem Wagen hingen Drahtstücke, die wir immer für alle möglichen Reparaturen parat hatten. In Ungarn gab es damals keinen Draht, er war so gesucht wie das Salz in Italien. Selbstverständlich knipste ich ihnen ein großes Stück vom Draht ab, dazu gab ich ihnen noch etliche Büchsen Ölsardinen, die wir schon nicht mehr sehen und riechen konnten. Die Freundschaft wuchs von Stunde zu Stunde, schließlich wurde ich sogar zum Mittagessen eingeladen: Es gab ein wunderbares, fettes Gulasch mit Knödeln. Und sofort kam die Einladung zum Abendessen, ich werde es mein Leben lang nicht vergessen. Zuvor bot man mir noch einen Schlafplatz an. Es war ein Strohdepot über dem Hühnerstall und nur über eine Leiter erreichbar, hier störte mich keiner.

Mein Kamerad im Nachbargrundstück hatte keine Bewohner mehr angetroffen. So lud ich ihn, nach Rücksprache mit meinen Hauswirten, zum Abendessen ein. Wir saßen in der gemütlichen Bauernstube um den Tisch und gossen aus einer großen Korbflasche den funkelnden Rotwein in die Gläser. Dann wurde das Essen aufgetragen: eine Schüssel Nudelsuppe mit Hühnerbrocken, dazu knuspriges Weißbrot. Ach, es schmeckte herrlich! Wir aßen und schöpften immer wieder aufs Neue in der Annahme, dies sei das Hauptgericht.

Aber falsch geraten. Die Hühnersuppe wurde abgetragen und jetzt kamen Platten mit Schweinekopf und Sauerkraut. So etwas Exzellentes hatten wir jahrelang nicht mehr genossen. Also, noch mal nichts wie reingehauen! Aber du liebe Zeit, jetzt kam der dritte Gang. Es waren Bratwürste mit Kartoffelsalat. Wir schnappten schon nach Luft, das Koppelschloss um den Bauch war längst offen, aber diese Gelegenheit war einmalig.

Natürlich wurden auch die Gläser nicht leer, mit denen wir das gute Essen »hinunterspülten«. Aber die Krönung war es, als in großen Schüsseln süßes Schmalzgebäck aufgetragen wurde, allgemein bekannt als »Berliner«, im Schwäbischen nennt man es »Küchle«.

Als zu später Stunde die Völlerei zu Ende war, kam ich kaum die Hühnerleiter hoch und fiel wie tot ins Stroh. Aber schon nach zwei Stunden gab es Alarm. Schlaftrunken und völlig geistesabwesend hieß es einspannen und ab! Der Russe war durchgebrochen. Schnell steckten mir meine Quartierleute noch ein Säckchen mit Würsten und Fleisch zu, dann schüttelten wir uns herzlich die Hände und unsere Kolonne verschwand in der Nacht.

Was ist wohl aus den guten Leuten geworden? Uns hatte der Kriegsalltag wieder. Ende Dezember wurde Budapest eingeschlossen. Sahen wir Flugzeuge am Himmel, konnten es nur russische sein, denn der Luftraum gehörte ihnen. Die deutsche Luftwaffe war vom Himmel gefegt worden und es kam nichts mehr nach.

Bei Nacht kreisten stundenlang die so genannten »Nähmaschinen« – kleine Aufklärungsflugzeuge, zum Teil aus Sperrholz – in geringer Höhe am Himmel herum und warfen überall da, wo sich der geringste Lichtschein zeigte, ihre Handbomben ab.

In einer mondhellen Nacht sollte ich eine Meldung wegbringen und radelte gemütlich auf der menschenleeren Landstraße dahin. Wohl hörte ich irgendwo über mir das nervtötende Getucker, rechnete aber nicht damit, dass der Pilot mich sehen könnte. Weit gefehlt! Er nahm mich ins Fadenkreuz, und plötzlich spritzte die Garbe seiner Leuchtspurmunition fünf Meter vor mir auf die Straße. Die Längsachse stimmte haargenau, hätte er sein Maschinengewehr nur um einen Millimeter angezogen, wäre mein Sprung in den Straßengraben nicht mehr nötig und vor allem nicht mehr möglich gewesen.

Immer häufiger wurde ich jetzt als Melder eingesetzt. Man wusste, dass der Gefreite Held, zu diesem Dienstgrad war ich inzwischen aufgestiegen, eine besondere Spürnase zu haben schien. Ich kam oft so schnell mit den erwarteten Befehlen zurück, dass selbst der Hauptmann ungläubig den Kopf schüttelte.

Oft schickte man mich in stockdunkler Nacht los zum Regimentsstab, der irgendwo beim Städtchen Soundso liegen sollte. Ich marschierte oder sprang los, meist querfeldein, bis zu einer Straße. Da wartete ich im Dunkel und von den Fahrern nicht gesehen auf ein vorbeikommendes Militärfahrzeug. Da diese aufgrund von Partisanengefahr nicht immer anhielten, stellte ich mich an eine Kurve oder in die Nähe eines durch Granateinschläge besonders schlechten Straßenstücks und wartete.

Kam ein Lastwagen und nahm das Gas zurück, sprang ich unbemerkt an der hinteren Klappe hoch und hangelte mich ins Innere. Glaubte ich, am Ziel zu sein, sprang ich ab und verschwand im Dunkel der Nacht. Dabei wurde während der Fahrt natürlich die Ladung untersucht. Waren es Waffen, ließ ich schon mal eine Pistole mitgehen, viel lieber aber waren mir Naturalien wie Brot oder Fleischkonserven.

Einmal stand ich an einer Rollbahn – so wurden die Hauptnachschubstraßen an der Ostfront genannt – und wartete. Da kam ein kleiner Sanitätskastenwagen, der auf mein Winken wirklich anhielt. »Ja, Kamerad«, sagte der Fahrer, »wir fahren wohl bis nach X, können dich aber unmöglich mitnehmen! Hinten liegen einige Schwerverwundete, und vorne ist kein Platz!« Das stimmte, man hörte das Stöhnen der armen Kerle.

So fuhren sie an, aber ich tat einen Satz und hing schon mit den Fingern an der Decke des Kastens. Mit den Stiefelspitzen konnte ich mein Körpergewicht auf der unteren Türleiste etwas entlasten, sie war kaum einen Zentimeter breit. Die Kerle fuhren wie die Henker auf der Asphaltstraße. Nach 15 Kilometern waren sie am Ende, ich auch, aber immerhin lebend.

Eines Tages erhielt ich ein Telegramm von daheim. Man teilte mir in wenigen Worten mit, dass am 17. Dezember 1944 ein schwerer Luftangriff unser Haus zerstört habe. 400 Bomber hatten die Stadt Ulm angegriffen und in einen Feuerherd verwandelt. Nur durch den mutigen Einsatz meiner Schwester Eva konnten wenige Möbelstücke gerettet werden. Sie war bis zum zweiten Stock in das brennende Haus eingedrungen und hatte dadurch einige wegen der Gefahr zögerliche Soldaten mitgerissen. Eine schwere Rauchvergiftung war die Folge. Meine Schwester Helene war schon 1942 als Luftwaffenhelferin eingezogen worden.

Bei einer solchen Nachricht bekamen die Soldaten einen vierwöchigen »Bombenurlaub«. Ich durfte Ende Januar fahren und fand die Familie als Evakuierte in einem Bauerndorf auf der

Schwäbischen Alb. Die 20 Kilometer von Ulm zu dem Dorf Berg-hülen wurden bei Kälte und Schnee von meinen Eltern und der 17-jährigen Schwester Eva im Fußmarsch bewältigt. Die wenigen Habseligkeiten zogen sie auf einem Leiterwägelchen mit. Die Ankömmlinge mussten sich auf dem Rathaus melden und wurden von dort einer Bauernfamilie zugeteilt.

Dies ging nicht immer ohne Spannungen ab, denn manche Hausbesitzer sperrten sich mit dem Argument, man habe keinen Platz. Dann kam der Bürgermeister selber oder der Ortsgruppen-leiter, das war der Parteivorstand im Dorf, und wies die auf der Straße stehenden Obdachlosen kurzerhand ein. Dagegen zu protestieren war zwecklos, sonst kam die Polizei.

Meine Eltern zogen in ein Zimmer bei einem der großen Bau-ern. In der Küche durften sie auf dem holzbefeuerten Herd mitko-chen. Groß war die Freude, als ich spät abends vom Oberamts-städtchen Blaubeuren angestapft kam. Und nur zu schnell vergingen die vier Wochen.

Die militärische Lage war im Februar 1945 immer hoffnungs-loser geworden. Dresden wurde in Schutt und Asche gelegt, und – so wurde gemunkelt – wenn man bei Nacht auf einen erhöhten Aussichtpunkt steige, könne man in Richtung Westen, wo Frank-reich lag, das Aufleuchten der Artillerie sehen. »Zu was gehst du nochmals an die Front, bleib doch hier!«, riet mir ein alter Bauer. »Versteck dich irgendwo im Heu, in ein paar Wochen ist sowieso alles vorbei.«

Er mag recht gehabt haben. Aber mich hatte mit fortschreiten-der Urlaubszeit eine innere Unruhe gepackt, die unerklärlich war, aber die mir auch von vielen anderen Urlaubern bestätigt wurde. Es war schon lange nicht mehr diese Floskel von »Volk und Vater-land«. Es war auch nicht die Angst vor den angedrohten Strafen, mit denen Deserteure zu rechnen hatten.

Was einen auf unerklärliche Weise zog, war der »Haufen«, so nannte der Landser seine Einheit. Es waren die Kameraden, die einem fehlten, und mit denen man in guten und bösen Stunden zusammengewachsen war. Die konnte ich nicht im Stich lassen.

So stand ich am 1. März in Begleitung meiner Mutter auf dem Bahnhof von Blaubeuren. Ich konnte ihr nicht ausreden, mich bis Ulm zu begleiten, von wo mein Fronturlauberzug nach Wien ging.

Aber der Zug nach Ulm kam nicht, denn er war unterwegs von Fliegern angegriffen worden. Wir stellten uns an die Straße, um irgendein Fahrzeug anzuhalten. Schließlich kam einer alter, mit Holzgas betriebener Lastwagen angekeucht, auf dem schon ein Häuflein in Decken vermummter Passagiere saß. Er hielt an.

»Ich bin überladen«, rief eine Stimme aus dem glaslosen Führerhaus, »der Soldat kann aufsteigen, die Frau bleibt hier.« Ich verabschiedete mich kurz – nur keine Gefühle zeigen! Dann sprang ich auf. Der LKW fuhr langsam an, aber meine verzweifelte Mutter hatte sich an die hintere Ladeklappe gehängt und wurde mitgeschleift. »Halt!«, schrien alle Mitfahrer entsetzt und klopften gegen das Führerhaus. Der Fahrer hielt an, und als er die Lage kapiert hatte, schrie er nur »Rauf!«, und wir zogen meine Mutter hoch. Ich war ja ihr letzter Bub, der andere lag schon in Frankreichs Erde.

Die Fahrt im Fronturlauberzug nach Wien wurde mehrere Male durch Fliegerangriffe unterbrochen. Bei mir im Abteil saßen ein Unteroffizier von den Panzern und ein Obergefreiter, beide bezeichnete man als das »Rückrat der Armee«. Der Unteroffizier zeigte uns gerührt die Fotos seines eben geborenen Kindes. Er nannte es »Würmchen« und erzählte immer wieder, wie schwer ihm der Abschied gefallen sei.

In Wien angekommen hatten wir uns, so die Vorschrift, sofort bei der Frontleitstelle zu melden, die war in einer Kaserne. Dort wurde man dann für die Weiterfahrt am nächsten Tag eingewiesen. Ich hatte mich an die beiden Reisegenossen gehängt, diese waren sich aber einig, dass man nicht in der Kaserne zu nächtigen gedachte. »Wir suchen ein Privatquartier.« Auf meine erstaunte Frage, wo man denn ein solches bekomme, lachten sie nur.

Und tatsächlich, wir waren noch keine 100 Schritte auf der belebten Straße dahinspaziert, da kamen zwei Frauen untergehakt an uns vorbei. Sie waren so um die 30. Der Unteroffizier pfiff ihnen nach, sie blieben stehen und drehten sich nach uns um. Man erklärte, um was es ging, und schon nahmen sie uns mit nach Hause. Platz gab es genug. Die Wohnungsbesitzerin war Witwe, ihr Mann war in Russland gefallen, sie hatte zwei kleine Kinder und die Freundin wohnte bei ihr.

Wir packten unsere Kuchen und Stullen aus, die man uns von zu Hause mitgegeben hatte. Man unterhielt sich noch eine ganze Weile, dann kam die Zeit zum Schlafen.

Schon vorher hatte ich aus den Augenwinkeln heraus die enge, kleine Wohnung begutachtet und mir die Frage gestellt, wo und wie das denn vor sich gehen sollte. Sicherlich, so meine Überlegung, würden die Frauen ein paar Matratzen herbei schleppen.

Weit gefehlt. Die Witwe kommandierte entschlossen: »Zwei kommen zu mir ins Bett, und einer schläft mit der Freundin auf dem Sofa!« Jetzt wurde mir heiß. Aber schließlich lagen der Unteroffizier und ich im Ehebett der Witwe. Ich nahm meinen Bettgefährten vorher noch schnell zur Seite und bat dringend, er möge sich unbedingt zwischen mich und die Frau legen. Das versprach er mir. Wir hatten uns eben hingelegt, da ging die Tür auf und das kleine, vielleicht fünfjährige Töchterchen kam im Nachthemd herein und weinte: »Mama, mi beißen so die Flöh!«

Nun, die Nacht ging herum. Es hatte den Anschein, dass mein Kollege sein »Würmchen« ganz vergessen hatte. Jedenfalls kamen meine Begleiter zu dem Entschluss, eine zweite Nacht anzuhängen. »Wir kommen noch schnell genug an die Front, und wer weiß, ob wir nächste Woche noch leben!« Da hatten sie Recht. So schloss ich mich ihrer Entscheidung an, zumal wir die gleiche Richtung hatten.

Wir spazierten tagsüber in Wien herum, aber am Abend packte mich erneut der Schreck, als die Witwe uns sehr energisch eröffnete, dass sie heute Nacht in der Mitte schlafen wolle. Die gute Frau rückte mir immer näher auf den Pelz, am Ende schlief ich auf der Bettkante. Aber auch diese Nacht ging vorüber. Am nächsten Morgen trank man wieder Kräutertee und aß die Kuchenreste. Meine Kumpel erklärten plötzlich, man könne ja eine weitere Nacht hier bleiben. Die Witwe rollte mit den Augen, blickte auf mich und sagte: »Oh, in den Kleinen bin ich ganz verliebt!« Da ergriff ich die Flucht.

Der französische Baron Montesquieu meinte schon vor 300 Jahren, dass es eine Moral für die Gesunden und eine Moral für die Kranken gäbe. Und seelisch krank hatte ein gnadenloser Krieg schon viele gemacht. Auch wecken Angst und Todesnähe viele schlafende Instinkte und Geister, sowohl gute als auch böse.

Man freute sich, als ich mich bei der Kompanie zurückmeldete. Es war März, und unsere Aufenthalte in zerschossenen Dörfern oder Deckung verheißenden Waldstücken wurden immer kürzer. Durch die ständigen Marschbewegungen war ein »Mädchen für alles« sehr gefragt, und das war zweifellos ich. Man gab mir ein Fahrrad, mit dem ich oft weite Strecken zurücklegen musste, zum Beispiel, um ein Quartier vorzubereiten. Dazu hängte ich mich oft an einen Lastwagen und ließ mich über Stock und Stein mitziehen. Es war halsbrecherisch, brachte mich aber immer schnell an Ort und Stelle, und wer schnell ist, gewinnt bekanntlich. Dies wurde mein Lebensgrundsatz, wobei man natürlich vorschnell werden und verlieren kann. Aber was ist schon ohne Risiko?

Auf den Nachtmärschen hatte ich die Kolonne auf- und abzufahren und dem Chef, einem Oberleutnant, von Zeit zu Zeit Meldung zu machen, dass alles in Ordnung sei, kein Fahrzeug nachhänge, was durch einen Rad- oder Deichselbruch immer mal wieder vorkam. Der Chef fuhr an der Spitze in einem *Sulky*, einem einachsigen Pferdefuhrwerk, den Schluss machte eine requirierte Kutsche, die man in einem verlassenen Herrenhaus organisiert hatte.

Eines Abends bekam ich die Order, der Kolonne vorauszufahren und nach der Rollbahn zu suchen. So schaukelte ich durch die engen Weinbergwege neben dem Plattensee und kam an einem Haus vorbei, vor dem ungarische Soldaten standen, die mir mit erhobenen Gläsern zuprosteten. »Komm, Kamerad, guter Wein!«

Na ja, auf ein paar Minuten sollte es mir nicht ankommen. Man musste die Feste feiern, wie sie fielen. So stellte ich mein Fahrrad an die Hauswand und trat ins Innere. Dort sah ich auf einem Tisch große Brotlaibe, geöffnete Wurstbüchsen, und der feurige Tokajer funkelte in den Gläsern. Eine Freude für Herz und Magen! »Hier bin ich Mensch, hier darf ich's sein«, rief einst Faust aus, und ich fühlte das Gleiche.

Recht angeheitert erinnerte ich mich an meinen Auftrag, getreu der Landserparole: »Dienst ist Dienst, und Schnaps ist Schnaps!« Aber als ich mein Fahrrad suchte, war es weg. Das durfte doch nicht wahr sein. Ich rannte ein paar Mal ums Haus herum – nichts. Und den Karabiner hatte ich an der Stange festgebunden gehabt!

Was es für einen Soldaten bedeutet, sich eingetragenes Heeresgut und dazu noch die Waffe stehlen zu lassen, das weiß nur, wer selbst beim deutschen Kommiss war. Als ich mich zu Fuß auf den Rückweg zur Kolonne machte, wurde ich stocknüchtern. Ich machte Meldung und der Chef tobte, aber schließlich ging es weiter, und in der Morgenfrühe zogen wir uns in einem Waldstück zurück.

Zu meinem nicht geringen Trost erfuhr ich, dass in derselben Nacht auch unserem Beschlagmeister, einem rothaarigen Feldwebel aus Bayern, das Fahrrad gestohlen worden war. Als ich ihm meinen Beileidsbesuch machte, erklärte er mir sehr energisch, dass er sich bei erster Gelegenheit wieder eines beschaffen, also klauen werde. Den gleichen frommen Wunsch hörte er auch aus meinem Munde. Jetzt war »geteiltes Leid schon halbes Leid«, der Zorn des Chefs wurde damit halbiert!

Plötzlich gab es ein riesiges Problem. Irgendwo hatten unsere russischen Hiwis beim Passieren eines Flugplatzes ein Fass mit Methylalkohol entdeckt, der – angeblich als Flugzeugbenzin verwendet – zu 96 Prozent aus Alkohol bestand. Dieses Zeug tranken sie. Es war das pure Gift. Man führte sie heran, denn schon begannen sie zu erblinden. Sie mussten sofort ins nächste Lazarett geschafft werden, aber wo war eines zu finden?

»Gefreiter Held«, so erklang der Ruf, »spannen Sie zwei gute Pferde vor den Wagen, und ab!« Im Trab fuhr ich los, hinten saßen auf einem Brett zwei Russen und ein Deutscher und jammerten zum Gotterbarmen, alles um sie herum werde immer dunkler. Im Kasten lag und keuchte ein weiterer Russe. Er hatte wohl am meisten getrunken, Blasen von weißem Schaum kamen aus seinem Mund. Irgendwo entdeckte ich die üblichen Zeichen und Pfeile eines Lazaretts der Waffen-SS am Straßenrand.

Der Russe im Wagen war tot. Ich fand das Lazarett, machte dem verantwortlichen Truppenarzt meine Meldung und hoffte auf Übernahme. Aber der schüttelte den Kopf und wies auf einige Sanitäter, die gerade Kisten aus dem Haus schleppten und auf einen Lastwagen luden. »Wir bauen schon ab, der Russe ist nicht mehr weit, tut mir leid!« Es tat ihm wirklich leid, das merkte ich, denn er bemühte sich sehr menschlich um die Kranken, auch um die Russen, und flößte ihnen alle möglichen Arzneien ein.

Ich aber musste stundenlang mit meiner Fracht weiterfahren. Überall wurde ich aus den gleichen Gründen abgewiesen. Alles war im Aufbruch. Es ging schon auf den Abend zu, da fand ich noch einen Hauptverbandsplatz. Aber jetzt war ich schlauer. Ich fuhr nicht mehr vor das Lazarett, sondern hielt meinen Karren in der Ferne an. Langsam schlenderte ich auf das Haus mit der Fahne des Roten Kreuzes zu, aber o weh: Auch hier standen schon die Kisten auf dem Hof.

Ich ging zurück und ließ die Kranken absteigen. »Hakt euch unter und geht diesen Weg geradeaus!« So wankten sie halbblind dahin. Ich aber riss meine Pferde herum und fuhr im schnellen Trab davon, indem ich das Letzte aus den schweißnassen Pferden herausholte. Hinten im Karren rumpelte die Leiche des armen Russen von einem Eck ins andere.

In späteren Jahren überlegte ich mir oft, wie es möglich ist, dass der Krieg den Charakter des Menschen so verändern kann, dass er gefühllos wird. Es ist wohl eine Art Überlebenstaktik. Die Seele schirmt sich ab, und der Mensch wird zu einer seelenlosen Maschine. Wenn es Ausnahmen gibt, sind sie von Gott begnadigt.

Spät am Abend erreichte ich meine Einheit, sie stand schon zum Abmarsch bereit. Zuerst verpasste mir der Oberleutnant einen »Anschiss«, wie es im Landserjargon hieß, weil ich den Toten nicht unterwegs irgendwo abgeladen hatte. »Jetzt fällt auch noch eine Beerdigung an, und wir verlieren Zeit!« Der Russe wurde vor angetretener Kompanie soldatisch beerdigt. Danach wurde der Chef doch wieder gnädig. »Held«, so schrie er, »Sie bekommen wieder ein Fahrrad, aber aufpassen jetzt!« Ich schlug die Hacken gleich zwei Mal zusammen und rief aus vollstem Herzen: »Jawohl, Herr Oberleutnant!« Dann zogen wir in die Nacht.

Ich hatte durch meinen Ausflug viele Stunden Schlaf versäumt und war todmüde. Schließlich fasste ich einen Plan. Ich wollte mit dem Rad der Kolonne einige Kilometer voraus fahren, mich in den Straßengraben einer Seitenstraße setzen und ein kurzes Nickerchen machen. Wenn ich sie dann auf dem Asphalt klappern hörte, wollte ich nichts wie aufsteigen, am Führer-*Sulky* kurz hustend vorbeifahren, damit man mich sah, und dann wieder *avanti* voraus und dasselbe Manöver noch einmal.

Diese Taktik klappte ausgezeichnet. Nur einmal ging sie – das passiert ja auch bei gewaltigen Schlachten – daneben. Aber das reichte, um mich völlig am Boden zu zerstören. Als ich im Straßengraben aufwachte, war es heller Tag. Ich hatte so tief geschlafen, dass ich die Kolonne weder beim Anrollen noch beim Durchzug gehört hatte. Und die Katastrophe: Mein Fahrrad war schon wieder weg!

Über dem Land lag eine Totenstille. War am Ende der Russe auch schon durch? Mir kam zum ersten Mal der Gedanke, zu desertieren. Schlimmeres konnte mir beim Russen auch nicht mehr passieren als das, was mich jetzt erwartete. Aber nein, ich wollte bei der Fahne bleiben. Sie war ja, so hatten wir in der HJ gesungen, mehr als der Tod. Daher trottete ich die Straße entlang. Irgendwo musste ich die Kolonne ja wieder finden.

Ich kam in ein Dorf, wo ein Lastwagen des ungarischen Militärs stand. An seiner Rückwand war ein Fahrrad angebunden. Vorsichtig schlich ich mich heran und begann, die Kette zu lösen. Aber die Ungarn hatten mich gehört, und schnell musste ich vor ihren geballten Fäusten verschwinden.

Ein weiterer Diebstahlversuch scheiterte. So blieb meine Riesensorge: Wie sage ich es meinem Chef? Ich fand die Ausrede, dass ein Panzer mich angefahren habe und mir die Rettung meines Lebens nur durch einen geistesgegenwärtigen Sprung zur Seite gelungen sei. Nur das Fahrrad, das sei leider unter die Ketten gekommen und zermalmt worden. Um die Sache glaubwürdig zu machen, stellte ich mich an eine Hauswand und schlug meinen Schädel dagegen, bis das Blut rann. Mehr war momentan nicht zu machen. Ich ließ mich ein Stück von einem Lastwagen mitnehmen.

Plötzlich sah ich in der Ferne das Schlusslicht der Kolonne auftauchen; es war die Kutsche. Jedenfalls sah ich schon von weitem den roten Schopf des Beschlagmeisters in der Sonne glänzen. Als ich von hinten zu Fuß herankam, rief er auch schon: »Wo hast du denn dein Fahrrad?«

Ich zog mich an dem Fahrzeug hoch und ließ mich in den Polstersitz fallen. Gerade wollte ich mit meiner Panzer-Geschichte anfangen, da rief der Rothaarige ganz begeistert: »Stell dir vor, ich hab wieder ein Fahrrad! Der Chef weiß schon Bescheid und ist hocherfreut, dass wenigstens eines der gestohlenen Kompanieräder wieder da ist.« Und dann fuhr er fort zu erzählen: »Sitzt da ein schlafender Landser im Straßengraben … und und und!« Mir verschlug es die Sprache. Das Ende der Geschichte kann sich jeder selbst ausdenken.

Und der Chef? Ich konnte mich einen halben Tag vor ihm verstecken, dann brüllte er von Kriegsgericht und warf mir die Frage an den Kopf: »Sind Sie ein Saboteur oder ein Vollidiot?« Natürlich entschied ich mich geistesgegenwärtig, mit einem entsprechenden Gesichtsausdruck, für die zweite Möglichkeit.

Schon Hölderlin hat gesagt: »Wo aber Gefahr ist, wächst das Rettende auch.« Oder anders ausgedrückt: Die Gegend wurde immer »eisenhaltiger« und die Gesamtlage immer erbärmlicher. Und das war meine Rettung! Denn beim Ruf »Rette sich, wer kann!« spielt selbst ein Fahrrad keine Rolle mehr. Deswegen bekam ich trotzdem wieder eins. Man brauchte mich, ich war unabkömmlich. So blieb die lebenslange Lehre: Werde ein nützliches Rädchen im Getriebe deines Umfelds, sodass ohne dich nichts läuft. Das ist der Schlüssel zum Erfolg.

Auf einer meiner Erkundungsfahrten machte ich Bekanntschaft mit dem »Nationalkomitee Freies Deutschland«. So nannten sich die Mitglieder einer 1943 in Moskau gegründeten Organisation deutscher Emigranten, Überläufer und Kriegsgefangener kommunistischer Prägung, die mit nationalen Schlagworten durch Rundfunk, Flugblätter und Redner zum Widerstand gegen Hitler aufriefen. Im Wirrwarr der letzten Kriegsmonate schleusten sie sich in deutschen Uniformen durch die Linien der Front, um Unruhe und Durcheinander zu schaffen.

So kam ich einmal an eine belebte Straßenkreuzung, in deren Mitte ein Offizier mit einer Kelle die Fahrzeuge dirigierte. Er hielt mich an, ich machte Meldung über die anrollende Einheit und meinen Auftrag. Da gab er mir den Befehl, die Kolonne in eine völlig andere Richtung einzuweisen. Es war die Richtung zur nahen Front. Neben der Kreuzung stand ein mit Offizieren vollbesetzter Personenwagen. Jeder hielt eine Maschinenpistole zum Fenster heraus. Die Uniformen schienen mir so neu, die Gesichter zu frisch rasiert und auch die Art des Befehls war eigenartig. Ich spürte, dass hier etwas nicht stimmte und verdrückte mich. Ob meine spätere Meldung an einige Feldgendarmen, auch Kettenhunde genannt, von Erfolg war, erfuhr ich nicht.

Für 60 Pferdefahrzeuge Quartier in einem Dorf zu machen, war nicht immer einfach. Meistens waren die Dörfer schon mit anderen Einheiten belegt. So trat ich einmal in ein Bauernhaus und direkt hinein in die Wohnküche. Hinter einer Tür hörte ich lautes Lachen und Schreien, worauf mir die Bäuerin erklärte, dass das Haus schon vom Stab einer Einheit der Waffen-SS belegt sei.

Schon wollte ich kehrtmachen, da erspähte ich unter dem Tisch eine Riesenkorbflasche von mindestens 30 Litern. Meine Nase sagte mir, das war Wacholderschnaps, von den Engländern Gin genannt. Aha! Auf meine Frage an die Bäuerin sagte diese, dass diese Riesenflasche der einquartierten Einheit im Nebenzimmer gehöre. Diese Auskunft gab den Ausschlag, dass ich bescheiden nachfragte, ob es ihr etwas ausmache, wenn ich hier auf der Küchenbank übernachtete. »Aber nein«, so ihre Antwort.

Ich verabschiedete mich bis auf später und suchte meine Einheit, die inzwischen angefahren kam. Dann erbat ich beim Koch eine kleinere Korbflasche von vielleicht drei Litern, zusätzlich eine kleine Schöpfkelle. Dem Spieß erklärte ich, was ich mit den Gegenständen und der auswärtigen Übernachtung vorhatte, worauf er hocherfreut seine Einwilligung gab. Ich nahm noch zwei Decken unter den Arm, holte ein Stückchen Benzinschlauch aus der Werkstatt und zog los.

Es war Nacht geworden, und der Mond stand groß und leuchtend am Himmel. Die Küche war stockdunkel, ein Licht gab es nicht. So machte ich mein Lager auf der Bank, legte mich hin und wartete. Aus dem Nebenzimmer kam ein Riesenkrach, die Kameraden waren anscheinend schon recht voll, es wurde immer lauter. So lag ich eine halbe Stunde, das Kreuz tat mir schon weh.

Ich schritt zur Tat. Zuerst versuchte ich, unterm Tisch kniend mit dem Schlauch etwas vom Gin abzusaugen, doch er war zu dick, es ging nicht. Also brauchte ich ein anderes System. Ich kippte die Riesenflasche und goss den Schnaps in ein mitgebrachtes Gefäß. Aber wie bekam ich den Schnaps ohne Trichter und bei der Dunkelheit nun in meine Flasche?

»Es scheint der Mond so hell auf dieser Welt«, also stellte ich mich vor die Tür und goss, die Gefäße gegen das Mondlicht haltend, bedächtig, aber eiskalt um. Dies wiederholte ich, bis meine

Flasche voll war. Man stelle sich vor, die Nebentür hätte sich geöffnet. Man musste ja auch mal pinkeln oder neuen Wacholderschnaps holen! Ich weiß nicht, was sie mit mir angestellt hätten, aber Gott schützte mich.

Nachdem der Auftrag erfüllt war, sah ich keinen Grund mehr, länger an diesem Ort zu verweilen. Ich packte meine Sachen leise zusammen und verschwand in die stille Mondnacht.

Groß waren das Hallo und die Freude, als ich beim Kommandostab eintraf. Reichlich floss der Wacholder anschließend durch unsere Kehlen. Man vergaß für eine Weile alles, man sang laut und lang und sank nachher hochzufrieden aufs Stroh. Das war bedeutend weicher als die harte Küchenbank.

Der Rückzug war unaufhaltsam, und so langsam glaubten auch wir Jungen den älteren Kameraden, die schon lange von einem verlorenen Krieg sprachen. Ende März überschritten wir die österreichische Grenze. In der Steiermark fingen die Bäume an zu blühen, der Frühling kam mit Rauschen.

Über Nacht wurde eine Infanterieabteilung aufgestellt, zu der auch ich abkommandiert wurde. Stundenlang wurden wir über die Berge gejagt. Ich war der Kleinste und musste daher das MG tragen. Als wir zu einer Übung mit der Hafthohlladung ausrückten – das war eine Sprenggranate, die zur Panzerbekämpfung mit drei Magnetbeinen an der Panzerwand aufgesetzt und wie eine Handgranate abgezogen werden musste –, sollte ich eine solche im Depot abholen.

»Ich hab nur noch zwei«, meinte der Waffenwart, »nimm dir eine.« Das tat ich, und nachher meldete ich mich bei der Übung auch zum scharfen Abzug. Die Übung fand in einem Steinbruch statt und der gedachte Panzer war eine eiserne Lore. Die Hohlladungen müssen aber schon alt gewesen sein, denn als ich am Abreißknopf zog, riss nur die morsche Schnur. Die Gruppe lag in voller Deckung und beobachtete. »Mann, hauen Sie ab«, schrie der Ausbilder in voller Panik, der meinen Abzug beobachtet hatte. Aber ich blieb stehen und informierte ihn über den missglückten Versuch.

Warum ich das berichte? Weil zwei Tage später eine andere Gruppe übte und ein anderer Kamerad die andere, also letzte Hohlladung, im Depot abholte. Als er sie im Steinbruch abzog, explodierte sie sofort, ohne die nötigen drei Sekunden Verzögerung. Er wurde zerrissen. Das hätte ich sein können ...

Am 20. April, dem Führergeburtstag, hörten wir aus einem Radio die Rede von Goebbels. »Berlin bleibt deutsch, und Wien wird wieder deutsch!«, tönte es lautstark. Aber daran glaubte kaum noch jemand, obwohl das Gerücht von einer Wunderwaffe nie ganz auszurotten war. »Da kommt sie, deine Wunderwaffe«, riefen wir dem Gefreiten Maier zu, der immer noch daran glaubte. Aber was kam, war das Gespann eines alten Bäuerleins, das mit seinem Jauchefass aufs Feld fuhr.

Aus irgendwelchen unerklärlichen Gründen kam ich wieder zu meiner Pferdeschwadron als Fahrer. Es ging weiter Richtung Norden, denn, so war zu hören, dort näherten sich schon die Amerikaner. Von den Russen, die ständig Flugblätter mit Aufrufen zur Kapitulation abwarfen, wollte keiner gefangen werden.

Es gab ein wahres Wettrennen. Oft fuhren wir zu einem Dorf hinaus, und die Russen rückten am anderen Ende ein. Nur noch kleine Grüppchen stellten sich ihnen als Verteidiger entgegen, so einmal eine kleine Abteilung von 16- und 17-jährigen Buben der Waffen-SS. Von ihnen hörte ich erstmals das Lied »Das Leben ist ein Würfelspiel, wir würfeln alle Tage, dem einen bringt das Schicksal viel, dem andern Not und Plage!«

Es lag eine eigenartige Stimmung über allem, eine Art Götterdämmerung. Wir fuhren und fuhren. Da kamen Panzerkommandanten und baten händeringend um Benzin, denn sie hätten ihre »Panther« sonst sprengen müssen. Wenn auch Tapferkeit und Opferbereitschaft der Soldaten anhielten, es war alles nur noch eine Tragödie.

Am 8. Mai 1945 war der Krieg zu Ende. Wir rannten und fuhren, wie wir meinten, um unser Leben. Um schneller auf den verstopften Straßen voranzukommen, ließ ich meinen braven »Braunen« auf einer Wiese stehen. Dankbar und wehmütig fuhr ich nochmals durch seine Mähne und wünschte ihm viel Glück. Sicher würde er eine Beute der Russen werden, und ebenso sicher war, dass es ihm besser gehen würde als uns. Ich sprang dann auf ein Fahrzeug, aber in jedem Fall kamen wir zu spät. Erst am 10. Mai stießen wir im österreichischen Mühlviertel bei Freistadt auf die Amerikaner. Aber vorher standen plötzlich bewaffnete KZ-Häftlinge in ihren gestreiften Anzügen auf der Straße und nahmen uns Uhren und Ringe ab.

Wir wussten nichts von den Abmachungen der Siegermächte, wonach am 8. Mai 1945, Punkt 24 Uhr, die Grenzen als geschlossen galten. Von dieser Stunde an wurde kein deutscher Soldat mehr von den Amerikanern aufgenommen, die Russen hätten sonst keinen einzigen Gefangenen gemacht.

Wir waren sehr überrascht, dass alle Straßen und Wege von den amerikanischen Panzern abgesperrt waren. Keiner durfte die Demarkationslinie übertreten. So lagerten wir uns. Wir waren schon Hunderte, und es wurden mehr und immer mehr. Einige unserer Offiziere versuchten, mit den Amerikanern auf Englisch zu verhandeln, doch diese schüttelten nur den Kopf.

Gleichzeitig ging das Gerücht durch unsere Reihen, dass sich in den Wäldern befreite KZ-Häftlinge und polnische Zwangsarbeiter mit weggeworfenen Waffen gerüstet hätten und Jagd auf die herumirrenden Landser machten. So blieb man beim großen Haufen, denn jetzt noch abgeschossen werden, nachdem man den Krieg überstanden hatte, das wollte niemand.

Ebenso ging das Gerücht um, dass man ordnungsgemäß mit Papieren entlassen werden müsste, sonst gäbe es in der Heimat keine Lebensmittelkarten. »Im Unglück wird jedes Gerücht geglaubt«, sagte schon 100 v. Chr. der römische Mimendichter Publilius Syrus sehr treffsicher. Wenn ich heute an die größten Fehler meines Lebens denke, dann steht die damals versäumte Flucht an erster Stelle. Ich hätte abhauen sollen, ganz allein. Das wäre zu diesem Zeitpunkt noch gegangen. Aber Reue kommt – wie der Hundeschwanz – immer hinterdrein.

Gegen Abend fuhren plötzlich amerikanische Jeeps vor, aber es saßen Russen darin. Aha, dachte ich, das waren nun also die Freundesbande zwischen den USA und den Sowjets, die in den riesigen Hilfslieferungen seit dem berühmten Leih-Pacht-Vertrag, dem *Lend-Lease-System* vom Juni 1942 mit 10.000 Panzermotoren, 40.000 Fahrzeugen und 160.000 Geschützen im Wert von elf Milliarden Dollar, sichtbar geworden waren.

Die Russen dirigierten uns auf eine nahe gelegene Wiese, und am folgenden Tag begann der Marsch ins Ungewisse. Unsere Kolonne, wir waren etwa 1.500 Mann, wurde kaum bewacht. An der Spitze fuhr eine Pferdekutsche, darin saßen zwei ältere, freundliche Wachmänner, die mit einem erbeuteten Grammophon Musik machten. Besonders schienen ihnen Märsche und Walzer zu gefallen.

Wir marschierten eine Woche, Verpflegung gab es keine, aber jeder hatte in seinem Brotbeutel noch irgendwelche Reste. Auch fand man im Straßengraben mal einen aufgeplatzten Mehlsack oder gar ein verendetes Schwein, das noch nicht roch. So hielten wir uns über Wasser.

Einmal sprang ich, als wir durch ein Dorf kamen, in ein Haus und erschreckte eine junge Frau sehr. Aber als ich sie um ein Stück Brot bat und ihr zum Tausch meine Taschenuhr entgegen hielt, winkte sie ab und gab mir einen halben Laib. Wahrscheinlich hatte sie in ihrer Familie auch einen Soldaten, von dem sie nichts wusste, Mann, Bruder, oder Freund. Und sicher dachte sie wie damals Millionen Frauen: »Ganz egal, ob bei Freund oder Feind, vielleicht gibt ihm eine barmherzige Seele auch ein Stück Brot.«

Auf der Straße wurden wir immer wieder von vorbeiziehenden Russen ausgeplündert. Besonders scharf waren sie auf Uhren. Manche hatten gleich ein halbes Dutzend am Arm. Die meisten hatten wohl noch nie eine Uhr besessen. Sie horchten immer, ob sie Ticktack machten. War eine Uhr stehen geblieben, weil sie nicht aufgezogen worden war, sagten manche von ihnen: »Uhr kaputt« und warfen sie weg.

Sie zogen uns auch die Stiefel aus, die sehr begehrt waren. Als wir das merkten, schnitten wir die Schäfte ab. Das war immer noch besser, als barfuß zu laufen. Einmal, die Kolonne hielt gerade, kam eine Kutsche angefahren, in der ein hoher russischer Offizier saß. Er ließ bei uns anhalten, stieg aus und kam auf uns zu. Dann griff er in die Tasche, zog ein Etui heraus und verteilte Zigaretten an die Landser. Dazu sagte er: »Deutsch Soldat, gut Soldat«, grüßte mit der Hand an der Mütze und fuhr davon.

Vielleicht waren die Russen doch nicht so schlimm? Jedenfalls war es ein erstes Anzeichen dafür, dass ihre Freundschaft mit den Amerikanern doch nicht so dick war und dass wir Deutschen ihnen auch als ehemalige Gegner und jetzt Besiegte sympathischer waren als die kapitalistischen Ausbeuter. Dies erfuhren wir später immer wieder, wenn ein Wachmann plötzlich sagte: »Deutsch Soldat, gut! Amerikanski alle bumm bumm bumm, kaputt!«

Wir waren acht Tage unterwegs und schon in der Nähe von Wien, da hieß es: »Wir sind bald da!« Vor einem Kasernenkomplex standen lange Tische mit Schreibern, die uns zum ersten Mal namentlich registrierten. Vorher aber hieß es: »Alle Uhren abgeben, wer seine behält, wird erschossen!« Da nahm mancher seine versteckte Uhr aus der Tasche und warf sie weit hinein in das Kornfeld, das neben der Straße lag, mit dem Kommentar: »Nein, meine kriegen sie nicht!«

Auch ein älterer Kamerad nahm seine silberne Taschenuhr und sagte ganz wehmütig: »Die hat mir meine Frau zur Verlobung geschenkt.« Da nahm ich sie ihm aus der Hand und steckte sie in meinen Schuh, nach dem Motto: »Wer nicht wagt, der nicht gewinnt!« Ich habe sie dann später im Lager für ihn umgetauscht, gegen einen großen Laib Brot und eine Wurstbüchse. Solche Geschäfte liefen unerklärlicherweise über gefangene Ungarn, die sich – niemand wusste, auf welch dunklen Wegen – zu raffinierten Schwarzhändlern gemausert hatten.

Es war Pfingsten geworden. Wir lagen tagelang im Freien und im Nassen, denn nach einer großen Hitze regnete es ununterbrochen. Mittags gab es ein halbes Kochgeschirr voll Wassersuppe. Wir konnten nicht mehr erwarten, denn die Russen hatten selbst nicht viel. Wir beobachteten, wie ihre Soldaten ungekochte Weizenkörner aus der Hand aßen und Wasser dazu tranken. Sie hätten es bestimmt nicht fertig gebracht, Berge von Brot vor den Augen der hungrigen Gefangenen mit Benzin zu übergießen und anzuzünden, wie man das besonders von den Franzosen zu hören bekam.

Schon am zweiten Tag mussten wir uns gegenseitig die Haare scheren. Ich sah meinen Kameraden an und sagte lachend: »Jetzt sehen wir genauso aus wie die Russen oder wie Zuchthäusler und Untermenschen!« Irgendwie verbindet sich Menschenwürde mit dem Begriff Haarschmuck. Schneide ihn ab und du bist nur noch die Hälfte wert!

Die ersten Wochen vergingen, wir waren genauer registriert und sogar ärztlich untersucht worden. Von Entlassung sprach niemand mehr, dafür aber von einer Verlegung in ein großes Sammellager. Der Ort hieß Stockerau und lag nördlich von Wien. Dort befand sich ein großes ehemaliges Lager des Arbeitsdienstes, mit vielen Baracken und Hallen. Man hatte es mit Stacheldrahtgassen und Wachtürmen eingezäunt. In die Baracken waren die üblichen dreistöckigen Holzliegen installiert, und hier zogen wir ein. Wir waren ungefähr 20.000 Mann, in Hundertschaften eingeteilt.

Auf den Türmen standen Tag und Nacht Posten, dazwischen patrouillierten die Wachmannschaften, die sich aber, zu unserem größten Erstaunen, sehr oft die Zeit damit vertrieben, das Radfahren zu üben. Beim deutschen Militär wäre das ein völliges Unding gewesen, aber hier verband man den Spaß mit der Vorschrift, Unbeschwertheit mit Disziplin, und gewann trotzdem den Krieg.

Manchmal kam es durch den Stacheldraht zu einer Unterhaltung, was für einen deutschen Wachposten ebenfalls undenkbar gewesen wäre, wobei es bei den Russen meistens um drei Themen ging. Sie riefen triumphierend »Chitlär kaputt!«, dann mitleidig »bald *domoi*!« – nach Hause – und schließlich wutentbrannt: »Amerikanski alle kaputt!«

Die Lagerordnung war straff, der Kommandant, ein Hauptmann baltischen Ursprungs, legte großen Wert auf die Verschönerung des Lagers. Schon bald entstanden vor den einzelnen Baracken Blumenbeete. Die Lagerstraßen wurden eingefasst, die offenen Latrinen mit Holzwänden versehen und noch vieles mehr.

Die Verpflegung bestand mittags aus einer Kelle so genannter Erbsensuppe. Ließ man das Kochgeschirr einen Augenblick stehen, sah man bis auf den Grund, wo sich ein kaum zentimeterhoher Satz niederließ. Das waren die Erbsen. Erwischte man ganze Erbsen, fand man in jeder einen schwarzen Punkt, das waren die Kornkäfer. Wenn man Glück hatte, fand man auch ein Stückchen Fleisch. Es stammte von halb verhungerten Pferden. Aber damit es bei der Verteilung gerecht zuging, musste bei der Ausgabe standig ein zweiter Mann mit einem langen Holzlöffel die Brühe rühren.

Am Abend gab es Brot. Jede der 15-Mann-Gruppen bekam ein Kastenbrot. Es war schwarz und klebrig, und außer den Bäckern mag nur Gott gewusst haben, was alles drin war. Die Verteilung des Brotes unterlag einem besonders ausgeklügelten System. Es wurde ein Verteiler bestimmt, der täglich ausgewechselt wurde. Dieser zerlegte das Brot mit einem stumpfen Messer in fünfzehn Teile, alle übrigen Brotgenossen beobachteten diese Prozedur mit kritischen Augen. Dann musste der Verteiler der Versammlung den Rücken zukehren und den Namen des Empfängers aufrufen. Dieser trat an den Tisch, »wog« die Brotstücke mit den Augen ab und nahm das Stück vom Tisch, das ihm am größten erschien. Waren alle bedient, lag nur noch ein letzter Brocken auf dem Tisch. Es war immer das kleinste Stück und gehörte dem Verteiler. So herrschte Gerechtigkeit.

Der Verteiler probierte dabei alle möglichen Methoden aus, damit er nicht zu kurz kam. So wurden zum Beispiel Waagen aus alten Büchsen konstruiert. Die einzelne Brotportion wog etwa 300 Gramm.

Natürlich hatten wir den ganzen Tag Hunger, und ebenso natürlich war, dass unser Hauptthema immer das Essen war. Lag man abends auf der Pritsche, fing einer an und erzählte, wie gut der frische, knusprige Pflaumenkuchen bei der Mutter oder die dicke gelbe Nudelsuppe seiner Frau geschmeckt habe, so lange, bis jemand schrie: »Halt's Maul!« Dann wurde es still, aber Weiterträumen war erlaubt. Es wurde erst wieder lebhaft, wenn sich Kompanien blutgieriger Wanzen von der Decke fallen ließen und sich an die Arbeit machten.

Sehr bald organisierte die Lagerleitung kulturelle Veranstaltungen. So wurden die Sänger zu einem Lagerchor aufgerufen. Aber als sich bei der ersten Probe über 1.000 Männer mit dem deutschen Sängergruß »Grüß Gott mit hellem Klang, heil deutschem Wort und Sang!« einstimmten, da hallte es so schauerlich durch die ehemalige Flugzeughalle, dass die Russen Angst bekamen und den Chor sofort verboten.

Es gab dann äußerst interessante Vorträge, denn unter uns waren sowohl Universitätsprofessoren als auch Artisten, Imker oder ehemalige Besatzungsmitglieder des Zeppelins. Auch Gottesdienste beider Konfessionen waren erlaubt und gut besucht. Sie fanden in einer ehemaligen Reithalle statt, an deren Front eine bunte Wandmalerei zu sehen war, die mich immer wieder beeindruckte, besonders, wenn eine Predigt langweilig oder endlos war. Da war ein einsamer Reitersmann zu sehen, der ruhig und gelassen durch die Nacht ritt, über sich einen strahlenden Sternenhimmel. Darunter stand ein Vers von Goethe:

Lasst mich nur auf meinem Sattel gelten!
Bleibt in euren Hütten, euren Zelten!
Und ich reite froh in alle Ferne,
Über meiner Mütze nur die Sterne.

Diese Aussage sprach mir aus der Seele. Ich konnte mich mit dem Reiter identifizieren. Wir waren eingesperrte Gefangene, vor uns lag eine dunkle, unbekannte Zukunft. Aber weil die Gedanken frei sind, schwangen sich meine auf ein Traumpferd und ritten davon – hinweg über alle Absperrungen, Zäune und Grenzen und dahin, wo die Freiheit wohnte. Ich hatte nur meine zerschlissene Kommissmütze auf dem Kopf, aber darüber, weit darüber, strahlten die Sterne.

Es waren nicht nur die »Sterne der Heimat«, die von der hoch verehrten Zarah Leander so gefühlvoll besungen wurden. Nein, ich meinte dieses Lichtzeichen Gottes aufleuchten zu sehen, das in der Weihnachtsnacht einer zerrissenen Welt den Frieden brachte, den sie nicht kannte. Und Reiter wollte ich sein, weil man vom Rücken der Pferde vieles anders sieht, kleiner und unbedeutender, aber auch, weil der germanische Wortstamm von Reiter und Ritter derselbe ist. Damit verband ich Tugenden wie Gradlinigkeit, Tapferkeit, Edelmut, Treue, und Zuverlässigkeit.

Sehr interessant waren im Lager die Treffen der Landsmannschaften, denn wie sollte man in einer Masse von 20.000 Mann jemanden finden, der vielleicht aus demselben Landkreis oder gar aus dem gleichen Dorf war? So wurden Plakate angeschlagen: »Hier treffen sich zu dieser Stunde die Ostpreußen, da die Schwaben und dort die Sachsen.« Ach, war das heimelig, als um einen herum plötzlich alles »schwäbelte«, und als auf die Frage des »Woher?« die Örtlichkeiten immer näher an Ulm heranrückten.

So fand ich Martin aus Ulm. Er war älteren Jahrgangs, Unteroffizier, und bald saßen wir im Gras und erzählten. Seine Geschichte war traurig. Er fing dabei leise zu weinen an. Er hatte eine gute Ehe geführt, eine Frau und einen dreijährigen Buben gehabt, sie hatten ganz nah beim Münster gewohnt. Beim Fliegerangriff im Dezember 1944 war das Haus voll getroffen worden. Als er nach Wochen endlich Urlaub bekam, fand er nur noch einen kleinen Schuh seines Jungen in den Kellertrümmern. So oft es ging, trafen wir uns. Er war ein kluger Kopf und hatte in vielem seine eigene Meinung. Er war felsenfest davon überzeugt, dass Hitlers Angriff auf Russland nur einem Angriff der Russen zuvorgekommen sei.

Ein anderer Freund erzählte mir im Zusammenhang damit, dass sie kurz nach dem Einmarsch einen russischen Major gefangen hätten. Als er ihm eine Zigarette anbot, habe dieser zu ihm gesagt: »Warum habt ihr nicht noch drei Wochen gewartet, dann wären wir gekommen!« Ob es stimmte? Ich weiß es nicht. Ich weiß nur, dass nach einem verlorenen Krieg die Sieger immer und in allem Recht behalten. Manchmal brachte mir Martin ein Stück von seiner Brotration. »Iss nur«, sagte er dann, »du bist noch jung und brauchst mehr!« Durch irgendwelche Verbindung kam er manchmal auch an gestocktes Pferdeblut. Man aß alles, sogar das Gras kochten sich einige ab.

Ich machte die bemerkenswerte Entdeckung, dass viele der so genannten Intelligenz sich in Notsituationen wie dieser viel weniger zu helfen wussten als der einfachste Bauernknecht. Oft machten sie selbst dann noch das größte Theater, wenn der einfach Schütze seine Lage schon längst als unabänderlich abgehakt hatte. Mir wurden die Menschen der letzteren Kategorie immer sympathischer, weil sie auch zuverlässiger waren.

Wir magerten alle langsam aber sicher ab. Die letzten Körperreserven schwanden dahin, aber gleichzeitig war zu bemerken, dass unser Aufenthalt nicht für die Ewigkeit gedacht war. Wir wurden immer wieder untersucht. In langen Schlangen standen die nackten Landser, und vorne an den Tischen saßen Ärzte und Feldscher[1]. Meistens waren es Frauen, und sie begutachteten in Windeseile von vorne und hinten unseren Körperzustand.

Sie teilten uns in Gruppen ein. Dabei war 1 voll arbeitsfähig, 2 arbeitsfähig, 3 bedingt arbeitsfähig und 4 nicht arbeitsfähig. Durch meinen verkrümmten Rücken kam ich zur dritten Gruppe. Gleichzeitig marschierten täglich Arbeitskommandos zum Bahnhof, wo sie die Lüftungsöffnungen von Güterwaggons mit Stacheldraht vernetzen und als Klosetts Löcher in die Böden sägen mussten.

---

[1] Sanitätssoldat

Kein Mensch sprach mehr von Entlassung. Stattdessen hielt der Kommissar des Lagers, er war Jude, Vorträge über die deutschen Verbrechen in der Sowjetunion, und dass man uns die Chance gäbe, am Wiederaufbau mitzuhelfen.

Sehr bald schon siebte man die Männer der Waffen-SS heraus, indem alle den linken Arm heben mussten und nach einer eintätowierten Blutgruppe untersucht wurden. Diese an und für sich wichtige Maßnahme für schnelle Blutübertragungen hatte im ganzen deutschen Heer eingeführt werden sollen. Bei der Waffen-SS war damit begonnen worden, aber die Kriegsereignisse hatten die Aktion gebremst. Jetzt waren nur sie damit gezeichnet und somit leicht zu unterscheiden. Manche versuchten, sich mit Rasierklingen die Blutgruppenbezeichnung herauszuschneiden, aber eine Narbe an dieser Stelle genügte schon als Beweis. Wollte der Betroffene die Narbe als Kriegsverwundung ausgeben, wurde er von den Russen hohnlachend abgeschmettert.

Die Abtransporte nach Russland begannen mit der Arbeitsgruppe 1, dann folgte 2. Noch einmal wurde die dritte Gruppe durchforstet, es begann mit der Voruntersuchung durch einen ehemaligen deutschen Stabsarzt. Der packte mich am Arm und sagte wörtlich: »Aha, Skoliose, aber sonst ein fester Brocken«, und schon war ich in Gruppe 2 hochgestuft. Aber bei der anschließenden Inspektion durch eine noch sehr junge russische Ärztin schaute diese meinen Rücken an und schüttelte den Kopf. »Nix 2 – 3!« Der gleiche, übrigens sehr wohlgenährte Arzt war ebenfalls anwesend und wollte mit der Ärztin diskutieren, aber es blieb bei ihrem »nix«. Da machte er ein dummes Gesicht. Aber ich sah zum ersten Mal, dass mir mein krummes Kreuz auch einen Vorteil einbrachte, und der konnte jetzt sogar lebensrettend sein. Der Ärztin gilt mein Dank bis heute. Gott möge sie segnen und behüten bis ans Ende ihrer Tage.

Das Lager leerte sich zusehends, auch mein guter Martin war dabei. Als er nach drei Jahren aus der Gefangenschaft zurückkehrte, erkannte ich ihn nicht mehr. Wie die meisten Heimkehrer dieser Jahre hatte er hochgradige Dystrophie: Verursacht durch starke Unter- und Mangelernährung wurde der Körper vom Wasser aufgeschwemmt. Wenn man mit dem Finger ins Fleisch drückte, blieb ein Loch.

Natürlich erzählte er mir viel. Unter anderem, dass es schon bei der Fahrt durch Rumänien die ersten Toten gegeben habe. Man habe sie in einen geschlossenen Kasernenhof getrieben, und dort hätten rumänische Buben einfach so zum Spaß von einer Mauer in die Gefangenen hineingeschossen.

Er erzählte auch, dass später in den Hungerlagern in der Regel zuerst die jungen Männer gestorben wären. Aber auch sein Magen war kaputt, wie er sagte. Er lebte nur noch drei Jahre.

»Ich hatt' einen Kameraden« – wenn ich dieses Lied höre, auch heute noch nach vielen Jahrzehnten, ist mir zum Heulen. Zu viele Erinnerungen werden wach. Sie wurden alle nur verdrängt, aber nie bewältigt. Wer heute arrogant und hochnäsig über unserer Generation den Stab bricht und sich über ein »Kameraden-Verständnis« mokiert, von dem er keine Ahnung hat, sollte froh sein, dass ihm solche Erfahrungen erspart geblieben sind!

Ein Kamerad zeichnete mich im Kriegsgefangenenlager beim Kartoffelschälen auf ein Stück Papier.

Wie gesagt, das Lager wurde immer leerer. Die Gruppe 4, bestehend aus Bein- und Armamputierten und Lungenkranken, wurde nach Hause geschickt. Nun kam die Gruppe 3 zum Abtransport an die Reihe. Wir bekamen die üblichen Wattejacken, genannt *Pofeika*, dazu eine Hose und *Walenki*, Filzstiefel, und schon ging der erste Transport nach Osten. Jetzt sollten wir drankommen. Da passierte ein Wunder.

Der Kommissar erklärte der Restmannschaft mit ungeheuer aufwändigen Worten – wir waren vielleicht noch 300 Mann –, dass der große Stalin gerade an uns seine Großmut erweisen wolle und wir entlassen würden. Wir sollten ihm dafür lebenslang dankbar sein und nicht vergessen, dass der Kommunismus, im Gegensatz zum verdammten Kapitalismus, sozusagen die Humanität in Reinkultur verkörpere.

Wir mussten die Kleider wieder abgeben, was mit größtem Vergnügen geschah. Es gab ein Abschiedsessen, diesmal eine dicke Suppe, sogar mit Fleisch, und es fuhren Lastwagen vor. Wir durften aufsteigen. Es war der 30. August 1945. Plötzlich kam noch ein Kamerateam angefahren und filmte unsere mageren, aber freudig erregten Gesichter. »Russland entlässt seine Kriegsgefangenen«, so war es sicherlich in den Tageszeitungen der ganzen Welt

Gefangenschaft – beim Kartoffelschälen

zu lesen und in den Kinos zu sehen. Und wer Propaganda nicht kennt, durfte das gern glauben.

Auch an unseren Lastwagen waren große Transparente mit solchen und ähnlichen Sprüchen angebracht. Aber wohin ging die Fahrt? Wir hatten keine Ahnung, die Richtung war Norden. Es ging durch die Tschechei, wo uns böse Blicke und zum Teil drohende Fäuste begegneten.

Unser Transportoffizier war ein sympathischer Leutnant. Er ließ die Kolonne abends neben einem Kartoffelacker halten. Wir rissen die bereits gelb werdenden Stöcke heraus, machten Feuer und kochten uns die wunderbar schmeckenden Kartoffeln. Ach, war das gut!

Wir ahnten nun auch, dass wir in Ostdeutschland entlassen werden sollten und wurden schließlich bei Hoyerswerda ausgeladen. In einem alten Kasernenkomplex sollten wir die Entlassungspapiere erhalten.

Aber zuerst lief eine Show ab, die wir bei den Russen schon früher beobachtet hatten. Wir mussten uns in Fünferreihen aufstellen und dann untergehakt im Gleichschritt an der Lagerleitung vorbeimarschieren. Aus einem Lautsprecher ertönte der »Alte-Kameraden-Marsch«. Ich überlegte mir den Grund für so ein Theater, fand aber keine vernünftige Antwort. Vielleicht sollte es eine Demütigung für die einstmals so stolze Wehrmacht bedeuten, vielleicht aber spielte auch ein im Unterbewusstsein der Russen schwelender Respekt vor dem ehemaligen Gegner eine Rolle. Schließlich sagt eines ihrer Sprichwörter, dass der Deutsche den Affen erfunden habe. Wir waren gefährlich und erfinderisch. So gab es auch den Spruch: »Sperre einen Deutschen nackt und nur mit einer leeren Konservenbüchse in eine Gefängniszelle, so fährt er nach drei Tagen auf einem Motorrad heraus!«

Der Entlassungsschein war ein Zettel von 21 x 7 Zentimetern in kyrillischer Schrift. Darauf war mein Name – »Chelg« – mit dem Geburtsdatum eingetragen. Ein dicker Stempel und eine unleserliche Unterschrift, das war es schon. Dann gab es Marschverpflegung in Form einer Portion gerösteten Trockenbrots, wie es die Russen in Säcken mit sich führten.

Schließlich wurde uns Westlern noch gesagt, dass wir in Ostdeutschland zu bleiben hätten, denn die Grenze zu den Kapitalisten sei scharf bewacht. Natürlich ließen wir uns nicht beirren, denn wir wollten ja nach Hause. Sofort ließen wir uns von Einheimischen unterrichten, wobei wir erfuhren, dass die Grenze am Thüringer Wald nach Bayern für einen Übertritt am günstigsten sei.

Zu zweit fuhren wir mit der Bahn bis Leipzig. Dort wollten wir übernachten, aber noch von der Straße nahm uns eine Frau mit in ihre Wohnung. Ach, wie wunderbar schmeckte die Kartoffelsuppe! Auch ihr Mann war im Osten vermisst.

Die Hilfsbereitschaft der Bevölkerung gegenüber ihren ehemaligen Soldaten war großartig und tat einem wohl. Am nächsten Morgen gingen wir zum Bahnhof. Dort sah ich, wie uns auf der gegenüberliegenden Straßenseite ein russischer Soldat bemerkte. Sofort überquerte er die Straße und kam auf uns zu. Was jetzt? Die Russen waren unberechenbar. Wenn der Mann besoffen war, konnte er uns mühelos über den Haufen schießen, aus purem Spaß an der Freud. Dann stand er vor uns, griff in die Tasche – und reichte jedem einen Apfel.

Diese Russen! Sie konnten so grausam und dann wieder seelengut sein. Wenn es nicht diese bestialischen Exzesse beim Einmarsch gegeben hätte, diese Vergewaltigungen zu Hunderttausenden, wir wären alle Kommunisten geworden. Ihr Dichter und Oberhetzer Ehrenburg brachte es mit seinen Hasstiraden: »Tötet, nehmt euch die deutschen Frauen!« und unterstützt vom Alkohol fertig, aus Menschen Tiere zu machen. Als diese Gewalt dann plötzlich auf Drängen weitsichtiger Militärs verboten wurde, war es zu spät.

Russland hat eine unglaubliche Chance vertan. Man sollte sich noch im Krieg die Feinde zu Freunden machen, so ein Wort Churchills, wenn man nachher von einem dauerhaften Frieden profitieren will. So schlugen wir uns auf die Seite des kleineren Übels, der Amerikaner.

Unsere End- beziehungsweise Grenzstation war ein Dorf im Thüringer Wald. Als wir ankamen, war es Samstagabend, und so fragten wir bei einem Bauern nach einem Nachtquartier im Heu. Lange saßen wir noch mit ihm zusammen in der Stube und erfuhren vieles, was es zu wissen galt.

Der Anmarsch durch den Wald bis zur Grenze, drei Stunden, konnte nur bei Nacht geschehen; die russischen Wachposten hatten erst gestern einen Grenzgänger erschossen. Er zeichnete uns den besten Weg auf, und zum Schluss lud er uns für den kommenden Sonntag zum Mittagessen ein. Wir schliefen großartig im Heu, und die Thüringer Kartoffelknödel – ich aß sie zum ersten Mal – waren ein Gedicht, das dazu servierte Blaukraut war wunderbar.

Am Abend marschierten wir los. Ein paar Landser hatten sich uns angeschlossen. Es war sehr dunkel, und als wir uns der Grenze näherten, wurden wir langsamer und vorsichtiger. Aber für mich war das nicht vorsichtig genug. Als alter Apachen-Fan – Karl May lässt grüßen – knackten mir die Zweige viel zu laut unter den Sohlen meiner Begleiter. So blieb ich etwas zurück – und plötzlich stand ich mutterseelenallein im Wald. Ich hatte sie verloren. Es war so finster, dass ich buchstäblich nicht die Hand vor den Augen sehen konnte.

Eine Weile noch tastete ich mich mit vorgestreckten Armen weiter, dann gab ich auf. Ich hatte die Richtung verloren. Dazu fiel ich überraschend in ein altes Granatloch, und das war mein Glück. Denn plötzlich war Hundegebell zu hören, das immer näher kam. Es war eine russische Patrouille. Sie ging zehn Meter an mir vorbei. Der Hund hatte mich, als ich am Boden des Loches kauerte, nicht gewittert. Aber ich wusste jetzt, dass ich direkt an der Grenze war.

So fasste ich den Plan, die erste Morgendämmerung abzuwarten, um dann mit besserer Orientierung die bayerischen Grenzwiesen zu erreichen. Ich legte meine Matratze aus, das war ein zusammengeklapptes Stück Pappe, befahl mich der Obhut Gottes an und schlief unbekümmert ein.

Ich schlief so fest, dass die Sonne schon hoch am Himmel stand, als ich zu meinem größten Schreck aufwachte. Ich hatte die gute Gelegenheit der Morgendämmerung verschlafen. Was jetzt? Durch die Bäume sah ich die Grenzwiese, ich war nahe dran. Ich schlich gebückt und vorsichtig auf ein kleines, mannshohes Tannenbäumchen am Waldrand zu. Von hier aus wollte ich eine Postenlücke ausmachen.

Aber o Schreck! Plötzlich erhob sich zwei Meter vor mir ein Russe, hielt mir die Maschinenpistole vor den Bauch und schrie: »*Ruki werch!*« – Hände hoch! Er hatte mich anschleichen sehen und schien recht stolz über seinen Fang, aber er hatte ein gutmütiges Gesicht, sodass ich gleich eine Unterhaltung suchte und auch fand.

Es stellte sich heraus, dass er Kriegsgefangener in Deutschland gewesen war und nach Kriegsende und seiner Befreiung sofort wieder in eine Uniform gesteckt worden war. Während unserer Unterhaltung untersuchte er meine alte Brieftasche und betrachtete plötzlich mit höchster Spannung ein kleines Foto mit dem Gruppenbild unserer Firma. »Diese da, das sei doch die Maria«, rief er ganz begeistert. »Natürlich«, so meine Antwort. Und dann erkannte er immer mehr Personen, und ich sagte immer nur »ja, ja«. Natürlich bildete er sich das bloß ein, wahrscheinlich hatte er noch nicht viele Fotos in der Hand gehabt.

Die Stimmung wurde immer besser, schon nannte er mich Fritz und ich ihn Iwan. Ich witterte die Chance und ging zum Angriff über. »*Towarisch*, lass mich doch laufen, über die Wiese.« Da schüttelte er traurig den Kopf, zeigte den Waldrand rauf und runter und sagte: »Da Soldat und da Unteroffizier!« Wenn es noch dunkel wäre, ja, aber es sei schon zu hell. Wenn man mich sähe, würde er schwer bestraft. Das war verständlich.

So führte er mich ab zum Unteroffizier, der in einem Zelt saß und mir gleich eine Zigarette anbot. Auch er schüttelte bedauernd den Kopf, als ich auf den bayrischen Waldrand zeigte. Dafür brachte er mich, wie es seiner Vorschrift entsprach, zurück in ein Dorf zum Kommandanten.

Er verschwand in einem Haus, und nach einer Weile trat ein Oberleutnant heraus. Er roch fünf Meter gegen den Wind nach Parfüm, war geschniegelt und gebügelt, sein schwarzes Haar glänzte von Pomade; er war sicher ein Kaukasier. Er musterte mich, besah sich meinen Entlassungsschein, durchstöberte meine Brieftasche und blieb besonders lange am Foto meines Bruders hängen, der darauf als schneidiger Leutnant der Waffen-SS abgebildet war. »Wer das?« Ich antwortete: »Bruder«, sagte aber gleich dazu: »Kaputt in Normandie von Amerikanski!« Das schien ihn zu beruhigen. Wieder schaute er mich an. Da machte ich ein trauriges Gesicht, deutete nach dem Westen und sagte: »*Matschka*« – Mutter.

Damit hatte ich seinen Nerv getroffen. Er rief einen Soldaten herbei, gab ihm einen Befehl und verschwand im Haus. Ich sollte warten, also setzte ich mich auf einen Holzblock. Da kamen ein paar Soldaten vorbei, sie waren bester Laune und begannen ein Gespräch mit mir. Ein langer Feldwebel fragte mich, warum ich denn zu den verdammten Amerikanskis wolle, ich solle doch hier bleiben, eine Frau suchen und heiraten. Da lachten alle hellauf.

Nach einer Weile kam ein Pferdewagen angezottelt, auf dem eine Milchkanne stand. Der Russe winkte mich heran: »Aufsteigen!« Er fuhr das Frühstück zu den Grenzposten. Wir fuhren durch einen Wald und kamen an ein Zelt. Mein Russe sagte: »Brrr!«, das Pferd stand, er stieg ab und verschwand im Zelt. Nach einer Weile kam er wieder heraus und rief mich hinein.

Ich trat ein, da stand ein Feldbett und darauf lag ein Mann. Ich erkannte an der Mütze, die da hing, dass es ein Kommissar war. Er sprach mich in perfektem Deutsch an. Er hatte auffallend schöne Zähne, stellte einige Fragen, und dann kam seine Fangfrage, was ich dem Offizier im Dorf gegeben hätte. Ich konnte antworten: »Nichts«, weil mir im Lager sowieso alles abgenommen worden sei. Das war nicht gelogen. Schließlich rief er den Fahrer wieder herein, gab ihm eine Anweisung und ich war entlassen.

Der Russe hatte sein Gewehr in der Hand, ging mit mir ein paar Schritte in den Wald und machte dann ein Zeichen, ich solle in dieser Richtung weitergehen. Er selbst blieb stehen. Da wurde mir mulmig zumute. Auweia, ein Gewehrlauf im Rücken! Die Russen waren immer und zu jeder Stunde unberechenbar. Sollte er den Befehl erhalten haben, mich still und heimlich ins Jenseits zu befördern?

So ging ich langsam in den Wald hinein, aber schon den ersten Baum nahm ich als Rückendeckung, dann den zweiten, den dritten. Es passierte nichts, die Sache war echt. Als der Wald aufhörte, sah ich eine Wiese, auf der ein Bauer Heu wendete. War das schon Bayern? Vorsicht war auf jeden Fall geboten. So versteckte ich mich hinter einem Heuhaufen und rief den Bauern an. Ach, wie groß war der Stein, der mir vom Herzen fiel, als der Bauer laut lachend rief: »Komm nur raus, du bist in Bayern!«

Ich war bestimmt nicht der Erste, der da angeschlichen kam. Wir unterhielten uns kurz. Unter uns im Tal lag das Dorf Tettau in Oberfranken. Ich solle mich auf dem Rathaus melden, sagte der Bauer, dann bekäme ich Lebensmittelmarken.

Und so machte ich es. Ich bekam auf die Rückseite des Entlassungszettels einen Stempel des Bürgermeisteramtes und den Vermerk: »Für 5. + 6.9.45 verpflegt.« Dann kaufte ich bei einem Bäcker Brot und in einem kleinen Dorfmetzgerladen ein Stück Leberwurst. Ein Wirtshaus gab es auch. Da setzte ich mich als einziger Gast auf eine Eckbank die Morgensonne strahlte durch die Blumentöpfe am Fenster, und die alte Wirtin stellte ein Bier auf den Tisch. Draußen auf der Dorfstraße rumpelte ein Bauer mit seinem Kuhfuhrwerk vorbei, er hatte Mist geladen. Es war ein unbeschreibliches Gefühl von Heimat, von Freiheit, von dankbarem Angekommensein. Ich werde es nie vergessen.

Dann wanderte ich zur nächsten Bahnstation und setzte mich in den nächsten Bummelzug Richtung Nürnberg. Dort konnte ich gerade noch auf einen Güterzug aufspringen, der in Richtung Ulm fuhr. Ich spürte die Kohlen nicht, auf denen ich saß, und der geschwärzte Hosenboden kümmerte keinen Menschen, als ich gegen Abend auf dem zerbombten Bahnhof der Heimatstadt vom Waggon sprang. Ich war zu Hause. Aber wo ich auch hinschaute: Trümmer und Ruinen. Und unsere Wohnung in der Karlstraße, das Geschäft in der Keplerstraße, das großelterliche Haus am Schweinemarkt: alles kaputt! Wie hieß der Wiener Gassenhauer: »O du lieber Augustin, alles ist hin.« Und so war es wohl auch.

Evakuiert 1945–1951

Berghülen ist der Name des Dorfes, wohin es unsere Familie verschlagen hatte. 20 Kilometer von Ulm entfernt liegt es auf dem Höhenrücken der Schwäbischen Alb. Ich werde dieses Höhenland noch an anderer Stelle beschreiben. Mit dem Wort »Hüle« wurde früher auf der Alb ein Auffangbecken bezeichnet, in welchem man das Regenwasser sammelte, das in den breiten Abflüssen der Dorfstraßen zusammenlief. Die Hüle lieferte so das Wasser für das Vieh und den Brandfall. Auch tummelte sich fröhliches Gänse- und Entenvolk in den nicht immer wohlriechenden Fluten, weil so manche Güllegrube ihren Überfluss dazu beisteuerte.

Auf einem Lastwagen, der täglich die Milch nach Ulm lieferte, fuhr ich in die neue Heimat, wo ich mit großer Freude empfangen wurde. Mein Bruder war in Frankreich gefallen. So blieben noch die Eltern, die Schwestern Helene und Eva und ich.

Wir wohnten in einem kleinen Ausgedinghäuschen, in welchem früher die Altbauern ihre letzten Tage zugebracht hatten. Es hatte ebenerdig eine Stube mit kleiner Küche, und nach dem Erklimmen einer steilen Hühnertreppe erreichte man noch ein schräges Dachzimmerchen. Das Klo war in einem engen Bretterverschlag eingebaut und bestand aus einem hölzernen Sitzbrett, durch das man direkt in die Grube sehen konnte.

Dass auch dieses System, wie alles auf der Welt, eine positive Seite haben kann, bekam ich spätestens dann zu spüren, als mir einmal beim Sitzen der Geldbeutel aus der Tasche rutschte und in die Grube fiel. Da dies im strengen Winter geschah, lag er aber nur auf der vereisten Oberfläche und war, welch ein Glück, absolut trocken und sauber wieder herauszufischen.

Nachdem ich mich einigermaßen erholt hatte – Mutter hatte durch ihr Betteln von so mancher Bauersfrau ein paar Eier oder eine Tüte Mehl ergattert –, stand die große Frage im Raum: Wie ging es weiter? Irgendetwas musste man ja tun. Ich war 21 Jahre alt. Die kaufmännische Lehre hatte ich nicht beendet und wollte das auch nicht mehr. Nach den vergangenen abenteuerlichen Kriegsjahren konnte ich mir nicht mehr vorstellen, ein Leben lang hinter einem langweiligen Schreibtisch zu sitzen. Eine besondere berufliche Neigung war kaum zu erkennen. Sie wäre noch am ehesten in Richtung eines Försters gegangen. Aber Forstmänner, die mit ihrer Flinte auf romantische Art durch Wald und Feld wanderten, gab es nur wenige. Nur die Amerikaner hatten Waffen, und mit denen schossen sie in den Wäldern auf alles, was da kreuchte und fleuchte. So kam ich mit meinem Vater überein, vorerst und provisorisch das Briefmarkengeschäft in Ulm wieder zu eröffnen.

Das ehemalige Geschäftslokal war zerstört, aber den Hauptteil des Warenlagers hatte mein Vater ausquartiert und gerettet. So richteten wir im ersten Stock des ehemaligen Hinterhauses, es war unzerstört geblieben, einen Verkaufsraum ein. In der Mitte stand ein Tisch mit einem Glas, der als Auslagekasten diente; an der Wand war ein Rollschrank und für die Übernachtung gab es ein Bett und ein Sofa. Ein wackeliger eiserner Ofen konnte mit Holz und Kohle beheizt werden.

Schon im Oktober war die Eröffnung, allerdings hatte das Geschäft nur donnerstags und freitags offen. So fuhren meine Schwester Helene und ich jeden Donnerstag früh mit dem erwähntem Milchauto nach Ulm, saßen bei Eis und Schnee hinten auf den Kannen, und am Samstag ging es wieder zurück. Bei passender Gelegenheit versuchte ich natürlich, Rahm aus den Kannen abzufüllen, ein entsprechendes Fläschchen war immer parat. Hätte mich der Fahrer erwischt, wäre dies unsere letzte Fahrt mit ihm gewesen, aber er musste ja auf den Weg schauen.

In Ulm übernachteten wir im Laden, zum Essen gingen wir in eine Wirtschaft. Dort gab es gegen Abgabe der erforderlichen Fettmarken – es waren fünf Gramm für ein so genanntes Stammgericht – das immer gleiche Menü: Salzkartoffeln mit Möhren oder Kraut. Natürlich gab es auch ein mageres Fleischgericht zu bestellen, aber weil die erforderlichen Fleischmarken sehr knapp waren, konnten wir uns diesen Luxus nicht leisten.

Manchmal war zu hören, dass es bei dieser oder jener Gastwirtschaft bei gleicher Markenabgabe ein besseres Essen gäbe. Darauf rannte man schnurstracks dorthin und tatsächlich, es schmeckte alles besser. Aber nur für einige Tage, dann war man auch da wieder auf den immer gleichen Geschmack gekommen. Vielleicht hatte der Unterschied nur darin gelegen, dass man im »Mohren« mit Rindertalg, im »Lamm« dagegen mit Pferdefett kochte.

Einmal trat ich aus dem Lokal und musste zu meinem Entsetzen feststellen, dass man mir mein Fahrrad geklaut hatte. Dieses NSU-Rad hatte man über den Krieg gerettet. Jetzt musste ich mir auf dem Schwarzmarkt ein uraltes Vehikel für 2.500 Mark kaufen, aber auch das wurde mir bald gestohlen. Diesmal durfte ich dem Dieb sogar noch aus der Ferne nachsehen. Er hatte nur ein Bein, mit dem strampelte er auf der einen Seite, das andere Pedal bewegte er mit einem Spazierstock. Er fuhr wie besessen Richtung Russen- und Polenlager, wo viele osteuropäische Emigranten und ehemalige Fremdarbeiter auf ihre Auswanderung nach Amerika warteten. Die an Artistik grenzende Fertigkeit des Diebes war zu bewundern, doch war mein Ärger groß.

Die Philatelie hatte zu der Zeit Hochkonjunktur. Die Reichsmark wurde immer wertloser, und so mancher wollte sein gerettetes Vermögen inflationssicher anlegen. Wenn wir samstags heimkehrten, hatte ich oft ganze Bündel Banknoten in der Tasche. Aber ein halbes Pfund Butter kostete auf dem Schwarzmarkt 250 Mark und die Packung Ami-Zigaretten – Camel, Chesterfield – 30 Mark.

In Berghülen hatte sich ein ehemaliger polnischer KZ-Häftling angesiedelt, der von den Amerikanern nicht nur protegiert, sondern auch als Verbindungsmann und Informant eingesetzt wurde. Stolz fuhr er auf einem requirierten Motorrad in der Gegend herum und war der ungekrönte König des Schwarzhandels. Wer Zigaretten, Zement, Benzin oder Wollsocken brauchte, er ging zum »KZ-Heiner«. Er hatte mehr zu sagen als der Bürgermeister.

Aber er war im Grunde ein gutmütiger Kerl: stolz, wenn man vor ihm die Hacken zusammenschlug und ihn so beehrte, und hilfsbereit, wenn man ihn nur lobte. So besorgte er für die Weihnachtsfeier 1945 alle nötigen Wachskerzen für den Christbaum in der Kirche. Er verehelichte sich später am Ort und schuf sich eine solide Existenz.

Lebensmittel gab es nur auf die monatlich vom Bürgermeisteramt ausgegebenen Karten. Sie waren in 5, 10, 50 oder 100 Gramm-Märkchen aufgeteilt, die dann beim Bäcker, Metzger oder Lebensmittelladen bei einem Kauf mit einer Schere abgeschnitten wurden.

Wenn ich mich recht erinnere, lag die Fleischzuteilung pro Kopf und Monat bei 1.500 Gramm, die von Butter bei 250 Gramm. Deshalb versuchte natürlich jeder, sich zusätzliche Quellen zu verschaffen. Ich baute mir einen geräumigen Hasenstall und begann sofort mit einer Kaninchenzucht. Damit auch »was dran« wäre, suchte ich in der Zeitung nach der Rasse Belgische Riesen, und ein Angebot kam aus einem 15 Kilometer entfernten Dorf. Prima!

Nur lag dazwischen eine Grenze, nämlich die der amerikanischen und französischen Besatzungszone. Deutschland war ja von den Siegern in vier Zonen eingeteilt worden. Allgemein galt unter den Zonen der Westalliierten die der Engländer als am korrektesten verwaltet. Dann kamen die Amerikaner und ganz am Schluss die Franzosen. Sie waren oft sehr gehässig und schikanierten die Leute, wo sie nur konnten.

Das war auch an den Grenzen so. Deshalb musste ich nach sehr ausgiebiger »Feindaufklärung« bei Nacht mit meinem Rad durch ein Tal schleichen. Sie erwischten mich nicht. Die Hasenzucht konnte beginnen, und die Freude später war immer gewaltig, wenn für den Sonntag ein Kaninchenbraten angesagt war. Dieser Bratengeruch, der dann am Sonntagmorgen durch das Häuschen zog, bleibt mir unvergesslich.

Die ersten Nachkriegsjahre waren schlimmer als die Kriegsjahre. Besonders in den Städten starben vor allem alte Menschen einfach an Auszehrung. Wer auf dem Land wohnte, konnte sich mit Gemüseanbau, aber auch durch Mitarbeit bei den Bauern, vor allem in den Erntemonaten, zusätzlich versorgen. Die Städter pilgerten aufs Land, um zu »hamstern«. Die Bauern wurden regelrecht überlaufen, immer wieder stand jemand vor ihrer Tür und bettelte um Mehl, Fett oder Kartoffeln. Zum Tausch brachten sie Bettwäsche, Silberbesteck, Schuhe, Schmuck oder was sie sonst noch besaßen.

Es gab Bauern, die jagten die Hamsterer mit dem Hund vom Hof, bei anderen ging keiner davon, ohne wenigstens einen Schöpflöffel voll Mehl bekommen zu haben. Man erzählte sich den Witz, dass ein Hamsterer die Bäuerin gefragt habe, was sie denn noch brauche, da habe sie geantwortet: »Wir haben schon alles, nur der Sau fehlen noch goldene Ohrringe!«

Alles drehte sich ums Essen. So sprach mich ein Freund in der

Stadt an. Er habe noch ein gut funktionierendes Radiogerät Marke Blaupunkt und würde es gern tauschen gegen Lebensmittel. Radios gab es nicht zu kaufen, daher waren sie hervorragende Tauschobjekte. Ich suchte und fand einen Bauern, der dafür ein mittleres Schwein geben wollte. Der Tausch kam zustande. Ich musste das geschlachtete Schwein nach Ulm liefern. Um es in einen Sack stecken zu können, zerlegte ich es in vier Teile.

Ich hatte keine andere Wahl, als es in dem inzwischen eingesetzten, täglich einmal fahrenden alten Verkehrsbus zu transportieren, der ständig überfüllt war. Vorher überlegte ich krampfhaft, wie auch für mich ein Teilchen abfallen könnte, und zwar so, dass es keiner merkte. Da kam mir die Idee, ganz einfach von jeder Brustseite eine Rippe mit Fleisch abzuschneiden. Das Tier würde wohl um eine Kleinigkeit kürzer, aber wer zählt schon die Rippen. Es klappte. Aber als ich mit meinem Sack auf dem Bahnhofsplatz ausstieg, rutschte der Inhalt heraus und lag im Schnee. Zum Glück schauten die Leute alle woanders hin. Schwarzschlachten war natürlich verboten, man hätte das Fleisch sofort konfisziert.

Ein anderes Mal bekam ich im Tausch ein lebendiges kleines Ferkelchen. In der Nacht und bei zugehängten Fenstern – es durfte niemand sehen – rasierte ich seine Borsten mit meinem Rasierapparat ab. Der wurde aber ständig verstopft, weil das Tierchen bedeutend mehr Borsten zum Abschaben hatte als ich mit meinem Milchgesicht. Es war eine anstrengende Arbeit.

Im Winter gibt es auf der Alb viel Schnee und es wird sehr kalt. Wir hatten im Wohnzimmer, wo auch mein Bett stand, einen Ofen, und in der dunklen kleinen Küche den Herd. Beide wurden mit Holz beheizt. Dieses konnte man bei der Gemeinde kaufen beziehungsweise in Form eines so genannten Reisteils ersteigern. Wenn in den sehr ausgedehnten Buchenwäldern das Stammholz geschlagen und vorher ausgeastet wird, bleiben diese Äste als Reste liegen. Es werden dann Waldstücke markiert, abgesteckt, mit Nummern versehen und verkauft.

Natürlich gibt es da gute Reisteile mit starken Ästen und schlechte. Dass die Einheimischen und Waldkundigen viel schneller und fachkundiger Bescheid wussten als wir »Reingeschmeckten«, war klar. So stand ich mit meinem Vater eines Tages auf einem mageren Reisteil, häufte Äste und Reisig auf einen Haufen und schimpfte über eine Welt, die sich an den Dummen bereicherte. Schließlich nahm ich meine Axt und hackte ein paar schwächere Buchenbäume kurz und bündig ab.

Da stand wie aus dem Erdboden gewachsen plötzlich der Förster vor uns. Nach einem kurzen Gruß deutete er auf die von mir abgehackten und am Boden liegenden Baumstämmchen und fragte: »Waren Sie das?« Ich log und verneinte. Da bat er um meine Axt, besah sich die Schneide und legte diese an die Schnittfläche eines Stämmchens. Die Schneide hatte eine Scharte, und diese war exakt auf der Schnittfläche nachzuweisen. Er hatte mich ertappt.

Nachdem ich ihn aber kurz auf unsere Lage hingewiesen hatte, sah er mich nur an und sagte: »Lassen Sie das in Zukunft bleiben!« Dann verschwand er zwischen den Bäumen. Er war ein älterer Mann, bestimmt war er Soldat im Ersten Weltkrieg gewesen. Mit meiner feldgrauen Jacke hatte er mich wohl ebenso als Soldaten eingeschätzt und deshalb laufen lassen. Das gab es damals noch.

Neben diesen Reisteilen, aus denen nur schwaches Holz und Anzündreisig zu holen war, brauchte man natürlich auch richtiges Klafterholz zur Heizung. Dieses bekam man von der Gemeinde zugeteilt. Allerdings nur unter der Auflage, dass man bereit war, mit den Holzkommandos der Gemeinde im Wald Bäume zu fällen und zu zersägen. So marschierte man noch in der Dunkelheit in den Wald, wo man oft knietief im Schnee stehend und bei großer Kälte den Bäumen zu Leibe rückte. Möglichst nah am Boden zog man zu zweit die Säge hin und her, Motorsägen gab es nicht.

Während die Bauern diese Arbeit gewohnt waren und zur Vesperzeit ihr Rauchfleisch mit kräftigem Bauernbrot auspackten, verzehrte ich meine Bäckerbrotstulle, in der sicherlich mehr Kleie als Mehl war. Mein Aufstrich bestand aus entrahmtem Quark, der einen bläulichen Stich hatte. Beim Sägen wurde es mir vor Schwäche immer wieder schwarz vor den Augen. Aber wenn die Bauern vesperten, quollen meine Augen beinah aus dem Kopf. Nie hat mir einer auch nur ein Stückchen von seinem Speck abgeschnitten. Wer nie hungert, denkt halt nicht daran.

Die ersten Monate meiner Heimkehr waren vergangen. Schon kannte man das eine oder andere Gesicht im Dorf, auch lernte man zu unterscheiden zwischen den Einheimischen und den Fremden. Da waren die Berghüler Bauern in ihren Blauhemden, die älteren

Bäuerinnen noch in der Älbler Tracht, da waren die Flüchtlinge, später Heimatvertriebene genannt, aus dem Egerland, aus Ostpreußen, Ungarn oder Siebenbürgen. Man erkannte sie nicht nur sofort an ihrer Sprache, sondern auch an der Kleidung. Ihre Frauen hatten die Kopftücher ganz anders gebunden, die älteren Männer gingen mit Schildmützen. Und natürlich waren auch noch wir da, die ausgebombten Städter. Die Älteren wie mein Vater gingen in Anzug und Hut durchs Dorf.

Die Kontakte untereinander bildeten sich erst mit der Zeit. Ein geradezu idealer Treffpunkt für die männliche Bürgerschaft war der Frisör. Ein Flüchtling aus dem Egerland hatte in seinem Schlafzimmer einen Raum mit Decken abgeteilt. Sie hingen an gespannten Schnüren, das war der Salon. Er besaß eine Haarschneidemaschine, natürlich mit Handbetrieb, Schere, Kamm und Rasiermesser, und schon ging es los. Er sprach ununterbrochen und wusste sofort jede Neuigkeit im Dorf, aber auch aus der höheren Politik.

Zu einer eigentlichen Kontaktaufnahme zwischen uns Geschwistern und der Dorfjugend kam es an einem kalten Winterabend am Sonntag. Wir hatten einen Spaziergang gemacht; es war schon dunkel, als wir ins Dorf zurückkehrten. Als wir am »Ochsen« vorbei kamen, sahen wir die Wirtsstube hell erleuchtet und hörten einen Gesang, laut, hell und mehrstimmig. Das Lied kannte ich nicht, aber es gefiel mir auf Anhieb so gut, dass ich es nicht mehr vergessen habe: »Unter Erlen steht die Mühle, und vorbei der Mühlbach rauscht.«

Wir waren stehen geblieben und ich sagte: »Los, rein.« Drinnen war die Stube so voll, dass wir kaum noch einen Platz fanden, aber alle Blicke hatten sich auf uns, die Fremden, gerichtet. Gleich kam ein hoch gewachsener Bursche an unseren Tisch und begrüßte uns. Es war der Grasbauer-Hans. Die anwesenden Burschen waren durchweg vom Krieg heimgekehrte Soldaten, das Alter der lachenden und fröhlichen Mädchenschar lag zwischen 17 und 22 Jahren.

Sofort kam eine Unterhaltung in Gang, und die drehte sich damals natürlich und immer zuerst um die Kriegsvergangenheit. Man nannte den »Haufen«, mit dem man in Russland oder Frankreich marschiert war. Man erzählte von der Gefangenschaft oder dem Glück, bei Kriegsende gerade im Lazarett gelegen zu haben.

Kurzum, man war davongekommen und endlich wieder Mensch. Man konnte sich ohne Angst freuen und hatte, was die Jugendzeit anbetraf, absoluten Nachholbedarf.

Und sicher dachten die Mädchen ähnlich oder vielleicht noch weiter. Es herrschte ja Männermangel, weil viele nicht mehr zurückkehrten. Und wer wollte es diesen Mädchen verdenken? Es wurde viel Bier getrunken. Aber es war Dünnbier, mit nur 0,5 Prozent Alkohol. So gab es keinen Rausch, dafür aber einen häufigen Gang zur Toilette.

Immer wieder klang eines der vielen Lieder auf, die man in den vergangenen Jahren gelernt hatte. Sie waren nicht politisch, sondern handelten immer von der Heimat, den Mädchen, vom Abschiednehmen und dem Wiedersehen. Ich glaube, man sang sich allen Frust der Vergangenheit von der Seele, aber ich meinte, auch eine gewisse Trotzreaktion herauszuhören gegen die erlittenen Demütigungen durch die Sieger und die spürbare Kollektivverurteilung eines ganzen Volkes. Man sang trotzig, um auszudrücken: »Wir sind noch da, wir lassen uns nicht unterkriegen.« Ich glaube, nicht nur Not, sondern auch Demütigung kann zusammenschweißen.

Dass ich Musikant war, hatte sich im Dorf schon herumgesprochen. Denn oft spielte ich bei offenem Fenster auf meiner kleinen Ziehharmonika. Aber noch im letzten Kriegsjahr hatte mein Vater durch einen Jugendfreund, der bei der Firma Hohner in Trossingen arbeitete, ein Akkordeon für mich erwerben können. Dieses rote Instrument hatte 72 Knöpfe und 96 Bässe. Da das System eines Knopfgriffakkordeons, so hießen die Dinger, von dem einer Ziehharmonika so verschieden ist wie die Nacht vom Tag, war ich zuerst völlig ratlos.

Aber ich probierte herum, versuchte einen Akkord zusammenzubringen, suchte die nötigen Bässe, und schon konnte ich mein Lied begleiten, wenn ich sang. Sofort wurde ich, trotz heftigen Widerstrebens, aufgefordert, das Instrument zur nächsten Versammlung mitzubringen, und schon drehte sich das Volk fröhlich im Reigen. Der Bass gab den Rhythmus eins-zwei-drei, eins-zwei-drei! Aber schon nach wenigen Wochen spielte ich nicht nur Lieder, sondern auch die »Caprifischer« und »Am Abend auf der Heide«.

Plötzlich tauchte noch ein zweiter Harmonikaspieler auf. Kosaken-Gustel war Oberschlesier, wurde aber so genannt, weil er im Krieg Feldwebel bei einer Kosakeneinheit gewesen war. Diese Freiwilligen hatten sich auf die deutsche Seite geschlagen, um gegen den Bolschewismus zu kämpfen. Ihr legendäres Vorbild war der deutsche Generalleutnant von Pannwitz.

Unsere Dorfabende

Jedenfalls war mit Gustel die Kapelle perfekt. Das »Rössle« hatte einen großen Saal im Oberstock, und dort fanden jetzt des Öfteren Tanzveranstaltungen statt. Die Jugend kam auch schon aus den Nachbardörfern. Wir spielten stundenlang. Wenn das Repertoire zu Ende war, fingen wir wieder von vorne an mit der »Roten Laterne von St. Pauli« oder »Im Rosengarten von Sanssouci«.

Von Zeit zu Zeit rief der Kosak als besondere Attraktion mit gewaltiger Stimme alle möglichen Kraftsprüche in den Saal, hinter deren Bedeutung man schwerlich kommen konnte, aber die Erheiterung war trotzdem da. Man war ja anspruchsloser in allem geworden. Bei einem internen Tanzwettbewerb wurde ich zum elegantesten Tänzer erkoren.

Es konnte auch passieren, dass zu vorgerückter Stunde und nach einem gehörigen Schluck aus der Schnapsflasche plötzlich

Unsere
Dorfabende

das Kommando erscholl: »Kompanie raustreten!« Und nach alter Manier standen ruckzuck die alten Soldaten in Reih und Glied auf der Straße. »Rechts um, im Gleichschritt marsch!« Und gleich das nächste Kommando: »Ein Lied!« Und dann marschierten an die 20 Mann morgens um zwei Uhr durch die nächtlichen Dorfstraßen und sangen »Fern bei Sedan«, dass die Fenster nur so zitterten. Auf freiem Feld erscholl dann das Kommando: »Panzer von rechts, Panzer von links«, worauf sich der Haufen dem Kommando entsprechend in den Schnee warf. Wenn uns da die Amerikaner erwischt hätten, wer weiß, ob nicht sofort eine Bomberformation angeflogen gekommen wäre. Dabei war es ganz einfach Übermut, vielleicht auch noch ein Stück Lausbubenromantik, um die man unsere Generation betrogen hatte.

Inzwischen war im Dorf ein Fußballverein gegründet worden. Die Gesamtzahl der Mitglieder betrug 22, davon musste nun eine Mannschaft gebildet werden. So kam es, dass ich zum Ersatzspieler avancierte.

Unvergessen ist mir ein Auswärtsspiel in Scharenstetten geblieben, wo ich zum Einsatz kam. Am Platzrand standen drei Dorfschönheiten und feuerten ihre Mannschaft heftig an. Aber plötzlich fingen sie im Chor an zu rufen: »Mein letzter Wille, ein Mann mit Brille!« Wer war denn da gemeint? Schließlich kam ich dahinter, dass ich der einzige Brillenträger auf dem Platz war.

Da packte mich der Ehrgeiz, und ich trat noch wilder gegen den Ball, wenn ich ihn bekam. Wer hätte damals gedacht, dass ich 35 Jahre später als Pfarrer gerade in dieses Dorf kommen würde? Schon bald nach meiner dortigen Einsetzung begann ich meine Recherchen nach diesen drei Frauen und ich habe sie gefunden. Das war lustig. Und für mich war es eine doppelte Freude, denn von nun an kamen sie häufiger in den Gottesdienst.

Schon war mein Ruf als Musikant auch in das Nachbardorf Suppingen gedrungen. Dort war ein Großonkel von mir um das Jahr 1890 einmal Pfarrer gewesen. Laut Familienchronik war seine Frau sehr berechnend, um nicht zu sagen geizig. Sie sparte am Essen und ließ die von den Bauern geschenkten Eier auf dem Markt verkaufen. Der sehr gutmütige Pfarrer bekam öfters von ihr einen Rüffel, wenn er wieder einmal einem bettelnden Handwerksburschen einen Gutschein im Wert von zehn Pfennigen in die Hand gedrückt hatte, den er gegen eine Wurst und einen Wecken beim Metzger einlösen konnte. Wenn sie ihm vorwarf, dass er doch wieder nur hereingelegt beziehungsweise angelogen worden sei, war seine Antwort immer dieselbe: »Ist er's nicht würdig, so ist er's bedürftig!«

Dieser salomonische Satz wurde in unserer Familie zum geflügelten Wort. Und auch mir war er manchmal Balsam für die Seele, wenn ich als Pfarrer wieder einmal angelogen oder hereingelegt worden war.

Nun war in Suppingen eine Bauernhochzeit angesagt, die, wie es damals Brauch und Sitte war, an einem Samstag stattfand. Dort sollte ich abends im Gasthaus zum Tanz aufspielen. Als Belohnung wurde ausgehandelt: Teilnahme am Festmahl, das waren ein Paar Bratwürste mit Kartoffelsalat, sowie ein halber Hefekranz.

Da gab es für mich kein Halten mehr. Es war tiefer Winter und bitter kalt, also band ich mein Akkordeon auf den kleinen Schlitten und zog ihn die vier Kilometer durch den Schnee. Ich spielte bis in den Morgen. Die ausgelassene Hochzeitsgesellschaft hatte irgendwoher Wein und Schnaps eingetauscht. So wurde man immer fröhlicher, und kein Mensch merkte, wenn ich schon zum vierten Mal »Eine Insel aus Träumen geboren« durch meinen Blasbalg zog. Hundemüde trottete ich in der Frühe durch den Schnee nach Hause, aber stolz packte ich nachher das Stück Hefekranz vor den Augen meiner glücklichen Familie aus. Es hatte sich gelohnt, und wie!

Der neu gegründete Fußballverein machte auch »in Kultur«. So wurde schon für den ersten Nachkriegswinter ein Dorfabend für die Bevölkerung geplant und eingeübt. Ein glücklicher Umstand hatte Hilde ins Dorf geführt. Sie hatte eine ziemlich hohe Stellung im Bund Deutscher Mädel, BDM, bekleidet und war Expertin in der Vermittlung kultureller Werte jeder Art.

Sie gründete einen Chor. Wir sangen »Es dunkelt schon in der Heide« oder »'s ist Feierabend«. Sie übte Volkstänze ein und beschaffte lustige schwäbische Theaterstücke, die unter ihrer Regie eingeübt wurden. Bei diesen entwickelte ich mich zusammen mit meinem Freund Kurt – auch er war ein Evakuierter – zu einem Charakter- und Hauptdarsteller, und auch meine Schwestern bekamen ihre Rollen.

Die Aufführungen im »Ochsen-Saal« waren überfüllt und ein Riesenerfolg, und zwar so sehr, dass man unsere Truppe auch in andere Dörfer rief. Wir standen auf den »Brettern, die die Welt bedeuten«. In mir weckte diese Schauspielerei etwas, das nach Komödiantenblut roch und auch für meine spätere Berufslaufbahn von Vorteil werden sollte. Wie sagte Goethe im *Faust*: »Ich hab es öfters rühmen hören, ein Komödiant könnt einen Pfarrer lehren.«

Dabei meine ich nicht diese Art von Komödie, die ihrem Publikum etwas auf Spaßmacher-Art vorgaukeln oder weismachen möchte, nur um die Leute zum Lachen zu bringen. Viel eher denke ich an den griechischen Ursprung dieses Wortes *komodia* – die dramatische Gestaltung komischer Situationen, bei der eine humorvolle Überlegenheit über menschliche Schwächen demonstriert wird und immer ein glücklicher Ausgang zustande kommt.

Für mich ist ein guter Komödiant jener, der die Menschen und sich selbst an erster Stelle phantasiereich, vielleicht manchmal leicht spottend, aber immer auf eine barmherzige Weise so entlarvt, dass am Ende, wenn nicht ein befreiendes Gelächter, so doch ein versöhnliches Lächeln bleibt. Denn bei Selbsterkenntnis stellt sich mit Windeseile das Geschwisterpaar »Ehrlichkeit« und »Wahrhaftigkeit« ein, und auch die Tante »Überzeugung« kommt anmarschiert. Und diese drei Faktoren sind meiner Überzeugung nach für die Verkündigung des Evangeliums von höchster Wichtigkeit!

Schon im Gefangenenlager hatte ich mir fest vorgenommen, nach der Heimkehr sonntags zum Gottesdienst zu gehen, und zwar regelmäßig. In diesen ersten Nachkriegsjahren waren die Kirchen so voll, dass man oft keinen Platz fand. Die Trauer um die Toten und Gefallenen, Sorge und Angst um die vielen vermissten Soldaten, der Hunger und der Verlust von Hab und Gut, dazu eine ungewisse Zukunft ohne Perspektive, das alles trieb die Menschen in die Kirche. Man brauchte Halt und suchte eine Antwort auf all das Geschehene.

Auch ich sah und hörte zum ersten Mal von den Judenvernichtungen und den fürchterlichen Zuständen in den KZs. Man konnte es kaum glauben, dass Hitler ein Wahnsinniger gewesen war. Späteren wissenschaftlichen Untersuchungen zufolge war er ein

Hysteriker und schizoider Fanatiker, zu dessen Krankheitsbild die Unfähigkeit gehört, Fehler zuzugeben. Man konnte es kaum glauben, dass die Männer, die ständig in seiner Umgebung gewesen waren, vor allem die Militärs, dies nicht erkannt und daraus folgernd den Bettel hingeworfen hatten.

Von daher waren die Nürnberger Prozesse verständlich, wenn auch auf ihre Art wieder falsch, wie der amerikanische Hauptankläger später selber zugab. Die Russen saßen wie die Engel des letzten Gerichts auf der Klägerbank, aber was sie beurteilten und verurteilten, war nicht immer die Wahrheit. Die Amerikaner fühlten sich als die Teufelsaustreiber und Retter des christlichen Abendlandes. Aber wie war es diesen Helden möglich, mit nur zwei Atombomben 230.000 Zivilisten auszulöschen, sozusagen auf einen Schlag?

Sehr bald entdeckte der Dorfpfarrer, auch ein heimgekehrter Offizier, in mir einen eifrigen Mitarbeiter, besonders für seinen Jungmännerkreis. Nur eine Sache blieb ihm rätselhaft: »Wie ist es nur möglich, dass du am Sonntagabend bei mir im Pfarrhaus sitzt, singst und betest, und anschließend gehst du ins ›Rössle‹ und spielst zum Tanz auf?«

Ja, wie war das möglich? Ich wusste es selber nicht. Aber vielleicht wäre das eine Antwort, was ich vor kurzem, nach immerhin 58 Jahren, von einem damaligen Konfirmanden zu hören bekam. Er sagte: »Wir Jungen kannten deine Schlüsselstellung unter der Dorfjugend sehr gut. Auch dass du überall vorne dran warst, da, wo es lustig zuging. Aber dass du auch zu uns in den Konfirmandenunterricht mit deinem Akkordeon gekommen bist und fromme Lieder mit uns eingeübt hast, das hat mich damals so beeindruckt. ›Es kommt ein Schiff geladen‹, das weiß ich bis heute.« Und, so fügte der alte Studienrat etwas verschämt hinzu: »Diese – deine – Art ist auch auf mein späteres Glaubensleben nicht ohne Einfluss geblieben.«

Im Rückblick waren die Nachkriegsjahre im schwäbischen Albdorf geradezu romantisch und wunderbar heimelig. Natürlich ging in dem kleinen Häuschen alles recht eng zu, aber wenn es im Winter draußen stürmte und schneite und wenn das Holz im Ofen knisterte und knackte, dann war diese warme Stube ein Ort der

Geborgenheit, und die Kartoffelsuppe auf dem Tisch schmeckte so gut wie später kein fünfgängiges Menü mehr.

Zwei Tage in der Woche waren wir in Ulm und verkauften Briefmarken, an den übrigen Werktagen war ich zu Hause, machte Bestellungen, klebte Briefmarken in Auswahlhefte oder sortierte für Sammel-Anfänger die Massenware in bunte Kuverts. Natürlich blieb noch viel Zeit, um im Wald, »wo im Gebüsch das muntre Rehlein springt«, herumzustreichen.

In einsamen Felsspalten hatten wir Gewehre versteckt, und den Weihnachtsbaum stahlen wir sowieso aus dem verschneiten Wald. Mit einer Maschinenpistole – ein Bauer hatte sie im Wald in einem Holzstoß entdeckt – gingen wir zum Wildern. Alles, was die Militärregierung verbot, wurde nach Möglichkeit praktiziert. Das war unsere Art des Protestes.

Natürlich war man in den Kriegsjahren nicht nur körperlich, sondern auch psychisch und moralisch auf den Hund gekommen. Begriffe wie »Treu und Redlichkeit« waren verschüttet, die elterliche und bürgerliche Erziehung war vergessen. Man war ein anderer geworden, hatte es vielleicht werden müssen, um zu überleben.

Ein Beispiel: Vor Weihnachten brachten die Hausfrauen und Bäuerinnen vom Dorf alle Arten von Kleingebäck, schwäbisch »Gutsle«, auf großen Blechen zum Bäcker, um es ausbacken zu lassen. Auch meine Mutter tat dies. Allerdings mit dem Unterschied, dass ihre Produkte aus Schwarzmehl, wenig Fett und noch weniger Eiern bestanden. So trugen auch meine Schwester Eva und ich zwei Bleche zum Bäcker.

Als wir die wunderbar warme Backstube betraten, sah ich den großen Unterschied. Hier das goldgelbe, fettglänzende Produkt der Bäuerinnen, dort dagegen unser dunkles Erzeugnis. Und noch etwas sah ich sofort: Der Bäcker war nicht da, kein Mensch war in der Backstube! Jetzt schnell, und ruckzuck waren meine Taschen voll. Selbstverständlich bediente ich mich von verschiedenen Blechen, es sollte ja nicht auffallen.

Entgeistert stand meine Schwester daneben und rief erschrocken: »Was machst denn du?« Natürlich hatte sie Recht. Und mir wurde bewusst, dass die Zeit des Organisierens vorbei war und dass es in Zukunft wieder »stehlen« hieß. Schnell leerte ich meine Taschen, gerade noch rechtzeitig, bevor der Bäcker auftauchte.

Wir hatten uns auch einen Hund und eine Katze zugelegt. Cäsar war ein großer Schäferhundmischling. Er begleitete meinen Vater auf seinen Spaziergängen und tat keiner Maus etwas zuleide. Aber einmal passierte es an einem Winterabend: Sie gingen durch die nächtliche Dorfstraße, da war der Hund weg. Vater blieb stehen und rief – nichts.

Plötzlich sah er den Hund aus der Tür eines anliegenden Bauernhauses springen, er hatte etwas Großes, Undefinierbares in der Schnauze. Wie verrückt rannte er bis zum »Ochsen«, dort legte er sich in den Schnee. Als mein Vater sich näherte, hörte er von diesem gutmütigen Tier ein vorher nie gekanntes, bösartiges Knurren und Zähnefletschen. Er durfte sich nicht weiter nähern, sah aber die Bescherung: Cäsar verdrückte einen großen Braten. Er hatte ihn von der Straße aus gerochen, war durch die angelehnte Tür ins Haus gelangt – die Bäuerin war vielleicht gerade für einen Moment in den Stall gegangen – und hatte den Braten aus der Pfanne gerissen.

Schopenhauer behauptet, dass Schadenfreude teuflisch sei. Ich möchte dagegen halten, sie ist die einzige Freude aller Hungerleider und wirkt wie Balsam auf ein Gemüt, das immer nur zuschauen muss. Diese bescheidene Freude sollte man den zu kurz Gekommenen gönnen. Jedenfalls freuten wir uns königlich. Wir konnten uns nicht oft genug das Gesicht der Bäuerin vorstellen, als sie in die leere Bratenpfanne starrte. Gott mag uns diese Sünde verzeihen.

Mein Verhältnis zur Dorfjugend wurde immer enger, nicht zuletzt trug ein liebes Mädchen dazu bei. Wir wurden auch in die »Lichtstube« eingeladen. Dieser Brauch war damals noch üblich auf den Dörfern der Alb. Wenn im Herbst die Bauern ausgedroschen hatten und die Tage kürzer wurden, fanden sich die jungen ledigen Leute zusammen und suchten sich eine Familie, wo sie sich während der nächsten Wochen allabendlich treffen konnten. Es waren in der Regel jüngere Gasteltern, die sich dazu bereit erklärten, weil damit Unterhaltung und fröhliche Geselligkeit den langen Winterabend bereicherten.

So traf man sich im Lichthaus »nach dem Stall«, das heißt, wenn das Füttern der Tiere, das Melken und Ausmisten beendet war. Die Gruppe der Jungen und Mädchen durfte von der Menge her nicht zu groß sein und überstieg kaum die Zahl 10. Da saß man dann in der gemütlichen, warmen Bauernstube. Die Mädchen strickten, früher wurde noch gesponnen, und die Burschen erzählten und tranken eifrig von dem Most, den der eine oder andere vom Fass im elterlichen Keller mitgebracht hatte. Natürlich wurde auch gesungen, alte Volks-, Wander- und Soldatenlieder und wenn ein Musikant zur Stelle war, wurde sogar das Tanzbein geschwungen.

Es gab Regeln, die man einhielt. Zum Beispiel ging man um zehn Uhr heim. Man sang noch: »Ade zur guten Nacht, jetzt wird der Schluss gemacht.« Am nächsten Morgen musste man wieder früh aus den Federn; auch wollten die Gastgeber ins Bett. Als so eine Gesellschaft einmal gar kein Ende finden konnte, soll der Bauer laut zu seiner Frau gesagt haben: »Komm Weib, mir gangat ens Bett, d'Lichtstub wird hoim wella«, um dies einmal ins Hochdeutsche zu übersetzen: »Komm Frau, wir gehen ins Bett, die Lichtstube wird heim wollen.« Dass draußen in der kalten Winternacht dann der eine oder andere Bursche seinen Schatz in einem dunklen Scheunenwinkel so ans Herz drückte, dass alle Kälte weg war, gehörte sicherlich zu einem guten Tagesabschluss.

Als Ende der Weihnachtszeit galt der Tag der »Lichtmess«, der 2. Februar. Jetzt wurden die Weihnachtskrippen abgebaut. Die Tage wurden schon länger, und sowohl das Arbeiten als auch das Essen unter einer Lampe war zu Ende. »Lichtmess – bei Tag ess«, so ein alter Bauernspruch. An diesem Tag wurde früher der Jahreslohn an Knecht oder Magd ausbezahlt. Wer aber seinen Arbeitsplatz wechseln wollte, für den war es der Wandertag. »Bleib doch da!«, soll ein geiziger Bauer seinen wanderfreudigen Knecht gebeten haben. »'s isch doch überall ebbes«, dem Sinne nach: »Du kannst hingehen, wo du willst, du findest doch überall ein Haar in der Suppe!« Worauf der Knecht zur Antwort gegeben habe: »Das weiß ich wohl, aber bei dir isch gar nix!«

In der Lichtstube gab es ein fröhliches Abschiedsfest mit gebackenen »Schmalzküchle« und einem besonders guten Most. Es roch schon nach Frühling, und zum Herumhocken war jetzt keine Zeit mehr, man gehörte schließlich zum Stamm der Schwaben.

Alkoholische Getränke gab es nirgends zu kaufen. Es dauerte lange, bis wir durch Beziehungen einen halben Liter Schnaps für meinen Vater bekommen konnten. Es war für ihn immer eine Arznei, wenn er sein häufiges Bauchweh bekam. Dazu musste ich mit der Bahn bis in die Stuttgarter Gegend fahren.

So war ich sofort hellwach, als ich vernahm, dass Grasbauer Schnaps aus Futterrüben brannte. Selbstverständlich wollte er mir das dazu nötige Instrumentarium leihen. Es war das Kupferröhrchen eines Autos, welches das Benzin vom Tank zum Motor befördert hatte. Der Kessel war einer der damals noch gängigen Eindünstapparate, die man mit Lappen abdichtete und in deren Deckelloch man, anstatt des Thermometers, einen Korken steckte. Dort wurde das Röhrchen hindurch gezogen, durch welches dann der Alkoholdampf entweichen sollte, um sich innerhalb seiner Windungen in einer Waschschüssel mit kaltem Wasser zu Schnaps zu verwandeln.

Zuerst aber galt es, die *materia prima*, also die Rüben, zu beschaffen und in einem Bottich anzusetzen. Das klappte, es war ein ganzer Zentner, schließlich sollte sich die Arbeit rentieren. Das gäbe zehn Liter Schnaps, so wurde ich belehrt, und wichtig sei eine ständige, starke Feuerung. Nach einiger Zeit kamen die Rüben zur Gärung, es stank fürchterlich im Haus, und dann ging die »Schnapserei« los. Der Herd glühte und ich feuerte wie ein Heizer auf seiner Lokomotive.

Und tatsächlich, es begann aus dem Röhrchen zu tropfen, und was kam, war Schnaps. Glücklich kredenzte ich der Familie die ersten Kostproben. Aber als die erste Literflasche voll war, musste das Unternehmen eingestellt werden, denn die Holzbeige – sie hätte für zwei Wochen Heizung gereicht – war weg. Schon am nächsten Tag holte ein anderer Schwarzbrenner die Einrichtung nebst Rüben ab.

Der Schnaps war übrigens ein fürchterlicher Fusel. Aber es war eine Zeit, wo man jede Gelegenheit zur Verbesserung der Ernährung wahrnahm. So gingen wir auch in den Wald und suchten Bucheckern. Diese konnte man in einer benachbarten Saftfabrik abliefern, wo sie gepresst wurden, und man bekam ein gutes Speiseöl dafür.

Immer schon hatten wir Onkel Karl in Ulm beneidet, der stolz war auf seine Beziehungen zum Land. Auch er wurde total ausgebombt. In der Bombennacht konnte er gerade noch unter dem brennenden Haus aus einem kleinen Kellerfenster kriechen und sein Leben retten. Ebenso rettete er seine »Bibel«, wie er sein Kassenbuch spöttisch nannte. Da er als Uhrengroßhändler einen Teil seiner Waren verlagert hatte, konnte er tauschen. Wie lief uns das Wasser im Munde zusammen, wenn er wieder einmal von dem zarten Kalbsbraten schwärmte, den es am Sonntag mit den schwäbischen »Spätzle« gegeben habe.

Zwei Jahre später lernte ich einen Mann kennen, der als Obergauner einige Jahre im Zuchthaus verbracht hatte. Er war bei den Bauern der Blaubeurer Alb bekannt, weil er ständig auf der Suche nach totgeborenen oder verendeten Kälbern war. Hatte der Bauer einen solchen Kadaver bereits in seinem Misthaufen eingegraben und roch das Fleisch noch nicht – im Winter war sowieso alles hart gefroren –, grub ihn Michel wieder aus, wusch alles sauber ab und verhökerte es an seine Kundschaft nach Ulm, die alle zur besseren Gesellschaft zählten. Er war auch der Lieferant meines Onkels gewesen. Übrigens betätigte sich dieses Individuum auch in Sachen Medizin. Er trieb unerwünschte Kinder ab, indem er, wie ich erfahren konnte, mit einer Stricknadel in die Gebärmutter des armen Opfers stach.

Das Briefmarkengeschäft lief gut. Manchmal kamen sogar amerikanische GIs. Dieser Ausdruck entsprach dem des deutschen Landsers. Sie wollten Marken aus dem Dritten Reich, Hitlermarken. Da es davon einige Raritäten gab, forderte ich dafür Naturalien. So brachte einmal ein *Captain* zwei Schachteln mit je zehn Tagesrationen der US-Armee – Frühstücks-, Mittags- und Abendportionen waren gesondert in einem wasserfesten Karton verpackt. Und es fehlte nichts: Vom Klosettpapier bis zu den vier Lucky-Strike-Zigaretten, Kaffeepulver, Corned Beef, Wurst, Brot, Salz und Pfeffer war alles enthalten. Als ich zu Hause auspackte, war es, als wäre der Weihnachtsmann gekommen.

Einige Male kam ein Paket von den Onkeln aus Argentinien. Schon allein dieser Name »Argentinien« faszinierte mich. »Unter den Pinien von Argentinien«, so hieß ein schmissiger Tango, und im Geist sah ich dabei die schwarzäugigen *Señoritas*, wie sie mit den langhaarigen *Gauchos* ihre Kreise drehten. Wie interessant waren die Berichte aus dem Chaco, wo Onkel Mateo auf einer Ranch lebte! 400 Rinder, 70 Pferde und 300 Ziegen würden frei in Busch und *Pampa* herumlaufen. Essen könne man, so viel man wolle.

Das war eine Beschreibung, die mir imponierte, und damit begannen auch meine Pläne für die spätere Auswanderung. Denn zum Briefmarkenhändler fühlte ich mich nicht geboren. Oft taten mir die Kunden leid, wenn ich den entsprechenden Preis forderte oder wenn alte Leute ihre Sammlung aus Not verkaufen mussten. Bezahlte ich den eigentlichen Wert, verdiente ich nichts, bezahlte ich aber unter Wert, und das war ja das eigentliche Geschäft, wurde ich das Gefühl nicht los, den Menschen betrogen zu haben.

Einen Beruf hatte ich keinen, zum Studium fehlte mir das Abitur. Und sollte ich meine kaufmännische Lehrzeit beenden, um nachher »lebenslänglich« in einem Büro herumzuhocken? Das alles bestärkte meinen Willen zur Auswanderung.

In der Zwischenzeit hatte ich meine zukünftige Frau Marianne kennen gelernt. Sie kam von einem kleinen Bauernanwesen, war eine begeisterte Bäuerin und Imkerin mit eigenem Bienenstand. Als einziges Mädchen unter 60 Burschen hatte sie die Ackerbauschule besucht. Sie erklärte sich sofort bereit, mit mir in die Fremde zu ziehen. Sie war genau die richtige Frau für mich.

Ich signalisierte Onkel Mateo meine Absicht, und er bot mir seine Hilfe für eine spätere Existenzgründung an. Die Sache lief. Nur durfte im Jahr 1948 noch kein Deutscher offiziell auswandern. Also hieß es abwarten.

Dann kam über Nacht die so genannte Währungsreform. Am 20. Juni 1948 verschwand die Reichsmark, jeder Deutsche erhielt als Startkapital 40 neue D-Mark, und damit geschah ein Wunder. Plötzlich standen in den Schaufenstern wieder Schuhe und Kleider, Radios und Werkzeuge, das Bier hatte 4,5 Prozent Alkohol und man konnte in der Wirtschaft wieder ein »Viertele« Wein schlotzen. Es gab alles, nur eben kein Geld. Der Nachholbedarf war riesengroß, wer kaufte da noch Briefmarken? Oft fuhr ich am Wochenende mit fünf Mark nach Hause.

Aber mein Weg war klar, denn langsam lockerten sich die Ausreisebedingungen. Wer vor dem Krieg nach Deutschland zu Besuch gekommen war und durch den Ausbruch des Kriegs nicht mehr hatte zurückkehren können, der konnte sich bei den Konsulaten zur Rückkehr anmelden. Ich nahm Kontakt mit dem neu errichteten argentinischen Konsulat in Frankfurt auf.

Eines Tages kam ein Brief des Onkels, in dem er mir vorschlug, schnell noch irgendwo die Käserei zu erlernen. Er habe jetzt einige schwarz-weiß gescheckte Milchkühe, Holländer genannt, erworben. Deshalb könnte ich mir eine Existenz als Käsefabrikant aufbauen, denn es gäbe im Umkreis von 500 Kilometern keinen.

Durch einen Bekannten gab es einen Kontakt zu einer Fabrik im Allgäu, wo ich einige Wochen als Volontär arbeiten konnte. Es war die heute noch existierende Firma St. Mang in Unterkammlach, einem sehr malerisch gelegenen Dorf in der Nähe von Memmingen. »Isst du die Käse von Sankt Mang, dann isst du sie ein Leben lang!«, so hieß ihr Slogan. Man stellte mir ein nettes Zimmerchen zur Verfügung, das ich mit einem weiteren Lehrjungen teilte.

Und weil nicht nur jede Baulichkeit, sondern ebenso jede Karriere unten beginnt, schickte man mich am ersten Arbeitstag in einen riesigen Keller, wo in langen Regalen die Käselaibe gelagert waren. Man drückte mir eine große Wurzelbürste in die Hand, mit der ich in einem Salzbad den angesetzten Schimmel der Laibe abzuwaschen hatte. Eine überaus eintönige Arbeit, aber man hatte uns gelehrt, dass Lehrjahre keine Herrenjahre sind und dass man am weitesten kommt, wenn man seine »Gosch« hält.

So vergingen etwa drei Wochen. Da wurde es mir doch zu dumm. Als einmal der Chef durch den Keller ging, fasste ich mir ein Herz, trat vor ihn hin und sagte, dass ich jetzt schon wüsste, wie man Käse wasche, ich wolle aber wissen, wie man ihn fabriziere. Da schaute er mich ganz erschrocken an und sagte: »Ja, sind Sie immer noch da?« Man hatte mich einfach vergessen. Ich habe gelernt: Wer sich nicht wehrt, bleibt im Keller, und das nicht nur in der Käsefabrik.

Sofort wurde ich versetzt und durfte sogar die Käserei wählen. Die Fabrik hatte in den Dörfern der näheren und weiteren Umgebung eigene Molkereien, wo die Bauern täglich ihre Milch anlieferten. Hier wurde an Ort und Stelle Käse fabriziert, wobei jede Molkerei nur eine Sorte herstellte, unter anderem Limburger, Edamer, Butterkäse. Schon vorher hatte ich mich bei meinem Zimmergenossen nach dem Meister erkundigt, der den besten Käse fabrizierte, und ohne zu überlegen, nannte dieser den Namen Betzner in Sontheim. Allerdings, so wurde ich belehrt, sei der nicht nur tüchtig, sondern auch im wahrsten Sinne des Wortes schlagfertig. Wenn da der Lehrbub oder gar der Geselle nicht spure, gäbe es Ohrfeigen.

Das war mein Mann. Schon am folgenden Morgen lieferte mich ein Milchtransporter an Ort und Stelle ab. Ich hatte im Leben noch nie eine Käserei betreten, aber getreu meinem Grundsatz: »Schau nur, wie es die anderen machen, dazu Schnelligkeit und Selbstbewusstsein«, stürzte ich mich mit meiner weißen Schürze in die Arbeit.

Nach drei Tagen fragte mich der angestellte Käsergeselle neugierig, ob ich auch in Weihenstephan gelernt habe? Dort befindet sich die größte Molkereifachschule Bayerns. Als ich ihm sagte, dass ich weder ein gelernter Käser sei noch jemals in einer Käserei gestanden hätte, war er sehr erstaunt. Er hatte mich für einen Kollegen gehalten.

Die Arbeit war sehr intensiv. Um fünf Uhr morgens war Wekken angesagt, denn sehr früh lieferten die Bauern ihre Milch an, die ich zu wiegen und an einem Stehpult in Kontrollkarten einzutragen hatte. Anschließend begann die Verarbeitung der Milch, die Verteilung und Pressung der Laibe in Holzkästchen, das Wenden, aber auch das Baden der vorausgegangenen Tagesproduktionen in Salzwasser. Wir produzierten einen ausgezeichneten Edamer.

Wenn dann die Arbeitsräume wieder blitzsauber geputzt waren, war es frühestens 14 Uhr und man aß zu Mittag. Die Frau des Chefs kochte viel und gut. Anschließend konnte ich mich in die Schlafkammer unterm Dach zurückziehen, bis gegen Abend die Bauern wieder mit der Milch kamen. Diese wurde über Nacht gekühlt und anderntags verarbeitet.

Große Stöße alter Jagdzeitungen lagen in einem Schrank, sie waren meine Lektüre. Anfänglich spielte ich noch begeistert auf einer Harmonika, die dem Meister gehörte. Aber weil es oft noch früh am Nachmittag war, meinte er, ich solle es besser lassen, denn die Bauern dachten sonst, wir hätten nichts zu tun.

Nach einigen Wochen tauchte unerwartet der Chef auf und bat den Meister in den Keller. Ich ahnte, sie sprachen über mich. Als er zurückkam, rief er mich zu sich und sagte: »Sie können bei uns bleiben, so lange Sie wollen, und sich aussuchen, wohin Sie wollen!« Da freute ich mich.

Ich ging für einige Wochen zu einem anderen Meister, der mir als sehr gutmütig geschildert worden war. Er stand völlig unter dem Pantoffel seiner Frau. Als ich einmal einen ungewollten Fehler

1949: Die
Brautzeit mit
Marianne

machte, stauchte er mich ziemlich unschön zusammen. Das hätte der vorherige Chef anders gesagt. Also merke: Nicht immer sind die vermeintlich gutmütigeren Vorgesetzten auf Dauer die vorteilhafteren. Der Schein kann trügen. Oft hilft die ehrliche Ohrfeige eines Könners weit mehr als das Gesäusel eines zweitklassigen Besserwissers.

Übrigens habe ich bei meinem ersten Lehrmeister keine Ohrfeige bekommen. Dagegen versprachen wir uns bei der Verabschiedung ein treues Gedenken. Als ich ihn nach Jahren bei einem Heimaturlaub aufsuchen wollte, war das Molkereigebäude geschlossen, verwahrlost, der Putz fiel von den Wänden und »ihre Namen kannte keiner mehr«.

Während meiner Zeit als Käser bildete sich auch meine Marianne – wir waren inzwischen verlobt – in Sachen Käserei. In Wangen gab es eine entsprechende Versuchsanstalt mit Labor, und zufällig arbeitete dort ein Chemiker aus unserer Verwandtschaft, der sie sofort aufnahm. Da ihr Traum immer schon das Studium der Chemie gewesen war, stand sie dort am richtigen Platz. Die Arbeit an Mikroskop und Reagenzglas faszinierte sie.

Nur war später im argentinischen Busch weder das eine noch das andere vorzufinden oder gar zu gebrauchen, sodass man ruhigen Gewissens auch dieses Kapitel abhaken konnte mit den Worten: »Außer Spesen nichts gewesen!«

Im Laufe des Jahres 1950 verbesserten und normalisierten sich die deutschen Auslandsbeziehungen mit der übrigen Welt. In Frankfurt gab es jetzt ein argentinisches Konsulat, zu dem wir vorgeladen wurden. Die Militärregierung stellte Pässe aus, und wir sammelten schon Kisten, in die wir unser Hab und Gut zu verstauen gedachten. Es war nicht viel: Wäsche, Bücher, Werkzeuge, eine Milchzentrifuge, ein Luftgewehr und natürlich zwei Sättel, die ich durch Zeitungsannoncen fand. Einer war sogar ein Ulanensattel aus dem Ersten Weltkrieg. Ich streichelte liebevoll das weiche Leder und war sehr stolz darauf. So ungefähr musste sich Don Quijote gefühlt haben, als er die Lanze einzog und seinen Angriff gegen die Windmühlen ritt.

Und noch etwas nahm ich mit: Ich kaufte in einem kleinen Laden in der Ulmer Bockgasse mindestens zwei Dutzend Reh- und Hirschgeweihe. Immer wieder zog es mich dorthin. Es war, als wenn ich ein Stück Heimat mitnehmen wollte, etwas, das nach grünem Wald und lauschigem Wiesengrund roch, wo ich so oft saß. Es war eine ganze Kiste voll, und noch heute sehe ich das ungläubige Kopfschütteln des Zöllners in Buenos Aires, als er den Kistendeckel hob. Wieder so ein verrückter Deutscher, der mit alten Knochen anreiste …

In einer meiner sieben Kisten lag ein zerlegtes NSU-Quick-Motorrad, das der Sohn meines Onkels, Vetter Conrado, bestellt hatte. Es war stark gebraucht, aber es lief. Mit großem Vergnügen war ich damit in der Gegend herumgefahren, sogar bis nach Ulm. Einmal kontrollierte mich ein Polizist und fragte nach dem Führerschein. Ich hatte keinen. Man sah ihm aber, genau wie mir, den ehemaligen Soldaten an. So kniff er nur das Auge zusammen und sagte: »Hau ab!«

Es gab damals eine eigenartige Solidarität unter uns. Man konnte es vielleicht den Zusammenhalt der Verlierer nennen. Ich fand Ähnliches auch später unter den Hungerleidern Südamerikas. »Not schweißt zusammen«, und Armut macht menschlicher.

Die Schiffspassagen mussten mindestens ein halbes Jahr im Voraus bestellt und bezahlt werden. Da wir so viel Geld nicht hatten, legte es der Onkel aus. Wir sollten es dann später zurückzahlen.

Im Herbst 1950 heirateten wir. Die Trauung fand in der Garnisons- beziehungsweise Pauluskirche in Ulm statt, wo ich konfirmiert worden und Läutebub gewesen war. Das Briefmarkengeschäft war aufgegeben worden, die letzten Ausverkäufe erbrachten noch einige hundert Mark und stellten damit unser Startkapital für das Land der unbegrenzten Möglichkeiten dar.

Auch im Dorf hatte sich manches verändert. Der anfängliche Zusammenhalt unter der Heimkehrergeneration lockerte sich spürbar, man heiratete und gründete einen eigenen Hausstand. Aber auch diese Zeit war vorbei. Im Oktober zog unsere Familie wieder nach Ulm in eine kleine Dachwohnung. Meine Schwester Helene hatte sich nach Asch verheiratet, und Eva zog in die Hebammenschule nach Stuttgart.

Der 1. Mai 1951 war der Abreise- und ein strahlender Frühlingstag. Die Sonne lachte von einem leuchtend blauen Himmel. Gerade so, als ob sie uns Mut machen und sagen wollte: »Keine Angst, ich ziehe mit euch, auch ins ferne Land. Ja, euch geht die Sonne nicht unter!« Doch konnte sie den Schleier stiller Wehmut nicht ganz durchdringen, der uns auf der Seele lag. Ebenso wenig die Worte dieses Liedes, das uns der alte Lehrer in der Gablenberger Grundschule mit seiner Geige vorgespielt hatte: »Wie du lachst mit deines Himmels Blau, lieb Heimatland ade!«

Kurz war der Abschied von Eltern und Geschwistern. Nach dem damals noch geläufigem Ermessen war es ein Abschied für immer, ohne Wiederkehr. So drückte man sich etwas hastig die Hand, schaute zur Seite, bloß nicht in die Augen. Um Gottes Willen keine Schwäche zeigen, »gelobt sei, was hart macht!« Der Schwabe zeigt seine Gefühle nicht, da würde er sich genieren. Er heult erst nachher, wenn er allein ist. Daher durften die Eltern auch nicht mit zum Bahnhof. Von meiner Mutter bekam ich trotzdem noch einen verschämten Kuss. Den letzten hatte ich als Kind erhalten.

Als der Schnellzug nach Hamburg anfuhr und das Winken der Begleiter hinter der Kurve verschwand, blieb nur noch der Blick auf das gewaltige Ulmer Münster. Seine Spitze stach ins Himmelsblau, es war mir wie ein tröstliches Zeichen: »Keine Angst, Heimat ist immer da, wo Gott ist!«

Schnell flog das Schwabenland am Fenster vorbei, und nach einer langen Nacht rannte beim ersten Tageslicht ein Schaffner durch die Wagengänge und rief: »Reise, Reise«, was so viel heißen sollte wie »fertig machen, wir sind bald da!«. Es war die Weltstadt Hamburg, die wir erreichten. Wehmut und Abschiedsstimmung waren wie weggeblasen. Mich packte dieses gewisse Prickeln eines Abenteuers, das mich auch später nie los ließ, wenn etwas Neues, Unbekanntes an meinem Lebenshorizont heraufzog.

Finkenwerder ist eine Insel am Zusammenfluss von Norder- und Süderelbe und war schon immer Sammelplatz der Auswanderer. Hier stand ein von der Seemannsmission unterhaltenes Barackenlager. In sauberen, einfachen Schlafsälen bekamen wir Unterkunft. Wir wurden verpflegt und nochmals ärztlich untersucht, und auch ein Pfarrer stand mit Rat und Tat zur Verfügung.

Drei Tage blieben wir dort, und oft saßen wir am Ufer der Insel im Gras und schauten den Schiffen nach, wie sie sich elbabwärts ihren Weg zur Nordsee suchten. Es gab noch einen Abschiedsgottesdienst, der mich besonders anrührte. Vielleicht muss man unterwegs sein, um den Wert eines Zieles richtig zu erkennen, auch den Wert der ewigen Heimat.

Unser Schiff war ein 10.000-Tonner und hieß »Yapeyu«. Es kam direkt aus einer holländischen Werft und machte seine Jungfernfahrt, also die erste Atlantiküberquerung. Alles war brandneu, vom Bettbezug bis zum Klositz.

Da wir die Passagen von unserem Onkel vorgestreckt bekommen hatten, hatten wir die billigsten Plätze gewählt. Es waren Sechser-Kabinen, nach Geschlechtern getrennt, und sie lagen sehr weit vorne im Bug, was ein vermehrtes und intensiveres Schaukeln versprach, besonders bei einem Sturm. Als das Schiff vom Kai ablegte, spielte die Bordkapelle, und viele Taschentücher flatterten im Wind, mehr oder weniger feucht.

Mit 300 Passagieren war das Schiff nur halb belegt, es waren durchweg Auswanderer. Die andere Hälfte würde in Spanien zusteigen, so wurde uns berichtet. Als wir in den für seine Stürme berüchtigten Golf von Biskaya einliefen, fing es tatsächlich immer heftiger an zu schaukeln, und bald kam ein richtiger Sturm auf. Das Schiff schlingerte und stampfte in der brodelnden See, sodass manche leichenblasse »Landratte« ihr letztes Stündlein gekommen sah.

Im Speisesaal saßen nur noch einige ganz Harte, der Appetit war den meisten nicht nur vergangen, sondern hatte sich ins

Gegenteil verkehrt. In den Gängen und auf Deck stank es fürchterlich nach Erbrochenem, das sich durch die Schiffsbewegungen gleichmäßig auf dem Boden verteilte und so noch zusätzlich für die Gefahr sorgte, dort auszurutschen.

Von dem im Lied besungenen »Mägdelein, das am Golf von Biskaya stand«, war nichts zu sehen, nur von meiner Marianne, die sterbenskrank in ihrer Kajüte lag. Wir atmeten auf, als die Hafenstadt Bilbao ins Blickfeld rückte und einige Stunden der Ruhe versprach. Als wir uns der Anlegestelle näherten, bemerkten wir ganze Scharen von Kindern am Kai, die immer wieder »*pan, pan*« schrien – Brot, Brot! Sie wurden von Polizisten davongejagt.

Nun trafen die ersten Gruppen der spanischen Auswanderer ein. Sie schleppten alles Mögliche an – alte Kisten, Kästen, Körbe, vollgestopfte Säcke, Nähmaschinen aus dem letzten Jahrhundert und rostige Fahrräder. Wir staunten nur so, dabei hatten doch wir den Krieg verloren. Die Menschen selbst waren mehr als ärmlich gekleidet. Aus welchen gottverlassenen Bergdörfern kamen sie wohl angereist, um dem Ruf von Verwandten, Söhnen oder Brüdern zu folgen, die im fernen Wunderland Argentinien ein besseres Leben gefunden hatten?

Die »Yapeyu« brachte uns nach Südamerika

Die Atlantik-Überquerung verlief ziemlich ruhig. Eines Morgens segelten plötzlich Möwen um das Schiff. In der Ferne sah man Land – Amerika! Als wir in den Hafen von Rio de Janeiro einliefen, sahen wir den 385 Meter hohen Zuckerhut, wo es – nach dem uns bekannten Samba – den *Señoritas* gut gehen soll. Aber auch der 700 Meter hohe Corcovado tauchte auf, auf dem die berühmte Christusstatue alle Ankömmlinge mit weit geöffneten Armen zu empfangen schien.

Nachdem das Schiff angelegt hatte, durften wir an Land. Sofort fielen uns die vielen Schwarzen auf, die einst als Sklaven aus Afrika hierher verschleppt worden waren. Sie hatten vor gar nicht allzu langer Zeit, nämlich im Jahre 1888, ihre Befreiung erhalten.

Aber was uns noch ins Auge stach, das waren Bananen. Wie lange hatten wir sie in der Kriegs- und Nachkriegszeit nicht mehr gesehen? Es waren große, etwa einen halben Meter hohe gelbe Bananenstauden. Buchstäblich an jedem Eck wurden sie feilgeboten, zu einem Spottpreis. Als wir wieder aufs Schiff zurückgingen, schleppten viele Landgänger solche Stauden mit, und dann wurde all das in Jahren Versäumte nachgeholt. Dieses Aroma! Wir aßen morgens, mittags und abends davon.

Zwei Tage später liefen wir den Hafen Santos an. Es sei, so wurde uns gesagt, der größte Bananen-Umschlagplatz Brasiliens. Wir gingen an Land und sahen riesige Hallen im Hafengebiet. Als wir hineinschauten, sahen wir Bananen, nur Bananen, buchstäblich zu Bergen aufgestapelt und nur halb so teuer wie in Rio. So eine Gelegenheit!

Wieder wurden die Früchte aufs Schiff geschleppt und gegessen. Es ging noch zwei Tage, dann kam das Ende. Die Bananen flogen über Bord, denn wir konnten keine mehr sehen. Es muss wohl eine Bananenvergiftung gewesen sein. Seitdem sind 53 Jahre vergangen, aber Bananen? Bis heute: nein danke!

Nach weiteren zwei Tagen erreichten wir dann die Endstation, Buenos Aires. Auf dem Schiff war vorher tagelang Großreinemachen, denn man wollte das neue Schiff dem Vaterland Argentinien in vollem Glanze vorführen. Ein Obersteward klagte mir hinter vorgehaltener Hand seinen Kummer. Er sei Spanier, so erzählte er mir, aber er schäme sich seiner Landsleute. Da hätten sich welche in den Klosettschüsseln Gesicht und Hände gewaschen, da seien

Wasserhähne total überdreht und Ketten der Wasserspüler abgerissen worden. Was könne man dazu noch sagen? Nun, wir hatten das natürlich auf den gemeinsamen Klosetts schon lange bemerkt, besonders was die Reste der »Müllabfuhr« betraf.

Nach 23 Tagen erreichten wir unser Ziel. Im Morgengrauen standen wir an der Reling und staunten über die immer näher rückende Silhouette dieser Weltstadt. Am Kai drängten sich erwartungsvoll die vielen Abholer. Man winkte mit Tüchern und Blumen, und schon hörte man Willkommensrufe hin- und herschallen, wenn jemand einen Ankömmling erkannt hatten. Auch meine Vettern standen am Kai. Wir waren beinahe am Ziel.

Die Weltstadt Buenos Aires, zu Deutsch: »Gute Lüfte«, zählte bei unserer Ankunft vier Millionen Einwohner. Ihr Name hat aber nichts mit einem guten Klima zu tun, sondern geht zurück auf die sardische Madonna *Vergine di Bonaria*, die von den spanischen Seefahrern sehr verehrt wurde. Gegründet wurde die Stadt im Jahr 1535 durch den Spanier Pedro de Mendoza. Er war Spross einer vornehmen Familie und sollte dieses Land im Auftrag von Kaiser Karl V. seinem Weltreich einverleiben, in dem bekanntlich die Sonne nie unterging. Es gab jedoch bei der Landnahme einen heftigen Wettlauf zwischen Spaniern und Portugiesen.

Da die Zollabfertigung der »Yapeyu« einige Tage in Anspruch nahm, hatten wir Zeit und Muße, uns die Stadt anzusehen. Was war das für ein Unterschied zwischen unserer gebeutelten Heimat und diesem Land, das über ein Jahrhundert keinen Krieg mehr gesehen hatte.

Man erzählte uns, der Argentinier gälte als der bestgekleidete Mann der Welt. Ins Kino bekam man ohne Anzug und Krawatte keinen Zutritt, und selbst viele Arbeiter fuhren so vornehm gekleidet in die Fabrik. An jedem Straßeneck saßen Schuhputzer auf ihren Hockern und polierten die Schuhe ihrer Kundschaft, was das Zeug hielt, sodass man sich darin spiegeln konnte.

Schon am zweiten Tag zog ich meine Knielederhose aus, die ich mir noch extra angeschafft hatte. Ich bemerkte, dass sich die Straßenpassanten nach mir umdrehten, neugierig und manchmal auch etwas spöttisch. Das war nicht gut. Die Parole hieß: sich anpassen und nicht auffallen!

Unsere Haare begannen sich zu sträuben, als wir den Müll vor

den Häusern sahen. Säcke, Eimer, Kisten und Körbe waren überfüllt. Es quollen Knochen heraus, an denen noch pfundgroße
Fleischbrocken hingen, ganze Weißbrotlaibe vom Tag zuvor, Nu-
delreste, Kuchenstücke, kurzum alles Dinge, von denen wir jahrelang nur träumen konnten. Herumstreunende Hunde wühlten darin herum und suchten sich die besten Stücke heraus, auch die
Ratten schienen keine Not zu leiden.

Noch gut erinnere ich mich an die Worte, die ich damals zu
Marianne sagte: »Das kann nicht gut gehen. Einmal werden die
Argentinier dafür eine bittere Rechnung zahlen müssen.« Und so
war es, nur dauerte es beinahe 50 Jahre.

In den kilometerlangen engen Geschäftsstraßen der Innenstadt
waberte aus zahlreichen mehr oder weniger appetitlichen Lokalen
ein penetranter Geruch von gebratenem Fleisch, Fisch, Pizza, Brat-
würsten und so genannten *Empanadas*, landestypischen Fleisch-
krapfen, heraus. Alles gab es zu Pfennigpreisen!

Als ich im Hotel in meiner Einfalt eine gebackene Kalbsleber
bestellte, erntete ich größte Heiterkeit. »Die Leber essen bei uns
nur die Katzen«, wurde mir gesagt, und es stimmte. Hunde- und
Katzenhalter konnten sich beim Fleischer, natürlich kostenlos,
ganze Lebern abholen, denn der war froh, wenn er sie los war.

So also sah es in einem Land aus, das mit seinen 2,8 Millionen
Quadratkilometern und 17,2 Millionen Einwohnern, zumindest
im Jahre 1950, als einer der bedeutendsten Staaten Südamerikas
galt und das mit seinen ungeheuren Reserven an Fleisch und Weizen in den Kriegs- und Nachkriegsjahren so reich wurde, dass die
Goldbarren in den Tresoren der Nationalbank keinen Platz mehr
fanden und in den Gängen aufgestapelt werden mussten. Immer
wieder schüttelten wir ungläubig die Köpfe über dieses Land, das
jetzt unsere Heimat werden sollte.

So kam der Tag, wo wir uns zur festgesetzten Stunde im riesigen Zollgebäude des Hafens einzufinden hatten, denn es galt, die
sieben Kisten zu öffnen und abzufertigen. Mit Ausnahme einer
kleinen Pistole vom Kaliber 6,35 – es war die Offizierswaffe meines gefallenen Bruders – hatten wir nichts zu verbergen beziehungsweise zu verzollen. Die Pistole, ein Andenken, hatte ich im
Blasbalg des Akkordeons versteckt. Aber um schnell und problem-

los abgefertigt zu werden, denn die Warteschlangen waren endlos, musste man dem Zöllner, so informierte uns der Vetter, einen Geldschein geben.

Natürlich tat man das nicht einfach so. Man legte ihn zwischen die Seiten des geforderten Reisepasses, wo er blitzschnell verschwand. Wir haben später erfahren, dass der Posten eines Zöllners dem eines Lottogewinners gleichkomme. Bei jedem Regierungswechsel würde die alte Beamtenschaft davongejagt, um den Günstlingen der neuen Partei Platz zu machen. Es genüge aber vollauf, die Stellung ein Jahr zu halten, und schon sei der Glückspilz lebenslang abgesichert.

Wer aus dem besiegten Deutschland angereist kam, galt bei den Argentiniern als armer Schlucker, von dem nicht viel zu holen war. Aber geradezu vom Mitleid überwältigt wurde der Zöllner, als ich ihm unser Reiseziel angab. »Was, zum Chaco? Du lieber Himmel, was wollen Sie denn in dieser gottverlassenen Gegend anfangen?«

Argentinien ist in 23 Provinzen aufgeteilt, und die ärmste und verrufenste war der Chaco. Geradezu ungläubig wurde der Zöllnerblick beim Öffnen der Kiste Nummer 4, die mit den schon erwähnten Reh- und Hirschgeweihen angefüllt war.

Jetzt konnte er nur noch mit dem Kopf schütteln. Ach, diese Deutschen! Wie konnte man nur so alte Knochen übers Meer schleppen! Als er dann das Luftgewehr fand, lachte er lauthals und fragte, ob ich damit die Indianer totschießen wolle? Aber nach seinem Lachen waren wir »durch«. Das Lachen wirkt immer, selbst bei Leuten in Amt und Uniform. Diese Erkenntnis behielt ich in meinem Herzen, sie hat mir später noch manch guten Dienst geleistet.

Mit einem guten Wunsch für die Zukunft und einem freundschaftlichen Händedruck verabschiedete er uns, und wir konnten die Kisten zur Bahn bringen. Grundsätzlich war festzustellen, dass die Deutschen in Argentinien allgemein beliebt waren, im Gegensatz zu Brasilien und Uruguay. Nur unter dem Druck der USA musste Argentinien noch am 27. März 1945 Deutschland den Krieg erklären. »Ein Schandfleck für unsere Geschichte«, so sagte mir später einmal ein Bürgermeister, und nicht nur er.

Etwa 1.000 Kilometer nördlich von Buenos Aires liegt die Provinz Chaco. In der Größe mit Holland vergleichbar, zeichnet sich

Mein Wirkungsbereich in Südamerika.

diese subtropische Busch- und Savannenzone durch Wasserarmut und Dürreperioden aus, die bis zu acht Monate Mensch und Tier zur Verzweiflung bringen können. Das Grundwasser ist zum größten Teil salzig. Sommertemperaturen bis zu 45 Grad Celsius, tagelang anhaltende Staubstürme aus dem Norden sind Beschwernisse und Belastungen, die den heimischen Indianern nichts ausmachten, aber den europäischen Einwanderern ungeheuer viel an Ausdauer, Entsagung und Opfern abverlangten. Die Hauptstadt des Chacos heißt Resistencia, unser Zielort Las Brenas liegt 200 Kilometer westlich davon.

In das bisher nur von Indianern bevölkerte Chacogebiet kamen die ersten europäischen Einwanderer im Jahr 1878 aus Udine, Italien. Sie nahmen von Buenos Aires den Weg auf dem gewaltigen Parana-Fluss bis Resistencia und siedelten sich in dieser Gegend an. Mit einem Regierungsauftrag übernahm eine englische *Company* im Jahr 1909 die Vermessung des Landesinneren.

Man wollte eine Eisenbahnlinie bauen, die Buenos Aires mit Resistencia verbinden sollte. Dazu wurde alle 20 Kilometer ein Pflock als zukünftige Bahnstation in den Boden gerammt, und es dauerte auch nicht lange, bis sich kleine Ansiedlungen entlang der Bahnlinie bildeten. So kamen 1914 auch die ersten Siedler in diese abgelegenen Zonen. Es waren meist Spanier und Italiener. Eine größere Welle deutscher Einwanderer kam nach dem Ersten Weltkrieg im Jahre 1919, darunter auch mein Onkel Mateo Held, der Bruder meines Vaters.

Dort lag unser Ziel.

Der Gaucho 1951–1953

Buenos Aires gilt als das Herz Argentiniens. Von hier aus verliefen ab Ende des 19. Jahrhunderts sieben Eisenbahnlinien fächerartig in alle Himmelsrichtungen. Die entsprechenden Bahnhöfe lagen in verschiedenen Teilen der Stadt. Einer davon gehörte der »Central-Norte-Bahn« mit Endstation Resistencia.

Sein Name *El Retiro*, was übersetzt »der Abschied« bedeutet, erzählt von vielen Tränen und von so manchem Freund, den die Schienen auf Nimmerwiedersehen davongetragen haben. Der Bahnhof wurde in den 20er Jahren erbaut und ist ein Prachtstück seiner Gattung. Er hat die Größe eines Fußballplatzes, und mit seinen hohen Stuckdecken und den Glühbirnen in Messingfackeln verbreitet er eine Atmosphäre des Jugendstils. Der Bahnhof ist auch heute noch pure Nostalgie – wenn man die Sauberkeit nicht sucht.

Hier mussten wir abfahren. Unsere Endstation lag im Chaco. Dieses Wort, ursprünglich *chacú*, kommt aus der Sprache der Ketschua-Indianer, einem früher im Nordwesten Argentiniens beheimateten Stamm aus den Anden. Da er im Machtbereich der Inkas lag, hatte er im Vergleich zu anderen Stämmen eine höhere Kulturstufe erreicht. Das Wort *chacú* bedeutete soviel wie »Treibjagd«.

Im Chaco also liegt das Städtchen Las Brenas, sinngemäß übersetzt mit »Gestrüppe auf Felsengrund«. Zwei Mal in der Woche fuhr ein Zug durch diesen Ort. Über eine genaue Reisedauer wusste niemand Bescheid, so um die 35 Stunden hieß es, sind es doch 1.000 Kilometer. Da der Zug immer überfüllt war, galt es, die Fahrkarten etliche Tage vorher zu kaufen.

Dann standen wir schließlich eines frühen Morgens auf dem Bahnsteig inmitten einer großen Menge meist schwarzhaariger Reiselustiger. In alten Koffern, zum Teil mit Schnüren zusammengebunden, in Apfelkisten, Säcken und großen Bündeln hatten sie ihr Hab und Gut herbeigeschleppt, dazu alte Bettgestelle und Matratzen, sodass ich die bedenkliche Frage nicht loswurde: »Wie bekommen die alles in den Zug hinein?«

Das sollte ich jedoch bald erfahren. Nach einem anschwellenden Gemurmel sah man plötzlich, wie sich der leere Zug langsam in den Sackbahnhof schob. Aus seinen Stahlkonstruktionen flogen erschreckt ganze Schwärme von Tauben auf. Wir wussten natürlich, dass andere Länder auch andere Sitten haben, aber jetzt verschlug es uns die Sprache.

Beim Näherkommen des Zugs ging plötzlich eine wellenartige Bewegung durch die Wartenden, dem fahrenden Zug entgegen. Mit affenartiger Gewandtheit und Schnelligkeit sprangen die Menschen auf die Waggons, und als der Zug endlich zum Stehen kam, waren alle hölzernen Sitzplätze belegt. Auch ein Teil des Gepäcks war schon durchs Fenster geworfen worden. Nur wir standen noch auf dem Bahnsteig und waren froh, wenigstens einen Stehplatz auf der ebenfalls überfüllten Plattform zu bekommen.

Es waren uralte englische Wagen aus der Gründerzeit, sie wackelten und schlingerten auf den ausgefahrenen Gleisen hin und her. Die Fenster klemmten und ließen sich nur durch kräftiges Ziehen und Schieben öffnen. Trotzdem hatte der von allen Seiten hereinwirbelnde Staub so viel Bewegungsfreiheit, dass schon innerhalb kurzer Zeit die ganze Reisegesellschaft mit einer grauen Patina überzogen war. Aber was soll's, Hauptsache, man fuhr!

Wenn man bedenkt, dass die längste Straße der Welt, die *Rivadavia* in Buenos Aires, 45 Kilometer lang ist, dann versteht man, dass wir allein eine gute Stunde brauchten, bis wir im Schritttempo das Straßengewirr dieser Weltstadt durchfahren hatten. Vorher aber ging es, je näher wir dem Stadtrand kamen, an vielen ärmlichen Hütten und *Ranchos* vorbei, die aus alten verrosteten Blechen, Brettern, Stangen und Pappkartons auf dem staatlichen Bahngelände von Überlebenskünstlern zusammengebaut waren.

Oft standen die Behausungen kaum zwei Meter neben dem Gleis und man konnte den Leuten in den Kochtopf schauen. Viele magere Hunde kläfften, Hühner gackerten und dazwischen meckerte auch eine Ziege, es war deprimierend – neben den vielen Prachtbauten in der Stadt diese Armut. »Glanz und Elend Südamerikas«, so hieß ein Buch, das ich mir gekauft hatte, und es stimmte haarscharf.

Der Zug hoppelte weiter, ich hatte mich auf den Plattformtritt gesetzt und kam mir vor wie im Krieg beim Truppentransport. Wie damals konnten wir nicht ahnen, was uns erwartete. Dass es ein Abenteuer werden würde, lag auf der Hand.

Endlich wurde es in der Landschaft lichter. Die Häuser und Buden traten zurück, und wir sahen die endlosen, bis an den Horizont reichenden grünen Weideflächen, auch *Pampa* genannt. Dieses Wort kommt ebenfalls aus der Indianersprache der Kitschua und bedeutet »Ebene«. Wir sahen riesige Viehherden weiden, und mit größtem Interesse verfolgte ich die auftauchenden Reiter, die – ihre Herde treibend – mit großer Geschicklichkeit hinter ausbrechenden Tieren herjagten und das Lasso schwangen.

Man sah sie aber auch gemächlichen Schrittes die Grenzzäune abreiten, wo sie durchgerissene Drähte zu flicken oder abgebrochene Pfosten zu ersetzen hatten. Das waren die *Gauchos*: dunkelhaarige Kreolen, die Gesichter von Sonne und Wetter gebräunt und wahre Meister im Sattel. Bei vielen steckte das lange Messer über dem Gesäß in der *faja*, der Bauchbinde. Sie konnten es einem wilden Stier vom galoppierenden Pferd aus blitzschnell und so gezielt in den Nacken stoßen, dass das Tier auf der Stelle zusammenbrach.

Gaucho ist für den Südamerikaner ein Ehrenname. Wer heute noch so bezeichnet wird, gilt als ganzer Kerl. Auch ich fühlte mich später besonders geehrt, wenn ich bei gewissen Gelegenheiten von den Landeskindern anerkennend *Gaucho* genannt wurde.

Der Zug zockelte weiter durch die Landschaft. Noch in Deutschland hatte ich allerlei Literatur über Argentinien studiert und dabei gelesen, dass es auf den *Pampas* viele Ratten gäbe, die von den Indianern mit Hochgenuss verspeist würden. Brr! Aber tatsächlich, nun sah ich sie links und rechts des Bahndamms, ganze Familien huschten im *Camp*gras herum. Aber mir fiel auf, dass diese graubraunen Tiere keine Schwänze hatten. Erst später erfuhr ich, dass dies keine Ratten, sondern *Cuis* waren. Sie gehören zur pflanzenfressenden Familie der Meerschweinchen, ihr Fleisch ist kaninchenartig und sehr schmackhaft. Sie sind die Hauptnahrung der Schlangen.

Nach 15 Stunden Fahrt erreichten wir die Hauptstadt der Provinz Santa Fe, die denselben Namen trug. Der Zug leerte sich etwas. Wir bekamen Sitzplätze und saßen plötzlich inmitten einer fröhlichen Reisegesellschaft. Gitarrenklänge waren zu hören, und die dicke *Patrona* gegenüber griff nach einer kleinen Holzkiste und zog ein gebratenes Huhn hervor. Sie riss ihm einen Schlegel aus und hielt ihn uns entgegen. Wir lehnten dankend ab, denn das vor Fett triefende Hühnerbein war nicht gerade appetitanregend.

Die *Dona* aber riss dem Huhn einen Körperteil nach dem anderen aus und schmatzte mit größtem Genuss. Kräftige Züge aus einer Flasche mit Rotwein halfen zur besseren Verdauung. Auch hier lehnten wir dankend ab. Man trank aus der Flasche und das Mundstück glänzte vor Fett. Wie ganz anders sind sie doch, die Südamerikaner: Wer etwas hat, teilt aus. Hat er nichts, dann erwartet er, dass er etwas von anderen bekommt. Notfalls holt er es sich.

Es war Sonntag und um die Mittagsstunde, als unser Zug mit quietschenden Bremsen an der kleinen Bahnstation von Las Brenas anhielt. Die Reise hatte 35 Stunden gedauert. Heiß brannte die Sonne vom Himmel, und der Bahnhofvorsteher mit roter Mütze schaute neugierig auf die paar *Gringos*, die ihre Koffer auf den Bahnsteig herunter wuchteten. Wahrscheinlich hatte der erwartete Zug seine *Siesta* unterbrochen, denn er machte denselben verschlafenen Eindruck wie das Chacostädtchen auch.

Da wir keine Gelegenheit gehabt hatten, unsere genaue Ankunft mitzuteilen, wurden wir nicht abgeholt. Die Ranch des Onkels lag 35 Kilometer draußen im *Camp*. Er hatte uns vorsichtigerweise eine Kontaktadresse geschickt, wo wir uns melden sollten. Es war eine dieser kleinen Familienpensionen, wo die Bauern, wenn sie in die Stadt kamen, in einem Mehrbettzimmer übernachten konnten, und natürlich konnte man dort auch essen.

Der Besitzer, ein Jugoslawe, konnte einige Brocken Deutsch und lud uns gleich an den Tisch. Ein paar Nudel- und Soßenreste auf dem Wachstuch zeugten davon, dass wir heute nicht die ersten Gäste waren. Darüber freuten sich besonders die vielen Fliegen, die aber durch den an der Decke kreisenden Ventilator nicht so recht zur Ruhe kamen.

Da ihr während der Bahnreise ein Besuch der Toilette aus verschiedenen Gründen nicht ratsam erschienen war, wollte Marianne nun das Versäumte nachholen. Auf ihre diskrete Frage wurde sie nach hinten in den Garten verwiesen. Dort stand ein windschiefes, nicht verputztes Backsteinhäuschen mit der Dimension von einem Quadratmeter. Die Tür bestand aus ein paar zusammengenagelten Brettern, das Schloss aus einem Stückchen Draht, das man um einen krummen Nagel wickelte.

Ich löffelte noch an meiner Rindfleischsuppe, da kam Marianne schon wieder zurück, sie war kreidebleich. Als sie die Brettertür geöffnet hatte, hatte da schon ein Kerl auf dem Holzbrett gesessen! Er breitete die Arme aus und zischte »sch-sch-sch-sch«. Anscheinend war dies das Signal für »besetzt«.

Später kam ein wackeliges Taxi vorgefahren, das uns auf der kerzengraden, aber von vielen Schlaglöchern durchsetzten Erdstraße an das Ziel unserer Reise brachte. Neugierig und gespannt folgten wir dem deutenden Finger des Fahrers, als er sagte: »Sehen Sie, dort drüben ist das Haus!«

Es war ein solider Bau, rundum mit einer Galerie versehen, davor standen zwei hohe Palmen. Natürlich waren Spannung und Freude groß. Ich hatte den Onkel aus meiner Kindheit nur noch in vager Erinnerung, die Tante Dora und den Vetter Conrado kannten wir nur von Fotos.

Der Onkel machte sofort eine Führung durch Haus und Anwesen. Stolz zeigte und erklärte er alle Errungenschaften. Da war die kleine, dunkle Küche mit dem Herd, in dem immer das Feuer brannte. Da waren ein sehr abgenutzter Küchenschrank für das Geschirr und eine Petroleumlampe, denn elektrisches Licht gab es nicht. Es tat mir in der Seele weh, als ich den stillen Tränenstrom aus den Augen meiner Marianne rinnen sah.

Dabei hatte man doch extra ein Zimmer für uns bauen lassen. Der Fußboden war sogar ein Zementglattstrich, die Fenster hatten kein Glas, dafür aber Holzläden. Der Abort war von gleicher Art wie im Städtchen, nur sauberer.

Dann kam die erste Nacht. Wir wachten beide gleichzeitig auf und mussten uns kratzen. Aber am nächsten Morgen ging trotzdem die Sonne wieder auf, und als der Nachbar mit Namen Basilio – er war Pole – eine Herde von 18 Pferden zum Tor herein trieb, die der Onkel als Sonderangebot von ihm gekauft hatte, da fühlte sich mein Herz nicht mehr so schwer an. Ja, es schlug auf einmal bis hinauf zum Hals. Helles Wiehern, dumpfes Stampfen, Beißen und Schlagen, der aufgewirbelte Staub, die flatternden Mähnen, das war Argentinien in Reinkultur. Und es war dieser Boden, in dem ich Wurzeln schlug.

Mit der neuen Herde war die Zahl der Pferde auf ca. 80 angestiegen, so genau wusste das keiner. Nun schenkte mir Don Mateo, so wurde er genannt, gleich nach der Ankunft ein Pferd, das ich mir aber selber aussuchen durfte.

Mir war beim Eintreiben der neuen Pferde*tropa*, also der Herde, eine wunderschöne braune Stute aufgefallen, und ich wusste sofort: Das ist sie. Ich behielt diese Entscheidung aber für mich, denn ich wollte das Tier noch einige Tage beobachten. Doch schon am nächsten Tag war es verschwunden. Dafür sah ich einen mageren Rappen, der vorher nicht bei der Gruppe gewesen war. Das hatte außer mir keiner bemerkt.

Der schlaue Pole hatte mit einigen Gehilfen irgendwo den Weidezaun geöffnet, bei stockdunkler Nacht im Busch die Tiere aufgespürt und die Stute gegen den Rappen ausgetauscht. Ein wahres Gaunerstück! Auf meine Empörung reagierte Don Mateo nur mit einem leisen Lächeln, ebenso auf meinen Vorschlag, die Stute zurückzufordern. Er winkte ab und meinte, dass sich das nicht lohne. Viel besser sei es, so zu tun, als ob man nichts bemerkt habe. Schnell könne eine böse Feindschaft entstehen, und dann gäbe es Rache, die nicht immer gut ausfiele.

Er hatte Recht, nur brauchte es noch manches Jahr, bis der mit »üb immer Treu und Redlichkeit« erzogene Deutsche solche südamerikanischen Winkelzüge als vernünftig, weil überlebenswichtig

Unsere neue
Heimat

akzeptieren konnte. Übrigens wurde mir im Zusammenhang damit erklärt, dass sich ein echter *Gaucho* nie auf eine Stute setze, denn er würde ausgelacht werden.

Das Pferd meiner Wahl wurde dann ein sechsjähriger Rappe, der nie gezähmt worden war. Als Einzelgänger war er mit seiner Wildheit der Schrecken aller anderen Pferde. An der Tränke musste, wenn er kam, alles weichen. Er schlug und biss um sich, ein wahrer Teufelsbraten. Deswegen riet man mir von meinem Entschluss ab. In diesem Alter sei es für jede Zähmung zu spät. Das sei so, als wenn man mit der Kindererziehung erst im 20. Lebensjahr anfangen wolle.

Aber genau diesen Gaul wollte ich. Ich gab ihm den Namen »Negro«, der Schwarze, nachdem mir die Tante von meiner ursprünglichen Entscheidung, das Tier »Diabolo«, also Teufel, zu nennen, dringend abgeraten hatte. Sie war etwas abergläubisch. Ich dagegen dachte: »Besser, du reitest den Teufel, als er dich!«

Da das richtige Einreiten beziehungsweise Zähmen eines Pferdes großes Können voraussetzt, übergab ich Negro einem Fachmann. Dieser schüttelte ebenfalls recht bedenklich den Kopf. Er wollte sagen: »Wer weiß, ob ich den noch hinkriege.« Sein geforderter Preis war dann auch entsprechend. Als er das Tier nach etlichen Wochen zurückbrachte, war seine abschließende Meinung, Negro ließe sich jetzt wohl reiten, aber Vorsicht sei immer geboten. Und ohne Lasso könne man ihn nicht einfangen! Und so war es auch, doch davon später.

Don Mateo war mit seiner Frau, Dona Dora, in den 20er Jahren vom Süden in den Chaco gewandert. Sie hatten die großen Opfer und Entbehrungen einer brutalen Anfangszeit zu durchleiden gehabt. Die schweren Wirtschaftsjahre dieser Zeit hatten viele Deutsche und andere Europäer nach Amerika getrieben.

Doch auch Argentinien brauchte für die Bevölkerung seines riesigen Landes Menschen und warb um Einwanderung. So gab es in Buenos Aires für alle Ankömmlinge das riesige *Hotel de Emigrantes*, ein Einwandererhaus, in dem jeder Einwanderer fünf Tage kostenlose Unterkunft mit Verpflegung erhielt. Vorausgesetzt, er kam in der dritten Klasse angereist. Von Buenos Aires aus hatte er zusätzlich an jeden Punkt des Landes freie Fahrt mit der Bahn.

Es waren auch die Jahre, wo die Baumwolle einen wahren Boom erlebte und die besten Weltmarktpreise lieferte. Weil die bisher nur von Indianern bevölkerte Chaco-Gegend sich klimatisch besonders dafür zu eignen schien – sie war trocken und heiß –, sprachen die Regierungsstellen vom »weißen Gold« und versuchten mit großen Versprechungen, möglichst viele Neuankömmlinge in den Norden zu locken.

Auf Negro durch den Busch

Dort wurde ihnen von den Vermessungsstellen ein Stück Land zugeteilt. Als Minimum galten 100 Hektar, das sie dann im Laufe der Jahre unter sehr günstigen Bedingungen abzahlen sollten. Viele der Ankömmlinge schafften sich in der ersten Zeit gewöhnlich einen Unterschlupf in den so genannten »Ave Marias«. Das waren schräg gegeneinander gestellte Wellblechtafeln, die mit etwas Phantasie an die betenden Hände von Dürer erinnern konnten.

Aber nicht jeder Neuankömmling hielt durch. Es kamen ja nicht lauter Bauern, sondern auch Handwerker, Matrosen, Kaufleute, Akademiker, Berufssoldaten, dazu wilde Abenteurer und Strauchdiebe, die sich aus dem alten Europa davongemacht hatten, um nicht hinter Gittern zu landen. Vielleicht wollten sich auch manche vor Alimentenzahlungen für die unehelichen Kinder drücken. Es war buchstäblich alles vertreten.

Mein Onkel hatte seine spätere Frau in Buenos Aires kennengelernt. Sie war Schweizerin aus bestem Hause und als Gouvernante mit einer vornehmen Familie ins Land gekommen. So hatte sie von der Landwirtschaft und dem einfachen Leben einer Kolonistenfrau wenig oder gar keine Ahnung. Hatte sich im Lauf der Woche gebrauchtes Geschirr angesammelt, kam eine Frau und wusch die Teller wieder sauber.

Die Tante war dafür sehr gebildet und belesen, und ihre Augen strahlten, als sie die vielen Bücher sah, die ich in einer Kiste mitgebracht hatte. Wenn sie in ihrem Sessel saß und sich ein Buch vornahm, zündete sie sofort eine Zigarre an, denn sie rauchte viel.

Auch mein Onkel war kein Landwirt, sondern gelernter Kaufmann. Er konnte keinen Nagel in die Wand schlagen. Ich merkte das recht bald. Ohne seine Knechte war er ein verlorener Mann. Schon am frühesten Morgen kommandierte er sie zur Arbeit, dann legte er sich wieder ins Bett.

Wenn er später seinen täglichen Kontrollgang auf die Felder machte, fand er die Mannschaft immer tüchtig und ungeheuer fleißig bei der Arbeit. Ein aufgestellter Späher hatte seinen Anmarsch nämlich sofort weitergemeldet. War er wieder gegangen, kehrte die nächste Verschnaufpause ein. Man rauchte eine Zigarette, legte einige Taubenfallen im Wald oder erzählte sich einfach Geschichten.

Woher ich das wusste? Die Nachbarn erzählten es mir augenzwinkernd. Der einzige Sohn Conrado war so alt wie ich. Er war sechs Jahre lang in die deutsche Schule in Charata gegangen und hatte dort im Internat gelebt. Er sprach und schrieb daher gut deutsch und sang mit Begeisterung die Lieder, die auch wir im Jungvolk gelernt hatten. Nach vier Jahren Militärdienst im argentinischen Heer war er Unteroffizier geworden, und jetzt wurde er mein Lehrmeister.

Der Onkel hatte im Lauf der Zeit einige Nachbargrundstücke dazu gekauft, sodass die Gesamtfläche bei 600 Hektar lag. Davon war ein Viertel Ackerland, der Rest bestand aus großen Waldstücken und dazwischen liegenden Savannen, die als Weideflächen dienten. Dort liefen seine 400 Rinder, die 80 Pferde und eine 300-köpfige Ziegenherde frei herum. Das lebenswichtige Wasser für alle Tiere wurde aus zehn bis zwölf Meter tiefen Grundwasserbrunnen mit Hilfe von Windmühlen heraufgepumpt und in Tränkebecken weitergeleitet.

Da sehr viel Grundwasser salzig ist, waren Süßwasserbrunnen rar. Besonders, wo es galt, sie in überschaubarer Nähe des Hauses zu haben. Nur wenn die Tiere ans Wasser kamen, hatte man eine

Kontrolle über sie. Bildeten sich aber in den kurzen Regenmonaten im Busch Wasserlagunen, blieben die Tiere verschwunden und konnten, wenn sie zum Beispiel verletzt waren, nicht behandelt werden. Dann zeigten kleine, schwarze Punkte am blauen Himmel – die Geier – an, dass irgendwo ein Tier lag und zugrunde ging.

Der Geruchssinn der Geier reicht 20 Kilometer weit. Trotzdem war es mir immer unerklärlich, wie sie schon nach wenigen Stunden ein verendendes Tier selbst im tiefsten Wald orten konnten, wo die sterbende Kreatur doch noch keinerlei Verwesungsgeruch verbreitete. Plötzlich saßen die schwarzen Vögel dann zu Dutzenden auf den Ästen der Bäume, und oft fingen sie am noch lebenden Tier mit ihrer Mahlzeit an, zuerst an den Augen und dann an den Weichteilen des Afters.

Bei unserer Ankunft war es Winter. Temperaturen bis zu minus sieben Grad waren bei Nacht keine Seltenheit. Der Zementboden, die Fenster ohne Scheiben – wir froren fürchterlich und waren froh, wenn die Sonne aufging und die erstarrten Glieder wieder aufwärmte.

Natürlich waren wir sehr gespannt auf unseren zukünftigen Arbeitsbereich. Was wurde von uns erwartet? Wie konnte man die beiden *Gringos* in einen mehr oder weniger funktionierenden landwirtschaftlichen Betrieb einbauen, sodass sie sich ihr Brot verdienten?

Der Onkel hatte für uns einen Vertrag parat, wonach uns ein Drittel der Ernteerträge zustehen sollte. Da die eben zu Ende gegangene Baumwollernte 1951 nicht nur ertragreich war, sondern auch einen guten Preis erzielte, sahen wir hoffnungsvoll in die Zukunft. Marianne übernahm sofort die Küchenführung, und der Onkel lebte auf bei den lang entbehrten schwäbischen Gerichten wie Spätzle, sauren Kutteln, Kartoffelsalat, Zwiebelkuchen und vielem mehr.

Gleich wurde ein größerer Garten angelegt, nachdem wir uns informiert hatten, welche Gemüsesorten in dieser trockenen subtropischen Zone des 27. Breitengrades mit Sommertemperaturen bis plus 45 Grad gedeihen konnten, immer vorausgesetzt, es regnete. Dies waren: Kürbis, Mohrrüben, Rote Rüben, Mangold, Bohnen, Paprika und Weißkraut. Schlecht oder gar nicht wuchsen Kartoffeln, Spinat, Blumenkohl, Kopfsalat, um nur einige zu nennen. Da die meisten Brunnen salzhaltig sind, wurde das Wasser für die Küche und zum Waschen aus einer Zisterne verwendet, in der das Regenwasser vom Wellblech-Hausdach aufgefangen wurde.

Ich selbst wurde in alle Arbeiten des Betriebs eingewiesen. Sollte der Leser erfahren wollen, was aus dem geplanten Käserei-Projekt wurde, so bitte ich noch um etwas Geduld.

Im Ackerbau lernte ich das Pflügen mit Pferden. So begann mein Tag in der Regel damit, dass ich in aller Morgenfrühe los ritt, um die Tiere zu suchen und hereinzutreiben. Das war für mich als Neuling gar nicht einfach. Oft musste ich kilometerweit reiten und suchen, reiten und suchen, und ich sah sie nirgends, denn sie hatten sich versteckt. Sie kannten die Zeit, wo ich kommen würde, und duckten und drückten sich in die Büsche oder hinter die Bäume.

Aber weil, wie ich lernte, auch Tiere neugierig sein können, streckte plötzlich einer irgendwo den Kopf hervor. Darauf hatte ich nur gewartet, denn jetzt hatte ich sie. Nun galt es, einen weiten Bogen um die Gruppe zu schlagen, denn bei einem direkten Anritt hätte sich die Schar in den nächstliegenden Wald geflüchtet und wäre für diesen Tag nicht mehr erreichbar gewesen. Ein freier Weg durfte für sie nur in Richtung Bauernhof und *Corral* (Gehege) liegen. Die üblichen Ausbrecher mussten eingeholt und wieder »in die Reihe« gebracht werden. Es war oft eine wilde Jagd, ein Kopf-an-Kopf-Rennen über die taufrische Savanne, aber es war wunderbar.

Nachdem man die acht Pferde eingeschirrt hatte, wurden sie in zwei Vierer-Reihen vor einen so genannten Sitzpflug gespannt. Dieser hatte zwei Scharen. Sie mussten täglich gewechselt und auf

Beim Einschirren: Sie wollen nicht, Caramba!

einem einfachen Schmiedefeuer neu geschärft werden. Wegen der starken Tageshitze konnte man nur in den Morgenstunden pflügen. Spätestens um zehn Uhr ging es mit den schweißnassen Tieren nach Hause.

Wollte man gegen Abend weiterpflügen, wurden dazu neue Pferde geholt. Die Ackerstücke waren bis zu einem Kilometer lang. Damit die erste Furche möglichst gerade wurde, markierte man das Ziel, indem man dort einen herumliegenden, von der Sonne weiß gebleichten Kuhschädel auf einen Pfosten setzte. Jetzt zielte man, wie über Kimme und Korn, durch die nickenden Pferdeköpfe hindurch.

Besonders am Anfang meiner Karriere wurden die Ackerfurchen nicht immer schnurgerade, sondern glichen eher den Donauwellen meiner Heimatstadt Ulm, aber wen kümmerte das? Wir waren im Land der unbegrenzten Möglichkeiten, wo so manches Krumme als gerade galt, warum nicht auch bei Ackerfurchen!

Aber selbst auf dem Pflug konnte ich meine psychologischen Studien treiben. Ich lernte, dass Pferde, ähnlich wie die Menschen, ihren eigenen Charakter haben. Die einen zogen wie verrückt, das waren die Zugpferde, sie waren immer die Magersten. Die anderen taten ihre notwendige Pflicht, aber keinen Deut mehr, das waren die Braven, und der Rest, na ja, der drückte sich mit aller Schläue vor dem Zug, indem er etwas langsamer lief und sich sogar bei Gelegenheit noch mitziehen ließ. Das waren die Dicken, ich nannte sie »Parasiten«. Sie waren der Grund, warum man eine lange Peitsche nie vergessen durfte. Hin und wieder fanden wir im Busch ein totes Pferd, auf dem die Geier herumhackten. Der geneigte Leser darf raten, welche Gruppe am häufigsten einen Kadaver lieferte.

Wenn ich auf meinem Pflug in der bereits eingetretenen Vormittagshitze nach Hause rasselte und ausgespannt hatte, durften die schweißnassen Tiere nicht sofort an die Tränke, denn sie sollten etwas abkühlen. Das nicht sehr kalte, aber immerhin kühle Wasser hätte ihr Tod sein können. Wenn sie sich dann über den Trog beugten und gierig soffen, tat ich oft dasselbe und trank mit wie ein Pferd. Mit den Pferden wurde natürlich nicht nur gepflügt, sondern es wurden auch alle übrigen Feldarbeiten wie Walzen und Eggen verrichtet. Hier ritt man an der Seite des achtköpfigen Gespanns die endlosen Felder ab und lenkte mit einer langen Leine.

Gegen den Hauptfeind der Baumwolle, die Raupen, wurde mit einem in alten Büchsen angerührten grünen Gift gespritzt, es hieß Verde Paris, also Pariser Grün. Man füllte es in ein Fass, das auf einem zweirädrigen Karren stand. Dann fuhr man durch die Baumwollreihen und sprühte mit einer Handpumpe die Giftbrühe durch die Düsen eines fünf Meter langen Wasserleitungsrohrs aufs Feld. Die ganze Mechanik war primitiv und hausgemacht, aber sie funktionierte.

Ich lernte, dass es für jedes Problem eine Lösung gibt. Man muss sich nur genügend Zeit zum Grübeln nehmen und darf nie versäumen, zu schauen, wie es die anderen machen. Dazu gehört die Einsicht, dass es Menschen gibt, die es besser können, weil sie praktischer und geübter sind. Schließlich weiß keiner alles und jeder weiß etwas, das der andere nicht weiß.

Manch einfacher, unscheinbarer Mensch wurde mir so zum Lehrmeister. Ich lernte zu unterscheiden zwischen einer geistigen und einer handwerklichen Intelligenz. Aber ich merkte auch, dass mancher Großsprecher nichts weiter ist als ein Schaumschläger. Dagegen gibt es da und dort einen »Kaiser« hinter einem Pflug.

Das Vieh musste beinahe täglich von Maden befreit werden, das kostete viel Arbeitszeit. Da die Tiere wild im Busch liefen, gab es laufend Verletzungen. Sie rissen sich an stacheligen Büschen auf, verletzten sich gegenseitig mit Hornstößen oder Tritten oder verwundeten sich am Stacheldraht, den sie übersprangen, um ins saftige grüne Kleefeld des Nachbarn zu gelangen.

Schon der kleinste Blutstropfen genügte, um die großen, bunt schillernden Schmeißfliegen herbeizulocken, die diese Blutstelle mit zahllosen Eiern bekleben. Bereits am folgenden Tag krochen die jungen Larven und fraßen sich ins lebende Fleisch. Wurde nichts dagegen getan, waren die Tiere zum Tode verurteilt.

Ganz besonders betroffen waren die Kälber, denn jedes neugeborene Kalb bekommt Maden am frischen, noch blutigen Nabel. Das Bauchfell wird in wenigen Tagen durchgefressen, die Eingeweide fallen aus der Bauchhöhle und das Tier verendet unter fürchterlichen Qualen. Gerade diese Arbeit kostete mich anfangs sehr viel Überwindung. Die bis zu tellergroßen Löcher stanken so bestialisch, dass ich mit dem Erbrechen kämpfen musste und nachher oft nichts essen konnte.

Aber »einen Regenbogen, der eine Viertelstunde steht, schaut man nicht mehr an«, sagt Goethe. Die Arbeit wurde mir irgendwann zur Gewohnheit. Ja, ich entwickelte mich mit der Zeit zu einem wahren Spezialisten. Die Behandlung bestand darin, dass man zuerst das meist angstvoll brüllende Tier mit dem Lasso einfing, auf den Boden warf, was eine Kunst darstellte, und fesselte. Dann griff man sich trockene Pferdeäpfel, vermischte sie mit Kreolin und drückte diesen Brei in das Loch. Schon nach wenigen Minuten fielen die toten Maden heraus. Das Kreolin war selbst in der abgelegensten Gegend und im primitivsten Geschäft zu kaufen. Es ist eine dunkle, dicke Flüssigkeit, deren Geruch mich immer an die Straßenpissoirs in Ulm erinnerte, wenn sie zur Desinfektion der Abflussrinne von Zeit zu Zeit nachgepinselt wurden.

Die Behandlung der Tiere musste so lange wiederholt werden, bis sich die Wunde ganz geschlossen hatte. Das Leiden der armen Kreaturen tat mir oft in der Seele weh. Einmal konnte ich eine Kuh nur deshalb retten, weil ich ihr Auge mit einem glühenden Eisen regelrecht ausbrannte, dahinter hatten schon die Maden gewühlt. Auch Ziegen gab man nicht verloren, selbst wenn ihr Rachen ein stinkendes Nest von Hunderten von Würmern war.

Die kranken Tiere verkrochen sich gewöhnlich im Busch. Man konnte sie nur mit der Hundemeute finden, die immer und sofort, wenn der Reiter den Hof verließ, laut jaulend und bellend hinterher jagte. Es brauchte einige Zeit, bis ich die von Maden befallenen Tiere geradezu aus der Herde heraus roch. Auch hier machte die Übung den Meister. Beenden wir dieses unappetitliche Kapitel. Aber nicht ohne zu beichten, dass ich mich einmal wirklich erbrechen musste. Es war, als ich ein Stück Suppenfleisch aß und direkt in ein Madennest hinein biss.

Sicher ist inzwischen deutlich geworden, dass ohne Pferd im Busch nichts lief. Ich ritt tagelang die kilometerlangen Zäune ab, um sie zu kontrollieren, und reparierte mit meiner Beißzange – sie steckte immer im Sattelgurt – die vom Vieh zerrissenen Drähte. Die Tiere sprangen über diese Grenzdrähte, weil das Futter beim Nachbarn saftiger und grüner schien, und wenn eine Kuh sprang, sprangen sofort andere nach.

Der Tod konnte aber auch auf andere Art kommen. Mancher Nachbar ließ ein solches Tier verschwinden. Ein Landmetzger irgendwo in der Umgebung freute sich dann, einen vertraulichen Gelegenheitskauf gemacht zu haben. Mir wurde klar: Zäune und Abgrenzungen bedeuteten in diesem Fall nicht Freiheitsberaubung und einengende Verbote, sie waren ein Leben bewahrender Schutz. Später habe ich dieses Beispiel im Konfirmandenunterricht oft mit den Geboten Gottes verglichen, die der unersättliche Mensch überspringen oder umgehen möchte, und nachher wundert er sich, warum in seinem Leben so viel schief gelaufen ist.

Ich saß tagelang auf dem Pferd. Wenn der Ruf aus der Küche erklang: »Wir brauchen Nudeln und Essig!«, ritt ich ins nächste Warengeschäft. Das war ein großer Erd*rancho*, der Inhaber war Don Pedro, ein ehemaliger Matrose aus Hamburg. Der Laden bestand aus einer Theke aus rohen Brettern und etlichen einfach gezimmerten Regalen an der Wand, auf denen die Ware stand: Corned Beef, *Yerba* (bei uns als Mate-Tee bekannt), Tomatenmark und Fischkonserven, Öl und Essig, Schnapsflaschen. Und im Eck standen ein paar offene Säcke mit Mehl, Reis, Zucker, Kartoffeln und Mais. Das war's auch schon.

Unter dem Schanktisch stand eine Kiste, und in ihr lagerten die Bierflaschen. Für sie gab es ein besonderes Kühlsystem. Sie waren in alte Hanfsäcke eingepackt und Pedro leerte von Zeit zu Zeit mit einer Blechbüchse Wasser darüber, wobei durch den einsetzenden Verdunstungsprozess eine gewisse Kühlung erfolgte. Ich habe in meinem Leben nie schaleres Bier getrunken als in Pedros *Rancho*. Aber meistens konnte ich mir sowieso aus Geldmangel keines leisten.

Als das erste Weihnachten kam, wir hatten 45 Grad Celsius, hätte ich so gern eine Flasche Bier getrunken, ganz allein und im treuen Gedenken an die ferne Heimat, aber ich hatte keinen Cent. Pedro, der nur ein verflicktes Hemd und eine fleckige Hose anhatte und an den Füßen ausgetretene *Alpargata*-Schlappen (Leinenschuhe), nahm dann ein Küchenmesser aus Solingen in Tausch.

Er war immer froh, wenn ich kam. Gleich fing er an zu erzählen von seinen Weltreisen als Matrose. Wie er in Buenos Aires vom Schiff abgehauen sei, nachdem er von dem »Weißen Gold« gehört habe, das es im Chaco zu gewinnen gäbe. Mit seinen letzten Ersparnissen habe er sich acht Maultiere gekauft, die wegen ihrer Ausdauer und Anspruchslosigkeit sehr geschätzt wurden und deswegen immer teurer waren als Pferde. Es sei ein großartiges Gespann gewesen, ein Tier habe dem anderen aufs Haar geglichen in Farbe und Aussehen.

Aber dann seien die schlechten Jahre gekommen und auch die Heuschrecken. Da habe er die Stunde verflucht, die ihn in den Chaco gebracht hatte. Er wollte in die Heimat zurück, aber ...

Dieses »Aber« sah bei jedem Auswanderer anders aus. Bei ihm war es das Muligespann, von dem er sich nicht trennen konnte, und so blieb er eben hier hängen. Seine *Companera*, seine Lebensgefährtin, war eine schwarze, dicke Kreolin, Dona Modesta. Sie war energisch, und zwar so sehr, dass sie Pedro eines Tages das Buschmesser über den Schädel schlug. Er kam mit dem Leben davon, nur eine riesige Narbe an der Stirn blieb als Erinnerung.

War die Baumwolle im argentinischen Frühjahr im Oktober eingesät, begann, sobald die junge Saat spross, der Kampf gegen die so genannten Blattschneiderameisen. Es gab davon zwei Arten, die hellbraune und die schwarzbraune. Diese für den Landwirt schlimme Plage errichtet inmitten der angebauten Felder große Baue. Sie können einen Durchmesser bis zu sechs und eine Tiefe bis zu drei Metern haben. Die weithin sichtbaren Haufen aufgeworfener Erde können bis 60 Zentimeter hoch werden. Viele kleinere und größere Gänge führen in den Bau hinein. Ameisenstraßen, oft Hunderte von Metern lang, führen aus allen Richtungen zum Bau.

Auf diesen Straßen marschieren die Ameisen zu gewissen Stunden des Tages, um Gras- und Pflanzenteilchen herbeizuschleppen. Diese werden im Inneren des Baus zerkaut, zu Klumpen gebildet, und darauf werden jene Pilze gezüchtet, die ihnen als Nahrung dienen. Das Ameisenvolk besitzt Soldaten mit riesigen Zangen, welche die Marschkolonnen in Ordnung halten und sofort kampfbereit zur Stelle sind, wenn die Kolonnen durch Mensch oder Tier gestört werden.

Diese Ameisensiedlungen verursachen, wie schon erwähnt, dem Siedler großen Schaden. Sie können Hunderte von Quadratmetern der sprießenden Baumwollsaat in ihre Baue schleppen und müssen deswegen bekämpft werden. Dafür gibt es verschiedene Methoden wie Gifte, Gas, Feuer und Wasser.

Eine besondere Gefahr besteht darin, dass die Traktoren in diese Hohlräume einbrechen und nur unter großen Mühen wieder flott gemacht werden können. Mit dem Pflug ist mir das hin und wieder passiert, aber durch das viel geringere Gewicht war der Fall nie so tief, man kam schnell wieder auf festen Boden. Tagelang liefen wir zu Fuß die Felder ab und streuten Gift in die Löcher und Gassen. Es wurde dann für eine Weile ruhig im Bau, aber sie kamen wieder. Ganz konnten wir so eine Ameisenburg in den wenigsten Fällen ausschalten.

Eine weitere, große Plage sind die Rinderzecken, *Garrapatas* genannt. Sie befallen die weidenden Tiere und vermehren sich ungeheuerlich. Diese Parasiten werden fingernagelgroß, wenn sie sich voll saugen, und können sich zu besonderen Zeiten so dicht und zahlreich im Fell einer Kuh festsaugen, dass das weiße Fell schwarz wird. Durch den Blutverlust wird ein befallenes Tier dann derart geschwächt, dass es verendet.

Dazu kommt, dass die Zecken auch den Erreger des Texasfiebers übertragen. Als *Tristeza*, Traurigkeit, bekannt, macht dieses die befallenen Tiere matt und teilnahmslos, eben traurig. Sie stehen abseits der Herde, zeigen keine Fresslust mehr und glotzen mit glanzlosen Augen in die Landschaft.

Verendete ein Tier, blieb es grundsätzlich immer da liegen, wo es gefallen war. Nur wenn es dicht am Haus passierte, schleifte man den Kadaver mit dem Lasso in das *Camp* hinaus. Alles andere besorgten dann die Geier. So gehörte die Bekämpfung dieser gefährlichen Zecken zu den allerwichtigsten Aufgaben jedes Viehzüchters.

Die sicherste und einfachste Methode waren die Bäder. Dabei wurde das Vieh durch einen gemauerten, mit Wasser gefüllten Graben getrieben, in welchem man Gift aufgelöst hatte, das die Zecken tötete. Der Graben war so tief, dass die Tiere kurz untergingen, sodass alle Körperstellen am Tier erreicht wurden. Diese Methode wurde schon gesetzlich in der südlichen Nachbarprovinz Santa Fe angewandt.

Aber wir im Chaco hatten kein Wasser. So stäubten wir die Tiere mit dem damals aufgekommenen DDT ein. Dazu hatte man eine blecherne Trommel mit einer Kurbel vor dem Bauch hängen. Wenn man diese tüchtig drehte, wurde das eingefüllte, gräuliche Pulver durch ein kurzes Rohr hinausgeblasen. Stundenlang stand ich so zwischen dem brüllenden Vieh und drehte die Kurbel. Ebenso lange schluckte ich ohne jeden Atemschutz mehr oder weniger, je nach Wind, von diesem giftigen Zeug, das wenige Jahre später wegen seiner Gefährlichkeit weltweit verboten wurde. Ich glaube, dass sich in meinen Giftwolken ein Schutzengel verborgen hielt.

Als ein besonderes Ereignis wurde mir schon Wochen vorher die so genannte *Yerra* geschildert. Es ist der Tag, an welchem der Patron die im letzten Jahr geborenen Kälber mit der Brandmarke versehen lässt. Ebenso werden die jungen männlichen Tiere kastriert. Alle Nachbarn waren eingeladen, und schon in aller Frühe brannte ein großes Feuer unter den Bäumen am *Corral*. Es gab die Glut für den *asado*, den Grillbraten, man hatte dazu ein extra fettes Stück Jungvieh geschlachtet. Die Knechte waren ebenfalls sehr früh ins *Camp* geritten, um auch das letzte versteckte Tier aufzuspüren.

Schon nahte sich eine Staubwolke in der Ferne, schon klang das Muhen und Mähen der Kühe und Kälber durch den frischen Morgen, begleitet vom Johlen und Jubeln der Treiber. Dann begann die eigentliche Arbeit. Vom Pferd oder Boden aus schwangen die *Gauchos* ihre Lassos und fingen die Kälber heraus. Es wurde zur Seite gezogen, dann sprangen zwei Mann herbei, einer packte das Kalb am Hals und am Vorderbein, der andere am Schwanz, und mit einem geschickten Schwung lag das Tier am Boden. Sofort kam ein anderer mit dem glühenden Eisen angerannt und setzte die einmalige, amtlich registrierte Erkennungsmarke zischend auf den Schenkel des Tieres. Ein schreckhaftes Blöken des Tieres, ein Rauchwölkchen, der Geruch nach versengten Haaren, und schon lief das markierte Kalb mit erhobenem Schwanz zur laut brüllenden Mutter zurück, die es sofort tröstend ableckte.

Viel schwieriger ging der Vorgang der Kastration vor sich. Die schon größeren Jungtiere wehrten sich springend, schnaubend und stampfend gegen das Lasso und konnten nur durch den besonders schwierigen Wurf in die Vorderbeine zu Fall gebracht werden. Diese Kunst beherrschten nur wenige, und sie wurden mit dem Gejohle der Zuschauer belohnt. Kastriert wurde mit einem gut geschärften Messer. In die blutende Höhle stopfte man wegen der Madengefahr mit Kreolin getränkte Pferdeäpfel. Die Lassos wurden gelöst, und laut brüllend sprang das Tier auf und davon. Die Hoden wurden als Delikatesse auf dem Feuer gebraten und gegessen.

Schon im zweiten Jahr unseres Aufenthalts wurde der Chaco von einer grausamen Dürre heimgesucht. Es regnete acht Monate nicht. Das Grundwasser sank und viele Brunnen wurden leer. Tagelang betätigte ich mich als Schöpfreiter: Ich zog mit einem Lasso, am Sattelgurt festgebunden, über eine Rolle am Brunnenkopf den mit Wasser gefüllten Blechbehälter aus dem Schacht, der sich dann in eine gemauerte Tränke entleerte. Hin und her, her und hin, so ging es stundenlang, während das Vieh sich am Trog die reinsten Gefechte lieferte.

Ein Tier stieß das andere mit den Hörnern weg, kleine und schwache Tiere flogen zur Seite, wobei es auch vorkam, dass ein Tier in den tiefen Brunnen gestoßen wurde. Dies dann, lebend oder tot, mit den Lassos wieder heraufzuziehen, dauerte oft Stunden und ging nicht ohne die Hilfe mehrerer Männer, die man zusammentrommeln musste. Es war ein schlimmes Jahr, mindestens 30 gebleichte Tierskelette lagen in der Gegend herum und zeugten noch lange von diesem Desaster.

Wir spielten auch Hebamme. Konnte eine trächtige Kuh ihr Kalb nicht zur Welt bringen, banden wir sie an einen Pfosten und versuchten, das Kalb mit dem Lasso per Pferd herauszuziehen. Jeder Tierschutzverein hätte für uns den Antrag auf Todesstrafe stellen können, aber einen Tierarzt gab es nicht. Es waren die oft geradezu brutalen *Gaucho*-Methoden, die einem Tier das Leben retteten.

Und jetzt zur Käserei. Stolz hatte mir Don Mateo gleich zu Beginn seine Milchkühe vorgeführt. Sie schienen mir etwas mager und ich zweifelte nicht, dass man an ihren Beckenknochen leicht einen Hut hätte aufhängen können. Auch gab es unter ihnen einige, die wie die Rehe wieder über den *Corral* sprangen, der knapp 1,25 Meter hoch war, nachdem man sie vorne zum Melken hereingetrieben hatte. Da sie halbwild waren, musste man sie meistens mit dem Lasso fangen, an einem Pflock festmachen und auf jeden Fall die Hinterbeine fest mit Lederriemen zusammenbinden.

Die Augen meiner Marianne – sie kam ja vom Bauernhof – wurden immer größer. Als dann das Gespräch auf den täglichen

Milchertrag kam, man sprach von zwei bis fünf Litern, wurde die Zukunft immer düsterer. Natürlich, so beschwichtigte uns Don Mateo, müsste alles zuerst auf- und ausgebaut werden, ein spezieller Futteranbau, überdachte Melkplätze und so weiter. Da hatte er natürlich Recht. Auch Rom wurde bekanntlich nicht an einem Tag erbaut. Aber es gab keinen Strom, es gab weder Kühlanlage noch Keller, es gab nicht einmal einen Melkeimer. Und vor allem: Es gab kein Geld. Wir hatten keine 50 Mark in der Tasche. Klugerweise gaben wir all diese Pläne auf, es sollte eben nicht sein.

Trotzdem übernahmen wir den morgendlichen Melkdienst im *Corral*. Dieser hob sich durch den angehäuften Dung halbmeterhoch von seiner Umgebung ab. War es trocken, wirbelte der zu Staub getretene Mist in Wolken auf, war es nach einem Regen nass, versank man bis an die Knie im Morast. Gemolken werden konnten nur Kühe, die gerade Kälber geboren hatten. Die anderen gaben keine Milch.

So trieb man abends die Tiere in den *Corral* und sperrte die Kälber in eine kleine Abteilung, sodass sie nicht saugen konnten. Am Morgen dann kamen wir, fesselten die Kuh wie schon erwähnt, und nun näherte sich Marianne vorsichtig, setzte sich in die Hocke und zupfte, einen Arm weit nach vorne gestreckt, mit zwei Fingern an den Zitzen. Mit der anderen Hand wurde eine leere Konserven-Literbüchse darunter gehalten. War sie voll, wurde der Inhalt in einen Eimer geleert.

Mehr als zwei oder drei Liter durften der Kuh nicht genommen werden, weil man den hungrigen, bereits brüllenden Kälbern auch noch etwas lassen musste. Unter der Kuh auf einem Melkschemel zu sitzen, wäre lebensgefährlich gewesen. Wir probierten es anfänglich, aber die Tiere ließen sich auf einen drauf fallen. Die ganz Bösen schlugen auch mit dem Schwanz.

Ungefähr sechs Wochen hatten wir schon so gemolken, da griff sich Marianne im *Corral* plötzlich an den Unterleib und stöhnte auf. Sie hatte starke Schmerzen und war ganz weiß im Gesicht. Wir gingen ins Haus und sie legte sich nieder. »Es wird schon wieder vorbeigehen«, dachten wir. Aber es ging nicht vorbei.

Am nächsten Tag wurde beschlossen, sie zum Arzt zu bringen. Der wohnte im bereits erwähnten Städtchen Las Brenas und hatte dort mit einem Kollegen eine kleine Klinik eingerichtet. Also wurden zwei Pferde vom *Camp* geholt, der Wagen hinten mit Stroh ausgepolstert und die Kranke darauf gelegt. Dann begann die Fahrt, 35 Kilometer über Stock und Stein.

Die Ärzte, ihre Namen endeten mit »off«, waren Bulgaren. Sie waren noch recht jung und erst kürzlich von der Universität abgegangen. Der Untersuchungsraum war ein Zimmer, in dessen Mitte ein Tisch mit einer Matratze stand. Im Eck stand ein schmaler Glasschrank, in dem einige Instrumente lagen, Zangen und Pinzetten. Nach der Untersuchung schüttelten beide ratlos den Kopf, sie konnten sich keinen Reim auf das Krankheitsbild machen. Am besten sei es, so ließen sie mir durch Conrado sagen, er war der Dolmetscher, wenn man den Bauch aufmache und reinschaue.

Es blieb mir keine andere Wahl als zuzustimmen. Als man mir dann noch erklärte, dass dieses Zimmer gleichzeitig der Operationssaal sei, fiel mir das Herz vollends in die Hose. Die Beleuchtung bestand aus einem von der Decke herunterhängenden Draht, an dessen Ende eine Glühbirne hing. Sie hatte viele kleine schwarze Punkte aus – der Leser entschuldige bitte das Wort – Fliegenscheiße. Man brachte Riemen und schnallte die Kranke auf dem Tisch fest. Ich wurde ich gefragt, ob ich dabei bleiben und zuschauen wolle, aber ich verließ fluchtartig das Zimmer.

Vor der Tür wartete ich und hörte 75 Minuten lang Schreien und Stöhnen. Es waren die fürchterlichsten Minuten meines Lebens. Die Tür öffnete sich, und man trug die Bewusstlose auf einer Trage in ein Krankenzimmer. Ich fragte die Operationsärzte, was es denn gewesen sei. Ihre Antwort: Genau könnten sie es auch nicht sagen, sie hätten eben alles wilde Fleisch herausgeschnitten.

Nach fünf Tagen Aufenthalt wollten wir nach Hause. Jeder Tag kostete, und wir hatten kein Geld. Also ging es mit dem Pferdewagen wieder heim. Das war im August. Es folgten vier Monate, wo wir zwischen Hoffnung und Verzweiflung schwankten. Aber die Kranke kam nicht mehr auf die Beine. Sie lag im Bett und wurde von Tag zu Tag schwächer.

Ich pflegte sie neben meiner Arbeit, oft kochte ich abends noch. Dann gab es immer dieselbe Suppe. Ich ließ zwei Liter Wasser kochen, setzte den Inhalt von zwei Büchsen Tomatenmark zu, gab Salz dazu und vor allem einen Schuss Essig. Denn, so sagte Don Mateo mit großem Fachwissen, der gäbe der Sache den richtigen

Gusto. Da passierte es mir eines Abends, dass ich in der düster beleuchteten Küche anstatt der Essigflasche die mit Petroleum erwischte. Au wei, was tun?

Ich fragte Marianne und sie meinte: »Servier die Suppe ruhig, der merkt das nicht!« Die Tante lag schon im Bett und Conrado war abwesend. Aber der Onkel saß auf der nächtlichen Veranda und wartete auf die Suppe. Ich trug auf, setzte mich vor meinen Teller und wir schöpften. In der Mitte stand als Beleuchtung eine Stalllaterne. Der Onkel aß Löffel um Löffel, aber plötzlich deutete er mit gerunzelter Stirn auf die Laterne und meinte: »Die muss gelötet werden, sie verliert Petroleum!«

Dass das Petroleum in der Suppe war, hatte er nicht bemerkt. Endlich gab's mal wieder etwas zum Lachen, und Marianne bog sich im Bett. Natürlich wurde die Schüssel trotzdem geleert, auch von mir, hatte ich im Leben doch schon ganz andere Suppen ausgelöffelt. Außerdem, so wussten es die Kreolen, war dieses Erdöl ein probates Mittel gegen die Würmer im Darm. Sie würden fluchtartig dem Ausgang zustreben oder kaputt gehen. Das leuchtete mir ein.

Der Zustand meiner Frau wurde nicht besser. Ein Monat nach dem anderen verstrich und sie wurde immer schwächer. Der Frühling kam, denn er beginnt südlich des Äquators am 21. September, und ließ laut Mörike sein »blaues Band wieder flattern durch die Lüfte«. Die Lapacho- und Jacarandá-Bäume blühten leuchtend gelb und rosa in den blauen, wolkenlosen Himmel hinein, ihr Duft ist betörend. Unter dem riesigen Flaschenbaum tummelte sich eine muntere Entenschar im Wasser der langen Lagune, das dort nach dem ersten großen Regen zusammengelaufen war.

Aber was nützte mir das alles? Die Beine der Kranken verwandelten sich immer mehr in Haut und Knochen. Da wurde mir klar: »Wenn nicht etwas unternommen wird, stirbt sie.« So schrieb ich einen verzweifelten Brief an die Familie meines zweiten Onkels Eugenio. Er war ebenfalls ein Bruder meines Vaters, von Beruf Hotelier, und hatte sich 1932 in Olavarria, einer Stadt im Süden des Landes, niedergelassen und unter großen Mühsalen das »Hotel Savoy« erworben und aufgebaut. Er war bereits verstorben, aber seine Frau, Tante Luise, antwortete sofort, ich solle Marianne »schicken«. Das ging nur mit der Bahn, eine andere Verbindung nach Buenos Aires gab es nicht. So kaufte ich für den Zug eine

Fahrkarte. Der Onkel lieh mir das Geld, ich konnte sie nicht begleiten, es wäre alles zu teuer geworden.

An besagtem Tag spannte ich die Pferde vor den Wagen, und wir fuhren zum Städtchen auf die Bahnstation. Auf dem Bahnsteig warteten schon viele Menschen, und als der Zug langsam einfuhr, wurde mir ganz übel. Er war so voll, dass die Passagiere auf den Trittbrettern standen. Es blieb mir nichts anderes übrig, als die Schwerkranke mit viel Bitten und Flehen in die stehende Menschenmasse hineinzudrücken, das Köfferchen hinterher, dann stammelte ich schnell noch ein paar Abschiedsworte in ihr trostloses, bleiches Gesicht: »Leb wohl, wenn wir uns hier auf Erden nicht mehr sehen, dann im Himmel!« Der Zug ruckte an, ich stand allein auf dem schnell wieder leer gewordenen Bahnsteig und schaute ihm nach. Es waren die üblichen Staubwolken, in denen er sich langsam davon machte, dann war alles vorbei.

Es war schon gegen Abend, als ich traurigen Herzens auf meinem Karren zurückfuhr, dorthin, wo ich ein Zuhause gefunden hatte, solange meine Frau bei mir gewesen war. Aber jetzt war ich ganz allein, und mir war, als ob ich gar nicht mehr da wäre. Das mussten auch die Pferde gemerkt haben, denn sie liefen, wie sie wollten. Mir war alles egal. Eigenartig, in gewissen Situationen höre ich bis heute immer eines unserer Lieder: »Von den Bergen rauscht ein Wasser«, wo es dann in der letzten Strophe sehr lang gezogen und wehmütig heißt: »In dem groooooßen Wartesa-a-a-l, ja, da sehn wir uns zum allerletzten Mal!« Zum Glück ist es nicht so gekommen.

Marianne, so erzählte sie später, setzte sich einfach auf den dreckigen Boden des voll gepfropften Waggons zwischen die Beine der Mitreisenden und überstand die 36-stündige Bahnfahrt lebend. In Buenos Aires erwartete sie die Tante und brachte sie sofort ins dortige deutsche Hospital. Dort lag sie 14 Tage, wurde mit allen möglichen Analysen komplett untersucht, aber man fand keine Ursache ihres Leidens.

So nahm die Tante sie mit nach Hause, nach Olavarria. Dort wurde sie eines Tages von jemand zu einem alten Heilpraktiker mitgeschleppt, nach dem Motto: »Hilft's nicht, so schadet's wenigstens nicht!« Der ließ sich die Krankengeschichte genau erzählen, schaute ihr in die Augen und sagte: »Wir haben's schon! Sie sind nicht krank, aber sie haben kein Blut mehr. Deswegen kann die innere Operationswunde nicht heilen.«

Er verschrieb ihr ein rezeptfreies einfaches Tonikum mit der Auflage, nebenher noch viele Weintrauben zu essen. Dann meinte er: »Wenn Sie nach 14 Tagen keine Besserung spüren, müssen Sie nochmals operiert werden. Kommen Sie in 20 Tagen wieder bei mir vorbei!« Die Besserung trat tatsächlich nach zwölf Tagen ein. Es ging aufwärts. Es sollte aber noch Monate dauern, bis ich sie wieder in den Chaco holen konnte, wo die Möglichkeiten einer vitaminreichen Kost viel weniger gegeben waren.

Mein Vetter Conrado hat noch im gleichen Jahr unserer Ankunft, im Jahr 1951, geheiratet. Seine Frau Lili kam aus Saenz Pena, der zweitgrößten Stadt im Chaco. Sie sprach sehr gut deutsch, denn ihr Vater war Sachse und ihre Mutter Schweizerin. Damit kam gleichzeitig eine sehr tüchtige Schwiegertochter ins Haus, die mit Umsicht und Kenntnis die Haushaltsführung übernahm.

Sie war ein außergewöhnlich liebenswerter Mensch und wir verstanden uns sehr gut. Meine Großmutter vertrat die Ansicht, dass jede Ehefrau ihren Mann entweder hinauf- oder hinunterzieht, ein Zwischending gäbe es nicht. Unter diesem Aspekt konnte man Conrado nur gratulieren. Er hatte das große Los gezogen. Übrigens gebe ich meiner Großmutter noch heute Recht, sie war eine gescheite Frau.

Mein Negro hat mich in den Monaten als Strohwitwer über manchen Kummer hinweg getragen. Aber der *Gaucho*, der ihn zähmte, hatte Recht behalten. Er blieb immer zu drei Vierteln wild. Ohne Lasso ließ er sich nicht fangen. Dann musste er langsam an den dicken Pfosten in der Mitte des *Corrals* herangezogen und mit dem Kopf ganz kurz daran angebunden werden. Nur mit Gewalt und Schläue konnte man ihn dazu bringen, dass er das Maul für die Kandare öffnete.

Aber jetzt kam der schwierigste Teil, nämlich das Satteln. Wenn ich aus einiger Entfernung ganz leicht seinen Rücken mit den Fingerspitzen berührte, sprang er schon hoch, und ich sah nur noch das Weiße in seinen Augen. Wenn die Satteldecke darauf kam, warf er sich nach hinten, sodass jedes Lasso am Kopf riss, wenn es nicht von bester Güte und Stärke war.

Ich musste mindestens mit einer Viertelstunde rechnen, bis der Sattel festgezurrt war. Aufsteigen, ohne dass ihn eine zweite Person eisern am Kopf festgehalten hätte, war unmöglich. Kaum hatte ich den linken Fuß im Steigbügel, raste er los. Er ging regelrecht auf mich los, indem er sich auf die Hinterbeine stellte und mit den Vorderhufen von oben auf mich eintrommelte. Er war ein wahrer Teufel. Oft schauten mir die Erntearbeiter mit größtem Vergnügen zu, aber wenn ich sie zu einer Runde auf dem Gaul einladen wollte, schüttelten sie abwehrend mit dem Kopf, als ob sie sagen wollten: »Wir sind doch nicht verrückt!«

Warum ich dieses Pferd trotzdem allen anderen vorzog? Das hatte einen einfachen Grund: Saß ich einmal im Sattel, war Negro unschlagbar. Ich brauchte niemals die kurze Handpeitsche aller *Gauchos*, mit der sie ihr Reittier bei Ermüdungserscheinungen antreiben, denn Negro wollte immer nur galoppieren. Er hätte sich zu Tode gerannt. So musste ich ihn immer an der Kandare zurücknehmen.

Ein böses Stück lieferte er mir, als ich eines Nachmittags einige versprengte Rinder aus dem Wald heraustreiben sollte. Wir zwängten uns durch die dornigen Büsche, da schlüpfte er blitzartig unter einem dicken Ast durch, sodass ich nach hinten abgestreift wurde und rücklings auf die Erde fiel. Er blieb stehen und drehte den Kopf nach mir. Als ich mich etwas benommen aufsetzte, holte er mit dem Hinterlauf aus und versetzte mir mit dem Huf einen fürchterlichen Schlag direkt auf die Stirn. Dann hörte ich nur noch sein aufreizendes Wiehern und weg war er.

Ich aber lag auf dem Rücken und sah am helllichten Tag alle Sterne am Himmel funkeln. Meine Rettung war, dass ich nicht zwei Handspannen weiter hinten gesessen hatte, denn dann hätte mich der Schlag mit voller Wucht getroffen. Außerdem kannte man hier keine Hufeisen. Inwieweit auch der schwäbische Dickschädel seine Rolle gespielt haben mag, lassen wir dahingestellt. Aber hätte ich in diesem Augenblick ein Gewehr bei der Hand gehabt, ich hätte den davon galoppierenden Wüterich erschossen.

Zum Pferdemörder wurde ich bei einem anderen Gaul. Das war ein alter Schimmel, der sich zu einem wahren Künstler im Öffnen von Türen und Toren entwickelt hatte. Arbeiten tat er nichts, aber wenn es galt, die Tore zur sprossende Baumwollsaat oder zum

Mais zu öffnen, dann war er zur Stelle. Bei Nacht arbeitete er stundenlang an den großen Holztoren, die wir neben dem üblichen Verschluss noch mit Draht zugebunden und abgesichert hatten. Er rieb und rieb, er zog mit den langen Zähnen am Draht und schob ihn so lange hin und her, bis das Tor aufging.

Nicht selten sah man dann in den frühesten Morgenstunden ganze Rudel von Kühen, Pferden oder Ziegen mit voll gefressenen Bäuchen in den Feldern stehen. Der Schaden war für den Bauern groß. Weil ich ja von einem Drittel dieses Ertrags leben sollte, packte mich so die Wut, dass ich das Tier eines Tages in den Wald führte und erschoss.

Später hatte ich manchmal ein schlechtes Gewissen, ob es richtig gewesen war. Der Gründer des amerikanischen Bundesstaates Pennsylvania, William Penn, meinte diesbezüglich, dass uns jeder Schlag, den unsere Wut austeilt, letzten Endes selber treffen wird. Sicher ist das so. Doch wo es, drastisch ausgedrückt, um Sein oder Nichtsein, Leben oder Tod geht, dort verhält sich der Mensch auf jeden Fall anders, als wenn er seine Tage sorglos dahinleben darf. Das müssen sich all diejenigen bewusst machen, die gewöhnlich vom sicheren Hort aus ihre Verdammungspfeile in die Gegend schießen.

Stürze mit Negro gab es nur, wenn er beim Ritt eine Bodenhöhle von Fuchs oder Gürteltier übersehen hatte. Zum Glück waren diese Bodenlöcher auch die Behausung der kleinen Kanincheneulen. Diese ulkigen Tierchen sitzen in der Regel vor ihrem Höhleneingang und begrüßen den herannahenden Reiter mit lautem Geschrei. Dabei nicken sie und verfolgen ihn mit ihrem Gesicht, bis dieses beinahe auf dem Rücken steht. Sie warnten uns also. So konnte man oft ausweichen, aber eben nicht immer. Dass man sich dann nicht Kopf und Kragen brach, war pure Gnade.

Mein Wunschtraum war es, Besitzer mehrerer Pferde zu sein. Hätte ich nur das Geld dazu gehabt! Aber es gibt ja auch Freuden, die nichts kosten. Ich gönnte mir eine solche Freude, indem ich in der Gegend verlauten ließ, dass ich besonders gute und schöne Pferde suchte. Und die *Gauchos* kamen angeritten, oft von weit her. Sie tänzelten um mich herum in der Hoffnung, ein Geschäft zu machen. Ich kontrollierte fachmännisch die Gebisse der Pferde, um ihr Alter festzustellen, prüfte sie auf Gutartigkeit und mit einem Proberitt auf Gangart und Schnelligkeit, kurzum, ich tat so »als ob«.

Aber nun musste ich irgendeinen Grund finden, um die Kerle wieder wegzuschicken, denn ich hatte ja kein Geld. Da es meist tadellose Tiere waren, blieb mir nur noch die Ausrede, dass es die Farbe sei, die mir nicht so richtig gefalle. Ach, wie gern hätte ich sie alle gekauft. Ich sollte aber 35 Jahre warten müssen, bis dieser Traum in Erfüllung ging.

Nur einmal kam ein besonders günstiges Angebot. Da kam so ein armer Mensch mit seinem Pferdchen angeritten. Er brauchte dringend Geld und verlangte 30 Pesos, umgerechnet etwa 100 Mark. Der rotbraune Wallach war von der Rasse der Kreolenpferde, klein und leicht, aber mit der besonders schnellen Gangart, die diese Rasse auszeichnete. Ich lieh mir das Geld, war glücklich und gab dem Tier den Namen Max.

Zwei Tage später sprühten wir die Baumwolle. Ich zog Wasser aus dem Brunnen und rührte damit die schon erwähnte grüne Giftbrühe in einem bereitstehenden Behälter an. Da näherte sich Max schnell und unbemerkt, und während ich mich über den Brunnen beugte, soff er die Brühe aus. Erschrocken rannte ich ins Haus und holte Milch, wir warfen das Tier zu Boden und schütteten ihm einige Liter ein, aber es war umsonst. Er lebte noch vier Stunden und verendete unter großen Qualen. Noch lange trauerte ich ihm nach, besonders, wenn ich an seinem gebleichten Skelett vorüber ritt.

Einmal bemerkte ich auf dem Feld, wie sich vom Süden dunkle Wolken näherten. Nanu, der Himmel war doch blau, das Wetter schön, wo kam denn so plötzlich ein Gewitter her? Die Sonne verdunkelte sich – und dann waren sie da. Es war unbeschreiblich. Es waren die gefürchteten Wanderheuschrecken, schon in der Bibel bekannt als eine der sieben Plagen Ägyptens. Sie flogen stundenlang über uns hinweg Richtung Norden.

Da sagte Don Mateo ganz verzweifelt: »Jetzt ist die Ernte kaputt!«, und so war es. Als es Abend wurde, senkten sich die Heuschreckenwolken herab auf die Erde, auf Haus, Garten, Felder, Wald. Sie bedeckten den Boden so dicht, dass man keinen Schritt gehen konnte, ohne auf Dutzende zu treten. Überall auf dem Hof hüpfte, sprang und kroch es und ein eigenartiger Gestank lag in der Luft.

Wer sich freute, waren nur die Hühner, sie pickten und schluckten wie verrückt. Aber noch zwei Wochen später schmeckten die Eier nach Heuschrecken. Wir versuchten mit Tüchern und Besen, mit Blechen und kleinen Gräben diese Masse wenigstens vom Gemüse und Obstgarten wegzujagen, doch es war alles vergebliche Mühe. Als der nächste Morgen graute, erhoben sich die Wolken und zogen weiter. Zurück blieben total abgefressene, kahle Baumwoll- und Maisfelder und dürre Äste im Wald. Wenige Jahre später wurde diese Plage aus der Luft mit Flugzeugen bekämpft und verschwand.

Eine weitere Geißel dieser Zone ist die *Vinchuca*, auch bekannt als »Kegelnase« oder »Schwarze Bettwanze«. Dieses etwa zweieinhalb Zentimeter lange und gefährliche schwarze Insekt hält sich hinter Schränken und Koffern, in den Ritzen der Wände oder des Daches versteckt, um – wenn es des Nachts still geworden ist – hervorzuschleichen und dem Menschen das Blut auszusaugen. Das gefährliche Tier hat im ausgewachsenen Zustand Flügel und schwirrt in den heißen Sommernächten, vom Wald kommend, durch die geöffneten Schlafzimmertüren oder Fenster.

Oft war morgens mein Körper durch die Stiche, besonders in der Bauchgegend, mit großen Schwellungen bedeckt, die ungemein zum Kratzen anregten. Das Gefährliche dabei ist, dass eine infizierte Wanze die Chagas-Krankheit überträgt, benannt nach dem brasilianischen Bakteriologen C. Chagas. Diese Infektionskrankheit kann Inkubationszeiten bis zu 20 Jahren haben, um dann urplötzlich auszubrechen. Symptome sind Herzvergrößerung und Lähmungserscheinungen. Sie geht meist tödlich aus. Ich habe vier gute Bekannte durch sie verloren. In einem Fall nützte auch die jahrelange medikamentöse Hilfe nichts. Sie starben alle im Alter zwischen 35 und 45 Jahren.

Ein um vieles angenehmerer Besuch im Schlafzimmer überraschte uns schon nach den ersten Tagen. Wir lagen gerade auf dem Bett im *Siesta*schlaf, da fing es hinter einer Kiste an zu klopfen, als würde jemand mit einem Hammer dagegen schlagen. Sehr erschrocken sprangen wir auf, du lieber Himmel, was war denn das? Als ich mich vorsichtig näherte, sah ich hinter der Kiste eine riesige grau-oliv-braune Kröte von der Größe eines Desserttellers, die mich mit ihren goldenen Augen treuherzig anschaute. Es war, wie wir dann erfuhren, eine Riesenkröte, die *Bufo Marinus*, die in den nördlichen Zonen Südamerikas unter dem Namen *Sapo* vorkommt.

Diese Nachttiere halten sich tagsüber an feuchten, dunklen Orten, in Abzugskanälen oder Erdhöhlen auf und erscheinen am Abend im Lichtkreis irgendeiner Lampe, um dort Insekten, vor allem Käfer, zu fangen. Sie sind überaus nützliche Lebewesen, die ohne Furcht in Dörfer und, wie geschehen, Zimmer eindringen. Ungefährlich und harmlos.

Nimmt man so einen Ochsenfrosch auf und befühlt seinen dicken Bauch, spürt man selbst bei der größten Hitze, wie kalt dieser ist. Deswegen gilt er bei der armen Ranchobevölkerung als Hausmittel gegen das Zahnweh. Man packt den *Sapo* in ein Taschentuch und legt dieses auf die Backe. Es gibt unter ihnen aber eine Art, die gefährlich ist. Bei Gefahr spritzt dieser *Sapo* seinen Angreifern eine scharfe Flüssigkeit entgegen, die schon manchen Hund das Augenlicht gekostet hat.

Im Allgemeinen verschlingt dieser Hausgenosse mit einem blitzschnellen Zungenschlag nur lebende Tiere. Wirft man ihm einen toten Käfer zu, beobachtet er ihn eine Zeit lang, aber lässt ihn dann liegen. Meinen ersten Luftsprung in dunkler Nacht tat ich zum größten Schreck von Marianne, als ich barfuß auf so einen unsichtbaren, kalten, glitschigen Genossen trat, der ins Zimmer gekommen war. Ich dachte, es sei eine Schlange.

Nach dem ersten großen Regen war plötzlich wieder Wasser in der monatelang ausgetrockneten Lagune. Da hörten wir einen unbeschreiblichen Lärm. Hunderte von *Sapos* waren aus nah und fern herbeigehüpft und hatten sich zu einem Chor vereint. Vom höchsten Tenor bis zum tiefsten Bass zirpte, seufzte, brummte es in allen nur denkbaren Tonarten. Die Arien wurden heulend geschleift, es klang wie das Weinen losgelassener Geister aus der Unterwelt. Nur der tiefste Stakkato-Bass erinnerte uns an einen Presslufthammer vom Straßenbau. Es war unglaublich. Das Konzert ging bis in die Morgenfrühe, allerdings nur für einige Tage. Wir gewöhnten uns daran, und nach einer gewissen Zeit wurde es zur reinsten Schlafmusik.

Wenn im Hochsommer die Nächte so heiß wurden, dass man es im Hausinnern nicht mehr aushielt, zog man ins Freie. Dort stellte man das *gatre* auf, so heißt ein klappbares Feldbett. Es ist ein einfaches Holzgestell, mit einem starken grauen Zelttuch bespannt. Es fehlt in keinem Chacohaus, auch nicht im ärmlichsten *Rancho* (siehe das Bild »Der sterbende Gaucho auf Seite 588).

Unvergesslich bleiben mir diese subtropischen Nächte unter einem unglaublich leuchtenden Sternenhimmel. Zu gewissen Jahreszeiten sah man weit unten am Nordwesthorizont das Sternbild des Orion mit seinem Aronstab leuchten. Es war ja derselbe wie im Schwabenland und ein lieber Gruß aus der Heimat. Dagegen stand im Süden das tröstliche Kreuz des Südens wie ein Hoffnungszeichen, auch für den schwäbischen Pilger in der Ferne.

Oh, diese stillen Nächte! Man hörte nur ein leises Pferdewiehern, das zufriedene Knurren der schlafenden Hunde oder den klagenden, traurigen Ruf des Riesenschwalks aus dem nahen Wald. Dieser eigenartige Vogel gehört zur Art der Nachtschwalben und kann durch seine Schutzfärbung bei Tag kaum wahrgenommen werden. In der Guarani-Sprache heißt er *Urutaú*. Die Paraguayer sagen, sein Schreien sei das Weinen eines paraguayischen Mädchens um ihren im Krieg gefallenen Geliebten. Der Dichter Carlos Spano sagt in einem seiner Verse:

Klage, klage Urutaú
In dem Schatten des Yatay,
Denn verloren ist Paraguay,
Wo geboren ich und du.
Klage, klage Urutaú.

Bald hatte es sich unter den deutschen Bauern der Gegend herumgesprochen, dass bei Don Mateo eine Familie aus Deutschland eingetroffen sei und dass der junge Mann Akkordeon spiele. So kamen häufig Besucher angeritten oder im Pferdewagen vorgefahren und wollten etwas Neues erfahren aus der »alten Heimat«. Ein Ausdruck, den ich von da an sehr oft unter den Auswanderern zu hören bekam. Erst sechs Jahre waren seit dem Kriegsende verstrichen und man war neugierig, wie alles so gewesen sei. Ich musste viel erzählen und tat dies auch, eben aus meiner Sicht.

Viel wichtiger war bei diesen Besuchen aber die Musik. Ich musste mein Akkordeon holen und dann sangen wir. Es waren durchweg die alten Volks-, Wander- und Küchenlieder, aber ebenso kannte man noch so manches Soldatenlied aus dem Krieg von 1870 und dem Ersten Weltkrieg. Da stimmte der rothaarige Wilhelm mit seiner guten Stimme das Lied »Bei Sedan, wohl auf der Höhe« an und sang alle Verse durch, anschließend den »Argonnerwald« oder dieses sentimentale Lied meines Landsmannes Friedrich Silcher »Steh ich in finstrer Mitternacht«.

Er kam von einem großen Bauernhof aus der Gegend des Bodensees und war mit seinen zwei Brüdern Anfang der 20er Jahre nach Argentinien ausgewandert. Aus »polizeilichen Gründen«, wie er lachend erzählte, irgendwie hing es wohl mit Holzdiebstählen zusammen. Sie hätten ihr ganzes Hab und Gut auf einen vom Militär erstandenen Pferdewagen geladen, darunter sei sogar ein verstecktes Maschinengewehr gewesen. Wilhelm hatte in Hohenheim Landwirtschaft studiert und war ein hervorragender Bauer.

Die drei Brüder hatten als Junggesellen im Chaco die biblische Wahrheit erfahren müssen, dass es nicht gut ist, wenn der Mensch allein sei. So schrieben sie einen Brief in die Heimat, man möge ihnen drei junge Mädchen suchen und schicken. Es klappte tatsächlich. Eines Tages standen die Männer in Buenos Aires am Kai, um die Bräute abzuholen. Die zwei älteren Brüder entschieden sich sofort für ihre Zukünftige, und Wilhelm blieb auf der Dritten »sitzen«, wie er erklärte. Sie habe ihm schon deswegen nicht gefallen, weil sie wie eine Ente gewatschelt sei.

Er nahm das enttäuschte Mädchen also nicht, sondern suchte sich eine rassige, dunkle Kreolin. Diese schenkte ihm sechs stolze Söhne, aber eines Nachts verschwand sie mit einem Liebhaber und ließ Wilhelm mit den kleinen Buben sitzen. Er fand dann eine andere, leicht behinderte Lebensgefährtin und hauste mit ihr in einem geräumigen *Rancho*.

Er lud uns einmal zum Essen ein und wir sahen, dass es nur eine einzige, verbeulte Schüssel in der Küche gab. Er war verkommen an Leib und Seele, nur der Alkohol schien ihn vergessen zu machen, »was nicht mehr zu ändern« war. Die beiden Brüder, ebenfalls tüchtige Landwirte, kamen mit ihren Frauen zu einem nicht geringen Wohlstand und ebenso die abgelehnte »Ente«, die als fleißige schwäbische Hausfrau einem deutschen Landwirt zu seinem Glück verhalf.

Bei solchen Treffen in froher Runde waren natürlich alle möglichen Landsmannschaften vertreten, dasselbe galt für Herkunft und Beruf. Da saß der Gutsbesitzer aus Ostpreußen neben dem Hamburger Matrosen, und der Berliner Akademiker geriet in eine heiße Diskussion mit dem Bauern aus dem Thüringer Wald. Die adlige Journalistin aus Ostafrika – ihr bei der Legion Condor gefallener Mann war mit dem berühmten Günter Plüschow unter Lettow-Vorbeck geflogen – hob schon halb beschwipst ihr Schnapsglas und prostete dem Schweizer Bankier zu, der wegen dunkler Machenschaften gerade noch rechtzeitig aus der Heimat hatte verschwinden können. Wahrlich, langweilig wurde es einem nie, war doch jedes Leben ein Abenteuerroman.

Bei solchen Festen gab und gibt es im Chaco auch heute noch als Standardgericht, das *Chivito*, ein auf Holzkohle gegrilltes Zicklein. Denn eine Ziegenherde hatte jeder. Metzgereien gab es nur in einer Ansiedlung, im *pueblo*, wie im Städtchen Las Brenas, und man hatte keine Kühlanlagen, sodass das Fleisch bei den heißen Temperaturen nur kurz und in kleinen Mengen aufbewahrt werden konnte. Man schlachtete ein bis zwei Mal in der Woche eine Ziege, und die Arbeiterfamilien aßen mit.

Don Mateos Ziegenherde bestand aus 200 bis 300 Tieren, die genauen Zahlen wusste keiner. Sie liefen, nachdem man sie morgens aus dem *Corral* gelassen hatte, frei in Busch und Wald herum und fraßen praktisch alles, sogar die stachligen Dornbüsche. Regelmäßig am Spätnachmittag hörte man schon aus der Ferne ihr Gemecker. Sie kamen zurück, vom Hirten getrieben. Dieser hatte aber keine zwei, sondern vier Beine, denn es war der Ziegenhund. Eine geniale Erfindung!

Da wurde ein junger Hund seiner Mutter weggenommen und in den Ziegen*corral* gesperrt. Dort wurde er mit Ziegenmilch ernährt und hörte nichts anderes als das Gemecker dieser Tiere. Jetzt hielt er sich selber für eine Ziege. Er sprang mit der Herde im Busch herum und ging nicht mehr von ihrer Seite. Nur war sein Problem, dass er sich eben nicht den Bauch vollschlagen konnte mit saftigen Gräsern und leckeren Buschblättern. Er bekam Hunger und er wollte nach Hause, denn dort wartete täglich das Futter auf ihn, jedoch immer erst nachmittags. Also trieb er beziehungsweise sein Hunger trieb die Herde automatisch heimwärts und in den *Corral*.

Es kam immer häufiger vor, dass man mich aus schon genannten Gründen zu irgendeiner Geburtstagsfeier einlud. Wenn ich dann zu später Stunde durch die ruhige und stille Mondnacht nach Hause fuhr, wenn die Pferde mit ihren Köpfen nickten und ihre Hufe den grauen Erdstaub aufwirbelten und plötzlich der penetrante Moschusgestank des unsichtbaren *Zorrinos*, eines Stinktiers, wie Nebel über dem dunklen Feld lag, spürte ich ein unerklärliches Gefühl von Frieden und Geborgenheit.

Unvergesslich bleibt mir der Besuch bei der russischen Großfürstin Schachowskoj an einem glühend heißen Nachmittag. Ihr verstorbener Mann, der Großfürst, war der persönliche Berater des 1918 ermordeten letzten Zaren Nikolaus II. gewesen. Die Familie konnte bei der Revolution fliehen und landete im Chaco.

Es war unbeschreiblich. Da saß eine Dame in einer miserablen Erdhütte, ohne Türen und Fenster. Der Lehmverputz war abgebröckelt, sodass durch die breiten Ritzen der Holzpfostenwände nicht nur die Sonne, sondern auch das Ungeziefer freien Zugang hatte: Fliegen, Stechmücken, Wanzen. Im Eck stand eine niedrige, undefinierbare Liege mit Schaffellen. Dann gab es noch einen wackeligen Tisch, einige Regalbretter in der Wand und ein paar durchgesessene, ausgefranste Baststühle. Der Boden bestand aus festgestampftem Lehm.

Auffallend an der Dame waren ihre weißen, zartgliedrigen Hände und die kostbaren Ringe an den Fingern. Sie sprach mich mit einer auffallend dunklen Stimme zuerst französisch an. Aber als ich mein armseliges Schulfranzösisch herausstotterte, schwenkte sie sofort auf ein perfektes Deutsch um. Die Fürstin sprach viele Sprachen.

Vor dem *Rancho* meckerten ein paar Ziegen. Hühner zankten sich um ein Stück altes Brot und wirbelten Staub auf, eine Glucke kam gackernd mit einem Dutzend Küken zur offenen Tür hereinspaziert, über allem lag ein Hauch von unsäglicher Armseligkeit, aber auch fürstlicher Hoheit. Ich erkannte: Der wahre König bleibt königlich, auch in einer Hütte, und der wahre Prolet bleibt bei seiner Natur, selbst wenn er in einem Schloss sitzt!

Ich fühlte mich gedrungen, der Fürstin zum Abschied die Hand zu küssen, aber weil ich damals noch nicht wusste, wie man das vorschriftsmäßig macht, ließ ich es bleiben. Der Name dieses Fürstengeschlechts steht heute noch in den russischen Geschichtsbüchern. Ihre Söhne wurden sehr tüchtige Landwirte in der Gegend und zwei ihrer Enkel wurden später meine Schüler. Dass in ihnen etwas Besonderes steckte, war nicht zu übersehen.

Wenn der Berghüler Gesangverein zu besonderen Anlässen das Lied unseres schwäbischen Landsmannes Ludwig Uhland (1787 bis 1862) »Das ist der Tag des Herrn« zum Besten gab, und wenn dabei die Stimmen der Sänger immer getragener auf- und abschwollen, dann packte gewöhnlich auch mich dieses eigenartige, feierliche Sonntagsgefühl, für das es keine Erklärung gibt.

Wenn mich einmal das Heimweh packte, war es immer sonntags. Wenn ich beinahe körperlich spürte, dass ich etwas nicht zu Beschreibendes verloren hatte, war es am Sonntag. Sicherlich trug die Stille dazu bei, die an diesem Tag über Haus und Arbeitsfeld ruhte. Aber ebenso die Erinnerung an die ferne Heimat und das Läuten einer Glocke, die dahin rief, wo auch die Seele zur Ruhe in Gott findet.

Ach, wie fehlte mir das! Oft sattelte ich mein Pferd und ritt übers Land, oder ich ging mit meinem Luftgewehr in den Wald und schoss eine bestimmte Art von Papageien. Diese Mönchsittiche, *Catorra* genannt, haben die Größe einer Amsel, sind gelblichgrün und leben in großen Reisignestern auf hohen Bäumen.

Sie waren der Schrecken der Urwaldkolonisten, denn wenn sie in großen Schwärmen in die Maisfelder einfielen, war der Schaden oft nicht mehr gutzumachen. So deklarierte sie die Regierung zu Schädlingen und setzte eine Abschussprämie fest. Es gab pro Beinchen fünf Centavos. Als ich eine große Büchse davon voll hatte, wollte ich sie, in der freudigen Hoffnung auf ein paar Pesos, abliefern. Aber niemand konnte mir sagen, wo die Auszahlungsstelle war. So blieb ich auf meinen Trophäen sitzen und lernte, dass in Südamerika nicht nur die Uhren, sondern auch die Papageienfüße anders liefen als gedacht.

Als Jäger aktiv wurde ich auch, wenn der Raubvogel auf Kükenjagd ging. Mein Onkel hatte eine alte Schrotflinte, die aber so ausgeleiert war, dass das Schloss klapperte. Als eines Morgens der Ruf der Arbeiter: »Der Vogel!«, erscholl, rannte ich hinaus und schlich mich hinter einer Hecke an die Stelle heran, aus der das alarmierende Geschrei der Glucke kam. Aber der große Räuber musste mich bemerkt haben, er hob ab und flog mit weiten Schwingen davon. Ich erhob mich und stieß enttäuscht die Flinte auf den Boden. Dabei löste sich der Schuss und die Schrotladung zischte zehn Zentimeter an meinem Kopf vorbei ins Blaue. Nur eine millimeterkleine Veränderung des Laufwinkels, und mein Kopf wäre mitgezischt. Da war er wieder, der Schutzengel.

Vom ersten Tag an haben mich ganz besonders die Schlangen interessiert, von denen man in Deutschland immer gelesen hatte und über die von den Landesbewohnern die reinsten Schauergeschichten erzählt wurden. »Wo sind sie denn?«, fragte ich immer wieder, aber es vergingen Wochen, bis ich die erste sah – an einem Ort und zu einem Augenblick, wo ich am wenigsten daran gedacht hätte.

Ich griff aus Reinigungsgründen in die gerade leere Viehtränke, da sah ich sie. Sie war schon zusammengerollt zum Angriff. Es war eine *Yarará*, eine Lanzenschlange, die häufigste Giftschlange im Chaco. Sie kann bis 1,60 Meter lang werden.

Eine noch gefährlichere Art ist die *Cascabel*, die Klapperschlange. Diese Lochotter kann armdick und bis zu 1,80 Meter lang werden. Ihr Biss wirkt fast immer tödlich, es sei denn, dass sofort Hilfe und Serum zur Stelle sind. Man nennt sie auch »Geißel der Viehweiden«, da ihr viel Weidevieh zum Opfer fällt. Wie ihr Name sagt, hat sie an der Schwanzspitze Hornklappern, mit denen sie, wenn man sich nähert, warnend rasselt. Das Geräusch ist einer Kinderklapper ähnlich. Dabei folgt ihr bissbereiter Kopf stets dem sie umkreisenden Angreifer.

Am gefährlichsten von allen Arten ist aber die *Vibora de coral*, die Korallenotter. Sie zählt zu den farbenprächtigsten Schlangen der Welt. Ihr Biss ist absolut tödlich. Sie wird 80 Zentimeter lang und hat im Gegensatz zu den durchweg schwarz-braunen Ottern eine wunderbar schwarz-gelb-rote Zeichnung. Zum Glück kommt sie selten vor. Eine »falsche Korallennatter« ist ihr farblich sehr ähnlich. Sie ist aber ungiftig, und man kann sie an einer bestimmten Bauchzeichnung unterscheiden.

Neben den Giftschlangen gibt es im Chaco noch eine Menge ungiftiger Baum- und sonstiger Nattern. Die größten davon sind die *Lampalagua* und die »Argentinische Boa«. Letztere gibt es häufig im Wald, sie wird bis zu drei Meter lang und gilt als exzellente Rattenvertilgerin. Deswegen wird sie sogar als Haustier gehalten, besonders in den riesigen Mehlspeichern des Landes.

Eine davon haben wir einmal »geschlachtet«. Nicht um des weißen Fleisches willen, das die japanischen Einwanderer verzehren, sondern wegen ihres Fettes. Dieses sei, mit Schwefelpulver vermischt, ein hervorragendes Mittel gegen jede Art von Rheuma. Es muss aber in der Sonne ausgelassen werden, so wurde uns gesagt. Nun ja, ich schickte dann eine Dose zur geplagten Schwiegermutter nach Deutschland, konnte aber nie erfahren, ob es geholfen hatte.

Schon bald wurde ich in der näheren Umgebung als Schlangenfänger bekannt. Man rief mich, wenn eine Schlange zu sehen war. Ich lernte schnell die Eigenarten der Tiere und ebenso, dass sie nie gefährlich werden können, solange sie dahinkriechen. Erst wenn es zusammengerollt ist, schnellt sich das Tier dem Angreifer entgegen, wobei die Sprungentfernung nie größer sein kann als ihre eigene Körperlänge.

Ich lernte, wie man ihnen den tödlichen Schlag auf den Kopf verpasste, zog die toten Reptilien meistens ab, spannte die Häute zum Trocknen auf und sammelte sie für weitere Studien. Oberstes Gebot war immer: Bei Nacht nie ohne Taschenlampe ins Freie! Die Schlangen kamen, besonders in der Brunst, bis ins Klo oder Schlafzimmer.

Ich möchte aber ausdrücklich betonen, dass die allgemein übliche übertriebene Angst vor Schlangen unberechtigt ist. Die Tiere fliehen nach Möglichkeit immer. Sie fühlen sich nur angegriffen, wenn man beispielsweise im hohen Gras versehentlich auf sie tritt, oder wenn man bei Dunkelheit noch schnell Schnittlauch aus dem Garten holen möchte und sie dabei berührt. Dann schlagen sie zu, und das ist auch verständlich.

Die Zeit verging. Im April 1952 durfte ich meine Marianne wieder zum Chaco zurückholen. Die Bahnfahrt war ein wahres Vergnügen. Ich fühlte mich bereits als alter *paisano*, als Landsmann, dem so leicht keiner mehr etwas vormachen konnte.

Als wir zurückkamen, war die Baumwollernte noch in vollem Gange. Sie war für diese arme Zone ein großes Ereignis, fanden doch viele Familien für einige Monate, etwa von Februar bis Juni, ein bescheidenes Auskommen mit dem Pflücken des »weißen Goldes«. Die Erntefamilien kamen mit Sack und Pack angereist, besonders aus der Nachbarprovinz Santiago del Estero. Sie hausten während dieser Zeit in den sonst leer stehenden *Ranchos*. Der Patron versorgte sie mit Lebensmitteln, die in kleinen *libretas*, Heftchen, aufnotiert und dann mit der Auszahlung verrechnet wurden.

Natürlich kauften die Arbeiter auch Wein, sodass es manchmal am Abend und bis in die späte Nacht recht lustig zuging, bisweilen kam es auch zu heftigen Streitereien. Auf dem offenen Feuer kochten sie ihre einzige warme Mahlzeit, den *guiso*, einen Reis-, Nudel- oder Kartoffeleintopf, und brieten das täglich geschlachtete Ziegenfleisch. Es war ein buntes Treiben.

Und es wurden in den *Ranchos* Kinder geboren, oftmals tot. Dann bastelte ich aus einer Apfelkiste einen kleinen Sarg, schön ausgelegt mit Zeitungspapier. Einmal sprang Ramon, ein langjähriger Knecht, im Hof herum, einen neugeborenen Säugling am Fuß haltend. Er schüttelte den kleinen Körper ununterbrochen und schrie mit schriller, wie erleichterter Stimme: »Schon tot, schon tot!« Er war Witwer und lebte nun mit seiner 16-jährigen Tochter zusammen, die er geschwängert hatte. Er hatte das lebend geborene Kind absichtlich zu Tode geschüttelt.

Wenn die vielen Erntefamilien in der Gegend lagerten, galt es, besonders auf Werkzeuge und sonstige bewegliche Gegenstände und auf die Hühner ein Auge zu werfen. Die Wassermelonen auf dem Feld wurden immer weniger, die Mandarinenbäume leerer, denn man bediente sich eben da, wo etwas war.

Ich überlegte krampfhaft, wie man Abhilfe schaffen könnte. So nahm ich eine Spritze aus der Hausapotheke, füllte sie mit Wasser und ging damit aufs Feld. Der herumtollenden Kinderschar erkläre ich, dass die Melonen jetzt präpariert würden und dass jeder, der davon esse, Durchfall bekäme. Natürlich wurde diese Botschaft mit Windeseile an die ganze Sippschaft weitergegeben.

Am Maschendraht, mit dem der Mandarinengarten eingezäunt war, brachte ich lange Kabel an, die in einen Holzkasten führten. Der Zaun bekäme eine Warnanlage, die bei der geringsten Berührung Alarm schlüge, so meine Erläuterung an die staunenden Zuhörer. Um sie zu überzeugen, setzte ich eine Vorführung fest, und zur angegebenen Stunde fand sich dann auch ein zahlreiches Publikum ein.

In dem kleinen, verschlossenen Holzkistchen befand sich ein Wecker, den ich genau auf zwölf Uhr gestellt hatte. Jetzt galt es, den Zaun genau in dem Augenblick zu berühren, wo der Wecker losschellte, und das war äußerst schwierig. Wiewohl der Wecker und meine Armbanduhr vorher genau aufeinander abgestimmt wurden, gab dieser bei der Berührung des Drahts um Punkt zwölf keinen Ton von sich.

Misstrauisch und ungläubig beobachtete das Publikum den weiteren Fortgang des Experiments. Ich erklärte, dass es wohl in der Leitung ein technisches Versagen gegeben habe, schüttelte die Kiste und wiederholte den Versuch. Jetzt musste er doch losgehen!

Wieder berührte ich mit theatralischer Geste den Draht und dann, nach wenigen Sekunden, rasselte der Wecker in der Kiste endlich los. Die Verspätung, so erklärte ich dem staunenden Publikum, sei ganz natürlich auf die Geschwindigkeit des Stroms zurückzuführen. Das brauche eben die nötige Zeit, wie alles im Leben. Das wurde geglaubt, denn die Leute hatten noch nie etwas mit der Elektrizität zu tun gehabt.

Alles in allem war das Chacoleben hoch interessant. Jeden Tag gab es etwas Neues. Einmal fiel ein kleines Zicklein in einen tiefen Brunnen. Es klagte jämmerlich, aber niemand fand sich bereit, hinunter zu steigen, es war zu gefährlich. Der Brunnen war teilweise eingefallen, die Erdwände rissig und schief, und bei der geringsten Berührung konnte er zusammenstürzen. »Federico geht runter«, so kannten sie mich, und so war's dann auch. Ich ließ mich mit einem Lasso abseilen, und als sie mich heraufzogen, hatte ich das unverletzte Tierchen im Arm, das noch ganz erschrocken und laut meckernd davon hüpfte. Es war so froh wie ich. Also geteilte und somit doppelte Freude! Wie schön, wenn man dieses zum Überleben so notwendige Gefühl sogar mit einer Ziege teilen kann!

Wenn es Regentage gab, galt es die beschädigten Pferdegeschirre und Sättel zu reparieren. Ich lernte, wie man aus den dünnen getrockneten Kälberhäuten feine, zwei bis drei Millimeter breite Streifen schnitt, die enthaart als Nähmaterial verwendet wurden. Mit den Sattlerwerkzeugen Ahle und Pfriemen wurde gearbeitet.

Ich lernte, wie man Lassos macht, indem man ebenfalls, aber jetzt aus großen Tierhäuten, lange Streifen schnitt und flocht. Dabei sind die Häute von männlichen Tieren, also von Stier und Ochs, besser geeigneter, weil sie widerstandsfähiger und stärker sind. Sollte hiermit nicht auch das »dickere Fell« von uns Männern bei gewissen Dingen bewiesen sein? Interessant ist, dass die neuen und darum noch sehr hart geflochtenen Lassos nicht mit irgendwelchen Fetten weich und geschmeidig gemacht, sondern straff gespannt in der Sonne mit Kuhfladen eingerieben und behandelt werden.

Ich hatte auch reichlich Gelegenheit, meine beruflichen Kenntnisse im Metzgerhandwerk zu verbessern. Schlachten, Wursten und Räuchern, alles wurde gemacht. Auch mit der Schnapsbrennerei hatte ich wieder, wie einst, etwas im Sinn. Eine große Blechbüchse – darin kaufte man das Motorenöl – war der Kessel, das Messingröhrchen bekam man in der Autowerkstatt.

Als Materie hatte ich den Mais auserkoren. Das musste ja auch gehen, und so war es. Als ich dem Onkel voller Stolz das erste Gläschen mit Maisschnaps feierlich kredenzte, verzog er erschrocken sein Gesicht. Der Fusel schmeckte derart penetrant nach Blech, dass wir ihn später nur zum Feueranzünden verwendet haben. Ein tüchtiger Schuss davon aufs Holz im Herd, und es brannte sofort wie Zunder.

Ich arbeitete auch als Maurer. Immer wieder galt es, die Schuppen für die Erntearbeiter zu reparieren oder einen neuen aufzubauen. Anfänglich war ich nur Handlanger, doch bald traute ich mir zu, auch Wände mit Schnur und Lot hochzuziehen. Leider ging mein diesbezüglicher Arbeitseifer nicht immer konform mit dem »Blei«, also dem rechten Winkel. Eine große »Beule« im Gemäuer erregte noch nach Jahrzehnten sowohl Aufmerksamkeit als auch Heiterkeit der Betrachter. Was soll's, andere lassen sich zur Verewigung ein Denkmal setzen!

Wie schon berichtet, lag unsere Farm 35 Kilometer westlich des Städtchens Las Brenas. Eine offizielle Verbindung dorthin war ein alter, quietschender Bus, der in den Morgenstunden täglich einmal am Haus vorbeiratterte. Eine genaue Uhrzeit gab es infolge der häufigen Reifen- und sonstigen Pannen nicht, auch keine Haltestelle. Man stellte sich an die Straße und er hielt an.

Er kam aus der Nachbarprovinz Santiago und meldete sein Nahen schon aus weiter Ferne mit einer riesigen Staubwolke an. Wurde diese Wolke von einem dazu aufgestellten Späher gesichtet und weitergemeldet, blieb noch genügend Zeit, um sich zu rasieren, umzuziehen oder in aller Ruhe seinen Kaffee auszutrinken. Da er sehr oft überfüllt war, wurden die Passagiere samt Sack und Pack aufs Dach verfrachtet. An gespannten Seilen konnte man sich festhalten.

Einmal passierte es, dass ein Sarg im Städtchen gekauft und aufs Dach verladen wurde. Eine Sitzgelegenheit, die von den Mitreisenden dankbar wahrgenommen wurde. Da fing es plötzlich stark zu regnen an, worauf sich ein jüngerer Mann, um nicht nass zu werden, in den Sarg legte. Der Deckel kam wieder drauf, der Bus ratterte weiter. Jetzt stand ein neuer Passagier am Weg, auch er kletterte aufs Dach.

Nach einer gewissen Zeit wollte der Mann im Sarg wissen, ob es noch regnete. Er hob langsam den Deckel von innen, worauf der neu Zugestiegene einen solchen Schreck bekam, dass er vom Dach des fahrenden Busses hinuntersprang und sich zum Glück nur das Bein brach. Noch lange erzählte man sich diese Geschichte in Spelunken, Häusern und an den offenen Feuern, und immer wieder rief sie größte Heiterkeit hervor.

Wir selber fuhren wenig mit dem Bus. Da gab es Julio Schmitt als Nachbar, er gehörte zu den hier angesiedelten Wolgadeutschen und besaß einen kleinen Ford-Lastwagen, Modell 1929, mit dem er beinahe täglich ins *pueblo* fuhr, um die Erzeugnisse der Bauern wie Baumwolle, Mais, *Kafir* (eine Hirseart) an die dortige landwirtschaftliche Genossenschaft zu liefern. Man setzte sich auf die Säcke oder Kisten der Ladung und wurde natürlich genauso eingestaubt wie diese. Julio überbrachte auch bei seiner abendlichen Rückfahrt die Post. Wenn er kurz an der Straße anhielt und hupte, rannte man los, denn oft war es ein Gruß aus der fernen Heimat.

Ein großer Tag war, wenn das verkaufte Schlachtvieh ins pueblo getrieben werden musste. Noch in der Nacht ging die *tropa*, der Herdentrieb, los. Es kostete manche Mühe, die bis zu 30 Rinder zügigen Schritts auf dem Weg zu halten. Mit lautem »ho, ho, ho« wurde getrieben. Wilde Ausbrecher mussten im Galopp verfolgt, oft mit dem Lasso gefangen und an den Hörnern mitgeschleppt werden. Aber wenn man verdreckt und müde angekommen war und die Tiere abgeliefert hatte, schmeckte ein frisches Bier besser als jeder königliche Trunk. Nach einigen Stunden Pause, bei der die ebenfalls müden Pferde mit gekauftem Kleeheu gut gefüttert und mehrmals getränkt wurden, ritt man gegen Abend zurück. Mein Negro schaffte die 35 Kilometer ohne jeden Antrieb in guten zwei Stunden. Ach, war das ein Gaul!

Ich habe schon von den schweren Anfängen aller Chacoimmigranten erzählt. Der Kampf ums Überleben war mit ungeheuren persönlichen Opfern verbunden, die wirtschaftlichen Fehlschläge und Missernten trieben manchen zur Verzweiflung. Aber dazu kam noch ein Weiteres. Sehr oft blieben die *Gringos* ohne Recht und Gerechtigkeit, wenn sie bei Streitfällen, Diebstählen oder Betrügereien die Behörden, also die Polizei, um Hilfe baten. Man war völlig auf sich allein angewiesen.

Als Helfer und Beistand galt für die katholischen Neuankömmlinge in dieser Chacozone der sehr populäre und aktive Pater H. Er kam 1923 mit einer größeren Gruppe Wolgadeutscher aus der Provinz Entre Rios angereist. Sie siedelten sich in der Gegend von Los Huaicos an, welches 60 Kilometer nordwestlich von Charata liegt. Dieser Pater, auch Wolgadeutscher, trug aber nicht nur zur geistlichen Betreuung der Einwanderergruppe bei, sondern – so erzählten mir glaubwürdige Kolonisten hinter vorgehaltener Hand und mit verschmitztem Lächeln – auch zur Auffrischung und Vermehrung der Bevölkerung. Die Zahl seiner Kinder sei nur zu schätzen! Auch habe er die »Primiz« von getrauten Bräuten in der Hochzeitsnacht für sich in Anspruch genommen.

Im August 1939 kam er infolge eines »Jagdunfalls« ums Leben. Er ruht auf dem Friedhof von Charata, der seinen Namen trägt, unter den ausgebreiteten Armen einer großen Christusstatue aus Stein. Warum mir jedes Mal, wenn ich dort vorüber kam, Matthäus 7,21[1] durch den Sinn ging, Gott mag es wissen. Er sei seiner Seele gnädig.

Jedenfalls gab es damals gewissermaßen »Wildwest in Reinkultur«. Ich bekam noch eine ganze Menge davon mit. Unter den

---

[1] Es werden nicht alle, die zu mir sagen: Herr, Herr!, in das Himmelreich kommen, sondern die den Willen tun meines Vaters im Himmel.

Polizeikommissaren gab es wahre Banditen. So auch in Las Brenas, zwei Dutzend Jahre bevor ich dort auftauchte. Nur unter vorgehaltener Hand erzählte man sich seine Gräueltaten, denn obwohl ihn der Teufel schon lange geholt hatte, könnte ja noch sein Geist Unheil und Verderben über die verängstigten Seelen bringen.

Der Bericht ist authentisch, man kann es in den Gerichtsakten nachlesen, doch die Namen wurden geändert. Er hieß Amadeo Flores Reyes und wurde im Juni 1923 als Polizeikommissar nach Las Brenas versetzt. Seine vorherige Dienststelle lag im Süden in der Provinz La Pampa. Dort hatte er einen 15-jährigen Jungen mit einem Fußtritt in die Milz getötet, weil dieser im Vorbeireiten nicht gegrüßt hatte.

In Las Brenas führte er ein wahres Schreckensregiment. Seine amtlichen Gehilfen waren der Polizeisergeant Roman Sieger und die Polizisten Isidro Gaitán und Roberto Ramos. Ebenfalls mit unter der Banditendecke steckte der Kaufmann Meliton Aquino. Er hatte ein Geschäft und kaufte Landesprodukte auf. Auch der Schlachter Elias Barbuj war mit von der Partie. Er wurde »Turco« genannt und vermarktete das von der Polizei gestohlene oder zu Unrecht konfiszierte Vieh.

Der Siebte im Bunde war ein gewisser Tuerto Arganaraz, ein Faulenzer, Säufer und Tagedieb, der ständig seine Stieftochter vergewaltigte. Er kundschaftete aus, wo etwas zu holen war, beispielsweise nach dem Tod alleinstehender Personen. Und er galt als sicherer Zuträger des Kommissars. Wurde irgendwo etwas erbeutet, bekam jeder seinen Anteil, den Hauptbrocken mit 75 Prozent schob aber immer der Kommissar ein.

Der Höhepunkt ihrer Untaten war der Fall Kerensky. Diese vornehme, russische Immigrantenfamilie hatte sich 1923 ein Stück Land erworben und war gerade dabei, unter großen Opfern und Mühen Boden unter die Füße zu bekommen. Beim Verkauf ihrer ersten guten Baumwollernte erlösten sie 1.500 Pesos. Dies erfuhr der Kommissar durch seine Zuträger. Es gab eine Vorladung, in der der Kommissar 500 Pesos für sich forderte. Der erwachsene Sohn Pablo weigerte sich, und damit begann die Leidenszeit dieser Familie.

Reyes erfand und provozierte die unmöglichsten Anschuldigungen und Vergehen und sperrte die schockierten Familienglieder reihenweise immer wieder für mehrere Tage ein. Dafür hatte er bei der Bahn einen geschlossenen Güterwagen gemietet, der auf einem Nebengleis nahe der Polizeistation stand. Tagelang saßen dort die Gefangenen eingesperrt, bei Hitze und ohne Wasser, selbst die 64-jährige Mutter. »Diese verdammten *Gringos* werde ich kriegen, tot oder lebendig!«, so die Parole des Bösewichts.

Persönliche Vorsprachen und Berichte beim Polizeichef und Gouverneur in der Provinzhauptstadt Resistencia brachten nichts. Man glaubte Reyes' Berichten, der seinen Opfern triumphierend ins Gesicht schrie: »Für diese Beschwerde werdet ihr zahlen, wisst ihr nicht, dass diese Herren alle meine *amigos* sind?«

Am 24. Juni 1925 kam seine Abrechnung. Die Brüder Pablo und Eduardo Kerensky kamen mit einer Fuhre Baumwolle ins *pueblo* und wollten diese im Geschäft von Arganaraz verkaufen. Dieser schickte sofort zur Polizei, sie seien da. Reyes, der vorher alles eingefädelt hatte, war aus Gründen eines Alibis in die Hauptstadt gereist, aber nicht, ohne seinen drei Polizisten den Auftrag gegeben zu haben, »jetzt endlich einmal den Sack zuzubinden«! Das taten sie. In ihrem Kugelhagel brachen die Brüder zusammen.

Im Polizeibericht stand, dass sie zuerst zur Waffe gegriffen hätten, doch das war gelogen. Ein gekaufter Zeuge, der Pole Estanislao Chesfelovsky, hatte diese Aussage unterschrieben. Erst nach massiven Beschwerden an das Innenministerium in Buenos Aires und nachdem die Presse davon in großer Aufmachung berichtete, wurden Reyes und seine Garde, wie üblich, nur versetzt.

Es sind zwei Gründe, warum ich gerade dieses Geschehnis so ausführlich in meine Geschichte eingebaut habe. Zum einen soll gezeigt werden, warum verhältnismäßig viele Auslandsdeutsche begeisterte Anhänger Hitlers wurden. Als *Gringos* waren sie nur zu oft hilflos der Willkür gleichgültiger oder gar verbrecherischer Autoritäten ausgesetzt. Bestand man auf Gesetz und Recht, wurde man in der Regel vertröstet und abgeschoben.

Dies war auch ein Grund, warum so viele ihre Hoffnung auf die Heimat setzten und warum der Ruf »heim ins Reich« auf so fruchtbaren Boden fiel. Deswegen schickten nicht wenige der alten Einwanderer ihr Söhne nach Deutschland, sie sollten dort eine bessere Zukunft finden. Auch mein Vetter Conrado hatte schon seinen Pass beantragt, da kam der Krieg.

Zum zweiten: Ich möchte dem Leser nicht vorenthalten, wie Gottes Mühlen nicht immer nur langsam, sondern manchmal sehr schnell und fürchterlich mahlen können. Der Kommissar Amadeo Flores Reyes ist schon wenige Monate nach seiner erneuten Strafversetzung in einem Hospital an den Folgen seiner Syphilis elend und einsam gestorben. Mit lauten Schreien verlangte er noch nach einem Priester, doch es gab keinen. Er war in einem so schrecklichen Zustand, dass man seine Bettwäsche nicht mehr wechselte. Er sei »in den eigenen Exkrementen buchstäblich verreckt«, hieß es.

Der Sergeant Roman Sieger wurde nach Quimili in Santiago versetzt. Schon bald darauf, im Jahre 1927, verfolgte er eines Nachts zu Pferd einige Viehdiebe. Dabei erschrak sein Pferd, ging mit ihm durch, er fiel aus dem Sattel, blieb aber im Steigbügel hängen. So schleifte ihn das Tier stundenlang durch die Gegend. Man fand ihn tot, sein Körper war völlig entstellt.

Die Polizisten Isidro Gaitán und Roberto Ramos wurden ebenfalls versetzt, sie kamen zusammen nach Resistencia. Dort, es war im Jahre 1928, verliebten sich beide in die schöne, 20-jährige Lucilda Amarilla, die im Bordell ihr Brot verdiente. Gaitán besuchte sie regelmäßig dienstags, Ramos donnerstags. Schließlich vermuteten beide im anderen den Nebenbuhler und wurden misstrauisch. So machte sich Gaitán eines Samstags auf, schlug mit wenigen Fußtritten die verschlossene Tür zu Lucildas Zimmer ein und fand den Freund im Bett mit der Schönen.

Beide zogen das Messer und es entbrannte ein fürchterlicher Kampf. Die Frau warf sich dazwischen und bekam einen Stich in den Bauch. Gaitán schnitt dem Kollegen mit einem Hieb die Kehle durch, und der zog – noch im Todeskampf – den Revolver und jagte seinem Mörder eine Kugel ins Gesicht. Beide starben an Ort und Stelle. Lucilda kam mit dem Leben davon und wurde von ihrer Mutter nach Paso de los Libres zurückgeholt, wo sie zu Hause war.

Melitón Aquino, der Geschäftsmann und hinterhältige Komplize des Kommissars, war im Juni 1927 damit beschäftigt, Baumwolle abzuladen, und sah die Klapperschlange nicht, die sich zwischen den Säcken ein kühles Plätzchen gesucht hatte. Sie biss ihm in die Kehle. Er war nach zehn Minuten tot.

Elias Barbuj, der Metzger, war im August 1929 dabei, eine gestohlene Kuh zu schlachten und wollte ihr, wie dort üblich, das Messer ins Genick stoßen. Es rutschte aber aus unerklärlichen Gründen an einem Halswirbel ab, schlug zurück und traf ihn mitten ins Herz. Nach wenigen Minuten war er tot.

Tuerto Arganaraz, der Zuträger und Spion des Kommissars, wurde 1928 von seinem 14-jährigen Sohn Juancito ins Jenseits befördert. Als er wieder einmal besoffen in seinen *Rancho* zurückkehrte und seine Stieftochter vergewaltigen wollte, zertrümmerte ihm der Junge mit einer Gin-Flasche den Schädel.

Estanislao Chesfelovsky, der Pole, der die falschen Aussagen gemacht hatte, hängte sich im Oktober 1929 mit seinem Lasso auf. Als man ihn fand, war er schon von den Würmern zerfressen. Er hatte zuvor, nach Aussagen von Nachbarn, nächtelang laut nach Vergebung geschrien.

Die griechische Nemesis, die Göttin und Rächerin allen Frevels, hatte ihre Opfer eingeholt. Die Bibel sagt dazu: »Was der Mensch sät, das wird er ernten!« Immer. Allerdings nicht immer so schnell und brutal wie in dem geschilderten Fall.

Auch im zweiten Jahr unseres Aufenthalts gab es eine totale Missernte. Wir hatten keinen Verdienst und sahen keine Zukunft. So entschlossen wir uns schweren Herzens zu gehen. Drei Familien konnten von diesem so unsicheren Einkommen nicht leben.

Der Onkel machte uns noch den Vorschlag, ein Geschäft zu eröffnen. Vorne an der Straßenkreuzung hatte er einen großen *Rancho* stehen, von der Lage her nicht ungünstig, den könne man herrichten. Das Geschäft selbst läge im An- und Verkauf von Landesprodukten, auch Baumwolle und Mais, und natürlich aller hier üblichen Lebensmittel. Wir überlegten ernstlich, ich hatte es mir schon zugetraut.

Aber als dann Don Mateo davon sprach, dass der erste und wichtigste Schritt dazu im Verändern der Waage läge, sodass bei einer Gewichtsangabe von einem Kilo nur 900 Gramm ausgeliefert würden, sagte ich ab. Das war Betrug. Man erklärte mir, dass ohne diesen Schwindel nichts verdient sei. Die Kunden würden nie bar bezahlen, sondern in der Regel alles »aufschreiben« lassen, oft bis zur nächsten Ernte. Selbst dann sei der eine oder andere plötzlich verschwunden. Wie schwer ist es, ehrlich zu bleiben, wenn man ein armer Teufel ist! So gesehen war auch der übliche Schwindel mit der Waage verständlich.

Wir setzten unsere Abreise auf Mai 1953 fest. Wenige Tage vorher suchte ich im *Camp* vergeblich nach meinem Arbeitspferd Felipe, einem Rotfuchs, hervorragend im Ritt. Er war über Nacht von der Weide gestohlen worden. Pferdediebstahl gilt in Argentinien als schlimmes Verbrechen. Ich sollte ihn erst nach Jahren wiederfinden und berichte später darüber.

Dann kam die Abreise. Unser vorläufiges Ziel lag 1.400 Kilometer im Süden, die Stadt hieß Olavarria. Dort wurde uns im Hotel meines verstorbenen Onkels Eugenio, einem anderen Bruder meines Vaters, eine vorläufige Bleibe angeboten.

Der Abschied vom Chaco fiel uns nicht leicht. Als ich zum letzten Mal meinem Negro durch die zersauste Mähne strich, war ich sehr traurig. Was würde uns die Zukunft bringen? Das Reisegeld für die Bahnfahrt hatten wir nicht, der Onkel schenkte es uns. *Adios*, Chaco! Wer hätte gedacht, dass wir uns eines Tages wiedersehen würden!

Der Hotelboy – Olavarria 1953

Die argentinische Provinz Buenos Aires ist drei Mal so groß wie Holland. Sie zieht sich an der Atlantikküste entlang. Ihre Hauptstadt hieß damals Eva Peron, heute wieder La Plata. Sie ist das Kernland Argentiniens, hat die höchste Einwohnerzahl und gilt mit ihrer fruchtbaren *Pampa*, einer baumlosen Grasebene, als die wirtschaftlich stärkste Provinz des Landes. Hier grasen die riesigen Viehherden der Herford-, Shorthorn- und Angus-Rinder und hier liegen die Anbauflächen des Hauptexportartikels Weizen, aber auch von Mais und Luzerne.

Stundenlang fährt der Zug durch die unendlichen, scheinbar horizontlosen Weiten, wobei die Monotonie der Landschaft nur unterbrochen wird durch lange Eukalyptus-Alleen, die zum Herrenhaus einer *Estancia* oder *Hazienda* führen. Dort wohnen die Besitzer dieser Ländereien, wenn sie sich nicht gerade mit der Familie in ihrer Herrschaftswohnung in Buenos Aires aufhalten, wo die Kinder die höheren Schulen und Universitäten besuchen. In der Nähe des Herrenhauses wohnt für gewöhnlich der Verwalter, *Majordomo* genannt, der als Fachmann für Viehzucht und Ackerbau den Betrieb in Gang hält.

Ungefähr im Zentrum der Provinz Buenos Aires liegt die Stadt Olavarria, sie hatte 1953 etwa 60.000 Einwohner. Hier hatte der zweite Bruder meines Vaters, Eugenio, in den 30er Jahren ein altes Hotel übernommen und den total verlotterten Betrieb im Laufe der Jahre zu einem modernen Unternehmen ausgebaut. Als gelernter Hotelier mit internationalem Niveau – er sprach sechs Sprachen – hatte er zuvor das Los vieler Auswanderer geteilt. Betrogen und gutgläubig hereingefallen, saß er mit Frau und drei kleinen Buben auf der Straße. Das verkommene Hotel Savoy war seine letzte Chance.

Der vorherige Besitzer hatte sich eine Kugel durch den Kopf gejagt. Bei Regen musste man den Hotelgästen einen Regenschirm mit ins Zimmer geben, aber 20 Jahre später sah alles anders aus.

Mit 60 Zimmern, die meisten mit Toilette und Badewanne, war es das erste und modernste Hotel am Platz.

Leider war der Onkel 1951 gestorben, aber die überaus tüchtige Tante Luise, eine Deutsch-Paraguayerin, betrieb mit dem ältesten Sohn Kurt das Hotel nicht nur sehr energisch, sondern auch gekonnt. Hier wurden wir also herzlich empfangen. Sie sagte, wir könnten und dürften so lange bleiben, bis wir irgendwie eine Existenzmöglichkeit gefunden hätten. Uns aber lag diese Frage wie eine Zentnerlast auf Herz und Gemüt. Eifrig studierte ich die deutschsprachige Zeitung »Freie Presse« und durchforstete die Annoncen.

Da suchte in Patagonien ein allein stehender, alter Engländer für seine Schaffarm mit 25.000 Tieren einen *Majordomo*. Die Frau sollte den Haushalt führen, so war das in der Regel Sitte und Brauch. Sollte ich mir das zutrauen? Reichten meine zwei Jahre *Camp*-Erfahrung im Chaco dafür aus, unter völlig unterschiedlichen klimatischen Voraussetzungen? Wochenlang anhaltende, kalte Sand- und Staubwinde? Schnee aus der Antarktis? Noch nie etwas mit Schafen zu tun gehabt?

Ich schwankte, aber als dann aus den Bedingungen auch das Chauffieren eines Autos, nämlich eines Ford A, Jahrgang 1929, zu lesen war, klappte ich zusammen. Noch einmal gewann die deutsche Ordnungs- und Paragraphen-Mentalität die Oberhand. Ich hatte noch nie hinter dem Steuer eines richtigen Autos gesessen! Ich sagte ab. Es dauerte noch einige Zeit, bis ich das geradezu an ein Wunder grenzende Selbstbewusstsein der Südamerikaner begriffen und geschluckt habe. Jeder kann grundsätzlich alles! Nur das Wie steht auf einem anderen Blatt.

Im Hotel machten wir uns selbstverständlich vom ersten Tag an nützlich. Wir hatten ein Zimmer im Altbau frei, ebenso die Verpflegung. Marianne setzte sich hinter die Nähmaschine und flickte die Hotelwäsche, sie half in der Waschküche und versorgte die Blumen und Pflanzen.

Ich war Mädchen für alles. Frühmorgens holte ich mit großen Kannen die Milch im Geschäft, dann kam die Tellerwäsche in der Bar, irgendwo leckte ein Wasserhahn oder waren die Abflussrohre verstopft, weil wieder jemand eine Orange ins Klo geworfen hatte – ich war zur Stelle. Glühbirnen wurden ausgewechselt, Bilder aufgehängt. Musste schnell die Bettwäsche in der Waschküche zusammengelegt werden, auf mich war Verlass.

Aber wirklich interessant wurde es für mich erst dann, wenn der Ruf erscholl: »Fritz, da ist ein Auto vorgefahren, trag die Koffer!« Das war meine Stunde. Jetzt war Schnelligkeit geboten! Ich stürzte auf die Straße, keine Sekunde durfte verloren gehen, sonst nahm der Gast am Ende das Gepäckstück noch mit »Lass nur, ich mach das schon!« selbst aus dem Kofferraum. Hatte ich die oft schweren Koffer in den ersten Stock hinaufgeschleppt und im Zimmer mit einem gehörigen Seufzer und einem übertriebenen Ächzen abgestellt, war erneute Konzentration geboten.

Jetzt galt es, die Hand so unauffällig und dezent, aber trotzdem für den Gast gut sichtbar hinzuhalten, dass er, wenn gewollt, ein Trinkgeld hineinlegen konnte. Wollte er nicht, galt es, die Hand unauffällig so zu verlagern, dass weder er noch ich blamiert dastanden. Ich lernte: Auch Betteln will gelernt sein. Anfangs schämte ich mich, aber das verlor sich. Habenichtse werden auch davon befreit.

Der Kofferträger Fritz studierte Psychologie auf der besten aller Universitäten, der Schule des Lebens. Ich bekam einen Blick für Knicker und Geizhälse, es gab sie in noblem und manchmal auch in frommem Gewand. Ich durchschaute alle Finten und Ausflüchte derer, die »gerade kein Kleingeld zur Hand« hatten, und meine Charakterstudien führten mich zu der Erkenntnis, dass die weniger Betuchten, die Ganoven, Luftikusse und Alkoholiker meistens menschlicher, mitfühlender und großzügiger waren. Aber wie sangen wir im Lied von den wilden Gesellen: »Huldiges Herze und helfende Hand sind ja so selten, so selten!«

In der Regel lag das Trinkgeld bei 10 bis 20 Centavos. Aber nie im Leben habe ich bei zwei Gelegenheiten diese roten Scheine vergessen, jeweils 10 Pesos, eine Menge Geld, die mir einer in die Hand gedrückt hatte. Sie sind der Grund, warum ich auch heute noch mit Trinkgeldern nicht knauserig umgehe. Denn Menschen, die großzügig sind, vergisst man nicht, ja, man freut sich bei einem Wiedersehen, und das hat mit Geld nichts zu tun.

Ich lernte, dass man den Charakter eines Menschen am besten daran erkennen kann, wie er mit den Kleinen, den Unbedeutenden umgeht. Mit denen, die auf der Schattenseite des Lebens, »im Dunkeln« sitzen, wie es Brecht einmal ausdrückte. Das muss aber nicht allein mit dem bekannten »guten Herzen« zusammenhängen, sondern hat für mich auch etwas mit Intelligenz zu tun. Freigiebige Menschen dürften kapiert haben, dass sie ohne diese Kleinen nie zu dem gekommen wären, was sie heute sind oder haben.

Wieder einmal schleppte ich den schweren Koffer eines Gastes die Treppen hoch. Er machte einen sehr vornehmen Eindruck und blieb im Treppenhaus plötzlich stehen. Dabei deutete er auf ein aufgehängtes Foto des berühmten Breslauer Rathauses und sagte auf Deutsch: »Hier war mein Vater Bürgermeister.« Auf dem Zimmer angekommen, erzählte er mir, wie sie als Juden gerade noch rechtzeitig Deutschland verlassen und nach Argentinien emigrieren konnten. Dann wollte er von mir wissen, wie das so gewesen sei mit der Hitlerjugend, mit dem Krieg und der Nachkriegszeit.

Besonders auffällig, aber in einer sehr feinen Art und ohne jeden Hass, fragte er mich, wie ich nun das Dritte Reich beurteile. Ich beantwortete seine Fragen offen und ehrlich, was ihm sichtlich gefiel. Es war seit Kriegsende mein erster direkter Kontakt mit einem Juden, und er hat mich außerordentlich beeindruckt. Von Stund an wehrte ich mich vehement gegen den unglaublich ausgeprägten Antisemitismus der Südamerikaner, der mir mit dem Schimpfwort *judio de mierda*, Scheißjude, immer wieder und bis heute begegnet.

Natürlich haben die Menschen Recht, wenn sie den Kapitalismus als das Urübel ihrer Misere bezeichnen. Natürlich wurden und fühlen sie sich von den USA ausgenommen, die die Weltmarktpreise aller Erzeugnisse bestimmen, Revolutionen planen und Regierungen stürzen. Sie inszenierten den fürchterlichen Chaco-Krieg in Paraguay von 1932 bis 1935, wo sich die Indios von Bolivien und Paraguay gegenseitig abschlachteten. Natürlich waren unter den Kapitalistenbossen auch Juden. Aber es waren nicht »die« Juden, so wie es nicht »die« Deutschen, Moslems, Russen, Radfahrer, Vegetarier, Iraker oder Kommunisten gibt.

Ich lehne ebenso die kollektive Verurteilung eines militärischen Truppenverbandes ab. Das ist mir zu einfach und zu unehrlich. Die Trennungslinie zwischen Gut und Böse läuft nicht parallel, sie verläuft immer quer. Es gibt in jeder Kategorie Anständige und Unanständige, Menschlichkeit und Verbrechertum, wobei es zu unserer menschlichen Tragik gehört, dass es nur ein kleiner Schritt ist von der einen zur anderen Seite. Wer diese Wahrheit nicht sieht und erkennt, ist dumm. Wer sie aber nicht erkennen will, ist ein Pharisäer.

Oft dürfte auch Neid die Ursache des Antisemitismus sein. Wenn mir später ein Geschäftsmann klagte, der Jude Kirstein oder Kohn, die Konkurrenz am Platz, würde ihm sein ganzes Geschäft ruinieren, dann konterte ich: »Der ist halt schlauer als du«, und das waren sie in der Regel auch. Die Juden sind so geworden, weil man ihnen im Mittelalter die Ausübung eines »ehrbaren« Berufs verbot, dazu zählten das Handwerk und der Bauernstand. So wurden sie Spezialisten im Handel.

Mein Arbeitsgebiet im Hotel weitete sich ständig aus. War der Nachtwächter erkrankt oder machte er blau, dann trat Fritz an seine Stelle. Da legte man eine Liste an, welcher Gast in welchem Zimmer um welche Uhrzeit geweckt werden wollte. Da leuchtete um drei Uhr in der Frühe eine Zimmernummer auf, und es galt, eilends eine heiße Bettflasche oder Aspirintabletten anzuliefern, weil der Gast vom Trinken immer noch Kopfweh hatte oder wegen übermäßigem Nachtessen vom Bauchweh geplagt war. Auch *Sandwichs* wurden mitten in der Nacht gewünscht oder ein Whisky Marke Johnnie Walker, rotes oder schwarzes Etikett. Kurzum, die Nächte waren lang. Sie vergingen schneller, wenn ich mir zwischenzeitlich ein Nickerchen auf dem bequemen Ledersessel in der Rezeption erlaubte.

Unvergesslich bleibt die Nacht, wo ich das Wecken eines Gastes verschlief. Er wollte sehr früh den ersten Bus nach Buenos Aires besteigen. Als ich in meinem Sessel aufwachte, traf mich beinahe der Schlag. Es war genau die Zeit der Busabfahrt! Verzweifelt sprang ich die Treppe hoch und klopfte an die Tür Nr. 27. Daraufhin hörte ich nur noch ein wildes Gerenne im Zimmer, ein Stuhl wurde umgestoßen und ein Fluchen und Schimpfen setzte ein, das mir schaurig in den Ohren klang. »Du liebe Zeit, der zerreißt mich.« Also wie im Krieg kopfüber und in volle Deckung!

Fluchtartig versteckte ich mich hinter dem Bartresen, dann kam er die Treppe heruntergepoltert. Durch die Ritzen des Rollos beobachtete ich höchst erregt, wie er die nächtliche Straße hinunter rannte, und ich rechnete aus, wann er wieder zurückkommen würde, weil der Bus schon weg war. Der Nächste kam erst in fünf Stunden. Aber der Mann kam nicht mehr. Auch der Bus hatte anscheinend Verspätung gehabt, am Ende durch eine der üblichen Reifenpannen. Wenn ja, hat ein Engel den Nagel gelegt.

Auch die Reinigung des großen Speisesaals gehörte zu meinen Aufgaben. Die Argentinier gehen durchweg spät zu Bett und vor 22 Uhr wird selten zu Abend gegessen. Das hieß, die Gäste verließen oft lange nach Mitternacht den Speisesaal, und erst dann konnte ich mit der Reinigung beginnen. Es wurde nass gewischt. Suppen- oder andere Flecken auf dem hellen Boden musste ich auf den Knien entfernen.

Meine Arbeit wurde anderntags von der dafür verantwortlichen Person – es war eine frühere Putzfrau aus Hamburg – kontrolliert. Fand sie dabei etwas zu beanstanden, dann erschollen die gegen mich gerichteten Schimpfwörter durch das ganze Hotel. Dabei gehörten »Schlamper« und »Taugenichts« zu den feinsten. Ich kam mir vor wie der Putzlappen, mit dem ich den Boden aufgewischt hatte.

Aber es gab auch Lichtblicke. Da es Winter war – natürlich ohne Schnee, aber doch mit einer Kälte bis zu minus 10 Grad –, war die Jagd offen. Einen Jagdschein gab es nicht. Jeder, der eine Flinte hatte, schoss. Es gab in der *Pampa* vor allem viel Flugwild wie Rebhuhn, *Martineta* und *Copetona*, das Helmsteißhuhn. Aber vor allem gab es den in Deutschland bekannten Feldhasen.

Dieser wurde erst im Jahre 1888 von dem deutschen Konsul Tietjen nach Argentinien eingeführt und in der Provinz Santa Fe auf der *Estancia* »La Hansa« ausgesetzt. In den folgenden Jahrzehnten hatte er sich so vermehrt, dass er zur reinsten Landplage wurde. Von der Landesbevölkerung wurde er nicht gegessen. Die weite, menschenleere *Pampa* mit Wintern ohne Schnee und Eis, dafür immerwährendem Grasbewuchs, war genau sein Revier.

Ich zählte einmal, es war allerdings ein besonderes »Hasenjahr«, die herumspringenden Langohren von einem festen Standpunkt aus. Ich drehte mich um 360 Grad und zählte 80 Mümmelmänner. Am gleichen Tag sprangen uns bei der 30 Kilometer langen Anfahrt sieben Tiere ins Auto. Heute hat sich alles sehr verändert. Der Feldhase wird in großen Mengen exportiert, besonders nach Deutschland. Die Landarbeiter verdienen sich bei der Jagd ein gewisses Zubrot und die *Pampa* wird immer leerer.

Diese Jagdtage, zu denen mich Vetter Kurt mitnahm, stärkten meine Liebe und lebenslange Anhänglichkeit zum Land Argentinien. Sie gaben mir ein Stück dieser Freiheit, die man im alten Europa nicht mehr findet. »Freiheit, die ich meine«, sie führt wahrlich »ihren Reigen nur am Sternenzelt«.

Im Zusammenhang mit den eingeführten Hasen könnte noch interessieren, dass es ebenso den normalen Haussperling ursprünglich in Argentinien nicht gab ; auch er wurde aus Deutschland eingeführt. Der »Große Brehm« schreibt darüber: »Im Jahre 1872 hat man den Vogel nach Buenos Aires geholt, damit er den Verwüstungen eines dort sehr schädlichen Spinners Einhalt tue.«

Nach einer anderen Version war er um 1870 von dem Deutsch-schweizer Bieckert ins Land gebracht worden. Dieser habe die Vögel im Hafen von Buenos Aires einfach fliegen lassen, weil er sonst hätte Zollgebühren zahlen müssen. Tatsache ist, dass die Sperlinge heute überall im Land, von der Südspitze Patagoniens bis zur Urwaldgrenze von Misiones, sehr zahlreich auftreten und ebenso munter von den Dächern pfeifen und tschilpen wie bei uns in Deutschland.

Ein weiteres bescheidenes Vergnügen war es, wenn mich der Vetter in den spanischen Club mitnahm. Dieses sehr vornehme Gebäude im Kolonialstil lag im Zentrum der Stadt und war der Treffpunkt der High Society von Olavarria: ein großes Eingangsportal, im Innern die Wände mit dunklem Holz vertäfelt, funkelnde Bronzelüster an der Decke. Die Besucher waren *Estanzieros*, Doktoren und Geschäftsleute; sie bewegten sich in dunklen Anzügen auf Geräusche dämpfenden Teppichböden, tranken ihren Aperitif und rauchten edle Zigarren. Ein livrierter *Maître* überwachte lautlos allen Ablauf.

In dem Club gab es eine Billardabteilung, dahin strebten wir, und hier lernte ich dieses interessante Spiel. Aber schon nach einiger Zeit nahm der *Maître* meinen Vetter dezent zur Seite und machte ihm klar, dass meine Person in diesen »heiligen Hallen« nicht erwünscht sei. Meine Kleidung entsprach nicht dem Niveau.

So blieb ich mit einem bitteren Gefühl weg und mied von da an solche Örtlichkeiten und Gesellschaften, wo man Armut und

Reichtum am äußeren Schein misst und nicht am Gehalt eines Menschenherzens. Aber ich begann auch, die Verfechter des Klassenkampfes besser zu verstehen. Ich empfand, dass man Arroganz und Überheblichkeit nur dann erfolgreich an die Wand drücken kann, wenn man sie das Fürchten lehrt mit Leistung und Können.

Die Monate vergingen, und wir hatten immer noch keinen Weg gefunden. Ein Angebot als Dienerehepaar schlugen wir aus. Mir graute vor einem lebenslangen Lakaientum. Inzwischen war ich ja schon 29 Jahre alt geworden.

Da tat sich ein Lichtblick auf. Das Hotel besaß am Rande der Stadt eine sieben Hektar große *Quinta*, das ist ein Zwischending von Schrebergarten und Landwirtschaft. Es stand dort ein wohl altes, einfaches Wohnhaus im üblichen *Camp*-Stil, aber es gab einen Schuppen, einen Wasserbrunnen, viele Orangen- und Mandarinenbäume und vor allem ein Stück Weide für einige Kühe, dazu gutes Ackerland zum Anbau von Gemüse.

Ein Portugiese, Don Luis, bewohnte schon viele Jahre diese *Quinta* mit seiner Familie. Er brachte früh morgens mit seinem Pferdekarren Milch ins Hotel, auch Eier und Gemüse, und nahm die Küchenreste mit für seine Schweine. Seine Kinder waren groß geworden und zum Teil weggezogen, so wollte auch er gehen. Da machte uns die Tante das Angebot, diese Stellung zu übernehmen. Froh und bis in die Seele erleichtert, sagten wir zu.

Wir machten bereits Pläne über eine intensivere Bewirtschaftung, da brach diese Hoffnung wieder zusammen. Vetter Richard, er studierte in Tucuman, brachte über Nacht einen Studienfreund von dort mit. Es war ein Norweger, dem er diese Stellung ohne Wissen seiner Mutter versprochen hatte. Es sollte wieder nicht sein. Erst viel später wurde mir klar, dass Gott mit mir etwas ganz anderes vorhatte. Etwas, um das meine Mutter lebenslang für mich gebetet hatte. Doch davon später.

Wenige Kilometer von Olavarria entfernt liegen – weithin sichtbar und die endlose Ebene der *Pampa* unterbrechend – *Sierras*. Das sind niedrige Gebirgsketten mit einer Steinstruktur, die sich ausgezeichnet eignet zur Kalk- und Zementherstellung.

So haben sich dort die größten Zementwerke Argentiniens entwickelt, bekannt unter der Marke »Loma Negra«. Die Besitzer,

Fortabat, sind Franzosen. Schon damals gab es große Empfänge auf ihren *Estancias*, unter ihren Gästen war auch Alfried K. von Bohlen und Halbach, wie ich in der Zeitung las. Der ungeheure Besitz soll damals bei 20.000 Hektar Land und ebenso vielen Köpfen Rindvieh gelegen haben. Jedenfalls gab es in den Fabriken auch einige deutsche Ingenieure und Fachleute, die mit ihren Familien hierher gekommen waren. Diese Deutschen tranken gern mal einen Whisky im Hotel Savoy, man sprach deutsch, und die Kuchen schmeckten auch nach Heimat.

So ergab sich der Wunsch, man möge einmal einen »deutschen Abend« im Hotel veranstalten, und so geschah es. Zum Regisseur wurde ich gebeten, zum Musikbegleiter der Volks- und Heimatlieder ebenso, und was den anschließenden Tanz anbetraf, hieß die Kapelle ebenfalls Fritz. Aber weil ja nicht alles nur Musik ist, ließ ich mir einen Sketch einfallen.

Als Partner wählte ich Hans Prause. Er war Berliner, während des Krieges Schiffsbauingenieur bei Borsig und danach ausgewandert. In Olavarria hatte sich die Familie ein Häuschen gemietet, und in der kleinen Garage hatte er sich eine Drehbank aufgestellt. Schon nach kurzer Zeit wurde in der ganzen Zone bekannt, dass er in der Lage sei, jedes nur denkbare Ersatzteil herzustellen. Ob für Motoren, Automaten oder Küchengeräte, Prause war ein wahres Genie. Er wurde in wenigen Jahren sehr wohlhabend, war aber damals noch so arm wie wir alle. Er war Ende der Vierziger, klein, dick, und sein rundes rotes Gesicht glich dem des Vollmonds. Genau der richtige Mann!

Wir spielten zwei arme Handwerksburschen, die mit einer Drehorgel durchs Land zogen, gesprochen wurde kein Wort, alles war nur Mimik. In alten zerrissenen Klamotten betrat ich als Erster und allein die »Bühne«, eine kleine Ziehharmonika umgehängt. Um den Bauch hatte ich ein langes Seil gebunden, an dem ich eifrig zog. Alles wartete voller Spannung, was da wohl herbeigezogen würde. Es kam ein hochrädriger, schäbiger Kinderwagen mit einer bunt angemalten Kiste drauf. Es war die Drehorgel. Mit hochrotem Gesicht wurde sie von meinem Partner herbei geschoben. Er hatte einen wackelnden Zylinderhut auf, wir hatten ihn mit kleinen Sprungfedern so beweglich gemacht, und in einer Hand nagte er an einem Kotelettknochen.

Er erschrak fürchterlich beim Anblick des zahlreichen Publikums und wollte sofort die Flucht ergreifen. Aber ich hielt ihn an der Leine fest und wandte mich anschließend dem Publikum zu. Wir begannen mit der eigentlichen Vorstellung. Ich spielte und sang aus vollem Halse die »Waldeslu-u-u-ust«. Das Volk durfte natürlich mitsingen, und Prause drehte hinter meinem Rücken eifrig die Orgel.

Schon nach dem ersten Stück zog mein Orgler blitzartig seinen Zylinder und stürzte damit auf die Leute, er wollte kassieren. Ich jagte ihn zurück und wir präsentierten das nächste Stück: »Mariechen saß weinend im Garten.« Dann gab's noch ein drittes Lied, aber plötzlich tat es einen lauten Knall. Die Musik brach ab, ich erstarrte und sah mit aufgerissenen Augen ins Publikum.

Als ich mich langsam umdrehte, bot sich mir ein Bild des Schreckens. Die Drehorgel war explodiert, zur Decke stieg eine Rauchwolke, und auf dem Boden lag der Kotelettknochen, wie ich meinte, die Reste meines verblichenen Kompagnons. Traurig schaute und winkte ich der Rauchfahne nach, in der sozusagen sein Geist davon schwebte, und erschüttert zog ich mein Taschentuch. Dieses hatte in der Mitte ein faustgroßes Loch, sodass ich mit der Hand durchfahren und mir direkt mit zwei Fingern die Nase schnäuzen konnte. Dann watschelte ich traurig davon.

In Wirklichkeit hatten wir einen Feuerwerkskörper sowie eine Rauchpatrone in die Kiste eingebaut, die der Orgler unbemerkt entzündet hatte. Und, von mir ebenso unbemerkt, hatte er nach der Explosion fluchtartig das Terrain verlassen. Das Publikum lachte Tränen.

Wie bekannt, wurde der südamerikanische Kontinent im 16. Jahrhundert durch die spanischen und portugiesischen Eroberer erschlossen. Mit ihnen kamen sofort die katholischen Missionare, und der Kontinent wurde katholisch. Erst Anfang des 19. Jahrhunderts kamen aus den übrigen europäischen Ländern auch protestantische Einwanderer, darunter nicht wenige Deutsche.

Um ihre Kinder im evangelischen Glauben taufen und erziehen zu können, bildeten sich kleine Gemeindegruppen, aber es fehlte ein Pfarrer. So schrieb man ein Bittgesuch an den König von Preußen um Entsendung eines Seelsorgers. Mit Erfolg. Im August 1843 traf der erste Pastor in Buenos Aires ein. Die evangelischen Gemeinden im Inland wuchsen, es kamen mehr Pastoren, und so konstituierte sich im Jahr 1899 die deutsche evangelische La Plata-Kirche, die bis heute in den Ländern Argentinien, Paraguay und Uruguay die Kirche der deutschsprachigen Einwanderer und deren Nachkommen geblieben ist.

Als wir in Olavarria so ohne Existenzchancen herumsaßen, schrieb ich an diese Kirchenleitung nach Buenos Aires und bot mich für ausnahmslos jede Arbeit an. Ob als Hausmeister, Gärtner, Kuhmelker in dem von der Kirche unterhaltenen Waisenhaus, ob als Mesner, Friedhofswärter oder Altenpfleger, uns war alles recht. Ich kam ja aus der evangelischen Jugendbewegung. Aber ich erhielt eine Absage. Man habe leider für mich keine Verwendung.

Erst in späteren Jahren wurde mir bewusst, dass eine Kirche immer stagniert und somit unweigerlich den Krebsgang geht, wenn sie sich nur als pflicht- und traditionsbewusste Verwalterin ihrer Sache weiß. Christliche Mission bedeutet aber immer Wagnis, Risiko und Einfallsreichtum mit dem Blick nach vorne. Sie braucht Visionäre. Etwas von dieser anderen Art sollte ich sehr schnell kennen lernen.

In Olavarria gab es eine kleine evangelische Gemeinde. Sie gehörte einer lutherischen Missionskirche aus den USA an, die sich an verschiedenen Orten Argentiniens niedergelassen hatte. Ihr Kirchenzentrum war ebenfalls in Buenos Aires. Der Pastor am Ort hieß Alsop. Er war ein riesenlanger Kerl, der früher Holzfäller in Kanada gewesen war. Die sehr kleine Gemeinde hatte ein größeres Wohnzimmer in der Stadt gemietet, wo jeden Sonntag Gottesdienst gehalten wurde.

Auch wir freuten uns, nach der zweijährigen »Karenzzeit« im Chaco wieder Anschluss an ein kirchliches Gemeindeleben gefunden zu haben. Der Pastor hatte einen bewunderungswürdigen kindlichen Glauben. Bei Problemen jeder Art breitete er immer weit die Arme aus, schloss seine Augen und sagte: »Oh, Gott ist so groß, er kann alles!« So weit, so gut. Der Gottesdienst war allerdings in spanischer Sprache, wir verstanden am Anfang nur Bruchteile.

Aber weil Alsop ebenfalls noch seine Schwierigkeiten mit der spanischen Sprache hatte, versuchte er mit vielerlei Gesten und allerlei Tricks, seine Zuhörer zu packen. Das war manches Mal so lustig, dass mir die Gottesdienst-Stunde nie zu lang wurde. Ich habe dabei vieles für meine spätere Laufbahn gelernt. Zum Beispiel, dass man in einer Kirche nicht nur mit der Orgel, sondern auch frisch-fröhlich mit einem Akkordeon spielen kann. Alsop begleitete damit die feierlichen Choräle oder schmissigen Chorusse.

Noch ein Phänomen erregte meine Aufmerksamkeit. Während der Papa predigte, sprangen seine Kinder zwischen den Stühlen herum und spielten »Fangerles«, ohne dass ihnen jemand wehrte. Die Frau Pastor war angemalt und hatte riesige Ohrringe wie eine aus dem Milieu! Du liebe Zeit, wir Deutschen schüttelten den Kopf. Dabei war sie doch fromm. Wir lernten immerzu, und nichts war umsonst.

Aber eines Sonntags packte mich der Größenwahn. Da fuhr ein älterer Reisender, er hieß Luna, seinen Namen werde ich nie ver-gessen, über Sonntag nach Buenos Aires und ließ sein Auto in der Garage des Hotels stehen. Es war ein alter, wackeliger Ford. Den Schlüssel übergab er in der Rezeption. Als gegen Nachmittag die Zeit zum Kirchgang kam, verlangte ich die Autoschlüssel und ließ mir vom Vetter Kurt kurz die Gangschaltung, Kupplung und Bremse erklären. Dann rief ich die sehr erstaunte Marianne herbei, riss die Wagentür auf und komplimentierte sie mit einer tiefen Ver-beugung ins Wageninnere.

War das ein stolzes Gefühl, als wir durch die Straßen knatter-ten! Jetzt war ich Mensch wie die anderen auch, es war wunder-bar! Der Pastor traute seinen Augen nicht, als wir an der Kirche vorfuhren. So fröhlich hatte ich lange nicht mehr gesungen. Nach dem Gottesdienst, es war schon sehr dämmerig geworden, stiegen wir wieder hoch beglückt in das Auto, aber ich fand den Schalter für die Lichter nicht. Also nichts wie nach Hause, solange man noch etwas sah. Gas geben und ab!

Es ging alles gut, wir näherten uns bereits der hell erleuchteten *Plaza*, dem Hauptplatz, da vernahm ich schrille Pfiffe aus den Rei-hen der Straßenpassanten, die am Sonntagabend dort ihre Runden um die *Plaza* drehen wollten. Auweia! Ich war in eine Einbahn-straße geraten und dazu noch ohne Licht. Ich wollte umdrehen, riss das Steuer herum und Bumms! Es gab in der Straße nur eine einzige, eiserne Straßenlaterne, und auf die war ich mit großem

Krach drauf gefahren. Das Blut wollte mir in den Adern stocken, Marianne war kreidenweiß.

Schon bildete sich eine große Zuschauermenge um den Ort des Schreckens. Ich stürzte aus dem Auto, sammelte schnell, ehe die Polizei kam, sämtliche Blechteile unter dem Gelächter der Zuschauer zusammen, machte kehrt und fuhr in die Dunkelheit hinein und davon. Aber was würde der Eigentümer des Wagens sagen? Wie würde das bloß ausgehen?

Es ging wunderbar. Mein Freund Prause war die Rettung. Er schweißte noch in der gleichen Nacht alle Teile wieder zusammen, sodass der Eigentümer überhaupt nichts merkte. Bei mir aber blieb die Lehre, dass vor dem Fall, sprich Knall, immer der Hochmut kommt.

Es war inzwischen September geworden. Da nahm mich der Pastor nach einem Gottesdienst auf die Seite, schaute mich sehr eigenartig an und sagte: »Du könntest doch eigentlich Pfarrer werden!«

Mich traf beinahe der Schlag. »Ich? Pfarrer?« Wie sollte das zugehen? Er fing dann an zu berichten, dass der Lutherische Weltbund in Buenos Aires eine theologische Fakultät zu errichten gedenke. Damit wolle man den evangelischen Pfarrernachwuchs hier im Land »produzieren«, um in Zukunft nicht mehr auf »importierte« Geistliche angewiesen zu sein.

Eine evangelische theologische Hochschule gäbe es bereits in Sao Leopoldo in Brasilien für die zahlreich eingewanderten Deutschen. Aber die dortige Landessprache sei bekanntlich Portugiesisch. So wolle man nun für alle übrigen Länder Südamerikas, in denen durchweg spanisch gesprochen wurde, diese neue Ausbildungsstätte schaffen, so erzählte er mir ganz begeistert. Das Studium belaufe sich auf acht Semester. Voraussetzung sei das Abitur. Der Studienplan sei dem der deutschen Fakultäten angeglichen, einschließlich der alten Sprachen Griechisch und Hebräisch. Auweia!

Als er auf die Frage, in welcher Sprache denn gelehrt werde, mit »Spanisch« antwortete, war der Fall für mich erledigt. Das ging nicht. Ich hatte kein Abitur, sondern nur die mittlere Reife, ich konnte kein Spanisch, ich war bereits 29 Jahre alt, und wo sollten wir wohnen? So sagte ich gleich ab. Aber da breitete er wieder seine Arme aus und rief: »Oh, Gott ist so groß, er kann dir in allem helfen, du musst ihm nur ganz und uneingeschränkt vertrauen!« Angesteckt von diesem großen Glauben erbat ich mir schließlich eine Bedenkzeit. Außerdem musste ich es ja mit meiner Frau besprechen.

Marianne fiel aus allen Wolken. So schwankten wir einige Tage unentschlossen hin und her. Da kam plötzlich ein Angebot. Der Familienrat, also die Tante und ihre drei Söhne, hatten beschlossen, uns zu Teilhabern des Hotels zu machen. Sie hatten in den letzten Monaten wohl erkannt, dass in einem derartigen Betrieb zuverlässige und vor allem ehrliche Mitarbeiter mehr als Gold bedeuteten.

Durch die politischen Zustände der Peron-Regierung waren die 30 Angestellten, vom Waschmeister bis zum Stubenmädchen, so von den Gewerkschaften vereinnahmt und verhetzt worden, dass es sich der schwarze Koch leisten konnte, meine Tante beim Eintritt in die Küche mit einem lauten »Jetzt kommt das blöde Weibsbild« zu empfangen. Schleppte das Personal am Abend in seinen Taschen Fleisch oder Butter mit nach Hause, so wurde jede Reklamation von den Anhängern der peronistischen Gewerkschaft auf irgendeine Art abgeschmettert. Der Patron bekam nie Recht. So war die Lage, und so war das Angebot an uns nur zu berechtigt.

Was tun? Welchen Weg sollten wir wählen? Wir standen an einem Scheidepunkt. Ich wusste im Voraus, dass dieses Hotelangebot mich zu einem reichen Mann machen würde, und ebenso, dass der andere Weg fürchterlich schwer werden würde. Aber dann wussten wir beide übereinstimmend, was richtig für uns war. Hatten wir uns bisher immer nur auf Menschen verlassen und auf ihre Versprechungen, wollten wir jetzt auf Gott setzen. Und zwar ganz, ohne Wenn und Aber. Wir sagten zu und haben es nie, nicht eine Stunde, bereut.

Der Pastor war über unseren Entschluss hocherfreut und meldete die Nachricht sofort weiter an seine Behörde nach Buenos Aires. Wir sollten warten. Schon nach kurzer Zeit kam von dort die Aufforderung, dass ich mich persönlich vorstellen solle.

Da kaufte mir mein Vetter Kurt schnell noch einen Anzug, und ich reiste in die Landeshauptstadt. Dort suchte ich zur Übernachtung ein billiges Hotel. Es hieß »Viena«, Wien, und lag neben der

U-Bahnstation Palermo. Dem Preis angepasst, ging es über eine eiserne Hintertreppe in ein schmuddeliges Zimmer. Die verschiedenen Betten versprachen weitere Schlafgäste. Wenn ich einen größeren Geldbetrag bei mir geführt hätte, wäre höchste Wachsamkeit geboten gewesen. Aber so schlief ich ruhig und fest den Schlaf der armen Schlucker. Dieser weist übrigens, wie ich meine, die gleichen Qualitäten auf wie der des »sanften Ruhekissens«, sprich des guten Gewissens.

Am nächsten Tag stellte ich mich am vorgegeben Ort zur Vorstellung ein. Es war die Zentrale der lutherischen Kirche, die *Iglesia Evangelica Luterana-Unida* in Villa del Parque. Es gab noch weitere Kandidaten. Man saß in einem Vorzimmer und wartete. Schließlich wurde ich aufgerufen.

Als ich in das Sitzungszimmer eintrat, saßen dort der zukünftige Rektor der Fakultät sowie verschiedene Professoren und Pastoren unterschiedlicher Nationalität. Vertreten waren Ungarn, Slowakei, Deutschland, Spanien, Argentinien und USA. Nachdem ich Namen und Herkunft genannt hatte, begann das Ausfragen. Warum ich ausgewandert sei, ob ich Nazi gewesen sei, warum ich Theologie studieren wolle und so weiter. Aber schließlich kam man auf den Punkt und verlangte meine Schulzeugnisse.

Als ich darauf antwortete, dass diese beim Bombenagriff auf Ulm vernichtet worden seien, machten die Herren sehr bedenkliche Gesichter und warfen sich gegenseitig fragende Blicke zu. Aber als ich nachlegte, dass ich mich in der Schule so ziemlich unter den Schlusslichtern bewegt habe, da kamen sie ganz durcheinander. »Du liebe Zeit«, so war in ihren Gesichtern zu lesen, »was haben wir uns da für einen Typen eingehandelt?«

Ob es für sie eine Beruhigung war, dass ich noch hinzufügte: »Ob Schlusslicht wegen Dummheit oder Faulheit sei dahingestellt«, ich weiß es nicht. Jedenfalls stürzte ihre taktische wie auch strategische Untersuchungsmethode zusammen wie ein Kartenhaus. Ich hatte sie völlig aus dem Konzept gebracht, meinen »Feind« sozusagen verwirrt und damit, nach von Clausewitz, die Schlacht schon halb gewonnen. Man schickte mich vor die Tür zur weiteren Beratung.

Es dauerte ziemlich lange, bis ich wieder gerufen wurde. Nun wurde ich gefragt, ob ich mir auch eine Karriere als Diakon vorstellen könnte. In diesem Falle sollte ich die ersten zwei Jahre mit den Theologiestudenten absitzen, um dann irgendwo als kirchlicher Sozialhelfer eingesetzt zu werden. »Aber selbstverständlich«, war meine Antwort, »ich lege sowieso keinerlei Wert auf Titel oder sonstige Kinkerlitzchen.« Jetzt atmeten alle erleichtert auf, man würde mir die weiteren Anweisungen zukommen lassen. Ich fuhr zufrieden nach Hause.

Die mich zu erwartende Lage war folgende: Am Rande von Buenos Aires, das heißt 35 Kilometer vom Stadtkern entfernt, liegt der Ort José C. Paz. Es ist die letzte Station der Vorortbahnen. Dort unterhält die lutherische Kirche ein kleines Altersheim. Wenige hundert Meter davon entfernt hatte man eine so genannte *Manzana*, ein Grundstück von 100 mal 100 Meter, für das gedachte Fakultätsgebäude gekauft. Zur Zeit meiner Vorstellung 1953 existierte es aber erst auf dem Papier. Man rechnete mit einer Bauzeit von zwei Jahren, sodass der Studienbeginn für das Jahr 1955 festgelegt worden war. Da aber einige der bereits angemeldeten Studenten – Immigranten wie ich – das Spanisch nicht oder mangelhaft beherrschten, wollte man in vorausgehenden Sprach-, aber auch Geschichts- und Literaturkursen vorarbeiten.

So bekamen wir schon nach kurzer Zeit die Mitteilung, dass wir uns in José C. Paz einzufinden hätten. Als Unterkunft stehe uns im Altersheim ein Zimmer zur Verfügung. Für freie Unterkunft und Verpflegung sollte meine Frau als Altenbetreuerin mithelfen und einen bescheidenen Lohn erhalten, während ich mich ganz dem Sprachstudium widmen könne.

Es war so weit. An einem sonnigen Oktobertag fuhr der Jeep des Pastors vor, unsere Kisten kamen auf den Anhänger, und wir fuhren los. Auf halbem Weg, also nach 160 Kilometern, legten wir eine Pause ein, setzten uns in den Straßengraben und verzehrten unser Vesperbrot. Natürlich beschäftigte mich die neue Umgebung sehr. Wie sah es in diesem Altersheim aus, wie würde man uns aufnehmen, was waren das für Menschen?

So fragte ich schließlich auch, wer denn der Direktor dieser Anstalt sei. Da leuchtete das Gesicht des Pastors auf, er deutete mit seinem Finger auf meine Brust und rief begeistert: »Du!« Mir blieb vor Schreck der Bissen im Halse stecken: »Was ich? Ich bin doch in meinem Leben noch nie in einem Altersheim gewesen!« Da breite-

te er wieder wie segnend seine Arme aus und rief meinem verzag-
ten Geist ins Gedächtnis, dass der große Gott mir auch in diesem
Falle treu zur Seite stehen werde. Er hat Recht behalten.

Im Altersheim 1953–1955

Das reiche Land Argentinien bescherte seinen europäischen Einwanderern, den *Gringos*, nicht nur Lebensraum und unbegrenzte Freiheit, sondern auch viel Not und Elend. Besonders wenn diese von der Heimat entwurzelten und vom harten Lebenskampf verschlissenen Menschen alt geworden und ohne Familie waren. Es gab kein soziales Netz, das sie auffing, keine Rente, Sozialversicherung oder Krankenkasse, die ihnen die letzten Tage absicherten, und nur zu oft wurden alle mühsam erworbenen Ersparnisse von Inflationen oder Krankheiten aufgefressen.

Eine Rückkehr in die Heimat gab es nicht, Eltern und Geschwister waren tot und deren Nachkommen war man entfremdet. Wo sollte man bleiben? Da gab es noch die Kirchen, die sozusagen berufsmäßig helfen mussten, verkündigten sie doch so eifrig das biblische Gleichnis vom barmherzigen Samariter. Auch wenn man lebenslang nichts von einer Kirche wissen wollte, jetzt klopfte man an ihre Tür. Und sie halfen, die Christen, mit Liebe und Eifer, wenn auch nur in dem beschränkten Maß ihrer Möglichkeiten.

So kaufte Pfarrer Armbruster der lutherischen Kirche Ende der 20er Jahre in José C. Paz ein altes einstöckiges Häuschen und gab einigen alten Menschen ein Zuhause. Weil der Platz nie ausreichte, kaufte man im Lauf der Jahre das eine oder andere Nachbargrundstück dazu. Man baute hier ein Zimmerchen an und dort ein bescheidenes Eckchen als Aufenthaltsraum aus, überdachte hier mit Wellblechen einen Speiseraum, mauerte eine Ecke zu, und schon gab es wieder ein Zimmer von acht Quadratmetern.

Es war eine unglaublich verwinkelte und zusammengeschusterte Wohnanlage. Jede deutsche Baubehörde hätte entsetzt die Hände über dem Kopf zusammengeschlagen und die sofortige Schließung veranlasst. Es gab ein ständig verstopftes Wasserklosett, das später sehr oft die Zeit meiner »Studien« in Anspruch nahm. Die enge Küche war fensterlos. Um überhaupt etwas sehen zu können, musste man die Tür zum Hof offen halten. Hier also zogen wir in ein Zimmer ein.

Eine Dame vom Heim-Komitee hatte uns erwartet. Sie war Spanierin und fiel mir auf durch ihr schwarzes, straff nach hinten gezogenes Haar mit Mittelscheitel, gegen das die Gesichtsbemalung grell abstach. Zwei riesige runde Ohrringe und sehr hohe Stöckelschuhe waren beeindruckend, und ihr Redeschwall erinnerte mich an ein Maschinengewehr. Sofort nach der Begrüßung kommandierte sie uns in unseren Aufgabenbereich. »Sie«, so der Befehl an Marianne, »ziehen sich eine Schwesternhaube auf, leeren jeden Morgen die Nachttöpfe und betreuen die Alten. Bei Krankheit müssen sie gepflegt und selbstverständlich auch gespritzt werden«.

Als meine zu Tode erschrockene Marianne erklärte, dass sie keine Krankenschwester sei und noch nie eine Spritze in der Hand gehabt habe, wurde dieses Argument unter den Tisch gewischt. Dazu kam der dringende Rat, sie solle das bloß und um Gottes willen die Alten nicht wissen lassen, denn sonst sei sie bei ihnen gleich unten durch.

Die Ramollino, so hieß die Dame, sollten wir in Zukunft noch besser kennen lernen. Sie kam immer unerwartet und plötzlich mit dem Vorortzug angefahren und hatte es besonders auf die Spinnweben abgesehen, die sie zwischen dem rissigen Verputz und den vom Regen durchweichten, fleckigen Decken entdeckte und laut reklamierte.

Als sie nach diesem schreckensvollen Empfang wieder davongerauscht war, beruhigte eine bisherige Aushilfskraft meine Frau. Das mit dem Spritzen sei gar nicht so schlimm, wichtig sei nur das vorherige Auskochen. Alles sei nur Übung. Sie solle eine Spritze mit Wasser füllen, die Nadel ansetzen und sich vorher eine Orange besorgen. Dann mit Schwung rein in die Orange! Anschließend langsam den Kolben nach vorne drücken. Im Prinzip sei es, was den Widerstand anbelange, genau dasselbe, als wenn man die Nadel in eine Hinterbacke stecke. Wichtig sei nur der Schwung.

Vielleicht muss dazu gesagt werden, dass dieses Spritzen in Südamerika häufig von einem Familienmitglied auf diese Art erledigt wird. Man kannte ja so gut wie keine Krankenkasse. Rief man den Arzt, musste er sofort und in bar bezahlt werden, und dazu fehlte das Geld.

Jedenfalls sah man Marianne in den nächsten Tagen eifrig an einer Orange üben. Aber es dauerte nur wenige Tage, da trat der Ernstfall ein. Der 92-jährige Adrian war Franzose. Er hatte einen nach unten hängenden Schnauzbart, genau wie sein Landsmann, der Deutschenhasser Clemenceau, und war krank geworden. Auf Anraten des herbeigerufenen Arztes musste sofort gespritzt werden. Es brauchte einen ganzen Tag, bis man das Medikament in jener Apotheke gefunden hatte, die am billigsten war.

Marianne war nicht mehr ansprechbar. Sie übte und übte, und in der Nacht tat sie vor lauter Angst kaum ein Auge zu. Nun heißt es ja, die Frauen seien neugierig. Aber Hand aufs Herz, die Männer sind es genauso. Dieses Schauspiel wollte ich mir nicht entgehen lassen. Aber weil sich »Schwester Marianne«, so wurde sie bereits genannt, meine Anwesenheit aufs Energischste verboten hatte, musste das Problem auf andere Weise gelöst werden.

Im Zimmer des Kranken gab es ein Fenster mit einer Jalousie, die wegen der starken Sonnenbestrahlung heruntergelassen blieb. Diese präparierte ich. Ich zog sie etwas an, sodass ich durch einen Spalt ins Zimmer sehen konnte. Nachdem meine Frau die Spritze bereits zwei Stunden lang ausgekocht hatte, nahte der gefürchtete Augenblick. Ich ging nach U-Boot-Art auf volle Tauchstation, das heißt ich verschwand und presste meine Augen gegen den Jalousie-spalt.

Da sah ich folgendes: Adrian stand mitten im Zimmer, er hatte bereits seine Hose heruntergelassen und streckte, weit nach vorne gebeugt, das nackte Hinterteil in Richtung Türeingang. Dabei klagte er zum Gotterbarmen: »Au, uhu, aii!« Jetzt betrat Marianne, durch das Gejammer noch mehr verunsichert, zitternd und schreckensbleich den Raum, in der rechten Hand die Spritze weit von sich haltend. Dann, am Opfer angelangt, sah ich nur noch ein sich nach oben bewegendes, kleines Springbrünnlein.

Die Schwester hatte nicht fest genug zugestoßen, der Glaskörper hatte sich von der Nadel gelöst und die Flüssigkeit lief auf den Boden. Sie hat es sofort mit ihrem Taschentuch aufgewischt und keiner hatte es gesehen, nur ich!

Ich behaupte, dass dieses Altersheim in der Schule meines Lebens zur perfektesten Fakultät der Anthropologie wurde. Ich sah diese alten Menschen nicht nur körperlich nackt und bloß, sondern auch ohne diese oft so unechten Kostüme von Name, Titel, Geld, Befrackung, die – wie Goethe sie nennt – nur zum Zwecke der Verpackung dienen. Ich werde später davon erzählen und verspreche, dass sich der Leser dabei nicht langweilen wird.

Jetzt begann für mich ganz vorrangig eine Zeit des so gar nicht mehr gewohnten Büffelns und Bücherwälzens, und sie dauerte beinahe zwei Jahre. Es gab Einführungskurse in Geschichte, Literatur, südamerikanischer Geographie, Spanisch, Deutsch, und Philosophie. Die Lehrkräfte waren hervorragend, zum Teil waren es Professoren der Universität. So ackerten wir im Fach Literatur beinahe den ganzen *Don Quijote* des spanischen Dichters Cervantes durch. Dabei wurde ich hellwach. Hier war der furchtlose Hidalgo Quijote, der als »Ritter der traurigen Gestalt«, als fanatischer Idealist, nicht nur gegen Windmühlen, sprich Luftgespinste, anritt, sondern auch gegen Unrecht, Ignoranz, Egoismus und die Machtbesessenheit einer Gesellschaft, die ihn nicht verstand, ihn dafür aber verspottete und für verrückt erklärte.

»Schwester Marianne« vor der Küche – mit Personal

Als Kontrastfigur diente der materialistisch denkende dicke Sancho Pansa, der mit dumm-schlauer Gerissenheit und naiv-psychologischer Vorgehensweise den Vorteil immer für sich zu suchen und zu nutzen verstand. Ein zufriedener Mensch. Hauptsache, er konnte jeden Abend sein Käsebrot mit einem tüchtigen Schuss Rotwein hinunterspülen.

Welch ein Unterschied zwischen Ideal und Wirklichkeit, und wiederum: wie klein der Schritt vom Erhabenen zum Banalen. Nicht nur als Kulturbild des zeitgenössischen Spaniens, sondern der menschlichen Gesellschaft überhaupt. Gerade dieses Werk hat mich nicht nur beeindruckt, sondern ungeheuer beeinflusst. Besonders dann, wenn es später galt, die Charaktere von Menschen auszuloten.

Meine anfänglichen spanischen Sprachschwierigkeiten nahmen langsam ab, sodass ich dem Unterricht mehr oder weniger folgen konnte. Trotzdem brachte ich manchmal die Mitschüler samt Professoren zu hellem Lachen, wenn ich mich in einer Aussage verhedderte. Warum auch nicht: Menschen, die lachen, machen weniger Schwierigkeiten.

Unser Professor für Deutsch und Geschichte der Philosophie war von außergewöhnlichem Kaliber, er hieß Karl Witthaus. Ich nenne seinen Namen ganz bewusst. Denn sollten seine Nachkommen per Zufall dieses Buch in die Hände bekommen, dann dürfen sie wissen, dass dieser Mann es war, der mich maßgeblich zu dem machte, was aus mir geworden ist. Ich verdanke ihm sehr viel im Blick auf meine persönliche Entwicklung.

Er war mir in seiner Gradlinigkeit und dem preußischen Pflichtbewusstsein Vorbild. Aber ebenso in der Bescheidenheit, hinter der er sein großes Wissen verbarg, und in seiner Frömmigkeit, die echt und natürlich war. Vier lange Jahre saß ich später in der Fakultät neben ihm am Esstisch, morgens, mittags und abends, und ebenso lange hörte ich täglich seine Kommentare über Gott und die Welt, seine Beurteilungen von Menschen und Pfarrern, aber auch seine Gedanken über Politik und deren Vertreter. Ich gab sehr viel auf sein Urteil. Als wahrer Humanist war er nie Nationalsozialist gewesen, aber trotzdem konnte er sagen: »Dieser Hitler wurde nicht in Österreich geboren, sondern in Versailles!«

Wenn ich jetzt seine Kurzbiographie schildere, soll dies nicht nur mein bescheidener Dank, sondern ebenso der Beweis dafür sein, dass gute Vorbilder immer »durchschlagen«. Sie sind, gerade auch im Blick auf junge Menschen, wirksamer als jede Kritik. Das Sprichwort sagt: »Gutes Exempel, halbe Predigt!« Daher bin ich überzeugt, dass alle diejenigen, die sich selber für gut halten, nur deswegen ein Vorbild so verlästern, weil sie Angst haben, ein solches Vorbild könnte sie selbst durchschauen. Das fürchten sie wie der Teufel das Weihwasser. Was die »halbe Predigt« anbetrifft, so frage ich: Könnte es nicht sein, dass genau aus demselben Grunde manche Pfarrer und Prediger ein vieles und langes Reden und Diskutieren einem »Exempel« vorziehen, weil es das Einfachere ist?

Karl Witthaus wurde, wenn ich mich recht erinnere, 1892 in Pommern als Sohn eines Gutsbesitzers geboren. Er studierte in Berlin Germanistik und Philosophie. Im Ersten Weltkrieg war er Infanterieoffizier. Wenn er auf seine pommerischen Landsleute zu sprechen kam, konnte er sagen: »Wir Pommern sind eben Dickschädel!« War er ganz gut aufgelegt, sagte er lachend: »Der Pommer ist im Winter so dumm wie im Sommer.« Ein gescheiter Mann ist, wer über sich selber lachen kann. Nur die Dummen sind beleidigt.

Er verheiratete sich nach dem Krieg mit einer Professorin der Mathematik und wanderte Anfang der 20er Jahre nach Argentinien aus. In der Regel hatten Geistesarbeiter im fremden Land einen viel schwereren Anfang als Handwerker, die ja wegen ihres Könnens gesucht wurden und sofort in einem Betrieb anfangen konnten. So verdingte sich der pommerische Gutsbesitzersohn als *Majordomo*, also Gutsverwalter, auf einer großen *Estancia* in Santa Fe. Vier Söhne wurden der Familie geboren, bei der Geburt des fünften Kindes verblutete seine Frau, weil kein Arzt zur Stelle war.

Witthaus, der sehr an seiner Frau gehangen hatte, heiratete nicht mehr und zog die Buben allein auf. Er sparte sich jeden Centavo vom Munde ab und ermöglichte seinen Kindern dadurch allen eine akademische Ausbildung. Einer davon erreichte eine hohe Stellung beim Militärgericht, ein anderer wurde Gouverneur.

Er selbst wechselte später ins Lehrfach und fand eine Anstellung in einer sehr bekannten deutschen Internatsschule in der Provinz Entre Rios. Sein Vorgesetzter war ein deutscher Pfarrer, der sich, sehr eingebildet, nur als »Herr Professor« oder »Herr Direktor« ansprechen ließ. Witthaus war diesem Snob geistig und menschlich haushoch überlegen und hatte es unter seinem Kommando nicht leicht. Mir imponierte, wie sachlich und ohne jeden Anflug von Häme er davon berichtete. Nur sein Lächeln sprach Bände.

Sein Unterricht war gezielt, kompakt und immer interessant. Unpünktlichkeit und jede Art von Schlamperei waren ihm ein Gräuel. Entsprechende Entgleisungen, besonders der südamerikanischen Kursteilnehmer, quittierte er wortlos mit einem resignierenden Kopfschütteln, als ob er sagen wollte: »Da ist halt nichts zu machen!«

Sein liebstes Kind war die Philosophie. Da leuchteten seine Augen auf, die der Schüler weniger. Für mich bedeutete dieses Fach Horror und Schrecken. Zum einen, weil mir viele Fachbegriffe auf Deutsch und noch viel mehr im Spanischen fehlten. Zum anderen, weil meine aufs Praktische ausgelegte Art mit Abstraktionen und Gedankenkombinationen absolut nichts anzufangen wusste. Ich verstand sie einfach nicht, die »Kritik der reinen Vernunft« von Immanuel Kant.

Bis ich mit der Zeit kapierte, dass der große Königsberger ganz einfach eine neue Sicht des Menschen begründen wollte mit den Fragen: »Was kann ich wissen? Was soll ich tun? Was darf ich hoffen? Was ist der Mensch?« Ebenso, dass wir die Welt nur in dem Maße *a priori* erkennen können, wie es ihr möglich ist, für unsere Augen eine Erscheinung vorzustellen. Jeder Versuch darüber hinaus, »wie sie an sich selbst ist«, sei vergeblich. Das war kompliziert! Wie viel leichter ging mir dagegen Kants Ausspruch ein, dass Lachen die Verdauung fördern würde. Das hatte Hand und Fuß.

Stundenlang lief ich vor den Examen zu früher Morgenstunde mit meinem Heft eine Nebenstraße auf und ab und lernte ganze Passagen auswendig, ohne sie im Grunde besser verstanden zu haben als mein Hund, der fröhlich neben mir herlief. Die Noten fielen entsprechend aus. Aber im späteren Leben nahm niemand daran Anstoß, wenn ich nicht auf dem Steckenpferd des Professors angeritten kam.

Viel besser erging es mir im Fach Deutsch. Als wir einmal einen Aufsatz zu schreiben hatten über die Einsamkeit, nahm er mich nachher auf die Seite und meinte anerkennend: »Was Sie da geschrieben haben, war kein Aufsatz, das war ein Gedicht!« Da freute ich mich.

Professor Witthaus war Fruhaufsteher. Schon um sechs Uhr saß er an seinem Schreibtisch. Er übersetzte Luthers Werke aus dem Lateinischen und Deutschen als Erster ins Spanische, ebenso ist sein Name in Langenscheidts Taschenwörterbuch, Spanisch-Deutsch, 4. Auflage, Berlin-Schöneberg 1957, auf der ersten Seite zu finden.

Es war selbstverständlich, dass ich im Heim überall dort Hand anlegte, wo es nötig war. Ich flickte bei einem der häufigen Kurzschlüsse die kreuz und quer hängenden Leitungsdrähte, holte ein in den tiefen Brunnen gefallenes, kläglich miauendes Kätzchen wieder ans Tageslicht, stocherte mit langen Drähten so lange in den verstopften Abortrohren herum, bis alles wieder floss.

»Siehst du«, so hätte der alte Grieche Heraklit mir zugenickt (er lebte 544–483 v.Chr.), »*panta rhei* – nur keine Panik –, irgendwie kommt alles wieder in Fluss.« Ich strich beziehungsweise kalkte die Zimmer aus, man holte mich als Ameisenjäger auf das große Fakultätsgrundstück, und war eine Ratte in die Speisekammer eingedrungen, sie wurde ohne Halali geschossen. Immer da, wo etwas los war, wurde Federico gerufen.

Als der alte Sandberg – er war als dänischer Matrose auf allen Weltmeeren herumgefahren – schwerkrank daniederlag, holte man den Arzt. Dieser erklärte sofort, dass er ein zweites Mal nicht käme, deswegen solle ich die weitere Behandlung übernehmen. Diese bestehe darin, dass der Kranke die ganze Nacht hindurch alle 15 Minuten gespritzt werden müsse. Er habe der Einfachheit halber gleich zehn Nadeln im Bauchfell des Kranken angebracht. Fünf links und fünf rechts. So bräuchte ich nur die gefüllte Kanüle anzusetzen und abzudrücken. Ach ja, und hier lasse er mir ein Schläuchlein, damit solle ich, da der Patient kein Wasser mehr lassen könne, einen Katheder legen. Vorne an dem Schlauch sollte, damit er besser rutschte, etwas Fett angebracht werden, Salatöl aus der Küche ginge auch. Dann müsse man nur durchstoßen, bis »es« laufe.

Sandberg starb nach wenigen Tagen. Den anderen Alten erklärte ich sehr energisch, dass ich an seinem Tod nicht schuldig sei. Der Sterbende überzeugte mich übrigens auch, dass ein unter Halluzinationen leidender Mensch tatsächlich weiße Mäuse sehen kann. Er deutete mit dem Zeigefinger plötzlich an die Wand, riss die Augen auf und rief ganz aufgeregt: »Da, da laufen sie!« Auf meine erstaunte Frage: »Wer?«, war seine Antwort: »Weiße Mäuse!« Ich sah keine. So muss also offen bleiben, da keine Zeugen anwesend waren, wer von uns beiden »neben der Kappe« stand.

Bei Todesfällen galt es, den Verstorbenen eilig umzuziehen, ehe er kalt und steif wurde. Aber einmal kam ich zu spät. Das war bei der 92-jährigen Bianchi. Sie hatte eine ganz besondere Lebensgeschichte hinter sich. Als bildhübsche, aber bettelarme Indianerschönheit wurde sie in jungen Jahren von einem steinreichen Italiener geheiratet. Dieser besaß schon 1907 ein Luxus-Daimlerauto, in dem er sich von seinem Chauffeur durch Buenos Aires kutschieren ließ. Wer damals ein Auto kaufte, musste gleichzeitig einen Chauffeur, der auch Mechaniker war, anstellen, denn Autowerkstätten gab es noch nicht. Diesem reichen Mann gehörten ganze Häuserfluchten.

Als er früh starb, blieb die schöne und reiche Witwe zurück. Was in dem Sprichwort »Wenn der Bettelmann aufs Ross kommt, reitet er es zusammen!« so treffend ausgesagt ist, erfüllte sich auch in diesem Falle. Die Witwe verspielte im Laufe der Jahre das gesamte Vermögen in Kasinos und bei Pferderennen. Kinder waren keine da, so landete sie am Ende total verarmt und vereinsamt, von all den zahlreichen Freunden in guten Jahren verlassen, in unserem Heim. Hie und da besuchte sie noch eine jüngere Nichte ihres Gatten. Aber als diese ihr das letzte Erinnerungsstück, einen kostbaren Ring, vom Finger gezogen hatte, ward auch sie nicht mehr gesehen.

Nun war sie tot. Als meine Frau frühmorgens das Zimmerchen betrat, lag sie zusammengekrümmt auf dem Steinboden. Sicherlich hatte sie in der Nacht Hilfe gesucht. Eine Glocke gab es nicht, so war sie aus dem Bett gestiegen, gefallen und nach einiger Zeit erfroren. Buenos Aires liegt auf dem 34. Breitengrad und ist klimatisch vergleichbar mit dem ägyptischen Kairo. Da kann das Thermometer in den Wintermonaten Mai bis August bis auf zehn Grad unter Null fallen. Diese Kälte kann in den meist unbeheizbaren Häusern gerade für alte Menschen den Tod bedeuten.

Da lag Bianchi also, und ihr trostloses Gesicht starrte uns an. Aber was nützten Gefühle? Wir brauchten einen Sarg, hatten jedoch kein Geld. In solchen Armutsfällen konnte man bei der Stadtverwaltung einen Sarg beantragen. Das taten wir und konnten ihn dann auch gleich mitnehmen. Er bestand aus kaum glatt gehobelten, nur zusammengenagelten Naturbrettern und erinnerte mich sofort an die Munitionskisten, die wir im Krieg transportiert hatten.

Zu Hause angekommen, stand sofort das Problem im Raum: Wie bekomme ich diesen in Sitzstellung erstarrten Leichnam in die Kiste? Da erinnerte ich mich an den Wiener Geiger und Kriegskameraden, der uns zu vorgerückter Stunde oftmals mit seinen Praktiken und Berufskniffen als Leichenversorger in Atem gehalten hatte. Jetzt drückte auch ich die Knie der Toten durch, dass es »krach!« machte, sie wurde gestreckt und der Fall war erledigt.

Die Kiste legten wir mit einem zerrissenen und unbrauchbar gewordenen Leinentuch aus, als Kopfunterlage nahm ich einen Stoß alter Zeitungen. Dann machte nur noch der Deckel Schwierigkeiten, als ich ihn draufnageln wollte. Er passte nicht, die Ritzen waren bis zu drei Zentimetern breit. Schon kam auch das Problem Nummer 3 anmarschiert. Wie bringen wir den Sarg auf den Friedhof? Drei Kilometer waren es bis dorthin.

Da baten wir in dem Lebensmittelladen an der Ecke um den kleinen Lieferwagen, mit dem die Waren ausgefahren wurden. Gern und selbstverständlich stellte man ihn als Transportfahrzeug zur Verfügung. Noch am gleichen Nachmittag fuhren wir zur Beerdigung. Da die Ladefläche des Kleinautos sehr kurz war, stand ein Teil der Kiste hinten über. Um der Gefahr des Abkippens vorzubeugen, setzte sich die Trauergesellschaft – wir waren zu dritt – auf den Sarg, und ab ging es zum Friedhof. Dort erwartete uns schon Pastor Garcia, von dem wir noch hören werden.

Bei Erdbestattungen war es damals in Argentinien Brauch, dass der Sarg nach dem Dienst des Pfarrers in die Erde gesenkt wurde und die Trauergesellschaft so lange am Grab blieb, bis dasselbe von den Arbeitern zugeschaufelt war. Auf dem Grabeshügel wurden dann die Blumen und Kränze niedergelegt und die Beerdigung war zu Ende.

In unserem Falle aber meinten die Arbeiter, sie hätten gerade noch etwas anderes zu tun, wir sollten nur nach Hause gehen, sie würden nachher das Grab zuschaufeln und die Blumen auf den Hügel legen. Ich hatte in der benachbarten Gärtnerei eines Letten um ein paar Blumen gebettelt mit dem Zusatz, dass sie ruhig schon ein bisschen »hinüber« sein dürften, da die Tote sie ja nicht mehr sähe. Noch immer habe ich den süßlichen Geruch der leicht verwelkten Callas in der Nase. Ich mag sie bis heute nicht.

Nun, wir gingen zufrieden nach Hause. Aber alte Leute sind bekanntlich misstrauisch. So wollte sich am folgenden Tag einer der Beerdigungsteilnehmer davon überzeugen, ob die Blumen von den Arbeitern auch ordnungsgemäß aufs Grab gelegt worden waren. Kreideweiß und außer sich kehrte er zurück mit der

Schreckensnachricht, dass das Grab noch geöffnet und der Sarg verschwunden sei. Das Heim verwandelte sich in einen aufgeregten Bienenschwarm, jeder bangte jetzt um die eigene zukünftige Friedhofsruhe.

Was war geschehen? Die Lösung war so billig wie einfach: Die Arbeiter holten nach unserem Weggang den Sarg wieder aus der Grube und verscharrten den Leichnam irgendwo am Rande des Gräberfeldes. Die Kiste aber wurde wieder aufs Rathaus transportiert, wo sie für den nächsten Kunden bereit stand.

Übrigens vergingen einige Jahre, da meldete sich bei uns eine Verwandte der Verstorbenen. Es stellte sich heraus, dass auf dem Stadtfriedhof von Buenos Aires, Chacarita, ein millionenschweres Mausoleum aus purem Marmor stand, in dem schon immer ein Platz für die Bianchi neben ihrem verstorbenen Mann reserviert gewesen war. Wie nahe liegen doch Glanz und Elend beieinander, und wie unbedeutend werden beide, wenn der Tod alle gleich macht.

Die meisten der Heiminsassen hatten weder Rente, Besitz noch Einkünfte. So wurde das Haus von kirchlichen Spenden getragen, und es galt, immer und überall zu sparen. Das Essen war einfach, aber nicht schlecht und immer ausreichend. Dass es einige Meckerer gab, dürfte normal sein. Es waren immer die Gleichen, und es waren immer solche, die aus den untersten Schichten der Gesellschaft kamen. Sie stellten die höchsten Ansprüche und konnten frech und ausfallend werden.

Wie wohltuend zufrieden und unkompliziert waren dagegen die Vertreter der gebildeteren Schichten. Dabei meine ich mit Bildung nicht allein jene von Schule, Stand und Erziehung, sondern die des Herzens. Beim gemeinsamen Essen in dem dunklen, unfreundlichen Raum mit seinen billigen Wachstuchtischen saß neben dem ehemaligen Bauern aus dem ukrainischen Wolynien, der nach dem Essen immer Teller und Besteck mit der Zunge abschleckte, die fein gebildete Berliner Staatsschauspielerin, die – darüber den Kopf schüttelnd – mit Grazie und Eleganz das billige Blechbesteck zum Munde führte.

Diese wiederum wurde spöttisch belächelt von der alten Spanierin mit dem Gesicht eines Raubvogels, die, wenn sie sich unbeobachtet fühlte, wieselflink die Brotkörbchen ausräumte und die

Scheiben in ihrer großen Rocktasche verschwinden ließ. Dort saß der baumlange, hagere Hamburger, der sich ein Leben lang als »Musterreiter« in Brasilien sein Brot verdient hatte. Musterreiter nannte man in diesem Land die Handlungsreisenden, die im Auftrag einer Firma auf ihren Mauleseln bis in die letzten verlassenen Urwaldwinkel ritten, um ihre Waren – vom Hemd bis zum Nagel, vom Kochtopf bis zum Revolver – an den Mann zu bringen.

Er hieß Ohl und war ein völlig vereinsamter Mensch, der still und schweigend vor sich hinstarrte. Nur wenn er von seinen Ritten und Mauleseln erzählte, leuchteten seine Augen wie bei Kindern vor dem brennenden Weihnachtsbaum. Stundenlang konnte ich mir die unglaublichsten Lebensgeschichten anhören. Ihre Erinnerungen verbreiteten, wie abgefallene Blüten, immer noch einen wenn auch welkenden Duft von vergangener Kraft und Schönheit. Ihre Lebensgeister flackerten nochmals auf wie ein verlöschendes Flämmchen.

Da war die bereits erwähnte Frau von Bernau, auch im hohen Alter noch eine gewisse Schönheit. Sie galt um die Jahrhundertwende als sehr bedeutende Schauspielerin am Deutschen Theater von Berlin und war Partnerin des weltberühmten Schauspielers Josef Kainz, dessen eindrucksvollste Rolle der Hamlet war. Von ihm konnte sie stundenlang erzählen, ehrfurchtsvoll und hingerissen. Ebenso von ihren gemeinsamen Gastspielreisen in Paris, London, auch von den rauschenden Nächten in St. Petersburg und am Zarenhof. Sie erklärte mir mit leuchtenden Augen, dass man dabei das geleerte Sektglas nicht mehr auf den Tisch gestellt, sondern immer hinter sich geworfen habe.

Wenn sie, was vorkommen konnte, am Mittagstisch plötzlich von einer Inspiration erfasst wurde und mit durchdringender Stimme und entsprechenden Gesten anfing, aus *Hamlet* oder *Don Carlos* zu deklamieren, dann schaute mich Jakob – das war das Bäuerlein aus Wolynien, wo man von einer Kuh lebte – vielsagend an und tippte sich kopfschüttelnd an die Stirn. Wenn sie von der »Garde« schwärmte, der Elitetruppe des Kaisers, verdrehte sie entzückt die Augen und fing an zu singen: »Adieu, mein kleiner Gardeoffizier, adieu, adieu!«

Frau von Bernau war die Nichte des bekannten Berliner Hof- und Dompredigers Adolf Stoecker. Sie besaß mittlerweile völlig wertlose Bergwerksaktien in Goldwährung von Friedrich dem Großen und war mit einem ebenfalls berühmten Regisseur verheiratet. Dieser sei aber, so erzählte sie mir, pervers gewesen, was mir anhand seines Lebenstraumes, nämlich »ein ganzes Zimmer voll nackter Mädchen zu besitzen«, sofort glaubhaft schien. Im Zweiten Weltkrieg verlor sie Haus und Besitz, wanderte mit ihrem einzigen Sohn nach Argentinien aus, und da saß sie nun.

Einmal, ich hatte den Gang mit Kalk gestrichen und stieg gerade von meiner Leiter, auf dem Kopf das Schiffchen aus Zeitungspapier und selbst von oben bis unten bekleckert, packte sie mich am Ärmel, schüttelte mich hin und her, verdrehte ihre Augen und rief pathetisch wie auf einer Bühne: »Oh dieser Mann, wie bin ich in ihn verliebt!« Als ich mich vorsichtig von ihr löste, flüsterte mir ein Teufelchen ins Ohr: »Wenn sie mir das 60 Jahre früher gesagt hätte!« Aber ein bisschen stolz reckte ich doch meine Brust in die Landschaft. Wer bekommt schon von einer internationalen Diva eine Liebeserklärung?

Um die ständig dahinsiechende, schwache Haushaltskasse zu sanieren, kam die Kommission des Heimes eines Tages auf die glorreiche Idee, hundert Legehühner anzuschaffen, um mit dem Eierverkauf eine zusätzliche Einnahmequelle aufzudecken. So mauerte man im großen Garten einen Hühnerstall mit Sitzstangen und vielen Legekästen. Und die Hühner kamen. Sie waren von der Rasse »Weiße Leghorn«. Die Leitung des Betriebs sowie unter anderem Füttern, Ausmisten, Ungezieferbekämpfung wurde mir übertragen. Dazu gehörte auch die Vermarktung der Eier.

So suchte ich mir zwei alte Blechkanister, versah sie mit Drahthenkeln, dazu die passenden Eierlagen aus Pappe, und fertig war die Laube. Der Transport war gesichert. In Argentinien kennt man keine Güte-Klasse wie A, B oder C. So ließ ich mir ein kleines Stempelchen machen mit einem »A« und markierte damit jedes Ei. Dann suchte ich Kundschaft, zum Teil auch in der Stadt. Vor allem im Bereich der Pastorenfamilien und sonstiger Glaubensgenossen sprach ich vor. Wenn man auf meine immer etwas höheren Preise hinwies, deutete ich nur auf den Stempel und erklärte dem staunenden Kunden, dass es sich hier um eine besondere Güteklasse handle, was ja der Stempel beweise. Das überzeugte dann jeden sofort.

Einmal stieg ich mit meinen Blechkanistern auf einer Bahnstation aus, blieb mit dem Fuß irgendwo hängen, flog bäuchlings auf den Bahnsteig und lag inmitten meiner kaputten Eier. Was haben die Leute gelacht, die sofort um mich herum stehen blieben! Ich verschwand aber blitzschnell, bevor der Bahnhofsvorsteher auftauchte. Denn auf sein Geschimpfe, was die Reinigung betraf, war ich absolut nicht scharf.

Mein Zimmernachbar im Heim war Franz Fröhlich. Er rauchte wie ein Schlot, war 50 Jahre alt und saß im Rollstuhl, beide Beine waren amputiert. Er war Wiener, Maurerpolier und Ende der 20er Jahre nach Argentinien gekommen. Als Junggeselle fehlte es ihm nie an Wein, Weib und Gesang, er war Lebemann und verpraßte seinen recht guten Verdienst. Dann kam die Bürgersche Krankheit. Die Zehen wurden nicht mehr durchblutet, bei den plötzlich einsetzenden Schmerzen auf der Straße blieb er, um nicht aufzufallen, vor dem nächsten Schaufenster stehen und starrte hinein. Daher wird dieses Leiden auch »Fenstergucker-Krankheit« genannt.

Franz Fröhlich, der Wiener ohne Beine

Man amputierte zuerst die Zehen, dann den Fuß, es folgten Unterschenkel, Oberschenkel und schließlich wiederholte sich das Gleiche am anderen Bein. Nach seinen Familienverhältnissen gefragt erzählte er, dass er seinen Vater nie gekannt und auch alle Beziehungen zu seiner Mutter seit seiner Auswanderung vor 25 Jahren abgebrochen habe.

Das ließ mir keine Ruhe. Ob er ihr nicht doch einmal schreiben wolle, so meine Frage, und ob er sich nicht die Freude dieser alten Frau vorstellen könne, wenn sie nach so vielen Jahren nochmals ein Lebenszeichen von ihrem Kind bekäme? Er schüttelte den Kopf, denn erstens habe er das Schreiben auf Deutsch verlernt, zweitens wüsste er ja gar nicht, ob sie noch lebe, und drittens, ob die alte

Adresse noch stimme. Als ich mich anbot, dies für ihn zu tun, war er einverstanden. Der Brief ging an die Polizeidirektion in Wien.

Nach einem Monat traf die amtliche Mitteilung ein, dass die Frau erst vor vier Wochen verstorben sei. Wir kamen zu spät, und die Reue kommt, wie der Hundeschwanz, immer hintendrein. Die Krankheit des Franzel schritt fort, immer wieder sägten sie ihm ein Stück der Oberschenkelknochen ab. Aber bevor die Amputation der Arme drankommen sollte, starb er. Er war einer der vielen »verlorenen Söhne«, die mir im fernen Land begegnet sind.

Eine alte Dänin wurde »Banane« genannt, weil sie ihre Haare an zwei Seiten wie Bananen hochgerollt hatte. Sie hatte einen ungeheueren Verbrauch an Aspirintabletten und schluckte täglich 15 Stück. Ebenso berichtete sie mir immer von Männern, die zu ihr ins Zimmer wollten. Ob dabei der Wunsch oder die Tabletten die Väter des Gedankens waren, habe ich nie herausbekommen.

Ein besonders bösartiges Frauenzimmer war die Italienerin Albarcetti. Sie erzählte in der ganzen Nachbarschaft, wie schlimm und brutal die *Alemanes*, also wir, mit den armen, alten Menschen umgingen. Man gäbe ihnen nicht genug zu essen, ja, wir hätten einige unglückliche Opfer auch schon vergiftet, um an ihr Vermögen zu kommen. Es brauchte längere Zeit, bis wir dahinter kamen, warum uns die Nachbarn so böse anschauten und nicht grüßten.

Albarcetti hatte ihr Zimmerchen neben der Küche. Meist stand sie unter ihrer Tür und musterte erhobenen Kopfes und durch ihre fingerdicken Brillengläser jeden, der vorüber ging, klagte dauernd über starke Herzbeschwerden und war sehr abergläubisch. Sie konnte Gott, alle Heiligen und sämtliche Geister im Himmel auf und unter der Erde anrufen. Ihre Bösartigkeit hatte es besonders auf Fräulein Catalina abgesehen.

Dies war ein kleines, zerbrechliches Persönchen mit einer hohen Fistelstimme. Früher Lehrerin in Dänemark und kindlich fromm, so ging sie mit ihrem Stock durch das Heim und grüßte alle sehr freundlich. Gleichzeitig bot sie sich für alle möglichen Liebesdienste an, weswegen die übrigen Insassen sie für verrückt erklärten.

Nun passierte es öfters, dass Albarcetti hinter ihrer Tür nur darauf lauerte, bis Catalina vorüber ging. In der Hand eine Tasse voll Wasser, stürzte sie hervor und goss ihr mit allerhand Flüchen und Verwünschungen das Wasser ins Genick. Daraufhin blieb Catalina stehen, dreht sich um und lispelte: »Das ist nicht so schlimm, das muss man verzeihen, der Herr Jesus hat uns ja auch verziehen!« Schließlich platzte mir der Kragen. Die Alte musste bestraft werden, und die Geister, die sie dauernd rief, die sollte sie haben.

Ihr kleines Zimmer war mit einem Blechdach bedeckt. Da legte ich eines Abends an der Hinterwand unbemerkt eine Leiter an. Dann suchte ich leere Konservenbüchsen und reihte sie an einem Draht auf. Wenn ich sie schüttelte, gab es einen Mordskrach. Dann wartete ich die Geisterstunde ab. Als die nahe Kirchturmuhr zwölf schlug, stieg ich ihr aufs Dach, rasselte mit meinen Büchsen und verführte auf dem Blechdach den reinsten Indianertanz. Es war ein Spektakel ohnegleichen. Beim letzten Glockenschlag war ich wieder verschwunden, ich fühlte mich als Rächer der Enterbten sehr zufrieden.

Der Schreck setzte bei mir erst am Morgen ein, als Albarcetti, ganz gegen ihre Gewohnheit, nicht zum Frühstück erschien und ihre Tür um zehn Uhr immer noch verschlossen blieb. Die wird doch keinen Herzschlag bekommen haben? Als sie dann gegen elf Uhr zittrig und schreckensbleich aus ihrem Zimmer trat, war ich sehr erleichtert. Mit großer Teilnahme und sehr ernstem Kopfnicken hörte ich mir ihre Gruselgeschichte an und auch, dass die vielen bösen Geister sie in der Nacht an den Rand des Grabes gebracht hätten. Dass es nur einer war, habe ich ihr nicht verraten.

Die Umstände, wie die Familienangehörigen ihren Opa oder die Oma ins Altersheim abschoben, waren sehr oft raffiniert, um nicht zu sagen kriminell. Da brachten sie eines Tages einen 94-jährigen Italiener, ein kleines, mageres Männchen, nachdem der Sohn schon lange einen Platz bestellt hatte. Dieser hatte seinen alten Vater zu einer Autospazierfahrt eingeladen und vor dem Heim eine Panne vorgetäuscht. Man ließ den Alten aussteigen, führte ihn ins Heim und beruhigte ihn unter dem Vorwand, sobald die Panne beseitigt sei, hole man ihn wieder ab. Das Männchen wartete und wartete. Unter keinen Umständen wollte er seine Schuhe ausziehen, zu was auch. Aber es kam niemand mehr.

Wie man uns erzählt hatte, hatte er bisher allein in einem *Rancho* gelebt und sich praktisch nur von Hartbrot und *Mate* ernährt.

Wie freuten wir uns, als er in den folgenden Tagen einen derartigen Appetit entwickelte, dass er nicht nur ständig nachschöpfen ließ, sondern jedes Mal auch den Brotkorb auf dem Tisch leerte. Er lebte noch acht Tage, dann hatte er sich buchstäblich zu Tode gefressen. Sein Organismus konnte diese Menge nicht mehr verarbeiten, aber ich musste lernen, dass es nicht immer gut und hilfreich ist, einem Armen oder Hungrigen zu geben, was er haben möchte.

Zum Abschluss noch ein Fall, der mich besonders bewegte, weil er mir zeigte, wie undankbar Kinder ihren eigenen Eltern gegenüber sein oder wie sie zu Waschlappen werden können, wenn der Ehepartner im Hause das Sagen hat.

Das Ehepaar Burmeister hatte sich nach seiner Einwanderung durch viel Mühe und Fleiß ein renommiertes, gut gehendes Feinkostgeschäft in Buenos Aires erarbeitet. Sie hatten einen Sohn, dem sie die beste und teuerste Schule und Ausbildung mit auf seinen Weg gaben. Nachdem der Vater gestorben war, heiratete der Sohn und zog ins elterliche Haus. Es kamen Kinder, und mit der Zeit wurde, wie die Schwiegertochter meinte, der Platz zu eng. Die 15-jährige Tochter brauche ihr eigenes Zimmer und so weiter. So überzeugte man die Oma, dass es für sie in einem kirchlichen Heim am Besten sei, da würde für sie gesorgt, da gäbe es einen schönen Garten, und die Leute seien alle lieb.

Die alte Mutter war eine sehr feine, kluge und dazu gebildete Frau. Sie sagte gar nichts und ging. Bei uns bewohnte sie ein eigenes Zimmerchen, das sie sofort sehr geschmack- und liebevoll einrichtete. Sehr bald wurden wir gute Freunde. Nicht selten drückte sie uns, so im Vorbeigehen, eine Praline oder ein Stückchen Kuchen in die Hand. Sie erzählte viel von ihrem Sohn und wartete mit Sehnsucht auf seinen Besuch.

Die meisten Angehörigen besuchten samstags oder sonntags ihre alten Eltern oder Freunde. Aber der Sohn kam nicht. Er wohnte eine gute halbe Autostunde vom Heim entfernt, und er hatte ein Auto. Im Laufe der Wochen erfuhren wir dann, dass die Schwiegertochter sie nicht möge, keinen guten Einfluss auf ihren Sohn ausübe und dass er wahrscheinlich nicht kommen dürfte. Es vergingen Monate, und von Sonntag zu Sonntag war es immer das gleiche Lied. Sie saß, das Sonntagskleid angetan, und wartete vergeblich. Wir fragten schon nicht mehr, sondern schämten uns.

Manchmal nahm ich sogar einen anderen Weg, um nicht an ihrer Tür vorbeigehen zu müssen.

Es waren sechs Monate vergangen, da nahte ihr Geburtstag. »Da kommt er ganz bestimmt!«, und sie strahlte vor Freude. Tags zuvor mussten wir eine Torte beim Bäcker bestellen, frischen Kaffee und Blumen kaufen, und als der Tag kam, hatte sie für den Nachmittag einen wunderschönen Geburtstagstisch gedeckt, ihre schönste Tischdecke aus dem Schrank geholt und ein Festtagskleid angelegt. Ich wagte mich schon nicht mehr in ihre Gegend. Es wurde 15 Uhr, die übliche Kaffeestunde, es wurde immer später und später. Er kam nicht, ach, war das eine Tragödie. Da lud sie uns ein, es war schon später Nachmittag, und wir versuchten, sie zu trösten.

Acht Wochen später fanden wir sie morgens tot in ihrem Zimmer. Ich zog sie an. Der Sohn wurde verständigt; er bestellte einen sehr teuren Sarg und kam dann selber mit einem riesigen Kranz roter Rosen. Er schluchzte zum Gotterbarmen und musste vor lauter Kummer gestützt werden. Ich hätte ihm am liebsten einen Fußtritt gegeben. So blieb mir nur der fromme Wunsch, dass ihn sein schlechtes Gewissen nie verlassen möge. Aber ich konnte später als Pfarrer öfters bei einer Beerdigung den Vers zitieren: »Liebet euch Lebende, die Zeit entflieht! Blumen auf dem Grabe kein Toter mehr sieht.«

Arbeitsmäßig waren wir ziemlich engagiert. Besonders Marianne hatte ihren Zwölf-Stunden-Tag. Aber sie bekam ein Gehalt. War es auch nur das der Putzfrau, so hatten wir doch eine feste Einnahme. Die Entlohnung meiner Hilfsdienste bestand, wie die Jahre zuvor, aus freier Kost und Logis. Da die Ameisenplage aber im Baugelände der zukünftigen Fakultät nicht unbedeutend war, konnte ich mir als Spezialist in der Bekämpfung hie und da ein paar Pesos verdienen. Auch versuchte ich mich als Reisender in Küchengeräten, die ein deutscher Klempner in seiner Werkstatt herstellte.

Einen besonderen Einschnitt in unserem Alltag gab es, als der Arzt bei Marianne eine Schwangerschaft feststellte. Wir freuten uns beide sehr und machten viele Pläne. Besonders stellte ich bei mir plötzlich etwas fest, an dem es mir manchmal gemangelt hatte. Es war das Gefühl von Verantwortung, Initiative und Arbeitseifer.

Schon der Gedanke, dass ich ab jetzt für das Kind mitsorgen müsse, weckte in mir neue und ungeahnte Impulse.

Da es auch vorkam, dass ein betrunkener Heiminsasse meine Frau mit dem Spazierstock schlagen wollte, sodass sie schnellstens davonlaufen musste, kam die Kirchenleitung aufgrund ihres jetzigen Zustandes auf die gute Idee, uns in ein Nebenhaus zu versetzen. Es war ein Vorseminar für zukünftige Theologiestudenten. Diese kamen noch als Grundschüler aus dem Landesinneren, hier wollte man sie auf ihren zukünftigen Beruf vorbereiten. Die Aufsichtsperson war der schon erwähnte Professor Witthaus. Ich wurde sein Gehilfe, und für die Dutzend Jungen kochte eine Frau. Hier sollten wir jetzt bis zum Einzug in das neue Fakultätsgebäude wohnen.

Unter den Schülern war auch ein 14-jährige Junge mit Namen Franzisco. Da er mich, wie später noch ersichtlich, ein ganzes Stück auf meiner Wegfahrt begleiten sollte und weil mich manche Menschenstudie, gerade an ihm, zu oftmaligem Erstaunen brachte, möchte ich über ihn berichten. Er war das Kind armer Kolonisten und in der Provinz Misiones, sie liegt im Nordosten Argentiniens, aufgewachsen. Der Vater war Schuhmacher, Slowake, die Mutter Polin und brachte zwölf Kinder zur Welt.

Der arme Schuhmacher war ein frommer Mann. Weil Franzisco in der dortigen, sehr primitiven Urwaldschule nicht mitkam, meinte der Vater, dass es, was den zukünftigen Beruf des Jungen anbetraf, vielleicht noch zu dem eines Pastors reichen könnte. Er schickte ihn nach José C. Paz ins Vorseminar. Die ganzen Kosten übernahm, auf die Empfehlungen des dortigen Pastors hin, die Kirche. Der Pastor muss wohl nicht recht bei Trost gewesen sein.

Franzisco hatte ein typisch slawisch-östliches Gesicht mit Stumpfnase und hervorstehenden Backenknochen. Er wirkte in seinen Bewegungen unbeholfen und linkisch, aber in seiner Art war er freundlich, hilfsbereit, fromm und pfiffig. Als er mir nach einem halben Jahr das Schulzeugnis zur Unterschrift vorlegte, wusste ich sofort: Hier stimmte etwas nicht. Er hatte einfach bei seinen vielen »ungenügend« vorne das »un« ausradiert. Jetzt standen die Noten auf »genügend« und die Versetzung war gesichert.

Der Schuldirektor wollte ihn sofort feuern, und nur nach langen Verhandlungen erklärte er sich bereit, Franzisco das Schuljahr mit einem »genügend« beenden zu lassen. Aber nur unter der unwiderruflichen Vorrausetzung, dass er im fernen Misiones verschwände und nie mehr auftauche.

So blieb er noch bis zum Jahresende. Aber trotzdem lehrte mich der Versager einiges. Ich hatte ein altes Fahrrad, an dem dauernd etwas kaputt war. Als praktisch lebenslanger Radfahrer fiel es mir nicht schwer, die Reparaturen selbst auszuführen. Ein handwerklich unpraktischer Mensch war ich sowieso nicht. Da ging eines Tages die ausgeleierte Klingel am Lenkrad nicht mehr. Geld für eine neue hatte ich nicht, also musste sie repariert werden. Ich zerlegte sie in alle Teile, studierte ihre Funktion und überlegte. Nichts! Da kam Franz vorbei, blieb stehen, fragte, was los sei, machte ein paar Handgriffe und die Klingel funktionierte.

Ich war sprachlos. Ein Kerl, der kaum bis zehn zählen konnte, und dann so etwas. Nachdem ich noch einige ähnliche Erfahrungen mit ihm gemachte hatte, erzählte ich dieses Phänomen dem Professor. Der lächelte nur und antwortete: »Ja, wussten Sie nicht, dass es neben der Intelligenz des Geistes auch eine solche der Finger gibt?« Nein, das hatte ich nicht gewusst. Aber dass das so ist, erfuhr ich später noch öfters.

Es bewog mich, das Zigeunersprichwort nicht nur sehr ernst, sondern sogar zu einem Lebensgrundsatz zu machen: »Lache nie über einen Menschen, weil er nichts weiß. Jeder Mensch weiß etwas, das du nicht weißt!« Es hat mir viel geholfen, besonders in den Jahren, wo ich es in meinen Urwald- und Buschgemeinden mit Menschen zu tun bekam, die kaum eine Schule gesehen hatten und trotzdem auf Ideen und Initiativen kamen, die mich staunen ließen. Es geht tatsächlich so mancher Cäsar hinter einem Pflug. Das heißt, er hat Gaben, die nie entdeckt wurden, und Fähigkeiten, die er aufgrund fehlender Gelegenheit nie hat verwirklichen können.

Einmal war im Vorseminar richtig etwas los. Es gab unter den Zöglingen den Sohn eines Pastors unserer Kirche, der als Jude zum christlichen Glauben konvertiert war. Dieser Zwölfjährige, er hatte rote Haare, war nicht nur sehr intelligent, sondern auch frech. Wieder einmal hatte er den Professor angelogen und, zur Rede gestellt, eine seiner frechen Antworten gegeben, worauf er eine Ohrfeige bekam. Völlig ungewöhnlich, denn so etwas war noch nie passiert. Jedenfalls erschien sofort der Papa und machte einen lautstarken Krach, wobei er den »deutschen« Pädagogen mit bösen Worten als Antisemiten und Judengegner beschimpfte. Es war eine ganz üble Szene. Sofort nahm der aufgebrachte Vater seinen Sohn aus dem Seminar.

Bei einer späteren Unterhaltung meinte der Professor einmal, wie es doch sonderbar sei, dass ein Großteil der Argentinier die Juden nicht möge, während die Deutschen, trotz jahrelanger Nachkriegs- und Gräuelpropaganda, recht beliebt seien. So war es tatsächlich.

Ich habe über diese Frage viele Jahre nachgedacht und glaube, dass Menschen, die durch viele Jahrhunderte hindurch immer nur verfolgt und gedemütigt wurden, unter einem Trauma leiden, sodass sie viel sensibler und misstrauischer auf ihr Umfeld reagieren. Sie sind gebrannt und daher sicherlich auch in der Beurteilung anderer nicht immer objektiv.

So stand ich einmal in einem überfüllten Bus. Wir hatten als Studenten gerade die ersten Lektionen in Hebräisch gebüffelt und konnten schon einen Satz formulieren. Da sah ich neben mir einen Mann, der an seinem Jackenaufschlag den siebenarmigen Leuchter angesteckt hatte. Aha, ein Jude. Stolz über mein Können sprach ich ihn mit einigen hebräischen Worten an. Er blickte auf, antwortete und fragte nach meiner Nationalität. Als ich mich als Deutscher zu erkennen gab, lief sein Gesicht feuerrot an, und es folgte eine Schimpfkanonade, die durch den ganzen Bus schallte. Die Leute warfen die Köpfe hoch, schauten alle her und sahen in mir, nach den Worten des Anklägers, sicherlich einen der berüchtigten KZ-Schergen.

Was blieb mir anderes übrig, als an der nächsten Haltestelle schleunigst auszusteigen mit dem festen Vorsatz, keinen Juden mehr anzusprechen. Dass auch dies falsch war, lernte ich später. Vielleicht hatte dieser aufgebrachte Mann Familienmitglieder im Dritten Reich verloren. Vielleicht durfte auch er später einmal lernen, dass Pauschalurteile so sind wie tiefe Gräben. Sie trennen die Menschen, sodass sie, wie die zwei Königskinder, nicht zusammenkommen konnten, »das Wasser war viel zu tief«.

Wenn ich an meine erste Predigt denke, packt mich noch heute das Grausen. Da geschah es an einem Samstagabend gegen 20 Uhr, dass mir ein Bote ein Zettelchen in die Hand drückte, auf dem hingekritzelt zu lesen war, dass der Pfarrer X plötzlich erkrankt sei und mich bitte, am kommenden Sonntag, also schon in wenigen Stunden, einen Gottesdienst bei der slowakischen Gemeinde in Berisso zu übernehmen – in spanischer Sprache.

Mir stockte das Blut in den Adern. Meine Kenntnisse in Spanisch waren nicht nur dürftig, sondern geradezu kümmerlich! Das eigentliche Theologiestudium hatte noch gar nicht begonnen. Berisso lag am anderen Ende der Millionenstadt Buenos Aires. Per Bahn und nach mehrmaligem Umsteigen, auch in Bussen, brauchte man mindestens vier Fahrstunden.

So saß ich bis in die Morgenstunden schwitzend über meinen Papieren. Ich blätterte wie ein Wahnsinniger im Langenscheidt und suchte nach Wörtern, und noch vor vier Uhr rannte ich auf den ersten Frühzug. Kurz vor neun Uhr stand ich vor der kleinen Kirche. Aber kein Mensch war da. Schon leuchtete das Licht der Hoffnung auf: Sollte am Ende keiner kommen? Da sah ich zu meinem Schrecken einen Mann die menschenleere Straße heraufkommen, die Schirmmütze ins Gesicht gezogen, einen Zigarren-Stumpen zwischen den Lippen und die Hände in den Hosentaschen. Hoffentlich würde er vorüber gehen! Aber nein, er blieb stehen und studierte die ausgehängte Tafel der kirchlichen Anzeigen.

Als ich näher trat, schaute er mich misstrauisch an, aber nachdem ich mich als »Sonntagsprediger« vorgestellt hatte, grinste er zufrieden und meinte, wir müssten noch warten, da käme dann jemand mit dem Schlüssel. Es vergingen kaum zehn Minuten, da kam ein altes Weiblein angetrippelt, schloss die Tür auf, und schon waren drei oder vier weitere Personen aufgetaucht. Jetzt konnte es losgehen. Wie dann alles verlief? Ich möchte es mit den etwas abgewandelten Worten Heinrich Heines sagen: »Diesmal wollt ich schier verzagen, und ich glaubt, ich schafft es nie!« Ich habe dann doch gepredigt, aber ich will nicht sagen, wie.

Aber das war die Lebensschule – nicht mit den Hauptfächern Mathematik oder Physik, dafür aber mit der Vogeltechnik: Friss oder stirb! Man könnte auch sagen: Spring hinein ins Wasser, auch wenn es eiskalt ist. Irgendwie kommst du immer wieder hoch, du musst dir nur etwas zutrauen! So wurde ich zum Praktiker in Reinkultur. Dass ich dabei oft auf die Gegenargumente und Widerstände von Griffelspitzern und Paragraphenreitern stieß, auch im späteren kirchlichen Bereich, war mein Schicksal.

Mein erster Predigteinsatz sprach sich schnell herum, und so dauerte es nicht lange, da wurde ich um eine weitere spanische Verkündigung gebeten, diesmal in der kleinen Kapelle des Altenheims. Als mich meine Studienkollegen nachher befragten, wie es denn diesmal gegangen sei, konnte ich guten Gewissens antworten: »Ausgezeichnet! Die eine Hälfte der Alten ist schwerhörig, und die andere Hälfte versteht eh kein Spanisch.«

Am 17. März 1955 wurde unser mit großer Freude erwartetes Kind geboren. Wir nannten den Jungen nach meinem gefallenen Bruder Siegfried. Die Kirchenbehörde hatte sich bereit erklärt, die Kosten der Entbindung zu übernehmen und hatte Marianne in einer kleinen Privatklinik angemeldet. Die Geburt setzte im 8. Monat ein, nach einem Tag besonderer körperlicher Anstrengung.

Es war an einem Samstagabend, sodass kein Arzt zur Stelle war. Der Verantwortliche befand sich auf einer Party, und als er morgens gegen drei Uhr ankam, war er wütend wegen der Unterbrechung, dazu noch ziemlich angetrunken. Da die Mutter sehr schwach war und das Kind nicht kommen wollte, arbeitete er sehr massiv mit der Zange am Kopf des Kindes.

Es ist anzunehmen, dass dies der Grund war, warum es als Spastiker zur Welt kam. Wir merkten es nicht sofort, ein Arzt klärte uns auf. Der Kleine konnte das Köpfchen nicht heben, und wenn, dann nur ruckartig. Er konnte Gegenstände bei aller Anstrengung nicht greifen, das Ärmchen schlug nach hinten aus, und er schrie immer, bei Tag und Nacht.

Für uns begann eine lange Leidenszeit, besonders für meine Frau, die sowieso immer unter chronischem Kopfschmerz gelitten hatte. Dabei musste sie ihre Arbeit verrichten. Es gab keine Großmutter, die das Kind auch nur für einige Stunden hätte versorgen können. Man hatte uns einen Kinderwagen geschenkt, der stand später immer neben ihrem Arbeitsplatz.

Vier Wochen nach der Geburt bekam ich ein Telegram aus Ulm: »Vater gestorben.« Er war nach einem längeren Leiden 72 Jahre alt geworden. Aber die Freude zur Geburt seines ersten Enkels durfte er noch erleben. Ich teilte das Los aller Auswanderer und durfte den Vater zu diesem letzten Gang nicht begleiten. Er hätte es wahrlich verdient gehabt.

Noch abschließend zu meinen Erfahrungen im Altersheim: Mir wurde drastisch vor Augen geführt, wie und dass sich im Leben irgendwann alles einmal rächt. Da gab es Bewohner, die konnten sich vor den Besuchen ihrer vielen Freunde und Bekannten kaum retten. Es waren genau dieselben, die mir bei Gelegenheit auch mal ein Stück Schokolade oder fünf Pesos in die Tasche steckten. Das waren die Großzügigen und Weitherzigen.

Dann waren da die anderen, die nie daran dachten, dem anderen eine Freude zu machen, sich dafür aber dauernd beklagten, niemand komme, um sie zu besuchen. Das waren die Geizigen, die Egoisten, sie haben lebenslang nur an sich gedacht. Solche Menschen vergisst man schnell, und irgendwann sind sie trostlos allein. Dabei spielte überhaupt keine Rolle, was einer hatte oder nicht, entscheidend war die Herzenseinstellung.

Der Bau des Fakultätsgebäudes ging langsam, aber stetig voran. Im März 1955 begann das offizielle Studium der Theologie, zunächst in provisorischen Lehrräumen. Aber als es April 1956 wurde, war Einweihung, und die Studenten zogen in ihr neues Heim. Wir waren im ersten Jahr nur sechs, ein wahres Völkergemisch. Ein Schweizer aus Venezuela, ein Kolumbianer, ein Deutsch-Argentinier, ein Slowake, ein Däne und ich als Deutscher. Es roch wie bei jedem völligen Neuanfang an allen Ecken und Enden nach »Hasenstall«, das heißt wir waren absolute Versuchskaninchen. Jetzt galt es nur noch, sich in aller Schnelle sowohl Technik wie Taktik dieser Tierchen anzueignen, ich meine, was das »Hakenschlagen« anbelangt. Ich entwickelte mich dabei zum Spezialisten.

Der Student 1955–1958

Das brandneue Fakultätsgebäude stand groß und auffallend in diesem sich neu bildenden *pueblo* José C. Paz. Es lag wie eine Visitenkarte der allmächtigen USA am äußersten Stadtrand von Buenos Aires. Hier war die Endstation der Vorortzüge. Die Anwohner in ihren primitiven, oft nur zwei Zimmer großen Häuschen nahmen diese Pracht des reichen Bruders aus dem Norden staunend zur Kenntnis. Hier war mit Geld nicht gespart worden, das lag auf der Hand.

Ein imposanter Säuleneingang im klassizistischen Stil passte so gar nicht in diese Landschaft. Ein hoher Turm mit einem Kreuz wies auf den geistlichen Charakter des Gebäudes hin, war aber praktischerweise auch gleichzeitig der Wassertank, der aus einem Tiefbrunnen gespeist wurde. Im Untergeschoß waren Lehrräume, Bibliothek, Speisesaal, Küche und Waschküche, im ersten und zweiten Stock der Andachtsraum sowie die Zimmer für Lehrkräfte, Studenten und Personal.

Das Studium umfasste acht Semester, der Lehrplan entsprach dem einer theologischen Fakultät in Deutschland. Der sehr rührige und fünf Sprachen beherrschende Rektor, Dr. Lesko, war Ungar, seine Frau Schwedin. Natürlich war die Professorenfrage in dieser Anfangsphase nicht leicht zu lösen. Man suchte mehr oder weniger geeignete Pfarrer aus verschiedenen evangelischen Kirchen, unter anderem bei der deutschen evangelischen La Plata-Kirche, der nordamerikanischen UNIDA-Missionskirche, bei Methodisten und Waldensern.

Dabei waren zweifellos die Amerikaner die Harmlosesten. Sie waren kameradschaftlich, man konnte mit ihnen reden, verhandeln und sie auch mal überzeugen. Da sie die alten Sprachen wie Hebräisch, Griechisch, Latein nicht gelernt hatten, spürte man bei gewissen Themen ihre Unsicherheit, was von den Studenten erkannt und auch ausgenutzt wurde.

Eine große Ausnahme bildete ein 70 Jahre alter, emeritierter

Gastprofessor aus den USA. Er hatte in Princeton gelehrt, eine der bedeutendsten Hochschulen der USA, sprach neben Hebräisch einige arabische Sprachen und hatte ein bedeutendes Lexikon in Sanskrit verfasst, einer indischen Hochsprache für Literatur und Wissenschaft aus dem vierten Jahrhundert vor Christus. Er lehrte Altes Testament, sprach, da deutscher Abstammung, ein perfektes Deutsch und war ein seelenguter Mensch. Eine besondere Vorliebe hatte er für die tellergroßen, saftigen Steaks, in Argentinien *Bife* genannt.

Zwei Jahre aß ich mit ihm am gleichen Tisch und habe viel von ihm gelernt. Zu seiner Abschiedsfeier machte ich ihm ein Gedicht, hebräisch und schwäbisch durcheinander, darüber amüsierte er sich sehr und verlangte eine Abschrift.

Der Tagesablauf im Haus war fest geregelt und zeitlich eingeteilt. Eine Teilnahme an der täglichen Morgenandacht, von den Studenten abwechselnd gehalten, war Pflicht, die Vorlesungen ebenfalls. Die Essenszeiten waren pünktlich einzuhalten. Ansonsten gab es keinerlei Vorschriften.

Die Vorlesungen in Spanisch machten mir anfänglich große Schwierigkeiten. Besonders wenn der Vortragende seine Mutter-

Mein Abschiedsgedicht-Vortrag (Hebräisch-Schwäbisch) für Prof. Dr. Gehmann

sprache im schnellen Tempo sprach. Die Amerikaner verstand ich dagegen einwandfrei, sie sprachen sehr langsam und mussten nach Worten suchen, wie ich.

Mein Lieblingsfach wurde Griechisch, diese Sprache faszinierte mich. Leider konnte ich meinen festen Vorsatz, später im Pfarramt täglich damit umzugehen und mich darin zu perfektionieren, nicht verwirklichen. Nach einer guten Anfangszeit musste ich kapitulieren. Der Alltag des Pfarrdienstes fegte diesen Vorsatz hinweg.

Schon wenige Wochen nach unserem Einzug wurde der Besuch eines hochrangigen Kirchenmannes aus den USA angesagt. Er war der zuständige Finanzmann unserer Fakultät und schien, was die weitere Unterstützung betraf, eine wichtige Rolle zu spielen. Der ganze Betrieb musste und sollte daher unbedingt den besten Eindruck machen. So wurden wir informiert. Den Höhepunkt sollte ein festliches Bankett mit weiteren einflussreichen Gästen bilden.

Jetzt war Initiative gefragt. Ich erklärte dem bereits sehr aufgeregten Rektor, dass ich den Teil der Services übernehmen wolle, und er sagte sofort zu. Meine Frau übernahm den Blumenschmuck mit Gestecken für die große Tafel, und ich suchte mir vier Studenten aus und gab ihnen, als bewährter Hotellakai, Fachunterricht:

Die Fakultät

»So wird vorgelegt, so wird abgetragen, so wird der Wein einge-
schenkt, so trägt man die Terrinen und Platten, so bleibt man stehen und beobachtet, um mit äußerster Diskretion auf den Wink
des Gastes zu warten, so verhält man sich, wenn etwas verschüttet
wird. Der Kellner geht mit ruhigem, sicherem Gang, auch wenn
die Beine schlottern, schnell, geschmeidig und lautlos. Es wird serviert in dunklem Anzug, weißem Hemd und schwarzer Fliege.
Schaut zu, wo ihr das herbekommt!«

Ich selbst als *maître garçon*, Oberkellner, schlüpfte in die Rolle
meines Lieblingsschauspielers Theo Lingen, dessen Lakaienrollen
mich immer besonders fasziniert hatten. Ich zog mir einen Mittelscheitel, der allerdings nur mit viel Pomade so blieb, wie er sein
sollte, zog meine lange Nase um zehn Zentimeter nach oben und
schwebte elegant und mit lächelnder Nonchalance durch die
Tischreihen.

Das Unternehmen wurde ein durchschlagender Erfolg. Es war
eine Mordsgaudi. Der Kirchenmann aus den USA war von der Studentenschaft so beeindruckt, dass der Rektor einige Tage später
ganz besorgt der Hauswirtschafterin riet: »Frau Held, sparen Sie
doch nicht so, es bleibt uns sonst zu viel Überschuss im Etat!«

Er hatte mit diesem Rat aber keinen Erfolg, weil Marianne eine
Schwäbin war. Sie hatte den Besucher durch ihre Arbeit und Wirt-
schaftsführung so beeindruckt, dass er auf einer sofortigen Gehalts-
erhöhung bestand. Auch mich nahm der Rektor auf die Seite und
sagte lächelnd: »Mit dem Diakon wird es nichts, Sie müssen Pfarrer
werden!« Sieh da, sieh da, auch gut, mir war es egal.

Nach jedem Semester gab es die üblichen Prüfungen mit Beno-
tung. Ich schnitt dabei sehr mittelmäßig ab. Oft galt es, bei Nacht
das kranke, schreiende Kind stundenlang auf dem Arm zu wiegen,
damit Marianne wenigstens etwas schlafen konnte. Die Nerven
lagen blank. So war meine Phantasie immer gefragt und auf der
Suche nach Schlupflöchern.

Einmal wurde nach einem mündlichen Examen der aus dem
Unterrichtssaal heraustretende Professor Obermüller, er stammte
aus Esslingen, von den wartenden Studenten gefragt, wie es mir bei
der Prüfung ergangen sei. Seine Antwort: »Der Held wusste überhaupt nichts, aber er hat sich so brillant aus der Schlinge gezogen,
dass ich ihm ein ›Gut‹ geben musste.« Es war ähnlich wie bei dem

berühmten Chirurgen Sauerbruch, der bei den Prüfungen seiner Studenten so manches Mal ein Auge zudrückte, wenn er merkte, der Kerl war schlagfertig. Denn, so seine Meinung, ein solcher würde auch später bei einer überraschenden Komplikation im Operationssaal nicht aus der Fassung geraten, sondern wissen, was zu tun wäre.

Ein anderes Mal stand ich vor einer sehr schweren Prüfung, es war in Systematik. Der Aushilfsprofessor aus den USA konnte, das wusste ich, kein Latein. So lernte ich, das zu erwartende Thema berührend, drei lange Sätze des Kirchenvaters Ambrosius auswendig, ohne sie selber ganz verstanden zu haben.

Jetzt galt es nur noch, die mündlichen Fragen und Antworten so zu steuern, dass ich meine lateinische Munition ins Gefecht bringen konnte – und es gelang. Als ich die Meinung des Kirchenvaters zum Thema in Latein herunterrasselte, wurde der Professor völlig verunsichert. Er fragte nichts mehr weiter und entließ mich sehr schnell. Ich bekam eine Bombennote. Meine Philosophie hatte geholfen: Sich zu helfen wissen ist besser, als viel wissen – in Argentinien ganz sicher, in Deutschland vielleicht nicht so häufig, aber zum rechten Augenblick ebenso.

Das Studium mit Unterkunft und Verpflegung war natürlich nicht kostenfrei. Mir gewährte die Kirche dafür ein Stipendium, und meine Frau verdiente nun so viel, dass ich mir sogar gelegentlich einen Stadtbummel in Buenos Aires leisten konnte. Durch meinen slowakischen Studienkollegen Cobrda, welcher später Bischof in den USA wurde, erfuhr ich von einem billigen Speiselokal beim Hafen. Der Besitzer war Böhme und das Restaurant eine Spelunke wie aus einem Western.

Der Eingang war in der dunklen, engen Hafenstraße kaum zu finden, die Räumlichkeit selbst glich einem langen schmalen Handtuch. Schon beim Eintritt schlug einem ein penetranter Geruch von Salzheringen, Sauerkraut und Oliven entgegen. Man schlängelte sich an den offenen Fässern vorbei, und von den Wänden hingen Zwiebel- und Knoblauchzöpfe herab. Wenn man sich in dem Halbdunkel nicht vorsah, stolperte man über einen Müll- oder Kartoffelsack.

Erst nach einigen Metern erreichte man das eigentliche Lokal, wo die eng gestellten Tische mit einstmals weißen Papierdecken herumstanden. Jetzt galt es, ein Plätzchen zu finden, dessen Tischtuch nicht allzu sehr bekleckert war mit Soßen-, Suppen- oder Senfresten. Dann kam der Kellner in einem schmuddeligen Frack in Schlappen angeschlurft, und man bestellte eine Schweinshaxe mit Sauerkraut und Knödeln auf böhmische Art. Es schmeckte einmalig und kostete nur einen Peso.

Beim Heraustreten stand man praktisch schon an den kilometerlangen Kais des großen Hafens∞ hier lagen die Schiffe aus Hongkong und Kuba, aus Hamburg und Kapstadt. Das war er, dieser »Duft der weiten Welt«, den ich so liebte und der mich immer wieder in den Bann zog – wäre ich doch selbst gern Matrose geworden.

In der Riesenstadt Buenos Aires konnte man sich verlaufen. Aber ich kannte schon meine Tour. Da waren die Vogelhändler, die ihre bunte, zwitschernde und pfeifende Ware in vielen Käfigen an den Straßen aufgebaut hatten. Und da sah ich sie wieder, die »Kardinale« mit ihren prachtvollen scharlachroten Köpfen, und ich sah den Vogelfänger, den alten Tschechen im Chaco, wie er mit seinem klapperigen Pferdewagen durch den Busch zog und überall da Halt machte, wo er sich mit seinen aufgestellten Fallen Aussicht auf Erfolg versprach. Hatte er eine Partie beieinander, gingen die Vögel per Bahn in die Landeshauptstadt.

Ein weiterer Anziehungspunkt war das ausgebaute Antiquariat der deutschen Goethe-Buchhandlung in der »Corrientes«. Was konnte man da für Schätze von alten Büchern finden, die von den Einwanderern schon vor Jahrzehnten ins Land mitgebracht worden waren. Monatelang stach mir eine zehnbändige alte Erstausgabe von »Brehms Tierleben« ins Auge. Schließlich lieh ich mir in einem Anfall von Größenwahn das nötige Geld und schlug zu. Leider habe ich sie wieder verloren, denn ich konnte sie irgendwann nicht mehr mitnehmen, aber wer viel wandert, verliert eben viel.

Das gilt wohl auch für die Zähne, die mir ein so genannter Zahnarzt in einem dreckigen Hinterzimmer auf einem wackeligen Stuhl zog. Bei ihm ertrug ich meine letzte Zahnbohrung mit einem Tretrad. Es war fürchterlich; schon beim Denken daran zucken meine sämtlichen Zahnnerven zusammen.

Ich erwähnte schon, dass ich im Speisesaal der Tischnachbar

von Professor Witthaus war. Er liebte Tischgespräche, dozierte aber in der Regel gern alleine. Seine Augen begannen zu leuchten, wenn er von der Jugendbewegung sprach, die sich um 1900 unter deutschen Schülern und Studenten als eine geistige und kulturelle Erneuerungsbewegung verstand.

Er zählte zu den Verantwortlichen für das Treffen der »Freideutschen Jugend« auf dem Hohen Meißner bei Kassel am 11. Oktober 1913 und kannte den Studenten Ernst Wurche persönlich sehr gut, der durch den Dichter Walter Flex in seinem Büchlein »Der Wanderer zwischen beiden Welten« verewigt wurde. Beide sind im Ersten Weltkrieg gefallen. Flex ist auch der Verfasser des von uns viel gesungenen Liedes »Wildgänse rauschen durch die Nacht«.

Witthaus erzählte vom »Zupfgeigenhansel«, ihrem Liederbuch, daraus sangen sie auf ihren Fahrten, Zeltlagern, Volkstanzveranstaltungen und Sonnwendfeiern. Werte wie Vaterland und Heimat, ohne jeden Hurra-Patriotismus, Liebe zur Natur und zum Dienst am Nächsten, Enthaltung von Alkohol und Nikotin, das waren ihre Vorstellungen und Ideale mit einem starken Einschlag zur Romantik. So konnte er zu mir sagen: »Was man euch bei Hitler eingepaukt hat, mit der Parole ›Du bist nichts, dein Volk ist alles‹ ist der größte Schwachsinn.« Goethe habe Recht, wenn er im *West-östlichen Divan* Suleika sagen lässt: »Höchstes Glück der Erdenkinder ist doch die Persönlichkeit!«

»Du bist nichts«, dahinter steckte Methode. Denn wenn der Mensch zu einem Nichts degradiert wird, ist er so gut wie tot und sein Gewissen gleich mit. Er kann nicht mehr unterscheiden zwischen gut und böse. Ich glaube, genau hier liegt eine Antwort auf die häufige Frage, wie es denn im Dritten Reich so weit kommen konnte. Und gar die breite Masse des Volkes zum Mitdenken und Urteilen zu bringen – Witthaus konnte auch einem deutschen Studienrat barsch über den Mund fahren, der sich ständig über erlittenes Unrecht beklagte: »Ach, hören Sie doch auf mit Ihrem ewigen Gejammer, es gehört doch auch zum Leben, dass man ein Unrecht mit Würde erträgt!«

Im Gespräch über die Nürnberger Prozesse und zu meiner Meinung, dass es ein Gericht der Sieger gewesen sei, wo Hauptankläger und Richter schon im Voraus die Urteile gefällt hatten, oft unter Missachtung von entlastendem Material, sagte er: »Warten

Sie nur ab. Irgendwann kommt ein britischer Historiker (sie sind die besten der Welt) und deckt auf, wie es wirklich war.«

Unvergessen bleibt mir auch sein Rat, den er der Studentenschaft mit einem weisen Lächeln gab: »Meine Herren, heiraten Sie bloß keine dumme Frau!«

Auf die Dickköpfigkeit der Pommern kam er immer wieder lachend zu sprechen. »Etwas ist da schon dran«, sagte er. »Ich habe im Schützengraben Frankreichs erlebt, dass bei einem Angriff der Franzosen meine pommerischen Grenadiere eisern und stur nach vorne schossen, dahin, wo keiner mehr war, während die Franzosen schon längst durchgebrochen waren und im Hinterland herum sprangen. Da musste ich den einen oder anderen Schützen an den Schultern herumreißen und brüllen: ›Dahinten laufen sie doch schon, dahin müsst ihr schießen!‹«

Sonntags in der Frühe fuhren wir oft gemeinsam mit der Bahn nach San Miguel, einem fünf Kilometer entfernten Ort. Dort gab es eine kleine lutherische Kirche mit sonntäglichen Gottesdiensten. Der Pfarrer war der bereits erwähnte Pastor Garcia, der die alte Bianchi beerdigt hatte. Er war Spanier, früher katholischer Priester, und dann zum evangelischen Glauben konvertiert. Er war verhei-

Mein Studentenjahrgang – in der Mitte Rektor Lesko (links) und Professor Witthaus (rechts)

ratet, hatte eine Tochter, rauchte wie ein Schlot und litt stark an Plattfüßen. Daher rührte sein watschelnder Gang. Er war außerordentlich gebildet und ein grundgütiger Mensch, nur etwas faul.

Er hielt nicht viel von einer Predigtvorbereitung, sondern hatte schon seit Jahren seine jeweiligen Standardpredigten auf Lager. So wusste der Zuhörer schon beim Verlesen des Predigttextes im Voraus, was ihn erwartete. Dies war der Grund, warum meine Kommilitonen spöttisch abwehrend seine Gottesdienste mieden. Aber ich hielt die ganzen vier Jahre treu und eisern durch. Erstens, weil mir der Mann immer leid tat wegen der dürftigen Gottesdienstbesucher, und zweitens, weil ich überzeugt war, dass man immer und überall etwas lernen kann. Selbst wenn es nur der Vorsatz ist, es einmal besser machen zu wollen. Außerdem glaube ich, dass es keinem schadet, wenn er die Gebote der Nächstenliebe zum hundertsten Mal hört, zeigt sich doch gerade hier so oft unsere Vergesslichkeit

Die Küche des Hauses war natürlich argentinisch. Ein Essen ohne reichlich Fleisch sei keines, so hörte ich das immer wieder. Eine Küchenhilfe hieß Theresa. Sie war italienischer Abstammung, mittleren Alters, rund wie eine Tonne, aber wieselflink – sowohl bei der Arbeit als auch beim Stehlen. Es brauchte lange, bis wir dahinter kamen, dass sie vor dem täglichen Heimweg blitzschnell eine Packung Butter, Käse, eine Salami oder eine Tüte Linsen unter ihrem weiten Rock verschwinden ließ. Es war anzunehmen, dass sie dafür spezielle Taschen eingebaut hatte.

Nun bat sie eines Tages um Urlaub für den nächsten Tag, erwähnte aber gleichzeitig, dass sie schnell noch einen Liter Alkohol in der Apotheke kaufen müsse. Auf meine neugierige Frage, warum und für was, wurde mir erklärt, dass morgen ihre vor vier Jahren verstorbene Schwiegermutter auf dem riesigen Chacarita-Friedhof der Stadt Buenos Aires ausgegraben würde. Sie habe die entsprechende Aufforderung der Stadtverwaltung erhalten.

Da müssten die Hinterbliebenen anwesend sein, um die Knochen mit Alkohol zu reinigen, weil – so ihr Bericht – am Kopf meistens noch die Haare dran hingen. Dann erzählte sie weiter, die Knochen kämen in ein Holzkistchen, das könne man entweder mit nach Hause nehmen oder gegen eine geringe Gebühr in einem Depot lagern. Sei zum angegebenen Termin niemand von der

Familie zur Stelle, ließen die Arbeiter die Knochen verschwinden, wohin, das wisse sie auch nicht.

Wenn wir schon bei dem Stichwort Friedhof sind, interessieren den Leser im Zusammenhang damit vielleicht einige Verschiedenheiten. Sie lassen, kultur-, klima- und praxisbedingt, dem europäischen Einwanderer so manches Mal die Haare zu Berge stehen. Der viele Hektar große Zentralfriedhof von Buenos Aires trägt den Namen »Chacarita«, was verdeutscht etwa »Gärtchen« oder »Äckerchen« heißen könnte.

In Wirklichkeit ist es eine Stadt der Toten. Man fährt mit dem Auto auf Straßen an den nummerierten Totenhäusern und Mausoleen vorbei, die – je nach Finanzlage der Verstorbenen – kleinen Marmorpalästen gleichen mit ihren verzierten Türmchen, phantasiereichen Skulpturen, Blumenornamenten und Engeln. Wirft man einen Blick durch die abgeschlossenen Glastüren, oft mit kunstvollen Eisen- und Messingschmiedereien verziert, kann man durch die wertvoll gearbeiteten Vorhänge einen Altar sehen mit Kruzifix und Kerzenständern, dazu die Fotos der Verstorbenen.

Rechts und links an den Wänden nimmt man eingebaute Nischen mit prächtigen Särgen wahr. Oft führen Stufen in ein Untergeschoß. Diese Familiengruften scheinen für die Ewigkeit gebaut. Der Platz ist Privateigentum. Nur wenn die jährlichen Steuern nicht mehr bezahlt werden, vielleicht nach dem Tod des letzten Familienmitgliedes, räumt die Friedhofsverwaltung aus. Ich weiß nicht, was mit den ausgemusterten Leichen passiert, besonders, wenn sie noch Zahngold im Mund hatten.

Ganz anders verläuft die Bestattungszeremonie beim armen Volk. Dieses wird auf einer angrenzenden Freifläche normal beerdigt. Allerdings nicht zu tief, vielleicht 50 bis 60 Zentimeter, aus Gründen der Arbeitserleichterung. Aber auch, weil die Plätze in der Zwölfmillionenstadt knapp sind und, wie schon erwähnt, der Leichnam innerhalb von vier Jahren wieder ausgegraben wird, um Platz zu schaffen.

Der ganze Chacarita-Friedhof ist mit einer vier bis fünf Meter hohen Mauer von den direkt daran vorbeiführenden belebten Straßen getrennt und abgeschirmt. Oft habe ich meine Schritte sehr beschleunigt, wenn ich außen vorbeiging, besonders in den heißen Sommermonaten, wo einem der süßliche Verwesungsgeruch aus den bis zu zehnstöckigen Sarg-Depots in die Nase stieg. Übrigens spielt immer am 1. November, an Allerheiligen, das Musikkorps der Heilsarmee vor dem imposanten Säuleneingang der Totenstadt seine Heils- und Auferstehungslieder, und viele Menschen hören zu.

Unser kleiner Junge wuchs normal und wurde für die Arme seiner Mutter immer schwerer. An ein Gehen war nicht zu denken. Sobald seine blauen Augen einen interessanten Gegenstand erblickten, wollte er danach greifen. Aber das Ärmchen schnellte trotz größter Anstrengung nach hinten. Auch das Köpfchen fiel nach einem krampfhaften Hochheben wieder auf die Brust. Bei Nacht wachte er viele Male auf und weinte.

Es war eine traurige Zeit, die sich natürlich auch auf mein Studium auswirkte. Ich hatte oft keinerlei Lust mehr und verlor mit der Lebensfreude auch das Interesse. Wenn zu dieser Zeit die Professoren nicht so menschlich und verständig mit mir umgegangen wären, was meine Leistungen betraf, ich hätte mutlos aufgegeben und den Bettel hingeworfen. Ihr mitfühlendes Verständnis tat mir wohl. Der Berliner Hof- und Garnisonsprediger Emil Frommel drückte diese höchste aller christlichsten Tugenden so aus: »Mit Leiden ist mehr als Mitleid!«

Der kleine Siegfried

Wieder einmal schleppte meine Frau den Jungen in das riesengroße staatliche Kinderhospital von Buenos Aires zu irgendeiner Untersuchung, wobei die Reisedauer bis zu drei Stunden betrug. Dabei musste sie lange Zeit an einer Busstelle auf den Anschluss warten. Es pfiff ein eiskalter Wind durch die Straßen, das Kind erkältete sich und bekam eine schwere Lungenentzündung. Nach seiner Einlieferung ins Kinderhospital fieberte es dort in einem Saal mit 60 kleinen Betten vor sich hin. Der Zutritt wurde uns verboten. So kletterte Marianne im Hof an der Quaderwand des Hospitals empor, die Rillen waren sehr ausgewaschen, und versuchte, durch das Fenster einen Blick auf ihr Kind zu werfen.

Am Todestag aber ließ uns eine mitleidige Ärztin doch herein, nachdem sie uns die Nummer des Bettchens gesagt hatte. Der kleine Siegfried lag röchelnd in den zusammengeflickten Leinen, aber als wir ihn ansprachen, schlug er noch einmal seine Augen auf und verzog sein Gesichtchen zu einem Weinen. Auf dem deutschen Friedhof, er liegt direkt neben Chacarita, haben wir ihn im April 1957 beerdigt. In meiner Hosentasche hielt ich eine Nadel in der Hand, mit dem ich mich – besonders beim Hinabsenken des kleinen Sarges – in den Oberschenkel stach, um dem in früheren Zeiten eingebläuten Grundsatz »Ein richtiger Mann weint doch nicht« treu zu bleiben.

Es war unser einziges Kind. Eine blonde Locke haben wir ihm aus dem Haar geschnitten. Sie liegt in seinem kleinen roten Erinnerungsalbum. Ich schaue es aber nie an. Ich habe später während meiner Pfarramtstätigkeit viele hundert Menschen bestattet. Aber bei Kinderbeerdigungen befiel mich lebenslang die Angst, am Grab selber loszuheulen.

Nach dem Tod unseres Kindes fühlten wir uns traurig und einsam. Selten hatten wir Zeit für einen Spaziergang, aber wenn doch, konnte es sein, dass wir auf einer Brücke standen, die über Eisenbahnschienen führte. Wenn dann unter uns die Güterzüge dahinrollten, die offenen Waggons beladen mit brüllenden Rindern, die aus dem Inland in die riesige Schlachthof-Fabrik von Buenos Aires transportiert wurden, täglich zwischen 18.000 und 20.000, dann atmeten wir ganz tief durch.

Die Tiere waren viele Stunden eingesperrt, die Mistbrühe lief durch die Waggonböden hinaus, es stank fürchterlich, und die Großstadt-Snobs hielten sich ekelnd die Nasen zu. Aber für uns waren es heimatliche Düfte aus dem Chaco. Wir rochen die Weite, die Freiheit und vergaßen für eine Weile die stinkenden Abgaswolken der Großstadt mitsamt dem Lärm. Es zog uns mit Gewalt zurück in die Freiheit.

Am Rande von José C. Paz, unserem Wohnort, begann bereits das *Camp*, das offene Land. Hier weideten die Viehherden, ritten die *Gauchos* und hier gab es auch einen Ort, an dem von Zeit zu Zeit Viehauktionen stattfanden. Da trieben oder fuhren die

Estancieros ihre Viehtrupps in die zahlreichen nummerierten Holz*corrals*, wo die Tiere von den Käufern begutachtet und bei der Versteigerung erworben werden konnten. Man erfuhr die Versteigerungstermine durch Plakatanschläge.

Wenn ich es möglich machen konnte, setzte ich mich auf mein Fahrrad und strampelte dorthin. Schon von Ferne waren das Brüllen der verängstigten Tiere und die grellen Schreie der *Gauchos* zu hören. Beim Näherkommen, ach, dieser Geruch nach schweißnassen Häuten, warmen, ausgetretenen Kuhfladen und dem aufgewirbelten Staub, das war schön! Ich roch Argentinien.

Aber was mich besonders interessierte: Es gab nicht nur Rinder, sondern auch Pferde zum Verkauf, oft rudelweise. Schon wusste ich auch, welches Tier ich ersteigert hätte, wenn ... Einmal kam ich aus irgendwelchen Gründen zu spät zur Auktion. Der Markt hatte sich verlaufen, die letzten Viehlaster waren davongefahren, keine Menschenseele war mehr zu sehen.

Gerade wollte auch ich kehrtmachen, da sah ich ein Pferd liegen. Nur auf die Seite gezogen, hatte man es einfach zurückgelassen. Wahrscheinlich war es altersmäßig oder krank von seinem Rudel zur Seite gestoßen worden und gefallen, somit unverkäuflich und aufgegeben worden. Da lag nun das arme Tier – es war ein Rappe – im Dreck und schaute mich mit großen Augen an. In seinem Blick lag der Jammer aller geschundenen Kreaturen.

Zuerst versuchte ich, den Gaul wieder auf die Beine zu bringen, denn wenn das Tier steht, gibt es Hoffnung. Aber es war zwecklos. So setzte ich mich daneben und streichelte seinen Kopf, immer und immer wieder. Was sollte ich tun? Ließ ich ihn so liegen, würden in Kürze die Geier angeflogen kommen. Zuerst würden sie ihm die Augen aushacken, um sich dann durch den After in den Leib hineinzufressen, während das Tier noch lebt. Ich entschloss mich, das Tier zu töten. So radelte ich zurück und holte meine Pistole.

Den Lauf direkt hinters Ohr und das Tier wäre erlöst. Das wollte ich, nachdem ich den Rappen nochmals gestreichelt hatte, aber diesmal konnte ich nicht abdrücken. Es war so ganz anders als damals bei dem Schimmel im Chaco. Dieser hatte uns bis aufs Blut geärgert und in mir einen Hass aufgebaut, der mich, ohne zu zögern, den Finger krumm machen ließ. Aber heute war es ganz anders.

Oft wird unsere Kriegsgeneration von den nachkommenden Friedenskindern anklagend und vorwurfsvoll vor die Frage gestellt, wie es denn möglich gewesen sei, dass man im Krieg auf andere Menschen habe schießen können. So etwas sei ihnen unverständlich.

Sie haben auf ihre Art damit Recht. Aber wer töten will, muss wütend sein. Auf einen Feind, der etwas Böses getan hat, der deine Existenz und Zukunft zerstören will und dem du jetzt zuvorkommen musst, sonst macht er dich kaputt.

Damit aber dieser Zustand eintritt, der aus einem bisher friedliebenden Menschen einen Wüterich zu machen versteht, bedarf es der Propaganda. Sie hetzt und heizt an, sie lügt und unterstellt. Es gibt sie quer durch alle Völker und Nationen hindurch. Hat sie ihr Ziel erreicht, dann spezialisiert sie sich auf die Suche nach den Schuldigen. Alle können es sein, nur sie, die Propaganda, eben nicht. Ja, wer töten will, muss wütend sein. Das hatte mir gefehlt, deswegen konnte ich nicht schießen. Ich steckte meine Pistole in die Tasche und fuhr niedergeschlagen heim. Aber dieses Tier habe ich nie vergessen, es gab mir eine gute Lektion.

Durch das bescheidene Gehalt meiner Frau konnten wir uns keine größeren Ausgaben leisten. So nahm ich jede Gelegenheit wahr, mir ein »Sackgeld« zu verdienen, wie die Schweizer sagen, und das bot sich eines Tages auf großartige Weise. Einer unserer Professoren war der Vertrauensmann des Lutherischen Weltbundes. Diese Vereinigung von lutherischen Kirchen hatte es sich unter anderem nach dem Ende des Zweiten Weltkrieges zur Aufgabe gemacht, heimatlosen, auswanderungswilligen Menschen zu helfen.

Die Hilfe bestand in der Bezahlung ihrer Schiffspassagen, die sie, so war es vertraglich festgelegt, nachdem sie sich in der neuen Heimat langsam eingelebt und wieder Fuß gefasst hatten, in kleinen Quoten zurückerstatten sollten. Diese sehr großzügige Aktion bedeutete eine wirkliche Hilfe für diese mittellosen Auswanderer, sie war völlig uneigennützig und zinslos. So war der Plan, und so hatten ihn die dankbaren Nutznießer auch unterschrieben.

Aber wie sah die Wirklichkeit aus? Ich kann das Geschwätz vom »Guten im Menschen« nicht mehr hören und habe etwas ganz anderes erfahren. Der Mensch kann natürlich gut, zuverlässig und ehrlich sein, besonders, solange er Hilfe braucht oder den »feinen Max« markieren will. Sitzt er aber einmal im Sattel, will man etwas von ihm, und sei es nur die Einlösung eines Versprechens, dann kann er die Farbe wechseln wie ein Chamäleon.

Die Erfahrung eines langen Lebens hat mich gelehrt, dass das Bibelwort aus 1. Mose 8,21 nur allzu Recht hat: »Das Dichten und Trachten des menschlichen Herzens ist böse von Jugend auf.«

Doch zurück zu meinem Job. Ich sollte also diese vor sechs oder noch mehr Jahren eingewanderten Familien zuerst einmal suchen und dann zu ihnen gehen, um ihre Lebensverhältnisse herauszufinden und um sie auf ihren Rückzahlungsvertrag anzusprechen. Es sollte keine Drohung sein, nur eine Erinnerung. Auch die kleinsten Quoten könnten den guten Willen zeigen.

Ich bekam eine Namensliste in die Hand und begann mit meinen kriminalistischen Recherchen. Die Erstadressen, noch in Deutschland aufgenommen, stimmten in der Regel nicht mehr. Die Familien waren irgendwohin weitergezogen, um sesshaft zu werden. Von den eingetriebenen Geldern sollte ich fünf Prozent Provision abziehen dürfen.

So war ich wochenlang, besonders an Samstagen und Sonntagen, im Großraum von Buenos Aires und seinen Randgebieten unterwegs, um mich durchzufragen und die Schuldner aufzuspüren. In Vorortzügen, Stadtbussen und zu Fuß lernte ich nicht nur die Weltstadt mit allen Slums und Außenbezirken kennen, sondern auch die Menschen. Alle betreffenden Familien waren zuvor von der Zentrale angeschrieben worden. Nur ganz wenige hatten geantwortet. Der Großteil meldete sich nicht, sicherlich in der Hoffnung, man werde sie vergessen oder – wie es die christliche Nächstenliebe ja gebiete – barmherzig auf die Rückzahlung verzichten.

Ich lernte bei meinen Besuchen wieder verschiedene Kategorien kennen. Da waren die einen, die bezüglich meiner Vorstellung, »der Gerichtsvollzieher lässt grüßen«, kurz erschraken, aber dann mit einem freundlichen »Setzen Sie sich doch« reagierten. Das Resultat waren Versprechungen und stundenlange Erzählungen, wie schwer aller Anfang gewesen sei. Wem erzählten sie das? Gerade jetzt habe man mit dem Bau eines bescheidenen Häuschens begonnen, die Kinder verursachten durch Schule oder Studium große Kosten, die Oma sei schon zwei Jahre bettlägerig und die Arzneien so teuer. Natürlich hatten sie Recht und alles war sicherlich nicht gelogen. Aber eine monatliche Quote, und sei es nur im Gegenwert von einer Arbeitsstunde? Nichts. Schon im babylonischen Reich sagte das Sprichwort: »Als der Hund des Töpfers in den Ofen gekrochen war, um sich zu wärmen, bellte er den Töpfer an.«

Eine weit schlimmere Sorte waren diejenigen, die an eine Rückzahlung gar nicht mehr dachten. Sie versteckten sich bei meinem Erscheinen, andere wurden frech und ausfällig: »Die Kirche hat genug Geld.« Oder gar eine Österreicherin: »Wenn Sie nicht gleich verschwinden, haue ich Ihnen den Stiefel in den A...!«

Die Adresse eines anderen Kandidaten wäre nur über einen bekannten deutschen Geschäftsmann im Zentrum der Stadt zu erfahren gewesen. Als ich diesen deswegen aufsuchte, bat er mich, noch einmal wiederzukommen, weil er zuerst die Meinung dieser Person hören wolle. Als ich dann wiederkam, es war eine halbe Tagesreise, hieß es, der von mir Gesuchte ließe ausrichten, ich solle ihn bloß in Ruhe lassen, es gäbe kein Geld.

Dann erzählte mir der Verbindungsmann begeistert, was für ein Kerl dieser Gesuchte sei. Als ehemaliger Untersturmführer, Leutnant der Waffen-SS, habe er sogar einmal einen gefangenen englischen Oberst mit einem Genickschuss erledigt. Da fuhr es mir eiskalt über den Rücken. Ich schämte mich anstelle meines gefallenen Bruders, der bei der gleichen Truppe und im gleichen Dienstgrad ein anständiger Soldat geblieben war.

Aber genau das sind sie, das waren und werden sie immer sein, diese Ungeister und Sadisten in allen Heeren der Welt: beileibe keine Monster, nur Menschen, aber von bösen Mächten und Geistern besessene! Da soll mir einer sagen, es gäbe keinen Teufel. Oh nein, nicht so eine Faschingsfigur mit Hörnern und langem Schwanz. Aber den Widersacher Gottes, den »Diabolus«, zu Deutsch den »Durcheinanderwerfer«, den gibt es. Wer es nicht glaubt, schaue sich nur um in der Weltgeschichte.

Eigenartig, dass mir in diesem Zusammenhang automatisch der amerikanische Schriftsteller Ernest Hemingway einfällt. Er kam 1944 mit den Invasionstruppen als Kriegsberichterstatter nach Frankreich. Wohlgemerkt, er war nicht bei der kämpfenden

Truppe. Trotzdem berichtet er auf zum Teil sehr widerwärtige Weise, wie er 122 »Krauts« erschoss, bei denen es sich nur um Verwundete, Gefangene oder Flüchtende handeln konnte[1]. Dabei kann man in der Brockhaus-Ausgabe von 1954 erfahren, dass er »die Kunst lebendiger Menschengestaltung mit sparsamsten Mitteln zur Meisterschaft gebracht« habe. Auch er dürfte inzwischen für seine schlimmen Taten gebüßt haben.

Ich war von meinem Auftraggeber informiert worden, nur gut gekleidet auf diese Touren zu gehen, wegen des besseren Eindrucks. So zog ich immer meinen einzigen Anzug an und band mir eine Krawatte um. Wieder einmal stand ich in einem Außenbezirk neben einem großen Fabrikgelände und wartete auf den Bus. Da bemerkte ich in dem mit hohem Gras bewachsenen Straßengraben, er lag gut 50 Zentimeter tief, eine Fünf-Cent-Münze. »Au, die hol ich mir.«

Ich sprang hinab und stand, oh Schreck, bis über den Bauchnabel in einem dicken, schwarzen Ölmorast. Es war der Abflussgraben der nahen Fabrik. Auf der stehenden Brühe hatte sich eine Staubschicht abgesetzt und einen festen Grund vorgetäuscht. Ich hatte große Mühe, mich aus dem Graben herauszuschaffen. Einige Passanten hatten mich beobachtet und schüttelten fragend und ungläubig ihre Köpfe. Ich kam mir vor wie ein Frosch, verzog mich aber schnell hinter ein paar Büsche.

Dort zog ich mich nackt aus und wrang die Klamotten und den Anzug aus. Als ich nach Hause kam und Marianne davon erzählte, sah ich Tränen in ihren Augen. Ich tat ihr Leid. Ich selber sackte auch zusammen. Aber nicht wegen der Grabengeschichte, es war etwas anderes. Etwas, das vielleicht mit Menschenwürde zu tun hatte.

Abschließend sei noch gesagt, dass diesem ganzen Unternehmen die Standarte voranflatterte: »Außer Spesen nichts gewesen.« Ich hatte nichts kassiert, außer abgelaufenen Schuhsohlen. Aber

---

[1] Nachzulesen ist das in »Ausgewählte Briefe 1917–1961. Glücklich wie die Könige«, Rowohlt-Verlag. Wie meinte der Friedensforscher Dr. Alfred Mechtersheimer anlässlich einer Hemingway-Ausstellung: »Auf der Seite der Verlierer des Zweiten Weltkriegs hätte er für diese Geständnisse vor einem Kriegsgericht mit der Todesstrafe rechnen müssen. Aber Verbrechen des Siegers sind nun mal Heldentaten. Darin unterscheiden sich Demokratien nicht von Diktaturen.«

auch dieses Lehrgeld war nicht umsonst, denn ich rückte in der Schule des Lebens um eine Klasse auf.

Im Lauf der Zeit hatten wir viele Nachbarn kennengelernt und manchen argentinischen Freund gewonnen. Sie waren katholisch, aber trotzdem wollten wir sie einmal zu einem evangelischen Gottesdienst einladen, allein wegen des besseren Glaubensverständnisses. Wir setzten einen Termin fest, machten es überall bekannt und luden dazu persönlich ein, von Haus zu Haus. Mit freundlichem Lächeln wurden wir immer empfangen, und die meisten sagten begeistert zu. Die Aula fasste 120 Stühle. Das würde nicht reichen, also schleppten wir noch Ersatzstühle herbei. Dann kam die Stunde des Gottesdienstes. Ach, waren wir gespannt! Aber unsere Gesichter wurden immer länger. Es kam keine einzige Menschenseele. Enttäuscht und niedergeschlagen feierten wir schließlich allein.

Aber wieder hatte ich etwas gelernt. Die Südländer sind in der Regel ungemein liebenswürdig, schon aus Gründen der Höflichkeit bringen sie es nicht übers Herz, nein zu sagen. Deswegen wiegen ihre Wort sehr leicht. Das zu wissen gehört zur Überlebenstaktik der *Gringos*. Nur braucht es dazu Jahre oder gar Jahrzehnte. Wie oft habe ich später ihren hochheiligen Versprechungen und Beteuerungen geglaubt und nicht wenig Geld dabei verloren. Natürlich gibt es auch die üblichen Ausnahmen.

Im dritten Studienjahr sollten wir Studenten auch praktische Erfahrungen machen. So schickte man uns in den Semesterferien für einige Wochen in ein Pfarramt bei freier Kost und Logis. Auf mich fiel der Ort Esperanza in der Provinz Santa Fe. Diese liegt nördlich von Buenos Aires und gilt noch heute als Zentrum der argentinischen Milcherzeugung und -verarbeitung.

Der Ort Esperanza, übersetzt bedeutet das »Hoffnung«, wurde schon im Jahr 1856 von deutschen, französischen und schweizerischen Einwanderern gegründet. Sie hatten die hervorragenden Agrarverhältnisse dieser Zone erkannt und das im Vergleich zum Chaco im Norden annehmbare Klima ebenso.

Schon bald machte sich ein gewisser Wohlstand breit, was zur Folge hatte, dass die zahlreichen Evangelischen eine Gemeinde gründeten und schon 1891 eine stattliche Kirche an der *Plaza* im Ortszentrum errichteten. Der hohe Kirchturm hat sogar drei Glo-

cken, was in dem katholischen Land zur Seltenheit zählt. Dort sollte ich sechs Wochen praktizieren, aber gleichzeitig auch den Pastor
in seiner Urlaubszeit vertreten. Der amtierende Pastor Faber war
Westfale, ein Mann mittleren Alters, der mit beiden Beinen fest auf
dem Boden stand.

Im direkt neben der Kirche stehenden Pfarrhaus bezogen wir ein
Zimmer. Sofort nach dem ersten Rundgang kamen seine Anord-
nungen und Ratschläge, für die ich äußerst dankbar war. 30 Jahre
später, wieder in Deutschland, versuchte ich Ähnliches bei einem
jungen Kollegen, setzte mich dabei aber gewaltig in die Nesseln.
Durch meinen Ratschlag wurde anscheinend seine Persönlichkeit
so beschädigt, dass er lange Zeit nicht mehr mit mir sprach.

Zurück nach Esperanza. Zur Hauptgemeinde zählten sechs
Nebengemeinden, die bis zu 60 Kilometer entfernt in dieser Zone
lagen. Aber richtig spannend wurde es für mich erst, als der Pastor
für vier Wochen in den wohlverdienten Urlaub fuhr. Jetzt waren
wir ganz allein und konnten nach Belieben schalten und walten.
Wahrhaft schrecklich war die Moskitoplage. Trotz der angebrach-
ten Fliegengitter fanden die Viecher immer ins Schlafzimmer, und
ihr Gesumme begann, sobald das Licht gelöscht war.

Noch heute sehe ich den Pastor vor mir stehen, wie er mir in
weiser Voraussicht eine Vorlesung in Mückenbekämpfung gab. Er
hatte dabei eine so genannte Flitspritze in der Hand, ähnlich einer
Fahrradpumpe, und dozierte mit geradezu beschwörender Stimme: »Merken Sie sich eine Sache. Die Viecher sitzen immer unterm
Bett, da müssen Sie reinhalten.« Ich habe viele Dinge in meinem
Leben vergessen, aber diesen Rat nie mehr. Es genügt, dass ich eine
Schnake summen höre, und schon steht er im Geiste wieder vor
mir, der wackere Westfale mit seiner Spritze.

Es war Herbstzeit und am Pfarrhaus rankten sich dichte Weinreben empor, an denen, zu unserem größten Entzücken, viele goldgelbe Trauben heranreiften. Wir durften sie ernten und essen. Weil
wir in der Küche einen Mixer fanden, kamen wir eines Sonntags
auf die Idee, größere Mengen zu Saft zu verarbeiten und das Angenehme – das köstliche Getränk – mit dem Nützlichen – der Blut-
und Darmreinigungs-Kur – zu verbinden.

Herrlich schmeckte das mit Eiswürfeln gekühlte Fruchtge-
tränk, wir genossen und tranken ohne Ende. Jetzt noch eine Rad-

fahrt an der frischen Luft, hinaus in die sonnigen Fluren des Alt-
weibersommers – so radelten wir durch die Felder, an zahlreichen
sonntäglich gekleideten Spaziergängern vorbei. Aber plötzlich passierte etwas Schreckliches. Ich spürte einen fürchterlichen Schmerz
im Unterleib, als wenn mir jemand ein Messer hineingestoßen hätte. Gleichzeitig brach in meinem Innern die reinste Revolution aus.

Jetzt war schnellstes Handeln geboten. Ich radelte wie ein Verrückter los und suchte, wie einstmals im Krieg vor den Tieffliegern,
nach einer vollen Deckung. »Ah, dort vorne das Maisfeld!« Noch
im Absprung warf ich das Fahrrad in den Graben und ward nicht
mehr gesehen. Nach der ersten Erleichterung schob ich einige
Maishalme zur Seite, aber was kam denn da? Meine Marianne,
kreideweiß im Gesicht, lag voll in den Pedalen, warf das Rad hin
und verschwand ebenso im Maisfeld.

Es wäre alles halb so schlimm gewesen, hätten nicht ein paar
aufgeschreckte Spaziergänger das Schauspiel beobachtet. Sie dachten sicherlich an einen Unfall und kamen eilig herbeigelaufen, um
Hilfe zu bringen. So ging unsere Kur zu Ende. Dass der Darm
gereinigt wurde, war nachweisbar. Ob dasselbe auch für das Blut
zutraf, weiß ich nicht, es war mir auch egal.

In meine Amtszeit fiel das Erntedankfest. Auf den entsprechenden Gottesdienst und seine Bedeutung in dieser ländlichen Zone
hatte mich der Herr Pastor besonders aufmerksam gemacht.
Daher bereitete ich mich entsprechend vor. Ich sah im Geiste die
reich geschmückten Altäre der Heimat mit den Erntegaben und
Früchten des Feldes: Ährengarben, Kartoffeln, Kürbisse, Rüben,
Kraut, Eier, Butter, Brot, die Säcke voller Obst und vieles mehr. So
baute ich meine Predigt auf mit dem Leitmotiv »Sehet!«. Immer
wieder wollte ich von der Kanzel aus hinüberzeigen zum Altar und
seiner Fülle: »Schmecket und sehet, wie freundlich der Herr ist, so
reich hat uns Gott auch dieses Jahr wieder beschenkt.«

Als ich beim Geläute der Glocken aus der Sakristei in den Kirchenraum trat, stockte mir der Atem. Auf dem Altar stand nichts
weiter als ein Desserttellerchen mit ein paar Pflaumen. Sofort
musste ich die ganze Predigt umwerfen, eine Technik, die mich
Südamerika auch auf jedem anderen Gebiet lehrte. Manchmal war
das sogar meine Rettung.

Die von Esperanza am nächsten gelegene Filialgemeinde hieß

Humboldt, benannt nach dem deutschen Naturforscher Alexander von Humboldt. Sie besaß eine besonders schöne und denkwürdige Kirche. Ihr Architekt war der im Zweiten Weltkrieg gefallene Peter Bartning, Sohn des bekannten Architekten Otto Bartning, der mit seinem besonderen Stil 1934 auch die bekannte Gustav-Adolf-Kirche in Berlin-Charlottenburg erbaut hatte. In Humboldt sollte ich an einem Abend eine Trauung vornehmen, die Erste in meinem Leben.

Schon von weitem sah ich in der Dunkelheit die hell erleuchtete Kirche, sie war mit 300 Personen bis auf den letzten Platz besetzt. Zum Glück sah niemand meine zitternden Knie. Nach der alten Regel aller großen und kleinen Redner hieß die Parole: nichts anmerken lassen! Es ging alles gut. Vor mir saß das strahlende Brautpaar, die Liturgie brauchte ich nur vom Blatt zu lesen, und der Gesang mit Orgelbegleitung erscholl mächtig zum Himmel empor. Aber jetzt kam das Hauptstück, die Predigt. Mit ruhiger, gefasster Stimme fing ich an: »Liebes Brautpaar ...«

Da tat es einen lauten Knall, aus einem Blechkasten an der Kirchenwand fuhr ein greller Blitz, und dann war alles Nacht und dunkel. Eine Totenstille lag in der Kirche. Ich konnte das einen Meter vor mir sitzende Brautpaar nicht mehr sehen, aber glücklicherweise sah die schweigende Gemeinde auch mein vor Schreck erstarrtes Gesicht nicht.

Ich begann nochmals: »Liebes Brautpaar!« Dann hatte ich mich gefangen und sprach frei und ohne sichere Vorlage in die Dunkelheit hinein. Nun sah man an verschiedenen Stellen Streichhölzer aufflammen, die Raucher zündeten ihre Feuerzeuge an und schon brannte auch die eine oder andere Taschenlampe. Jetzt setzte das Gerenne einiger Gestalten zum Blechkasten ein, es wurde hantiert und geschraubt, und nach einem sehr langen Weilchen flammte auf einmal das Licht wieder auf. Eine Sicherung war durchgebrannt, zum Glück nicht bei mir. Trotzdem bestand ein Teil meiner nächtlichen Predigt im mehrfachen Wiederholen. Aber immer noch besser so, als steckenzubleiben.

Felicia, auf Deutsch: die Glückliche, hieß eine andere Filialgemeinde. Auch dort sollte ich einen Gottesdienst halten. Das Dorf lag zwölf Kilometer abseits von der Verkehrsstraße. So musste ich an diesem Sonntagmorgen recht früh auf die Reise. Nach einer halbstündigen Busfahrt galt es an einer bezeichneten Stelle auszusteigen, dort erwartete mich ein Taxi. Es klappte alles recht gut und das »Taxi« wartete schon. Es war ein offener Ford A, Baujahr 1929, mit einem Stoffdach. Ich setzte mich vorne neben den Fahrer auf den verschlissenen Sitz, und nachdem das halbhohe wackelige Wagentürchen nach einigen Wiederholungsversuchen zugeschnappt war, fuhren wir los.

Dann begann ein munteres Gespräch, natürlich in der Landessprache Spanisch. Wir fuhren auf dem üblichen Erdweg durch die weite *Pampa*-Ebene, wobei ich mich als jagdbegeisterter Mensch auch für den Hasenbestand dieser Gegend interessierte. »Oh, Hasen gibt's in jeder Menge«, und er erzählte und erzählte von seinen Hasen-Jagderlebnissen. Ich konterte dagegen mit meinen Erfahrungen, jedenfalls war die Unterhaltung über Meister Lampe sehr angeregt.

Schließlich kamen wir zur festgesetzten Stunde an, die Kirche war bis auf den letzten Platz besetzt, oben auf der Empore stand ein Kirchenchor und sang zu Beginn sehr laut und klangvoll das aus der englischen Erweckungsbewegung stammende Lied: »Meister, es toben die Stürme.«

Der Predigttext war Galater 3,28, wo der Apostel Paulus darauf hinweist, dass bei Gott alle Menschen gleich sind. Es gäbe bei ihm keinen Unterschied zwischen Juden und Griechen oder Sklaven, und ich wunderte mich sehr über diese so fröhlich schmunzelnde Gemeinde, die hin und wieder ein gedämpftes Lachen von sich gab. Am Schluss des Gottesdienstes klärte sich alles auf. Die nicht Sklaven – also die Freien – heißen auf Spanisch »Libres« die Hasen aber »Liebres«. Ich hatte beides verwechselt und ständig von den Sklaven und Hasen gepredigt.

In unserem Schlafzimmer stand eine große Kiste voll mit Büchern, die aus Deutschland für die Gemeindebücherei gespendet worden waren. Beim Herumstöbern fand ich ein Buch, das mich auf eine ganz besondere Weise ansprach. Ich las es in einem Zug durch und fand mich irgendwie darin wieder. Es handelte von der Flüchtlingssituation der Heimatvertriebenen nach dem Zweiten Weltkrieg.

So hatte auch ich diese Zeit erlebt, und ebenso entwurzelt kam ich mir vor. Hier wehte mir Heimatluft entgegen. Das Buch hieß:

»Wenn die Hoffnung nicht wäre.« Der mir damals unbekannte Autor Karl Götz war Träger des Wilhelm-Raabe-Preises, der Schwäbische Heimatbund hatte ihn zum Ehrenmitglied ernannt. Er galt als begnadeten Brückenschläger zwischen Heimat und Fremde, als feinsinniger Dichter der Auswanderer.

Viele Jahre später läutete es einmal an der Pfarrhaustür in Scharenstetten. Als ich öffnete, stand ein Herr davor, er wollte ein paar meiner Kassetten kaufen. Auffallend für mich war das eigenartige Lächeln, mit dem er mich dabei ansah. Da ich eben eine wichtige Arbeit tat, fertigte ich den unbekannten Mann freundlich an der Tür ab. Es war Karl Götz, wie ich später erfuhr. Schade, die verlorene Begegnung tut mir heute noch Leid, wir hätten uns sicher gut verstanden.

So langsam ging unsere Zeit in Esperanza zu Ende. Der Pastor war aus dem Urlaub zurückgekehrt und konnte mir noch manche Frage beantworten. Ich hatte, auch aufgrund vieler Gespräche mit Gemeindegliedern, einen großen Respekt vor ihm und seiner Arbeit bekommen. Aber da war wieder die Stimme aus dem Unterbewusstsein: »Das wirst du nie so können.«

Es war wohl beim letzten Gottesdienst, als mein angeschlagenes Selbstvertrauen plötzlich wieder Flügel bekam. Der Pastor predigte gewaltig, ich saß als Zuhörer in der letzten Kirchenbank, galt es doch, noch möglichst viel von ihm abzugucken. Am Schluss kam wie üblich der Segen. Die Gemeinde erhob sich, der Pfarrer breitete weit die Arme aus, und ich stand gesenkten Hauptes und erwartete die Segensworte. Laut erscholl der Segensgruß, aber nur bis zur Hälfte, dann war Stille, absolute Stille. Was war los?

Vorsichtig hob ich den Kopf und schielte nach vorne. Da stand der Pfarrer mit erhobenen Armen wie der Erzengel Gabriel, starrte auf seine Schäfchen und wusste nicht mehr weiter. Er war stecken geblieben. Ach, war diese Stille peinlich. Dann sagte er einfach schnell Amen und verschwand in der Sakristei. Ich wusste damals noch nicht, dass man diesen Zustand *Blackout* nennt. Trotzdem hat mir der Pastor auch damit einen guten Dienst getan. Er hat den Abschluss meiner Lehrzeit sozusagen gekrönt mit der wertvollen Erkenntnis, dass ausnahmslos jeder Sterbliche zu jedem Zeitpunkt einen Fehler machen kann und dass es 100 Prozent auf dieser Welt nicht gibt, übrigens auch was den Glauben anbetrifft.

Mit vielen Eindrücken und neuen Erfahrungen kehrten wir zur Fakultät zurück. Das Studium ging weiter. Abwechslung brachten nur gelegentliche Besucher, wie etwa der frühere Kultusminister von Württemberg, Professor Hahn, der auch einige Vorlesungen hielt. Er war der Sohn des baltischen Pfarrers Traugott Hahn, der 1919 als Märtyrer in Dorpat von den Bolschewisten ermordet wurde. Der Besucher war eine auffallend vornehme und kluge Persönlichkeit, er hinterließ bei mir einen starken Eindruck. Als bescheidenen Ausdruck meiner Dankbarkeit schenkte ich ihm eine zwei Meter lange Schlangenhaut aus dem Chaco, die er gern annahm.

Ein weiterer Besuch war der des Ulmer Prälaten und späteren Landesbischofs von Württemberg, Dr. Erich Eichele. Er überbrachte mir die goldene Uhr meines verstorbenen Vaters. Als ihn sein Studienfreund aus dem Tübinger Stift, unser Professor Obermüller, zu einer Stadtrundfahrt mit seinem VW-Käfer einlud, durfte ich sie begleiten. Ihre Gespräche waren für mich sehr interessant, ich spitzte die Ohren, weil man von gescheiten Leuten immer etwas lernen kann.

Noch heute arbeite ich mit dem allerdings schon sehr ramponierten »Stuttgarter-Biblischen-Nachschlagewerk«, das mir Dr. Eichele zur Erinnerung schickte. Ich habe es mir später zur Auflage gemacht, einmal geknüpfte, gute Kontakte so zu pflegen und am Leben zu erhalten, dass ich jederzeit darauf zurückkommen könnte, und sei es auch nur mit der Bitte um einen guten Rat, der bekanntlich nie billig ist.

Im August 1958 hatte unsere lutherische UNIDA-Kirche ihre jährliche Synode. Da bat man einige Wochen vorher mich, den Noch-Studenten, die Eröffnungspredigt zu halten. Das brachte mich völlig aus dem Häuschen. Du liebe Zeit, da saßen doch Pfarrer, Professoren und hochkarätige Vertreter anderer Kirchen auf den Bänken. Was tun? Das Thema der Konferenz war 1. Korinter 3,11: »Einen anderen Grund kann niemand legen außer dem, der gelegt ist, welcher ist Jesus Christus.«

Jetzt brauchte ich Hilfe und natürlich nur von einem, der es besser konnte. Ich schrieb an den Prälaten Dr. Eichele, schilderte ihm meine Situation und bat um Rat bei gleichzeitiger Angabe des Kongress-Themas. Schon nach drei Wochen hielt ich seine Antwort in der Hand, sie bestand in einer thematischen Aufgliederung des Textes. Das war das Skelett meiner Predigt, mehr brauchte ich nicht. Es ging dann alles gut vorbei.

Unter den Hörern befand sich auch ein theologischer Gastprofessor aus Mittelamerika. Er war gerade erst eingetroffen und sollte an unserer Fakultät einige Vorlesungen halten. Als die Konferenz vorüber war, nahm mich unser Rektor auf die Seite und sagte, der genannte Professor X habe zum Ausdruck gebracht, dass er stolz sei, an einer Fakultät zu lehren, die solche Studenten hervorbringe. Auweia, jetzt bloß nicht stolz werden! Was ist schon ein Körper ohne Skelett! Er fällt zusammen wie ein Kartenhaus. Dies mag auch für einen Predigt-Körper gelten. Aber weil es der Knochenmann allein auch nicht tut, freute ich mich.

Selbstverständlich ging ein Bericht mit Dankesbrief an den Prälaten, so freute dieser sich auch. Ich lernte: Frage immer den, der es besser weiß, und sage ihm, dass du es nicht schaffst. Er wird dir weiterhelfen, und wenn es nur in einer guten Antwort liegt. Tut er es aber nicht, dann, lieber Freund, ist er nicht der, für den du ihn gehalten hast. Lass ihn links liegen.

Schließlich kam die Zeit der Schlussexamen. Jeder Student hatte dazu noch zwei Thesen zu schreiben. Meine Titel hießen: »Die Theologie des Amos und Hosea« und »Das Apostolische Glaubensbekenntnis«. Ich beendete das Studium mit der Durchschnittsnote 7,59. Das argentinische Notensystem beginnt mit der Note 10, was einem Vorzüglich entspricht, und geht dann nach unten. Vier ist noch genügend, darunter kommen mangelhaft und ungenügend.

Am 7. Dezember 1958 war die Abschlussfeier mit Übergabe der Diplome. Wenn die Auswanderer sangen: »Wer weiß denn, wie bald uns zerstreut das Schicksal nach Ost und nach West«, so galt dies jetzt auch für uns Studienkollegen. Sie landeten in den USA, Venezuela, Kolumbien, Dänemark, Chile und Argentinien, sodass ich die meisten nie wieder sah. Nach einer letzten, ergreifenden Andacht nahmen wir voneinander Abschied. Wir waren in den vergangenen Jahren zu einer Familie zusammengewachsen. Ich hatte die Ehre, die Kurzpredigt zu halten.

Man hatte mir im Anschluss an die Studienzeit vom Lutherischen Weltbund ein längeres Praktikum in der Deutsch-Evangeli-

1958 wurde ich zum Pfarrer ordiniert.

schen Kirche Brasiliens angeboten. Diese evangelische Kirche deutscher Herkunft hat zahlreiche große Gemeinden, besonders im Staate Rio Grande do Sul, und hier sollte ich noch Erfahrungen sammeln. Wir freuten uns sehr darauf und waren schon in den Reisevorbereitungen, da verstarb völlig unerwartet in der Neujahrsnacht der Pfarrer einer kleineren deutschen Vorortgemeinde von Buenos Aires mit Namen Florida. Ein Ersatz war nicht zur Stelle. So traf es mich.

Erste Pfarrstelle – Florida 1959

Die lutherische UNIDA-Kirche, zu der ich gehörte, kam aus den USA. Einer ihrer Missionszweige erfasste Anfang des 20. Jahrhunderts auch Argentinien. Man schickte einige Missionare mit der Absicht, in diesem Land das Evangelium zu verkündigen.

Wohl war die große Masse der Bevölkerung, wie in allen übrigen Ländern Südamerikas, schon gleich nach der Inbesitznahme durch Spanien und Portugal im 15. und 16. Jahrhundert von katholischen Missionaren christianisiert worden, wohl brachte man seine Kinder zur Taufe und bekreuzigte sich beim Passieren einer Kirche. Aber von einem eigentlichen Leben aus diesem Glauben mit seinen Konsequenzen wie etwa Ehrlichkeit, Nächstenliebe, das Halten der Gebote Gottes war in der Praxis nicht viel zu sehen, ausgenommen die wenigen Gemeinden, die von guten und vorbildlichen Priestern geformt und betreut wurden.

Draußen im weiten Land der *Gauchos* glaubte man nach wie vor an Zauberer und böse Geister. Die herrschaftlichen *Estancieros*, sicherste Förderer und großzügigste Mäzene von kirchlichen Projekten, zahlten ihren Arbeitern Hungerlöhne, und die Blutrache war in vielen Gegenden noch tüchtig im Gange.

Dagegen wollten diese evangelischen Missionskirchen angehen, mit mehr oder weniger Geschick und Erfolg. Die UNIDA-Kirche arbeitete aber auch mit kleinen, lutherisch-ethnischen Volksgruppen, die keine eigene Kirche im Land hatten, beispielsweise Schweden, Dänen, nach dem Zweiten Weltkrieg emigrierten Letten, Esten und Ungarn. Ebenso betreute sie kleinere deutsche Gruppen, wo die offizielle deutsche La Plata-Kirche wegen Personalmangels keine Möglichkeiten zur Betreuung sah.

Eine solche deutsche Gemeindegruppe hatte sich in Florida, einem Stadtteil von Buenos Aires, gebildet. Ihr Pfarrer hieß Rottmann. Er kam aus Siebenbürgen und war von dort mit einem Großteil seiner Gemeinde vor den Russen geflohen und über Deutschland nach Argentinien ausgewandert. Da schon betagt, fand er in der La Plata-Kirche aus technischen, finanziellen oder sonstigen Vorsichtsgründen keine Aufnahme mehr. Unkompliziert, pragmatisch, aber auch begütetet, wie sie waren, sprangen die Amerikaner ein, kauften im genannten Bezirk ein größeres Haus, und schon fingen die Gottesdienste an.

Der Pastor war von Ehrfurcht gebietender hoher Gestalt, hatte schlohweißes Haar und war ein hervorragender Prediger. Sein gütiges Wesen, gepaart mit viel Lebenserfahrung, zog mit den Jahren immer mehr Gottesdienstbesucher an, sodass man auf einem hinzu gekauften Grundstück eine Kirche baute. Ende der 50er Jahre war die Einweihung, aber schon kurz darauf starb er 72-jährig ganz unerwartet in der Silvesternacht.

14 Tage später zogen wir in das Pfarrhaus ein. Es war ein wunderbares Gefühl: endlich allein, unabhängig, frei. Wir kauften einige gebrauchte Möbelstücke billig ein, dazu auch einen weißen, noch gut erhaltenen Kühlschrank, den man aber nur öffnen durfte, wenn man auf der extra dafür ausgelegten Gummimatte stand, sonst verteilte er starke elektrische Schläge. Es läge an der Isolation, so wurden wir informiert. Nun, wir passten auf. Ebenso kapierte es sehr schnell Heino, unser Jagdhund, nachdem er einmal vom Schlag getroffen worden und erschreckt und jaulend davongerannt war.

Die liebenswürdige Witwe Rottmann schenkte mir den kleinen Büchervorrat ihres Mannes, dazu allerhand Geschirr, da es uns an allem fehlte. Dann zog sie zu ihrem Sohn, er war Kinderarzt. Natürlich wollte ich vorher noch möglichst viel wissen über die Arbeitsmethoden ihres Mannes. Denn wenn einer etwas gut und erfolgreich getan hat – in seinem Falle kamen immer mehr Menschen zu den Gottesdiensten –, dann glauben nur die Dummen, sie könnten es besser. Hier hieß es, die Ohren zu spitzen. Zumal der blutige Anfänger in die Bresche eines Könners zu treten hatte.

Sehr interessant fand ich die Information der Pfarrerswitwe, dass ihr Mann bereits ab Mittwoch die Predigt für den kommenden Sonntag memoriert habe. Dazu sei er hinten im Garten auf und ab gegangen. Aha, daher diese beeindruckende Sicherheit und die freie Rede von der Kanzel. Also hängt auch das Können des Predigers vom Fleiß und einer gehörigen Portion Selbstdisziplin ab. Eine innerliche Stärkung für mich bedeutete auch die Entdeckung eines Bandes mit Radiopredigten, die – wie an Bleistiftnotizen ersichtlich – vom Inhaber reichlich in Gebrauch genommen worden waren. Auch so gute Pastoren lernten noch von anderen.

Die Arbeit machte mir große Freude, zumal ich die Predigten auf Deutsch halten konnte, dazu noch in einer neuen, schönen Kirche. Schnell gewöhnten sich die Zuhörer an mein schwäbisches Hochdeutsch, und bald gewann ich den Eindruck, dass der eine oder andere Besucher nur deswegen in die Kirche kam, weil er auch von Neckar oder Donau stammte. Die Sprache der Heimat findet eher zum Herzen.

Dann kam die erste Beerdigung meines Lebens. Weinend stand eine junge Frau vor der Haustür und berichtete, dass ihr Mann am Bahnübergang vom Zug erfasst worden und tot sei. Sie stände jetzt da, allein mit den Kindern und ohne jede Versorgung. Schon am folgenden Tag war klimatisch bedingt die Beerdigung. Beim Eintreffen im Trauerhaus sagte mir jemand hinter vorgehaltener Hand: »Dort hinten im Eck steht der jüdische Oberrabbiner von Buenos Aires.«

Mich traf schier der Schlag. Du liebe Zeit, wie kam der hierher? Ich hatte als Predigttext das Wort Jesu genommen: »Ich bin die Auferstehung und das Leben.« Das war doch genau der Knackpunkt, wegen dem sich Juden und Christen schon 2.000 Jahre lang in den Haaren liegen. Es war ein Glück oder besser gesagt eine göttliche Gnade, dass ich bei der Niederschrift der Predigt noch nichts geahnt hatte von der Anwesenheit des Rabbiners. Ich hätte ganz sicher vor lauter Angst und Rücksicht einen anderen Text gewählt. Aber jetzt gab es kein Zurück mehr.

Als die Beerdigung zu Ende war, trat der Oberrabbiner Hirsch auf mich zu, reichte mir mit einem freundlichen Lächeln die Hand und sagte: »Ihre Predigt hat mir sehr gut gefallen.« Wie sonderbar sind doch oft die Wege Gottes.

An einem Sonntag sollte ich einmal einem Kollegen in Villa Ballester aushelfen. In diesem Stadtteil wohnt bis heute eine große Anzahl deutschstämmiger Familien. Der gut besuchte Gottesdienst verlief normal, als letztes Lied sangen wir: »Ich will dich lieben, meine Stärke«, wo es im letzten Vers heißt: »Ich will dich lieben, schönstes Licht, bis mir das Herze bricht.«

Als ich am Ausgang die Besucher mit Handschlag verabschiedete, fiel mir eine alte Flüchtlingsfrau, der Kleidung nach aus Siebenbürgen, besonders auf, weil sie mich so freundlich anlachte und so herzlich »Auf Wiedersehen, Herr Pfarrer« sagte. Nachdem ich meine Sachen in der Sakristei zusammengepackt hatte, ging ich zur gegenüberliegenden Bahnstation. Da sah ich auf den Gleisen ein Grüppchen Menschen stehen, die mir beim Näherkommen sagten, dass eben eine Frau vom Zug überfahren worden sei. Da lag sie, die alte Frau vom Gottesdienst, noch das Gesangbuch in der Hand. Tief erschüttert ging ich weiter. »Ja«, so sagte ich vor mich hin, »auf Wiedersehen im Himmel!«

Im Februar 1959 gab es ein freudiges Ereignis. Der jüngste Sohn meines Onkels, des Hoteliers in Olavarria, war während seines Studiums in Verbindung mit maßgeblichen Führern der peronistischen Partei gekommen. So wurde er beim Sturz Perons 1955 nach einem abenteuerlichen Flucht- und Versteckspiel von der neuen Militärregierung aufgegriffen und zum Tode verurteilt. Auf dem großen Militärflugplatzgelände Palomar fanden die Erschießungen von über 200 Peronisten statt, und mein Vetter Carlos befand sich bereits auf dem Transport dorthin. Ein Bajonettstich im Hinterteil blieb ihm als Erinnerung.

Er hatte es dann einem höheren Polizeioffizier zu verdanken, dass er am Leben blieb. Im großen Stadtgefängnis von Devoto saß er sechs Monate mit 400 anderen Partei- und Gewerkschaftsleuten, dort habe ich ihn auch einmal besucht. Er kam frei unter der Bedingung, das Land zu verlassen. So kam er nach Deutschland und lernte seine Cousine Eva, meine jüngste Schwester, kennen und lieben. Nach einer Amnestie brachte er seine zukünftige Frau im Dezember 1958 nach Argentinien und ich traute die beiden im Februar 1959 in Olavarria. Es war Hochsommer und ungeheuer heiß in der voll gepfropften kleinen Kirche. Man hat mich am Ende neugierig gefragt, wieso ich denn die Hochzeitsgesellschaft während der ganzen Feier habe stehen lassen. Wieder ein Fehler, ich hatte das vor Aufregung gar nicht gemerkt.

Es gefiel uns recht gut in Florida. Nur hatte auch diese kleine und sympathische Gemeinde ihre Haken. Das Pfarrhaus lag genau an der großen und breiten Ausfallstraße »Mitre«, dazu noch an einer Kreuzung und Haltestelle. Von morgens früh um vier Uhr bis nachts um 24 Uhr rasten die üblichen Stadtbusse verschiedener

Linien mit Geknatter, Geratter und stinkenden Auspuffwolken im Minutentakt am Haus vorbei, oder sie hielten mit quietschenden und kreischenden Bremsen direkt davor. Die Passagiere sprangen, oft noch während der Fahrt, auf oder ab, worauf die in bunten Farben angemalten Autokisten sofort, um ja keine Zeit zu verlieren, mit aufheulendem Motor davonrasten.

Die Erschütterungen waren im Haus spürbar, sie ließen den Kalk von den Wänden fallen, sodass wir jeden Morgen mit Besen und Kehrwisch das weiße Pulver vom Boden entfernen mussten. Ein antiker Kronleuchter an der Decke mit vielen herunterhängenden Glasfigürchen fing an zu klingeln, wenn ein besonders dicker Bus vorüber ratterte. Es war zum Verrücktwerden, besonders für Marianne, die an chronischen Kopfschmerzen litt. Es gab Tage, da konnte sie nicht aufstehen, und ich musste ihr nasse Kopf- und Wadenwickel machen.

So ging es also nicht, wir mussten von hier weg. Sowohl die Kirchenleitung wie auch die Gemeinde waren sehr erschrocken, als wir um eine baldige Versetzung baten. Aber man sah die Gründe ein. Hatte ich doch lange zuvor klipp und klar erklärt, dass ich mir als zukünftiges Arbeitsfeld nie eine Stadt, sondern nur eine Landgemeinde vorstellen könnte. Je weiter entfernt von jeglicher Zivilisation, desto besser. »Da passt er auch hin!«, so der hochnäsige Kommentar einer Dame, die mit einem Akademiker verheiratet war.

Nun verging nicht viel Zeit, da kam die gute Nachricht, dass ein schon in die Jahre gekommener Pastor aus Alters- und anderen Gründen in den Ruhestand treten wolle. Ich sollte sein Nachfolger werden. Der Ort meiner zukünftigen Tätigkeit hieß Posadas. Dies ist die Hauptstadt der Provinz Misiones, sie liegt 1.100 Kilometer nordöstlich von Buenos Aires.

Der abzulösende Kollege stammte aus Pommern und war nach dem Ersten Weltkrieg nach Argentinien gekommen. Er war verheiratet und hatte bereits erwachsene Kinder. Schon Anfang Mai kam er nach Buenos Aires angereist, um mich in mein zukünftiges Arbeitsfeld einzuführen. Aber viel war da nicht drin, wie der Leser im Anschluss selbst feststellen kann. Wichtig für uns war nur, dass das Pfarrhaus zum festgesetzten Ankunftstermin auch geräumt sei. Dies hatte uns der Kollege hoch und heilig versprochen.

Die lange Reise war mit dem Zug geplant, man hatte mit 36 Stunden Fahrt zu rechnen. Es war ein sonniger Maienabend, als der Zug vom Bahnhof »Chacarita«, so benannt nach dem direkt daneben liegenden Friedhof, anruckte und Fahrt aufnahm. Unseren Hund Heino hatten wir im Gepäckwagen angebunden. Nachdem der Schalterbeamte zuvor eine ganze Weile in allen möglichen Vorschriften und Preislisten nach einem Hundebillet herumgesucht und nichts gefunden hatte, winkte er resigniert ab. So ein Fall war ihm noch nie vorgekommen. »Binden Sie ihn einfach im Gepäckwagen an, fertig und ab!« Heino hatte also eine Freifahrt.

Zum Abschied war auch der bisherige Pfarrer von Posadas auf den Bahnhof gekommen. Sehr gerührt winkte er uns nach, als der Zug langsam die Halle verließ. Mir kamen die Tränen erst zwei Tage später. Aber als sich der Zug an der hohen Backsteinmauer des städtischen Friedhofs vorbeischlängelte, nahmen wir auch Abschied von unserem kleinen Jungen, er lag nur wenige Meter dahinter. Dann fuhren wir in die Nacht, es ging zu neuen Ufern. Ein Glück, dass wir sie noch nicht sahen ...

Zweite Pfarrstelle – Posadas
1959–1963

Die nordöstlichste Provinz von Argentinien heißt Misiones. Sie stand von Anfang an den spanischen Eroberern durch ihren Flussweg offen. Bereits 1528 stieß der in Venedig geborene Seefahrer Sebastian Caboto im Dienst der spanischen Krone flussaufwärts bis ins heutige Misiones vor. Eine eigentliche Besiedelung kam aber erst ab 1609 zustande, als die Jesuiten vom spanischen König Philipp III. die Erlaubnis bekamen, einen eigenen Indianerstaat zu errichten.

Ihre ersten Versuche schlugen fehl: Die Indianer waren sehr scheu, misstrauisch und flohen, wenn sich jemand näherte. Den *Padres* fiel aber auf, dass die Guaraní-Indianer überaus musikalisch waren. Also fuhren sie mit ihren Booten auf dem Fluss entlang und bezauberten die Indianer mit Musik. Neugierig kamen sie herbei, und so gab es Kontakte und bildete sich Vertrauen.

In mühevoller, jahrzehntelanger Kleinarbeit errichteten die *Padres* Ansiedlungen, *Reduktionen* genannt, die sich mit der Zeit über Misiones hinaus bis nach Paraguay und Brasilien erstreckten. Die Siedlungen waren durch hohe Mauern mit Wachtürmen versehen, um die Bewohner vor den zahlreichen Überfällen von Banditen und Portugiesen zu schützen. Mit milder Hand lehrten sie ihre Zöglinge allerlei Gewerbe, Ackerbau sowie Künste und brachten sie so zu einem gewissen Wohlstand. Ganz im Gegensatz zu anderen spanischen Kolonialgebieten, wo die Eingeborenen als Sklaven und billige Arbeitskrafte ausgebeutet wurden. In der Blütezeit gab es 31 solcher *Reduktionen* mit insgesamt 140.000 Seelen.

Diese wirtschaftlichen, kulturellen und missionarischen Erfolge der Jesuiten fanden aber viele Neider, die diese Konkurrenz, besonders auf dem wirtschaftlichen Sektor, zu spüren bekamen. Darunter waren auch die Vertreter der offiziellen katholischen Kirche. Sie erreichten bei der spanischen Krone, dass die Jesuiten-*Padres* nach anderthalb Jahrhunderten geächtet, verboten und ausgewiesen wurden. Die Indianer flüchteten in die Wildnis zurück und die

Reduktionen verfielen. Reste davon sind noch heute touristische Anziehungspunkte.

Nach diesem historischen Überblick zurück zur Provinz Misiones. Sie hat eine Fläche von 30.719 Quadratkilometern und grenzt mit den beiden Flüssen Alto Parana und Uruguay an die Nachbarländer Brasilien und Paraguay. Wegen seiner länglichen, sackähnlichen Form nennt man diese Provinz auch den »Blinddarm« Argentiniens. An der nördlichsten Spitze stoßen die drei genannten Länder zu einem Dreiländereck zusammen, dort befinden sich auch die zweitgrößten, aber schönsten Wasserfälle der Welt, die Iguazu. Dieser Name kommt aus der Guarani-Indianersprache und bedeutet »großes Wasser«.

Das Klima dieser Subtropenzone ist heiß und feucht. Die rotbraune Erde gilt als Markenzeichen. Flecken in der Wäsche sind kaum wieder zu entfernen, und selbst der Kellner in Buenos Aires kann beim Kassieren zu dem angereisten Gast sagen: »Ach, Sie kommen aus Misiones?« Die rötliche Farbe des Geldscheins hat ihn verraten. Gerade in diese Provinz zog es viele europäischen Einwanderer, darunter natürlich auch Deutsche. So wurde die Kolonie »Eldorado« 1919 von dem Schwaben Schwelm gegründet, die sich später zu einem großen und wichtigen Wirtschaftszentrum entwickelt hat.

Die ausgedehnten hügeligen Berglandschaften, von Flüssen und Bächen durchzogen, erinnerten an die Heimat. Der unsäglich schwierige Anfang im Urwald erlaubte weder Selbstmitleid noch Ruhepause. Mit Axt und Handsäge musste mühevoll jeder Meter Pflanzland dem Urwald abgerungen werden. Moskitos und andere Stechmücken drangsalierten bis aufs Blut und manch einer starb am Biss einer Giftschlange.

Die tapferen Frauen brachten allein ihre Kinder zur Welt, der nächste Arzt war oft erst nach stunden- oder tagelangem Transport auf einem Ochsenkarren oder einem Ruderboot zu erreichen. Wahrhaftig, der alte Spruch war nicht aus der Luft gegriffen, der im Blick auf die Auswanderergenerationen behauptet: »Die Erste hat den Tod, die Zweite die Not und die Dritte das Brot.«

Genauso ist es. Ich traf noch viele aus dieser ersten Generation. Wenn sie erzählten, konnten sich einem die Haare sträuben. Aber das Sagen hatte jetzt, im Jahre 1959, schon die zweite Generation.

Die großen *Yerba-*, *Mate-* und Schwarztee-Plantagen, das Aufkommen des *Tungs*, eines Baums mit Ölfrüchten zur chemischen Farbengewinnung, Zitrusplantagen, Holz- und Zellulose-Verarbeitung, das alles lag bereits im dritten Schritt, man hatte Brot und Einkommen. Manche Kolonisten hatten ihre anfänglichen Holz- beziehungsweise Bretterhäuser gegen solche aus Backsteinen getauscht – zweifellos das Zeichen eines gewissen Wohlstandes.

Es war in der Morgenfrühe, als unser Zug in den Bahnhof von Posadas eintuckerte. Bereits vorher waren wir, im Schritttempo und beinahe greifbar nahe, an primitiven *Ranchos* und Bretterhütten vorbeigefahren, wo Hühner gackerten und Hunde bellten, die Bewohner aber noch ihre Nachtruhe pflegten. Posadas ist der Name eines bedeutenden argentinischen Politikers; die Stadt wurde 1884 zur Hauptstadt von Misiones erklärt und zählte 90.000 Einwohner.

Als wir vom Zug kletterten, ging gerade die Sonne auf, und nur wenige hundert Meter entfernt sahen wir zum ersten Mal den Alto-Parana-Fluss. Es war ein überwältigender Anblick. Blau wie der Himmel zog er still dahin, über einen Kilometer breit. Am anderen Ufer lag schon Paraguay mit seiner zweitgrößten Haupt-

Landschaft am Alto Parana, ein Bild von A. Neunteuffel

stadt Encarnacion. Auf dem höchsten Punkt grüßte weithin sichtbar eine mächtige Kathedrale, die ihre Türme in den blauen Himmel reckte. Wer hätte gedacht, dass ich später einmal als evangelischer Pfarrer darin predigen würde.

Wir nahmen ein Taxi und ließen uns, äußerst gespannt auf das neue Heim, in die Straße Entre Rios Nr. 134 bringen. Wir hatten beim Abschied versäumt, nach einer entsprechenden Kontaktperson zu fragen, die uns die Schlüssel zum Pfarrhaus übergeben würde. Die Fahrt ging durch die noch ziemlich ruhige, aber doch schon erwachende Stadt. Dann standen wir am Ort unserer zukünftigen Tätigkeit: Da war das Pfarrhaus mit kleinem Vorgärtchen, darin eine wunderschöne Palme, daneben die erst drei Jahre alte Kirche, und im Anschluss der Neubau eines Schülerinternats, dessen Verwaltung ebenfalls zu meinem Aufgabenbereich zählen würde.

Sollten wir zuerst bei den Nachbarn nach den Schlüsseln fragen, wo man sie logischerweise hätte hinterlegen können? Klingeln wir zuerst! Nach einigen Wiederholungen war hinter der Milchglasscheibe ein Schatten zu sehen. Dann öffnete sich tatsächlich die Tür einen Spalt, und heraus schaute ein vom Bett zerwühlter Mädchenkopf ganz erstaunt und erschreckt. Es war das 20-jährige Töchterchen des Pastors. Was wir denn wollten? Verwundert nannte ich unseren Namen und erklärte, ich sei der neue Pfarrer. Jetzt ging die Tür schnell wieder zu und wir warteten und warteten.

Nach längerer Zeit – die Pfarrfrau musste ja aus dem Bett und sich ankleiden – kam sie und bat uns herein. Nun kam die Schreckens- beziehungsweise Hiobsbotschaft: Das Haus sei voll besetzt. Sie mit zwei erwachsenen Kindern und die Familie des Schwiegersohns mit zwei Kleinkindern, alle wohnten unter diesem Dach. Auf meine bedepperte Frage, wo wir denn unterkommen sollten, wurden wir in ein kleines Gastzimmer hinten im Garten verwiesen. Es habe einen Wasserhahn mit Becken und dazu noch, welch ein Luxus, eine kleine Toilette. Das Zimmer war ganze vier Mal vier Meter groß, und als unsere sieben Kisten eintrafen, mussten wir buchstäblich über dieselben in die Betten klettern.

Nun ja, man war jede Art von Kummer gewöhnt, und der Zustand würde nur von kürzester Dauer sein. Das kleine Studierzimmer des Pastors stand mir zur Verfügung. Es kam aber vor, dass ich bei einer Predigtvorbereitung von der 20-jährigen Tochter gebeten wurde, den Schreibtisch zu räumen, weil sie studieren müsse.

Sehr bald merkten wir, dass die Großfamilie gar nicht daran dachte, das Feld zu räumen. Hier war unsere christliche Geduld und Langmut bis zum Äußersten gefordert. Nur dass die Geduld der Schlüssel zur Freude sei, wie ein arabisches Sprichwort meint, davon merkte ich, ehrlich gesagt, nichts.

Dieser Zustand dauerte sechs Wochen, da platzte bei mir die »Freude«, besser gesagt der Kragen. Ich hatte in dem Gemüsegarten des Pfarrhauses einige Pflanzen entfernt, worauf mich die Frau Pastor mit bösen Worten lautstark wie einen Rekruten abkanzelte. Ich war aber auch wütend, weil wir festgestellt hatten, dass die ganze Gesellschaft auf Kosten des Internats in Saus und Braus lebte, denn man hatte mir die Kasse mit den eingegangenen Pensionsgeldern der Schüler nicht übergeben. Aber nach meinem lautstarken Krach mit der Aufforderung, so rasch wie möglich das Haus zu räumen, kam plötzlich Bewegung in die Sippschaft.

Nach einigen Tagen zogen sie aus, aber nicht, ohne vorher mit den Resten der Internatskasse einen vorsorglichen Großeinkauf getätigt zu haben. Unter anderem zehn Kilo Kaffee, ein Dutzend Besen, einen Sack Zucker und eine Kiste Speiseöl wurden aufgeladen, dann übergab man mir die Bücher und die Kasse. Es war nicht einmal ein Centavo darin. Hinterlassen wurden nur ganze Scharen von *Cucarachas*, Küchenschaben, für deren Beseitigung wir viele Wochen brauchten.

Genauso traurig sah es in der Gemeindekasse aus. Noch Wochen später konnte es abends an der Hausglocke läuten und zwielichtige Gestalten fragten nach, ob es wieder Blei zu verkaufen gäbe. Gemeint war Blei in kleinen Holzkästen, das beim Internatsbau von den Installateuren verwendet wurde. Man hatte sich auf diese Weise ein Zubrot verschafft, also schon eingekaufte Baumaterialien wieder schwarz verkauft.

Ach ja, die Moral in Südamerika. Viele Europäer machten allerdings keine Ausnahme, ganz gleich, ob es Christen oder Muselmanen waren. Als noch ein größerer Anbau am Internat fällig war, kam der Chef einer Baufirma persönlich und bot mir fünf Prozent des Kostenvoranschlags an, wenn er den Auftrag bekäme. Das war viel Geld.

Gott mag mir verzeihen, dass ich auf meinen Vorgänger eine Mordswut hatte, da – wie mir der Gemeindevorsteher unter vorgehaltener Hand mitteilte – der Pastor nach dem Gottesdienst des Öfteren das eingesammelte Opfer in die Tasche gesteckt hatte und eiligst der »Blauen Donau« zugestrebt war, dem Bierlokal um die Ecke. Er war Trinker gewesen. Aber als ich später erfuhr, dass er im Ersten Weltkrieg einen Kopfschuss abbekommen hatte, tat er mir Leid und ich habe ihm verziehen.

Ich lernte mit der Zeit und aus Erfahrungen mit evangelischen wie katholischen Geistlichen, dass die Gefahr von Versuchungen dort viel größer ist, wo man allein auf sich gestellt ist und weitab von einer kontrollierenden Kirchenbehörde sein Amt zu verrichten hat. Wo soll er sich Rat und Beistand holen, wenn der nächste Amtsbruder 200, die Kirchenbehörde 1.000 Kilometer entfernt ihres Amtes walten, wo man es mit halbwilden Menschen zu tun hat, sodass sich eine junge Konfirmandin nach dem Unterricht vor den Pfarrer stellt und sagt: »Herr Pastor, Ihre Frau ist doch schwanger. Wenn Sie eine Frau brauchen, lassen Sie uns in die Hecken gehen!«

»Russland ist groß, und der Zar ist weit!« Es ist ein Unterschied, ob man als Pfarrer nur zum Fenster hinausschauen muss, um den Kirchturm des nächsten Kollegen zu sehen, oder ob man dabei niemanden und nichts sieht.

Die evangelische Gemeinde der UNIDA-Kirche in Posadas war klein. Mit etwa 30 Familien wäre sie nie in der Lage gewesen, das Gehalt des Pastors aufzubringen, wie das bei der deutschen La Plata-Kirche die Regel war. Mein Monatsgehalt kam aus den USA und war höher als das der deutschen Kollegen. An Arbeit fehlte es trotzdem nicht.

Das mit 25 Schülern belegte Internat wurde von einer sehr tüchtigen und fähigen Gemeindehelferin geleitet. Die Jugendlichen kamen aus dem Landesinnern von Misiones, später auch aus dem Chaco, um hier die Oberschulen besuchen zu können. Einige sprachen noch deutsch, sodass wir abends oft zusammen saßen, Volkslieder lernten und mit Akkordeonbegleitung munter sangen. Heimabende im Pfarrhaus, Lichtbildervorträge und Kuchenbakken lösten einander ab. Wir waren eine fröhliche Gemeinschaft, und jeden Abend versammelten wir uns in der Kirche zu einer

Andacht. Die sonntäglichen Gottesdienste wurden im Wechsel auf Deutsch oder Spanisch abgehalten.

Unsere Straße war noch nicht asphaltiert. In die mit Gras und Unkraut bewachsenen Gräben lief das Küchenwasser. Es waren wahre Brutstätten von Moskitos. Sie saßen morgens zu Hunderten außen an unserer Haustür und warteten, bis wir öffneten. Nach dem Abspritzen mit Gift konnte ich sie mit der Kehrschaufel zusammenfegen. Oft graste eine Kuh oder ein Pferd ganz nahe vor meinem Amtszimmer, und wenn ich den Arm zum Fenster heraus-streckte, konnte ich das Tier streicheln.

Ganze Rudel von Hunden trotteten hinter läufigen Hündinnen her und streiften bei Tag und Nacht durch die Straßen. Das Gebel-le und Geheule nahm kein Ende. In Argentinien gab es keine Hun-desteuer, so hielten sich Hinz und Kunz nicht nur einen, sondern gleich zwei oder drei Tiere aller Mischrassen. Das Futter suchten sie sich meist selbst aus den zuvor umgeworfenen Mülltonnen in den Straßen. Wurde die Hundeplage zu schlimm, schickte die Stadt ihre Hundefänger los. Dann kam ein alter Traktor mit einem gro-ßen Käfig auf Rädern, begleitet von zwei oder drei Männern, die äußerst geschickt mit einem kurzen Lasso jeden Hund einfingen, der gerade auf der Straße herumlief.

So manches Mal fuhr ich mit meinem Fahrrad hinter dem Käfig her und studierte die Reaktionen von Mensch und Tier. Es war hochinteressant. Dabei war eine unwahrscheinliche Solidarität der Bürgerschaft festzustellen. Die Nachbarn warnten sich gegenseitig, wenn der Käfig im Anrollen war, und mit lauten Lockrufen ver-suchte man, die Tiere von der Straße zu holen, denn Privatgrund-stücke durften von den Fängern nicht betreten werden. Manchmal musste auch ein Lassowerfer die Flucht ergreifen, wenn eine aufge-brachte Oma ihren »Waldi« mit dem Besen verteidigte. Nur mit einem guten Trinkgeld wurde das eine oder andere Tier aus dem Käfig wieder freigelassen, ansonsten fuhr man die Ladung an einen unbekannten Ort. Dort wurden die armen Tiere mit Gift abge-spritzt und verendeten.

Regelmäßig besuchte ein jüngerer *Gallego*, so nennt man in Spa-nien die Bewohner der Provinz Galicien, die Gottesdienste und Bibelstunden. Er hieß Alvaro, besaß eine kleine Autowerkstatt und war ein überaus interessanter Typ. Sehr belesen und ein Redner par excellence. Es gab keine politische oder sonstige Kundgebung, wo er nicht ans Rednerpult trat und seine Meinung sagte. Sein einziger, erklärter Feind war die katholische Kirche. Wie er als gläubiger Christ diesen Zwiespalt im Herzen verarbeiten konnte, blieb sein Geheimnis. Natürlich interessierte mich der Grund seiner totalen Ablehnung, und er erzählte mir seine Geschichte

Als Sohn einer armen Fischerfamilie wuchs er auf. Die Eltern gehörten zu der kleinen Gruppe evangelischer Christen, die im sehr katholischen Spanien eine Minderheit bildeten. Sie hatten als »Ketzer« nicht die gleichen Rechte. Die eigentliche Obrigkeit war die Kirche, sie stand hinter allen Gesetzen. Wer sich nicht vor ihren Altären trauen ließ, galt als unverheiratet, auch was die rechtliche Erbfolge und Altersversorgung anbetraf. Der intelligente Alvaro durfte aus dem gleichem Grund auch keine höhere Schule besuchen.

So ging er nach der Grundschule zur See und wurde Matrose. Als die Zeit seines Militärdienstes kam, wurde er zur Marine eingezogen. Dabei verweigerte er bei einer militärischen Feierlichkeit aus Gewissengründen den gebotenen Kniefall vor einer Marienstatue. Während das ganze Bataillon kniete, blieb er stehen. Er wurde auf der Stelle verhaftet und ins Gefängnis abgeführt. Das Militärgericht verurteilte ihn wegen Gotteslästerung zu fünf Monaten Gefängnis. Dort brachte man ihn »auf die Knie«, indem er täglich in dieser Haltung die Gänge zu schrubben hatte. Dabei war er regelmäßig dem Spott des Gefängnisgeistlichen ausgesetzt, der es nicht versäumte, zur gegebenen Stunde an ihm vorbeizustolzieren.

So blieb bei meinem Freund Alvaro ein Trauma, ein psychischer Knacks, der uns immer wieder in heftige Diskussionen verwickelte. Aber im Zusammenhang damit begriff ich, dass es im Spanischen Bürgerkrieg in den Jahren von 1936 bis 1939 nicht ausschließlich um eine Revolution von roten Garden und kommunistischen Banden ging, wie man uns damals weismachen wollte, sondern um einen Volksaufstand gegen Unrecht und Gewalt, auch von kirchlicher Seite.

Nur so ist es zu verstehen, dass die Republikanerbrigaden gerade in Klöstern besonders wüteten. Sie rächten sich an den »Schwarzen« und an einer Gesellschaft, die mit ihnen unter einer

Decke steckte. Dass dieser Brand im Hintergrund geschürt wurde, besonders aus der Sowjetunion, und dass das internationale Proletariat seine Stunde für einen weiteren Schritt zur Weltrevolution gekommen sah, steht außer Zweifel. Mit dieser Medaillenseite motivierte man nicht nur den deutschen Volksgenossen, sondern auch die begeisterten Freiwilligen der Legion Condor. Die andere Seite zeigte man nicht. Manches war ganz anders. Mein Freund Alvaro öffnete mir die Augen, und ich glaubte ihm.

Schon wenige Tage nach unserem Aufzug in Posadas verlangte ein Mann nach mir. Er sollte mir lebenslang unvergesslich bleiben. Mitte der 50er, mittelgroß, bereits angegrautes Haar mit Stirnglatze, nur Hemd und Hose, an den Beinen kurze Stiefel und im Mund eine Pfeife, so stand er vor mir und stellte sich vor. Als er mir seine leicht verkrüppelte Hand reichte, tat er dies mit der Erklärung, dass ein Ameisenbär der Verursacher gewesen sei. Sein Name war Adolf Neunteuffel und er kam aus der Steiermark. Auf den ersten Blick sah ich in ihm einen Bruder der Landstraße, aber zu meinem großen Erstaunen musste ich sehr schnell feststellen, dass es sich nicht nur um eine gescheiterte Existenz, sondern um einen blitzgescheiten Wissenschaftler und Weltbürger handelte.

In jungen Jahren war er in Wien Student im Fach Zoologie gewesen, dann hatte er die Büffelei abgebrochen und war nach Paraguay ausgewandert. Dort trieb er sich, wie er sagte, zu Studienzwecken in den Urwäldern herum. Mitte der 30er Jahre kehrte er nach Europa zurück, schrieb ein Buch, von F. A. Brockhaus verlegt, über seine wildromantischen Erlebnisse, und nach Ausbruch des Krieges ging er als Dolmetscher mit der »Blauen Division« nach Russland.

Dieser spanische Freiwilligen-Verband war Hitler von Franco als Gegenleistung zur Verfügung gestellt worden im Kampf gegen den Bolschewismus. Er kämpfte in Russland von Oktober 1941 bis Oktober 1943 außerordentlich tapfer am Wolchow und Ilmensee, wurde dann aber zurückgezogen, da sich die Waage immer mehr zu Ungunsten Deutschlands neigte.

Adolf Neunteuffel hatte eine Braut im Sudetenland. Dort war er bei Kriegsende und konnte sich aus einem Massaker tschechischer Partisanen nur retten, weil er sich, spanisch sprechend, als Argentinier ausgab. 1947 reiste er mit seiner jungen Frau nach

Argentinien zurück. Es kamen zwei Buben, diese sahen aber nie eine Schule.

Die Familie wohnte auf einem sechs Meter langen offenen Holzkahn mit einem Sonnendach. Bei Unwetter konnte man zusammengerollte Tücher aus Leinwand herablassen. Ein Außenbordmotor war eingebaut. Vorne am Bug stand der Bootsname »Yasi-Yateré«, ein Begriff aus der Guaraní-Indianersprache, er bedeute übersetzt Mond. Nach alter Indianerlegende war »Yasi-Yateré« ein kleines blondes Männchen, das hübsche junge Mädchen mit einem Lockruf, einem flötenden Pfeifen, in die tiefen Gründe des Urwaldes entführte.

Unserem Naturforscher Don Adolfo, so wurde er genannt, gelang es aber nach jahrelangen Bemühungen, durch ein natürliches Nachahmen dieser Vogelstimme das geheimnisvolle scheue Tierchen an sich heranzulocken und praktisch als erster Forscher festzustellen, dass es sich hierbei um einen kleinen Kuckucksvogel handelte, den *Dromococcyx pavoninus*, von den Kainguá-Indios *Zongzi* genannt.

Ihr Standplatz war die Hafenzone von Posadas. Von dort aus fuhren sie weite Strecken stromaufwärts und suchten in den Regenwäldern nach Orchideen und seltenen tropischen Pflanzenarten sowie Palmengewächsen. Diese wurden dann nach der Rückkehr an Haustüren oder auf den Straßen der Stadt verkauft. Ebenso alle möglichen Vogelarten, Papageien, Affen und anderes Getier.

Lag das Boot dann wochenlang im Hafen, malte Don Adolfo während dieser Zeit in Öl und das, wenn er sich anstrengte und Zeit nahm, sehr gut. Die Motive waren Urwald- und Flusslandschaften, aber auch Vögel und Blumen, je nach Bestellung. Es wurden nach Wunsch Morgen-, Mittag- oder Abendstimmungen, Sonnen- oder Gewitterlandschaften produziert, ebenso galt es, die Leinwandgröße anzugeben. Der Preis hing vom Leinwand- und Farbenverbrauch ab, war aber immer sehr moderat. Der Künstler war kein Geschäftsmann. War die Haushaltskasse leer, verschleuderte er seine Produkte. Denn alles durfte ausgehen, nur nicht sein *Pety-hú*, der Stangentabak.

Wir wurden gute Freunde. Wenn er gar nicht mehr aus und ein wusste, war ich seine letzte Rettung. Ich kaufte dann eben und deckte mit der Zeit meine ganze Verwandtschaft und Freundschaft mit seinen Bildern ein. Im äußersten Notfall bat er mich auch um Geld zum Kauf von Brot, Fleisch oder Arzneien. Im Gegensatz zu vielen anderen Bittstellern hat er mir die Leihgabe immer zurückgebracht. Manchmal galt es nur eben zu warten.

Unvergesslich sind mir die Abendstunden auf seinem Boot, wenn er erzählte. Ein Schnaps machte dabei immer die Runde, und die Stille des dahinfließenden, im Schein des Mondes glänzenden Stroms wurde nur durch das leise Wellengeplätscher an der Bootswand unterbrochen. Es war Romantik pur. Hatte die Familie durch die Hitze des Tages Durst bekommen, schöpfte man mit einer leeren Konservenbüchse einfach aus dem Fluss und trank.

Anfangs nahm auch ich die Büchse an den Mund, aber als ich dahinter kam, dass von Zeit zu Zeit immer wieder Leichen den Fluss herabtrieben, lehnte ich dankend ab. Auf meine Frage, woher die Toten kämen, hieß es: »Vielleicht von den großen *Yerba*-Plantagen der Paraguayer.« Dort würden zur Erntezeit immer viele Saisonarbeiter gebraucht, von denen manche verschwunden und nie mehr zu ihren Familien zurückgekehrt seien.

Man munkelte, dass es in einem Verwaltergebäude, wo die Löhne ausbezahlt würden, eine Falltür gäbe. Dort würde der eine oder andere Arbeiter, besonders, wenn der Auszahlungsbetrag höher liege, zum Schweigen gebracht und in den vorbeifließenden Fluss geworfen. Man nannte mir den bekannten Namen des millionenschweren Plantagenbesitzers, der später sogar zum Gouverneur des Departments aufstieg. So erzählte es Adolfo dem sprachlosen, ungläubigen Pastor. Was die Leichen anbeträfe, so würden diese von den Matrosen der Präfektur herausgefischt und irgendwo verscharrt.

Öfters brachte mir Adolfo auch gefangene Fische oder sonstige essbare Dinge, und manches Mal musste ich fragen, was das denn sei. Krokodilschwanz! Aber es schmeckte ausgezeichnet, allerdings nicht nach Fisch und nicht nach Fleisch. Einmal wickelte er ein kaninchengroßes stacheliges Tier aus dem Zeitungspapier. Ein Stachelschweinchen, ganz jung und zart. Die Zubereitung sei dem des Sauerbratens ähnlich: einige Tage einlegen in Essig mit Lorbeerblatt und Zwiebel. Der Sonntagsbraten hatte dann eigentlich keinen besonderen Geschmack.

Aber kurze Zeit später bekam ich ein Sachbuch über die südamerikanischen Tierarten in die Hand und fand darin auch die Beschreibung des Stachelschweins. Der Bericht wurde abgeschlossen mit der Bemerkung: Das Tier ist Aasfresser und sein Fleisch ungenießbar, es wird nur von den Indianern gegessen. Da konnte ich nur noch mit Winnetou sagen: »Hugh!« Adolfo hatte mir auch erklärt, dass man Aasgeier sehr gut essen könne, man müsse vor dem Kochen nur die Haut abziehen.

Ich kaufte mir schon bald ein kleines Ruderboot zum Fischen. Damit fuhr ich etwa 200 Meter auf den Strom hinaus und warf als Anker ein angebundenes Eisenteil vom Schrottplatz ins Wasser. Wie wohl tat mir diese Stille über den Wassern, und groß war die Freude, auch bei der Hausfrau, wenn ich einen Fisch an die Angel bekam.

Nach unserem Weggang von Posadas verlor ich die Familie Neunteuffel aus den Augen. Nach Jahren forschte ich bei der Durchreise nach ihnen. Sie hatten ihr Boot verkauft und wohnten in einer Hütte am Stadtrand. Als ich eintrat, roch es stark nach Schnaps. Die Frau freute sich über mein Kommen und erzählte, dass Don Adolfo verstorben sei. Die beiden Söhne würden sich mit Fischen sowie deren Präparation und auch mit der Führung von Touristen ein paar Pesos verdienen, und sie lebe von drei Dutzend Hühnern beziehungsweise deren Eiern. Es sei eben alles nicht mehr so wie früher, und damit hatte sie Recht.

Bei mir bleibt der doch irgendwie verkommene, aber anständige Adolfo in täglicher Erinnerung, denn in unserer Wohnstube hängt sein großes Bild, das einen stimmungsvollen Sonnenuntergang am Alto-Parana-Fluss zeigt. Vorbei.

Des Öfteren wurde ich von meinem Freund und Kollegen Egler, er gehörte zur deutschen La-Plata-Kirche, zum Predigtdienst nach Leandro N. Alem eingeladen. Dieses Kolonistenstädtchen lag hundert Kilometer von Posadas im bergigen Inland und war durch eine Busfahrt von drei Stunden zu erreichen. Seine Filialgemeinden lagen noch weiter abseits, mitten im Urwald. Die Gottesdienstbesucher gehörten noch zur ersten Generation der deutschen Auswanderer, darunter waren zu meiner Freude auch schwäbische Landsleute. Diese Dienste tat ich sehr gern, zumal alles auf Deutsch gepredigt und gesungen werden konnte.

Die Stadt Posadas war durch ihre Lage ein wichtiger Knotenpunkt. Die Züge aus Buenos Aires wurden nachts, nach stundenlanger Rangiererei, auf eine Fähre geschafft. Diese setzte über den Fluss ins Nachbarland Paraguay nach Encarnacion, und von da fuhr der Zug weiter in Richtung der Hauptstadt Asuncion, eine Strecke von 376 Kilometern. Ebenso verliefen der ganze Reiseverkehr sowie alle Transporte von Gütern und Landesprodukten der Provinz Misiones über Posadas.

Die anfänglich noch verkehrenden Passagier- und Frachtschiffe wurden mit dem fortschreitenden Straßenbau immer weniger, und die Busverbindungen nach Buenos Aires immer besser und schneller. Gern hätte ich einmal eine solche Schiffsreise nach Buenos Aires gebucht, die, nach Aussagen von Passagieren, in den angenehmen Kabinen sehr naturnah und romantisch gewesen sein soll. Aber da kostete die zweite Klasse 316 Pesos, und das war für mich viel Geld.

Ein besonderes Erlebnis für mich war die Reise mit dem *Hidro*, der täglich nach Buenos Aires flog. Es waren große Wasserflugzeuge für mindestens 50 Passagiere, in Form von englischen Transportmaschinen aus dem Zweiten Weltkrieg. Was war das für ein tolles Gefühl, wenn dieser so schwerfällig scheinende Kasten mit dem ohrenbetäubenden Lärm seiner vier Motoren über das Wasser flitzte, schnell und immer schneller, um dann schließlich ganz langsam abzuheben! Man blieb während des Fluges vorsichtshalber immer in Sichtweite des sich unten dahinschlängelnden Flusses. Für alle Fälle.

Bei den drei Anliegerländern Argentinien, Brasilien und Paraguay wechselte mit den jeweiligen politischen Strukturen auch sehr oft die Stabilität ihrer Währungen. Da konnte man plötzlich im benachbarten Brasilien eine Hose um den halben Preis oder noch billiger kaufen. Dasselbe galt für ein Gebiss beim Zahnarzt oder eine Blinddarmoperation. Einer sagte es dem anderen, und es brach ein wahres Fieber aus, vielleicht vergleichbar mit dem Goldgräberrausch des Wilden Westens. »Auf geht's, nichts wie los nach Brasilien!«

Nach dreistündiger Busfahrt war man am Grenzfluss Uruguay, wo schon kleine Fähren und Motorboote zum Übersetzen bereit standen. Dann kam urplötzlich eine Wende. Jetzt kaufte man in

Paraguay ein oder die Brasilianer kamen in Scharen und Bussen nach Argentinien angereist.

Der kleine Grenzverkehr spielte aber immer eine Rolle. Er war für die Frauen, auch »Schmuggelweiber« genannt, ein mehr oder weniger einträgliches Gewerbe. Besonders die kaffeebraunen Paraguayerinnen stopften sich, bevor sie die Passagierboote zur Flussüberfahrt nach Posadas bestiegen, ganz ungeniert die amerikanischen Lucky Strike- oder Camel-Zigarettenstangen in alle möglichen Hohlräume am verschwitzten Körper, in Büstenhalter oder Hose, und die Whiskyflasche Johnnie Walker band man um den Bauch. Denn an der Grenzstation standen wachen Auges und mit heimlich aufgehaltener Hand die Zollbeamten. Man kannte sich aber schon viele Jahre, wobei gelegentliche Liebesdienste der Schmugglerinnen sicherlich keine Ausnahme waren. Das konnte dem normalen Grenzgänger an dem gegenseitigen Augenzwinkern nicht verborgen bleiben.

Eine besondere Freude war für uns der Besuch meiner Mutter in Begleitung ihrer Schwester Helene aus Deutschland. Die 71-jährige Frau wollte sich einen Lebenstraum erfüllen, nämlich einmal unter der Kanzel ihres Jungen sitzen und ihn predigen hören. Nachdem sie bereits zwei Schlaganfälle hinter sich hatte, rieten ihr die Ärzte von dieser 16-tägigen Schiffsreise ganz energisch ab. »Sie kommen nicht einmal lebendig bis zum Hafen nach Genua«, so wurde ihr prophezeit, aber sie ließ sich nicht beirren. So landeten die beiden Frauen eines Tages tatsächlich mit dem Wasserflugzeug auf dem Parana, und meine alte Mutter, sie kam mit einem Stock angestapft, war selig.

Als sie unseren hohen Kirchturm sah, äußerte sie den Wunsch, hinaufzusteigen. Sie wolle Posadas von oben sehen. Aber das ging nicht, denn im Turm gab es keine Stufen, sondern nur eingemauerte Steigeisen – für die gebrechliche Frau ein Ding der Unmöglichkeit. Aber sie gab nicht nach. So war ich schon am Überlegen, wo sichere Seile und ein paar kräftige Männer zu beschaffen wären, da vergaß sie über Nacht das Unternehmen. War das eine Erleichterung!

Aber schon hatte sie eine weitere Idee. Sie wollte bei uns bleiben und nicht mehr nach Deutschland zurück. Das war kein schlechter Gedanke, aber in der Praxis kaum umzusetzen. Ich stelle mir nur diesen tristen, vom Unkraut eingewachsenen Friedhof von Posadas vor. Dazu war aus einer kürzlichen Zeitungsnotiz zu entnehmen, dass Studenten der Medizin die Knochen Verstorbener zu Studienzwecken ausgegraben hätten. Nein, auch diesen Wunsch konnte ich ihr nicht erfüllen. Sie hat die Heimreise noch überstanden, aber schon wenige Wochen nach der Rückkehr starb sie. Wie froh war ich, dass ich sie, die Hüterin meiner Seele, noch einmal sehen durfte. Ich freue mich auf das Wiedersehen im Himmel.

Immer wieder brachte uns die Durchgangsstation Posadas Gäste ins Haus. So auch den bayerischen Landesbischof Dietzfelbinger, eine sehr noble und menschliche Persönlichkeit. Wir besuchten zusammen den katholischen Bischof Kämmerer, ein wichtiger Schritt zum guten Miteinander. Mein spanischer Freund Alvaro schüttelte dazu allerdings sehr bedenklich mit dem Kopf.

Auch ein Oberkirchenrat des Kirchlichen Außenamtes in Frankfurt, der obersten Dienstbehörde aller evangelischen Pfarrer im Ausland, kam eines Tages in Begleitung des Probstes unserer La Plata-Kirche in Buenos Aires angereist. Eigenartig, dass mich gerade bei so hohen Herrschaften immer der Hafer stach.

Ich verwandelte mich plötzlich in die Gestalt des »Frank Allan«. Dieser Menschenfreund galt in einer bekannten Zehn-Pfennig-Romanserie der 20er Jahre als »Der Rächer der Enterbten«. Er stand auf der Seite der Schwachen, Kleinen und Betrogenen und kämpfte für Recht und Gerechtigkeit. Weil ich mich mit den Lausbuben unseres Internats insofern identifizieren konnte, als man immer laufen, springen und katzbuckeln muss, wenn die »Oberen« auftauchen, rächten wir uns auf unsere Art, und wenn es nur mit der Schlitzohrigkeit eines »Max und Moritz« geschah.

In Posadas gab es am Rande der Stadt eine Pferdeschlachterei. Dort kaufte man die alten Karrengäule billig auf und verarbeitete sie zu Mortadella. Schon von weitem stieg einem ein penetranter, süßlicher Verwesungsgeruch in die Nase. Er hatte seine Ursache in den geronnen Blutlachen, die in den dreckigen Straßengräben mit den übrigen Abwässern die Luft verpesteten, umschwärmt von wahren Fliegen-Armeen. Trat man in den Lagerraum ohne jede Kühlanlage, sah man hunderte dieser zwei bis drei Kilogramm schweren Wurstklötze zur Auswahl an der Decke hängen.

Da der Preis weit unter der Hälfte der üblichen Rindfleisch-Mortadella lag, wurde diese argentinische Spezialität vor allem an arme Leute verkauft. Oder von solchen aufgekauft, die damit vor allem im Inland der Provinz gute Geschäfte machten. Denn eine Warenbezeichnung gab es nicht, und schmecken tat sie gar nicht schlecht.

So weihte ich meine Buben in den Plan ein. Robert, er kam aus dem Chaco, fuhr mit dem Fahrrad los, und am Abend stand die Aufschnittplatte, schön mit Petersilie garniert, auf dem Tisch. Unser Propst bekam beim Anblick leuchtende Augen. Er begann vor dem Herrn vom Oberkirchenrat über die Besonderheit gerade dieser argentinischen Spezialität zu dozieren, natürlich mit der wärmsten Empfehlung, doch ja die Gelegenheit wahrzunehmen und kräftig zuzulangen. Der hohe Herr kaute dann sehr genießerisch und sagte immer wieder: »Ausgezeichnet, ausgezeichnet.«

Nur ich sah die Bubenköpfe, wie sie durch die hintere Glastür spähten und grinsten. Ach, wie freuten wir uns, dass diesmal nicht wir die Dummen waren. Solche und ähnliche Streiche, natürlich immer unter dem Siegel strengster Verschwiegenheit, schweißten uns mit der Zeit zusammen, sodass die Kerle für mich durchs Feuer gingen. Es war gleichzeitig auch eine pädagogische Maßnahme, denn ich hatte nie erzieherische Schwierigkeiten mit ihnen.

Einmal läutete die Hausglocke. Vor der Tür stand ein Mann mittleren Alters, einfach gekleidet, aber mit feuerrotem Gesicht. Bevor ich ihn nach seinem Wunsch fragen konnte, riss er meine Hand an sich und schob sie in seinen Haarschopf. »Da«, so rief er aus, »spüren Sie die Narbe? Kopfschuss!« Ehe ich mich versah, riss er auch blitzschnell den Gürtel auf und schob meine Hand oben in die Hose, in die Nähe des Nabels. »Da, Bauchschuss!« Total verdutzt ließ ich ihn eintreten. Da verbeugte er sich galant und stellte sich vor: »Von Eichendorff.« Auweia, ein Verrückter, höchste Vorsicht war geboten.

Aber der Mann hatte Recht. Nach Vorzeigen seines gültigen deutschen Reisepasses und anderer Papiere stellte er sich nachweisbar als Nachkomme des romantischen, oberschlesischen Dichters Freiherrn Joseph von Eichendorff heraus. Nun begann er fürchterlich über alles, was in der deutschen Politik Rang und Namen hatte, zu schimpfen. Schließlich kam noch seine Bitte um das Reisegeld nach Brasilien. Na ja, wer konnte schon einem so berühmten Nachkommen eine Bitte abschlagen. Auch so ein einsamer, verlorener Sohn, der den Rat seines berühmten Vorfahren in den Wind schlug:

Wer in die Fremde will wandern,
der muss mit der Liebsten gehen.
Es jubeln und lassen die andern
den Fremden alleine stehn.

Es war der zweite »Kopfschuss«, dem ich in diesem Pfarrhaus begegnete. Es vergingen nur wenige Wochen, da erhielt ich aus Brasilien eine Postkarte mit den wenigen Worten: »Lieber Herr Pastor, nochmals herzlichen Dank für Ihre Hilfe. Alles Scheiße – von Eichendorff.«

Ein anderer Bruder der Landstraße war Eugen Maier aus Sachsen. Als einziger Sohn eines angesehenen Bäckermeisters meldete er sich als Abiturient im Ersten Weltkrieg freiwillig, wo er es bis zum Offizier brachte. Den großen Bäckereibetrieb des Vaters wollte er nicht übernehmen, denn ihn lockte das Abenteuer nach Südamerika.

Jetzt war er zerlumpt und heruntergekommen, sein rotes Gesicht verriet den Alkoholiker. Wir nahmen ihn auf. Im Neubau des Internats konnte er schlafen, und als Beschäftigung sollte er Nägel und Schrauben sortieren. Gern kam er in unsere Bibelstunden. Beim Singen, besonders von Erweckungsliedern, sang er mit guter und sicherer Stimme mit. Er kannte die meisten noch auswendig, denn seine Mutter sei, so meinte er immer wieder mit wehmütiger Stimme, eine fromme Frau gewesen. Einmal hatte er auch eine Familie in den deutschen Kolonien von Misiones gegründet, aber die Ehe habe nicht gehalten.

Bei uns blieb er auch nicht lange. Nach einigen schweren Räuschen – er trank puren Alkohol – verschwand er eines Tages wieder. Nach Jahren bei einem Besuch im staatlichen Hospital, wo sich 60 Betten in einem Saal befanden, erkannte ich ihn kaum noch. Völlig abgemagert lag er in den zusammengeflickten, ausgewaschenen Bettlaken und schaute mich mit großen Augen an. Er lag in den letzten Zügen.

Groß war mein Erschrecken, als ich eines Morgens die Haustür öffnete und in dem kleinen Vorgärtchen einen Mann schlafend liegen sah. Es war diesmal aber kein Penner, sondern der legendäre Pastor Mirus, ein Junggeselle aus Sachsen. Er war über Jahrzehnte als Reiseprediger der La-Plata-Kirche durch ganz Argentinien gereist, um die oft sehr entlegenen Orte aufzusuchen, wo sich einzelne Familien oder Grüppchen von Evangelischen angesiedelt hatten. Hier blieb er einige Tage, hielt einen Hausgottesdienst, taufte, gab Konfirmandenunterricht und so weiter. Er hatte kein Auto und reiste nur im Zug, ausnahmslos in der billigsten Klasse. Tage- und nächtelang saß oder schlief er auf den harten Holzbänken, um oft Tausende Kilometer hinter sich zu bringen.

Dieser Mann lag seit Mitternacht vor meiner Haustür und schlief auf ausgebreiteten Zeitungen. Auf meine vorwurfsvolle Frage, warum er nicht geläutet habe, war seine Antwort: »Ich wollte Ihre Nachtruhe nicht stören!« Er war zweifellos ein Sonderling. Da er immer nur mit den gebrauchten Anzügen, Schuhen und Hüten Verstorbener umher reiste, gab er eine Figur ab, die mich unweigerlich an die traurige Gestalt des Don Quijote erinnerte.

Später sah ich ihn einmal, wie er eiligst dem Bahnhof zustrebte, alle Hände voll mit Taschen und Schachteln, und unter dem Arm einen Laib Käse von mindestens vier Kilo. Sicher ist er durch sein Alleinsein so geworden. Keine Frau korrigierte ihn, und wer unter den Gottesdienstbesuchern sagt schon einem Pfarrer hinterher, dass er im Eifer immer die Augen verdrehe wie ein Gockelhahn, das Gesicht verziehe wie ein *Bajazzo* oder durch ein stetiges Hauen auf die Kanzel das Publikum zu heimlichem Grinsen verleite. Denn gelacht werden konnte begreiflicherweise erst nachher. So blieb es der Kirchenleitung nicht erspart, ihm sehr nachdrücklich den Ruhestand nahezulegen.

Er ist schon lange tot. Gott wird ihm seinen treuen und opfervollen Dienst vergelten. Übrigens habe ich solche Sonderlinge auch oft bei katholischen Kollegen angetroffen, und nicht immer waren ihre Auswüchse so harmlos. Darum bin ich ein Gegner des Zölibats.

Irgendwann brachte ich in Erfahrung, dass sich der Polenjunge Franzisco, damals vom Proseminar wegen Untauglichkeit nach Hause geschickt, in Posadas aufhalte. Inzwischen war er 22 Jahre alt und arbeitete in einer Schreinerei. Ich suchte und fand ihn. Als er mich sah, strahlte er über sein ganzes rundes Gesicht. Ich freute mich auch. Er arbeitete nur für einen Hungerlohn, und da wir für unser Internat gerade einen Hausmeister suchten, sagte er auf mein Angebot sofort und freudig zu.

Wir hatten den richtigen Mann gefunden. Mit einem Lieferfahrrad machte er morgens die Einkäufe, die verstopften Abflussrohre brachte er wieder »in Fluss«, reparierte elektrische Leitungen, kurzum, Franz konnte alles. Er putzte am Samstag auch die Kirche, wobei das Abwischen der Bänke am allerwichtigsten war. Denn der rote Erdstaub von Misiones drang unablässig durch die undichten Kirchentüren und Fenster, sodass die erfahrenen Gottesdienstbesucher meist schon ein Tuch mitbrachten und auf der Bank auslegten, ehe sie sich in ihrem Sonntagsgewand darauf setzten.

Eines Tages kam Franz schreckensbleich ins Pfarrhaus gerannt. Draußen auf der Straße habe sich vor dem Internat ein Haufen Leute zusammengerottet, die wild gestikulierend seine Auslieferung verlangten, so berichtete er, sie wollten ihn lynchen! Was war passiert? Wir hatten eine starke Rattenplage. Da hatte Franz hinten im Garten auf eine Ratte geschossen, denn wir besaßen ein Kleinkalibergewehr.

Doch die Kugel war auf einem Stein abgeprallt und hatte ein fünfjähriges Mädchen, das zufällig des Weges kam, in den Bauch getroffen. Zum Glück blieb die kleine Kugel in der Bauchwand stecken, sodass es keine inneren Verletzungen gab. Aber der Opa des Kindes, ein Pole, legte den Schuss als Absicht aus. Er hatte die ganze Nachbarschaft mobilisiert, um Franz »fertig zu machen«. Ich verhandelte mit den Leuten, bis die Polizei auftauchte. Dann wurde der unglückliche Schütze abgeführt und saß einige Tage im Gefängnis. Der Richter glaubte meinen Worten und ließ ihn wieder laufen.

Unseren Konfirmandenunterricht hielten wir in einer Holzbaracke ab. Gerade hatte ich eines der Zehn Gebote erklärt, da sah ich einen langen Rattenschwanz zwischen den Deckenbrettern herunterhängen. »Robert, pack sie!«, und der Junge, der aus der Wildnis des Chacos kam, machte einen Satz. Schon hielt er den Schwanz sicher in seiner Faust. Mit der eben genannten Waffe schoss ich durch die Bretter und die Ratte war erlegt. »Wasch deine Hände«, so noch die kurze Aufforderung an Robert, und das nächste Gebot kam an die Reihe.

Was waren das für Naturburschen, unverbogen, unerschrocken und blitzschnell zu jeder Tat oder Untat bereit! Absolut unkompliziert und anspruchslos, so waren sie von ihren im harten Lebenskampf stehenden Eltern erzogen und von einer oftmals erbarmungslosen Natur geprägt worden. Es war großartig, mit ihnen umzugehen.

Eines Nachts wurden wir durch laute Schreckenslaute aus dem Schlaf gerissen. Im Internat brannten alle Lichter, man hörte aus der Mädchenabteilung verängstigte Schreie und sah Schatten in Nachthemden herumrennen. Was war passiert? Eine junge Frau hatte sich das Leben genommen, und der verzweifelte Vater bat, den Sarg für eine Nacht in unserer Kirche aufbahren zu dürfen. Da tat es mitten in die nächtliche Stille hinein einen fürchterlichen Schlag, der die zu Tode erschrockenen Hausbewohner in Alarmzustand versetzte.

Ich muss gestehen, dass es auch mir unheimlich zumute war, als ich mit einer brennenden Kerze allein in die dunkle Kirche trat, wo sich die Ursache des Krachs aber sehr schnell aufklärte. Bei der sehr warmen Temperatur hatte sich aus bekannten physikalischen Gesetzen der Sargdeckel gehoben und war zu Boden gepoltert. Gottlob waren es keine Geister, so konnte sich alles wieder beruhigt ins Bett legen.

Wie schon berichtet, war die kleine Gemeinde in Posadas sprachlich gemischt. So war meine Arbeit zweisprachig, die Gottesdienste im wöchentlichen Wechsel. Während ich meine Predigten auf Deutsch immer Wort für Wort aufs Papier brachte, merkte ich bald, dass ich in der Landessprache Spanisch viel natürlicher und unverkrampfter sprach, wenn ich frei ohne Vorlage predigte. Grammatikalische und sonstige Fehler wurden dem *Gringo* großzügig verziehen, denn wenn ich gerade nicht das richtige Wort traf, konnte dies höchstens zur allgemeinen Heiterkeit im Gottesdienst beitragen – ein Faktor, der mir in meiner Pastorenlaufbahn immer als Ideal voranleuchtete. Langsam, aber stetig formierte sich die kleine Gemeinde zu einer verlässlichen und treuen Anhängerschaft, einer kannte den anderen. Wir kamen so weit, dass wir alle pfarramtlichen Unkosten aus unseren Opfergeldern bestreiten konnten. Mein Gehalt kam ja aus den USA.

Da passierte es, dass mir bei einem Gottesdienst ein unbekannter, gut gekleideter Herr auffiel. Als wir nachher den Opferteller leerten, lag ein 100-Peso-Schein darin. Donnerwetter, das war viel Geld. Am folgenden Sonntag saß er wieder auf der Kirchenbank, und wieder lag ein Hunderter im Teller. Das ging so weiter, Woche um Woche. Da wurde ich neugierig, wer war dieser Mann? Denn er kam zum deutschen wie auch spanischen Gottesdienst.

So sprach ich ihn eines Tages am Ausgang an. Zuerst auf Deutsch, doch er schüttelte den Kopf, das verstand er nicht. Also dann schnell auf Spanisch, aber wieder verneinte er mit einem Lächeln. Ich war sprachlos. Da ging einer in die Kirche und verstand nichts? Aber jetzt sprach mich der Mann an, und zwar auf Englisch. Ich musste im letzten Winkel meines Schulenglisch herumstochern, bis ich verstand, dass er als leitender Ingenieur einer kanadischen Firma im Innern von Misiones eine große Zellulosefabrik zur Papierverarbeitung aufbaute.

Als ich weiter fragte, warum er in eine Kirche ginge, ohne ein Wort zu verstehen, da sagte er lächelnd: »Der Name Jesu ist in allen Sprachen gleich, und wo ich ihn höre, bin ich immer zu Hause.« Das Evangelium sei keine Frage der Sprache, sondern des Geistes. Ich solle an Pfingsten denken, wo sich alle verstanden, trotz unterschiedlicher Sprachen. Meine Herren, war das eine gute Predigt! Die schrieb ich mir sofort hinter die Ohren. Leider blieb er plötzlich zu meinem großen Bedauern weg. Seine Anwesenheit hatte mir wohlgetan, jetzt fehlte ein guter Geist. Gott mag mir es verzeihen, wenn ich auch beim Leeren des Opfertellers ein bisschen traurig wurde.

Posadas war eine sehr interessante Stadt. Schon in der Morgenfrühe rannten junge Burschen durch die Straßen und schrien lauthals: »*Pescado* – Fische!« In der Nacht frisch gefangen, hingen sie an einer Stange, die der Verkäufer quer über der Schulter trug, das Gewicht gleichmäßig lagernd. Allerdings gab es in ganz Argentinien für diese Verkaufsweise ein ehernes Gesetz: Wer bis zehn Uhr vormittags, das heißt vor Anbruch der großen Hitze, die Fische nicht verkauft hatte, konnte sie wegwerfen. Keiner kaufte sie mehr. Es gab sogar ein Sprichwort darüber.

Auf der Suche nach einem Hocker betrat ich einmal ein Möbelgeschäft. Die Tür war weit geöffnet, aber kein Mensch zu sehen. Ich wartete, aber niemand kam. Jetzt fing ich an zu husten, rückte einen Stuhl, öffnete und schloss recht laut die Eingangstür, rief laut – alles ohne Erfolg So ging ich weiter hinein in den mit Möbeln voll gestellten, nach hinten verlaufenden dunklen Laden und fand ganz hinten einen alten Mann sitzen. Beim Schein einer Tischlampe las er in einem großen Buch. Es war das Alte Testament in Hebräisch und der Mann war der Jude Abraham.

Sehr verwundert schaute mich ein überaus freundliches Gesicht an, aber als ich auch hebräisch aus seinem Buch zu lesen anfing, strahlte er. Wir wurden gute Freunde, plauderten und erzählten viel. Sollte sich dabei einmal ein Kunde in den Laden verirren, winkte er missmutig ab. Geschäfte interessierten ihn nicht mehr.

Unserem Pfarrhaus gegenüber wohnte eine jüngere jüdische Familie, die uns anfänglich übersah, ja, uns böse Blicke zuwarf. Sie hatten erfahren, dass der neue Pastor nicht nur Deutscher war, sondern sogar noch aus der Ära Hitler stammte. Erst mit der Zeit hellten sich ihre Mienen mehr und mehr auf, und wir konnten uns ungezwungen und freundlich miteinander unterhalten. Voreingenommenheit und Vorurteile gleichen den Windmühlen des Don Quijote. Sie drehen und bewegen Personen und Völkerschaften bis zum Irrsinn. Wer dagegen anreitet, wird für verrückt erklärt. Sei's drum, ich bleibe im Sattel.

Auch Pfarrer haben Urlaub, und weil ich großes Verlangen hatte, wieder einmal das Glück der Erde auf dem Rücken eines Pferdes zu erleben, plante ich einen Ritt vom Chaco bis nach Misiones. Ich schrieb meinem Vetter Conrado – Onkel Mateo und die Tante waren verstorben –, er möge mir zwei gute Pferde heraussuchen und an mich verkaufen. Zwei, weil ich meinen guten Freund und Studienkollegen Horst Kilian eingeladen hatte, der hoch begeistert angereist kam.

Ich packte zwei Sättel mit Zaumzeug in einen Sack, dazu ein paar Hemden, und ab ging die Reise mit dem Bus ins Städtchen Las Brenas im Chaco, das ich vor etlichen Jahren verlassen hatte. Wir kamen abends an und marschierten die ganze Nacht hindurch zum Vetter. Zwei Tage blieben wir dort, dann ritten wir los. Die Reitpferde, ein hoher Rappe und eine braungelbe Stute, wurden mir geschenkt. Die Papiere für einen späteren Verkauf hatte ich in der Tasche.

Um es kurz zu machen: Unser Ziel Posadas erreichten wir nicht. Die Entfernung, etwa 600 Kilometer, war zu weit für die uns zur Verfügung stehende Zeit. Wir hätten zwei Ersatztiere zum Wechseln gebraucht, aber ebenso hatte Horst sich und sein Pferd total aufgeritten. Trotzdem ritten wir munter los, auf verschlungenen Wegen durch Busch und Savanne. Kam der Abend, fragten wir nach der Ranch irgendeines ansässigen *Gringos*, und es fehlte nie an Quartier. Einen großen Schreck bekam ich, als sich in der Nacht eines der Pferde losriss und davongaloppierte, natürlich, wie bei Pferden üblich, der Heimat zu. Lange verfolgten wir es, und schließlich konnte ich es umgehen und mit einem gezielten Lassowurf wieder einfangen.

Ich erzähle diese Geschichte nur deswegen, weil auch sie uns davon überzeugen möchte, wie klein doch die Welt ist. Es war Sonntag, wir hatten ungefähr 150 Kilometer zurückgelegt und ritten gemächlich in der Mittagssonne dahin, da begegneten wir einer kleinen *Tropa*, einer Herde von Pferden, die an den breiten Straßenrändern dahinraste. Im Vorbeireiten machte mich die rotbraune Farbe eines struppigen, ungepflegten Tieres stutzig. Ich ritt auf die Seite der Brandmarke und sah tatsächlich das mit einem Schnörkel versehene H-Zeichen meines Onkels. Es war »Felipe«, der uns vor über sieben Jahren vom *Camp* gestohlen worden war.

Sofort steuerten wir den nächsten *Rancho* an, scheuchten die gerade *Siesta* machende Familie mit dem üblichen Händeklatschen aus dem Schlaf, und ich erkundigte mich nach dem Besitzer dieser Pferde. Man nannte einen Namen, setzte aber hinzu, dass Don Emilio sich gerade auf einem nahe liegenden Fußballplatz befinde, um sich am Spiel zweier Heckenmannschaften zu ergötzen. Wir fanden den Platz recht schnell, denn ein lautes Geschrei zeigte den Weg. Auch Don Emilio wurde gleich aufgespürt, der überaus verwundert nach dem Begehr der beiden Reiter fragte.

Ja, er sei der Besitzer, so seine Antwort. Dann möge er mir bitte die Papiere des bezeichneten Tieres zeigen. Die hatte er natürlich nicht. Irgendjemand habe ihm vor Jahren einmal dieses Tier billig verkauft. Das konnte ich ihm nicht abstreiten. Aber nach argentinischem Gesetz muss jedes markierte Tier, ob Rind oder Pferd, der

Polizei gemeldet werden. Diese stellt dem Besitzer eine amtliche Bescheinigung aus, auf der neben seinem Namen auch das abgebildete Brandzeichen sowie Farbe, Alter und besondere Merkmale des Tieres angegeben sind, beispielsweise Stern auf der Stirn, weißer Fleck am linken Vorderfuß oder so etwas. Ohne dieses Papier kann ein Tier weder gekauft noch verkauft werden.

Wer seine Tiere nicht ordnungsgemäß registrieren lässt, macht sich wegen Steuerbetrugs strafbar. Aber noch weit strenger wird im Land der *Gauchos* ein Pferdediebstahl bewertet und bestraft; zu früheren Zeiten gab es dafür sogar die Todesstrafe. Das Gesicht von Don Emilio wurde immer länger, nachdem ich ihm Zeit des Diebstahls sowie Ort und Namen des Besitzers nennen konnte. Dann kam meine Forderung. Innerhalb von drei Tagen sei das Pferd im Polizeikommissariat von Las Brenas mit der Namensangabe des Besitzers abzugeben, ansonsten erfolge Anzeige. Und so geschah es. Conrado bekam seinen Gaul zurück.

Die Pferde konnten wir dann zu einem sehr anständigen Preis an einen Bauern verkaufen, den wir um Nachtquartier baten. Als er mein »Schwäbeln« hörte, waren alle Türen offen. Er kam aus der Bodenseegegend, hatte einen Musterbetrieb, und seine tüchtige Hausfrau war die »watschelnde Ente«, die der rothaarige Wilhelm – der »Argonnerwald«-Sänger bei Don Mateo – so stolz verschmäht hatte. Ja, die Welt ist klein. Wir aber setzten uns nach einer langen Erzählernacht in der so heimatlich anmutenden, gemütlichen Küche wieder in den Bus und fuhren – an vielen Erfahrungen reicher – mit unserem Sack dreckiger Hemden und den Sätteln wieder nach Hause.

In Posadas war wie in jeder Provinzhauptstadt eine Heilsarmee-Station. Öfters besuchte ich die kinderreiche, aber so armselig lebende Familie. Sie freuten sich, wenn ich einige Lebensmittel brachte, denn sie arbeiteten ohne Gehalt »um Gottes Lohn«. Vom Haus-zu-Haus-Verkauf ihrer Zeitung »Der Kriegsruf« hatten sie zu leben, und das Wenige, was sie hatten, teilten sie oft mit den noch Ärmeren, die in ihrem sonntäglichen Gottesdienst saßen. Gern nahm ich ihre gelegentliche Einladung zum Predigen an.

Wenn dann so eine bußfertige Gestalt in ihren zusammengeflickten Klamotten auf dem Armesünderbänkchen kniete – es steht immer vorne unter der Rednerbühne – und um Vergebung seiner Sünden bat, dann packte auch mich der Menschheit ganzer Jammer. Wie leicht ist doch das Ehrlichsein, wenn man den Bauch voll hat.

Direkt gegenüber von diesem kleinen Heilsarmee-Gebetsraum wohnte ein sehr interessantes Mitglied meiner Gemeinde. Der Mann kam aus der französischen Schweiz, war ein liebenswerter, freundlicher Mensch und half, wo er konnte. Als Kind war er in der reformierten Kirche getauft worden. Sehr früh verstarben seine Eltern, und mit sechs Jahren adoptierte ihn ein jüdisches Ehepaar. Diese wollten einen Juden aus ihm machen und ließen ihn beschneiden.

Als junger Mensch wanderte er nach Argentinien aus. Dort fand er bei Gleichaltrigen Anschluss, die zu einer Baptistenkirche gehörten. Sie bearbeiteten Carlos so lange, bis er sich im Parana-Fluss erneut taufen ließ. Jetzt war er Baptist. Aber dann kam die große Liebe seines Lebens und die war streng katholisch. Unter keinen Umständen erklärte sich der dortige Priester bereit, einer solchen Mischehe seinen Segen zu geben. Carlos musste also katholisch getauft werden, und er gab wieder nach.

Warum er schließlich bei uns, den Lutheranern landete, blieb mir ein Rätsel. Er kam sehr selten zur Kirche. Auf welche Taufe er sich einmal berufen will? Auch das bleibt für mich ein Rätsel. Aber vielleicht kann der Leser mit solchen Beispielen den Kontinent Südamerika mitsamt seinen Menschen besser verstehen – oder noch weniger! Aber so ist es.

Weinend saß eine Mutter vor mir. Sie war Kriegswitwe, mit den beiden Kindern nach Argentinien ausgewandert, und jetzt so etwas: Der Junge, Helmut, 17 Jahre alt, saß im Jugendgefängnis wegen allerlei Delikten. Ob wir ihn nicht herausholen könnten, sozusagen als Bewährungshelfer, und bei uns aufnehmen? Wir taten es. Nach Verhandlungen mit dem Jugendrichter durfte ich ihn mitnehmen. Der Junge, ein Blondschopf mit blauen Augen, schaute mich so treuherzig an, dass ich anfing, seinen Erzählungen über die gegen ihn zu Unrecht erhobenen Beschuldigungen zu glauben.

Wir fanden eine Arbeit für ihn, als Gehilfe in einem Ladenge-schäft, das mit gebrauchten Möbeln handelte. Der Besitzer war ein gutmütiger alter Spanier, der während der Öffnungszeiten gemütlich auf seinem Stuhl vor der Ladentür saß, den Verkehr beobachtete und auf Kundschaft wartete. Helmut gefiel seine Arbeit gut, wie er mir erzählte, und auch sein Chef war mit ihm zufrieden. Aber eines Nachts brannte das Lokal lichterloh ab. Die Feuerwehr fand im völlig ausgebrannten Laden den Spanier, verkohlt auf einem Stuhl, mit einem Drahtkabel festgebunden, und die Polizei fand ganz in der Nähe einen leeren Benzinkanister. Den Raubmörder jedoch fand man nie, aber Helmut war ab diesem Tag verschwunden.

Drei Jahre waren vergangen, als ich anfing, an einen Gemeindewechsel zu denken. Immer schon war mein Wunsch ein Pfarramt auf dem Lande gewesen. Posadas war ein nettes Städtchen und wir hatten uns recht gut eingelebt, aber die Gemeindearbeit bei 25 Familien war mir zu wenig. Immerhin war ich nun 38 Jahre alt und sah in dieser südamerikanischen Beschaulichkeit nicht die Lebensaufgabe, die ich mir vorgestellt hatte und die mich ganz gefordert hätte. Ich wollte mehr, auch vor einer unangenehmeren Aufgabe scheute ich nicht zurück.

Die Behörde der lutherischen Kirche hatte Verständnis und vertröstete mich mit einer weiter im Norden liegenden Landgemeinde, die in Kürze frei werden sollte. Der dortige Pastor, er lief in glänzenden Offiziersstiefeln herum, kam als Flüchtling aus Siebenbürgen und betreute in den Urwaldgebieten um Eldorado eine Gruppe Evangelischer, meist Polendeutscher. Er gründete einen Posaunenchor und fühlte sich auf jedem Gebiet als der Herr der Lage, selbst der Kirchenleitung gegenüber, die ihn aus Gründen ängstlicher Zurückhaltung schalten und walten ließ. Da er sich gleichzeitig eine größere Pflanzung angelegt hatte, wo er immer anzutreffen war, zeigte er die Absicht, vorzeitig in den Ruhestand zu treten. Das war das Signal für mich. Die Kirchenleitung hatte mit ihm meine Nachfolge vereinbart, jetzt sollte ich dorthin reisen, um die Übergabe zu besprechen.

Schon lange vorher ging das Gerücht von einem »Palast« um, den der Pastor dort als Pfarrhaus errichtet habe, natürlich mit Spendengeldern aus den USA und viel Eigenleistung der Gemeinde. Jedenfalls war ich sehr gespannt, als ich nach einer Busfahrt von 27 Stunden am Zielort eintraf. Tatsächlich, dort stand ein zweistöckiger Palast, der überhaupt nicht zu den bescheidenen Kolonistenhäusern der Waldgegend passte. Sehr freundlich wurde ich begrüßt, ins Innere geführt, und schon begannen meine Überlegungen, wo und wie stellen wir da unsere wenigen Möbel auf?

Wir besprachen meine zukünftige Arbeit, aber als ich mich, nach den bösen Erfahrungen in Posadas schlauer geworden, nach dem Termin der Hausübergabe erkundigte, führte man mich auf den Hof und zeigte mir eine angebaute Garage mit zwei Zimmerchen. Hier sollte unsere Bleibe sein. Er würde sein Haus nicht verlassen, denn es gehöre ihm. Er habe sein Geld hineingesteckt, er habe mitgearbeitet und für ihn habe sich die Gemeinde so engagiert.

Als ich nach Hause fuhr, gingen mir viele Gedanken durch den Kopf. Einer davon war: Wie kann ein mittelloser Kriegsflüchtling innerhalb so kurzer Zeit zu so viel Vermögen kommen? Und auch: Was gibt es unter dem Bodenpersonal des lieben Gottes doch für miese Typen und für unfähige Kirchenleitungen. Natürlich höre ich da sofort die »getroffenen Hunde« bellen und mit dem Spruch kontern: Auch Pfarrer sind nur Menschen, außerdem steht doch in der Bibel: »Wir sind allzumal Sünder.«

Richtig! Aber es steht im Gleichnis vom getreuen Haushalter ebenso geschrieben: »Wem viel gegeben ist, bei dem wird man viel suchen«, verdeutlicht: Es gibt eine Vorbildfunktion derer, denen nicht nur die Freude, sondern auch die Verantwortungslast einer Gemeindeführung auf die Schultern gelegt ist. Man kann sich nicht selbstzufrieden oder gar stolz im Glorienschein eines »Ehrwürden« oder »Herrn Pastor« sonnen und gleichzeitig das tun, was alle Welt auch tut.

Denn wenn der Hirte genauso meckert oder blökt wie seine Schafe, verlieren diese die Orientierung und laufen in die Irre. Wer leiten will, muss voran mit seinem guten Beispiel, bei aller Fehlerhaftigkeit, die er natürlich auch hat. Wer sich davor drückt und in allem so sein will wie alle anderen, der wird mir suspekt. Auch in der Politik. Als Beispiel sei mir nur der Hinweis auf unsere immer orientierungsloser werdende Gesellschaft erlaubt, die durch die Frankfurter Schule mit dem Abbau aller Autoritäten an den Auflösungserscheinungen von Volk und Familie die Schuld trägt. Jedenfalls hieß das Resultat meiner Reise: Fehlanzeige.

Es wurde mir noch eine weitere Gemeinde angeboten. Deren Pastor, ein Missionar aus den USA, hatte sich als wortgewaltiger Prediger und strenger Bekehrungsapostel einen Namen gemacht. Auch diesmal klappte es nicht. Nach seinem Weggang fand man übrigens überall im Pfarrgarten vergrabene Whiskyflaschen. Natürlich leere!

Nach allem bisher Erlebten wurde mir immer klarer, dass ich einen Wechsel zur deutschen La-Plata-Kirche ins Auge fassen sollte. Die UNIDA-Kirche war mir ein zu »lascher« Verein. Die Missionare aus den USA waren, mit wenigen Ausnahmen, prima Kerle. Aber sie waren viel zu naiv, um hinter die Schlitzäugigkeit ihrer argentinischen Kollegen zu kommen. Sie waren in ihrer echten Frömmigkeit viel zu gutmütig, um im gegebenen Fall energisch auf den Tisch zu hauen.

So stellte ich einen Antrag bei der La-Plata-Kirche, der sofort und sehr erfreut zur Kenntnis genommen wurde. Die UNIDA bedauerte meinen Weggang, ließ mich aber sehr verständnisvoll und ohne Groll ziehen. Mein von ihr gewährtes Stipendium hatte ich vom ersten Gehaltstag an, ohne Aufforderung, monatlich zurückbezahlt. Wie man mir sagte, sei ich im Hinblick darauf der einzige Student gewesen.

Jetzt kam die Suche nach einer Gemeinde. Mein bereits erwähnter Freund und Kollege Egler in Leandro N. Alem hatte in seinem großen Arbeitsbereich zehn oder zwölf Filialen, davon die eine, 25 de Mayo, im Urwaldgebiet des Uruguay-Flusses. Schon lange war an die Teilung dieses Gebiets und die Errichtung eines zweiten Pfarramtes gedacht worden, und ebenso lange hatte man sich um die Entsendung eines Pfarrers aus Deutschland bemüht, ohne Ergebnis. Das war sie also, die Chance.

Ich bewarb mich beim Gemeindevorstand, wurde erfreut akzeptiert, ein Pfarrhaus hatte man bereits gebaut, also nichts wie los. Beim ersten persönlichen Besuch wurde alles besprochen. Ich besichtigte das Pfarrhaus. Es war eine kleine Bretterscheune, hatte ein Schindeldach, aber weder elektrischen Strom noch Wasserleitung. Das »Häuschen«, sprich Klo, sollte noch zehn Meter vom Haus entfernt gebaut werden. Kurzum, es war gerade das, was wir gesucht hatten. Das Haus stand auf einem Hügel, und durch die Fenster sah man weit ins Urwald-Hochland von Misiones. Großartig.

Wir übernachteten im Haus eines Schneidermeisters, der tatsächlich noch mit verschränkten Beinen auf einem Tisch saß und eifrig seine Nadel flitzen ließ. Meine Schlafstelle war ein aufgeschlagenes Feldbett in der Küche des »Meisters Meck-meck-meck«. Bevor ich die Petroleumlampe ausblies, fielen mir an den Deckenbalken eigenartige Schnüre auf, die da herabhängten. Das seien nur Rattenschwänze, wurde ich belehrt.

Hier wollten wir einziehen – es hat nicht sollen sein.

Hell begeistert war auch meine Marianne, als ich ihr bei der Rückkehr den zukünftigen Ort unseres Wirkens schilderte. Bei einem großen Gemeindefest sollte ich dann am neuen Ort endgültig vorgestellt werden. Aber das Fest »verregnete«, wie man das dort nannte. Einer der üblichen Tropenregen hatte tags zuvor alle Wege unbefahrbar gemacht und wir konnten nicht reisen. Die Gemeinde musste also den bereits geschlachteten Ochsen kiloweise von Haus zu Haus verkaufen, ebenso die bereits gebackenen vielen Kuchen. Dies alles musste bei dem Klima schnell gehen, da es Kühlvorrichtungen nicht gab. Aber weil dies in dieser Region häufiger passierte, war man darauf eingestellt. Jeder wusste, wo anzupacken war, und keiner schickte die Fleischverkäufer ohne Abnahme wieder weg.

Zwei Tage nach dem verregneten Fest schien wieder die Sonne. Die Wege waren getrocknet und wir fuhren dorthin, um einen späteren Termin festzulegen. Am Eingang des Festplatzes stand noch eine große gezimmerte Eingangspforte, festlich geschmückt mit Blumen und Palmenzweigen und mit der Inschrift »Herzlich willkommen!« Aber die Palmen und die Blumen hingen schon traurig welkend nach unten.

Und geradeso ließen auch wir wenige Tage später den Kopf hängen, als aus Deutschland ganz überraschend die Mitteilung kam, man habe einen Pfarrer für 25 de Mayo gefunden, und er käme schon bald angereist. Auch mein Freund Pfarrer Egler war betrübt und entschuldigte sich mehrmals. Aber er konnte ja nichts dafür. Wie heißt es bei Wilhelm Busch: »Schnell verlässt er diesen Ort und begibt sich weiter fort.«

Wir suchten weiter. Da bekam ich von der Kirchenleitung in Buenos Aires einen Tipp. In der sehr großen Gemeinde General Ramirez sei eine Stelle frei. Dieser Ort liegt auf halbem Wege nach Buenos Aires in der Provinz Entre Rios, zu Deutsch »Zwischen den Flüssen«, also Zweistromland.

Die Flüsse sind uns bereits bekannt, es ist der Parana und der Uruguay. In dieser Provinz mit ihrem fruchtbaren Ackerland siedelten sich 1877 die ersten Russlanddeutschen an, deren Vorfahren einst von Deutschland nach Russland ausgewandert waren. Damals, 1762, hatte die deutsche Prinzessin auf dem russischen Zarenthron, Katharina II., den Plan gefasst, die brach liegenden Flächen ihres riesigen Reiches durch das Anlegen deutscher Siedlungen wirtschaftlich und kulturell zu erschließen. Unter großen Versprechungen wie Selbstverwaltung, Befreiung von Steuern und Militärdienst, eigene Schutztruppe und Schulen, dazu freie Reisekosten für die Unbemittelten wurden vor allem Landwirte und Handwerker ins Land geholt und im Wolga- und Schwarzmeergebiet angesiedelt. Es entstanden blühende Kolonien, sodass die dritte Generation bereits mit einem gewissen Wohlstand leben konnte.

Aber dann kamen viele Probleme mit der Regierung. Die einst feierlich gemachten Versprechungen wurden aufgehoben, die für 100 Jahre zugesicherte Befreiung vom Militärdienst war abgelaufen und eine Russifizierung wurde angestrebt. Dies veranlasste viele Familien zur Auswanderung nach Amerika und somit auch nach Argentinien. Die ersten Ansiedlungen waren im Süden von Buenos Aires, bei Olavarria und Hinojo, dann ging der Zug nach Norden, über die Provinz Santa Fe nach Entre Rios. Als das erste Schiff in Diamante anlegte und die Männer von Bord gingen – blond, schwarz gekleidet und sauber rasiert –, da meinten die kreolischen Zuschauer, das seien alles katholische Pfaffen.

Ein Großteil dieser Ankömmlinge war evangelisch. So bildeten sich gerade in Entre Rios zahlreiche Gemeinden, die sich der deutschen evangelischen La-Plata-Kirche anschlossen. Die größte davon war das genannte General Ramirez. Dort amtierte schon über Jahrzehnte ein frommer Pfarrer E., er war Schweizer und trat in den Ruhestand. Die Gemeinde zählte nach meinen Informationen an die 2.000 Familien.

Weiter wurde mir berichtet, dass der Amtsinhaber Besitzer einiger Häuser sei und auch ansonsten kein Laie in geschäftlichen Dingen. Eine Beerdigung gäbe es, je nach Geldbeutel, in dreifacher Ausführung. Die vielen aus Deutschland eintreffenden Kirchenblätter und sonstiges Material zur geistlichen Erbauung und Förderung der Gemeinde würden an die Metzgereien am Platze als Einwickelpapier verkauft. Also, es kam nichts um.

Dabei muss aber gesagt werden, dass man in den Kirchen Südamerikas keine Kirchensteuer kennt, das heißt mit dem angesetzten »Kirchenbeitrag« – er wurde kassiert wie bei einem Verein – war von der Gemeinde das monatliche Salär des Pastors aufzubringen.

General Ramirez stand im Angebot, also nichts wie los. Ich setzte mich in den Zug nach Buenos Aires. Er fuhr zweimal in der Woche um 22.30 Uhr ab. Nach 600 Kilometer Fahrt hieß es aussteigen, es kamen noch einige Stunden Busfahrt dazu, und dann stand ich vor dem Pfarrhaus von General Ramirez. Nach dem üblichen Meldezeichen, man klatscht kräftig in die Hände, erschien der Pastor, ein kleines Männchen mit einem spitzen Gesicht. Er sprach breiten Schweizer Dialekt und kannte weder mich noch den Grund meines Kommens.

So stellte ich mich einfach als ein Kollege vor, der ihn eben mal im Vorbeifahren begrüßen wollte. Darüber freute er sich sehr und lud mich ein, einzutreten. Der lange Hausgang war zugestellt mit großen Kisten und Kästen. War der Pastor schon beim Einpacken? Falsch geraten. Dieses Großgepäck gehöre seinem bereits aus Deutschland anreisenden Nachfolger. Schon am kommenden Sonntag würde die Familie eintreffen, wo sie am Bahnhof von der Gemeinde mit einer geschmückten Pferdekutsche und unter dem feierlichen Geläute der Glocken abgeholt werden würde.

Ich saß auf meinem Stuhl und hörte aufmerksam zu, aber jetzt läutete es auch bei mir. Es waren die Totenglocken, die meine hoffnungsfrohen Pläne zu Grabe geleiteten. Auch dieser Zug war abgefahren. Schon wollte ich mich verabschieden, da lud mich der Kollege noch ein, sein neues Haus zu besichtigen. Und was ich hier sah, war einmalig. Die einzige Tür zum Schafzimmer war 1,30 Meter hoch und 50 Zentimeter breit. Ich musste mich beim Durchgang tief bücken, dünne machen und war anschließend sprachlos. Natürlich fiel mir sofort die Bibelstelle aus Matthäus 7,13 ein, wo Jesus einlädt: »Geht hinein durch die enge Pforte.«

Für mich war es der erneute Beweis, dass die theologischen Auslegungen der Pfarrer doch manches Mal sehr auseinanderdriften. Dann verabschiedete ich mich dankbar und herzlich vom Kollegen, der immer noch an dem überraschenden Besuch eines Amtsbruders, von so weit angereist, herumzurätseln schien. Aber ich behielt das Geheimnis für mich, genügte es doch, wenn *einer* der Blamierte war.

Die Nacht meiner Rückreise war brütend heiß. So setzte ich mich auf die dreckigen Trittbretter des Waggons und bummelte der Heimat zu. Eine eiskalte Cola bekam mir so schlecht, dass ich mich fürchterlich übergeben musste. Das passte wie nichts anderes zu meiner Stimmungs- und Seelenlage.

Ich habe schon erwähnt, dass auf der gegenüberliegenden Flussseite des Paranas die paraguayische Stadt Encarnacion liegt. Von hier aus erstreckte sich flussaufwärts in nordöstlicher Richtung ein Urwaldgebiet, in dem sich viele deutschstämmige Einwanderer aus Brasilien kommend angesiedelt hatten. Diese Besiedelung begann um 1900 in Hohenau, etwa 35 Kilometer flussaufwärts von Encarnacion und breitete sich in den folgenden Jahren über eine Zone von 4.000 Quadratkilometern aus.

Die evangelischen Christen wurden viele Jahre durch einen Reiseprediger betreut, aber ab 1954 gab es einen ständigen Pastor. Er hieß Nübling und kam aus Baden. Öfters kam er nach Posadas zum Einkaufen, und so lernten wir uns kennen. Er sollte 1963 nach Ablauf seines Vertrags wieder nach Deutschland zurück und hatte mich schon einige Male gefragt, ob ich nicht sein Nachfolger werden wolle.

Schon ab 1959 hatte ich das Ausmaß seiner großen und schweren Pionierarbeit beobachten und bewundern können, wenn er mich um Mithilfe bei der jährlichen Konfirmandenfreizeit in Hohenau bat, wo eine Woche lang bis zu 90 Konfirmanden zusammenkamen. Als mich der Pastor einmal auf seinem Motorrad, einer BMW 600, durch die Kolonien fuhr und es zu regnen anfing, stürzten wir auf der seifenglatten Erdstraße. Es war nichts passiert, aber das schwere Motorrad lag im Dreck und konnte nur mit den Bärenkräften des kleiderschrankartigen Kollegen wieder hochgerissen werden.

Schon damals stellte ich mir und ihm die Frage: »Und ich, die halbe Portion, was hätte denn ich jetzt gemacht, allein im Wald? Ich würde die 150 Kilogramm schwere Maschine nie allein wieder auf die Beine bringen, dazu noch bei diesem glitschigen Boden!« Aber er beruhigte mich. Da sei noch ein Beiwagen da, mit dem gäbe es kein Umfallen. Das überzeugte mich. Aber um ein Haar wäre dies der Grund meiner Absage geworden. So gebrauchte Gott diesmal einen Beiwagen, um meine Schritte dahin zu lenken, wo ich die besten und interessantesten Jahre meines Lebens verbringen sollte, nach Hohenau!

Im Mai 1963 verluden wir unser Hab und Gut in einen Güterwagen auf dem Bahnhof, der wenige Tage später mit der Fähre nach Paraguay übergesetzt wurde. Posadas selbst blieb trotzdem immer in Reichweite; es gab bereits den ersten Supermarkt, und gewisse Einkäufe und Besorgungen machten einen monatlichen Besuch zur Regel.

Dritte Pfarrstelle – Hohenau
1963–1977

Es war im Juni 1964, 13 Jahre nach meiner Auswanderung und bei meinem ersten Heimaturlaub, als mich die Straßenpolizei bei Tübingen aus dem Verkehr winkte und nach meinen Papieren verlangte. Ich zog den internationalen Führerschein aus der Tasche, worauf der Beamte sehr langsam den Namen Pa-ra-gua-y buchstabierte. Dann stellte er die Frage: »Wo liegt denn das?«

Das ist der Grund, warum ich jetzt etwas aushole. Denn ich bin der Meinung, dass wie ein Bild ohne Rahmen auch jeder Lebensbericht konturenlos wirken muss, wenn nicht das geschichtliche Umfeld mit seinen Menschen berücksichtigt wird und wenn man nicht zu erklären versucht, warum eine Sache so ist und nicht anders. Wie eine Sache ist, kann den Betroffenen zum Guten, aber auch zum Schlechten verändern. Er kann sogar zum Außenseiter werden. Manchmal bestaunt, hier und da belächelt, öfters auch beneidet oder gar angefeindet, und das selbst von ehrwürdigen Pfarrer/innen und großen Theologen, die, wie sie gern betonen, nicht nur an einer, sondern gleich an fünf Universitäten ihre Wissenschaft getankt haben. Wem die nachfolgenden historischen Seiten als Abschweifung erscheinen, darf sie gern überblättern. Wer sie liest, mag sich für heute seinen Abendkrimi sparen.

Das Wort Paraguay stammt aus der Sprache der Guaraní-Indianer. Para-qua-y bedeutet »Quelle des Meeres«. Durch seine zentrale geographische Lage wird das Land auch das Herz Südamerikas genannt. Es ist mit seinen 406.752 Quadratkilometern größer als die Bundesrepublik Deutschland und liegt zwischen den Ländern Argentinien, Bolivien und Brasilien. Paraguay hat keinen Zugang zum Meer, es ist Binnenland wie Bolivien auch. Der Norden ist kaum besiedelt. Seine Sumpfsteppe Chaco, der größte Teil des Landes sowie die Hauptstadt Asuncion gehören zur subtropischen Zone.

Das Land des heutigen Paraguay wurde durch die Spanier unter Juan Diaz de Solis entdeckt, der 1515 am La Plata eintraf. Es war die Zeit von Martin Luthers Reformation, und die spanische Krone unter Karl V. befand sich in eifrigem Eroberungs-Wettlauf mit den Portugiesen. Die Stadt Asuncion wurde 1537 gegründet. Da die Krieger der Guaranís im Kampf gegen die überlegenen Inkas der Anden ungeheuere Verluste erlitten hatten, war das Ausmaß des Frauenüberschusses kaum vorstellbar.

So nimmt es nicht wunder, dass die Ankunft von 500 spanischen Besatzungssoldaten begeistert aufgenommen wurde. Sie galten als weiße Halbgötter, und man führte ihnen freudestrahlend Töchter und Schwestern zu. So hielten sich die meisten spanischen Soldaten 30 bis 40 Guaraní-Frauen, und das im steten Wechsel. Der erste Gouverneur hieß Mendoza. Sein Nachfolger Irala hatte 70 Frauen, nach indianischem Brauch alle angetraut. Diese »Frauen-Massenhaltung« hatte zur Folge, dass schon wenige Jahre nach der Gründung, so der Bericht des Priesters Andrada, auf den Straßen Tausende von kleinen Mestizen herumspielten. Ihre Nachkommen sind die heutigen Paraguayer. Ihr indianischer oder europäischer Typ schlägt mal mehr, mal weniger durch.

Es gibt auch noch reinrassige Indianer. Man findet sie in den verbliebenen Waldwinkeln als zeitweilige Erntearbeiter in ihren Hütten herumhocken. Verstorbene Kühe oder Pferde werden von ihnen, auch bei bereits fortgeschrittener Verwesung, ohne Schaden verkonsumiert. Allerdings hat die Tourismusbranche ganze Gruppen von ihnen in die Hauptstadt verfrachtet, wo man sie als »Ausstellungsstücke« vermarktet.

Anfang des 19. Jahrhunderts ging die große Unabhängigkeits-Bewegung durch die Länder Südamerikas. Man war der Kolonialherrschaft Spaniens und Portugals überdrüssig geworden und jagte die *Conquistadoren*, die Eroberer, zum Kuckuck. Sie hatten nicht nur viele Errungenschaften aus der alten Welt mitgebracht, sondern auch Ausbeuterei, Mord und Totschlag. Sie waren zu jeder Grausamkeit fähig: Waren die Mädchen den Soldaten nicht willig, so las ich das in der Urkunde einer alten Kirche in den Hoch-Anden, schnitt man ihnen bei lebendigem Leib die Brüste ab.

In Paraguay übernahm nach der Befreiung im Mai 1811 ein revolutionäres Triumvirat die Verwaltungsgeschäfte des Landes. Sein einflussreichstes Mitglied war der Rechtsanwalt Dr. José Rodriguez de Francia. Er berief 1816 den ersten Nationalkongress ein und erhielt den Beinamen *Supremo*, der Höchste. Gleichzeitig wurde er auf Lebenszeit zum Diktator des Landes gewählt. Seine Herrschaft dauerte drei Jahrzehnte. Sein mit eiserner Hand durchgeführtes Programm und Ziel war:

- Die Schaffung eines vom Ausland unabhängigen Staatswesens,
- und dies mit einem Volk, das durch strengsten Gehorsam geeint, arbeitsam, spartanisch, anspruchslos
- und leidenschaftlich nationalbewusst werden sollte.
- Keine Klassen- und Standesunterschiede,
- keine rassische,
- wirtschaftliche oder
- geistliche Oberschicht sollte es geben.

Er lieferte dabei selber das beste Beispiel. Sich keinerlei materiellen Genuss gönnend, arbeitete er vom frühesten Morgengrauen bis spät in die Nacht. Einen Minister brauchte er nicht, es reichten ihm zwei Sekretäre. Auch in der Armee gab es viele Jahre keinen höheren Rang als den des Hauptmanns. Sämtliche Aufgaben der oberen Chargen erfüllte er selbst, und zwar so mustergültig, dass die Armee an Schlagkraft und straffer Disziplin ihresgleichen suchte. Für seinen eigenen Gebrauch entnahm er dem Staatsschatz nur zwei Pesos täglich.

Er blieb ledig, hatte aber eine uneheliche Tochter. Als sich das Problem ihrer Aussteuer stellte, gab er ihr den Rat, sich als Prostituierte die nötigen Mittel selbst zu beschaffen. Vermutlich aus diesem Grunde erklärte er die Prostitution für einen ehrenwerten Beruf. Die betreffenden Frauen durften als Ehrenzeichen ihres Standes eine vergoldete Nadel in Form eines Kamms tragen, den *peinete de oro*.

Francia änderte auch das Erbrecht. Nur Landeskinder waren erbberechtigt. War dies nicht nachzuweisen, fiel das Vermögen dem Staat zu. Importe, speziell von Luxusartikeln, waren verboten. Wollte man einen unter Lebensgefahr eingeschmuggelten Hut aus Buenos Aires, musste man im Tausch dafür 60 Pferde geben. Die Indianer im Landesinnern sahen in Francia ihren Oberhäuptling, der sie niemals verriet. Viele hielten ihn für ein überirdisches Wesen. Schon beim Nennen seines Namens entblößten sie ihr Haupt und knieten nieder.

Sein ungehemmter Hass jedoch galt der katholischen Kirche, dem Spaniertum und seinen eigenen Familienangehörigen. Er war Anhänger Voltaires und hielt Religion für Aberglauben. Die Inquisition schaffte er ab, löste Klöster auf, da sie in seinen Augen weder nötig noch nützlich waren, und zog ihr Vermögen ein. Schenkungen an die Kirche belegte er mit einer 70-prozentigen Sondersteuer. Er ernannte sich selbst zum Oberhaupt der katholischen Kirche in Paraguay und befahl die Anbringung seines Porträts auf allen Altären.

An die Stelle des Spanischen trat als Amtssprache das Guaraní. Die höheren Schulen schloss er mit dem Argument: »Die Paraguayer sollen ein Volk von Soldaten und nicht von Wissenschaftlern werden.« Um seinen Ruf der Unbestechlichkeit nicht zu beflecken, zog er eine unbarmherzige Trennwand zwischen sich und den eigenen Verwandten. Als sein Vater im Sterben lag, lehnte der Sohn die Bitte ab, ihn vor dem Tode zu besuchen. Und als seine Schwester gegen sein Verbot heiratete, ließ er den für die Trauung verantwortlichen Priester kurzerhand erschießen. Die Schwester selbst verschwand spurlos, wahrscheinlich im schauerlichen Staatsgefängnis.

Es fehlt natürlich nicht an Gründen, diesen Diktator als blutrünstigen Tyrannen zu verdammen. Aber sicher ist, dass es ohne Francia nie ein Paraguay gegeben hätte. Das Land wäre zu einer armen, bedeutungslosen argentinischen Provinz abgesunken. Seine Vision reichte weit über das eigene Leben hinaus. Francia starb 1840.

Sein Nachfolger wurde Carlos Antonio Lopez, dessen Hauptaktivität sich auf die wirtschaftliche Entwicklung des Landes richtete. Er öffnete sich dem internationalen Handel und brachte Paraguay zu einer bisher nie gekannten Wirtschaftsblüte. Er ließ 1856 in Asuncion den ersten stahlverkleideten Hochseedampfer Südamerikas und die erste Eisenbahn auf dem Kontinent bauen. Ebenso stampfte er eine Eisenindustrie aus dem Boden. Paraguay war das reichste Land Südamerikas. Durch ein Gesetz vom 24. November 1842, 20 Jahre vor Abraham Lincoln, schaffte er die Sklaverei ab.

Allerdings unterschied er sich von seinem Vorgänger dadurch, dass er für seine Familie das größte Vermögen im Lande zusammenraffte. Seinen Bruder ernannte er zum Bischof von Asuncion, nachdem auch der Papst seine Genehmigung gegeben hatte, und seine Kinder setzte er, noch als Minderjährige, in die höchsten Staatsposten. Als er 1862 mit 71 Jahren starb, hinterließ er seinem Sohn und Nachfolger Francisco Solano Lopez ein blühendes, schuldenfreies, geordnetes Staatswesen, eine disziplinierte, schlagkräftige Armee und ein zufriedenes Volk.

Der neue Präsident war bei Amtsantritt 35 Jahre alt. Bereits mit 19 Jahren war er von seinem Vater zum Oberbefehlshaber der gesamten Streitkräfte ernannt worden. Damit er seinen Horizont erweitere, schickte ihn der Vater in diplomatischer Mission nach Europa. Dort lernte er in Paris Elisa Lynch kennen und lieben, eine aus Irland stammende Abenteuerin. Sie blieb bei ihm, habgierig, skrupellos und grausam, hielt aber tapfer und kühn zu ihm, bis zu seinem Untergang. Aus dieser »wilden Ehe« stammten fünf Kinder.

Noch auf dem Sterbebett hatte ihn sein Vater beschworen, den Frieden mit den Nachbarländern unter allen Umständen zu bewahren. Aber der Sohn Francisco ließ sich schon zwei Jahre später, im Bewusstsein seiner Überlegenheit, auf einen Krieg mit Brasilien ein. Dieses verbündete sich daraufhin mit Argentinien und Uruguay zu einer dreifachen Allianz, und das war das Ende von Francisco Solano Lopez. Man überzeuge sich nur auf der Landkarte.

Trotz ihrer sprichwörtlichen Tapferkeit und ihrem Todesmut – ihr Kampfruf lautete: »*Quiero morir!* – Ich will sterben!« – war das Ende vorauszusehen. In der Endphase des Krieges gingen auch Frauen und zehnjährige Kinder ins Gefecht. Nach sechs Jahren Kampf gegen einen übermächtigen Gegner fand am 1. März 1870 die letzte Schlacht statt. Der Ort liegt 250 Kilometer nördlich von Asuncion an der Küste des Aquidaban, wo sich der Zufluss zum Rio Paraguay befindet.

Die paraguayische Armee bestand nur noch aus einem auf 480 Mann zusammengeschrumpften Rest. Lopez ging, bewusst den Tod suchend, seinen Soldaten voraus und gab auch dann nicht auf, wie er es von seinen Soldaten stets verlangt hatte, als jeder Widerstand sinnlos geworden war. Durch einen Lanzenstich in den Leib und einen Säbelhieb auf der Stirn kampfunfähig gemacht, antwortete er den ihn zur Übergabe auffordernden Brasilianern, er ziehe es vor, mit seinem Vaterland unterzugehen. Er feuerte, bis ihn selbst die tödliche Kugel traf. Zur gleichen Stunde fiel ganz in der Nähe auch sein 15-jähriger Sohn.

Natürlich war klar, dass ihm nicht das ganze Volk blindlings in den Untergang folgen wollte, aber schon bei der leisesten Andeutung ließ er solche Warner gnadenlos hinrichten, darunter den Bischof von Asuncion, den Außenminister, hochverdiente Generäle, ja sogar die eigenen Brüder und Schwäger. Seine 70-jährige Mutter und seine zwei Schwestern wurden bis zur Bewusstlosigkeit gepeitscht und entkamen der Hinrichtung nur durch Lopez' eigenen Tod.

Der fürchterliche Krieg richtete Paraguay so zugrunde, dass es sich davon nie mehr erholen konnte. Es wurde zum ärmsten Land des Kontinents. Von den vor Kriegsausbruch gezählten 1.337.000 Paraguayern überlebten den Krieg nur 600 waffenfähige Männer, 20.000 Kinder und Greise sowie 200.000 Frauen. Das Land blieb als Wüste zurück. Noch viele Jahre später schlugen sich an den Landungsstegen von Asuncion ganze Haufen paraguayischer Frauen um die fremden Matrosen, weil sie sonst keine Möglichkeit sahen, Kinder zu bekommen.

Hier möchte ich den Ausflug in die Geschichte Paraguays beenden. Der 1923 ermordete deutsche Minister von Rathenau tat einmal den Spruch: »Denken heißt vergleichen.« Das ist der Grund, warum ich den Leser nicht gedankenlos in das Land Paraguay und in meine dritte Pfarrstelle hineinführen wollte. Wie ich damals mag er selber vergleichen und feststellen, wie verschieden auch in Südamerika die Völker voneinander sind. Es genügt, nur den mächtigen Parana-Strom von Posadas nach Encarnacion zu überqueren, und schon umgibt einen eine andere Welt.

Es brauchte Jahre, bis ich anfing, das Volk der Guaranís in seiner liebenswürdigen, höflichen Menschenfreundlichkeit, in seiner kindlichen, unbekümmerten Gelassenheit, aber ebenso in seiner plötzlichen, menschen- und lebensverachtenden Wildheit und Unberechenbarkeit zu verstehen. Dies kam dann zum Vorschein, wenn die Menschen sich bedroht, beleidigt oder gar angegriffen fühlten.

So lernte ich als Erstes: Nur keine Händel bei Missverständnissen oder Querelen, sei es nun in der Nachbarschaft oder auf den

Ämtern. Dafür aber gute, besänftigende Worte oder noch besser: ein kleines Geschenkchen. Hilft alles nichts, dann nach Möglichkeit schnell verschwinden. Man wird sich bei erstbester Gelegenheit rächen bis hin zur Blutrache.

Als *Gringo*, also als Ausländer, sollte man bloß nicht in die Mühle der Gerichtsbarkeit geraten. Der hinzugezogene Rechtsbeistand wird sich äußerst engagiert auf den »Fall« stürzen, große Mengen an Papier verbrauchen, angeblich einen riesigen Arbeitsaufwand betreiben und die Sache so lange bearbeiten, bis seinem Kunden das Geld ausgegangen ist. Dann kommt das Ende sehr schnell, aber in der Regel immer zugunsten des Paraguayers, denn bekanntlich hackt eine Krähe der anderen nicht das Auge aus.

Werden in Argentinien die 23 Bundesländer als Provinzen bezeichnet, heißen diese in Paraguay Departements, es gibt davon 17. Das am südlichsten gelegene Departement heißt Itapua mit der Hauptstadt Encarnacion. Es zieht sich in nordöstlicher Richtung Parana-aufwärts und galt mit seinen Urwäldern bis um 1900 als unbesiedelt. Dann begann eine große Einwanderungsbewegung aus Brasilien. Dorthin waren im 19. Jahrhundert viele Deutsche gekommen, die den großartigen Angeboten der brasilianischen Regierung gefolgt waren. Die versprochenen Ländereien entpuppten sich sehr oft als steinige Berghänge, durchzogen von tiefen Tälern, sodass die landwirtschaftliche Bearbeitung ungeheuer mühsam war.

Da kam die Kunde von dem »gelobten Land« Paraguay. Sattgrüner Urwald auf sanftem Hügelland, beste Bodenqualität, klare Flüsse und Bäche mit großem Fischreichtum durchziehen liebliche Täler, der Kaufpreis war niedrig und erst nach Jahren abzuzahlen – nichts wie los! So machte man sich mit Ochsenwagen auf den langen Weg, und es entstand die erste Siedlung, Hohenau.

Im Lauf der Jahre folgten dann weitere wie Obligado, Bella Vista und Capitan Meza, um nur einige zu nennen. Der Anfang im Urwald war ungeheuer schwer. Von 19 Kindern der ersten Einwanderergruppe starben neun. In Nothütten aus Palmblättern und Lehmwänden hausend, von Schlangen, Raubtieren, Moskitos, von den Saugfliegen, den *Mbarigui*, und von Sandflöhen geplagt, ging man dem undurchdringlichen Urwald mit Axt und Säge zu Leibe. Böse Zungen verwandelten den Namen Hohenau in »Höllenau«.

Landwege gab es anfänglich nicht, so wurde der Parana die Verkehrsstraße für den späteren Absatz der Produkte wie Mais, Schweinefett, Honig, Gemüse und Zitrusfrüchte.

Schon im März 1902 konnte eine bescheidene Bretterhütte als Schule eingeweiht werden, denn das Lehrergehalt von 80 Pesos bezahlte die Regierung. Ein Großteil der neuen Kolonisten war evangelisch. Hatte es in Brasilien und im Staat Rio Grande do Sul bereits eine kirchliche Betreuung gegeben, gab es eine solche in Paraguay noch nicht.

Wenn dann später und oft mit Unterbrechungen von Jahren für wenige Tage ein so genannter Reisepfarrer auftauchte, gab es einen Gottesdienst. Der Pfarrer taufte und konfirmierte alles, was – oft nach langem Anmarsch durch den Urwald – angelaufen, mit dem Ochsenkarren angefahren oder zu Pferd angeritten kam. Aber dann war er wieder weg.

So hieß die Parole: »Selbst ist der Mann.« Gab es eine Beerdigung, sprach der Schulmeister oder sonst ein Christenmensch das Vaterunser am Grab. Als in besonderen Revolutionsjahren mordende und plündernde Banden durchs Land zogen, bildete sich eine gut berittene und bewaffnete Bürgerwehr von 300 Mann unter dem Kommando des tatkräftigen Kolonie-Mitbegründers Stefan Schöller. War Gefahr im Verzug, wurde die Wehr mit Böllerschüssen alarmiert und ins Gefecht geführt.

Als Arzt hatte sich in Hohenau ein Dr. med. Sima niedergelassen, der aber, wie sich im Nachhinein herausstellte, ein bulgarischer Hochstapler und Betrüger war. Seine Methode war die des berühmten Dr. Eisenbarth. Schöller wollte Abhilfe schaffen und machte eine Eingabe an die Regierung. Er bat, zum großen Ärger von Dr. Sima, um Entsendung eines »richtigen« Arztes. Zur gleichen Zeit erkrankte er selbst an Gelenkrheumatismus. »Doktor« Sima kam ihm sofort zu Hilfe, aber nach Verabreichung seiner Spritze starb Schöller auf dem Transport nach Encarnacion.

Kurz zuvor hatte der Doktor einem Neffen des Verstorbenen gegenüber geäußert, dass »der« keine Eingabe mehr gegen ihn verfassen werde. Das sprach sich in Windeseile herum, der Fall lag klar, und schon ging es von Mund zu Mund: »Bewaffnet zur Beerdigung!« Als der Leichenzug auf dem Weg zum Friedhof das Haus von Dr. Sima passierte, wurde angehalten und die Holzhütte mitsamt dem gerade *Siesta* haltenden Doktor von Kugeln durchlöchert.

Diese Art von Selbstjustiz wäre wohl für die Beteiligten ohne Folgen geblieben, wenn nicht das mit dem »Doktor« zusammenlebende »Weibsstück«, so wurde es mir wörtlich gesagt, eine Paraguayerin, auf eine raffinierte Weise die Richter und Advokaten auf ihre Seite gebracht hätte mit der Absicht, Geld von den Tätern zu kassieren. So saß eine ganze Gruppe viele Monate im Gefängnis der Landeshauptstadt. »Die *Gringos* haben ja Geld«, so die gängige Meinung »die sollen bezahlen!« Ob zu Recht oder Unrecht, spielte keine Rolle. Gilt es doch die Feste, sprich Gelegenheiten, zu feiern, solange sie fallen. Mit dieser Tatsache muss der *Gringo* in Südamerika leben. Er kann sich nur darauf einstellen, ändern kann er daran nichts.

Wenn ich jetzt einige Beispiele anführe, dann mit der Absicht, dem einen oder anderen »Aussteiger« oder Zivilisationsmüden gewisse Illusionen im Blick auf sein Reiseziel zu nehmen.

Beispiel 1: Don Arturo hatte ein Geschäft in Hohenau. Er war Deutschbrasilianer, so nennt man die aus Brasilien eingewanderten Deutschstämmigen. Dieser ehrliche und immer freundliche Mann, lange Jahre Kirchengemeinderat, fuhr mit seinem Lastwagen in die Stadt, um Ware zu holen. Auf der Rückfahrt winkte ein am Wege stehender Paraguayer und bat darum, mitgenommen zu werden. Keine Frage für den gutmütigen Don Arturo.

Als man am Eingang von Hohenau ankam, klopfte der Passagier, wie das üblich ist, an die Wagenwand, der Fahrer hielt, der Mann sprang ab, bedankte sich und verschwand. Doch schon am folgenden Tag stand er im Geschäft von Don Arturo und bat um Geld. Auf die verwunderte Frage wieso, kam die Antwort, er müsse zum Arzt, denn er habe sich beim Absprung den Fuß verstaucht.

Man gab ihm das Gewünschte. Aber schon nach wenigen Tagen stand er wieder vor der Tür, diesmal in Begleitung eines Rechtsanwalts. Er zog ein ärztliches Attest aus der Tasche, woraus ersichtlich war, dass der bedauernswerte Mann beim Absprung auch einen Kopfschaden erlitten habe. Dieser mache ihn lebenslang zu einem Invaliden, sodass er auf eine Rente angewiesen sei. Diese müsse Don Arturo bezahlen.

Jetzt musste auch Don Arturo einen Anwalt nehmen. Der Prozess ging jahrelang, und schließlich bekam der Betrogene den guten Rat seines Advokaten, er möge dem Kläger eine Abfindungssumme anbieten, damit der Prozess ein Ende fände nach dem Motto: »Besser ein Ende mit Schrecken, als ein Schrecken ohne Ende.« Was blieb ihm anderes übrig, als die Summe zu bezahlen, aber sie war erschreckend hoch.

Bleiben wir noch einen Augenblick bei unserem guten Arturo. Seine Familie hatte ein paraguayisches Adoptivkind angenommen und dieser Junge schwängerte ein Mädchen. Die arme Familie des Mädchens drängte den nicht unbegüterten Kolonistensohn zur Heirat, aber der lehnte ab. Da wurde er eines Nachts jäh aus dem Schlaf gerissen, denn einige Jeeps waren vorgefahren und Soldaten sprangen ab. Böses ahnend, konnte er in letzter Minute einen Sprung durch das Fenster machen und im *Tung*wald verschwinden. Sie wollten ihn kastrieren!

Beispiel 2: Ein tüchtiger schwäbischer Landsmann hatte sich mit großem Fleiß und Verstand in Asuncion eine Farbenfabrik aufgebaut. Das Geschäft florierte, und sogar der Bürgermeister der Hauptstadt wurde ein guter Kunde. Als besonderer Freund des Staatspräsidenten fehlte es ihm nie an »Flüssigem«. Diese Überschüsse legte er in Baulichkeiten aller Art an.

Allerdings zahlte dieser Bürgermeister nicht. Unser Schwabe mahnte und mahnte, bekam aber keine Antwort. Jetzt nahm er einen Rechtsanwalt und drohte mit einem Prozess. Da standen eines Tages etliche Polizeibeamte in Zivil vor seinem Haus und baten ihn, mitzukommen. Es handle sich nur um eine Formalität. Als er bis zum Abend nicht zurückkehrte, bekam seine Frau Angst. Sie rief per Telefon den Rechtsanwalt ihres Mannes an, aber dieser, nachdem er den Sachverhalt erfuhr, packte umgehend sein Köfferchen und reiste nach Brasilien ab. Er begab sich in Sicherheit.

Nun schaltete die verzweifelte Frau die deutsche Botschaft ein. Als diese beim Polizeipräsidium nachfragte, hieß die Antwort, man wüsste von nichts. Am folgenden Tag sprach der Kanzler der Botschaft persönlich im Präsidium vor und erklärte nach einer erneuten Absage, dass er sich jetzt so lange auf die Bank vor dem Präsidium setzen werde, bis der Mann wieder da sei.

Darauf erschien dieser plötzlich, ungewaschen, verstrubbelt und völlig am Boden zerstört. Man hatte ihn die ganze Nacht in

eine Zelle eingesperrt, zu einem Dutzend Verbrecher und Landstreicher, mit dem üblichen stinkenden Abortkübel im Eck. Ob
unser Schwabe nochmals ein Mahnschreiben an den Bürgermeister
richtete? Der Leser darf raten.

Beispiel 3: Weinend saß die 17-jährige Anita vor mir. Sie kam
aus einer sehr entlegenen Filialgemeinde und berichtete schluchzend: Auf ärztlichen Rat brauchte sie eine fachliche Untersuchung
in Asuncion. Als sie auf dem Untersuchungstisch lag, verließ die
anwesende Krankenschwester still und lautlos den Raum, und der
Arzt vergewaltigte das ahnungslose Mädchen, das nicht begriff,
wie ihm geschah. Die einfachen Bauerleute unternahmen aus
Scham und aus Angst nichts. Auch ich machte keine Anzeige, weil
von vorneherein klar war, dass ich als *Gringo* gegen dieses ehrenwerte Mitglied der Asuncioner Oberschicht mit hundertprozenti-
ger Sicherheit den Kürzeren gezogen hätte.

Es gibt das Sprichwort unter den Auslandsdeutschen: »Hüte
dich vor Sturm und Wind und Deutschen, die im Ausland sind!«
Es will besagen, dass Menschen, die aus ihrem traditionellen
Lebenskreis von Moral, Kultur und Religion gerissen wurden, sich
ihrer neuen Umwelt anpassen können, auch zum Schlechten hin.
So kenne ich Fälle, wo die übliche Blutrache nicht nur von Para-
guayern, sondern auch von Deutschstämmigen mit dem Namen
Müller oder Maier praktiziert wurde.

Beispiel 4: Da wollte mein *amigo* Julius als eifriger Fischer
schnell zum Fluss. Es bissen die Fische, also keine Zeit verlieren. Er
fuhr mit seinem alten Ford volle Geschwindigkeit und erfasste ein
zehnjähriges Mädchen, als es ihm ins Auto lief. Das Kind wurde
ins Hospital eingeliefert. Julius fuhr in großer Sorge und Angst
hinterher, wurde aber von dem rasenden Vater, nennen wir ihn
Eugen, davongejagt mit der Drohung, dass er ihn, sollte das Kind
sterben, umlegen werde. Eine Drohung, die im damaligen Paraguay bereits als angekündigte Hinrichtung bewertet werden konnte. Das Mädchen starb.

Sofort packte Julius das Nötigste in ein Köfferchen, ließ sich an
den Parana fahren und floh über den Fluss nach Argentinien. Dort
lebte er von da an im Städtchen Jardin America und verdiente sich
sein Brot als Automechaniker. Es verging ein Jahr, da wurde ihm
signalisiert, dass der Vater des Unfallopfers, ebenfalls deutsch-

stämmig und Mitglied unserer Kirchengemeinde, sich so weit beruhigt habe, dass er wieder zu seiner Familie zurückkehren könne. Das tat er auch.

Aber als ich ihn einmal besuchte, zog er seine Pistole aus der Tasche und versicherte mir, dass er sie immer bei sich trage, sogar wenn er aufs »Häuschen« müsse. Es vergingen Wochen, da fuhr er eines Tages mit seinem Motorrad an die einzige Tankstelle Hohenaus, um zu tanken.

Das beobachtete Eugen. Er rannte ins nahe gelegene Haus seines Schwiegervaters, der eine Pension betrieb, holte seinen Revolver und sprang, vom Schwiegervater – ebenfalls einem Gemeindemitglied – angefeuert, zur Tankstelle, wo Julius gerade beschäftigt war. Nachdem sie zwei Mal um die Zapfsäule herum gesprungen waren, schoss Eugen über die Säule und verpasste dem Verfolgten einen Kopfschuss. Nur durch glückliche Umstände kam er mit dem Leben davon. »Und ausgerechnet an diesem Tag hatte ich meine Pistole nicht bei mir«, so klagte er sich später ganz vorwurfsvoll selber an.

Auch mir stand einmal eine ähnliche Todesdrohung ins Haus. Sie kam von einem bisher unbescholtenen Kolonisten unserer Gemeinde, der das achtjährige Kind seiner paraguayischen *Companera*, also seiner Lebensgefährtin, sexuell so missbraucht hatte, dass es nur durch die Hilfe eines Arztes nicht verblutete. Ich hatte nach dem verzweifelten Bericht der weinenden Mutter für die sofortige Überführung ins Hospital gesorgt und der Arzt erstattete Anzeige.

Der minderbemittelte Täter konnte nicht »schmieren«, so wanderte er sieben Jahre ins Zuchthaus. Aber zuvor ließ er noch verlauten, dass nach seiner Freilassung sowohl der Pastor als auch der Doktor »dran« seien. Na ja, sieben Jahre sind lang, gehen aber trotzdem schnell vorbei. Schon einige Monate vor seiner Entlassung wurde ich von guten Freunden vorgewarnt, während Marianne, wie sie mir sagte, sehr intensiv für mich beten wolle. Eines Tages hieß es dann: »Er ist da!«

Kurz darauf sah ich ihn in der Ortsmitte stehen, unsere Blicke kreuzten sich über die Straße hinweg. Er hatte das Gesicht eines Raubvogels. Aber dann geschah etwas Seltsames. Vier Wochen nach seiner Entlassung fiel der Mann, erst 50 Jahre alt, tot um. Einfach so, niemand kannte die Ursache, auch der herbeigerufene

Arzt nicht. Ich aber bekam Besuch von seiner Mutter, einer abgehärmten Kolonistenfrau, die mich weinend um die Beerdigung ihres Sohnes bat, für den sie sich so schämen musste. Natürlich habe ich zugesagt. Aber selten hat mich die Suche nach einem geeigneten Text für die Leichenpredigt so genervt wie damals. Bleibt noch zu sagen, dass es eine außergewöhnlich große Beerdigung war. War man doch neugierig und wollte hören, was der Pastor in diesem Falle wohl predigen werde.

Als wir in das geräumige, neben der Kirche gelegene Pfarrhaus einzogen, erbten wir zu unserer Freude und Überraschung eine Menge Tomaten, die unser Vorgänger, er war ein begeisterter Gärtner, in dem großen Pfarrgarten angebaut hatte. Aber ebenso erbten wir einen allein stehenden, 60-jährigen Mann namens Schuhmacher, der im Pfarrhausanbau ein kleines Zimmer bewohnte. Schon vor unserem Einzug hatte mich der Pastor gefragt, ob der Mann, der aus der Irrenanstalt in Asuncion käme, bleiben könne. Er sei zwar geistig verwirrt, aber ansonsten harmlos und für manche Dienstleistungen wie etwa Gartenarbeit gut zu gebrauchen. Natürlich gaben wir unsere Einwilligung, zumal er keine Heimat mehr hatte.

Mit uns gereist kam aber unser Franzisco. Als er in Posadas von unserer Veränderung nach Hohenau hörte, hatte er darum gebeten. Durch seine praktische handwerkliche Art war er uns sehr willkommen, und gleich erwies sich diese Maßnahme als richtig. Während meine Frau noch einige Tage in Posadas blieb, malten wir beide die Zimmer des Pfarrhauses aus. Schon erklärte sich Herr Schuhmacher bereit, für die Mannschaft zu kochen, was auf dem holzbefeuerten Herd geschah. Es gab jeden Tag nur Tomatensuppe mit Mandioka. Wir schluckten sie.

Dazu kam eine weitere Überraschung: Weil unser Koch in der Nacht keinen Schlaf fand, rumorte er ständig und hörbar herum. Um vier Uhr in der Frühe war für ihn die Nacht in der Regel vorbei. Er riss meine Tür auf und brüllte ins Zimmer hinein: »Auf geht's, Jungs!« Dasselbe bei Franzisco. Vor lauter Schreck sprangen sowohl Franz als auch ich aus dem Bett, und völlig schlaftrunken setzten wir uns an den lodernden Herd, auf dem bereits das *Mate*wasser kochte. Als meine Lebensgeister langsam mit dem heraufziehenden Morgen erwachten, fing es auch in meinem Kopf an zu dämmern. Bei Schuhmacher stimmte wirklich etwas nicht. So war ich sehr froh, als meine Frau nach einigen Tagen eintraf und die Küche übernahm.

Schuhmacher mussten wir schon nach wenigen Wochen von der Polizei abführen lassen. Er verweigerte nicht nur die kleinsten Hilfsdienste wie ausgemacht, sondern wollte eines Nachts gar »fensterln«, also zu Marianne einsteigen. Im Haus waren nur sie und der sechsjährige Patu, den seine Schweizer Eltern aus der Nachbarprovinz Misiones zu uns in Pension gegeben hatten. Als meine Frau vom Geräusch an ihrem ebenerdigen Schlafzimmerfenster aufgeschreckt wurde, weckte sie in großer Angst den kleinen Patu, der nebenan schlief. Jetzt waren sie zu zweit, und meine Frau schrie laut: »Hau ab!«

Als er weiter am Fenster riss, suchte sie nach meinem Revolver, es war ein 38er. Noch nie hatte sie so ein Ding in der Hand gehalten, aber sie wusste schon, dass man zum Schießen Kugeln braucht. Sie suchte weiter und wurde fündig. Aber wenn sie diese in die Trommel des Revolvers schob, rutschten sie durch den Lauf vorne wieder raus. Es war die falsche Munition. So suchte sie mit fliegenden Händen weiter, bis sie die richtigen Kugeln fand. Sie wollte nur einen Schuss in die Luft abgeben, um Hilfe herbeizurufen. Als es so weit war, sagte Patu mit schneeweißem Gesicht: »Frau Pastor, Sie schießen und ich tu beten!« Damit verschwand er unter seiner Bettdecke.

Der Schuss fiel, in die Luft natürlich, aber niemand kam zu Hilfe. Nur Schuhmacher war wie ein Blitz verschwunden. Am Tag darauf tat er, als wenn nichts geschehen wäre. Er lief im Garten herum und sang: »Wo findet die Seele die Heimat, die Ruh!« Nach meiner Rückkehr forderte ich ihn auf zu gehen. Er erwiderte nur: »Sie kriegen mich hier nicht raus«, und dann schrie er: »Wenn dich nur die Russen gefressen hätten!«

Aber jetzt war mein *amigo*, der Polizeikommissar, zur Stelle. Er ließ den Mann abführen und mit einer Begleitperson erneut ins Irrenhaus nach Asuncion einliefern. Vorher aber hatte ich ihm, im Beisein des Kommissars, seinen Bargeldbestand übergeben, den ich für ihn verwaltet hatte.

Und wie ging es mit Schuhmacher weiter? Er wurde nach einem halben Jahr wieder entlassen und überquerte schnurstracks den

Paranafluss, hinüber zur Stadt Posadas, wo sich ein deutsches Konsulat befand. Dort erstattete er Anzeige gegen den Pastor von Hohenau, der ihn um sein ganzes Vermögen gebracht und sein Geld unterschlagen habe. Dabei hatte er es in Asuncion komplett durchgebracht.

Der wackere Honorarkonsul P. fühlte sich sofort als »Rächer der Enterbten« und schickte mir ein amtliches Schreiben, das mir die Sprache verschlug. Es war von einer Ungeheuerlichkeit die Rede und davon, wie ausgerechnet ein Pastor dazu komme, einen so armen Menschen auszurauben. Er würde die Sache weitermelden an die Botschaft nach Buenos Aires und, und, und. Dabei kannte mich der Mann sehr gut aus meinem damaligen Arbeitsfeld. Nun, auch er bekam von mir einen Brief, den konnte er sich hinter den Spiegel stecken. Er meldete sich nie mehr.

Und Schuhmacher? Er wurde von einem Kolonisten aufgenommen. Dem war der arme betrogene Mensch geradezu Wasser auf der Mühle seines Hasses gegen die Kirche und ihre Pfaffen, die als Faulenzer nur von der Arbeit anderer Leute lebten. Außerdem war eine billige Arbeitskraft gut zu gebrauchen. Aber es dauerte nicht lange, da klagte der »Gastarbeiter« über heftige Schmerzen. Er fühlte sich so schwach, dass er sich ins Bett legte und nicht mehr aufstand. Auch der Appetit war weg. Du liebe Zeit, sollte man sich einen Pflegefall eingehandelt haben?

Eines Tages wollte die Bäuerin eine Wurst aus dem Räucherhäuschen holen. Da fiel ihr auf, dass der hintere Bereich völlig leer war! Schuhmacher hatte ganze Sache gemacht. Er hatte, wie in einer Schlacht, die Linien der Räucherwürste von hinten aufgerollt und vernichtet, sodass es den Besitzern nicht auffallen konnte. Jetzt warf man ihn hinaus, und irgendwann ist er dann gestorben.

Zu unserem Franz muss noch gesagt werden, dass er nicht völlig uneigennützig mit nach Paraguay kam. Ich hatte ihm von dem schweren BMW-Motorrad erzählt, das mich jetzt, anstelle meines alten Fahrrads, erwarte, und auch, dass es im Hohenauer Schülerinternat eine ganze Menge junger Mädchen gebe. Damit war sein Entschluss gefallen, denn diese Gelegenheit durfte er nicht versäumen. Zu gern hätte er eine Freundin gehabt.

Er bestaunte immer wieder die BMW 600 mit ihrem Beiwagen. So gab ich ihm schließlich die Erlaubnis, damit eine Runde auf dem Sportplatz des Internats zu drehen. Stolz fuhr er los, und noch stolzer wurde sein vor Begeisterung rotes Gesicht, als er die Mädchenschar wahrnahm, die sich neugierig auf der Internatsterrasse versammelt hatte, um ihm zuzuschauen. So drehte er einige Runden und wurde dabei immer schneller.

Da tat es plötzlich einen lauten Schlag. Er hatte die Kurve nicht mehr gekriegt und war auf einen dicken Pfosten gefahren. Er flog über das Motorrad nach vorne und riss sich die Nase auf. Blutüberströmt rappelte er sich unter dem lauten Gelächter der Zuschauerinnen auf. So war die eingedrückte Gabel des Motorrads unsere erste Reparatur.

Die zweite folgte schon nach kurzer Zeit. Da besuchten uns aus Misiones zwei schwäbische Verwandte, die ihr hartes Brot in den Steinbergen um Leandro N. Alem mit der Pflanzung von Ananas und Zitrusfrüchten verdienten. Auch sie blieben bewundernd vor der schweren BMW-Beiwagen-Maschine stehen und stiegen auf meine nonchalante Einladung zu einer Rundfahrt durch die Kolonien eilends ein beziehungsweise auf. Erklärend wies ich bei der Fahrt auf die *Tung-* und *Yerba*plantagen, und anstandslos zog uns die schwere Maschine über Berg und Tal.

Da kam eine starke, vom Regen tief ausgewaschene Kurve. Weil ich die Kurventechnik einer Beiwagenmaschine noch nicht kannte, rummste es, und wir waren in die steile Grabenwand hineingefahren. Der Mann im Beiwagen flog auf die Straße, der andere über mich hinweg. Das bisschen Blut spielte bei den zähen Urwaldmenschen keine Rolle, sie lachten nur. Ich dagegen weniger, denn die Gabel der BMW war schon wieder eingedrückt.

Bei meinem Amtsantritt hatte die Gemeinde elf Predigtplätze. Diese lagen zerstreut in einem Gebiet von 5.000 Quadratkilometern. Die Erdwege, oft nur Urwaldschneisen, waren bei Regen unbefahrbar, in Trockenzeiten mit zentimeterhohem, rotem Staub bedeckt. Die sehr zahlreichen Bäche und Flüsse des Hügellandes wurden auf Holzbrücken überquert, die oft nur aus Balken und aufgelegten Brettern bestanden.

Die Gottesdienste fanden im besten Fall 14-tägig, meist aber monatlich oder gar vierteljährlich statt. So war an eine intensive geistliche und seelsorgerliche Betreuung kaum zu denken. Durch Jahrzehnte hindurch hatte es keine feste Gemeinde vor Ort gege-

Auf der treuen BMW beim Besuch einer Kolonistenfamilie

ben. An den gelegentlichen Besuch eines Reisepfarrers hatte man
sich gewöhnt. Er ging ja immer wieder, nachdem er in wenigen
Tagen alle angefallenen Amtshandlungen erledigt hatte. Das
waren Gottesdienste, Taufen, Konfirmationen und so weiter. Auch
wenn der Pastor einmal eine angesagte Abendmahlsfeier ausfallen
ließ, weil er beim Pokern eines Spielchens in der Bar gerade »so gut
im Stich« war, nahm daran keiner Anstoß. »Das machen wir das
nächste Mal«, eben im nächsten Jahr, »*si dios quiere* – so Gott
will«.

Trotzdem wuchs die Zahl der Gemeinden. Die Familien waren
sehr kinderreich, und immer noch kamen neue Landkäufer hinzu.
Daher beantragte die La-Plata-Kirche für die Haupt- und Zentral-
gemeinde Hohenau beim kirchlichen Außenamt in Deutschland
einen ständigen Pastor, und dieser traf 1954 ein. Er hieß Nübling,
kam aus dem schönen Badnerland, vorerst noch allein, doch die
junge Braut sollte nachkommen. Wie versprochen hatte die
Gemeinde in Hohenau bereits ein Pfarrhaus gebaut; es war eine
der üblichen Bretterbuden. Trotz eifrigem Suchen konnte der Neuankömmling aber keinen Abort finden.

Auf seine Frage verwies der ihn einzuführende Pastor Richert generös auf das grüne Hinterland, durch das sehr idyllisch ein Bächlein floss, in dem man sich auch sehr gut waschen und baden könne. Da wurde es dem 30-jährigen Gottesstreiter vom Kaiserstuhl doch mulmig. Als Kriegsteilnehmer war er ja allerhand gewöhnt, aber so etwas konnte er doch seiner jungen Frau nicht zumuten. Hier war – wie einst in Russland – höchste Eile zum Rückzug geboten! Schon begann er seine Siebensachen wieder zusammenzupacken, als ihn ein paar weitsichtige Gemeindevorstände zum Bleiben überredeten und versprachen, sofort mit dem Bau eines richtigen Pfarrhauses zu beginnen, was dann auch geschah.

Jetzt hatten die evangelischen Gemeinden in Südparaguay, die Gegend wird auch Alto Parana genannt, einen eigenen Pastor. Großartig, nur: »Wer soll das bezahlen, wer hat so viel Geld?« Eine Kirchensteuer kennt man nicht. Das vorläufig noch aus Deutschland kommende Gehalt des Pastors sollte schnellstmöglich durch Beiträge der Gemeindemitglieder aufgebracht und damit eine finanzielle Unabhängigkeit geschaffen werden. Dazu wiederum brauchte man wie beim Gesangsverein »Harmonie« ehrenamtliche Kassierer, die in ihrer jeweiligen Zone einmal pro Jahr den »Kirchenbeitrag«, wie er genannt wurde, einzutreiben hatten. Dieser lag pro Familie und Jahr bei 20 Mark. Die Kassierer lieferten dann diese Gelder an die Hauptkasse, und von dort bekam der Pastor sein monatliches Salär. Es lag weit unter dem eines deutschen Straßenkehrers.

Nun brachte diese bisher unbekannte, neue Finanzierungsmethode allerhand Unruhe in die Reihe der Gläubigen. Kommentare waren zu hören wie: »Was, Geld will der Faulenzer auch noch? Der soll schuften mit Putzhacke und Axt, wie wir auch. Uns gibt auch keiner was! Im Übrigen schwätzt der doch nur!« Nur langsam und im Laufe der Jahre konnten viele solcher Vorbehalte abgebaut werden.

Nübling leistete überaus mühevolle und mit vielen persönlichen Opfern verbundene Arbeit in diesem großen Urwaldgebiet. Er nahm weder auf sich noch auf seine Familie große Rücksicht und schaffte mit der Zeit ein Klima von Respekt und Anerkennung.

Sein guter Ruf schallte bis zu mir nach Posadas hinüber, sodass ich geradezu stolz war, sein Erbe antreten zu dürfen. Bei seinem Weggang im Jahre 1963 stand beinahe an jedem Predigtplatz eine von den Kolonisten selbst erbaute Kirche, und die Gemeindefinanzen hatten sich so entwickelt, dass eine weitere Gehaltshilfe aus Deutschland unnötig wurde.

Im offenen Kirchturm von Hohenau hing sogar eine Glocke von 145 Kilogramm. Sie wurde durch Initiative unseres Heimleiters Thümmler von seiner Heimatgemeinde Berlin-Zehlendorf-Schönow gespendet und läutete sonntags zum Gottesdienst. Aber auch bei Beerdigungen erklang sie immer so lange, bis der Leichenzug vom Trauerhaus am Friedhof angelangt war.

Bei der Übergabe standen die Gemeinden am Alto Parana auf eigenen Füßen. Durch die Initiative des Pastors konnte mit Hilfe des Gustav-Adolf-Werks ein Internat für 35 Schüler gebaut werden. Das »Warum« erkläre ich später. Aber nach der Übergabe von Kirchen- und Kassenbüchern drückte mir der scheidende Kollege noch eine kleine Schuhschachtel in die Hand. Sie war voll mit Geldscheinen, insgesamt mehrere tausend Mark! Dazu meinte er, das sei unverbucht vom Bau übrig geblieben, denn er sei wie der angestellte »Buchhalter« mit dem Aufschreiben nicht immer nachgekommen.

Da wusste ich, dieser Mann besaß neben den Tugenden wie Fleiß, Können und Bescheidenheit auch die der Ehrlichkeit. Ein Umstand, der in Südamerika leider auch bei manchen Pfarrern beider Konfessionen nicht immer vorauszusetzen war. Ich machte meine Erfahrungen, aber lassen wir den Mantel des Schweigens darüber fallen.

Ich erwähnte bereits die Dimension des Gemeindegebiets. Beinahe doppelt so groß wie Luxemburg, zog es sich in nordöstlicher Richtung am Alto-Parana-Fluss entlang. Ich lernte schon bald die vielen und langen Verbindungswege kennen, die zu den einzelnen Filialgemeinden führten und bemerkte ebenso, dass die Arbeit immer maßgeblich vom Wetter und von den Jahreszeiten abhing. Waren die von einem starken Gewitterregen aufgeweichten Erdwege an heißen Sommertagen schon nach zwei oder drei Stunden wieder befahrbar, konnte dies in den kühleren Wintermonaten oft viele Stunden und Tage dauern. So hingen auch die Gottesdienste vom Wetter ab. Wenn es regnete oder kurz vorher geregnet hatte, fielen sie aus, denn es kam niemand.

Die von Hohenau am weitesten entfernte Gemeinde heißt Capitan Meza. Sie war eine Gründung des Hamburger Naturforschers F. C. Mayntzhusen. Dieser kam 1901 mit seinem Vollbluthengst aus dem Süden angeritten und erfuhr über die Holzfäller und Ochsentreiber vom Schicksal der dort lebenden Guayaki-Indianer. Als ihm zwei dieser Erzähler begeistert berichteten, wie sie einer schwangeren Indianerfrau den Kopf abgeschlagen und anschließend den Bauch aufgeschlitzt hätten, um zu sehen, wie so ein Kind im Mutterleib aussähe, da fasste der Hamburger den Entschluss, in der dortigen Gegend Land zu erwerben und diesen Menschen zu helfen.

Nur mit viel Mühe und großer Geduld konnte er nach Jahren das Vertrauen dieser scheuen Indianer gewinnen. So gründete er an den Ufern des Parana im Jahr 1907 die Kolonie Mayntzhusen, später umbenannt in Capitan Meza. Er lebte mit den Indianern zusammen, bemühte sich aber gleichzeitig um deutsche Einwanderer, die im Laufe der Jahre aus Brasilien und Pommern, später auch aus Schwaben und Österreich einwanderten.

Da ihm auch eine geistliche Betreuung dieser neuen Ansiedlung am Herzen lag, lud er 1911 einen evangelischen Reisepastor ein. Es wird erzählt, dass bei diesem ersten Gottesdienst sowohl Siedler als auch Indianer auf den Holzbänken saßen. Hier begann die Gründung dieser Kirchengemeinde.

Bis Ende der 50er Jahre war Capitan Meza von Hohenau aus nur über den Flussweg zu erreichen. Dann wurde eine Schneise, sprich Straße, durch den Urwald geschlagen, sodass ich den Weg dorthin mit meiner BMW in zwei Stunden schaffte – wenn alles glatt lief, was öfters nicht der Fall war.

Ratterte der Pastor dann mit seinem Motorrad am Sonntagmorgen an einer der Außenfilialen ein, war die Gemeinde bereits vor der Bretterkirche versammelt. Die Männer in ihren Strohhüten mit Hemd und Hose bekleidet, oft noch barfuß, drehten ihre Zigaretten aus Maisstroh und dem penetrant riechenden schwarzen Stangentabak und verhandelten dabei über eine Muttersau oder Milchkuh. Die Frauen und Mädchen standen in Gruppen etwas abseits, und natürlich hatte man sich auch hier viel von dem zu erzählen, was in den letzten Wochen alles geschehen war. Hatte es bei der Anfahrt eine Verspätung gegeben, vielleicht durch einen Nagel im Reifen oder einen unvorhergesehenen Sturz, dann wartete man eben. Gleich zog einer seine abgenutzten Spielkarten aus der Hosentasche, man setzte sich ins Gras und es wurde »geklopft«. Schon konnte auch ein Flachmann mit Zuckerrohrschnaps die Runde machen. War ich dann eingetroffen und hatte mir im Kirchenraum den Talar übergezogen, von den Leuten »der schwarze Mantel« genannt, dann kam es vor, dass ich den Bretterladen aufstieß und hinaus rief: »Auf geht's, macht, dass ihr reinkommt, wir fangen an!« Und dann kamen sie.

Ebenso konnte es aber auch passieren, dass mir bei der Angabe von fünf Versen eines Gesangbuchliedes einer laut durch die Versammlung schrie: »Drei reichen auch!« Lassen wir ihn Recht behalten, er wird sich überaus wichtig vorkommen und beim nächsten Gottesdienst wahrscheinlich nicht fehlen! So sangen wir eben nur drei Verse. Meine Methode hieß: »Suche und finde immer zuerst den menschlichen Kontakt und erst dann komm mit deiner Botschaft!«

Eine geradezu durchschlagende, unschätzbare Rolle bei dieser Kontaktsuche spielte mein Akkordeon. In der Hohenauer Kirche stand ein wurmstichiges Harmonium, das von seinem Organisten, dem Lehrer Krüger, mit großer Hingabe und Inbrunst getreten wurde. Krüger war Mitte der 30er Jahre von der Periodisten-Fachschule in Berlin von Goebbels persönlich gefeuert worden, weil er nicht in das politische Konzept passte. Daraufhin wanderte er nach Paraguay aus und verdiente sich als Lehrer in den kleinen Kolonieschulen sein hartes Brot.

Auch in der sehr abgelegenen, kleinen Kolonie Alborada gab es noch ein Harmonium. Es stand bei Hess, einem entlassenen Pfarrer aus Sachsen, im bescheidenen Holzhaus seiner Familie, aber ihm war im Lauf der Jahre die Luft total ausgegangen. Der von den Motten zerfressene Blasebalg blies beim Treten ganze Wolken von Staub aus dem Instrument, die Tasten waren von gelegentlichen Regentropfen durch das undichte Schindeldach aufgequollen und blieben aneinander kleben, die Flöten waren unglaublich verstimmt oder durch Wespennester verstopft, kurzum, auch diese Musikbegleitung fiel mit der Zeit ganz aus.

Immerhin konnte der mit viel Mühe und Geschick vom Internatsleiter Thümmler – er kam mit seiner Frau aus Berlin – aufgebaute Posaunenchor hie und da aushelfen. Aber dies waren die Ausnahmen. Die weiten und beschwerlichen Strecken wurden schon aus finanziellen Gründen nur zu besonderen Anlässen unter die Räder genommen.

So sprang das Akkordeon in die Bresche. Dazu fand ich, dass dieses volkstümliche Instrument viel besser in eine zugige Bretterkirche passte als eine feierliche Orgel. Natürlich war sein Transport auf dem Motorrad eine besondere Belastung. Sie spielte erst später, als ich ein Auto hatte, keine Rolle mehr.

Das Akkordeon! Da kamen Leute oft kilometerweit geritten, gefahren oder gar gelaufen, nur wegen der »Musik«. Das war eine Abwechslung in ihrer Urwald-Einsamkeit! Übrigens war es ja dieselbe Methode, mit der 300 Jahre zuvor die Jesuiten die wilden und scheuen, aber sehr musikalischen Guaraní-Indianer aus dem Busch gelockt hatten.

Allerdings war es hier und da nicht zu vermeiden, dass ich bei 40 Grad Innentemperatur, vom Gottesdienst schweißnass, im Anschluss zurückgehalten und gebeten wurde, »noch eins aufzuspielen«. Die Leute kannten noch viele der Lieder, die sie selbst oder ihre Vorfahren aus der alten Heimat mitgebracht hatten. Da tönte es dann ganz heimatlich durch die blühenden *Tung*pflanzungen, über grüne Palmen und den dahinfließenden Regenbach.

Und dabei, oh Wunder, kam es sogar vor, dass sich ein Mann bekehrte. Er hieß Eno, hatte pechschwarzes Rollenhaar, denn unter seinen Vorfahren hatte irgendwann auch mal ein »Negersklave« mitgemischt. Von der Kirche und einer geregelten Arbeit hielt er nicht viel, dafür streifte er tagelang als Jäger durch die Wälder. Nur ganz selten konnte ihn seine Frau zum Gottesdienst mitschleppen. Aber gerade an so einem Glückstag geschah es, dass ich im Anschluss das Jägerlied spielte und sang: »Im grünen Wald, dort wo die Drossel singt.« Damit fühlte er sich so persönlich als Jäger angesprochen, dass er ab sofort Ernst machte mit dem Glauben an Christus und danach zu meinen treuesten Gemeindemitgliedern zählte. Ich lernte, dass Gottes Wege und Gedanken tatsächlich und sehr oft den unseren entgegenstehen, und auch, dass Gott nicht immer nur dort ist, wo wir glauben, ihn herbeipredigen zu müssen.

Unter den Gemeindegliedern gab es nicht wenige, die kaum lesen und schreiben konnten. Die »Deutschländer«, so wurden die direkt aus Deutschland Eingewanderten genannt, natürlich ausgenommen. Die aus Brasilien Weitergewanderten nannten sich die »Deutschen«. Als mich einer von ihnen einmal nach dem Lied »Ein feste Burg ist unser Gott« fragte, was denn eine Burg sei, er kenne nur die Gurk, also eine Gurke, da war mir klar, hier kannst du nicht einfach genug predigen. Denn wie soll eine Botschaft ankommen, wenn sie nicht verstanden wird, und wie soll ein Mensch sich verändern, wenn er nicht kapiert hat, um was es geht?

Ebenso lernte ich, dass es vergeudete Zeit ist, um den heißen Brei herum zu predigen. Klartext war angebracht, ich musste deutlich und direkt sagen, was man denkt und was die Bibel sagt. Und warum nicht auch nach dem Motto: »Auf einen groben Klotz gehört ein grober Keil.«? Denn wer saß da vor mir auf diesen wackeligen Holzbänken? Da gab es welche, die sich tödlich hassten oder die schon einen »umgelegt« hatten.

Ich erinnere mich an X, welcher immer zum Abendmahl kam. Er hatte vor Jahren einen Rivalen bei seiner Angebeteten im Fluss verschwinden lassen, das wusste alle Welt. Aber zu einer Verurteilung kam es nie, weil der Friedensrichter die Akten in der Schubla-

Ein Gottesdienst in Alborada

de liegen ließ und dafür Gegenleistungen erhielt. Ging ihm bei einem Saufgelage das Geld aus, konnte er X auch mitten in der Nach durch einen Boten aus dem Bett holen und zur Kasse bitten lassen. Hier war Klartext geboten, bei aller Liebe zu den armen Sündern, von denen man ja selbst einer war. So konnte es passieren, dass mir Marianne nach einem Gottesdienst zuraunte: »Heute hatte ich Angst, sie hauen dir im Anschluss die Hucke voll!« Es ist aber nie passiert. Übrigens wurde der Sohn von X nach vielen Jahren ebenfalls ermordet.

Noch etwas galt es zu lernen: Während der Gottesdienste ging es oft überaus laut und lebhaft zu. Wollten die jüngeren Mütter zur Kirche, konnten sie ihre Säuglinge und Kleinkinder nicht allein im einsamen Bretterhaus zurücklassen, denn man erzählte die schauerlichsten Geschichten von den Wanderameisen.

Diese ungemein kriegerische und mit großen scharfen Zangen ausgerüstete Ameisenart wälzt sich, plötzlich und unerwartet, in geschlossenen Massen heran und überfällt Mensch und Tier. Säuglinge seien bei so einem Durchmarsch schon buchstäblich abgenagt worden. So brachten die Mütter ihre Säuglinge auf dem Arm mit. Dicht zusammengedrängt, in der Sommerhitze bei 50 oder noch mehr Graden in dem Gebäude, fingen diese an zu brüllen, bekamen die Brust und machten in die Windeln. Dies war wohl nicht zu sehen, aber zu riechen.

Auf alle Fälle musste der Prediger diesen Lärmpegel mit verstärktem Stimmenaufwand zu übertreffen versuchen, und diese Gewohnheit behielt ich bei, zum Glück ohne Spätfolgen. Als ich nach Jahren wieder in Deutschland war, konnte man zu hören bekommen: »Heute brauchen wir keinen Lautsprecher, es kommt der Held.« Das brachte auch Vorteile, besonders für die schwerhörigen alten Menschen.

War das Geschrei eines Säuglings aber zu andauernd, wäre es falsch gewesen, der Mutter das Verlassen des Raumes anzuraten. Sie wäre natürlich gegangen, vielleicht recht beschämt, aber mit Wahrscheinlichkeit nie mehr gekommen. War der Rat dagegen mit der besorgten Feststellung verbunden, dass die schlechte Luft im Lokal sicherlich die Ursache sei und die könnte dem Kind gar schaden, dann bekam die Sache sofort ein anderes Gesicht.

Besonders freut es mich bis zum heutigen Tag immer, wenn im

Gottesdienst gelacht wird. Die Anlässe dazu konnten sehr verschiedener Art sein: Eine plötzliche witzige Zwischenbemerkung bei Predigt oder Liturgie, ein Verdreher oder Versprecher, das Beffchen rutscht wegen heftiger Armbewegungen zur Seite oder die Brille fällt von der Nase, die verschwitzte Hose rutscht nach unten oder eine hartnäckige Wespe umsummt den genervten Prediger. Auch eine plötzlich durch die Kirchentür hereinspazierende, schnatternde Gänseschar erregte große Heiterkeit, ebenso die neugierige Kuh, die ihren Kopf durch den Fensterrahmen streckte.

Auch der struppige Hundeköter, der kläffend um den Altar sprang und dem Pastor, der ihn vergeblich greifen wollte, immer wieder entwischte. Ach, war das schön! Das Volk lachte. Es waren nicht eingeplante Sondereinlagen, aber so mancher kam zum nächsten Gottesdienst wieder in der schieren Hoffnung, dass vielleicht wieder etwas Besonderes los sei.

In späteren Jahren wieder in Deutschland, fragte mich einmal ein junger Kollege recht niedergeschlagen, wie ich das denn mache, dass die Leute bei mir in der Kirche lachten? Er erzähle doch auch Witze, aber keiner lache. Nun, ich habe nie Witze erzählt im Gottesdienst, dazu war mir die Sache viel zu ernst. Aber ich bin auf jede komische Situation eingegangen, habe dazu das gesagt, was mir gerade einfiel, ohne jede Ängstlichkeit, ich könnte mich dabei blamieren. Wenn es dann trotzdem passierte, war die Freude beim Publikum umso größer. Denn nichts ergötzt den Menschen so wie die Fehler, die andere machen.

Da der Kontakt zu den weit verstreuten Außengemeinden, bedingt durch die Witterungsverhältnisse, oft wochen-, ja monatelang unterbrochen war, galt es, noch andere Kommunikationsmittel zu suchen. Dazu gründete ich ein Gemeindeblättchen mit dem Namen »Der christliche Hausfreund«. Er erschien alle drei Monate. Dabei war mir von vornherein klar, dass es mit den üblichen Gemeindenachrichten, Gottesdienstterminen und Kurzandachten nicht getan war. Da musste etwas hinein, das die Neugier weckte und das auf eine lustige Art den Kolonistenalltag mit seinen Banalitäten schilderte. Der Leser musste zu der Überzeugung kommen: »Genau so ist es und nicht anders!«

So verfasste ich zu anstehenden Problemen, beispielsweise den nicht eingehenden Kirchenbeiträgen, Gedichte. Dazu kopierte ich aus dem Wilhelm-Busch Album zum Thema passende Zeichnungen. Als äußerst mühsam entpuppte sich meine Absicht, die Menschen mit Leserbriefen aus der Reserve zu locken. Weil mir der anfangs gestaltete Briefkopf mit einem christlichen Symbol nicht griffig genug erschien, zeichnete ich im Wechsel die jeweiligen Kirchen beziehungsweise Versammlungsschuppen der Filialgemeinden auf den Briefkopf. Als ich dann mit allen zehn durch war, ließ ich von einem Tiroler Künstler namens Schwach, er lebte in der Hauptstadt Asuncion in sehr ärmlichen Verhältnissen, einen Wandersmann malen, der forsch und in Vertrauen auf Gott durch die Urwaldlandschaft marschierte.

Schon nach einigen Jahren war ich aber gezwungen, das Blättchen nicht mehr vor, sondern erst nach dem Gottesdienst auszuteilen, weil sonst das Volk noch während der kirchlichen Handlung zu lesen anfing. Da wusste ich: Hausfreund, das Ziel ist erreicht! »Ihr Blättchen roch so nach Erde«, sagte mir später einmal der Hauptredakteur des Württembergischen Gemeindeblattes.

Aber dass mein Haarausfall gerade mit diesem redaktionellen Unternehmen in engem Zusammenhang stand, sollte keiner bezweifeln. Es war eine mühselige Kurbelei mit dem Gestetner-Apparat, stunden-, manchmal sogar tagelang oben im Turmstübchen unserer Hohenauer Kirche, um die Blätter zu hektographieren. Kam zu der Hitze noch eine Luftfeuchtigkeit von 98 Prozent hinzu, lief das Papier nicht. Alles klebte, die aufzutragende, schwarze Paste zerlief, die Finger waren schwarz, die Blätter ver-

Unser Gemeindeblatt in Hohenau erschien von 1963 bis 1977.

schmutzt und plötzlich, oh Schreck, riss das Metallband der Maschine. Ein neues war, wenn man Glück hatte, nur in der Landeshauptstadt zu bekommen, die 400 Kilometer entfernt lag. Die Post brauchte mindestens acht Tage. Aber was soll's: Wer keine Haare lassen will, muss zu Hause bleiben. Die Auflage lag am Schluss bei 800, und so langsam formierte sich auch eine Gruppe von Leserbrief-Schreibern.

Da besonders in der Regenzeit viele Gottesdienste ausfielen, machte ich ständig und intensiv auf die Radiosendungen aufmerksam, die auch in deutscher Sprache täglich vom christlichen Sender Radio Transmundial von der Insel Bonaire (den holländische Antillen) ausgestrahlt wurden, allerdings nur auf den Kurzwellenbändern besserer Radiogeräte. Unsere Kolonisten hatten aber in der Regel nur die billigen Mittelwellenradios.

Um Abhilfe zu schaffen, schloss ich mit einem Russen in Encarnacion einen Vertrag. Er war Rundfunkmechaniker und hatte eine Werkstatt. Er sollte mir preiswerte, aber trotzdem solide Empfänger bauen mit dem 19-Meterband. Ebenso sollte auch noch das 80-Meterband der Funkamateure eingebaut werden, auf dem ich selbst jeden Abend zu hören war. Aber davon später. Zirka 80 Apparate wurden produziert. Sie funktionierten recht gut und konnten, wenn die Käufer gerade kein Geld hatten, auch in Raten, natürlich zinslos, bei mir abbezahlt werden.

Ich sah wohl voraus, dass der eine oder andere Kunde bei der Rückzahlung »hängen« bleiben würde. Aber wo gehobelt wird, fallen bekanntlich Späne, und die christliche Botschaft auch im letzten Urwaldwinkel war mir wichtiger als die verlorenen Moneten. Gerade diese christlichen Radiosender haben maßgeblich dazu beigetragen, dass nicht wenige meiner Schäflein zum Glauben fanden.

1968 bekamen wir Besuch vom Direktor des deutschen Zweiges von Radio Transmundial aus Wetzlar, Horst Marquardt. Er kam mit Wilfried Mann, einem ehemaligen Opernsänger, aus dem benachbarten Misiones in einem Boot über den kilometerbreiten Parana-Strom gerudert. Wir holten die Besucher bei schon anbrechender Dunkelheit am paraguayischen Ufer mit unserem alten Ford A ab. Sie wunderten sich sehr, als ein Beifahrer mit einer Taschenlampe den holperigen Erdweg vorausleuchtete.

Im Zusammenhang mit unserem »Tomaten-Schuhmacher« habe ich oben den Polizeikommissar erwähnt. Noch während des Studiums hatten wir in der argentinischen Literaturgeschichte auch »Martin Fierro« durchgenommen. Diese volkstümliche Dichtung des Argentiniers José Hernandez (1834–1886) schildert auf hervorragende Weise das Leben des *Gauchos* in der melancholischen *Pampa*landschaft Argentiniens. Dabei gibt der alte *Gaucho* auf poetische Weise dem jungen Begleiter von Pferd zu Pferd Ratschläge aller Art, die aber durchweg auch für den *Gringo* zu beherzigen sind, vorausgesetzt, er hat ihre Wichtigkeit erkannt. So gibt der Alte einmal den gerade für Südamerika wahrhaft philosophischen Rat:

> *Hacéte amigo del Juez*
> *No le des de qué quejarse,*
> *Y cuando quiera enojarse,*
> *Vos te debés encoger,*
> *Pues siempre es güeno tener*
> *Palenque ande ir a rascarse.*

Zu Deutsch:
> *Mache dich Freund mit dem Richter,*
> *gib ihm keinen Anlass zur Klage.*
> *Und wenn er sich ärgern will, beuge dich,*
> *denn es ist immer gut,*
> *wenn man einen Peitschenstiel hat,*
> *mit dem man sich kratzen kann.*

Die *Gaucho*peitschen sind kurze, in Rohhaut eingenähte Holzstiele, ungefähr 30 Zentimeter lang. An ihrem Vorderteil ist eine breite, ebenso lange Lederschlinge angebracht, mit der man auf die Hinterbacke des Pferdes schlägt. Beißt es einen auf dem Rücken, kann man sich mit dem Stiel bequem kratzen. Dem Sinne nach: Man muss sich mit den Autoritäten jeder Art gut stellen. Man braucht sie über kurz oder lang, wenn einen ein Problem »zwickt«.

So gehörte zu meiner vordringlichsten Absicht, auch in Hohenau, der Antrittsbesuch beim Polizeikommissar. Er war ein freundlicher und wie mir schien vernünftiger Mann. Zum besseren Einstand gab es ein Taschenmesser »Made in Germany«. Wir versicherten uns gegenseitige Freundschaft, und sie hat gehalten.

Die Polizeikommandantur lag im Zentrum von Hohenau. Es war ein Bretterhaus größeren Formats mit einer überdachten Veranda zur Straße. Hier saß gewöhnlich der Kommissar, schlürfte genießerisch seinen *Mate* und beobachtete wachen Auges die vorbeifahrenden Autos und Ochsenkarren. Jeden Morgen und Abend wurde vor angetretener Mannschaft die rot-weiß-blaue Fahne Paraguays gehisst, beziehungsweise eingeholt. Dabei wurden die alten Karabiner Modell 98 stramm präsentiert.

Führte mich mein Weg gerade vorbei, blieb ich immer ehrfurchtsvoll und in aufrechter Haltung stehen. Dies wurde nicht nur bemerkt, sondern mit sichtbarer Genugtuung zur Kenntnis genommen. Als an einem Nationalfeiertag, man gedachte aller in den Kriegen gefallenen Soldaten, eine Trauerminute im ganzen Land ausgerufen war und zur festgesetzten Minute das Trompetensignal über alle paraguayischen Radiostationen ertönte, da läutete von der evangelischen Kirche in Hohenau die Glocke, und die am Ehrenmal angetretene Polizeiformation samt der versammelte Bevölkerung erstarrte noch mehr in Ehrfurcht – aber auch, wie ich meinte und später immer wieder spürte, aus Respekt und Sympathie zu unserer evangelischen Sache. Diese Geste wurde sogar, so berichtete man mir, an die höchsten Regierungsstellen weitergemeldet.

Am Eingang zur Polizeistation stand bei Tag und Nacht ein Posten. In Paraguay werden die jungen Männer bereits ab dem 16. Lebensjahr zum Militär eingezogen. Die Dienstzeit dauert zwei Jahre. Nach der üblichen militärischen Ausbildung werden die jungen Soldaten dann für alle möglichen Zwecke eingesetzt. Sie sind als billige Arbeiter auf den *Estancias* von Generälen ebenso zu finden wie als Hausburschen, Gärtner oder Lakaien derer *Señioras*. Aber vor allem bilden sie im ganzen Land die Besatzung der Polizeikommissariate. Auf diese Art spart sich der Staat einen kostspieligen Polizeiapparat.

Die sechs Hohenauer Soldaten waren in einem Raum mit Doppelbetten untergebracht und kochten sich selbst jeden Tag auf einem Holzherd ihren Eintopf. Die Rohmaterialien wie Nudeln, Reis, Mais, Salz und Rinderfett wurden ihnen geliefert. Einen Wehrsold gab es nicht. Natürlich bekam jeder seine einfache Uniform mit Stiefeln. Allerdings konnte ich die jungen Kerle auch barfuß auf der Straße hinter einem Delinquenten hinterherrennen sehen, wahrscheinlich, weil es ohne die ungewohnten Schuhe viel schneller ging. Stellten die Anwohner der Polizeistation aber einen plötzlichen Schwund ihrer im Freien herumlaufenden Hühnerschar fest, dann war mit Sicherheit anzunehmen, dass sie im Kochtopf der Soldaten gelandet waren.

Das wusste man, machte davon aber kein Aufheben, denn gegen die Staatsgewalt vorzugehen war immer unklug. Sie war die beschützende Autorität, und schließlich war es ja auch verständlich, dass sich die hungrige Besatzung den alltäglichen Maiseintopf mit einer Einlage verbessern wollte. Ich hätte es, in Erinnerung an vergangene Zeiten, ebenso gemacht.

So kam es, dass ich des Öfteren einen Sack Mehl oder Nudeln abladen ließ, wenn mir der Kommissar klagte, dass schon vier Wochen keine Lebensmittel mehr von der Verwaltungsstelle angeliefert worden seien. An einem sehr kalten Winterabend sah ich im Vorbeigehen, dass der Wachsoldat nur eine leichte Sommeruniform trug und mächtig fror. »Ach, in Deutschland werden doch auch die Mäntel der Bundeswehr von Zeit zu Zeit ausgemustert«, so dachte ich, und schrieb einen Brief an den damaligen Militärbischof. Ich hatte dabei nur an die sechs Soldaten in Hohenau gedacht. Der Bischof antwortete umgehend mit einer Zusage. Was für eine Freude.

Aber kurz darauf wurde das Unternehmen blitzartig abgeblasen. Was war geschehen? Der Bischof hatte meine Bitte an die höchsten Stellen vom Bund weitergeleitet und von dort auch eine Zusage für »Lieferungen ausgemusterter Militärmäntel an das paraguayische Militär« erhalten. Als man sich an die paraguayische Botschaft in Deutschland wandte und um entsprechende Anweisungen, den Versand betreffend, bat, fielen die Paraguayer aus allen Wolken. Was für eine Blamage! Abgetragene Mäntel für unsere ruhmreiche paraguayische Armee? Man hatte den blanken Nerv des stolzen Volkes getroffen. »Wir sind ja schließlich auch etwas wert!«, und sie hatten Recht.

Viel erfreulicher verlief dagegen eine andere Polizeiaktion. Ich hatte beobachtet, dass die Polizisten bei der Verfolgung von Delinquenten sehr oft getrennt und natürlich zu Fuß in den Kolonien herumliefen und suchen mussten, ohne Kontakt zueinander zu haben. Also mussten Funkgeräte her. So schrieb ich an den Polizei-präsidenten von Württemberg und schilderte ihm die Lage seiner »Kollegen«. Es klappte. Eines Tages trafen drei nagelneue Geräte in Hohenau ein. Sie wurden in einem öffentlichen feierlichen Akt der Hohenauer Polizei übergeben, und damit war diese konkur-renzlos geworden am Alto Parana.

Natürlich stand der Pastor mit seinem späteren VW-Pritschen-wagen auch der Polizei mit Sondereinsätzen zur Verfügung. Da bat man, die Leiche einer im Hospital aufgrund eines Schlangenbisses gestorbenen Frau in ihren *Rancho* zu transportieren, natürlich ohne Sarg, nur so hintendrauf. Es war mir eine große Beruhigung zu wissen, dass die Leiche nichts mehr spürte von dem Geholper und Gepolter, da sie auf der Fahrt über Stock und Stein hin und her geworfen wurde.

Meine Freundschaft mit dem Kommissar trug viele Früchte. Einmal rettete er mich aus einer ziemlich heiklen Situation. Das kam so: Während meiner Zeit in Posadas lernte ich dort einen Polizeimeister kennen, der Chef der Waffenkammer war. Bei ihm konnte man, natürlich unter der Hand, gebrauchte Waffen aller Art erstehen. Für ihn war es ein Zubrot. Wie er die Nummern dann aus seinen Bestandslisten löschte, war seine Sache. Ihn besuchte ich gelegentlich von Hohenau aus, da ich für Schnäpp-chen dieser Art immer zu haben war.

Da bot er mir eines Tages eine ganz exklusive Waffe an. Es war ein US-Hinterladergewehr von Remington aus dem Jahr 1870, brandneu, eingefettet und noch in der Verpackungskiste. Eine Sammlerwaffe ersten Ranges. Der Preis lag wohl nahe bei einem Monatsgehalt, aber die Gelegenheit kam nimmer, so schlug ich zu.

Nur, wie sollte ich das Gewehr nach Paraguay bringen? Einen Revolver, na ja, den versteckte man am Zollübergang unter der Jacke, aber dieser überlange Bärentöter? Hier kam nur einer der kleinen Grenzübergänge im Oberlauf des Parana-Flusses in Frage. Auch diese waren mit Gendarmerieposten besetzt, aber wenn man gerade zur *Siesta*zeit kam, bestand die Möglichkeit, dass man unbeobachtet in das kleine Ruderboot des Fährmannes steigen und übersetzen konnte. So charterte ich einen jungen Mann, der mich sowieso besuchen wollte und der sich dazu gleich bereit erklärte.

Aber alles, was man nicht selber macht ... Der Jüngling bewegte sich im Grenzgebiet so auffällig, dass er sofort geschnappt wurde. Beim Verhör erklärte er die Sachlage und nannte dabei natürlich meinen Namen, also den des Pastors von Hohenau. Darauf rief die Gendarmerie das Ministerium in Encarnacion an, meldete den Vorgang, und weil gerade in diesen Tagen ein Besuch des Präsidenten Stroessner in unserer Zone angesagt war, wurde man sofort hellhörig. Sollte hier am Ende ein Attentat geplant sein und dazu die Tatwaffe ins Land gebracht werden?

Der Hohenauer Kommissar wurde sofort verständigt, dieser rief mich an und ich erklärte die Situation. Daraufhin informierte er nicht nur seine Dienststelle, sondern beruhigte sie auch. Pastor Held sei absolut unverdächtig und »sauber«. Der Fall war erledigt. Der Peitschenstiel hatte funktioniert, denn ein *amigo* lässt den anderen nicht im Stich. So kehrte auch bei mir die Nachtruhe wieder ein.

Nur der junge Mann kam nicht so glimpflich davon. Er wurde beinahe eine Woche vom Polizeiposten eingesperrt und musste täglich das Holzgebäude nass auswischen und andere Arbeitsdienste verrichten. Das Gewehr war natürlich verloren. Ich hütete mich aber wohlweislich, in der Sache noch etwas zu unternehmen. Man soll schlafende Hunde ja nicht wecken.

Als ich Hohenau 1977 verließ, blieb mir auch der dunkelhäutige Kommissar in guter Erinnerung. Als wir uns nach 25 Jahren wieder sahen, er war schon außer Dienst, umarmte er mich und bekam ganz nasse Augen, genau wie ich.

In Hohenau lernte ich auch das Produkt *Tung* kennen. Es ist ein chinesisches Wort und bedeutet »Osten«. Von dort, seinem Heimatland, dem mittleren China, wurde dieser Baum nach Südamerika eingeführt. Er gehört zur Familie der Wolfsmilchgewächse, wird etwa fünf Meter hoch und blüht wunderschön weiß, ähnlich wie bei uns die Kirschen. Seine bis zu fünf Zentimeter großen Früchte haben eine Schale und enthalten walzenförmige Samen, die ausgepresst ein besonderes Öl ergeben.

Es wurde von der chemischen Industrie zu einer besonders widerstandsfähigen Farbe verarbeitet und war gerade in den Nachkriegsjahren in der Rüstung im Flugzeug- und Schiffsbau weltweit sehr gefragt. Der damit verbundene Boom erfasste auch in Paraguay viele Kolonisten. Sie schlugen mehr und immer mehr Urwald um und legten *Tung*-Pflanzungen an. Sie versprachen weitaus bessere Gewinne als *Yerba*, *Mate*, Mais und Schweinezucht.

Aber der Traum von Reichtum und Wohlstand ging bald wieder zu Ende. Schon nach wenigen Jahren konnte die Industrie das Öl synthetisch herstellen, die Preise fielen ins Nichts und die Bäume fielen der Axt zum Opfer. Dieser Wechsel ruinierte so manchen Kleinbauern, dem mit dieser erneuten Umstellung die Luft ausging. Manches Mal stand dann so ein armer Kerl vor der Pfarrhaustür, bat um einen bescheidenen Kredit, und ich gab ihn, natürlich zinslos. Aber manchmal kam auch diese Hilfe zu spät, und ich wurde plötzlich Besitzer von einem Paar Zugochsen oder gar einem Grundstück. Das gaben sie als Entschädigung, denn den Pastor wollte man nicht enttäuschen.

Die verschuldeten Bauern suchten oft noch als letzten Ausweg Kredit bei einem cleveren Geschäftsmann deutscher Abstammung. Dieser war als Wucherer bekannt, bei sechs Prozent Zinsen monatlich zog er den armen Teufeln das Geld aus der Tasche. Er kassierte dann auch unbarmherzig ihren Grundbesitz. So blieb mancher auf der Straße. Ich träumte von der Gründung einer kleinen Genossenschaftsbank für solche Härtefälle, aber ein dafür notwendiges Startkapital war bei meinem bescheidenen Gehalt von etwa 300 Mark nicht möglich.

Schon wenige Monate nach meiner Ankunft hatte es sich herumgesprochen, dass der Pastor ein großer Pferdeliebhaber sei, und schon kam auch der erste Verkäufer auf einem geschniegelten, glänzenden Braunen angeritten. Das wie es schien überaus lebhafte Pferd wurde von seinem Reiter durch sanften Sporendruck zum Tänzeln animiert, sozusagen als Beweis seiner Jugendlichkeit.

Mir machte er aber nichts vor. Ob der Besitzer zusätzlich noch einen Nagel unter den Sattel gelegt hatte, denn da macht selbst der älteste Klepper noch die reinsten Bocksprünge? Nach meiner Zahnkontrolle dürfte auch das angegebene Alter nicht gestimmt haben, aber schließlich kaufte ich den *Muchacho*, den Jungen. Zumal ich beruhigt feststellen konnte, dass man seine angegraute Mähne und die Schwanzhaare nicht mit brauner Schuhwichse aufgefärbt hatte.

Ich habe den Kauf nicht bereut. Aber dann hörte ich von den Mennoniten im Chaco, die dort eine hervorragende Pferdezucht mit importierten Hengsten aus Argentinien betreiben sollten. Das interessierte mich, dort musste ich hin. Vielleicht könnte ich ein Tier kaufen und die 800 Kilometer nach Hohenau zurück reiten?

Aber zuerst etwas über die Mennoniten. Diese Glaubensgemeinschaft hat ihren Namen von dem niederländischen Priester Menno Simons, der zu der linksradikalen Richtung der Reformationsgruppen zählte. Um den damals üblichen Verfolgungen zu entgehen, verließ er mit seinen Anhängern die niederländischfriesische Heimat. Die Mennoniten wurden die nächsten vier Jahrhunderte zu einem Wandervolk, das aber nie seine Identität verloren hat. Fleiß, biblische Sittenstrenge und die Bereitschaft, auch unter den schwersten Bedingungen ein Fortkommen zu sichern, all das machte sie zu einem hoch erwünschten Kolonisationselement.

So kamen sie 1926 in die gefürchtete Salzsumpfsteppe des paraguayischen Chacos. Denn nur für dieses Gebiet erhielten sie ihre vom Staat geforderten Privilegien wie Befreiung vom Militärdienst, langjährige Steuerfreiheit, Recht auf Selbstverwaltung, eigene Schulen und Gerichtsbarkeit. In drei Einwanderungsgruppen in den Jahren 1926, 1930 und 1947 trafen sie aus dem Herkunftsland Russland ein, wohin Zarin Katharina II. einst ihre Vorfahren gerufen hatte. Auch dort hatten sie die bereits erwähnten Privilegien, die aber im Laufe der Zeit immer mehr aufgeweicht und ignoriert wurden. Bei der letzten Welle handelte es sich um eine starke Gruppe, die im Verlauf des Zweiten Weltkriegs mit den deutschen Truppen das Land des Bolschewismus verließ. Ihre Ansiedlungen im Chaco heißen Menno, Filadelfia, Neuland und so weiter. Ihre Sprache ist bis heute noch das Plattdeutsch.

Es war im Oktober 1963, als nach beinahe zweitägiger Reise der wackelige, stinkende Bus in die Hauptstraße von Filadelfia einbog. Die roten Backsteinhäuser der langgestreckten Straßensiedlung hatten wie in Niedersachsen am First gekreuzte Pferdeköpfe. Davor standen Gärten mit vielen bunten Blumen, und schon trabten auch die ersten, hochrädrigen Pferdewagen an uns vorbei und wirbelten den Staub auf. »Mensch, haben die Pferde!« – Mein Herz schlug um zwei Stockwerke höher.

Männer mit breiten Strohhüten schwangen die Peitsche, und daneben saßen die Frauen in weiten, hochgeschlossenen und meist dunklen Gewändern. Es gab am Ort eine einzige Familienpension, dort wurde ich in ein bescheidenes Zimmer eingewiesen. Da gerade *Siesta*zeit war bei brütender Hitze, legte ich mich aufs Bett und döste unter dem Gesumme unzähliger Fliegen sowie unter den Klängen einer Schallplatte ein, die der Wirt, er hieß Penner, zum Empfang für mich aufgelegt hatte. »Zu Hause, zu Hause, da werden wir uns wiedersehn, und alles wird noch mal so schön!« Im Einklang mit meiner damaligen Stimmung konnte ich dieses Lied mein Leben lang nicht mehr vergessen.

Am nächsten Tag besichtigte ich die große landwirtschaftliche Genossenschaft und – was mich besonders interessierte – ihre Käserei. Eine wahre Meisterleistung und Pioniertat. Wenn man bedenkt, wie groß allein das Wagnis der Kühllagerung des Milchprodukts ist, wenn man sein Augenmerk auf die Temperaturen richtet, die oftmals bis zu 46 Grad erreichen, konnte trotzdem eine Qualität erreicht werden, die in ganz Paraguay einmalig war. Genauso hatten diese tüchtigen Bauern aus der Salzsteppe nicht nur große Anbauflächen geschaffen, sondern auch mit der Einfuhr von widerstandsfähigen Weizensorten erreicht, dass trotz der vielen, monatelang andauernden Dürreperioden ein annehmbarer Ertrag erzielt werden konnte.

Aber wie immer sahen es die Mennoniten als ihre vordringlichste Aufgabe an, den Heiden, in diesem Falle den Indianern, das Evangelium näher zu bringen. Sie lasen mit ihnen die Bibel, nahmen ihre Kinder in die Familien auf und versuchten, ihnen trotz der riesigen Sprachschwierigkeiten zu helfen und sie auf die Zukunft vorzubereiten. Sie bauten für die Indianerkinder Schulen und brachten es sogar fertig, eine landwirtschaftliche Genossenschaft zu gründen, die von ihnen selbst verwaltet und betrieben wurde. Das will sehr viel heißen für den, der die Indianer-Mentalität kennt. Die Mennoniten hatten am Ort auch eine eigene Ausbildungsstätte für die Lehrer ihrer deutschen Schulen. Damit sollte ich später noch zu tun haben.

Als ich mich in der Käserei als »quasi Kollege« vorstellte, wurde mir der ganze Betrieb gründlich vorgeführt. Dabei klappte nur die Verständigung mit dem Schwaben nicht immer sofort, weil die

Mennoniten Plattdeutsch sprachen. Als ich nachher im Hof der Käserei stand, beobachtete ich, wie zwei Indianer mit langen schwarzen Haaren auf ihren Maultieren angeritten kamen. Sie stiegen eifrig palavernd ab und waren dabei, die Tiere anzubinden. Ich näherte mich unbemerkt, denn ich wollte sie in ihrer Indianersprache reden hören. Aber Fehlanzeige. Die Kerle sprachen platt wie die Friesen an der Waterkant. Da war ich platt, es war unglaublich komisch.

Aus dem Pferdekauf wurde nichts. Natürlich bestaunte ich die argentinischen Zuchthengste, aber die Preise ihrer Nachkommen waren mit meinem Geldbeutel absolut nicht zu vereinbaren. Auch hätte mich der Ritt durch fast ganz Paraguay zu viel Zeit gekostet. Ich habe dann später trotzdem noch ein ausgezeichnetes Pferd in der Hohenauer Gegend aufgespürt, und der Besitzer konnte meinem guten Angebot nicht widerstehen. Der Wallach hatte den Guaraní-Namen *Tunguzú*, was übersetzt »Floh« heißt. So sprang und hüpfte er auch. Es war ein toller Gaul. Leider traf ihn nach einigen Jahren ein böses Schicksal. Ein Herr aus der Nachbarkolonie Obligado bat mich eines Tages darum, ihn für einen Ritt am kommenden Sonntag ausgeliehen zu bekommen. Nun ja, warum auch nicht, man hilft immer, so gut man kann.

In der Frühe übergab ich dem Reiter das gesattelte Pferd mit den besten Wünschen für einen unterhaltsamen Ritt. Aber als er nachmittags das Pferd zurückbrachte, erkannte ich es nicht mehr. Es troff so von Schweiß, wie ich es als alter Pferdekenner weder zuvor noch nachher jemals wieder gesehen habe. Der Kopf hing nach unten, die Flanken waren eingefallen, er sah tatsächlich aus wie die Mähre von Rethels »Totentanz«. Zwei Wochen später lag es tot auf unserer Wiese.

Der geneigte Leser darf drei Mal raten, wer dieser Herr war, der meinen Tunguzú buchstäblich zu Tode geritten hat, ihn also stundenlang durch die Gegend galoppieren ließ, ohne ihm eine Ruhepause zu gönnen. Antwort: Es war ein deutscher Tierarzt, der als Wirtschaftshelfer mit dem üblichen deutschen, aber doppelten Gehalt aller Entsandten für einige Zeit an die landwirtschaftliche Genossenschaft unserer Kolonien entsandt worden war, um die Viehzucht in der Zone zu verbessern.

Für mich unvorstellbar, aber es war doch wie ein Menetekel,

ein böses Zeichen, das über so manchen Hilfsprojekten liegt. Leider bin ich diesem »Zeichen« immer wieder in der Dritten Welt begegnet, das dann gewöhnlich – so wie ein Pleitegeier mit einem vollen Kropf davon schwebt – nur »abgenagte Knochen« hinterließ. Die gedachte Hilfe blieb rausgeworfenes Geld.

Ich möchte den vielfachen Hilfswerken nicht ihre guten Absichten absprechen. Auch meine Großmutter war eine gute Frau. Aber das reicht nicht! Ich spreche vielen Hilfswilligen das notwendige Gespür und Fingerspitzengefühl für Land und Leute ab, ohne das es nicht geht. Und damit nicht genug. Wer nicht bereit ist, für Taten der Barmherzigkeit auf persönliche Interessen auch finanzieller Art zu verzichten, der ist nicht »geschickt« – bei den Pfarrern sagt die Bibel: »für das Reich Gottes«, bei den Entwicklungshelfern würde ich sagen: »für eine echte Hilfe zur Selbsthilfe.« Mein Herz tut mir heute noch weh, wenn ich an meinen »Tunguzú« denke.

Vielleicht sollte ich noch ein paar Informationen zu meinem Arbeitsstil liefern. Wie vorauszusehen war, bedeutete der Wechsel von Posadas nach Hohenau eine ziemliche Herausforderung. Saß ich zuvor auf einem vergleichbaren Ruhesitz, mit spürbar besserer Besoldung, lag nun dieses große Arbeitsfeld geradezu beängstigend vor mir. Es war daher für mich eine Selbstverständlichkeit, dass ich die Arbeitsweise meines Vorgängers mitsamt den aufgestellten Programmen nahtlos übernahm. Er hatte gelernt und nach vielerlei Erfahrungen herausgefunden, warum man dieses so und das andere so zu machen hatte. Er hatte sicherlich manch bitteres Lehrgeld bezahlt. Warum sollte ich mich als blutiger Neuling nochmals zur Kasse bitten lassen?

Nein, eine Sache, die läuft, darf man nicht ändern, wenigstens so lange nicht, bis man selber fest im Sattel sitzt. Zu oft hatte ich bei Pfarrerwechseln beobachtet, dass der »Neue« prinzipiell alles umkrempelte in der Überzeugung, es besser machen zu können. Manchmal sicherlich auch mit dem Hintergedanken, dass dadurch der »Alte« möglichst schnell aus dem Gesichts- und Gedankenfeld der Gemeinde gerückt werde. Zweifellos können solche »Umwälzungen« noch beschleunigt werden, wenn ein argloses Gemeindeglied zu dieser oder jener anstehenden Frage die Bemerkung machen sollte, dass der Vorgänger es so gehalten habe. Das bedeutet, Öl ins Feuer zu gießen. Denn daraufhin wird genau das Gegenteil gemacht, weil der Neue sein Selbstbewusstsein aufs Äußerste beschädigt fühlt. Aber jetzt erreicht er genau das Gegenteil: Mag der Vorgänger gewesen sein, wie er wollte, jetzt ergreift man für ihn Partei. Ja, man verteidigt ihn noch mitsamt seinen Schwächen und Fehlern, an denen man vorher nur herumgemeckert hat.

Bei Entscheidungsfragen in der Anfangszeit galt daher uneingeschränkt: »Wie hat es der Pastor Nübling gemacht?« Und so wurde weiter verfahren. Wenn ich das Argument höre: »Als Anfänger macht man eben noch viele Fehler«, dann stimme ich dem zu. Natürlich machen junge Leute mehr Fehler als alte Füchse. Aber im menschlich-christlichen Umgang sollte nicht immer nur die Erfahrung eine Rolle spielen. Hier sollten nicht nur Können und Kenntnis den Ausschlag geben, sondern hier ist auch die christliche Demut gefragt! Man sollte nicht nur Tote ehren, sondern auch solche, die gegangen sind. Ist doch jeder Abschied auch für den Pfarrer einer Gemeinde ein Stückchen Sterben.

Eine große Hilfe für den Anfang waren mir zwei junge Bibelschüler aus Deutschland, die durch die Vermittlung des bekannten Evangelisten Ernst Krupka für zwei Jahre nach Hohenau geschickt worden waren. Es waren clevere, tüchtige Burschen, beide 22 Jahre alt. Einmal erwischte ich sie bei einer heftigen Diskussion. Diese betraf ihre spätere Rentenversorgung und wie man eine solche mit speziellen Kniffen und zusätzlichen Initiativen noch verbessern könne.

Ich hörte mir ihre Sorgen und Bedenken eine Weile an, um ihnen schließlich zu erklären, dass ich mit meinen 40 Jahren von einer Altersversorgung nichts wüsste. Denn so etwas gab es damals in den südamerikanischen Kirchen nicht. Da fuhren die beiden völlig aus der Haut. Das sei ja geradezu kriminell, leichtsinnig und verantwortungslos. Ob ich nicht auch an meine Frau dächte?

Nach einigem Überlegen antwortete ich ihnen ungefähr so: »Mein Herren, ich bin sicher, dass mich, wenn ich einmal alt bin, mein Chef im Himmel nicht in einem Straßengraben verhungern lässt, wenn ich ein Leben lang versucht habe, ihm treu zu dienen. Sollte dies aber doch in seinem Willen beschlossen sein, weil nach Jesaja 55 seine Gedanken nicht unsere, und unsere Wege nicht die seinen sind, was glaubt ihr wohl, wie ich mich dann freuen werde auf den Augenblick, wo er mich aus dieser miesen Welt zu sich nach Hause holt?«

Die beiden schauten mich an wie ein Ufo, das eben aus dem Weltall gelandet war. Sie hatten mich nicht verstanden, es konnte wohl auch nicht sein. Schließlich hat auch der Glaube des Menschen sein Wachstum und seine Reifezeit, wie jeder Apfel am Baum.

Aber ungefähr 20 Jahre später, als ich wieder in Deutschland lebte, besuchten mich einmal zwei ehemalige Gemeindeglieder aus Hohenau, die mir als äußerst schwache Kirchgänger in Erinnerung waren. Als sie sich von mir verabschiedeten, sagte der eine: »Herr Pastor, kommen Sie doch wieder zu uns nach Paraguay, ich schenke Ihnen ein Grundstück!« Und der andere ergriff meine Hand und sagte: »Und ich baue Ihnen ein Haus darauf!«

Ich habe es nicht gebraucht, denn in den 70er Jahren wurde ich durch die Initiative eines maßgeblichen Kirchenmannes von der württembergischen Landeskirche als Pfarrer übernommen, was, wie ich nachher erfuhr, aufgrund der Nachzahlung aller Versorgungsleistungen keine billige Angelegenheit gewesen sei. Darüber war ich sehr dankbar, sodass ich bis zur heutigen Stunde versuche, dies mit vielerlei Diensten »heimzuzahlen«. Denn so meinte schon

Goldene Hochzeitsfeier im Tanzsaal

Friedrich I., Barbarossa: »Der ist nie dankbar gewesen, der aufhört, dankbar zu sein.«

Zwei Punkte hatte ich mir in Hohenau zum Ziel gesetzt: zum einen den Versuch, eine selbstständige, auf eigenen Beinen stehende Gemeinde zu schaffen. Wir müssen wegkommen von dieser »Pastorenkirche«, wo bildlich gesprochen der Pastor als Hirte seiner Herde voraus marschiert und die Schafe kopf- und gedankenlos hintendrein trotten, mehr oder weniger blökend. Ist der Hirte nicht mehr da, aus welchen Gründen auch immer, oder taugt er nicht viel, zerstreut sich die Herde und läuft auseinander. Jetzt kommen die Wölfe, in unserem Fall die Sekten oder sonstigen Ideologien, brechen in den führerlosen Haufen ein und holen sich ihre Opfer. Das darf man nicht zulassen, aber dafür muss man die Leute schulen.

Sehr gut diente mir hier ein Beispiel aus meiner Schulzeit im Dritten Reich. Da hatten wir einen Lehrer, einen fanatischer Nazi, der öfters den Spruch tat: »Wenn wir«, wobei er die Partei meinte, »den Krieg gewonnen haben, hängen wir zuerst alle Pfaffen an ihren Kirchtürmen auf.« So geschah dies ja in den Anfangsjahren der russischen Revolution, wo die Bolschewisten zehntausende orthodoxer Priester liquidierten.

Von daher meine sich immer wiederholenden Ermahnungen an die Kirchengemeinderäte und Mitarbeiter: »Tut etwas! Wartet nicht, bis der Pastor mit seinen Ideen und Vorschlägen kommt. Er ist auch nur ein Mensch und macht Fehler, und mancher unter euch ist sogar gescheiter als er. Er hatte nur das Glück, mehr Schule zu haben. Deswegen: Schaut nicht an ihm hoch wie zum lieben Gott. Auch unter dieser Berufsgruppe gibt es Blindgänger und Faulenzer, die in der freien Wirtschaft schon längst gefeuert worden wären. Ihr müsst selber Ideen entwickeln, lasst euch was einfallen, auch wenn es falsch ist. Das ist immer noch besser, als gar nichts zu tun.

Wenn sie mich morgen aufhängen, muss die Arbeit in der Gemeinde weitergehen. Lasst euch auch von keiner Kirchenbehörde ins Bockshorn jagen. Natürlich braucht man sie als gottgewollte Autorität, denn, so der Apostel Paulus an die Römer, ›es ist keine Obrigkeit, die nicht von Gott ist‹. Aber auch diese Oberen gehören nur zum Bodenpersonal Gottes. Unter ihnen gibt es verklemmte Bürokraten geradeso wie gescheite Wichtigtuer. Ihr aber sollt nach Luther freie Christenmenschen sein. Macht eueren Mund auf, nicht um immer Recht zu behalten, aber um der Sache Christi willen.«

Diese »Schulung« hat zweifellos dazu geführt, dass bis zum heutigen Tag die Gemeinde am Alto Parana in Hohenau von den Kirchenbehörden in Buenos Aires als »schwierig« eingestuft wird, wobei man dieses Übel sicherlich auch mit meinem Namen in Zusammenhang bringen mag. Sei's drum. Hauptsache, die Karawane zieht weiter.

Der andere Punkt meiner pastoralen Zielsetzung war der Versuch, den Menschen diese »Erneuerung des Geistes« verständlich zu machen, den die Botschaft des Evangeliums als Grundvoraussetzung für ein fruchtbares Glaubensleben fordert. Gemeint ist nicht dieser auch von Politikern in schwierigen Situationen so oft heraufbeschworene neue Menschengeist, der, wie es Matthias Claudius einmal ausdrückte, diese Welt nicht befriedigt.

Gemeint ist dieser heilige Gottesgeist, der an Pfingsten die vielerlei Völkerschaften so zusammenbrachte, dass einer den anderen verstand, über alle Sprachbarrieren hinweg. Was nützen 100 oder 1.000 Predigten, ob von hohen Kanzeln unserer Kathedralen oder den aus Bretterholz zusammengenagelten Predigtkisten im Urwald, wenn die Menschen nachher wieder so zur Kirche hinausgehen, wie sie hereingekommen sind?

Deswegen konnte ich öfters beim Gottesdienst sagen: »Wer sich nicht verändern möchte, bleibe besser zu Hause. So läuft er wenigstens seine Schuhsohlen nicht ab!« Natürlich kann nur Gott dieses Werk der Veränderung schaffen. Aber der Mensch muss bereit sein, sich dafür zu öffnen. Wie froh und dankbar wurde ich, wenn mir im Laufe der Jahre der eine oder andere Schwerenöter seine Veränderung ins Ohr flüsterte. Richtig geglaubt habe ich es aber erst dann, wenn mir seine Frau dies auch bestätigte.

Ein Stück in dieser Richtung vorangebracht haben mich zweifellos einige Evangelisationen, mit denen mein Vorgänger schon begonnen hatte. Männer wie der bereits erwähnte Evangelist Krupka aus Deutschland nahmen in dem großen Bretter-Tanzsaal kein Blatt vor den Mund. Wenn die bis zu 600 Zuhörer zwischendurch schallend auflachten und sich in die Seiten stießen, dann wurde auch mir warm ums Herz.

Ich habe immer und überall, wo ich war, versucht, andere und möglichst originelle Prediger auf meine Kanzel zu bekommen. Denn es ist selbstverständlich, dass nicht jeder Menschentyp von jedem Redner oder Prediger auch anzusprechen ist.

Ich vergleiche dieses Hörvermögen mit dem eines Radioapparats. Der mag viele verschiedene Frequenzen und Wellen haben, aber hören kann ich nur eine. Deswegen suche ich mir den Sender, den ich verstehe und dessen Programm mir zu Herzen geht. Ein anderer mag dabei seinen Kopf schütteln, am Knopf weiterdrehen und da reinhören, wo es ihm gefällt. Das hat nichts mit den besseren menschlichen oder gar geistigen Qualitäten des Hörers zu tun, sondern einfach mit seiner Veranlagung, Lebensführung und Seelenlage. Auch das scheint mir ein Stück Barmherzigkeit, wenn man als Pfarrer seinen Schäflein nicht immer nur die eigene »Futtermischung« zumutet.

Mein Arbeitsfeld, die Kolonie Hohenau, wurde geradezu weltberühmt, als sich herausstellte, dass dort in den 50er Jahren der gesuchte KZ-Arzt Josef Mengele Unterschlupf gefunden hatte. Er wohnte viele Monate im Kolonistenhaus eines guten Freundes, der ihn aufgenommen hatte, ohne über seine nähere Vergangenheit Bescheid gewusst zu haben. »Herr Fritz«, wie Mengele genannt wurde, sei ein sehr liebenswürdiger, hilfsbereiter Mensch gewesen, der den Kranken geholfen habe, ohne etwas zu verlangen. So erzählte mir der Freund auf meine neugierigen Fragen. Noch etwas sei ihm aufgefallen: Mengele habe beinahe täglich in der Bibel gelesen. Dann sei er über Nacht plötzlich verschwunden, denn der israelische Geheimdienst war ihm dicht auf den Fersen. Aber noch nach Jahren tauchten in Hohenau immer wieder Geheimdienstleute auf, die auch mir einen Besuch abstatteten, um vielleicht mehr zu erfahren.

Nach vielen Jahren, ich war wieder in Deutschland, sang ich eines Tages das von mir kreierte »Hohenau-Lied« über den Süddeutschen Rundfunk und war sehr erstaunt, schon nach wenigen Tagen eine Vorladung der Frankfurter Staatsanwaltschaft ins Haus geflattert zu bekommen. Man hatte das Lied gehört und vermutete, eventuell eine geheime Spur zu dem Flüchtigen gefunden zu haben. Jedenfalls kam der Oberstaatsanwalt persönlich mit einem Hauptkommissar nach Ulm angereist und stellte mir viele Fragen.

Auch Hohenauer Gruppenfotos aus der damaligen Zeit wurden mir vorgelegt, auf denen ich den einen oder anderen Bauern noch erkannte. Aber sonst war außer Spesen nichts gewesen. Diese Spesen, ich verlor immerhin einen halben Arbeitstag nebst Fahrtkosten für 50 Kilometer, wurden mir über die Staatskasse auch prompt überwiesen, 13,56 Mark. Ich habe sie aber, Gott möge es mir verzeihen, beim Finanzamt nicht angemeldet.

Der Heimaturlaub nahte. Den im Ausland arbeitenden Pfarrern stand er alle sechs Jahre zu. Er war, neben einer gründlichen Untersuchung im Tübinger Tropeninstitut, sowohl zur Erholung als auch der weiteren Fortbildung gedacht. 1964 sahen wir nach 13 Jahren die Heimat wieder.

Die Überreise im Schiff war ein Traum. Das kirchliche Außenamt in Frankfurt hatte mit einer französischen Schifffahrtslinie günstige Verträge für die Urlauber aus Brasilien, Argentinien und Paraguay ausgehandelt, sodass wir in den Genuss der Klasse I B kamen. In der für uns äußerst luxuriösen Kabine standen Rosen zum Empfang, im schillernden Speisesaal schwebten dezente Kellner lautlos übers Parkett, und die delikatesten Speisen wurden aufgetragen. Besonders beeindruckten mich die Rot- und Weißweinflaschen, die zu jedem Essen vom Kellner neu entkorkt und vor uns aufgebaut wurden. Ernsthafte Gedanken machte ich mir nur darüber, wer wohl die zum Teil erheblichen Reste in den Flaschen nachher »entsorgen« würde? Als ehemaliger Bar- und Tellerwäscher kannte ich mich gerade in diesem Ressort bestens aus.

Wir kamen uns aber nicht nur vor wie Millionäre, sondern eher wie verirrte Schafe. Wir passten nicht zu dieser Gesellschaft. Noch vor der Reise hatte mir mein Schwager in Deutschland sein Zweitauto, einen Opel, zur freien Verfügung angeboten. Das war eine große Hilfe zur Beweglichkeit während der drei Monate. Nur war ich noch nie Auto gefahren und einen Führerschein hatte ich auch nicht. Also ging ich aufs Hohenauer »Rathaus«, wo die einzige Angestellte neben dem Postamt auch die Ausgabe von Führerscheinen zu erledigen hatte. Ihre erste Frage lautete: »Haben Sie zehn Mark?« Und die zweite hieß: »Welche Klasse wollen Sie?« Auf ihren Rat, der Einfachheit halber doch gleich die Klasse eins zu nehmen, die gelte auch für Omnibusse, ging ich natürlich sofort ein.

Deutschland hatte sich sehr verändert. Man sah keine Ruinenreste mehr aus der Kriegszeit, die Menschen waren alle so schön angezogen, und als ich auf der Straße eine Bundeswehreinheit vorbeitrotten sah mit langen Nackenhaaren und Bärten, war ich sehr erstaunt. Als die Soldaten noch anfingen zu singen, so ganz anders als wir früher, da kamen mir beinahe die Tränen. Ich wusste aber nicht, ob vor Lachen oder Weinen. »Aber«, so ging es mir durch den Kopf, »warum sind wir damals nicht auch so gewesen? Der Krieg wäre nach ein paar Tagen zu Ende gewesen.«

Ja, und dann stand ich hoch erfreut, aber gleichzeitig auch äußerst nachdenklich vor meinem Opel. Ich ließ mir das Schlüsselloch zum Anlassen zeigen, ebenso die Pedale erklären wie Gas, Kupplung und Bremse. Dieser Knopf sei für die Blinker, jener für die Scheibenwischer und so weiter und so fort. Nach all diesen wichtigen Instruktionen zum Beherrschen eines Autos beschloss ich, zuerst einmal eine Nacht darüber zu schlafen. Sehr energisch verbat ich mir Zuschauer, denn sie würden mich nur nerven.

Vorsichtig, langsam und mit Gefühl galt es, sich an das Objekt heranzupirschen, wie damals an meinen Negro. Am nächsten Morgen fuhr ich auf mein Übungsgelände, es war der hinter dem Dorf Asch in stiller Einsamkeit liegende Sportplatz, und begann meine Tests. Vor, zurück, vor, zurück, dann einen Kreis, jetzt die Bremse rein, alles im ersten Gang. Dann die Strecken länger, von Tor zu Tor, im zweiten, dann im dritten und schließlich im vierten Gang.

Am nächsten Tag ging es dann schon auf die Waldstraße. Vorne stand ein Schild. Was es sagen wollte? Ich hatte keine Ahnung. Aber außer ein paar aufgescheuchten Rehen war niemand unterwegs. Ich wurde immer frecher und fuhr schließlich bis nach Ulm – und 14 Tage später mitten durch Paris, immer geradeaus, irgendwo musste man ja wieder herauskommen.

An der Autobahnausfahrt von Stuttgart machte ich Halt, um die Karte zu studieren, und schon eine Minute später war die Polizei zur Stelle. Bei der Tübinger Ausfahrt winkten sie mir zu und ich winkte zurück. Aber sie wollten mich stoppen. Sie fragten mich, warum ich über den Strich gefahren sei. »Über welchen Strich?«, so meine Gegenfrage. »Das gibt es bei uns in Paraguay nicht!« Meistens zeigte die Polizei aber Herz und Verständnis für diesen exotischen Vogel und bat mich, von zwei Ausnahmen abgesehen, nicht zur Kasse.

Die Kosten der Beschädigungen am Wagen übernahm mein Schwager. Die schlimmste war ein rückwärtiger Zusammenstoß mit einem Baum vor der Geislinger Stadtkirche. Meine Seele war im Gottesdienst doch so zur Ruhe gekommen. Aber als es »bums« machte, war meine gute Stimmung dahin. Nun, »der Ochse lernt auf dem Weg«, so ein paraguayisches Sprichwort, das sagen will, dass das Einfahren der jungen Zugochsen irgendwann immer zum Erfolg führt, man muss sie nur oft und lange genug vor dem Wagen laufen lassen. So ging es mir dann auch mit dem Autofahren.

Weitaus besser erging es mir als Dolmetscher. In einem nahe gelegenen Terrazzowerk hatte mein Schwager beruflich viel zu tun. Da streikten eines Tages die zahlreichen spanischen Arbeiter. Die verzweifelte Werksleitung hatte bereits eine diplomierte Dolmetscherin von weither geholt, sie übersetzte, man redete, redete und diskutierte, aber ohne Erfolg. Da erfuhr die Werksleitung von meiner Anwesenheit und bat dringend um mein Erscheinen.

Ich kam, es wurde eine Betriebsversammlung einberufen, und die Streikenden erklärten mir Grund und Motiv ihres Aufstandes. Aber gleich darauf ging ein befreiendes Lächeln über ihre Gesichter, als ich sie mit *muchachos* ansprach. Es ist in der spanischsprachigen Welt die übliche Anrede unter Freunden. Damit hatte ich sie gewonnen. Missverständnisse, denn um solche hatte es sich gehandelt, wurden ausgeräumt. Der Streik war nach zehn Minuten zu Ende.

Die Spanier bedankten sich mit Handschlag und baten mich, doch wiederzukommen. Zu meiner größten Überraschung wurde ich anschließend ins Büro gebeten, wo man mir 40 Mark in bar ausbezahlte. Das war ein Ding! So schnell hatte ich noch nie Geld verdient in meinem Leben. Sollte doch Wahres dran sein an den Worten eines einflussreichen Geschäftsmanns in Argentinien, der sagte: »Wenn Sie nicht Pfarrer wären, Sie wären hier Millionär geworden!« Ich glaube es beinahe auch.

Das Hohenauer Pfarrhaus war, verglichen mit den dortigen Verhältnissen, ein schönes Haus. Von den Gemeindemitgliedern mit viel Eigenleistung gebaut, lag es sehr anmutig an einem ansteigenden Wiesenhang. Ebenerdig, mit einem leuchtend roten Ziegeldach gedeckt, von einem imponierenden Weidenbaum überschattet, bot es ein Bild harmonischer Übereinstimmung mit der welligen Hügellandschaft.

Hinter dem Haus lag ein großer, von unserem Vorgänger angelegter Gemüsegarten und daran anschließend war eine Plantage von Obstbäumen aller Art wie Orangen, Zitronen, Pampelmusen, Äpfel, Birnen und Pflaumen. In einem kleineren Anbau gab es ein Gästezimmer, eine Garage und einen Hühnerstall. Alle Zimmer hatten Böden und Decken aus Holz, im Abort gab es sogar eine Wasserspülung mit Zugkette, und in der Küche stand ein Holzherd. Selbst ein Telefon hing an der Wand. Mit einer Drehkurbel bekam man Verbindung zur Zentrale, dort saß von sieben Uhr morgens an eine Frau an einem Schalter mit vielen Steckern. Um 19 Uhr ging sie nach Hause, und die Verbindung zur Außenwelt war zu Ende.

Wurde es Abend, zündete man eine Petroleumlampe an, denn elektrisches Licht gab es nicht. War das eine andächtige Stille, wenn die Sterne anfingen aufzuleuchten und wenn die Dunkelheit über das Land fiel. Eine Weile noch schimmerte etwas Licht aus entfernten Nachbarbehausungen, dann wurde es Nacht.

Zum Pfarrhaus gehörte ein etwa vier Hektar großes Wiesengrundstück, durch das ein Bächlein lief. Aus einem Berghang sprudelte eine Quelle, und ihr Wasser lief in Rohren in einen gemauerten Tank unter dem Hausdach. Wir hatten also fließendes Wasser. Nicht weit vom Pfarrhaus war ein Gemeindesaal errichtet worden, in dem die Gottesdienste stattfanden. Unter dem Dach waren einige Zimmerchen eingebaut für Übernachtungen vor allem der Konfirmanden, die zu Freizeiten nach Hohenau kamen.

Ebenfalls stand schon der 18 Meter hohe Turm für die im Bau befindliche Kirche. Im Vorderteil des Gemeindesaales befand sich das kleine Amtszimmer des Pastors. Von hier aus konnte man auf die abwärts gelegene, rötliche Koloniestraße blicken. Aber umgekehrt sahen auch die heranmarschierenden Besucher schon von weitem, ob der Pastor zu Hause war oder nicht. Lag der große Schäferhund unter der offenen Tür, war er da. Wenn nicht, konnten man sich die letzten hundert Meter sparen und gleich wieder umkehren.

Als Besucher kamen natürlich in erster Linie Leute aus den entfernten Gemeinden. Aber gelegentlich waren es auch Freunde, Kollegen oder auch völlig unbekannte Durchreisende aus Deutschland, Argentinien oder der Landeshauptstadt Asuncion.

Noch gut erinnere ich mich an einen jüngeren, gut aussehenden Deutschen mit blondem Haarschopf, der, wie er uns am Abend neben dem brennenden Herdfeuer erzählte, als Matrose in Rio de Janeiro vom Schiff abgehauen sei. Auf der Reise nach Paraguay habe man ihm sämtliche Papiere gestohlen. Nun wolle er nach Asuncion, um dort bei der deutschen Botschaft neue zu beantragen. Auffallend am Erzähler war sein unruhiger, finsterer Blick. Weil ich nur zu oft auf alle möglichen Lügengeschichten hereingefallen war, glaubte ich ihm nicht so recht.

Ich gab ihm aber die Asuncioner Adresse unseres Freundes, Pastor Krupka, den er sofort aufsuchen wollte. Da es Winter war und recht kalt, lieh ich ihm auch meinen einzigen Mantel. Er wolle ihn mir bei der Rückkehr zurückgeben. Auch das Geld für die Busfahrkarte gab ich ihm. Damit war die Sache für mich vorerst erledigt.

Aber zwei Wochen später las ich in der Zeitung von einem schweren Raubmord in der benachbarten argentinischen Provinz Corrientes. Zwei Menschen wurden getötet und die Polizei suche nach einem blonden Ausländer. Natürlich wurde ich sofort stutzig und rief den Pastor in Asuncion an. Der erzählte, dass dieser Mann bei ihm aufgetaucht sei, aber in einer derart abgerissen Kleidung, dazu unrasiert und verkommen, dass er ihn hätte zuerst einkleiden müssen. Er sei dann aber über Nacht wieder verschwunden. Das war er. Er blieb verschwunden wie mein Mantel.

Ein anderes Mal standen zwei jüngere Deutsche vor meinen bellenden Schäferhunden und baten um Nachtasyl. Nachdem sie etwas gegessen hatten, machten sie sich auf zur Schlafstätte über dem Gemeindesaal. Einer Eingebung zufolge rief ihnen Marianne noch nach: »Aber bitte nicht in den Papierkorb pinkeltn!« Die machten vielleicht Gesichter, es waren Ingenieure der Fordwerke Köln. Aber es war eben alles schon vorgekommen. Wer unter Wölfen lebt, fängt irgendwann auch mal an, mitzuheulen.

Ja, es kamen seltsame Gestalten an die Gartenpforte, darunter oft alte Menschen, die nicht mehr wussten, wohin. Da war Erich,

50 Jahre alt, von der Familie davongejagt, weil er krank wurde und nicht mehr arbeiten konnte. Er zeigte uns sein offenes Bein, das, laut Aussage des Arztes, nicht mehr heilen würde und darum amputiert werden müsse. Die große Wunde war mit einem Drecklappen verbunden, verlor laufend Blut und Eiter und stank fürchterlich. Wir gaben ihm ein kleines Zimmerchen im Nebenbau, verpflegt wurde er aus dem Internat.

Er machte sich überall mit allen möglichen Arbeiten nützlich und war wachsamer als jeder Hofhund. Obwohl er ziemlich schielte, entging ihm keine Bewegung auf dem Gelände. Anfänglich gab es vereinzelte Proteste von Seiten der Gottesdienstbesucher. Das sei so eklig, wenn Erich neben einem säße. Aber genau das war Wasser auf meine »Predigt-Mühle«, und als es sich noch herumsprach, dass die »Pastorin«, wie man sie nannte, täglich die Wunde vom Erich wasche und verbinde, da war jede Reklamation zu Ende. Sie tat es zwei Jahre lang, dann war das Bein geheilt und somit gerettet.

Ein anderes Mal stand ein alter Mann mit Namen Hartmann vor der Tür. Er kam aus dem Frankenland und war in seinen jungen Jahren Pferdekutscher des bekannten evangelischen Theologen Hermann von Bezzel gewesen, der 1891 Rektor des Diakonissenhauses Neuendettelsau und ab 1909 Präsident des Oberkonsistoriums in München gewesen war. Hartmann wanderte in den 20er Jahren nach Paraguay ein, ließ sich in der Kolonie Independencia nieder und heiratete eine Paraguayerin. Nachdem diese verstorben war, wollte ihn der einzige Sohn umbringen, um Alleinbesitzer des kleinen Anwesens zu werden.

Der arme Mann hatte ein ehrliches Gesicht und war absolut glaubwürdig, sodass es des Vorzeigens einiger grässlicher Narben auf Brust und Rücken gar nicht bedurft hätte. Sie waren bis zu 30 Zentimeter lang und mit einer *machete*, einem Buschmesser gehauen worden. Auch ihn nahmen wir auf. Nach einigen Jahren sah ich doch die Notwendigkeit, ein kleines Heim für solche tragischen Menschenschicksale zu bauen, was dann auch geschah.

Es kamen auch hochkarätige Besucher aus Deutschland. Einer unter ihnen war der Direktor der bekannten Kaiserswerther Diakonieanstalten, Dr. Schlingensiepen. Er wollte während seines kurzen Aufenthalts natürlich auch etwas von den weiter abgelegenen

Gemeinden kennen lernen, aber es hatte kurz zuvor wolkenbruchartigen Regen gegeben, sodass die Wege praktisch unbefahrbar waren. Um ihm aber seinen Wunsch doch zu erfüllen, beschwerten wir die Hinterachse meines VW-Pritschenwagens mit Sandsäcken ließen etwas Luft aus den Reifen und fuhren los. Es ging ganz gut.

Aber hinter Jesus, so der Name einer kleineren Kolonie, mussten wir über eine der üblichen Holz-Bohlenbrücken ohne Geländer fahren. Ich musste zur Auffahrt tüchtig Gas geben, stellte dann aber zu meinem großen Schrecken fest, dass sich in der Brückenmitte ein riesiges Loch befand. Die Bohlen waren durchgefault. Ein plötzlicher Stopp auf der vom Regen nassen und rutschigen Brücke war nicht mehr möglich. Wir wären geflogen, hinunter ins Wasser.

Da rief ich nur noch zu meinem Begleiter »Halten Sie sich fest!« und gab Gas. Wir kamen, wahrscheinlich um Millimeterbreite, glücklich auf der anderen Seite an. Mein Begleiter, kreideweiß und sichtlich erschüttert, stieß die Worte hervor: »Donnerwetter, Sie wären ein guter Pilot geworden.« Er wollte mir dann allen Ernstes ein Flugzeug besorgen, was ich aber ablehnte. Es hätte in dieser Waldgegend an freien Landeplätzen gefehlt.

Dr. Ferdinand Schlingensiepen wurde ein großer Förderer unserer Arbeit am Alto Parana. Unter anderem eröffnete er den Weg für sechs junge Kolonistentöchter zur Berufsausbildung in Kaiserswerth, Reisekosten inbegriffen. Im Jahre 2006 veröffentlichte er ein sehr informatives Buch über den ermordeten Theologen Dietrich Bonhoeffer.

Ein anderer Besuch war der ehemalige Stadtmissionar Braun aus Berlin. Als ich ihn an der Grenzstation Encarnacion abholte, goss es in Strömen, sodass wir auf der Rückfahrt die überflutete Brücke vor Hohenau nicht mehr passieren konnten. Wir mussten einen weiten Umweg fahren und blieben an einem langen Berg im glitschigen Schlamm hängen. Die Räder drehten sich wie wahnsinnig, aber packten es nicht mehr.

So stieg ich als der Chauffeur aus und schob bei offener Wagentür, während der Gast den Auftrag bekam, mit dem Fuß aufs Gaspedal zu drücken. Die beiden übrigen Beifahrer schoben ebenfalls. Jedes Mal, wenn der Wagen einen Ruck nach vorne tat, musste ich mit affenartiger Geschwindigkeit einen Satz auf den Führersitz machen, und immer wieder landeten wir um Haaresbreite in dem von den Sturzbächen ausgewaschen Straßengraben, er war einen Meter tief. Als wir schließlich im Pfarrhaus ankamen, schüttelte unser Gast immer wieder den Kopf und meinte, so etwas habe er noch nie erlebt.

Eines Tages wurde der Direktor der Evangelischen Akademie Tutzing aus Bayern angemeldet. Ein hoher Besuch, der Herr war sehr bekannt und von außerordentlichem Geist. Gern ließ er sich alles erklären und zeigen, aber auffallend oft erkundigte er sich nach den Überfällen, die – wie er gehört hatte – in Paraguay an der Tagesordnung seien. Er hatte eine Heidenangst.

Als er schließlich wieder davon anfing, entschloss ich mich, ihm seinen »Wunsch« zu erfüllen. Wir sollten nach Capitan Meza fahren, dabei ging es durch etwa 40 Kilometer Urwald. Ich besprach den Fall mit Franzisco, der war sofort Feuer und Flamme. Der Plan: Ich fahre mit dem Motorrad, der Gast sitzt im Beiwagen, und an einer bestimmten Stelle im düsteren Wald steht Franzisco hinter einem Busch und ballert mit dem 38er Revolver bei unserem Herannahen ein paar Schüsse in die Luft. Dabei schreie ich: »Achtung, volle Deckung!«, drehe den Gashebel auf und wir rasen, noch einmal gerettet, davon. Leider kam etwas dazwischen, ich glaube, es war der Regen. Aber was wäre dies für unseren Gast für ein Erlebnis gewesen – ein Leben lang unvergesslich. Und bei seiner Rednergabe Stoff für viele Jahre.

Doch im Pfarrhaus gab es auch noch Gäste und Begegnungen anderer Art. Gewöhnlich setzte ich mich am Sonntagabend müde und abgespannt von den weiten Fahrtstrecken, es waren oft bis zu 200 Kilometer in unsere »gute Stube«, um die Flasche Bier, die ich mir leistete, andächtig genießen zu können. An der Wand hing ein präparierter Auerhahn, der meine Gedanken zu den fernen Tiroler Bergen trug, und ebenso schlug eine alte Wanduhr aus dem Schwarzwald innig und zuverlässig die Stunden und erinnerte mich an die schwäbische Heimat, von wo ich sie mitgebracht hatte.

So war es wieder einmal, als es plötzlich von der Decke tropfte, und zwar genau auf meinen Kopf. Nanu, es regnete doch nicht durchs Dach bei dieser leuchtenden Abendsonne? Ich fuhr mir durchs nasse Haar und roch daran – eigenartig. Da hörte ich über der Decke etwas herumtappen, und jetzt war der Groschen gefallen. Es war eine *Comadreja*, eine Beutelratte, dieses katzengroße Nachttier, das in hohlen Bäumen oder unter Holzstößen den Tag verschläft, um bei Nacht auf die Jagd vor allem auf Junghühner zu gehen, denen sie das Blut aussaugt. Die Tiere haben einen langen nackten Greifschwanz und sind ausgezeichnete Kletterer.

Schnell, wie schon oft zuvor, holte ich mein Kleinkalibergewehr, griff eine Taschenlampe und stieg durch eine kleine Falltür in den dunklen, niedrigen Bodenraum, wo ich das Tier erlegte. Leider gingen dabei meist auch einige Dachplatten kaputt, welche ich dann anderntags auswechselte.

Weitere Besucher waren die *Iguanas*. Sie gehören zur Familie der Schienenechsen und können bis zu anderthalb Meter lang werden. Sie sind sehr schnell, wohnen in Erdlöchern und sind erklärter Feind jeder Hühnerhaltung, weil sie sowohl die Küken als auch die Eier stehlen. Ihr Fett gilt als Heilmittel für allerhand Leiden, und das weiße Fleisch soll sehr wohlschmeckend sein. Schon lange klagte Marianne über regelmäßig ausgeräuberte Hühnernester, also galt es, die Flinte parat zu haben.

Eines Tages um die Mittagsstunde, ich schlief gerade die *Siesta*, ertönte der Ruf meiner Frau: »Sie ist da, sie ist da!« Schlaftrunken rannte ich mit der Schrotflinte aus dem Haus und sah auch schon das Tier, wie es mit seinen eigentümlich eckigen Bewegungen über den mit Steinen ausgelegten Hof lief. Ich schoss, doch dabei prallte eines der Schrotkörnchen vom Boden ab und flog auf die Seite, wo Marianne stand und zuschaute. Es traf sie genau ins Auge, sodass uns der zuerst aufgesuchte Augenarzt sofort mit einem Kleinflugzeug nach Asuncion weiterschickte.

Das Auge war nicht mehr zu retten und musste entfernt werden, zwei Tage vor Weihnachten. Es wurde ein trauriges Fest. Marianne selbst trug ihr Los mit großer Gelassenheit und Ruhe. Gott hatte es zugelassen, auch wenn man es nicht verstand.

Weitere Besucher waren die Ratten. Da fragte mich doch eines Tages meine Frau, ob ich im Wasser nicht auch so einen eigenartigen Geschmack feststellen könnte? Der Kaffee schmecke so komisch, auch die Suppe und der Zitronensaft, aber ich merkte nichts. Sie fing immer wieder davon an, bis ich eines Tages den Wasserhahn aufdrehte und kein Wasser kam. Er war verstopft. Ich nahm einen Draht, stocherte hinein – und heraus kam eine Made. Was war geschehen?

Mit viel Propaganda hatte Bayer ein neues Rattengift auf den Markt gebracht, das, so wurde gesagt, kein Gift mehr enthalte. Es sei also ungefährlich für Katze oder Hund, die oft so ein totes Tier auffräßen. Das neue Mittel dagegen würde nur das Blut der Ratten verdünnen, sodass sie innerlich verbluteten. Natürlich verursachte der Blutverlust einen höllischen Durst bei den Tieren. In unserem Fall fraßen sie sich durch den Holzdeckel unseres Wassertanks, fielen ins Wasser, ertranken und lösten sich dann langsam auf. Das war es, das »Geschmäckle«, brr! Aber: »Was ich nicht weiß, macht mich nicht heiß!«

Noch einen weiteren Besucher, diesmal wieder zweibeinig, möchte ich meinem Leser nicht vorenthalten. Sollte er deswegen eine Träne der Heiterkeit vergießen, wohlan. Mir kamen damals beinahe auch die Tränen, aber aus schierer Ratlosigkeit und Verzweiflung.

Ein Nachbar wurde im Ort allgemein *Papito*, Väterchen, genannt. Er wohnte mit seiner Familie unterhalb des Pfarrhauses auf der anderen Straßenseite in einer alten Bretterbude. Er war ein freundlicher Paraguayer und wie viele seiner Landsleute außerordentlich musikalisch. Er spielte sehr gut Gitarre und Bandoneon. Schon morgens in der Frühe, wenn ich im Amtszimmer allerlei Probleme wälzte, konnte ich sein lautes, anhaltendes Gelächter hören, unterbrochen vom Geklimper der Gitarre.

Auch nach einigen Jahren guter Nachbarschaft kam ich nie dahinter, von was Papito eigentlich lebte, denn arbeiten sah ich ihn nie. So war anzunehmen, dass ihm die bescheidenen Einnahmen genügten, die er sich zusammen mit zwei weiteren Musikanten bei allerlei Festlichkeiten verdiente. Seine Frau war deutscher Abstammung; sie hielt eine Kuh, und auch Hühner gackerten im Hof herum. Der Chef dieser Hühnerschar war ein großer, roter Hahn. Sein »Kikeriki« erscholl gewaltig durch die Nachbarschaft, ob aus purer Lebenslust oder weil ihn der Hunger plagte, wusste ich nicht.

Dieser stolze Hahn hatte es sich zur Gewohnheit gemacht, zur stillen *Siesta*stunde einen Spaziergang über die Wiese in Pfarrers Garten zu machen, um dort im feuchten, gelockerten Boden – er wurde regelmäßig und fleißig von der *Pastora* gegossen – nach Würmern und Käfern zu scharren. Selbstverständlich schmeckte ihm auch das zarte Grün der Salats oder sonstiger Pflänzchen. So bekam ich immer wieder Schadensklagen meiner Frau zu hören, bis es mir eines Tages zu dumm wurde. »Der Hahn bekommt einen Denkzettel verpasst«, so mein Entschluss, und dies mittels meines Luftgewehrs. Das kleine Bleikügelchen, auf den Flügel geschossen, konnte ihn nicht verwunden, aber hoffentlich so erschrecken, dass er das Wiederkommen vergaß.

So setzte ich mich bei bratender Mittagshitze auf die Veranda, gut getarnt hinter den Blumenstöcken auf dem Sims und wartete. Tatsächlich, nach einer Weile kam der Gockel durch das Wiesengras, langsam und nach allen Seiten sichernd, heranspaziert. Ich ließ ihn bis auf etwa 25 Meter herankommen, das heißt auf eine Entfernung, wo nach den Gesetzen der Ballistik das Kügelchen schon viel von seinem Schub verloren hatte, zielte auf den Flügel und drückte ab. Daraufhin machte der Hahn einen Salto in der Luft und verschwand im Gras. Ein fürchterlicher Schreck packte mich. Ich hatte nicht den Flügel, sondern aus unerklärlichen Gründen seinen Kopf getroffen. Der Hahn war mausetot.

Da Luftgewehre keinen Knall geben, schien man im Hause Papito von der Katastrophe nichts vernommen zu haben. Aber was sollte ich jetzt machen? Bekannte ich die Tat, konnte ich mir bei den unberechenbaren Indianer-Nachkommen einen Feind schaffen, der sich irgendwann einmal rächte. So blieb nur ein Ausweg: Der Gockel musste verschwinden. Aber wie?

Der Tatort war vom Haus des Papito voll einzusehen, und wer wusste, ob dieser durch die Bretterritzen nicht doch alles beobachtet hatte? Denn diese Naturkinder sehen in der Regel alles. So hielt ich mich noch eine Weile versteckt hinter meinen Blumentöpfen. Dann nahm ich einen leeren Sack unter den Arm und ging mit diesem, harmlos vor mich hin pfeifend, über die Wiese, als wenn ich Pilze suchen wollte, die es dort gab. Am Gockel ließ ich den Sack auf ihn fallen, dann verschwand ich nach einer nochmaligen Wiesenrunde hinter dem Pfarrhaus. Versteckt spähte ich erneut zum Nachbarn, es regte sich nichts. Er schlief seine *Siesta*. Also wieder zurück übers Gras. Dabei nahm ich im Vorbeigehen den Sack auf, der darin eingewickelte Hahn blieb somit unsichtbar.

Aber jetzt, was machte ich mit der Leiche? Den Hahn selber zu verzehren, widersprach meiner Pietät und Moral, das schlechte Gewissen hätte das Unrecht nur vergrößert, von Appetit wäre keine Rede mehr gewesen.

Beim Rupfen des Tieres kam mir die Idee, den Braten weiter zu verschenken, und zwar an unseren Zahnarzt Spezzini, der in der Nachbarkolonie Obligado sein Domizil hatte. Es war ein abbruchreifes, wurmstichiges Holzhaus, das auf den üblichen Baumstämmen, die gegen Ungeziefer und Schlangen schützen sollen, stand und bei jedem Tritt wackelte. Hocherfreut nahm er die Gabe entgegen, und seine verwunderte Frage, was denn der Anlass zu dieser Überraschung sei, überhörte ich geflissentlich.

Der Fall war erledigt, nur mein schlechtes Gewissen wurde ich nicht los. Papito musste entschädigt werden, aber so, dass er nicht wissen würde, wofür. Schon hatte ich es:

Kurz zuvor hatte ich von den Weinreben des Pfarrgartens Wein gekeltert. Da die Trauben zu einer Sorte gehörten, die den Saft auch nach der zweiten Presse noch tief dunkelrot färbten, probierte ich eine Pressung der Maische auch ein drittes Mal. Diesmal mit genügend Wasser- und Zuckerzusatz, und siehe da, der Saft war immer noch rot.

Davon füllte ich eine Zehn-Liter-Korbflasche und brachte sie zu Papito, der vor freudiger Überraschung und überschwänglicher Danksagung keine Worte mehr fand. Ich sei halt ein guter Pastor, so sein Schlusskommentar. So lasse man mich diese Geschichte abschließen mit der frohen Erkenntnis: »Ende gut, alles gut!« Spezzini genoss seinen Hühnerbraten, Papito lachte über seinen Rotwein und ich über die Komik der Geschichte. Der einzige Außenseiter blieb der Hahn, weil Tote bekanntlich nicht mehr lachen können.

Wenn wir schon beim »fliegenden Personal« sind, sollen auch meine Tauben nicht vergessen werden. Tauben hatten es mir immer besonders angetan. Nicht nur, weil Hans Albers immer so schmachtend von seiner »La Paloma« sang, dass mir diese schon als Junge in Form von unruhigem Fernweh durchs Seelenfenster hereinflatterte. Wie ganz anders dagegen erwirkte die Friedenstaube des Heiligen Geistes Frieden und Ruhe im Gemüt.

Also beschloss ich, Tauben in den offenen Kirchturm einzusetzen. Ein Kistchen zum Brüten wurde gebastelt, und jemand schenkte mir ein Pärchen. Ach, war das schön und so romantisch! Oft schaute ich empor und erfreute mich an ihrem munteren Flattern und Gurren. Wie sie sich vermehrten, ganz von alleine! Ein Wunder der Natur.

So verging ein Jahr, da stellten wir zu unserem Erschrecken in der kunstvoll gearbeiteten Holzdecke unserer Kirche dunkle Flecken fest, die sich mit der Zeit vergrößerten. Ebenso bildeten sich an den Kirchenwänden lange, dreckige Streifen. Was war los? Ganz einfach, die Tauben hatten mit ihrem Mist sämtliche Dachrinnen und Entwässerungsrohre verstopft, sodass bereits beträchtliche Schäden entstanden waren.

Ich kroch mit Stangen über die Dächer, stocherte in Rinnen und Rohren herum, zerbrach und erneuerte zugleich jede Menge Dachplatten, oft zum Gaudium der unten vorübergehenden Passanten, die mir lachend zuriefen, ob ich jetzt unter die Dachdecker gegangen sei. Dazu kamen auf einmal Reklamationen von Landwirten, die im Blick auf ihre Aussaaten die Hände über dem Kopf zusammenschlugen, wenn es hieß: »Da kommen die Tauben vom Pastor!« Es waren inzwischen über 70 geworden.

Die Tauben mussten also wieder weg. Mein damaliger Vikar kaufte sich sofort ein Kleinkalibergewehr und begann zu ballern. Dabei gab es jedes Mal ein Loch in der Turmmauer. Auch das ging nicht. Es hat uns dann viel Mühe gekostet, die Plage loszuwerden. Wie sagte mein schwäbischer Landsmann, der Arzt und Philosoph Paracelsus (1494–1541): »Es gibt kein Gift, auf die Menge kommt es an.« So ist es. Zwei Täubchen sind ein wahres Labsal. 70 töten, und wenn es nur die Nerven oder Haare sind.

Ich möchte unsere Besucherliste nicht abschließen, ohne einen guten Freund zu nennen, der sich, besonders in den warmen Sommermonaten, mit großer Regelmäßigkeit einstellte. Er kam immer zu abendlicher Stunde und setzte sich still und lautlos direkt unter die brennende Deckenlampe. Ich habe ihn Otto genannt. Saß aber zufällig ein Damenbesuch aus Deutschland am Tisch, konnte dieser mit einem Schreckensruf aufspringen und das Weite suchen. Dabei war Otto der gutmütigste und vor allem schweigsamste Besucher, nie aufdringlich und geradezu nervenberuhigend. Er ließ sich aufnehmen und streicheln. Otto war ein tellergroßer Ochsenfrosch.

Das liebe Geld! Wie bereits erwähnt, hatten alle evangelischen Kirchen, Freikirchen und Religionsgemeinschaften keinerlei staatliche Unterstützung, im Gegensatz zur römisch-katholischen Kirche. Hatte diese in allem Zollbefreiung, auch für die eingeführten Autos, mussten wir die hohen Zölle für unsere Dienstwagen bezahlen. Ein VW sowie sämtliche Ersatzteile kosteten das Doppelte wie in Deutschland.

Dabei war der Verschleiß bei den ausgedehnten Geländefahrten ungeheuer. Ein neuer Motor war nach 45.000 Kilometern hin. Die Stoßdämpfer hätten wir, wäre das Geld dazu da gewesen, im Dutzend kaufen können. So zählten neben dem monatlichen Pastorengehalt die Fahrzeugkosten zu unseren größten Ausgabenposten. Der damalige kirchliche Jahresbeitrag für eine Familie lag bei 20 Mark. Um ihn einzutreiben gab es in jeder Kolonie einen so genannten »Einkassierer«, der seine Beute mehr oder weniger pünktlich an die Hauptkasse ablieferte. Manchmal kam sie ihm aber auch selbst gelegen, um seine Schulden in der Schnapsbar oder beim Zahnarzt abzudecken.

Es war natürlich, dass sich um dieses oft sehr abenteuerliche Amt niemand stritt. Es war ein undankbarer Job. Zuerst einmal, weil die aufzusuchenden Mitglieder sehr zerstreut in den Urwaldgebieten wohnten, oft bis zu 30 oder noch mehr Kilometer entfernt, aber auch wegen der ständigen Geldknappheit, von wenigen Ausnahmen abgesehen. War die Ernte schlecht oder wegen ungünstiger Witterungsbedingungen ganz ausgefallen, gab es langwierige Krankheitsfälle oder gar Operationen, musste der Einkassierer immer und immer wieder kommen und mahnen, betteln oder gar drohen. Als letztes und schwerstes Geschütz musste dann der Pastor auffahren.

Aber auch bei ihm ging so mancher Schuss daneben. Denn hatten die kläffenden Hunde seinen Besuch angemeldet, entfleuchte der Hausherr durchs hintere Küchenfenster in den nahen Wald. Wir hatten am Ende in unserem großen Gemeindegebiet neunzehn Einkassierer, die ihre Gegend abliefen. Natürlich gab es auch Härtefälle. Hier wurde der Beitrag nicht nur erlassen, sondern es half unsere Diakoniekasse.

Aber dieses Kassieren diente den immer häufiger auftretenden Sekten, Freikirchen und Religionsgemeinschaften wie Jehovas

Zeugen, Neuapostolischen, Adventisten, Baptisten, Pfingstkirchen, die nicht nur eifrige, sondern zum Teil auch unredliche Abwerbung betrieben mit dem Schlagwort: »Die wollen nur euer Geld! Das Evangelium ist doch kostenlos, den Himmel kann man nicht kaufen.« Man solle zu ihnen kommen, da koste es nichts. Nicht gesagt wurde, dass auch ihre Prediger nicht von Luft und Liebe lebten und dass ihre Mission mit Geldern vom Ausland getragen wurde. Außerdem schlug nach einer gewissen Anfangszeit auch immer die Stunde der Wahrheit, wo es hieß: »Jetzt muss man auf eigene Füße kommen!« Und man bat zur Kasse.

Mein Vorgänger hatte es nach neun Jahren stufenweise und mit vielen Mühen so weit gebracht, dass bei meinem Antritt das Pastorengehalt von den Gemeinden vollständig aufgebracht werden konnte. Dies war ein wichtiger Schritt zur Unabhängigkeit, aber dabei wollte ich nicht stehen bleiben. Mir schwebte ein Gemeindeverband vor, der sich immer aus eigenen Mitteln finanzierte und unabhängig auch von Deutschland in der Lage sei, im diakonischen Bereich voll aktiv zu werden, vielleicht mit Hilfe einer eigenen Genossenschaftsbank. Gedacht war an die Unterstützung von in Not geratenen Familien, an Beihilfen in Krankheitsfällen, an die Anschaffung einer Milchkuh oder die Bretter für eine Behausung, die kostenlose Aufnahme von Kindern in unser Internat und so weiter.

In den Gottesdiensten versuchte ich meiner Hörerschaft klarzumachen, dass Geben nicht nur seliger als Nehmen sei, entnommen der Apostelgeschichte 20,35, sondern dass man mit diesem Segen Gottes geradezu rechnen dürfe. Ich konnte im Zusammenhang damit ohne Umschweife sagen: Wer einen Hosenknopf für die Opferbüchse mitgebracht habe, solle den wieder mit nach Hause nehmen. Die Engel im Himmel trugen keine Hosen. Wem das Opfergeld leid täte, der soll es ebenfalls in seiner Tasche lassen. Er könne sich dafür mit Bier oder Schnaps vollaufen lassen, dann habe er wenigstens etwas dafür bekommen, und wenn es nur ein Rausch sei. Außerdem hätte er dann auch die Chance, früher ins »Loch«, so nannten sie das Grab, zu kommen. Wir sollten uns ein Beispiel an der armen Witwe nehmen, nachzulesen in Markus 12,42. Das gälte für alle. Demzufolge schaue Gott nicht auf das, was wir geben, sondern auf das, was wir für uns zurückbehalten. In der Bibel steht: »Einen fröhlichen Geber hat Gott lieb.«

Gelegentlich machte ich auch auf den biblischen »Zehnten« aufmerksam. Es war dies die im alttestamentlichen Judentum von Gott geforderte Opfergabe von zehn Prozent aller Einkünfte, wie sie auch heute von einigen christlichen Gruppen praktiziert wird. Dabei muss ich vorausschicken, dass mich meine Marianne schon immer dazu ermuntert hatte. Aber bei den doch recht bescheidenen Pastorengehältern fand ich dazu lange nicht die innere Freiheit. »Es reicht doch so kaum, bei aller schwäbischen Sparsamkeit«, so mein Argument.

Kleider wurden grundsätzlich nicht gekauft. Kam eine Altkleidersendung aus der Heimat für bedürftige Menschen, bediente ich mich nach anfänglicher Scheu ebenfalls. So konnte es passieren, dass mir junge Mädchen überaus erstaunt gratulierten, weil ich als einer der ersten mit der eben aufgekommenen neuen Mode in der Kolonie herumlief. Mit Hosen, unten ganz eng, oder ein anderes Mal ganz weit wie früher bei den Matrosen. Dabei handelte es sich um vor Jahren oder gar Jahrzehnten ausgemusterte Modelle, die in der verrückten Gesellschaft plötzlich wieder Urständ feierten.

Zurück zum Zehnten. Eines Tages war ich innerlich so weit, dass ich ihn, ohne ein Gesetz daraus zu machen, »fröhlich« geben konnte. Aus meiner persönlichen Erfahrung machte ich aber keine Werbung. Aber irgendwie sprach es sich doch herum, und schon fand sich der eine oder andere Nachahmer. Damit war jedes finanzielle Problem unserer Gemeinden endgültig gelöst. Wie heißt das Sprichwort doch: »Gutes Exempel, halbe Predigt!«

Noch heute sehe ich den alten, von Arbeit ausgezehrten Kolonisten vor mir. Er war Schweizer, der sich mit seiner Familie mühsam auf einem kleinen Urwaldland durchschlagen musste. Er hatte ein kleines Honda-Motorrad und kam damit an einem Sonntagabend im Pfarrhaus angefahren, 20 Kilometer weit. Er zog einen Umschlag aus der Hosentasche und sagte: »Herr Pastor, ich habe meine Ernte verkauft, hier ist der Zehnte.« Mir verschlug es die Sprache, diese so ärmlich und bescheiden lebenden Leute! Dabei betrug die Jahreseinnahme ihrer Ernte ungefähr vier Monatslöhne eines deutschen Straßenfegers. »Nein«, war meine Antwort, »von Ihnen, lieber H., nehme ich dieses Geld nicht an.« Da schaute er mich ganz groß an und sagte in seinem kehligen Schwyzerdütsch: »Aber Sie müssen es annehmen, ich will mich doch nicht um den Segen Gottes bringen.«

Unsere Gemeinde am Alto Parana wuchs im Laufe der Jahre nicht nur zahlenmäßig, sondern sie wurde auch wohlhabend, um nicht zu sagen reich, im Vergleich zu anderen Gemeinden der La-Plata-Kirche. Wir konnten an andere Gemeinden für dringende Projekte Kapital verleihen, immer zinslos, und ebenso neue Gemeinden gründen, davon noch später. Andererseits konnte ich aber auch, wenn die Kirchenleitung neue Gehaltserhöhungen ansetzte, meinem Kirchengemeinderat zuflüstern: »Haltet eure Klappe, wir erhöhen nicht, mir reicht's!«

Die größten Versuchungen für einen Pfarrer oder Prediger seien die Weiber und das Geld. So belehrte mich damals noch jungen Pfarrer einmal ein alter, sehr erfahrener Evangelist. Wie Recht er hatte, das zeigte mir das Leben. Bei Beichten und Aussprachen »immer den Schreibtisch dazwischen«, so ein alter Grundsatz. Denn wie schnell konnte sich ein weibliches Geschöpf in seiner Not oder Angst dem Seelsorger an den Hals werfen. Beim Geld war es ebenso. Wie dankbar bin ich ein Leben lang meiner Mutter geblieben dafür, dass sie uns von Kind an mit dem Liedvers von J. Heermann vertraut machte:

Lass mich mit jedermann in Fried und Freundschaft leben,
soweit es christlich ist. Willst du mir etwas geben
an Reichtum, Gut und Geld, so gib auch dies dabei,
dass von unrechtem Gut nichts untermenget sei.

Kein unrechtes Gut. Im Verlauf der Jahrzehnte lief sehr viel Geld durch meine Finger. Oft über Dienststellen mit genauer Nachweiserbringung, sehr oft aber auch anders. Da steckte einem ein altes Mütterchen einen Schein in die Hand, dort kamen Spenden von Freunden mit der Bemerkung: »Mach damit, was du für richtig hältst!« Das waren dann die so genannten »Schwarzgelder«, über die ich auch froh war, weil ich damit oft ganz heimlich und verschwiegen Menschen helfen konnte, die von meinen Gemeinderäten entrüstet abgeschmettert worden wären. »Der Faulenzer soll arbeiten wie wir«, »der Säufer soll an seine Familie denken«, auch

»zuerst müssen wir unseren deutschen Landsleuten oder den Evangelischen helfen« oder »gerade diese Leute sieht man doch nie in der Kirche«, um nur einige Argumente zu nennen.

Selbstverständlich führte ich auch über die »Schwarze Kasse« genau Buch, darin hatte unsere Hauptkassiererin Einsicht. Sie war eine vernünftige, kluge Frau, eine ehemalige Sekretärin in Nürnberg. Sie konnte den Mund halten. Dabei machte ich mir im Umgang mit Geld grundsätzlich den abgeänderten Grundsatz aus der Gerichtsbarkeit zur Regel: »*In dubio pro reo* – im Zweifel für den Angeklagten«. Ich veränderte: »*In dubio pro* Kasse.« Fehlte Geld wegen einer Unachtsamkeit oder vergessenen Abbuchung, war der eigene Geldbeutel gefordert. Ich belehrte dann mein betrübtes Gewissen mit der Schlussfolgerung: Das ist die Strafe für deine Schlamperei.

Aber es war nicht die einzige. Noch einige Jahre nach meinem Abzug aus Hohenau wurden mir Gerüchte aus Kirchenkreisen zugetragen, dass es der Held mit den Geldern nicht so genau genommen habe, sogar schwarze Kassen habe er geführt. Hatte ich doch beim Abgang meinem Nachfolger die Hälfte dieser nicht offiziellen Gelder zurückgelassen, damit auch er ein gewisses Startkapital für Hilfsaktivitäten in der Hand habe. Was ich mit der anderen Kassenhälfte tat, mag der Leser aus dem nachfolgenden Kapitel entnehmen.

Die Ökumene

Paraguay ist wie alle übrigen Länder Südamerikas ein katholisches Land. Schon bald nach den spanischen und portugiesischen Konquistadoren trafen auch die ersten Priester aus Europa ein und versuchten mit mehr oder weniger vorhandenem Geschick, aus den Heiden Christen zu machen. Die römisch-katholische Kirche ist Staatsreligion.

Evangelische Einwanderer gab es dann im Laufe des 19. Jahrhunderts. Daraus entstanden unter großen Mühen und Schwierigkeiten zum Teil weit voneinander getrennte Kirchengemeinden; es war die typische Situation der Diaspora. Sie wurden von der überall vertretenen Staatskirche mit ihren vielen Priestern natürlich nicht gern gesehen und als Eindringlinge betrachtet. Die aus Deutschland entsandten katholischen Ordensbrüder hielten sich im Umgang mit den evangelischen aus taktischen oder sonstigen Gründen meist vorsichtig im Hintergrund.

Trotzdem konnte es vorkommen, dass einer ihrer maßgeblichen Vertreter eiligst eine Kolonistenfamilie aufsuchte und diese vor einem Grundstücksverkauf an die Evangelischen warnte, weil diese ein bescheidenes Kirchlein darauf zu bauen gedachten. Viel offener ablehnend, ja geradezu feindlich standen die paraguayischen Priester und vor allem die Nonnen den »Ketzern« gegenüber. So konnte es passieren, dass die evangelischen Kinder weinend aus der Schule kamen und ihre Eltern baten, sie sollten doch auch katholisch werden, denn Oberschwester Obdulia habe gesagt, die Evangelischen kämen alle in die Hölle! Die großen Schulen, Internate, später auch die Universität in Encarnacion, alle waren in den Händen der katholischen Kirche, dazu kamen Supermärkte, Buchhandlungen, Sägewerke und so weiter. Die Staatskirche war befreit von Einfuhrzöllen jeder Art, was allein bei Autos über 50 Prozent ausmachte.

Mit anderen Worten, wir Evangelischen liefen unter »ferner«. Gab es Empfänge von hohen Persönlichkeiten wie Staatspräsident,

Ministern, Botschaftern oder anderen, standen die katholischen Würdenträger und Nonnen zur herzlichen Begrüßung gleich reihenweise in der ersten Linie, während der kleine evangelische Pastor sich unter der großen Zuschauermenge tüchtig auf die Zehenspitzen stellen musste, damit er wenigstens aus der Ferne kurz das Gesicht der honorigen Persönlichkeit sehen konnte.

So ungefähr sah es aus, als ich nach Hohenau kam. Natürlich blieb mir bei dem riesengroßen Arbeitsfeld weder Zeit noch Lust, um gegen eine Bastion anzurennen, wie es weiland Don Quijote gegen die Windmühlen getan hatte. Aber weil ich als Christ auch die Katholiken als meine Brüder und Schwestern sehen wollte und weil ich ihr Gebaren nicht nur als unfair, sondern als geradezu sündhaft gefährlich erkannte, erklärte ich ihnen ganz im Stillen und nur so für mich den »Heiligen Krieg«. Heilig, weil ich mit den biblischen Waffen aus Epheser 6 zu kämpfen gedachte, und weil ein davongetragener Sieg niemand demütigen, schlagen oder gar vernichten sollte. Nein, ich wollte sie nur zur Erkenntnis bringen, ihnen zum Heil, uns zur Gleichberechtigung und allen zur Freude im Herrn, trotz aller Verschiedenheit. Ich fühlte mich in diesem »Kampf« wie David vor Goliath. Aber ich wusste, dass der Weg des Friedens immer auch der des Sieges ist. Und dann flogen meine Kieselsteinchen.

Nr. 1: Wir hatten im Pfarrhaus eine ältere Paraguayerin zum Putzen. Ihre einzige Tochter, 16 Jahre alt, ging in die katholische Oberschule zu Pater H. und war eine sehr gute Schülerin. Sie sollte etwas Tüchtiges lernen und ihre alten Eltern später versorgen. Aber in der Pubertät wurde sie plötzlich geisteskrank. Sie sprang nackt auf der Koloniestraße von Obligado herum; man musste sie wie einen wild gewordenen Hund einfangen und festbinden. Eine psychiatrische Behandlung gab es nur in der Hauptstadt Asuncion. Dorthin, eine Strecke von 400 Kilometern, fuhren wohl meist überfüllte Busse, aber unter solchen Umständen konnte das Mädchen nicht befördert werden. Man brauchte ein Privatauto mit zwei Begleitern.

So ging die Mutter zu Pater H., ihrem Klassenlehrer, und bat um Hilfe. In der großen Internatsschule, die etwa 450 Schüler fasste, gab es verschiedene Kombi-Fahrzeuge, die bestens geeignet waren. Die Antwort des Paters war abschlägig, dazu seien ihre

Autos nicht da. Welche natürlich alle aus Spenden der Heimatkirche Deutschland kamen. Weinend und verzweifelt erzählte uns dies die Frau. Nun hatten wir in unserem evangelischen Schülerinternat ebenfalls einen VW-Kombi. Aber dieser war schon zehn Jahre alt und so zusammengefahren und wackelig, dass jede längere Fahrt ein Risiko war. Auf meine Frage an Internatsleiter Bernhard, ob man die weite Reise riskieren könne, zuckte der nur mit den Achseln: »Vielleicht, mit einer neuen Batterie und einem Ölwechsel.«

»Gut, das machen wir, übermorgen geht's los!« Die Mutter war überglücklich. Tags darauf läutete mein Telefon, es meldete sich eine Nonne des Schulsekretariats: Man habe gehört, dass ..., aber man sei jetzt gern bereit, das Mädchen wegzubringen. Ich bedankte mich höflich, aber der Zug sei schon abgefahren. Diese Nachricht durcheilte die Kolonien. Es hieß 1:0 für mich. Der Kiesel hatte getroffen. Die Mutter wollte übrigens daraufhin evangelisch werden, aber ich wehrte ab. Sie solle in ihrer Kirche nicht an die *Padres* und Nonnen, sondern an Christus glauben, das würde genügen. Unter meinen Waffen befand sich absolut nicht das Abwerben.

Nr. 2: Wieder einmal läutete das Telefon. Am anderen Ende war der bereits im Gockelmord erwähnte Zahnarzt. Sehr aufgebracht berichtete er, man habe ihm aus einer entlegenen Gegend eine alte Nonne geschickt mit der Bitte, er möge ihr ein Gebiss verpassen. Ihre Missionsbehörde habe ihr dafür ganze 20 Mark mitgegeben. Das sei eine Unverschämtheit! Natürlich wolle er an dieser Frau, die ein Leben lang nur um Gotteslohn gearbeitet habe, nichts verdienen. Aber allein die Materialkosten beliefen sich auf das Zehnfache. Nach einer weiteren Schimpfkanonade gegen seine eigene katholische Kirche, wie er immer wieder betonte, kam seine Gretchenfrage: »Was soll ich bloß tun?«

Kurz war meine Antwort: »Mach der Frau ein ordentliches Gebiss, ich bezahle es. Nur«, so meine Bedingung, »sag keinem davon, es bleibt unter uns.« Das versprach er hoch und heilig. Aber schon nach kurzer Zeit wusste man landauf, landab, dass der evangelische Pastor der katholischen Nonne das Gebiss bezahlt hatte! Meinem Freund Spezzini war eben nicht nur das Herz, sondern auch der Mund übergelaufen, mir aber hat das nicht geschadet. Es stand 2:0 für mich.

Aber das Spiel ging weiter. Ich möchte nur noch von einem Schachzug berichten, der die Gegenseite so matt setzte, dass fortan ein anderer Geist in unserem gegenseitigen Verhältnis zu wehen begann. Dabei soll gern zugegeben werden, dass zu meiner Strategie auch der Grundsatz zählte, die Gegenseite auf eine sanfte Art das Fürchten zu lehren – im Sinne von Ehrfurcht und Respekt.

Nr. 3 Irgendwann bekam Paraguay einen Staatsbesuch aus Deutschland. Da der paraguayische Staatspräsident Stroessner international als gemäßigter Diktator angesehen wurde – sein Vater kam aus Hof in Bayern – und er im Kampf gegen den Kommunismus als treuer Vasall der USA galt, gab es zwar diplomatische Beziehungen, allerdings reservierter Art von Deutschland aus. So schickte man – als »zweite Garnitur«, wie es hieß – den bayerischen Ministerpräsidenten Goppel. Der dadurch aufgewertete Stroessner gab natürlich einen Riesenempfang in der Landeshauptstadt Asuncion.

Danach war, wie meist üblich, ein Besuch in den »deutschen Kolonien« am Alto Parana angesagt. Sie galten allgemein als Aushängeschild für Fortschritt und Wohlstand des sonst armen Landes. Wie immer wirkte bei solchen Anlässen der sich als Freund Stroessners ausgebende deutsche Pater H. als Ansprechpartner und Organisator. Sämtliche Vorbereitungen lagen in seiner Hand. Die großen Räume von Schule und Internat boten den Veranstaltungen den nötigen Rahmen. Das extra gebildete Festkomitee stellte ein umfangreiches Programm zusammen, angefangen beim Empfang mit einer Militärkapelle bis zur Besichtigung aller Einrichtungen, zu Ansprachen, Vorführungen der Schüler, Volkstänzen, Chören und abschließendem großen Bankett. Es galt, den Gästen nicht nur den besten Eindruck, sondern gleichzeitig die Bitte um finanzielle Hilfe für weitere Projekte zu vermitteln.

Sehr spät erst erinnerte man sich im Festkomitee daran, dass es unter den vielen Deutschstämmigen der Zone auch Evangelische gäbe. Wir machten schließlich nur 80 Prozent dieser Gruppe aus! So wurde auch ich zum Bankett eingeladen. Außerdem durften die Kinder unseres evangelischen Internats ein kleines Programm vorführen, nur sollte es nicht zu lange dauern, da das Programm schon voll sei. Aha, da war es wieder, dieses fünfte Rädchen an der Prachtkarosse. Wie ließ Nestroy seinen Eulenspiegel 1835 sagen:

»Sie brauchen nichts zu wissen, Sie sind ein reicher Mann. Aber ich bin ein armer Teufel, mir muss was einfallen!«

Till, du sagst genau das Richtige! Wir hatten in unserem Schülerinternat ein nettes, dunkles Paraguayermädchen. Sie hieß Elvira, ich habe ihren Namen nie vergessen. Äußerst intelligent und sprachbegabt, nahm sie an unserem Deutschunterricht teil und lernte überraschend gut und schnell. Ich setzte ihr eine deutsche Begrüßungsansprache auf, die sie auswendig lernte.

Dann hatten wir eine auffallend blonde, deutschstämmige Anneliese unter den Schülern, die perfekt das Guaraní beherrschte. Einer unserer Lehrer war Paraguayer, er setzte eine ebensolche Rede in dieser Indianersprache auf, und auch Anneliese lernte diese auswendig.

Dann kam der große Tag. Viele hundert Besucher aus nah und fern hatten sich zu diesem besonderen Ereignis eingefunden. Ich stand völlig eingeengt in der großen Menschenmenge, ganz weit hinten. Jetzt kam eine Militärkapelle anmarschiert und nahm vor dem großen Portal des katholischen Instituts Aufstellung. Auf der großen, breiten Empfangstreppe stand, sauber aufgestellt in Reih

Besuch von Ministerpräsident Goppel, dazwischen der paraguayische Bodyguard. Eine falsche Bewegung, und es knallt.

und Glied, die gesamt Priester- und Schwesternschaft. Mit ohrenbetäubendem Krach setzte plötzlich die Musik ein: Er kommt! Auf den Zehenspitzen stehend konnte ich gerade so durch die vielen Köpfe hindurch beobachten, wie der Ministerpräsident die ganze Geistlichkeit mit Handschlag begrüßte. Stroessner selbst war verhindert, aber vier seiner Minister begleiteten den hohen Gast, auch Goppels Sohn war mit von der Partie.

Nun lief das sehr ausgedehnte Programm vorschriftsmäßig ab, und am Ende war alles müde und froh, dass es zum Mittagstisch in den großen Aulasaal ging, wo für etwa 100 Gäste feierlich gedeckt war. Am Kopfende saß die gesamte Hautevolee, ich selbst war, wie gewohnt, im hinteren Eck neben Pater Juan platziert, einem sympathischen Priester aus dem Rheinland. Gleich sollte das Essen aufgetragen werden.

Wir waren mit unserer evangelischen Vorstellung immer noch nicht drangekommen, denn man hatte uns glatt vergessen. Als ich mir ein Herz fasste, aufstand und nachfragte, stieß der Programmleiter konsterniert aus: »Ach, Sie kommen ja auch noch dran, machen Sie's aber kurz!«

Und dann bewegte sich das fünfte Rad am Wagen. Elvira stellte sich vor die Herrschaften und rasselte in tadellosem, sicherem Deutsch ihre Ansprache herunter. Die Minister sah man geradezu auf ihren Stühlen wachsen. Mit Begeisterung hingen sie an den Lippen ihrer jungen Landsmännin, der Stolz leuchtete aus ihren Augen. »Sieh da, wir Paraguayer!« Auch der Ministerpräsident lächelte anerkennend.

Aber dann kam der Abschuss. Als die blonde Anneliese in flüssigem Guaraní ihre Begrüßung begann, fingen die Minister schon an zu klatschen. Großartig! Sie waren hin und her gerissen. Mein Nachbar Juan stieß den Ruf aus: »Der Held hat wieder den Vogel abgeschossen!«

Nur Goppel schaute fragend in die Runde, er hatte vom Guaraní natürlich nichts verstanden. »Was sagte dieses Mädchen?«, so kam seine Frage. Da stand ich auf und rief über den ganzen Saal hinweg die üblichen Begrüßungsfloskeln, sozusagen aus dem Stand heraus, weil ich ja auch nicht genau wusste, was der Lehrer dem Mädchen alles aufgeschrieben hatte.

Nach dem Ende des Essens bewegte sich die Festgesellschaft

auf den Hof hinaus. Da trat überraschend der Privatsekretär Stroessners, Pappalardo, auf mich zu, drückte mir die Hand und fragte, ob er mir seine Frau vorstellen dürfe. Dazu erwähnte er, dass er dieses außerordentliche Ereignis dem Präsidenten berichten wolle. Ebenso packte mich der anwesende paraguayische Konsul aus Hamburg bei der Hand, klopfte mir auf die Schulter und rief ganz begeistert: »*Asi se hace America* – so wird Amerika gemacht.« Gemeint war damit die schnelle und unkomplizierte Vermischung aller Rassen. Natürlich boten mir beide, wie im Lande üblich, ihre Hilfe bei etwaigen Problemen jeder Art an. Es dauerte nicht lange, da habe ich sie dann in Anspruch genommen, und das mit Erfolg. Die Partie stand nun 3:0 für mich.

Als Funkamateur lernte ich im Laufe der Jahre den Hobby-Kollegen Pedro kennen. Er war Steyler[1] Pater und arbeitete als Lehrkraft der Oberstufe am Kolleg. Jung an Jahren, Rheinländer, immer fröhlich und blitzgescheit, so war er. Mit seiner Funkstation war er sehr aktiv, und so kam es, dass er mich hie und da einlud, um seine neuesten Errungenschaften an Geräten zu bewundern.

War gerade die Zeit der nachmittäglichen Kaffeerunde, wurde ich sehr herzlich an den Tisch der Geistlichen gebeten, was ich mir nicht zwei Mal sagen ließ. Denn da gab es ungeahnte Herrlichkeiten wie Wurst, Käse und Marmelade, alles aus Deutschland in großen Kisten angeliefert. Auch Rhein- und Moselweine, Kekse und Schokolade. Das wären, so wurde ich belehrt, Spenden und Geschenke der deutschen Glaubensgeschwister. Sie kamen natürlich ebenso zollfrei ins Land wie alles andere auch. Saß man dann in gemütlicher Runde am Tisch, musste ich erzählen und dabei viele Fragen beantworten, besonders was meine Gemeindearbeit anbetraf.

Sie fragten mich aus nach Strich und Faden, sodass mir vielfach ihre Hilflosigkeit an praktischen Dingen, aber ebenso im Umgang mit dem einfachen Volk auffiel. Hier fehlte ihnen manche Erfahrung, aber auch, wie ich meinte, der begleitende Rat einer Ehefrau. Die treue Lebenskameradin war nicht an ihrer Seite, ein Mensch, der ihnen nicht nur Sorgen abnehmen, sondern auch offen die

---

[1] Die Steyler Mission ist Teil des internationalen katholischen Ordens »Gesellschaft des Göttlichen Wortes«. Die Missionare sind nach deren Gründungsort Steyl benannt.

Meinung sagen konnte über Eigenheiten, die jeder hat, ohne es selbst zu merken. Wo der Schleifstein fehlt, bleibt das Messer stumpf! Es bleiben ebenso Selbstherrlichkeit und Heiligenschein. Denn welcher unbedarfte Analphabet hätte schon den Mut gehabt, gegen einen studierten Gottesmann etwas zu sagen. Damit käme man ja der Hölle gleich um ein Riesenstück näher.

So stand eines Tages Pater J. vor meiner Tür. Er war der Rektor des im Nachbarort Obligado befindlichen Proseminars. Dieser große Gebäudekomplex war mit Hilfe deutscher Mittel gebaut worden, um für die Kirche Priester heranzubilden. Speziell ausgesuchte Kandidaten kamen aus dem ganzen Land und hatten bei freier Kost und Logis die Möglichkeit, das Abitur als Vorstufe zum späteren Studium der Theologie zu machen. Durch eine größere Landwirtschaft versuchte man, die Unterhaltungskosten des Betriebes zu verringern, die Seminaristen sollten dabei zur Mitarbeit angehalten werden.

Der erwähnte Pater J. war ein hervorragender Mann. Deutscher, Kriegsgeneration mit Russland und sibirischer Gefangenschaft. Wir verstanden uns vom ersten Augenblick an. Als Kriegsgeneration hatten wir die gleiche Kragenweite. Nun saß er vor mir und klagte sein Leid. 120 Seminaristen! Aber wenn anschließend einer, höchstens zwei davon die weitere Priesterlaufbahn einschlügen, hätte man Glück gehabt. Die Jugendlichen kämen sehr oft aus den Slums der Großstadt, aus entlegenen Steppendörfern oder zivilisationsfremden Urwaldgebieten, Halbwilde, aus den *Ranchos* zusammengelesen. Dazu kämen viele Querelen und Kompetenzstreitigkeiten, wie in geistlichen Kreisen – egal ob in katholischen oder evangelischen – sehr oft üblich.

Kurzum, er habe jeden Mut und Schwung verloren und frage jetzt den evangelischen Pastor, warum bei ihnen der Laden nicht laufe. Das war ein ungeheurer Vertrauensbeweis. Ich habe dem unglücklichen Mann dann meine Meinung gesagt, ebenso meine Vorschläge, ohne dafür die Gewissheit zu haben, dass sie auch richtig waren. Er tat mir sehr Leid. Eines Tages war er nicht mehr da. Er hatte sich weggemeldet. Auf meine Nachfrage erfuhr ich, dass er weit oben im Norden in einem sehr abgelegenen Urwaldgebiet eine überaus entbehrungsreiche Pfarrstelle angetreten habe.

Das katholisch-lutherische Klima verbesserte sich zu meiner

Freude ständig. Schon wurde ich gebeten, vor der Abiturklasse des Kollegs ein Referat über Martin Luther und seine Reformation zu halten. »Das können doch Sie am besten«, so wurde argumentiert. Die Schüler waren außerordentlich interessiert am Thema. Die Spannung war ihnen anzumerken, etwas von der »Kehrseite der katholischen Medaille« zu erfahren. Selbstverständlich habe ich sehr vorsichtig die verschiedenen Päpste »behandelt«.

Öfters musste ich grenzüberschreitend nach Argentinien ins gegenüberliegende Posadas. Dort hatten sich einige Familien unserer La-Plata-Kirche aus dem Inland von Misiones angesiedelt, die mich um gelegentliche Gottesdienste baten. Diese hielten sie in einem Privathaus ab, das aber mit der Zeit zu eng wurde. So schaute ich mich nach einem geeigneten Raum um und fand diesen in Form einer kleinen sympathischen Kapelle, die im Altersheim der Stadt stand. Nur: Sie war katholisch. Aber da es sich ja um gelegentliche Zusammenkünfte handelte, sah ich darin keine Schwierigkeit.

Auf meine Nachfrage bei der Heimleitung wurde ich an den zuständigen Priester verwiesen. Es war ein netter jüngerer Mann und wie auffallend viele Priester aus Polen »importiert«. Als er hörte, dass ich evangelischer Pastor sei, schüttelte er bedauernd den Kopf. Nein, unmöglich, das ginge nicht! Ich war nicht verwundert, galten die Polen doch – den Glauben betreffend – als besonders »linientreu«. Er erklärte mir dann, dass ein solches Experiment nur mit Erlaubnis des Bischofs möglich sein könnte, dann verabschiedete er mich. Ziemlich betrübt verließ ich die Stätte, fasste aber den Entschluss, die Probe aufs Exempel zu machen.

Das bischöfliche Ordinariat für die Provinz Misiones befand sich in Posadas; es war ein imposantes Gebäude mit herrlichem Ausblick auf den Parana-Fluss. Wiewohl ich während meiner Amtszeit in dieser Stadt dem deutschstämmigen Bischof Kemmerer schon einmal einen Höflichkeitsbesuch abgestattet hatte, zusammen mit dem bayerischen Landesbischof Dietzfelbinger, schien mir dies als Empfehlung nicht ausreichend. Ich hatte bereits ein stärkeres Geschütz im Depot.

So ging ich zum Bischofssitz meiner paraguayischen Provinz Itapua – dieser befand sich in Encarnacion – und erbat beim dort amtierenden Bischof, ebenfalls einem Mann deutscher Herkunft, ein Empfehlungsschreiben an seinen argentinischen Amtsbruder. Bischof Bockwinkel kannte mich recht gut und entsprach sofort und mit großer Selbstverständlichkeit meiner Bitte. Schon wenige Tage später hatte ich seinen gut verschlossenen Brief in der Hand und kreuzte damit, wie immer im Motorboot, den 1,5 Kilometer breiten Parana. Im Bischofsitz angekommen, überreichte ich dem mich empfangenden Sekretär meinen Brief. Er hieß mich Platz nehmen und verschwand. Nach meiner Zeitrechnung dauerte es verdächtig lange, bis er wieder zurückkam.

Er lächelte, als er auf mich zutrat; das war ein gutes Zeichen. Dann sagte er: »Hier, Sie dürfen das Empfehlungsschreiben des paraguayischen Bischofs auf Wunsch unseres Bischofs selber lesen.« Und so geschah es auch. Nicht nur der polnische Priester aus dem Altersheim, sondern grundsätzlich alle katholischen Geistlichen seiner Diözese wurden gebeten, mich auf jede nur

Besuch des bayerischen Landesbischofs Dietzfelbinger in Posadas 1959

mögliche Art und Weise zu unterstützen, denn »*se trata de un Pastor verdadero* – es handelt sich um einen echten Hirtenpastor«. Dies wurde betont, auch im Blick auf manche sich ebenfalls »Pastoren« nennende Leiter aller möglichen Sekten und Pfingstkirchen, die »nur vom Geist ergriffen« und ohne eine solide theologische Ausbildung, dafür aber mit gewaltigem Stimmaufwand ihre Zuhörerschaft in Atem hielten.

Das war für mich, den ehemaligen Landser der deutschen Wehrmacht, als wenn man mir das Ritterkreuz um den Hals gehängt hätte. Ein echter Hirte zu sein – eine höhere Auszeichnung konnte es für mich, den Streiter Christi, nicht geben, und das dazu aus »Feindesmund«. Darüber freue ich mich heute noch, und Gott mag mir diesen gar nicht christlichen Stolz verzeihen. Aber es geht mir um unsere evangelische Sache und um den Beweis, dass Auseinandersetzungen jeder Art mit den Waffen der Brüderlichkeit zu gewinnen sind, vorausgesetzt es regiert der gleiche Geist an den verschiedenen Fronten.

Bleibt zu sagen, dass wir natürlich sofort den gewünschten Gottesdienstraum benutzen konnten, und zwar zu jeder Tages- und Nachtzeit. Was tat's, dass der ganze Altar mit bunten Heiligen, glitzernden Engelein und bunten Papierblumen überladen war. Über allem hing das Kreuz mit dem segnenden Christus und im Raume standen seine Worte: »Was siehst du aber den Splitter in deines Bruders Auge und wirst nicht gewahr des Balkens in deinem Auge?«

Die Jahre vergingen, und ich wurde mit den *Padres* immer mehr gut Freund. Sie hatten gemerkt, dass eine Konfrontation mit mir für ihre Arbeit nicht förderlich war. Im Gegenteil, wer *amigo* mit dem Pastor war, hatte auch unter dem katholischen Volk, ob Deutsche oder Paraguayer, die besseren Karten. Nur den paraguayischen Nonnen fiel es schwer, über ihren Schatten zu springen, ich wurden ihre misstrauischen Blicke nur schwer los. Eine Beobachtung, die ich auch später im lateinamerikanischen Bereich immer wieder machte.

Schließlich bat man mich als Prediger zu einer Missionswoche in der Kathedrale von Encarnacion. Dort überreichte mir im Anschluss ein Priester zum Dank eine Bibel am Altar, nahm mich in die Arme und gab mir den Bruderkuss. Als mich dann gegen

Ende meiner Tätigkeit in Hohenau der bereits erwähnte Direktor und Hardliner Pater H. bat, einen der monatlichen Schülergottesdienste in ihrer Kirche zu übernehmen, wo etwa 400 Schüler anwesend sein sollten, aber ausdrücklich »mit Talar«, da wusste ich, dass diese Art von Ökumene die Richtige war.

Lange habe ich mir überlegt, ob ich nachfolgendes Ereignis schildern sollte, könnte ich doch sehr schnell und sicherlich zu Recht in den Geruch von Überheblichkeit und Angeberei kommen. Aber weil es mich freute, die einstmals so verfemte Kirche Martin Luthers inmitten dieses katholischen Umfelds in ein objektiveres und christlicheres Licht gerückt zu haben, möchte ich auch den Leser mit den Worten Lessings aus *Minna von Barnhelm* dazu animieren: »Freue dich mit mir! Es ist so traurig, sich allein zu freuen!«

Eines Vormittags rasselte im Pfarrhaus das Kurbeltelefon. Am anderen Ende meldete sich die Sekretärin der katholischen Universität in Encarnacion. Sie müsse mir etwas sagen, das mich ganz bestimmt freuen würde. Auf meine gespannte Frage, was das denn sei, ihre Antwort: Da habe ein Professor in irgendwelchem Zusammenhang mit der Religion die Studenten gefragt, wie sie sich denn einen richtigen Christen vorstellten. Da habe sich einer gemeldet und geantwortet: »So wie Pastor Held aus Hohenau.« Ich lernte: Verkündige das Evangelium und versuche danach zu leben, dann kommt alles andere ganz von allein, sogar die Ökumene.

1977 verließen wir Paraguay. Am neuen, 700 Kilometer entfernten Standort in Argentinien, Charata, bekamen wir im folgenden Jahr Besuch aus Hohenau. Pater H. hatte davon gehört, nahm die Gelegenheit wahr und schickte mir mit einem herzlichen Gruß eine Flasche deutschen Steinhäger. Ich führte mir ein Stamperl gleich zu Gemüte – auf das Wohl des noblen Spenders, aber auch auf eine Art von Ökumene, die über allen Dogmen und Traditionen steht, auf jeden Fall aber dem Gnadenstuhl Christi näher, als dem von Rom.

Natürlich siedelten sich in unserem großen Gemeindebereich auch noch andere Kirchen beziehungsweise Religionsgemeinschaften an. Da waren die Adventisten, deren Missionsmethoden in der Regel mit der Erstellung von Krankenhäusern in solchen Gegenden begannen, wo es um die ärztliche Versorgung schlecht bestellt war. So bauten sie in Hohenau mit Geldern der deutschen, zum Teil auch kirchlichen Entwicklungshilfe ein Hospital. In einem bei mir vorher angeforderten Gutachten hatte ich selbstverständlich auf diese Notwendigkeit hingewiesen und das Projekt für gut erachtet.

Mit den ersten Ärzten tauchte dann auch sofort ein Pastor auf, der sich in rührender Weise der Kranken annahm. Er las nicht nur Trostworte aus der Bibel, sondern lud selbstverständlich auch zu Andachten und Gottesdiensten ein. Sofort wurde neben dem Hospital ein Basketballfeld errichtet, das die Jugend anziehen sollte. Wer vom Personal zu ihrer Kirche übertrat, bekam ein höheres Gehalt, und für die Kranken gab es bei diesem Schritt Preisnachlässe. Die »Fischerei« war in vollem Gange, und der Teich war sowohl die katholische als auch unsere Kirche.

Sehr lange schaute ich dieser Entwicklung zu. Aber als ich erfuhr, dass ihr Pastor es fertig brachte, schwerkranke Patienten aus unserer Gemeinde in Gewissensnöte zu bringen, weil sie nicht in der »richtigen« Kirche Christ wären, platzte mir der Kragen. Ich veröffentlichte in unserem Gemeindeblättchen einen geharnischten Artikel gegen diese unfaire Art und Weise. Darin stellte ich die Grundsatzfrage: »Was ist der Unterschied zwischen einer körperlichen und einer geistlichen Vergewaltigung?« Außerdem drohte ich mit einer entsprechenden Information an die deutschen Geldgeber des Hospitals.

Der Artikel schlug ein wie eine Bombe. Das Adventistenoberhaupt kam extra aus Buenos Aires angereist, um sich zu entschuldigen. Wer Ökumene betreiben will, kommt nicht um ein gelegentliches Knallen mit der Peitsche herum. Wer das nicht glaubt, frage einen Raubtierdompteur.

50 Kilometer nördlich von Hohenau gab es in diesen Jahren eine große Einwanderungswelle von Japanern. Große, ausgedehnte Wälder wurden von ihrem Genossenschaftsverband aufgekauft und an die Neueinwanderer verteilt. Plötzlich sah man vorher nie gekannte zweistöckige Bretterhäuser in der Landschaft stehen, und die emsigen kleinen Leute arbeiteten von Sonnenaufgang bis Sonnenuntergang. Einen Sonntag kannten sie so wenig wie ihre Schulkinder irgendwelche Ferien.

Daher ging diese Kolonisation überraschend schnell voran,

wobei sicherlich die gegenseitigen Hilfen diesen Zusammenhalt schufen, der – wie unsere deutschstämmigen Kolonisten wehmütig erzählten – auch in ihren schweren Anfangszeiten gang und gäbe gewesen sei. Mit großem Ekel und Entsetzen berichteten aber neugierige Nachbarn, dass sie in den Küchen der Japaner abgezogene Schlangen über dem Rauch hatten hängen sehen, die diese als besondere Delikatesse verzehrten. Das weiße Fleisch schmecke ähnlich wie Fisch. Da ich selbst viele Schlangen abgezogen habe, konnte ich dies nur bestätigen. Immer wollte ich es selbst auch probieren, machte aber im letzten Moment einen feigen Rückzieher, weil mir die Mäuse und Ratten bildlich durch den Kopf liefen, die ja Hauptspeise dieser Amphibien sind.

Unter den Japanern gab es eine kleine Gruppe evangelischer Christen. Sie waren Methodisten der evangelischen Freikirche und wurden in großen Abständen von einem japanischen Pastor besucht. Wenn ich durch diese noch recht wilde Gegend kam, hielt ich hie und da an einem Bretterhaus an der verlassenen Urwaldstraße, in welchem ein altes japanisches Ehepaar ein kleines Lebensmittelgeschäft betrieb. Sie waren ebenfalls evangelische Christen und erzählten mir, dass die Betreuung durch ihren Pastor wegen der großen Zwischenzeiten viel zu dürftig sei.

So suchte ich ein Zusammentreffen mit diesem Kollegen, um ihm meine Hilfe anzubieten. Gedacht war dabei an die Überlassung unserer in der Nähe liegenden Kirche sowie an eine Möglichkeit, in unserem Hohenauer Internat Freizeiten abhalten zu können. Bei kostenloser Küchenbenutzung und Übernachtungsunterkunft versteht sich. Eines Tages traf ich den Mann und erzählte ihm begeistert und freudig von meiner Idee. Der noch junge Pastor hörte mir still zu und lächelte nach Japanerart.

Dann gab er mir eine Antwort, die ich zeitlebens nicht vergessen werde. Er lehnte grundsätzlich alles ab und sagte dem Sinne nach: »Merken Sie sich eine Sache, wir sind Brüder in Christus, aber damit hat sich's!« Da verschlug es mir die Sprache. »Was ist das für ein Geist?«, so ging es mir durch die Seele. Aber der Hinterkopf signalisierte mir überraschend schlagfertig ein Wort, das besser ungeschrieben bleibt, weil es sowieso nur im Schwabenland verstanden würde und somit ungestraft bleibt. Dem höflich lächelnden Japaner wäre bei seiner abschließenden Verbeugung sicherlich die Luft weggeblieben, und das wiederum lag nicht in meiner christlichen Absicht.

Übrigens, nicht lange darauf wurde das alte japanische Ehepaar in seinem Tante-Emma-Laden überfallen und mit einem Buschmesser bestialisch in Stücke gehauen. Die geraubte Beute habe bei etwa zehn US-Dollar gelegen.

Die Japaner hatten ihre eigene Gerichtsbarkeit. Als eines Tages eine zehnjährige Schülerin auf dem Weg zur Schule war, wurde sie in einem Waldstück von einem Paraguayer überfallen und vergewaltigt. Mit einem besonderen System wurden sofort alle Bauern alarmiert, die Verbindungswege der Urwaldzone gesperrt und die ganze Nacht mit großen Feuern beleuchtet, besonders zum argentinischen Grenzfluss Alto Parana.

So wurde der Täter gefasst und an Ort und Stelle gestraft. Man brach ihm mit einem Eisenstab Stück für Stück Arme und Beine und fuhr ihn anschließend nach Encarnacion. Dort warf man das Bündel Fleisch vor das Regierungsgebäude, dazu ein Stück Papier mit der Notiz: »So wird es jedem ergehen, der unsere Kinder vergewaltigt!« Es gab deswegen kein Strafverfahren. Man wollte der Einwanderung dieses überaus geschätzten Arbeitspotentials nichts in den Weg legen.

Nicht vergessen möchte ich bei meiner Aufzählung von Kirchen, Religionsgemeinschaften und Sekten verschiedene Gruppen von Pfingstkirchen, die aber fast nur unter den Paraguayern missionierten. Ihre Art der christlichen Verkündigung war – bei gleichem Inhalt – nicht die unsere. Sehr laut und enthusiastisch ging es bei ihnen zu, oft hörte man schon von weitem ihre Hallelujarufe. Aus Erfahrung wusste ich aber, dass sie es genauso ernst meinten, weswegen ich ihnen half, wo es ging.

Sie durften an verschiedenen Orten gern unsere Kirchenräume benutzen, die vielerorts ja sowieso nur eine oder zwei Stunden im Monat gebraucht wurden. Prediger Emilio lieh ich auch mal die BMW, wenn er zu seinen Versammlungen größere Strecken zu bewältigen hatte. Denn sonst ritt er auf einem mageren Klepper stundenlang durch die Kolonien.

Manchmal setzte ich mich auch in eine ihrer Versammlungen. Ganz einfach, um die armen, oft barfüßigen und mit zusammengeflickten Klamotten auf den Brettern herumsitzenden armen

Schlucker aufzuwerten. Wie freuten sie sich dann und wie dankten sie es mir mit einem dreifachen Halleluja!, die armen Schwestern und Brüder in Christus.

Eines Tages tauchten Missionare der Zeugen Jehovas aus Deutschland bei uns auf. Unermüdlich streiften sie durch die Kolonien, klapperten die Urwälder ab und versuchten auf eine mitunter unredliche Art, unsere Leute abzuwerben von einer Kirche, »die ja nur ihr Geld wolle«. Natürlich hatten wir bei dieser großen Gemeinde-Ausdehnung, trotz Einsatz bis zum Äußersten, unsere Grenzen und Schwachstellen, was die regelmäßige Betreuung unserer Mitglieder anbetraf. Es scheint ein Naturgesetz zu sein, so lernte ich in meiner Viehhirten-Zeit im Chaco, dass die Geier solche Opfer aus weiter Ferne riechen und eilig angeflogen kommen. Viel konnten sie allerdings nicht ausrichten, zum Glück.

Die Diakonie

Das aus dem Griechischen stammende Wort heißt bekanntlich »Dienst«. Gemeint war in der alten Kirche damit eine Dienstleistung am bedürftigen Nächsten. Während sich in Deutschland daraus ein beruflicher »Dienst der helfenden Liebe« auf allen möglichen Ebenen entwickelte, blieben solche Aktivitäten auf unserem Arbeitsfeld den einzelnen Gemeinden überlassen. Da diese aber besonders in den Anfangsjahren finanziell selber auf schwachen Beinen standen, lag ihnen das eigene Hemd immer näher als der Rock.

Ohne Hilfe von außen war da nicht viel zu machen. Außen, das war für uns Deutschland. Es galt, Kontakte kirchlicher und persönlicher Art in der Heimat zu suchen, bereits bestehende auszubauen und sorgsam zu pflegen. Dazu gehörte in erster Linie die Information, denn jeder, der gibt oder spendet, will wissen, wo und wie seine Hilfe angewendet wird.

So ging mein Gemeindeblättchen *Der christliche Hausfreund* nach seinem ersten Erscheinen Ende 1963 sofort in alle Himmelsrichtungen hinaus, wobei die für uns spürbaren Portokosten überhaupt keine Rolle spielen durften. Im entscheidenden Moment ist »klotzen, nicht kleckern« die Parole, und sie hat sich bewährt. Das Übrige tat mein erster Heimaturlaub in Deutschland im Jahr 1964, wo ich nicht wenige Vorträge hielt.

Nun konnten wir in Alto Vera, mitten im Urwald, eine Bretterschule mit Speisung für viele Kinder bauen. Wir konnten in anderen abgelegenen Paraguayerschulen die durchfaulten Schindeldächer erneuern, den Schülern, die zum Teil noch auf dem Boden oder auf abgeflachten Baumstämmen saßen, richtige Sitzbänke oder auch Wandtafeln verschaffen oder den beengten Schulraum vergrößern. Als mir eines Tages eine Lehrerin erzählte, dass in den Wintermonaten – natürlich ohne Schnee, aber immerhin von drei bis vier Minusgraden – die Hälfte der Kinder wegen Zahnschmerzen zu Hause blieb, ging ich zu meinem Freund und Zahnarzt

Spezzini und unterbreitete ihm den Plan einer schulzahnärztlichen Aktion.

Als ich ihm für jeden gezogenen Zahn ein Honorar von zwei Mark in Aussicht stellte, war er sofort Feuer und Flamme. Begeistert wurde mir erklärt, dass er noch eine Bohrmaschine mit Tretrad sowie einen alten Patientenstuhl im Hühnerstall abgestellt habe. Denn dort, wo wir hin wollten, gab es natürlich keinen elektrischen Strom. Mit anderen Worten, wir waren bestens ausgerüstet, und so fuhren wir eines Tages los. Wir hatten der ersten, weit abgelegenen Schule unsere Ankunft vorher mitgeteilt, und so hatte man dort allen Schulbetrieb abgesagt.

Als wir mit meinem VW-Pritschenwagen durch das letzte Waldstück geholpert und in Sichtweite der Schule gekommen waren, stob die wartende Schüler- und Lehrerschaft auseinander und schrie: »Sie kommen!« Unter dem schattigen Vordach einer Bretter-Wohnhütte baute nun Juan, so hieß der Zahnarzt, seine »Praxis« auf, während die neugierige Schülerschar durch einen schiefen, morschen Lattenzaun starrte, um den weiteren Verlauf der Operation zu verfolgen. Diese Kinder hatten noch nie im Leben einen Zahnarzt gesehen, sodass ein gewisses Misstrauen sehr verständlich war. Aber Juan hatte bereits seinen Schlachtplan entworfen. Er belehrte mich, dass wir auf jeden Fall mit den Methoden der modernen Psychologie vorzugehen hätten.

Sehr gespannt folgte ich seinen weiteren Ausführungen: Man hole den ersten Patienten herein, setze ihn auf den Stuhl, und dann würde er mit allen verfügbaren Instrumenten in dessen Mund herumfahren. Genauso würde er das Tretrad des Bohrers in Bewegung setzen, aber damit keinen Zahn berühren. So spüre der Patient rein gar nichts. Ja, er würde nachher mit stolzgeschwellter Brust vom Stuhl steigen und der gespannten Zuschauermenge signalisieren: »Es hat ja gar nicht wehgetan!« Sofort würde sich der nächste Freiwillige melden, aber bei dem ginge es dann ans »Eingemachte«.

Es wurde, wenn noch etwas zu retten war, gebohrt, aber in den meisten Fällen zog man die Eiterzähne und schwarzen Zahnstummel heraus, die den Kindern ständige Schmerzen und gefährliche Infektionen verursachten. Wir weiteten unser Programm dann auf andere Schulen aus. Als ich am Ende die Rechnung machte, musste ich 965 gezogene Zähne begleichen. Davon konnte Juan nicht nur einige Zeit leben, sondern auch vermehrt seinem Hobby, der Fischerei, nachgehen – was wiederum dem Kochtopf des Pastors zugute kam.

Wenn ich im Laden der landwirtschaftlichen Genossenschaft etwas zu kaufen hatte, fiel mir schon sehr bald auf, dass dort in einer Ecke alte Mütterchen, aber ebenso hoch gewachsene Bauern und junge Mädchen standen, die aus einer großen Papierschachtel Brillen griffen, diese auf die Nase setzten und ausprobierten. Mit einem Blick durchs Fenster in die Ferne, mit zusammengekniffenen Augen auf ein Zeitungsblatt, das man mit verschiedenem Augenabstand vor dem Gesicht hin und her schob, wobei entsprechende Kommentare vom entsetzten »Nein!«, bis zum erleichterten »Schon besser!« oder gar einem freudigen »Die passt!« zu hören waren. Augenärzte und Optiker gab es in den Kolonien nicht. Man kaufte die billigen 08/15-Brillen im Laden. Passten sie nicht ganz genau, was tat's? Hauptsache, man sah jetzt besser als vorher.

Das war der Grund, warum ich den zu Besuch weilenden Evangelisten Krupka bat, mir aus seinem großen Bekanntenkreis abgelegte Brillen zu sammeln und zu schicken. Er versprach es mir und setzte nach seiner Rückkehr auch prompt eine Notiz in sein Missionsblatt »Heilig dem Herrn«, welche ungeahnte Folgen hatte. Schon nach kurzer Zeit erhielt ich die Botschaft, dass zwei Kisten voll mit Brillen auf dem Weg nach Paraguay seien, und mich traf vor Schreck beinahe der Schlag.

Schon bald darauf kam vom Zollamt Encarnacion die Aufforderung zur Abholung. Mit einem sehr unangenehmen Gefühl betrat ich das Zollgebäude, und sofort stand der Chef persönlich zu meiner Verfügung. Zwei Kisten voll Brillen, dazu noch aus dem Wunderland Deutschland, das war wahrhaftig ein ganz fetter Brocken, sowohl für das Amt als auch für die eigenen Taschen.

Mit feierlichen Schritten bewegte man sich dem Lagerraum zu, dann stand man erwartungsvoll neben den Kisten, deren Deckel mit einem schweren Brecheisen aufgewuchtet wurden. Da lagen sie, an die 1000 Brillen! Von längst verstorbenen Großmütterchen, Restbestände der einen oder anderen Brillenoptik, ausrangiert von modewütigen Wohlstandsbürgern und so weiter. Es war alles da, von der Lorgnette und dem goldenen Zwicker bis zur Schießbrille aus Wehrmachtszeiten, die Gestelle aus Nickel, Plastik, Silber und Gold, die Gläser hauchdünn gebogen bis zur Dicke von Vergrößerungsgläsern. Sah man hindurch, wurde einem schwindlig.

Der Zöllner hatte noch nie in seinem Leben so viele Brillen auf einem Haufen gesehen und ich auch nicht. Immer wieder schüttelte er ungläubig den Kopf. Aber ich wusste, dass er jetzt stark mit dem Überschlagen der abzukassierenden Zollgebühren beschäftigt war. Dazu kam noch die psychologische Methode aller Zöllner Südamerikas, das angstvoll wartende Opfer so lange zappeln zu lassen, bis es entnervt und völlig am Ende aller Ausflüchte und Erklärungen angekommen ist und – wie der hypnotisierte Frosch in den offenen Rachen der Schlange – ins Unvermeidliche springt und zahlt. Ganz egal wie hoch, nur raus hier.

Immer noch murmelte der Zöllner: »So viele Brillen, so viele Brillen!« Da kam mir die Erleuchtung. »Ja, ja«, murmelte ich ebenso, aber dann legte ich meine Stimmlage in den Keller und sagte mit feierlich bis trauriger Stimme: »Die meisten sind von lauter Toten!« Da fuhr der Zöllner auf, wie von der Tarantel gestochen, denn die Paraguayer sind sehr abergläubisch, starrte mich entsetzt an, schlug den Deckel zu und rief: »Mensch, hauen Sie ab!« Und das tat ich blitzartig.

Aber mit dieser Brillenflut begab ich mich ebenso blitzartig ins Reich der Optik. Es bedurfte nur einer kurzen Mitteilung in den Gottesdiensten, und schon kamen sie: die Kurz- und Weitsichtigen, die Halbblinden und Schielenden, die jungen Mädchen, weil man mit einer Brille schicker aussähe, und die ganz Schlauen, die an einen günstigen Weiterverkauf dachten oder ganz einfach Reserve für spätere Zeiten brauchten.

Da meine »Patienten« auch aus den abgelegenen Kolonien anreisten, musste ich regelrecht Sprechstundenzeiten einführen. Ich ließ sie auf einem Stuhl Platz nehmen und einen Blick durch die offene Tür in die Landschaft werfen. Damit wurde die Kurz- oder Weitsichtigkeit festgestellt. Ebenso galt es dann zur genaueren Diagnose aus dem vorgelegten Zeitungsblatt zu lesen, wobei mir wiederum der Augenabstand zur Zeitung wertvolle Daten zur Brillenstärke lieferte. Schon bald konnte ich mit einem Griff in die Kiste unter Abtastung der Gläser mit Daumen und Zeigefinger feststellen, welche Brille passen könnte. Diesen Fortschritt wertete ich als Diplom zum Optikermeister.

Allerdings konnte es trotzdem passieren, dass ein Patient nach dem Aufsetzen einer Probebrille verzweifelt ausrief: »Jetzt sehe ich überhaupt nichts mehr!« Die Brillenaktion lief über lange Zeit, aber leider wurde die Auswahl immer schwieriger, weil die gängigen Stärken vergriffen waren und immer mehr ausgefallene Modelle das Sortiment beherrschten. Als später bei einer Pfarrerkonferenz einmal unter dem Thema »Krankenkasse« auch die für uns geradezu unerschwinglichen Kosten für ein Zahngebiss zur Debatte standen, erhob sich Kollege Kretschmer von seinem Stuhl und machte zur allergrößter Heiterkeit der Versammlung den Vorschlag, man möge doch den Kollegen Held um die Beschaffung von ausgedienten Zahnprothesen aus Deutschland bitten.

Auch im medizinischen Bereich wurden wir aktiv. Eines Tages trafen vom ärztlichen Missionswerk in Tübingen sieben Kisten mit Medikamenten ein. Sie halfen uns über lange Zeit, Not und Schmerzen zu lindern. Ein Beispiel: Es war schon Abend und dunkel, da rief die Stimme eines Nachbarjungen vor dem Haus: »Frau Pastor, ihr sollt mir eine Arznei geben, der Papa hat die Schiss!«

Aber auch als Rechtsberater bei Versorgungsangelegenheiten war der Pastor ein gefragter Mann. So mancher Auswanderer saß nun, alt geworden, auf seinem mühsam erarbeiteten Stückchen Land, nach missratenen Ernten ohne Einkommen und ohne jede Alters- und Krankenabsicherung. Der Gang zum Arzt musste sofort bezahlt, für eine lebenswichtige Operation musste Geld aufgenommen werden – beim Wucherer mit sechs Prozent Monatzins. Es war oft zum Heulen. Da hörte ich manche sagen: »Vier Jahre stand ich im Ersten Weltkrieg an der Front, um die Heimat zu verteidigen, und jetzt kann ich mir kein Hemd mehr kaufen.«

Da mussten dann die verlorenen oder verfallenen Personalpapiere neu beschafft werden; es gab über Jahre dauernde Schreibereien mit deutschen Versicherungsanstalten und Behörden über die deutsche Botschaft in Asuncion. Rentenansprüche konnten geltend gemacht werden, und so manch verarmter Landsmann kam in den Genuss von 100 Mark Sozialhilfe oder in den einer kleinen Rente, weil wir gewisse Ansprüche aus früher bezahlten Beiträgen nachweisen und fehlende Zeitabschnitte sogar nachzahlen konnten. Solche Auszahlungen gingen über das deutsche Konsulat in Encarnacion. Ich kassierte sie monatlich und leitete sie in die letzten Urwaldecken weiter.

Der dortige Konsul, ein überaus eifriger und wortgewaltiger Berliner, managte diese finanziellen Operationen so lange, bis er eines Tages flog. Er hatte die für seine Schützlinge zugedachte Weihnachtsgratifikation in die eigene Tasche gesteckt, dabei mich, wie immer, den Empfang quittieren lassen. Dazu hatte er die auszuzahlende Summe mit einem Papier abgedeckt, von Büroklammern festgehalten, und ich hatte in meiner Dummheit und Gutgläubigkeit unterschrieben.

Groß war meine Freude, als es mir gelang, dafür zu sorgen, dass der eine oder andere alte Auswanderer noch einmal seine alte Heimat sehen durfte. Hier war meine Fähigkeit in Sachen Tourismus gefragt. Zuerst war die Beschaffung der längst verfallenen Personaldokumente wie Geburtsschein, Heimatschein, Pass nötig, dann begann die Suche nach preiswerten Flügen. Und schließlich galt es, den Reisenden einen regelrechten Unterricht über Verhaltensregeln und Reiseverlauf zu geben. Denn vom paraguayischen Urwald bis zum Schwarzwälder Bauerndörflein ist es ein langer und überraschungsreicher Weg für einen, der so viele Jahre vom Zug der Zivilisation »abgehängt« war.

Da gab es den Grenzübertritt nach Argentinien zu organisieren, die Passage für den Bus nach Buenos Aires zu besorgen, welcher 18 Stunden unterwegs war, außerdem musste in dieser riesigen Weltstadt die Abholung, Übernachtung, Begleitung zum Flughafen »Ezeiza« und noch viel mehr organisiert werden; dasselbe ging dann weiter ab dem Frankfurter Flughafen mit der Bahn und dem Umsteigen bis zur Ankunft am Ziel. Am Abend spielte der von mir rechtzeitig informierte Posaunenchor des Dorfes zur festgesetzten Stunde vor dem Haus des Gastgebers und der Heimkehrer. Der alte Jakob, einst als Müllerbursche ausgewandert, heulte wie ein Schlosshund, als er mir später alles erzählte.

Gerade hier zeigte sich die große Solidarität und Hilfsbereitschaft der Radioamateure, die – ob in Posadas, Buenos Aires oder Frankfurt von Hohenau aus angerufen – immer zur Stelle waren und halfen. Es lohnt sich, gerade darüber mehr zu erfahren.

Der Funkamateur

Nicht weit von Hohenau hatte sich in den 50er Jahren eine Gruppe von Belgiern angesiedelt. Es waren Flamen, die zum Teil während des Zweiten Weltkriegs als Freiwillige auf deutscher Seite im »Kampf gegen den Bolschewismus« gekämpft oder sich als so genannte Kollaborateure mit der deutschen Besatzungsmacht eingelassen hatten. Sie wurden nach Kriegsende als Landesverräter gesucht und zu schweren Zuchthausstrafen, in manchen Fällen sogar zum Tode verurteilt. Mit Fortschreiten des Kalten Krieges gab es dann Amnestien, sodass viele der Betroffenen verbittert der Heimat den Rücken kehrten und auswanderten.

Wenn ich mit meinem Motorrad nach Encarnacion unterwegs war, kam ich an einem großen Grundstück vorbei, das durch seine vielen Antennen, auf Masten und Gebäudegiebel angebracht, ins Auge stach. Als eines Tages mein Radiogerät nicht mehr funktionierte, verwies man mich wegen der Reparatur auf den Besitzer dieses Grundstücks. Er sei Flame und ein hervorragender Fachmann auf radiotechnischem Gebiet.

So lernte ich Robert kennen, ein Mann in den Fünfzigern. Als er mich sehr freundlich willkommen hieß – die Flamen sprachen alle ganz gut deutsch – und in seinen Arbeitsraum führte, stockte mir der Atem. Da standen Tische und Wandregale, voll beladen mit Apparaturen, Sende- und Messgeräten, Lautsprechern und Weltzeituhren, verbunden mit einem Wirrwarr von Kabeln und Drähten. Stolz zeigte mir der Radioamateur zwei Goldmedaillen, die er in den 30er Jahren von der belgischen Königin für seine Forschung im Fernsehbereich erhalten habe.

Dann erklärte er mir Sinn und Zweck seiner Anlage und informierte mich über die Techniken und Möglichkeiten des mir bisher völlig unbekannten Amateurfunks. Als er mir erzählte, dass er mit der ganzen Welt sprechen und telegraphieren könne, zum Beispiel täglich mit der Heimat Belgien, dass es verschiedene Bandbreiten gäbe, auf denen er zu mir nach Hohenau, aber ebenso nach Tokio oder Sydney sprechen könne, da fing es in meinem Oberstübchen an zu »funken«. Gleich machte er einige Vorführungen. Ich war fasziniert, wurde aber sofort ernüchtert, als ich vernahm, dass man dazu eine Lizenz des Ministeriums bräuchte, die nur durch eine vorausgehende Prüfung zu erhalten sei.

Was war das für eine Befreiung von Prüfungsalpträumen, als ich beim Abschluss meines Studiums die Gewissheit hatte: nie wieder ein Examen! Und jetzt sollte es nochmals losgehen? Dabei war ich ein technisch völlig unbegabter Mensch, dem bis heute noch nicht richtig klar geworden ist, was den Unterschied zwischen Volt und Watt ausmacht.

Aber hier sah ich Möglichkeiten, gerade auch für meine Arbeit, die haushoch über allen Bedenken standen. Zumal Robert sofort versprach, mir bei den Prüfungsvorbereitungen mit Rat und Tat zur Seite zu stehen. Zudem gäbe es für die Kategorie der Anfänger – das 80-Meterband mit einer Reichweite bis 200 Kilometer – noch keine allzu strengen Auflagen. Die Prüfungsfragen seien auf einem vorgedruckten Blatt nur mit ja oder nein zu beantworten, aber der Kandidat könne sich durch ein vorausgehendes Trinkgeld an den Prüfer absichern. Dieser würde dann die richtige Antwort mit einem Nadelstich im Formular markieren.

Gleichzeitig bot mir der geschäftstüchtige Robert einen selbst gebauten Sender an. Es war ein Holzkasten, 70 Zentimeter hoch und mit einem Gewicht von über einem Zentner; der RCA-Empfänger war recht betagt. Der Kaufpreis der Anlage war für mein Gehaltsniveau vergleichsweise so schwer wie der Kasten, aber wer nicht wagt, der nicht gewinnt. Ich habe diesen Entschluss nie bereut. Dadurch habe ich ungeheuer an schnellen Informationen, an dringenden Kommunikationsmöglichkeiten, an freudigen Überraschungen und spannenden Weltverbindungen gewonnen.

1968 schleppten wir die Station ins Pfarrhaus und bauten sie dort auf. Als Antennenmast holten wir vom Paranastrand eine 18 Meter hohe Bambusstange, am oberen Ende abgedeckt mit einer Konservendose, damit kein Regenwasser hineinlaufen konnte. Sie hielt viele Jahre. Der andere Gegenpol war die Kirchturmspitze. Nach der bestandenen Prüfung erhielt ich die internationale Stationsbezeichnung ZP9BG. Die Bedienung der mindestens 15 verschiedenen Knöpfe, Armaturen und Schalter war in der Anfangszeit nur anhand einer nummerierten Auflistung möglich, weil ich keinerlei Ahnung von ihrem technischen Zusammenhang hatte.

Es dauerte nicht lange, bis »Federico« bei den Amateuren in Misiones, Paraguay und Südbrasilien bekannt war. Jeden Morgen und Abend meldeten sich die Stationen kurz auf einer bestimmten Frequenz, gaben den örtlichen Wetterbericht durch, standen zur Verfügung bei der Beschaffung von Medikamenten, meldeten den Operations- beziehungsweise Gesundheitszustand von »Internierten« in Krankenhäusern, benachrichtigten bei Todesfällen, informierten über Verkehrsverbindungen und so weiter.

Wenn man sich vorstellt, dass sich dies in Zonen abspielte, wo es keine Telefonverbindungen gab, ein Brief nach Wochen oder gar nicht ankam, kann man ermessen, was meine Station hier beitragen konnte. Allerdings ging es um sechs Uhr morgens schon los, für Langschläfer war das nichts.

Noch ein weiterer, für mich sehr wichtiger Umstand kam hinzu. Jeden Abend um 20 Uhr setzte ich mich an den Sender und sprach, und viele meiner Gemeindeglieder, die in abgelegenen Urwaldecken saßen, hörten zu. Da unsere Erdstraßen und Wege bei Regenfällen unbefahrbar wurden, gab ich Straßenberichte, Beerdigungstermine, Gottesdienstzeiten oder auch die Absage eines Gemeindefestes bekannt. Öfters durfte ein Internatskind seine fernen Eltern grüßen, und wenn ich übermütig war, blies ich noch mit der Trompete »Guten Abend, gute Nacht« ins Mikrofon, was streng verboten war.

Diese Verbindungen über den Äther trugen sehr zum Gemeindeaufbau bei, gab es doch abgelegene Plätze, wo man den Pastor, durch das Wetter bedingt, nur jedes halbe Jahr einmal zu Gesicht bekam. So aber hatte man die einem anvertrauten Menschen immerhin an der »langen Leine«. Da dieses 80-Meterband aber auf billigen Radiogeräten nicht vorhanden war, ließ ich, wie schon erwähnt, preiswerte Geräte mit diesem Band bauen, sodass dann mancher arme Schlucker stolz verkünden konnte: »Ich hör jetzt den Pastor auch!«

Nach einem Jahr sehr eifriger Funktätigkeit wuchs mein Hunger nach mehr. Ich wollte in die höheren Frequenzen einsteigen, um bis nach Deutschland, sprich ans Ende der Welt, sprechen zu können. Aber dazu bedurfte es wieder einer Prüfung, diesmal viel schwerer als die erste. Denn jetzt war die Beherrschung der Telegraphie gefordert. Spezielle Kurse dafür gab es nur bei der Postverwaltung der Hauptstadt Asuncion, und das war außerhalb meiner Möglichkeiten.

Was tun? So bestellte ich mir in den USA einen Anfängerkurs auf Schallplatte zum Preis von 1,50 US-Dollar, ebenso eine Morsetaste, dann ging es los. Jeden Morgen zu früher Stunde setzte ich mich neben das alte Grammophon und verfolgte die zehn Lektionen mit Hilfe der Anleitung. Das ging ungefähr drei Monate, dann konnte ich die Platte auswendig. Kurz-lang-lang ist ein W, lang-kurz-kurz-kurz ein B. Wurde die Nadel irgendwo inmitten der Platte aufgelegt, erkannte ich sofort die Lektion und wusste schon, wie es weiterging.

Wie beim ersten Mal meldete ich mich zur Prüfung auf dem Hauptpostamt in Encarnacion. Der zuständige Beamte war sehr verunsichert und gestand, dass er eine solche Prüfung noch nie abgenommen habe. Er sei lediglich der letzte dieses Fachs gewesen zu den Zeiten, als die Nachrichten noch per Telegraph weitergegeben wurden. Dann suchte er sein altes Morsegerät hervor und begann blitzschnell mit einer Vorführung. Als ob er sagen wollte: »Siehste, so schnell geht das noch bei mir!«

Aber mich traf fast der Schlag, denn die Taste gab keinen Ton von sich, anders als bei meinem Übungsgerät zu Hause. Ich vernahm nur ein metallisches, undefinierbares Geklapper. Das sagte ich dem Beamten, und wir schauten beide ratlos in die Runde. Aber dann kam mein Vorschlag: »Ich bringe zur Prüfung mein Grammophon mit und dazu eine Schallplatte aus den USA.« Dann dürfe er die Nadel, ganz egal wo und wie er wolle, auf die laufende Platte auflegen. Ich würde mitschreiben und er sähe daraus, dass ich die Materie beherrsche.

Ganz erleichtert ging er auf meinen Vorschlag ein, zumal ich ihm gleichzeitig eine Kolonistenwurst und eine Flasche selbst gekelterten Wein versprach. Es klappte großartig. Jetzt bekam ich die weltweite Lizenz und hatte die ganze Welt im Hohenauer Zimmer. Ich sprach mit einem sowjetischen politischen Kommissar, er saß im höchsten Gebäude von Moskau, ich telegrafierte John in Chicago am Ende noch herzliche Grüße an Al Capone durch, er antwortete mit einem »ha ha«.

Unvergessen ist mir eine Aktion, wo es um die Suche nach einem sehr seltenen, aber lebensrettenden Medikament ging, das in Paraguay nicht zu bekommen war. Über eine Station in Venezuela bekam ich Kontakt zu einem US-Flottenverband im Pazifik, der wiederum Verbindung zu einem Marinehospital in Los Angeles aufnahm. Auch dort war das Medikament nicht vorrätig, aber ich solle dran bleiben. Wieder verging eine halbe Stunde, dann kam die Nachricht: »Das Medikament ist da! Wie sollen wir es weiterleiten?«

Jetzt begann, wieder mit Hilfe anderer Amateure, die Suche nach Fluggesellschaften mit Kombinationen bis Asuncion. Schließlich konnten wir den Sack zubinden. Schon am folgenden Morgen um 9.30 Uhr werde die Maschine auf dem Flugplatz von Asuncion landen und das für eine junge Mutter überlebensnotwendige Medikament den dort wartenden Angehörigen übergeben können. Als ich ziemlich erschöpft und fertig meinen Sender abschaltete, hatte der neue Tag schon begonnen. Aber selten bin ich so zufrieden eingeschlafen wie an jenem Morgen.

Natürlich tat sich auch das Tor zur Heimat ganz weit auf. Nur zwei Kilometer vom Wohnort meiner Schwester Helene entfernt liegt das Dorf Sonderbuch auf der Schwäbischen Alb. Der dortige Schulmeister Karl war auch Funkamateur. Wie schön war es, wenn ich nach einem ermüdenden und oftmals auch entmutigenden Tag durch meinen Funkfreund im besten Älbler-Schwäbisch gesagt bekam, dass er jetzt noch schnell in den »Ochsen«, eine mir gut bekannte Gaststätte mit Metzgerei, hinüber müsse, um sich einen Schwartenmagen zur Vesper zu kaufen. Das war Heimat pur!

Einmal hatte ich den Stadtmissionar Braun zu Gast. Schon ziemlich in den Jahren, war er bereits einige Zeit von zu Hause weg und durch Brasilien gereist, wo er Evangelisationsvorträge hielt. Ganz verzweifelt erzählte er mir, dass seine herzkranke Frau kurz vor seiner Abreise in ein Tübinger Krankenhaus eingeliefert werden musste und er seitdem nichts mehr von ihr gehört habe. »Kommen Sie«, so rief ich ihn neben meine Station, »Neckermann und Held machen's möglich!«

Dann rief ich Deutschland: »CQ-CQ-CQ.« Es meldete sich schon bald ein Siegfried aus Gütersloh. Nach Bericht der Sachlage gab ich die Tübinger Telefonnummer meines Gastes durch und wir hörten das Tutsignal. Siegfried hatte den Telefonhörer an sein Mikrofon gehalten, und plötzlich kam die Stimme der Frau meines Gastes aus dem Lautsprecher. Nicht allzu laut, aber gut verständlich. Sie sei wieder zu Hause, alles sei gut. Da fing der alte Mann an zu weinen, und es fehlte nicht viel und ich hätte mitgeheult vor lauter Freude.

Dagegen eine ganz makabre Aktion: Da kam mit großem Propagandaaufwand ein Hellseher nach Hohenau. Er mietete sich in der Familienpension P. ein und hatte regen Zulauf. Er könne jedem die Zukunft voraussagen, hieß es. Am dritten Tag, die Dunkelheit war schon hereingebrochen, rief mich die Polizei und teilte mir mit, dass der Mann tot auf seinem Bett liege – Herzschlag. Fern der Heimat und aller Angehörigen. Man wusste nur, dass er aus der argentinischen Provinz Cordoba war, und bat mich, schnell zu kommen. Das geschah, wir fanden die Personalpapiere. So konnte ich über Funk noch in derselben Nacht seine Familie mit Hilfe anderer Amateure suchen und benachrichtigen. Ich habe diese Geschichte nie vergessen, schon deswegen, weil mir auf dem nächtlichen Gang ein Hund die Hose zerriss. Aber auch, weil mir der Gedanke nicht aus dem Kopf ging: »Wie ist es nur möglich, dass einer den Neugierigen die Zukunft prophezeien möchte – wenn er nicht einmal die eigene kennt!«

Im Laufe der Zeit verbesserte ich meine Sendebedingungen mit Richtantennen und modernen Geräten. Auch baute ich in mein späteres Auto einen kleinen Sender ein, angeschlossen an die 12-Volt-Autobatterie. Auf ein zwei Meter langes Metallrohr wickelte Robert eine Spule mit Kupferdraht; das war die Antenne. Welch freudige Überraschung, als mir beim ersten Versuch und Ruf ein Japaner aus Tokio seine Anwesenheit zuzwitscherte. Auf meinen Vorschlag beim kirchlichen Außenamt in Frankfurt, der obersten Dienstbehörde aller Auslandspfarrer, ging man sofort ein, sodass auch die Kollegen in Asuncion und Independencia eine Radiostation finanziert bekamen.

Dies förderte bei den weiten Entfernungen zueinander natürlich die Kontakte, sowohl persönlicher als auch dienstlicher Art. Jetzt fühlte man sich nicht mehr so allein auf weiter Flur, und manches Problem ließ sich bei gegenseitiger Beratung besser und schneller lösen. Ich bedauerte sehr, dass nach meinem Weggang die

Funkerei wieder eingeschlafen ist. Die ungeheuere Wichtigkeit der Kommunikation wird von vielen verkannt.

Als ich 1979 nach Deutschland zurückkehrte, wurde meine paraguayische Radio-Lizenz von der Postdirektion anerkannt. Ein Glück, denn die in Deutschland geforderten Auflagen und technischen Kenntnisse sind sehr hoch angesetzt; ich hätte sie nicht im Traum erfüllen können. Jedenfalls konnte ich jetzt auch in Scharenstetten mit der Hand am Puls der Welt bleiben.

Als ich meine diesbezüglichen Papiere als Nachweis vorlegte, wurde ich allerdings maliziös nachgefragt, welches *Bakschisch* ich dafür gegeben habe. Und da heißt es immer, die Beamten schliefen. Dabei sind sie die reinsten Hellseher. Ich habe mich aber gehütet, von der Kolonistenwurst und meinem etwas angesäuerten Hauswein zu berichten, denn erfahrungsgemäß kann in den deutschen Amtsstuben der Schuss auch nach hinten losgehen.

Der Musikant

Martin Luther meinte einmal, »Musika ist das beste Labsal einem betrübten Menschen«, und der Lyriker Adalbert von Chamisso gab im Zusammenhang damit den guten Rat: »Nur frisch, nur frisch gesungen, und alles wird wieder gut.« Daran haben wir uns gehalten, besonders bei den jährlichen Gemeindefesten. Das waren die Glanz- und Höhepunkte.

Diese Feste sollten dazu beitragen, die Gehaltskasse des Pastors aufzubessern, waren aber gleichzeitig auch der große Treffpunkt für Gemeindemitglieder aus den entferntesten Kolonien. Es wurde mit einem Gottesdienst in der Hohenauer Kirche begonnen, anschließend versammelten sich die vielen hundert Gäste auf dem gemeindeeigenen Wiesengelände, durch das ein munteres Bächlein floss. Hier lagerte man im Gras unter dem Schatten der Bäume, und schon zog der unverkennbare Geruch von Rauch und angebratenem Fleisch durch die Gegend.

Schon in der Frühe hatte eine Männermannschaft in einer langen ausgehobenen Grube ein Feuer entfacht, über dessen Glut an vielen Holzstecken die jeweils etwa zwei Kilogramm schweren Fleischstücke eines Ochsen aufgespießt waren, daher der Name Spießbraten. Stände mit Getränken und Kuchen waren aufgebaut, ebenso Buden zum Ballwerfen, Schießen oder Losverkauf. Es herrschte ein fröhliches Treiben, denn oft hatte man sich jahrelang nicht gesehen.

Am Nachmittag gab es Spiele. Dabei erfreute sich besonders der von mir aus dem Schwabenland eingeführte »Hammellauf« großer Beliebtheit. Dabei gehen Paare zur Musik im Kreis und passieren dabei über eine Stufe ein mit Blumen geschmücktes Portal. In der Mitte des großen Kreises steht ein Tisch mit einem Wecker und ebenso angebunden, als erster Preis, ein Schafhammel, und als zweiter und dritter ein Schweinchen und ein Hahn. Wenn plötzlich irgendwann der gestellte Wecker losschellt, hat dieses Paar gewonnen, das gerade auf der Stufe steht.

Nach etlichen Spielen wartete aber das ganze Volk schon aufs Singen. Die Lieder, die erklangen, waren solche, die von der ersten Auswanderergeneration aus der Heimat mitgebracht worden waren. Es waren Volks-, vaterländische und Küchenlieder wie »Steh ich in finstrer Mitternacht«, »Ich hatt' einen Kameraden«, »Ich hab mich ergeben«, »Nun ade, du mein lieb Heimatland«, »In einem Polenstädtchen«, »Es war im Böhmerwald« und so weiter. Da sangen sie, die Nachfahren der Pommern und Schlesier, der Württemberger und Wolynier aus den vorgedruckten Liedblättern, und manches längst vergessene Lied, das noch Vater oder Mutter gesungen hatte, brachte die Erinnerung an die Heimat. Das war keine »Heimattümelei«, aber sehr wohl die Erinnerung an Werte, die man nicht verlieren sollte, weil sonst auch das Gesicht verloren geht.

Einmal hatten wir eine überdimensional große Papierwand aufgebaut, wo das alte Deutsche Reich mit all seinen Ländern, auch den verlorenen, zu sehen war; und mit den Internatskindern hatten wir das jeweils passende Heimatlied eingeübt. Wir sangen »Land der dunklen Wälder« für Ostpreußen, »Preisend mit viel schönen Reden« für Württemberg, »Wenn in stiller Stunde« für Pommern, »Kehr ich einst zur Heimat wieder« für Schlesien, dann das Badener-Westfalen-Niedersachsenlied und Lieder von der Lüneburger und Märkischen Heide. Es wurde dann jeweils mit einem Stab auf das entsprechende Land gezeigt.

Wir sangen stundenlang, meist noch in Begleitung eines zweiten Akkordeons. Erst wenn die Sonne sich dem Westen zuneigte, machten sich die Festteilnehmer froh und zufrieden auf ihren oft 100 Kilometer langen Heimweg. Man hatte Gemeinschaft und ein Stück Heimat erlebt. Das ist genau das, was jeder Mensch, nicht nur in der Ferne, sucht. Es waren unvergessliche Stunden, und so mancher hartgesottene Kolonist ließ sich plötzlich auch wieder im Gottesdienst sehen, weil seine Seele angerührt worden war, und sei es nur von der Kultur.

Leider löste sich der Posaunenchor des Internats auf, als unser sehr tüchtiger Heimleiter Thümmler weg ging. So ließ ich mir durch einen meiner Vikare, der ein ausgezeichneter Bläser war, vor dessen Weggang die Funktion einer Zugposaune erklären, indem ich mir die verschiedenen Stellungen des Zugs aufzeichnete. Und es klappte. Dem neu eingetroffenen Vikar, einem äußerst schüchternen jungen Mann, drückte ich ebenfalls eine Posaune in die Hand, und dann machte ich ihn mit meinem System vertraut.

Mit einem weiteren übrig gebliebenen Bläser übten wir einige Male als Trio – und dann stand auch schon die erste Beerdigung ins Haus. Wir wagten uns auf den Friedhof. Das alte Beerdigungslied »Wo findet die Seele die Heimat, die Ruh« verursachte, wie ich aus den Augenwinkeln beobachtete, eine sichtbare Bewegung in den Reihen der Trauergemeinde. Ich kam aber nicht dahinter, ob sie ein Ausdruck seelischer Erschütterung wegen des Abschieds von der alten Mutter waren, oder ob sie den klagenden, heulenden Tönen galten, die wir aus unseren Zugposaunen herausquälten.

Viel leichter und schneller lernte ich die Trompete blasen. Wenn ich meinem Nachbarn Albin eine Freude machen wollte, blies ich abends damit sein Lieblingslied ins Tal hinunter, wo er in einem bescheidenen Bretterhaus mit der Familie wohnte. Er hatte dieses Lied, wie er mir erzählte, noch in einer kleinen Urwaldschule von einem deutschen Lehrer gelernt. »Goldne Abendsonne, wie bist du so schön.« Ja, die Musik! Man kann damit so viel ausdrücken, was Worte nicht vermögen, auch all das, was die Seele betrübt. In Hohenau entstand auch mein erstes »selbst gemachtes« Lied, das ich zum Abschied der Gemeinde hinterließ. »Hohenau, Hohenau, über dir der Himmel blau.«

Wege und Straßen

Von den Wegen und Straßen hingen Wohl und Wehe, sprich Arbeitserfolg und das Gegenteil ab. Das große Gemeindegebiet, das sich etwa 120 Kilometer in nordöstlicher Richtung am Alto-Parana-Fluss entlang erstreckte, und eine Breite von 40 Kilometern hatte, war durch Straßen, Fahrwege oder so genannte *Pikaden*, frei geschlagene Urwaldwege, vernetzt.

Es waren durchweg Erdwege. In den heißen Trockenmonaten waren sie mit dickem, rotem Staub bedeckt; bei Regen verwandelten sie sich in eine rutschige Seifenschmiere. Im Nu glitt einem das Motorrad weg und man lag im Dreck oder später, mit dem Auto, im Straßengraben. Die Wege führten über Berg und Tal, durch Pflanzungen, offene Ländereien und weite Strecken im Urwald. Bei den häufigen Regengüssen flossen in den Talsohlen und Niederungen viele Bäche; die darüber führenden Holzbrücken und Stege waren von den Kolonisten gebaut worden.

Es waren in den Boden gerammte Baumstämme, auf deren Querstreben dicke Bohlen oder Bretter lagen. Ein Geländer gab es nicht, daher bestand bei Nässe plus »Schmierseife« große Rutschgefahr. Die Brücken waren schon alt und abgenutzt, die Bohlen durchgefault, und es fehlte auch die eine oder andere. Schwer beladene Lastwagen, die sich darüber wagten, taten noch das Ihrige dazu. Manchmal war nach schweren Regengüssen und angeschwollenen Bächen die Brücke einfach weg.

Die ganze pastorale Arbeit hing also vom Wetter ab, und so erklärten sich die immerfort zum Himmel gerichteten Blicke und die Fragen: »Bringen die dunklen Wolken im Norden noch Regen oder hat es dort schon ausgeregnet, sodass ich losfahren kann? Komme ich überhaupt beim Gottesdienst oder der Beerdigung an? Und wenn ja, komme ich auch wieder nach Hause?«

Was gab es da für Zitterpartien! Dazu kam die ständige Sorge: »Bleibe ich nicht irgendwo im Wald mit einer Panne stehen? In Gegenden, wo oft stundenlang kein anderes Fahrzeug auftaucht?«

Es gab Wochen, da hatte ich bis zu drei Reifenpannen, weil, wie ich mir sagen ließ, die herumkutschierenden Ochsen- und Pferdekarren besonders in den Sommermonaten Nägel verloren, mit denen man die alten Kästen immer wieder zusammennagelte.

Jedenfalls wurden wir im Geländefahren die reinsten Experten. Ich lernte, wie man mit dem Motorrad über Löcher und kleine Gräben springen kann wie der Reiter über die Hürde. Ich lernte, wie man mit dem Auto an einem im Matsch steckengebliebenen Fahrzeug vorbeikommen kann, obwohl der verbliebene Freiraum an der Seite nicht mehr als einen Meter beträgt. Hier gilt es, den Wagen schräg auf dem noch freien Wegstück zu halten, während das Hinterteil bereits im Straßengraben hängt. Unter Vollgas fuhr man oft nur um Millimeterbreite am sperrigen Objekt vorbei. Es war ein Risiko, aber vom glücklichen Erfolg hing ab, ob man abends in seinem Bett oder sonstwo schlafen konnte.

Ebenso gab es die interessante Technik, an einem Steilhang mit laufendem Motor bei rutschenden Rädern auszusteigen und zu schieben, während der Beifahrer mit seinem Fuß auf dem Pedal eifrig Gas gab. Packten die Räder, galt es, blitzschnell mit einem Sprung wieder hinter das Steuer zu kommen.

Aber nicht immer lief alles glatt ab. Besonders mit dem Motorrad gab es immer wieder Stürze. Da waren nach schweren Regenfällen an den Berghängen die Straßen so ausgewaschen, dass tiefe Rillen von 20 bis 30 Zentimetern entstanden. Kam man dann mit Schwung von der anderen Seite über die Kuppe, gab es kein Ausweichen mehr, man flog und platschte auf die Straße. Noch im Liegen galt der erste Blick dem Motorrad, und, oh Schreck, wieder war die Lampe eingedrückt.

Die Beschaffung von Ersatzteilen aus Asuncion oder direkt aus Deutschland konnte Monate dauern. Erst nach solch schwerwiegenden Überlegungen rappelte man sich selber auf und bemerkte mit Erleichterung, dass kein Knochen gebrochen war.

An einem Sonntagnachmittag fuhr ich ziemlich verspätet zu der 45 Kilometer entfernten Kolonie Cambyretá, zu Deutsch »Milchland«. Zwei Tage zuvor hatte es heftig geregnet, sodass immer noch das Wasser auf den Feldern stand. Das hatte einen Kolonisten gestört, also hatte er einen Graben quer über die Straße gezogen, damit das Wasser abfloss. Weil dieser Graben jedoch direkt nach einer scharfen Kurve hinter einem Waldstück lag, konnte ich ihn vorher nicht sehen. Diesmal half mir alle Sprungtechnik nicht: Ich flog durch die Luft und war einen Augenblick bewusstlos. Als ich zu mir kam, schweifte der erste Blick, wie gewohnt, zum Motorrad. Hurra, der Scheinwerfer war noch ganz!

Dann merkte ich aber beim Aufsitzen, dass das linke Schlüsselbein klick-klick machte. Aha, das war verletzt. Was tun? Es fehlten nur wenige Kilometer bis zum Kirchlein, wo die Leute auf mich warteten. Jetzt kam der besagte Bauer angelaufen. Er war in seiner nahen Bretterbude mitten aus der *Siesta* vom Krach aufgeschreckt worden. Als ich ihm mein Leid klagte, bot er sich gleich an, mich mit seinem alten Ford zur Kirche zu bringen.

Dort angekommen, entschuldigte ich mich für die Verspätung und holte gleichzeitig das Einverständnis der Gläubigen ein, es heute etwas kürzer machen zu dürfen wegen meiner Verletzung. Das wurde mir gern gewährt. Nach dem Gottesdienst musste ich

So sah man aus, wenn das Fahrzeug mal wieder im Graben gelandet war und man zu Fuß nach Hause musste.

419

viele Kilometer zu Fuß gehen, bis mich ein anderes Fahrzeug mitnahm. So wurde es Abend, als ich in Hohenau ankam. Dort ging ich ins Hospital, wo mir der Arzt den linken Arm am Körper festband. Mehr könne er nicht machen, die Sache würde ganz von allein wieder zusammenwachsen. Und so war es dann auch.

Eine ganz wichtige Sache haben mich die vielen Jahre in Südamerika gelehrt: Es gibt für alles eine Lösung, wenn nicht so, dann eben anders. Wieder einmal stand mein Wagen in der Werkstatt beziehungsweise unter den dortigen *Tung*bäumen und wartete auf eine Reparatur. Der Besitzer Rudi schlurfte gewöhnlich in alten Schlappen durch sein Arbeitsrevier und war durch seine überaus große Bedächtigkeit auf allen Gebieten bekannt. Einige demontierte, verrostete Karosserie-Wracks erinnerten an einen Autofriedhof. Die Reparaturen brauchten natürlich ihre Zeit, besonders wenn die benötigten Ersatzteile aus dem fernen Asuncion zu bestellen waren. Aber sehr oft machte Rudi auch einen *injerto*, wie er es nannte. Das Wort bezeichnet das Aufpfropfen von Bäumen oder Pflanzen, mit anderen Worten, der Werkstattmeister setzte einfach ein anderes, ausmontiertes, ähnliches Teil ein, das er nach langem Stöbern in allerhand Kisten und Kästen herausgesucht hatte.

Hier also stand mein VW. So lieh ich mir den alten VW-Kombi vom Internat für eine Fahrt nach Capitan Meza. Marianne saß neben mir, und flott ging es über Berg und Tal. Wir kamen an ein sehr langes abschüssiges Wegstück, durch dessen Talsohle ein Bach floss. Die Brücke bestand aus einigen zusammengelegten Brettern. Unser Wagen beschleunigte bergab ziemlich, aber als ich mit dem Fuß auf das Bremspedal drückte, trat ich durch. Das Ventil der Ölhydraulik war durchgebrochen, die Handbremse funktionierte sowieso nicht, und so fuhren wir ungebremst und immer schneller dem Talgrund entgegen. Ein Unglück schien unausweichlich.

Da sah ich vorne im *Tung*wald eine provisorische Wegeinfahrt. Das war die letzte Rettung. Aber bekam ich bei dieser Geschwindigkeit noch die Kurve, ohne zu schleudern? Ich bekam sie – mit Hilfe eines Schutzengels. Um das im Wald stehende Kolonistenbretterhaus gab es genügend Platz, sodass ich so lange herumkreisen konnte, bis der Wagen stand. Mehr als verwundert näherte sich der Kolonist, aber beruhigend winkte er mit der Hand ab, als ich ihm unser Malheur erzählte.

»Das kriegen wir schon hin«, so sein Kommentar, er sei nebenbei ein Automechaniker. Wer war das dort nicht! So kroch er unters Auto, und als er nach einer Weile wieder hervor kam und den Dreck von Hemd und Hose abgeschüttelt hatte, hatte er die Lösung: Als Jäger lade er seine Patronen mit Bleikugeln Nr. 12, und genau diese Größe würde für den Ventilverschluss passen. Und so war es auch. Wir hofften, wir würden für heute wenigstens ans Ziel und wieder nach Hause kommen! Danach würde das Auto gleich zu Rudi kommen, der das Ersatzteil dann einbauen würde.

Die ausgelaufene Bremsflüssigkeit wurde mit altem Ablassöl ersetzt, wir fuhren fröhlich weiter und kamen sogar noch rechtzeitig an. Die Bremse funktionierte so hervorragend, dass wir den Karren nachher gar nicht mehr zu Rudi in die Werkstatt brachten. Ja, wir waren schon echte Paraguayer geworden. »Wozu soll ich mein kaputtes Dach reparieren, es regnet doch nicht!«

Die Pfarrfrau

Als ich zum ersten Mal mit ihr durch die Kolonien fuhr – sie saß im Beiwagen des Motorrads – da hielt ich auf einer Bergeshöhe an, sodass wir in das unendlich weite Land hinausschauen konnten. Über uns leuchtete der türkisblaue Himmel und unter uns das stille Grün. Im Hintergrund schlängelte sich ein silbriges Band dem Horizont entgegen; es war der Parana-Fluss. Ein paar einsame Palmen gaben den Rahmen zu einem Bild, das pure Romantik war. Da sagte Marianne aus tiefstem Herzen: »Du, gelt, hier bleiben wir!«

Beide hatten wir uns vom ersten Tag an in dieses schöne Land verliebt. Auch das Pfarrhaus war urgemütlich mit seinen Naturholzdecken und den gehobelten Bretterböden. In der Küche stand ein weißer Holzherd, mit bunten Emailblumen bemalt, die Herdplatte glänzte silbrig. Diese Herde kamen aus Brasilien und waren in jeder Kolonistenküche zu bewundern.

Marianne war eine ausgesprochene Pyromanin, sie liebte das Feuer. So war es ihr großer Wunsch, dass überall da, wo sie lebe, das Feuer nie ausginge. Dieser Wunsch ging in Erfüllung, bis zu ihrem Tod. Lebenslang mit einer schwachen Gesundheit behaftet und verstärkt durch ein bisher unstetes und erbarmungsloses Wanderleben, kannte sie viele schlaflose, kurze Nächte und war daher eine ausgesprochene Frühaufsteherin. So war ihre erste Arbeit immer das Feuermachen, meist noch bei Dunkelheit. Hierin war sie Expertin. Dann konnte sie vor dem geöffneten Herdtürchen sitzen und, wenn es die Zeit erlaubte, endlos in die lodernde Flamme starren.

Sie war nicht nur eine geschulte Hausfrau, sondern auch eine begeisterte Bäuerin. Da ihr großer Wunsch, Chemie zu studieren, an den bescheidenen Einkünften des kleinen elterlichen Bauernhofs gescheitert war, hatte sie als einziges Mädchen unter 60 Schülern die Landwirtschaftsschule besucht – mit einem hervorragenden Abschlusszeugnis. So war der in Hohenau angetroffene große

Gemüsegarten ihr ureigenstes Lieblingsrevier, in dem sie sehr oft anzutreffen war.

Aber mit einer noch größeren Liebe hing sie an ihrem geistlichen Arbeitsfeld. Sie war eine entschiedene und bewusste Christin und sah lebenslang ihren Auftrag darin, als Missionarin allen Menschen, die ihr begegneten, das Evangelium von Christus zu sagen. Wer in ihr Haus kam, wurde immer herzlich bewirtet und aufgenommen, aber zu gegebener Zeit musste sich der Gast von ihr fragen lassen, wie er denn zu Christus stehe.

Diese Art von Evangelisation war mir peinlich und hat mich manchmal so gestört, dass ich die Flucht ergriff. Und vielleicht mag der eine oder andere Gast es ebenso empfunden haben. Einer unserer Vikare sah sich sogar veranlasst, sie deswegen ganz ernstlich zu warnen: »Wenn Sie so weitermachen, zerstören Sie die ganze Gemeinde!«

Im Laufe unserer 43-jährigen Ehe musste ich aber zugeben, dass gerade diese direkte Art für nicht wenige Zeitgenossen – egal, ob Kirchenmann, Landstreicher oder hoher Polizeichef – eine Hilfe wurde. Ebenso musste ich eingestehen, dass mein dezentes Schweigen oder Verschweigen sehr oft nichts anderes war als pure Feigheit. Sie las und studierte nur die Bibel – 22 Mal hat sie sie von der ersten bis zur letzten Seite durchgelesen – und geistliche Literatur vieler Art. Hier hatte sie umfangreiches Material angesammelt.

»Für Romane habe ich keine Zeit«, so ihr gängiges Wort. Sie war überaus sparsam, sodass mir auch bei unserem bescheidenen Gehalt nie das Geld ausging. Für Kleidung gab sie nur das Allernötigste aus, und manchmal konnte sie stolz zu mir sagen: »Da schau her, dieses Kleid habe ich zu unserer Verlobung vor 25 Jahren angehabt.«

Galt es aber, irgendwo zu helfen, zu spenden oder zu opfern, gab sie mit vollen Händen, sodass mir manchmal unheimlich wurde und ich mich veranlasst sah, den Bremser zu spielen.

Wollte ich ihr eine besondere Freude bereiten, dann war es mein Angebot, sie am nächsten Sonntag in der Kirche predigen zu lassen. Da leuchteten ihre Augen auf, da bereitete sie sich stundenlang vor, da konnte sie vor Begeisterung auf der Kanzel kein Ende mehr finden. Einmal, ich war schwer grippekrank, sprang ich aufgebracht aus dem Bett und rannte zur Kirche hinüber. Dort rief ich so laut durch die Seitentür »Aufhören!«, dass es in der ganzen Kirche zu hören war. Denn sie vergaß sich total, wenn sie in ihrem Element, der Verkündigung des Evangeliums, war. Es kam aber auch vor, dass ich, ebenfalls durch Krankheit verhindert, nach dem Gottesdienst hinter meinem Amtszimmerfenster die vorbeigehenden Besucher sagen hörte: »Die predigt ja besser als er!« Ja, ja, der Lauscher an der Wand ...

In Hohenau dauerte es nicht lange, bis sie mit Frauenstunden in den verschiedenen Kolonien begann. Mit einem Honda-Motorrad fuhr sie los, oft 20 Kilometer weit durch die Kolonien, und weil sie keinerlei Orientierungssinn hatte, verfuhr sie sich regelmäßig. Zu den weiter entfernten Orten setzte sie sich bei mir oder den Vikaren hinten aufs Motorrad. Bei einer nächtlichen Heimfahrt durch den Urwald war einmal das Motorrad in ein tiefes Loch geraten, geschleudert, umgekippt und auf sie gefallen. Der glühende Auspuff brachte ihr schwere Brandwunden bei, aber zu einem Arzt ging sie nicht. Wehleidigkeit war ihr unbekannt.

Sie hatte einen äußerst praktischen Sinn, und es war ihr klar, dass bei den Frauenstunden ein Bibelthema allein das Zweistundenprogramm nicht ausfüllen konnte und durfte. So wurden ebenso Hauswirtschafts-, Gesundheits-, Erziehungs- und sonstige Fragen behandelt, die einer Mutter und Hausfrau weiterhelfen konnten.

In der Ernährungslehre war sie besonders bewandert. Die für die Gesundheit so wichtige Ernährung mit Gemüse, Salaten und Obst wurde den Kolonistenfrauen immer und immer wieder klargemacht. Kochten sie doch auf ihren Herden in der Regel eine total einseitige und sich beinahe täglich wiederholende Speisefolge. Neue Rezepte wurden besprochen, Anleitungen zu intensivem Gartenbau gegeben und die entsprechenden Sämereien aus dem benachbarten Argentinien beschafft.

Da die Frauen ihr Brot selber backten, grundsätzlich aus Weizen und Maismehl, wurden die ernährungswichtigen Vorteile des Schwarzbrots anhand von Erfahrungen und bildhaftem Lehrmaterial behandelt und mit Proben verschiedener Mehlsorten und Mischungen untermauert. Einige Ehemänner wurden zum Anbau geeigneter Getreidearten animiert, und das in einer Mühle gemahlene Mehl wurde aufgeteilt.

Der absolute Abschuss aber war die Einführung eines billigen und einfachen Konservierungssystems von Obst und Gemüse. Da es so gut wie keine Kühlschränke gab, von kühlenden Kellern ganz zu schweigen, war man bei den heißen Temperaturen immer auf einen raschen Verbrauch der Lebensmittel angewiesen. Wohl gab es die uns bekannten Einmachgläser in der Stadt zu kaufen, aber sie waren importiert und darum sehr teuer. Außerdem brauchte man zusätzlich einen Einmachapparat, und dazu fehlte das Geld.

Jedenfalls erfuhren wir eines Tages in Argentinien von einem System, das mit einer ganz einfachen und vor allem billigen Methode funktionierte. Es waren Gummikappen für normale Wein- und Saft-Literflaschen, aber auch für Flaschen mit dem breiteren Hals der dort gängigen Ölflaschen, durch die man Gemüse aller Art, vor allem aber Sauerkraut, stopfen konnte. Das war die Lösung. Die Flaschen kosteten nichts, Gemüse und Obst auch nicht, und die Kappen waren spottbillig.

Nur: Wenn man größere Mengen davon nach Paraguay bringen wollte, standen an der Grenzstation die Zollbeamten mit bedenklichen Mienen, langen Formularen und geöffneten Händen. Aber weil der kluge Mann laut Schiller vorbaut, hatte ich auch diese Beamten fest im Griff. Denn jedes Jahr um die Weihnachtszeit tauchte ich im Hauptzollamt mit einem Waschkorb voll Kolonistenwürsten auf, eilte damit von Büro zu Büro und verteilte die Würste mit einem Gruß vom Weihnachtsmann. So zwinkerte man mir nur kurz zu und schaute auf die Seite, wenn ich mit meinen Kartons ankam. In all den Jahren waren es 25.000 Gummikappen und etwa 60 Frucht-Eindünstapparate, die ich auf diese Weise, sozusagen zur Hebung der Küchen- und Ernährungskultur, ins Land der Guaranís »eingeschmuggelt« habe.

Bei unserem Weggang von Hohenau gab es im Gemeindebereich zehn Frauenkreise mit einer Gesamtzahl von 250 Teilnehmerinnen. Und weil die Liebe bekanntlich durch den Magen geht, konnte die eine oder andere Ehefrau auch ihren bisher kirchenfremden, manchmal sogar -feindlichen Mann in die Kirche mitschleppen, weil er kapiert hatte, dass letztlich auch er davon profitierte. Die düstere Prognose des Vikars, Marianne würde durch ihre »fromme« Art die Gemeindearbeit zugrunde richten, hatte sich nicht erfüllt. Das Gegenteil war eingetreten, weil ihre Frömmigkeit echt war.

Die Jahre vergingen. Mit Hilfe eines hochrangigen Kirchenmannes, er war bei seinem Besuch recht beeindruckt von uns, konnten wir die neben dem Internatsland liegende *Chacra* (Farm) von 20 Hektar dazukaufen und eine intensive Agrarwirtschaft mit Vieh- und Schweinezucht aufbauen. Die dadurch entlastete Internatskasse gab uns mehr Spielraum zur Aufnahme von Kindern aus mittellosen Familien. Ich selbst nutzte diese Gelegenheit zur Auffrischung meiner einst im Chaco erworbenen Kenntnisse im Metzgerhandwerk, indem ich Würste fabrizierte.

Zu unseren Nachbarn, den Deutschstämmigen wie auch Paraguayern, hatten wir ein gutes Verhältnis. Öfters geschah es am Sonntagabend, dass ich noch Besuch vom bereits erwähnten Papito bekam, der dann immer sehr feierlich sein Bandoneon aus dem Köfferchen packte. Mit ihm kam der Nachbar Rhenius, die Gitarre unter dem Arm. Dann musste ich mein Akkordeon holen und die Kapelle war fertig. Wir machten Musik, ach, war das gemütlich und romantisch! Am Boden rekelten sich zufrieden die drei Schäferhunde, und die stille Tropennacht wurde nur unterbrochen vom Zirpen eifriger Grillen oder dem Quaken liebeshungriger Kröten.

Rhenius hatte als Deutschstämmiger eine Paraguayerin geheiratet und bestritt seinen Lebensunterhalt mit der Herstellung von Limonade und Soda. Eine Quelle im Grundstück lieferte dazu das Wasser, und ein Apparat mit Hebelantrieb drückte die Kohlensäure in die Flaschen. Die Auswahl bestand aus drei verschiedenen Fruchtsorten. Sie wurden mit dem entsprechenden Farbenpulver angerührt. Gelb bedeutete Zitrone, Rot Orange und Grün war Waldmeister. Das Pulver war reinste Chemie und sehr süß – für die Kinder ein seltener Hochgenuss.

Rhenius fuhr die Kisten in Geschäfte und Esslokale aus; dazu hatte er einen uralten Ford-Lastwagen. Das Führerhaus war eine offene Bretterkonstruktion, die Ladefläche nur ein Bretterbelag. Das Vehikel erreichte, aber nur bergab, eine Geschwindigkeit von 60 Stundenkilometern und brauchte bei einem plötzlichen Bremsvorgang 50 Meter, bis es zum Stehen kam, so erzählte es mir sein Besitzer mit lachendem Gesicht. Sicherlich wäre ihm das Lachen vergangen, wäre er damit beim deutschen TÜV vorgefahren. Seine Tante hatte übrigens einige Jahre zuvor mit einem Karabiner durchs Fenster den Friedensrichter erschossen. Er hatte nach ihrem Ermessen ein Urteil falsch gefällt.

Ein weiterer Nachbar war der sehr ehrenwerte und kluge Alfred G. Sein Vater war als deutscher Naturwissenschaftler ins Land gekommen, dann aber ermordet worden. Oben am Hang grenzte das Grundstück an das von B. Sch., sein Vater gehörte zu den Gründern der Kolonie. Der Nachbar selbst wurde mit einem Buschmesserhieb enthauptet.

Ein Menschenleben zählte wahrhaftig wenig. An einem schönen Sonntagnachmittag spielten zwei Dorfmannschaften gegeneinander. Nach einem Foul stellte der Schiedsrichter einen Spieler vom Platz. Dieser ging, aber nur, um seinen Revolver zu holen. Damit schoss er den Schiedsrichter über den Haufen. Dies veranlasste einen der Zuschauer zu einer sofortigen Gegenmaßnahme, auch er zog sein Eisen, rannte auf den Platz und erschoss den Schützen. So lagen zwei Tote auf dem Platz und das Spiel wurde abgebrochen. Nimmt es Wunder, dass ich ein offizielles Angebot der Regionalliga ablehnte, das mich ins Schiedsgericht berufen wollte? Besser nicht!

Für viel nützlicher hielt ich als ehemaliger Soldat meine Unterstützung für den »Volksbund Deutsche Kriegsgräberfürsorge«, mit dem ich schon jahrelang in Kontakt war. Nachdem ich in meinem Gemeindegebiet den einen oder anderen Teilnehmer am Ersten und Zweiten Weltkrieg antraf, gründete ich einen Freundeskreis für den Volksbund und hielt auch entsprechende Vorträge. Die Mitglieder zahlten einen bescheidenen Jahresbeitrag, der nach Deutschland abgeführt wurde. Dadurch kam ich auch in freundschaftlichen Kontakt mit Landsleuten katholischen Glaubens oder solchen, die mit keiner Kirche etwas am Hut hatten. Die silberne Ehrennadel des Volksbundes steckte ich stolz ans Revers meiner Jacke.

Als ehemaliger Soldat interessierten mich die Erzählungen früherer Teilnehmer am so genannten Chaco-Krieg, der von 1932 bis 1935 zwischen Bolivien und Paraguay ausgetragen wurde. Dabei ging es um alte, schon seit 1852 von Bolivien gestellte territoriale Ansprüche. Aber als in den 20er Jahren das Gerücht über riesige Erdölvorkommen im Chacogebiet aufkam, kam es zum kriegerischen Konflikt.

Boliviens Bevölkerung war drei Mal so groß wie die Paraguays, sein zum Teil von deutschen Offizieren ausgebildetes Heer war weit überlegen und nach Voraussagen aller Fachleute der baldige Sieger. Aber es kam anders. Die beiden Armeen kämpften erbittert unter den fürchterlichsten Entbehrungen in der als »grüne Hölle« bezeichneten süßwasserarmen Sumpfsteppe des Chacos, und ganze Bataillone verdursteten bis auf den letzten Mann. Auch hier zeigte sich wieder die unglaubliche Todesbereitschaft der Paraguayer, sodass der bolivianische General Toro seine Soldaten in einem gedruckten Aufruf beschwor, sich die Ausdauer und Tapferkeit der Paraguayer zum Vorbild zu nehmen.

In diesem Krieg – böse Zungen haben behauptet, es sei ein Krieg zwischen Standard Oil und British Petroleum – tat sich der spätere Staatspräsident Stroessner durch seine militärischen Leistungen besonders hervor. Es war selbstverständlich, dass Paraguay damals auch die schon im Land geborenen deutschen Nachkommen aus den Kolonien zu den Waffen rief.

So auch den Bruder meines Nachbarn, der als Offizier von Anfang an dabei war. Er war mittleren Alters, hatte aber schon schneeweißes Haar. Dies sei in einer Nacht passiert. Ihre Einheit sei vom Gegner eingeschlossen und vernichtet worden. Er selbst habe sich auf einen Baum retten und so verstecken können. Aber er habe mit ansehen müssen, wie die Feinde einem fürchterlich schreienden Kameraden lebendig die Haut abgezogen hätten. In dieser Nacht seien seine Haare weiß geworden. Auf mein ungläubiges Kopfschütteln über so viel Grausamkeit fügte er aber mit einem unterschwelligen Ton von Zufriedenheit hinzu: »Aber wenn wir einen erwischt haben, wurde er lebendig begraben!« Jetzt sagte ich nichts mehr.

Vielleicht ist ein solches Handeln mit der Sitte der Indianer zu erklären, dass auch sie ihre alten Eltern lebendig begraben, wenn diese auf den langen und ständigen Wanderungen nicht mehr mithalten können. Ein guter Freund, Missionar der Mennoniten, erzählte mir, dass er bei solch einer »Beerdigung« dabei war und mit ansehen musste, wie man den Alten in das Loch gesetzt und dieses dann zugeschüttet habe. Die Erde habe sich noch bewegt, aber er konnte nicht eingreifen. Übrigens bekam jeder Chaco-Kriegsteilnehmer ohne Ausnahme eine lebenslange Rente zugesprochen.

Stroessner

Noch ein Wort zu diesem Staatspräsidenten, dessen Vater ein hell-häutiger Deutscher aus dem bayerischen Hof und dessen Mutter eine dunkle Paraguayerin war. Stroessner war stolz auf seine deutsche Abstammung. Er ging in Encarnacion zur Schule und war ein Klassenkamerad meines Freundes Arturo B. Ich selbst begegnete ihm einige Male. Als Präsident bemühte er sich immer um ein gutes Verhältnis zur Bundesrepublik Deutschland. Durch den Fall Mengele, den gesuchten ehemaligen KZ-Arzt, der sich einige Zeit in Paraguay versteckt hielt, wurde Stroessner von den deutschen Medien heftig attackiert Ob zu Recht oder zu Unrecht, mochte von der Interpretation der verschiedenen Quellen abhängen. Interessant dürfte aber ein Urteil über ihn sein, das 1968 eine besonders qualifizierte ideologische Gegnerschaft, nämlich der Jesuitenorden, in seinem Werk *Paraguay, allgemeiner Überblick* abgab. Dort heißt es nämlich:

Nach Jahren der Anarchie und nach einem grausamen Bürger-kriege übernahm 1954 ein geschickter und starker Mann, General Alfredo Stroessner, die Regierung. Der Präsidentenge-neral übt persönlich fast täglich eine direkte Kontrolle über die militärischen und politischen Kader aus. Zweifellos ist der Fortbestand seiner Regierung dieser Vorsicht Stroessners zuzu-schreiben. Er ist ein Mann von 56 Jahren, in voller Kraft, von schneller Intelligenz, tüchtig und verschlagen, von großer Vita-lität, hohe Ansprüche an seine Mitarbeiter und an sich selbst stellend. Er hat es nach einem halben Jahrhundert der Anarchie dazu gebracht, unter Bedingungen zu leben, die sich für die wirtschaftliche und soziale Entwicklung eignen.

Für den nach links orientierten Beobachter galt er als Diktator und Despot. Für die Gefolgschaft seiner Colorado-Partei, die Militärs und einen großen Teil der national gesinnten Paraguayer war er der Retter des Vaterlandes. Politische Gegner wurden ausgeschaltet, die Methoden variierten zwischen Androhungen von Existenzvernichtung, Behördenschikanen oder gar Mord.

Der Polizeiapparat, insbesondere die Geheimpolizei, war gefürchtet wegen der benutzten Foltermethoden mittels einer elektrischen Badewanne. Der Chef dieser Truppe war der Bruder des sehr bekannten katholischen Priesters C., der mir unter Lebensbedrohung verbot, in einem Haus evangelischer Christen eine lutherische Andacht zu halten. Wir werden diesem Mann noch einmal begegnen.

Natürlich war es nicht empfehlenswert, sich in der Öffentlichkeit über das Staatsoberhaupt kritisch zu äußern. Auch in unseren Kolonien hatte er so genannte »gute Freunde«, die sich bei jeder Gelegenheit damit rühmten. Sie waren gleichzeitig seine Spitzel, fühlten sich als halbe Staatsgewalt und maßten sich Rechte an, die das deutlich zum Ausdruck brachten.

Vorsicht war stets geboten. Zufällig hörte ich einmal an der Grenze die Unterhaltung zweier Polizisten. Da sagte der Kollege zum anderen: »Mann, gestern haben wir einen Kommunisten geschnappt, der ins Land herein wollte.« Und dann fügte er lachend hinzu: »Er ist aber schon im Himmel!« Es wurde gemunkelt, dass man solche Opfer vom Flugzeug über dem Urwald abwarf.

Bemerkenswert und kaum verständlich war das Verhältnis der USA zu diesem Diktator. Wohl erfuhr man immer wieder durch die Medien, wie sehr der »große Bruder« im Norden die Regierung zu mehr Demokratie und Einhaltung der Menschenrechte aufforderte, aber gleichzeitig las man von gewährten Krediten und von allen möglichen Freundschaftsbanden, sowohl auf politischer als auch auf wirtschaftlicher Ebene. Die Opposition im Lande durfte, wahrscheinlich auf Druck der USA, auch reden.

Und wie! Die Gegenpartei hatte einmal pro Woche einen festen Sendetermin im Radio. Da war dann zu hören, welche Schiebereien und Betrügereien sich der Stroessner-Sohn oder irgendein General wieder einmal geleistet hätte. Ganze Eisenbahnladungen mit Stacheldraht habe er von Argentinien ins Land geschmuggelt, schon wieder sei auf einer Nebenpiste des Asuncioner Flugplatzes ein Flugzeug des Generals X mit Schmuggel-Zigaretten beschlagnahmt worden und so weiter.

Das Volk reagierte eher belustigt auf solche Korruptionsskandale. Man freute sich, dass es einen von »denen da oben« erwischt hatte, wusste aber gleichzeitig, dass es ein gerichtliches Nachspiel für diese Oberen sowieso nicht geben würde. Alles in allem war es eine Demokratie im Theatergewand.

Paraguay als das Herz Südamerikas bekam für die USA einen wichtigen strategischen Wert. Auf dem Flugplatz der Landeshauptstadt wurden Landepisten gebaut, die jedes Maß des bescheidenen paraguayischen Luftverkehrs weit überschritten. Es ist mir passiert, dass ich in den abgelegensten Gegenden, oft mitten im Urwald, amerikanische Jeeps und Soldaten mit Messapparaten stehen sah. Sie brachten an Bäumen und verschlungenen Wegen undefinierbare Zeichen an und bauten hohe Stahltürme, die nach einiger Zeit wieder verschwanden.

Niemand wusste, wer diese Leute waren. Aber die meist hoch gewachsenen, oft blonden Soldaten in ihren Kakiuniformen waren keine Paraguayer. Sie gehörten zur US-Armee. Paraguay wurde gebraucht. Das war wohl auch der Grund, warum der große Bruder in Sachen Demokratie ein Auge zudrückte. Und manchmal auch zwei.

Stroessner wurde nach 36-jähriger Amtszeit im Jahre 1990 durch einen Staatsstreich gestürzt. Er flüchtete nach Brasilien, wo er sich beizeiten einen Zufluchtsort in Form einer *Estancia* geschaffen hatte. Sein Abgang wurde von vielen bedauert. Man befürchtete den erneuten Ausbruch der früher üblichen Machtkämpfe und Revolutionen, die dem Land immer nur Elend und Angst gebracht hatten. Außerdem kursierte die nicht von der Hand zu weisende Volkslogik aller Südamerikaner: »Dieser jetzige Präsident hat seine Taschen schon voll, er braucht nicht mehr zu stehlen! Aber der Nächste kommt wieder mit leeren Taschen, und die Plünderei von Staatskassen, Wirtschafts- und Entwicklungsfonds fängt von vorne an.«

So war es dann auch. Heute trauern viele Paraguayer dieser Zeit nach, wo man des Abends noch unbesorgt auf die Straße gehen konnte und die Lebensbedingungen für alle doch so waren, dass sich's ruhiger und sicherer leben ließ. Der Mensch träumt wohl immer von den Fleischtöpfen Ägyptens.

Meine theologische Fakultät

Es war mir immer klar, dass sich eine christliche Gemeinde niemals als eine unbedarfte Reisegesellschaft im Zug der Kirche fühlen sollte, nach dem Motto: »Der Lokomotivführer vorne sorgt schon für den nötigen Dampf, damit die Reisenden auf ihren Sitzplätzen die Fahrt durch Wald und Feld genießen können.« Oder umgedeutet: Der Pastor ist der Verantwortliche, wir brauchen nichts weiter zu tun, als mitzumachen und zu zahlen.

So versuchte ich verantwortliche Helfer heranzuziehen, die im Blick auf die große Gemeindeausdehnung als Lektoren einspringen konnten und in der Lage waren, Gottesdienste und Beerdigungen vor Ort durchzuführen, wenn der Pastor wegen schlechten Wetters oder sonstiger Probleme nicht anreisen konnte.

Dieser Gedanke wurde auch von der Kirchenleitung aufgegriffen und in die Praxis umgesetzt, indem man dazu in der Fakultät besondere Kurse einrichtete. Aber wer von unseren Kolonisten brachte schon den Mut und die Zeit auf, für eine Woche 1.000 Kilometer in die Weltstadt Buenos Aires zu reisen, die man nur vom Hörensagen kannte. Es meldete sich nie einer, trotz allen Zuredens.

Also schritt ich selbst zur Tat. Ich suchte in den Gemeinden nach geeigneten Kandidaten, das war schwierig. Aber schließlich bekam ich ein halbes Dutzend zusammen, mit denen ich mich vierteljährlich über ein verlängertes Wochenende im Schülerinternat versammelte. Dabei konnte ich, was den Unterrichtsplan anging, nach Herzenslust schalten und walten, wie ich wollte. Ich kam mir vor wie ein Professor.

Als es dann an die Praxis ging, setzten wir uns in die Kirche. Der jeweilige Kandidat betrat die Kanzel und »predigte« nach seiner selbstverfassten Vorlage. Einer der Kandidaten war ein Original erster Klasse. Als er anfing, fielen wir vor Lachen beinahe unter die Bänke. Es war herrlich! Es verging die Zeit, und schon kam der eine oder andere zum Einsatz. Natürlich gab es anfänglich schwere Widerstände seitens der Gemeinde. Da hieß es: »Was? Gerade der stellt sich vorne hin und will uns belehren? Vor nicht allzu langer Zeit hat er noch gesoffen und seine Frau verhauen! Jetzt will er was Besseres sein, er soll zuerst seine Schulden zahlen!«

Aber auch hier konnte die christliche Mahnung des »Hausfreundes« manche Wogen glätten, besonders wenn er den freundlichen Vorschlag machte, der Kritiker möge doch beim nächsten Mal selber auf die Kanzel steigen, um es besser zu machen. Leider ist nach meinem Weggang auch dieses Unternehmen wieder eingeschlafen. Aber einem der »Prediger«, Luis, werden wir später noch begegnen.

Unsere Tiere

Von den Pferden habe ich schon berichtet. Sie machten keinerlei Arbeit. Ohne Stall grasten sie im Sommer und Winter auf dem großen Gemeindegelände, und das durchfließende Bächlein stillte ihren Durst.

Mit Begeisterung übernahm Marianne als gelernte Bäuerin die Hühner unseres Vorgängers, die sich in dem luftigen Hühnerstall sehr wohl fühlten. Im groß angelegten Gemüsegarten wuchsen viele Kräuter, die täglich fein geschnitten unter das Hühnerfutter gemischt wurden. So kam es, dass die öfters kursierende Hühnerpest unsere Hühner nie erreichte. Außerdem sprach es sich herum, dass auch in den Monaten, wo die Hühner weniger oder gar nicht legen, im Pfarrhaus die Eier nie ausgingen. Manche brachten das sogar mit dem Segen des lieben Gottes in Verbindung.

Ich selbst war zeitlebens ein Kaninchenzüchter. Sehr wahrscheinlich bekam ich diese Portion Erbgut von einem meiner Vorfahren mit; dies mag auch die Jägerei betreffen. Es war der Webermeister Jakober in Ulm, von dem ich bereits erzählt habe. Er wohnte sehr eingeengt an der Ulmer Stadtmauer und züchtete in dem kleinen Gartengrundstück auch Kaninchen. Sollte ein Tier geschlachtet werden, gab er ihm Freilauf im Garten und schoss es mit seiner Flinte.

So legte ich mir in Hohenau eine Hasenzucht an. Die Rassetiere beschaffte ich mir aus der argentinischen Nachbarprovinz Misiones, wo im Ort Linea Cuchilla eine von der Schweizer Gemeinde unterhaltene Landwirtschaftsschule existierte. Man brachte aus der Schweiz nicht nur reinrassige Kühe, sondern auch Schafe, Schweine, Hühner und Kaninchen mit.

Schon gleich nach unserem Eintreffen in Hohenau schenkte mir ein guter Bekannter aus der genannten Schweizer Kolonie ein Pärchen Schäferhunde. Es waren hervorragende Rassetiere mit Stammbaum. Er hieß »Sito« und sie »Dina«. Beide klug und intelligent und wurden nur bei Nacht sehr böse, wenn sich jemand unserem Haus näherte. Hier war es besonders Dina, die sofort zum Angriff überging. Sie war dazu noch schwarz, was ihr, besonders bei den Paraguayern, einen besonderen Gefährlichkeitsgrat verlieh. Ich ließ mir sagen, dass der Paraguayer einen schwarzen Hund mehr fürchtet als einen Revolver.

Jedenfalls sprach sich die Anwesenheit meiner Hunde sehr schnell herum. Während man dem Pastor der Missouri-Kirche bei Nacht das Schwein aus dem Stall stahl, konnten wir, wenn die Lichter einmal gelöscht waren, ruhig schlafen. Sito sprang auf das Kommando »hopp« über Stühle und Tische, sogar über mich selbst, wenn ich den Kopf etwas einzog. Ging ich in mein Amtszimmer, es lag neben dem Pfarrhaus, begleitete er mich und legte sich in die offene Tür, dabei beobachtete er sehr genau die unten vorbeilaufende Straße.

Dina hingegen war mein Wecker, denn schon beim frühen Tagwerden lag sie vor der Küchentür. Wurde diese von meiner Frau geöffnet, huschte sie eilig ins Haus und trippelte, auf dem Holzboden gut vernehmbar, in unser Schlafzimmer. Vor meinem Bett machte sie Halt und stieß mich mit der Schnauze an. Das hieß

Mit unseren Hunden in Hohenau

dann »aufstehen!« Erst wenn ich sie über den Kopf gestreichelt und gelobt hatte, tappte sie wieder ins Freie. Das Einzige, was sie im Gegensatz zu Sito fürchtete, waren Gewitter. Wenn es donnerte und blitzte, drückte sie sich panikartig ins Haus und verschwand unter einem Bett.

Eine besondere Plage für beide Tiere waren die zu besonderen Zeiten auftretenden *Uras*, die Dasselfliegen. Diese etwa 1,5 Zentimeter großen Zweiflügler pflegen ihre Eier nicht direkt am Fell von Vieh und Haustieren abzulegen, sondern auf den Körper anderer Fliegenarten. Die ausschlüpfenden Maden bohren sich dann unter das Fell ihrer Wirte und erzeugen widerliche Beulen.

Oft waren auch unsere Hunde davon befallen, sodass ich täglich und zu Dutzenden diese ekelhaften gelbweißen Maden aus den Beulen herausdrücken musste, um den Tieren Erleichterung zu verschaffen. Auf Kommando legten sie sich sofort auf den Boden und stöhnten nur leise, wenn die Drückerei zu wehtat. Irgendwann haben sie uns dann verlassen und ich musste sie begraben, aber ich trauere ihnen bis heute nach. Von ihrem Enkelsohn »Wolf« werden wir noch hören.

Auf dem Friedhof

Natürlich war ich als Pastor auch für die Beerdigungen unserer Mitglieder zuständig. Die Friedhöfe lagen im jeweiligen Koloniebereich, irgendwo in der grünen Landschaft. Einige waren streng getrennt nach katholisch und evangelisch; ebenso wurde das Grab eines Selbstmörders irgendwo abseits in einer verlassenen Ecke gegraben. Die strengsten Gebräuche konnten bei den Wolyniern beobachtet werden, gegen deren religiöse Sturheit selbst der Pastor nicht ankam.

Die Grabsteine waren in der Regel Holz- oder Kunststeinkreuze; neben den üblichen Daten stand meistens ein Bibelvers oder ein sonstiger Spruch. Zum Beispiel »Heute rot und morgen tot«, oder »Pauline Maier, du bist mir schon vorausgegangen, ich leide noch in dieser Welt. Drum ist mein sehnlichstes Verlangen, bei dir zu sein im Himmelszelt!«

Bei einem Todesfall gingen die Angehörigen zuerst zum Schreiner. Dieser hatte in der Regel immer einen gefertigten Brettersarg auf Lager, der mit einem schwarzen Tuch überspannt war. Danach ging man zum Pastor, um den Zeitpunkt der Beerdigung festzulegen. Wegen des heißen Klimas geschah dies schon am nächsten Tag. Trotzdem konnte es passieren, besonders im Hochsommer, dass ich einen größeren Abstand zum Sarg einhalten musste, um nicht selbst umzufallen.

Das Grab wurde immer von drei bis vier Nachbarn gegraben, ein schöner Brauch. Gab es einen Gesangverein oder Leichenchor, eilte die Kunde sehr schnell durch die Kolonie, und zur Stunde waren alle zur Stelle. Die Leiche war während der Nacht über im Haus aufgebahrt; auf dem Friedhof schaufelten nach der Zeremonie die bereits erwähnten Nachbarn, Grabmacher genannt, die Grube zu. Dabei sang der Gesangverein seine Grablieder, oder wenn es keinen gab, sang die Gemeinde »So nimm denn meine Hände«, »Wo findet die Seele die Heimat, die Ruh« oder »Lass mich gehen«. War der Erdhügel sauber und gleichmäßig aufgeworfen, legten die Anwesenden ihre Blumen darauf und gingen nach Hause.

Je nach Herkunft und Tradition lehrten mich die Hinterbliebenen so manches, was ich noch nicht wusste. Da war die Russin, die den Kopf ihres Gatten immer wieder in die Hände nahm und abküsste, obwohl der Leichengeruch schon ganze Fliegenschwärme angelockt und der Kopf des Toten sich dunkel verfärbt hatte. Die weißhaarige, gebildete Frau hatte in den Jahren der russischen Revolution mit ihrem Mann, einem ehemaligen hohen zaristischen Offizier, in der »weißen«, antibolschewistischen Armee unter Koltschak gegen die »Roten« gekämpft.

Aber plötzlich fiel sie mir um den Hals und küsste mich ganz unerwartet mitten auf die Lippen. Wen wundert es, dass ich noch nie so schnell nach Hause geeilt bin und mir außerordentlich gründlich das Gesicht wusch.

Oder da beobachtete der Pastor in einem Kolonistenhaus, wie die trauernde Witwe die Leiche in den Armen hielt, dazwischen aber schnell, ohne sich die Hände zu waschen, in der Küche einen Hahn zerlegte und für das Mittagessen vorbereitete, zu dem der Pfarrer natürlich herzlich eingeladen war. Was bleibt ihm anderes übrig, als mit gedämpfter Stimme die Einladung abzulehnen, weil ihm die Pietät verbiete, in einem Trauerhause etwas zu sich zu nehmen.

Gerade unter den Nachkommen aus östlichen deutschen Landen war es Sitte, dem Toten Geldmünzen in den Sarg mitzugeben. Man legte sie ihm auf die Brust. Aber die verzweifelte Witwe konnte vor Auflegen des Sargdeckels auch ausrufen: »Legt dem Papa doch noch ein paar Bierflaschen rein, er hat es immer so gern getrunken!« Solche oder ähnliche Überraschungen mögen vielleicht auch jenem Pastor in der brasilianischen Nachbarschaft Anlass gewesen sein, sich vor der Beerdigung so zu betrinken, dass er links und rechts von zwei Männern gehalten werden musste, um nicht selbst in die Grube zu fallen.

Im benachbarten Brasilien passierte es bei einer evangelischen Beerdigung, dass der katholische Ortspfarrer vor dem Friedhof Aufstellung nahm und während der ganzen Zeremonie mit einem Militärgewehr in die Luft ballerte, um den Ketzern zu zeigen, wer hier das Sagen hatte. Es waren halt alles nur Menschen.

Es gab in anderen evangelischen Nachbarkirchen das unerbitt-liche Gesetz, jede Beerdigung von Nichtmitgliedern abzulehnen. Daran habe ich mich nie gehalten. Ich habe jeden beerdigt und wurde manchmal deswegen von meinen Beitrag zahlenden Leuten gerügt. Das sei doch nicht gerecht, so ihr Argument. Aber ich sah immer und in jedem Fall die einmalige Gelegenheit, mit dem Wort Gottes Menschen zu erreichen, gerade solche, die ansonsten mit dem Glauben nichts am Hut hatten.

So ertrank einmal ein total betrunkener Obdachloser, der in den mit Regenwasser gefüllten Straßengraben gefallen war. Die Ortsverwaltung ließ eine Grube graben, aber weil es keine Nach-barn zum Zuschütten gab, mühte sich ein einzelner Mann damit ab – und das endlos, wie mir schien. Heiß brannte die Sonne vom Himmel, der Leichenchor hatte schon sein ganzes Repertoire durch gesungen, und die Menge schaute unbeweglich und unbe-rührt dem armen, schweißnassen Schaufler zu.

Da platzte mir der Kragen. Ich zog rasch meinen Talar aus, drückte ihn mitsamt dem Gebetbuch einem Herumstehenden in die Hand, ergriff eine herumliegende Schaufel und fing an, nicht ohne vorher der Zuschauermenge einen zornigen Blick zugewor-fen zu haben, zuzuschütten. Eine wahre Totenstille breitete sich aus, alles starrte verwundert und gebannt auf den neuen Schaufler, aber nur ganz kurz. Denn jetzt sprangen einige Männer hinzu, nahmen mir die Schaufel aus der Hand, und schnell war die Arbeit getan. Wie sagt der Lateiner: »*Verba docent, exempla trahunt* – Worte belehren, Beispiele reißen mit.« Wie wahr und wie einfach!

Sehr oft beließen die Angehörigen dem Toten auch seine Arm-banduhr, sozusagen zur Orientierung auf dem langen Marsch. Da kam es vor, dass dies von irgendeinem armen Teufel bemerkt wur-de, der dann bei Nacht kam, den Sarg wieder ausgrub, ein Loch in die Sargwand schlug und die Uhr herausholte. Natürlich machte er sich nicht mehr die Arbeit, das Grab wieder zuzuschaufeln. So wurde wohl die Tat entdeckt, aber nicht der Täter.

Beenden wir diese Friedhofsgeschichten auf gastronomische Weise. Da brachte mir eines Tages ein Bekannter ein großes, schwarzes, langhaariges Gürteltier, das er gejagt hatte. Es schmecke sehr gut, »so wie Wildfleisch«, so seine Empfehlung. Nun gut, Marianne legte es in Essig mit Lorbeerblatt und Pfeffer ein. »Das gibt einen Sauerbraten erster Klasse für den Sonntag«, so freuten wir uns. Dazu natürlich die schwäbischen »Spätzle«, wunderbar.

Tags darauf machte ich einen Gemeindebesuch, das Haus grenzte direkt an den dortigen Friedhof. Wir unterhielten uns allgemein, aber plötzlich berichtete der Gastgeber, dass an den frischen Gräbern öfter Löcher zu sehen wären. Sie kämen von einer besonderen Art von Gürteltieren. Als Aasfresser würden sie sich hinunter graben ... und so weiter. Auweia! Auf meine Frage, wie sie denn aussähen, seine Antwort: »Groß, schwarz, mit langen Haaren.« Ade Sauerbraten, verhungert bin ich am Sonntag trotzdem nicht.

Der Zahnarzt

Wenn die Paraguayer lachten, zeigten sie entweder ein blendend weißes Gebiss oder eine mit ekelhaften schwarzen Zahnstumpen ausgefüllte Mundhöhle. Junge, adrette Mädchen verwandelten sich plötzlich in verwelkte Jungfern, zahnlose Mütter nach dem fünften oder sechsten Kind in alte Weiber. Es war katastrophal. Nachvollziehbar ist, dass in den erbarmungslosen Gründerjahren um 1900 im Urwald ein approbierter Arzt oder Zahnarzt keine Überlebenschance gesehen hätte. Dazu war kein Geld da. Man half sich selbst, so gut es ging.

Aber irgendwann tauchte dann ein pfiffiger Bursche auf, der gerade hier sein Fortkommen sah und sich »Zahnarzt« nannte. Vielleicht hatte er früher einmal als Hausknecht bei einem echten Dentisten manches mitbekommen oder auch einen Fernkurs durch die Post absolviert. Wichtig für den Anfang war ja nur eine Zange zum Ziehen. Hatte es geklappt, war der Schmerz vorbei. Später dachte man auch an Reparaturen, dazu wurde eine Bohrmaschine mit Fußbetrieb angeschafft. Aber auch auf diesem Gebiet war die Technik nicht aufzuhalten.

Als wir 1963 in Hohenau einzogen, hatte ein richtiger Zahnarzt mit Doktortitel aus Asuncion in der Nachbarkolonie Obligado seine Praxis eröffnet. Ein Startkapital besaß er nicht. So hatte er ein altes Bretterhaus gemietet, das auf den üblichen Baumrollen stand. Nur Bretter mit ausgefransten Ritzen trennten seinen Arbeitsraum von Küche und Schlafzimmer der fünfköpfigen Familie. Im Behandlungsraum selbst stand ein ziemlich gebrauchter Patientensessel, er war nach hinten klappbar, außerdem ein Glastischchen und, das Schreckgespenst aller Patienten, eine elektrische Bohrmaschine. Der Strom wurde durch einige kreuz und quer verkabelte Drähte ins Haus geleitet, die man beim Nachbarn angeschlossen hatte.

Am Eingang war eine große, blitzende Bronzetafel angenagelt, aus der zu entnehmen war, dass sowohl Dr. Ernesto Spezzini als auch seine Frau Carmen approbierte Zahnärzte sein. An den Wänden des kleinen Vorzimmerchens hingen, wie in Südamerika üblich, die entsprechenden Urkunden der Fakultät.

Der Doktor war ein kleiner, untersetzter, dunkler Paraguayer Ende der Dreißiger. Wenn keine Patienten da waren, saß er vor dem Haus und trank genüsslich seinen *Mate*. Öfters setzte ich mich für eine Weile zu ihm; man konnte von ihm alles erfahren, vor allem die Neuigkeiten aus der Kolonie, denn er erzählte begeistert all das weiter, was ihm seine Patienten auf dem Stuhl anvertraut oder gebeichtet hatten. Besonders die Politik brachte ihn in heftige Erregung, zumal er ein erklärter Gegner des Staatspräsidenten Stroessner war.

Wenn ich kam, begrüßte er mich auf Deutsch. Er kannte davon nur zwei Worte: »Kein Geld!« Die hatte er von seiner deutschstämmigen Kundschaft aufgegriffen. Ich erwiderte sie dann spontan auf Guaraní: »*Ndaipori-pirá-piré*«, und beide freuten wir uns, dass wir so gescheit waren.

In der ersten Zeit hatte der Doktor einen ziemlichen Zulauf. Dieser ebbte aber langsam ab, daran schuld war seine Psychologie. Diese bestand darin, wie er mir geheimnisvoll erklärte, dass er jede Behandlung so lange wie möglich hinausziehe. So ließ er die Leute, die oft 30 und noch mehr Kilometer anreisten, wegen einer Plombe fünf Mal kommen. Denn so sei das Wartezimmer immer voll, man sähe eine große Bewegung, und eine bessere und billigere Propaganda gäbe es überhaupt nicht.

Natürlich waren auch wir seine Kunden. Da er eine ehrliche Haut war, lieh ich ihm Jahre später, natürlich zinslos, meine bescheidenen Ersparnisse zum Bau eines eigenen Steinhauses. Seitdem gab es für unsere evangelische Sache keinen besseren Fürsprecher am Alto Parana als diesen Zahnarzt, der sich immer wieder veranlasst sah, sich bei mir zu entschuldigen, weil er Katholik sei. Ich finanzierte ihm auch Reisen zu Kongressen, weil, so erklärte er mir sehr ernsthaft, auch bei der Zahntechnik jeder Stillstand nur Rückschritt bedeute.

Schon seit Jahren bekam Marianne immer wieder Zahnschmerzen an einem Weisheitszahn, der nie an die Oberfläche gefunden hatte. Jetzt wurden die Schmerzen so stark, es war nicht mehr auszuhalten. »Der muss herausoperiert werden«, so unser

Doktor mit gewichtiger Stimme. Auf meine vorsichtige Frage, ob er sich das zutraue, kam seine beinahe schon beleidigte Antwort: »Aber natürlich!« Die Operation begann um 14 Uhr.

Es war fürchterlich! Nach immer wieder notwendig gewordenen Pausen und erneuten Anläufen fiel die Patientin um 19 Uhr in Ohnmacht. Man rief dringend einen Arzt herbei. Um 20 Uhr fuhr ich meine Frau, mehr tot als lebendig, nach Hause. Aber nicht, ohne dass mir mein *amigo* vorher mit triumphierender Geste den Unglückszahn unter die Nase gehalten hatte. Die Operation war geglückt. Gott sei Dank! Und die Patientin lebte.

Eines Tages plagte mich ein Backenzahn. Nach eingehender Untersuchung hieß es: »Der muss raus!« Ich bekam einen Termin für den nächsten Tag und saß zur gegebenen Stunde auf dem Sessel. Ein Blick in den daneben stehenden Kübel informierte mich, dass zuvor schon andere Patienten mein Los geteilt hatten. Einige Zähne sowie blutige Wattebausche waren zu sehen, und die Fliegen waren auch schon da.

Inzwischen hatte der Doktor seine Spritze fertig gemacht und drückte sie mit der beruhigenden Zusage, dass es »gar nicht weh« täte, in den Kiefer. Jetzt musste nur noch die Wirkung abgewartet werden, dann setzte er mit der Zange an. »Au!« Nach meinem dezenten Aufschrei nickte der Doktor mit dem Kopf. »Aha, wir müssen eine weitere verabreichen!« Wieder wurde gespritzt und gewartet, aber wieder schrie ich: »Au!«

Mir wurde auf einmal sehr komisch zumute, ich hatte keinerlei Gefühl mehr im Mundbereich, und die Zunge brannte. Der Doktor legte die dritte Ampulle in die Spritze. Aber als nach dem erneuten Ansatz wieder mein »Au!« erscholl, kamen wir dahinter, dass die Spritze undicht war. Der Inhalt floss in den Mund und legte dort alle Nerven lahm. Jetzt wurde am Spritzenkopf gedreht und gefummelt, bis es wieder zu klappen schien, nur die dritte Ampulle war die letzte gewesen.

Jetzt bat mein *amigo* um einen Moment Geduld, er müsse schnell zur Apotheke – sie lag am anderen Ende der Kolonie – und neue kaufen. Das war einleuchtend. Ach ja, und ob ich ihm die fünf Mark dazu leihen könne, denn ich wisse schon, kein Geld.« »*Ndaipori-pirá-piré*, aber selbstverständlich!« So kam dann mein Zahn doch noch zu den anderen in den Eimer.

Als wir Hohenau 1977 verließen, blieb eine tief trauernde Familie Spezzini zurück. Da vorher noch eine Reparatur meiner Schneidezähne anstand, drückte Don Juan seine Dankbarkeit aus, indem er mir dieselben mit glitzernden Goldkronen versah und dafür keinen Centavo anzunehmen bereit war. Wenn ich lachte, war ich sehr leicht mit einem brasilianischen Kaffee-Plantagenbesitzer zu verwechseln.

Später wollte er mir sein 16-jähriges Töchterlein anvertrauen und zu Studium oder Ausbildung nach Deutschland schicken. Ich könne diesbezüglich, so schrieb er, mit ihr tun und entscheiden, was ich für richtig hielte. Das war nicht nur ein großer, sondern ein sehr großer Vertrauensbeweis für einen Südamerikaner, deren Familienbande ja viel ausgeprägter und emotionaler sind als bei uns Deutschen.

Das Meisterstück

In Schillers »Glocke« lobt das Werk wohl seinen Meister. »Doch der Segen kommt von oben«, so wird im Gedicht der gelungene Glockenguss dankbar dem Schöpfer zugestanden, ohne dessen Hand nichts wächst und gedeiht, ganz gleich ob Apfelbaum oder Glocke. So möchte ich es auch beim nachfolgenden Bericht gesehen und verstanden wissen.

Natürlich kenne ich das oftmals wahre Sprichwort »Eigenlob stinkt«, aber wenn ich in diesem Fall über die Stränge schlage, wie mein Gaul am Munitionskarren in Italien, dann mag man mir zugute halten, dass jeder Mensch ein Anrecht hat, sich über etwas zu freuen, was ihm gelungen ist. Denn wie der Konstrukteur einer Europabrücke mit leuchtenden Augen auf das Werk deutet, oder wie der Bäckermeister Weckenmann seinen Meisterbrief an einem Ehrenplatz aufhängt, so möge man auch mir ein bisschen Stolz gönnen. Denn irgendwie hängt dies auch mit dem oft so angezweifelten Selbstwert einer Menschenseele zusammen.

Es war Ende der 60er Jahre, da standen eines Tages zwei Männer vor mir. Sie kamen weit vom Norden angereist und baten um Hilfe. Ich ließ sie erzählen. Schon einige Zeit hatten wir immer wieder von einer großen Einwanderungswelle gehört, die aus Brasilien kommend in die noch unberührten Urwälder Paraguays schwappte. Deutschstämmig und zum großen Teil evangelisch, hatten diese Einwanderer das zumeist steinige, ausgelaugte Land ihrer Väter verlassen, um sich eine bessere Existenz auf den fruchtbaren und dazu noch billigen Böden Paraguays zu schaffen.

Schon saßen Hunderte von Familien in den Wäldern, Kinder würden geboren und sollten getauft, Konfirmanden unterrichtet und Gottesdienste gehalten werden. Man suchte ein kirchliches Gemeindeleben, wie man es in Brasilien gewöhnt war. Und weil Hohenau das am nächsten gelegene evangelische Pfarramt war, sollten wir doch bitte kommen und die Betreuung übernehmen. So weit, so gut.

Aber ich musste mit dem Kopf schütteln. Das wären 200 bis 300 Kilometer Entfernung, dazu schlechte oder gar nicht vorhandene Straßen. Unmöglich. Traurig zogen sie wieder davon, aber nicht ohne mein Versprechen, einen dringenden Bericht an die Kirchenleitung in Buenos Aires zu schreiben. Die Antwort von dort dauerte einige Monate. Aber darin wurde ich gebeten, mit dem Kollegen in Asuncion und einigen Gemeindevorständen eine Erkundungsfahrt in dieses Neuland zu unternehmen.

Es wurde eine abenteuerliche Reise. Mit einem gemieteten Kleinbus schlingerten wir einige Tage durch diese Urwaldgegend, oft auf kurz zuvor geschlagenen Schneisen. Wir blieben im Morast stecken, fielen in die schlammige Dreckbrühe, schoben und hoben den aufgefahrenen Wagen über Löcher und Gräben hinweg, aber wir drangen vor bis in die letzten Winkel dieses Siedlungsgebiets.

Wir fanden die Familien in der Wildnis unter Palmendächern in notdürftigen Hütten hausend, weitab von jeder Zivilisation. Als bei so einer Sitzrunde auf gehauenen Baumstämmen der kleine Sohn der Familie mit der Nachricht angerannt kam, dass ihm eben ein großer Jaguar über den Weg gelaufen sei, begann mein Herz höher zu schlagen. Ich wäre am liebsten als Pastor gleich hier geblieben, denn das war genau »meine Kragenweite«, aber wir mussten zurück. Der Autovermieter in Asuncion schlug vor Schreck die Hände über dem Kopf zusammen, als er sein ramponiertes Fahrzeug sah, und verlangte einen gehörigen Nachschlag zu dem vorher ausgehandelten Mietpreis, natürlich zu Recht.

Zurück in Hohenau verfasste ich umgehend einen ausführlichen Bericht an die Kirchenleitung mit der höchst dringlichen Bitte, auf schnellstem Wege einen Pastor nach dort zu entsenden, denn es wurde uns auch berichtet, dass sich bereits die »Geier« in Form aller nur denkbaren Glaubensgruppen, Kirchen und Sekten versammelten. Diese versuchten mit allerlei Versprechungen und Angeboten – wie etwa »Bei uns braucht ihr keinen Kirchenbeitrag zu zahlen« – diese Menschen ihrem eigenen »Verein« einzuverleiben, was aber bisher standhaft abgelehnt worden war.

Die Antwort der Kirchenleitung auf meinen Bericht lautete, dass man bedauerlicherweise keinen Pastor zur Verfügung habe, was ja auch stimmen mochte. Somit war der Fall für sie abgeschlossen, aber nicht für mich. Als nach einem weiteren Zeitraum noch einmal verzweifelte Hilferufe vom Norden erschollen, wurde mir klar: Jetzt schlägt die Stunde des letzten Aufgebots, im Dritten Reich »Volkssturm«, bei den Preußen während der Freiheitskriege »Landwehr« genannt.

Ebenso klang mir das Wort Luthers in den Ohren, das er einmal im Zusammenhang mit dem damaligen Pfarrermangel geprägt hatte: »Das Feld muss gepflügt werden; wenn wir dazu keine Pferde haben, spannen wir einfach Ochsen vor den Pflug!« Damit bezog er sich natürlich auf die Aussaat des Evangeliums. Mir selbst hatte gerade dieser Spruch die nötige Entscheidung gebracht, als ich mir, von vielen Zweifeln gequält, die Frage stellte: »Taugt der Schulversager zum Pfarrer oder nicht, wo in dieser Berufsgruppe doch so gescheite und studierte Leute sind?« Die Ochsen! Oh, um wie viel ausdauernder und bedächtiger können sie am Pflug ziehen als die viel schnelleren und spritzigen Pferde.

Ich habe schon über meine theologische »Privat-Fakultät« in Hohenau berichtet. Mein bester »Gaul« war Bauer Luis, ein Mann so um die 50. Seine Frau hieß Olga. Es war nicht lange her, da galt Luis in der Kolonie noch als trinkfester Spaßmacher, Unterhalter und schlitzohriger Geschäftspartner, bei dem, kam es zu irgendeinem Kuh- oder Ochsenhandel, höchste Vorsicht geboten war. Wurde irgendwo gefeiert, Luis war mit seinen Sprüchen und Witzen immer zur Stelle. Schlagfertig brachte er seine Umgebung, oft in Gedichtform, zum Lachen. Hie und da musste man ihn auch aus dem Straßengraben ziehen, wenn er dem Dionysos, dem griechischen Gott des Weins, zu sehr gehuldigt hatte.

Aber seit einem entschiedenen Glaubensschritt, die Bibel nennt das Bekehrung, war er ein anderer. Bei unseren »homiletischen« Predigtübungen brachte er die besten Gedanken und Zusammenhänge aufs Papier. Jetzt ließ ich ihn rufen und stellte ihm die Frage: »Lieber Luis, wie wäre das, wenn du mit deiner Olga für ein Jahr in die Urwälder des Nordens ziehst und versuchst, diese Menschen zu einer Gemeinde zu sammeln? Du hältst Gottesdienste, Konfirmandenunterricht, Taufen, Trauungen und natürlich Beerdigungen. Unsere Gemeinde baut dir ein solides Bretterhaus, beschafft die notwendigste Einrichtung, ebenso ein Auto für dieses etwa 5.000 Quadratkilometer große Einwanderungsgebiet, und außerdem zahlen wir dir dasselbe Pastorengehalt, wie ich es beziehe.« So ungefähr lautete mein Vorschlag. Nun sollte er den Plan mit seiner Olga beraten. Ich gab ihm drei Tage Zeit, danach stand er freudestrahlend vor meiner Tür und sagte zu.

Da seine Tochter kurz zuvor geheiratet hatte, wollte er dem Schwiegersohn solange seine Landwirtschaft anvertrauen. Es konnte losgehen. Aber zuvor machte ich einen Bericht an die Kirchenleitung nach Buenos Aires, informierte sie über unseren Entschluss und bat um die »Absegnung«. Sie konnten nicht anders als zusagen, zumal das Unternehmen für sie nicht die geringsten Kosten verursachte. Aber der behördlichen Kontrolle wegen erbat man vom Kandidaten Luis eine Probepredigt auf Kassette. Das war kein Problem, wir haben auch diese Klippe elegant umschifft.

Großes Verwundern gab es in den Kolonien, wo sich diese Operation mit Windeseile herumsprach. Da verlässt ein Ehepaar seine Heimat, sein Land, seine Kühe und Hühner, seine sichere Existenz und zieht in die unbekannte Wildnis. Das hatte es noch nie gegeben. Aber schon wenige Tage später stand Walter Becker vor mir, ein Mann mit Einfluss und Vermögen. Auch er hatte eine sehr bewegte Vergangenheit als vergnügungssüchtiger Lebemann hinter sich, und auch er hatte eine Bekehrung erlebt. Wunderbarerweise nicht durch einen Pastor oder Evangelisten, sondern durch ein christliches Kalenderblatt, das er auf der Straße gefunden hatte. Dieser Mann stand also vor mir und erklärt seine uneingeschränkte Hochachtung vor Luis und seiner Olga. Und jetzt wolle er den Betrag von zwölf Monatsgehältern wissen, die an Luis auszuzahlen waren. Auf meine Antwort zog er sein Scheckbuch – und das ganze Jahr war bezahlt. So lief das.

Es dauerte nur noch wenige Wochen, bis wir mit dem gesamten Umzugsgepäck losfuhren. Nach einer Tagesreise landeten wir im tiefsten Urwald. Das fertige Bretterhaus stand einladend inmitten eines frei geschlagenen Grundstücks, das wir gekauft hatten. »Aber Vorsicht«, so wurden wir gewarnt, »es gibt hier viele Schlangen.« Davor hatte ich keine Angst. Ich blieb über Nacht, sah durch die Bretterritzen den leuchtenden Mond am Himmel dahinwandern, und es dauerte nicht lange, da musste ich mich am ganzen Körper tüchtig kratzen. Aha, wir waren nicht die Ersten, da waren bereits »Untermieter« eingezogen. Aber was soll's? Nur die Toten spüren keine Flöhe mehr.

Wir hatten einen gebrauchten, aber guten VW-Kombi gekauft, sodass die beiden sofort mit ihrer Arbeit beginnen konnten. Olga hatte noch nie ein Auto gesteuert; jetzt lernte sie es. Dass der VW auf den unwegsamen Waldschneisen sehr oft schleuderte, sprang und schlitterte und ständig hohe Reparaturkosten verursachte, durfte nichts ausmachen. Die Parole des Panzergenerals Guderian: »Klotzen, nicht kleckern«, führte auch hier zum Durchbruch.

Zwei Jahre tat das Ehepaar die aufopfernde Arbeit in diesen neuen Siedlungsgebieten. Predigtstellen und Gemeinden wurden gegründet und betreut, Kirchen gebaut. Olga hielt Frauenstunden und Sonntagsschulen. Als die beiden dann wieder nach Hause kamen, hatte ihr landwirtschaftlicher Betrieb sehr gelitten, sogar Verluste eingefahren. Der Schwiegersohn und Sachverwalter war eben auch noch ein junger, unerfahrener »Ochse« gewesen. »Was soll's«, so zwinkerte mir Luis zu, »wer klotzt, verliert Haare!« Er hatte diesbezüglich viel von mir gelernt.

Heute gibt es in diesem Gebiet fünf feste Pfarrstellen mit vielen Nebengemeinden. Als ich nach vielen Jahren noch einmal durch die Gegend reiste, konnte ich immer wieder hören: »Ja, der Luis, der hat zu uns gepasst!« Und dabei war er kein studierter Pastor.

Für mich war es erneut die Lehre, dass es bei der Verkündigung des Evangeliums nicht aufs Rennen, Laufen, Studieren und ebenso wenig auf Kittel, Frack oder Talar ankommt, sondern allein darauf, dass man zu den anvertrauten Menschen »passt«, und dies geschieht da, wo man sich auf ihre Ebene stellt und einer der ihren wird. Vom höheren Stockwerk kann ich dem Volk nicht »aufs Maul schauen«, so sagte schon Luther. Aber das wiederum hat sicherlich mit der von Christus geforderten Demut zu tun. Franz von Assisi hat in die gleiche Richtung gedacht, als er sagte: »Selig, wer sich vor Untergebenen so demütig benimmt, wie wenn er vor seinen Oberen und Herren stünde!«

Vielleicht noch eine Begebenheit, die den Leser im Zusammenhang mit der zweijährigen Aufbauphase interessieren dürfte. In diesem Gebiet lebten drei evangelische Familien. Als sie von unserer »Missionarsfamilie« erfuhren, baten sie, dass man ein oder zwei Mal jährlich einen kleinen Hausgottesdienst bei ihnen abhalten möge, denn der Weg zur nächsten Predigtstelle betrage mehr als 50 Kilometer und ein Fahrzeug habe man nicht. Luis sagte gern zu und vereinbarte einen Termin.

Nun muss man wissen, dass gerade in dieser Zone der allerseits berühmte »Paí Coronel« das absolute Sagen hatte. *Paí* heißt in der Guaranísprache »Vater« und »Coronel« war der Name dieses katholischen Priesters. Er war Paraguayer und ein äußerst aktiver, tüchtiger Mann. Mit Geldern aus der Schweiz hatte er eine landwirtschaftliche Genossenschaft gegründet, einschließlich Molkereibetrieb, eine große Schule mit Internat gebaut, dazu einen Fußballplatz mit Tribüne und vieles mehr. Er war daher im ganzen Land bekannt, zumal sein Bruder der gefürchtete Chef der paraguayischen Geheimpolizei. Zu Stroessner selbst hatte der Pater die besten Beziehungen, er ging im Regierungspalast zu jeder Stunde aus und ein. Zusammengefasst: Paí Coronel herrschte in der Zone wie ein König.

Nun hatte er durch seine Zuträger von dieser geplanten Hausandacht gehört und, sehr aufgebracht, verbot er diese sofort. Niemand wagte gegen diesen Despoten anzugehen, denn er konnte sehr gefährlich werden. Auch Luis wagte es nicht. Aber er schrieb auf meinen Rat einen Bericht an die Kirchenleitung in Buenos Aires. Von dort bekam ich kurz darauf die Bitte und Aufforderung, einen Besuch bei diesem »heiligen Vater« zu machen, um ihn im persönlichen Gespräch von unserer, für ihn völlig ungefährlichen, christlichen Absicht zu überzeugen.

So geschah es. Vorsichtshalber ließ ich mir vom katholischen Pfarramt Hohenau ein Empfehlungsschreiben mitgeben, aus dem unser sehr gutes ökumenisches Miteinander hervorging, und auch, dass ich ein Mann des Vertrauens der dortigen katholischen Priesterschaft sei. Trotzdem schaute mich der katholische Kollege, der diese Empfehlung für mich ausstellte, sehr mitleidig an und sagte nur »Oh je!«. Paí Coronel war landesweit bekannt.

So fuhr ich eines Tages mit meinem Auto los und kam am Spätnachmittag nach einer langen ermüdenden Fahrt von 300 Kilometern an seinem Wohnsitz, einer großen Internatsschule, an. Auf meine Bitte wurde er von einem Bediensteten geholt, und dann stand er mir gegenüber: ein Mann um die 50, in weißer Soutane, mittelgroß und mit dunklen, stechenden Augen. Bei meiner Vorstellung als evangelischer Pastor wurde sein Blick noch dunkler, aber als ich ihm den Grund meines Besuches nannte, bekam er einen geradezu eisigen Blick.

Schnell zog ich mein Empfehlungsschreiben aus der Tasche, er warf einen kurzen Blick darauf, um es mit einer geringschätzigen Geste in den Papierkorb zu werfen. Dann begann er zu sprechen. Er sei, damit ich es gleich wisse, ein persönlicher Freund des Staatspräsidenten Stroessner, welcher des Öfteren zu ihm gesagt habe, wenn er zehn Leute mehr von seiner Sorte hätte, sähe es im Lande anders aus! Dann wurde als weitere Einschüchterung sein Bruder, der berüchtigte Geheimdienstchef, genannt. Schließlich kam er zum Kern des eigentlichen Themas. Er führte aus, dass diese Evangelischen keinen extra Gottesdienst bräuchten. Sie könnten zu ihm in die Messe kommen, bekämen auch dort eine christliche Unterweisung und dazu eine viel bessere. Sekten erlaube er in seinem Gebiet nicht. Sie würden das allgemeine Durcheinander der Christenheit nur verschlimmern.

Meine Gegenargumente hörte er sehr gelangweilt an, ließ mir sogar eine Coca Cola bringen, da es sehr heiß war; dann gab er mir den guten Rat, schnell zu verschwinden, da er für meine Sicherheit nicht garantieren könne. Seine Leute seien in dieser Hinsicht sehr empfindlich! Auweia, jetzt wurde es in Paraguay gefährlich. Bei der Verabschiedung nannte er mich noch den »Luther von Paraguay«, und mein Verdacht verstärkte sich, dass er über mich schon vorher genauestens informiert war.

Niedergeschlagen und traurig fuhr ich nach Hause. Dort angekommen, wollten die katholischen Amtsbrüder wissen, wie's denn gegangen sei. Nach meiner Schilderung waren sie sehr entrüstet und wollten sofort einen Bericht an den Kardinal machen, aber ich wehrte ab: »Nein, so nicht. Wir machen das ganz anders. Wir sollen ja, nach der Methode Jesu, feurige Kohlen auf das Haupt unseres Feindes sammeln.« Das heißt Böses mit Gutem vergelten. Oder wie der römische Kaiser Marc Aurel riet, die Scham zur Rächerin machen. Denn die beste Art, sich an jemandem zu rächen, sei die, nicht Gleiches mit Gleichem zu vergelten.

So entwarf ich einen Plan, dessen technische Ausführung mir allerhand Kopfzerbrechen machte. Es fehlten noch zwei Monate bis Weihnachten, und es galt, dort in der Gegend trotz aller Schwierigkeiten der Kommunikation eine geeignete Person für mein Vorhaben zu finden. Sie wurde gefunden und ebenso ein Weg zur Geldübermittlung.

So geschah es also, dass genau am Heiligen Abend exakt um 18 Uhr – also zu der Stunde, wo weltweit die Weihnachtsglocken über die Radiosender erklangen – diese Person an der Tür des »Paí« stand und dem völlig Überraschten ein Geschenk mit Segensgrüßen des »paraguayischen Luthers« in die Hand drückte. Es war eine schön verpackte Flasche Sekt. Aber nicht von der in Südamerika üblichen Sorte des billigen Apfelsekts, auch *Sidra* genannt, oh nein, es war die teuerste französische Sektsorte, die aufzutreiben war. Denn auch zum Aufweichen eines harten Menschenherzens sollte »geklotzt und nicht gekleckert« werden.

Nach eventuellen Reaktionen des »Paí« habe ich nie geforscht, sie interessierten mich auch nicht mehr. Ich hatte den »Fall« in die Hände einer höheren Gerichtsinstanz gelegt. Ich meine dahin, wo auch Staatspräsidenten, Polizeifolterer und scheinheilige Entwicklungsmanager nicht mehr das Sagen haben.

Aber um der Wahrheit und Sache willen galt es trotzdem noch, einen Schritt zu tun. Bei einer Gelegenheit sprach ich mit dem Schweizer Botschafter in Asuncion, über den ein Großteil dieser Entwicklungsgelder vermittelt worden war. Ich erzählte meine Geschichte mit dem »Paí« und ließ dabei sehr deutlich die Frage im Raum stehen, was wohl die treuen und gutgläubigen Spender in der Schweiz dazu sagen würden, wenn sie erführen, in welche Hände ihre Scherflein fielen. Überaus aufmerksam wurde ich angehört, und ebenso herzlich bedankte er sich für meine Information.

Der Hahn war zu! Denn ganz ohne eine irdische Gerechtigkeit geht's nun doch nicht, auch nicht bei dieser Art göttlichen Bodenpersonals, das mit seinen selbst gebastelten Engelsflügeln durch die Lande schwirrt. Ja, was gab es da für eigenartige Diener des Herrn. Einen kannte ich, der musste fluchtartig seine Gemeinde verlassen, nachdem ihm während einer Messe ein armer Arbeiter aus der hintersten Kirchenbankreihe zurief: »Was hast du mit meiner Tochter gemacht?«

Ungefähr 30 Jahre nach dieser Geschichte kam ich besuchsweise von Deutschland aus nochmals nach Hohenau. Luis, beinahe erblindet und schwerkrank, hörte davon und äußerte zu seiner

Olga den großen Wunsch, mich vor seinem Tod noch einmal zu sehen. Er war schon vom Tode gezeichnet, als ich ihn sofort im Krankenhaus besuchte. Als ich ihn in die Arme nahm, strahlte er. Es hatte gerade noch gereicht, denn kurz darauf starb er.

Nun ade

Die Jahre vergingen, und auch im Gemeinde-Gebiet des Alto Parana gab es manche Veränderungen. Konnte ich bisher die ganze pastorale Arbeit, von wenigen Ausnahmen abgesehen, in Deutsch verrichten, hatte ich ab 1975 die ersten Konfirmanden, die diese Sprache nicht mehr verstanden. Auch kamen Trauungen mit Landeskindern dazu, und auf dem Friedhof wuchs die Zahl der paraguayischen Freunde und Nachbarn, die einen Verstorbenen zur letzten Ruhe begleiteten. Dies war besonders in stadtnahen Gebieten festzustellen.

Es galt, plötzlich und unvorhergesehen umzuschalten. Da hatte ich beispielsweise einen alten Tschechen auf Spanisch beerdigt. Am folgenden Sonntag war am gleichen Ort ein normaler Gottesdienst in Deutsch angesagt. Als ich das kleine Kirchlein betrat, sah ich die Witwe des Verstorbenen in trauriger Haltung auf der Bank sitzen. Damit fiel meine gut ausgearbeitete und aufgeschriebene deutsche Predigt ins Wasser. Nach einigen erklärenden Worten an die Besucher sprach ich einfach frei und auf Spanisch, das wurde von allen verstanden.

Ich war prinzipiell gegen jede Deutschtümelei, wie sie noch von einigen Gemeindegruppen oder Personen mit Hartnäckigkeit vertreten wurde, weil man die »deutsche Art« auch im kirchlichen Bereich nicht verlieren wollte. Ich war aber ebenso gegen die zum Teil sehr unkluge und auch lieblose Politik eines Denkens, das dieser »deutschen Art« nicht schnell genug Sprache und Sitten des Gastlandes überstülpen wollte. Hier »schob« und »zog« besonders eifrig die Truppe der in Südamerika geborenen und ausgebildeten jungen Pastor/innen. Dies war insofern verständlich, weil ihnen das Deutsch als Fremdsprache natürlich mehr Mühe und Arbeit machte. Auch organisierte sich unter ihnen eine regelrechte Befreiungsbewegung nach dem Motto: »Los von – oh nein, nicht von Rom, sondern von Deutschland«, dessen oft so kopflastige Theologie nicht mehr in das Land der *Gauchos* passte. »Wir machen das jetzt allein!« Eine Ausnahme wurde den Deutschen allerdings gnädig zugestanden, nämlich der Transfer von D-Mark! Gelder für Kirchen und Gemeindehäuser, für alle möglichen Bauten, Beihilfen und Unterstützungen blieben nach wie vor höchst willkommen. Denn, so dachte man,»wo Geld wächst, wächst alles!« Und so schüttete man das Kind mit dem Bade aus. Man zog, besonders der älteren, zum Teil noch aus Deutschland kommenden Generation, ein Stück Heimatboden unter den Füßen weg. Das weiß ich so gut, weil ich einige Jahre mit und in dieser heranwachsenden Studentenschaft lebte, sozusagen zwischen den Fronten der alten und neuen Welt, und weil ich für gewisse Dinge ein sehr feines Ohr habe.

Für mich stand die Botschaft des Evangeliums immer über allen sprachlichen Querelen. Sie allein galt es zu verkündigen, das sprachliche Wie war zweitrangig. Es hing allein von den Umständen ab, ob sie einem passten oder nicht.

Ich war in der Zwischenzeit durch die Befürwortung einiger einflussreicher Kirchenmänner von der württembergischen Landeskirche als Pfarrer übernommen worden. Daraufhin wurde mir von dort signalisiert, dass man an einer Rückkehr nicht uninteressiert sei, da ich in der Heimat von meinen Auslandserfahrungen einiges einbringen könnte. Auch war das große Gemeindegebiet am Alto Parana durch ein zweites Pfarramt geteilt und von einem deutschen Pastor besetzt worden. So begannen wir, uns langsam auf die Rückkehr nach Deutschland vorzubereiten; es sollte im Mai 1977 sein.

Auf einmal veränderte sich unser Leben. Wenn ich durch die Kolonien fuhr, konnte ich plötzlich auf einem Bergrücken anhalten und sehr nachdenklich hinausblicken in das weite, grüne Land. Es war uns zur Heimat geworden, mitsamt seinen einfachen, aber doch so liebenswerten Menschen. Man hatte mit ihnen gelacht, gebetet, gesungen und manches schwere Schicksal geteilt. Immer nachdenklicher konnte man auf den Friedhöfen durch die Gräberreihen derer gehen, die man gekannt hatte.

Trotzdem spürte ich den Reiz des Kommenden, Neuen, Unbekannten. Wie würden wir uns nach 26 Jahren wieder einleben können in einer Heimat, die sich so verändert hatte? Wie würde ich, der von der südamerikanischen Nonchalance sicher nicht immer zu seinem Vorteil geprägte Schwabe noch hineinpassen in eine Gesellschaft, die um so vieles geordneter, abgesicherter und natürlich auch anspruchsvoller war? Es war der Reiz des Abenteuers, mit dem ich meiner »Rosinante« die Sporen gab, und schon suchten wir langsam unsere Reisekisten zusammen.

Es war Mitte 1976, als ich zur für mich letzten Jahreskonferenz der Pfarrer nach Buenos Aires reiste. Dort war es, dass mich unser Kirchenpräsident in sein Amtzimmer bat, vor einer großen Wandkarte Argentiniens stehen blieb und mit dem Finger auf die im Norden liegende Provinz Chaco und die Stadt Charata deutete. Von dort, so erklärte er mir, habe man schon öfters einen Brief erhalten mit der Anfrage, ob nicht die Möglichkeit bestünde, wieder einmal einen evangelischen Pfarrer zu schicken, um einen Gottesdienst zu halten. Der Letzte sei vor 15 Jahren da gewesen.

Unser Chef schaute mich an und sprach weiter: Man sei sich in der Kirchenleitung einig geworden, einen Versuch zu starten. Dann ließ er die Katze aus dem Sack. Man wolle einen Pastor für ein Jahr nach Charata entsenden. Dieser solle erkunden, ob sich eine Gemeindegründung noch lohne oder nicht, und dann sagte er wörtlich: »Wir wissen, dass du dafür der geeignete Mann wärst, denn wenn du es nicht schaffst, schafft es keiner mehr!« Natürlich habe ich mich über dieses Vertrauen gefreut, andererseits brachte es unsere bereits angelaufenen Vorbereitungen zur Rückkehr nach Deutschland völlig zum Einsturz.

Ich stand da und überlegte. Aber gleichzeitig begann die Erinnerung in mir zu rumoren. Der Chaco war unvergessen. Dort hatte ich meine ersten, harten Jahre auf dem *Camp* zugebracht. Plötzlich witterte ich wieder das durchgeschwitzte Lederzeug meines Negros, den ranzigen Knoblauchgeruch des Stinktiers, der mir bei den nächtlichen Ritten so penetrant in die Nase gestiegen war; ich spürte auf der Zunge diesen intensiven Rauch- und Aschegeschmack der abgebrannten Savannen. Mein inneres Ohr vernahm den klagend-traurigen Ruf des *Urutaú* aus dem nachtfinsteren Dornenwald, dieser Nachtschwalbe, die nach der paraguayischen Sage das Weinen einer Braut sei, die um ihren im Krieg gefallenen Geliebten weine. Der Chaco!

Ich überlegte weiter. Es war doch gerade die Gegend um Charata, wo sich in den 20er Jahren viele deutsche evangelische Einwanderer niedergelassen hatten. Anfänglich wurden sie noch sporadisch von so genannten Reisepfarrern besucht, doch nach Ende des Zweiten Weltkriegs hörte das ganz auf. Die deutsche Kirche am La Plata hatte keine Pfarrer mehr dazu. Sie hatte von ihrer Struktur und Geschichte her immer nur den Charakter einer betreuenden, bewahrenden Institution. Mit der Evangeliumsverkündigung in deutscher Sprache bewahrte man eine gute Tradition, die die vereinsamten Landsleute ein Stückchen verlorene Heimat finden ließ.

Aber es fehlten ihr die Visionäre, die weiter dachten. Es fehlten ideenreiche Improvisatoren, die beizeiten und im Ernstfall, der immer kommt, eine »Landwehr« aus dem Boden gestampft und unter der Fahne Christi versammelt hätten. Gemeint ist die Wehr gegen kommende Notstände und die rechtzeitige Mobilisierung von Menschen und Kräften aus der Volkskirche, wie man sie nennt, in Form von Laienpredigern, Lektoren, Diakonissen und Jugendleitern.

In den für alle Auslandsdeutschen schweren Kriegs- und Nachkriegsjahren musste sich dieses Fehlen mehr als negativ auswirken, hatten sich doch gerade hier zu Beginn des Dritten Reiches starke Parteigruppen der NSDAP gebildet. Es gab keine Gegenstimmen, es gab keine christliche Erziehung und Ausrichtung. Dafür aber viele Parolen und Schlagworte aus der Heimat, wo man diesen, meist vom Schicksal schwer gebeutelten Landsleuten eine neue Lebensperspektive vor Augen malte: »Heim ins Reich«, verbunden mit Hilfen und Unterstützungen jeder Art. Schon aus diesem Grund war so mancher arme Schlucker der Partei beigetreten.

Dieses Fehlen eines Gemeinde- und somit auch Kulturzentrums trug wesentlich dazu bei, dass die heranwachsende Generation durch Eheschließungen zum katholischen Glauben übertrat und die deutsche Sprache gewöhnlich schon in der zweiten Generation verloren ging, von Ausnahmen abgesehen. Ein vor dem Zweiten Weltkrieg immerhin noch bestehender loser Gemeindekern löste sich wenige Jahre später ganz auf. Wer von der Tradition her evangelisch bleiben wollte, wechselte zu einer der inzwischen ansässig gewordenen Frei- oder Pfingstkirchen. Der Rest wurde ganz einfach konfessionslos.

Die Hauptsorge, trotzdem einmal christlich beerdigt zu werden, war bei irgendeiner dieser Kirchen, natürlich gegen Bezahlung, zu regeln. Der Traum so manchen Auswanderers, einmal die letzte Ruhe auf dem deutschen Friedhof in Buenos Aires zu finden, also auf einem Friedhof nach Heimatart, ging sowieso nicht in Erfüllung. Wer sollte das bezahlen?

Der Chaco! Dies alles ging mir blitzartig durch den Kopf, als ich vor der Landkarte stand. Das war ein Abenteuer erster Klasse, und nicht nur das. Ich spürte eine Bringschuld gerade diesen »verlorenen Schafen« gegenüber, und ich wusste auch, dass mich eine Ablehnung lebenslang geplagt hätte. So bat ich um eine Bedenkzeit, denn natürlich musste und sollte auch Marianne gefragt werden. Aber deren Entscheidung wusste ich schon im Voraus. Da war zuerst der absolut missionarische Aspekt, aber auch eine ersehnte Gnadenfrist für die so gefürchtete Rückkehr ins kalte Deutschland, wo sie immer nur fror.

Ich hatte, wie sich nachher herausstellte, absolut richtig vermutet. Vorerst aber stand ich noch vor der Landkarte. Wir besprachen die zu fassenden Maßnahmen, beispielsweise die Miete eines Pfarrhauses und eines geeigneten Gottesdienstraumes in der Stadt. Da es sich um ein ausgesprochen missionarisches Pilotprojekt handle, käme die Kirche für alle anfallenden Unkosten auf, Gehalt inbegriffen. Der Umzug sollte innerhalb der nächsten acht Monate stattfinden, alle weiteren Probleme technischer Art blieben mir überlassen. Ich hätte völlig freie Hand, so die Erklärung unseres Propstes, der mir an anderer Stelle einmal zugeraunt hatte: »Wenn du kein Christ wärst, du wärst ein Verbrecher geworden!« Und damit hatte er gar nicht so Unrecht, zumindest hatte er mich durchschaut. Wir haben ja nicht nur gute, sondern auch »schlechte« Gene beziehungsweise Veranlagungen. Die Frage ist nur, was die Oberhand gewinnt. An genau diesem Punkt zeigt sich das Gewicht des christlichen Glaubens, der seine Anweisungen und Ratschläge aus dem Wort Gottes nimmt.

Dann zurück nach Hohenau, wo Marianne mein »Evangelium«, die frohe Botschaft, mit glänzenden Augen aufnahm. Ich aber stürzte mich sofort in die Vorbereitungen. Dazu gehörte der Vorsatz, ab sofort und bis zum Umzug jeden Monat einmal mit dem Auto für zwei bis drei Tage nach Charata zu reisen, um dort die Lage zu sondieren, um erste Kontakte aufzunehmen sowie nach einer geeigneten Wohnung zu suchen. Die Entfernung von Hohenau nach Charata beträgt 700 Kilometer.

So war mein erstes Problem die Frage: »Wo soll ich einhaken?« Wo gab es außer der Familie, die den Brief geschrieben hatte, noch andere Ansatzpunkte? Der »Markt« hatte sich doch längst »verlaufen«. Geht man über so einen verlassenen Marktplatz, sieht man: Die Händler haben längst abgeräumt, vielleicht findet man noch ein paar kaputte Kisten, schmutzige Zeitungsfetzen, zertretene Krautblätter, und über allem liegt der Geruch von faulen Tomaten, ranzigem Wurstfett und verwelkten Astern. Auch der Markt der deutschen evangelischen Kirche am La Plata hatte sich längst verlaufen. Das waren meine ersten nüchternen Eindrücke.

Bei mindestens 15 verschiedenen Kirchen christlicher Prägung, die sich in den vergangenen Jahrzehnten etabliert hatten, war ein Eingang durch die Vordertür völlig aussichtslos. Es gab nur noch den Einstieg durchs Kellerfenster. Dieser sah für mich so aus: Es galt, die noch unter der Oberfläche schwelenden Reste deutscher Herkunft, Kultur und Tradition zu suchen und anzufachen. Bei den noch lebenden Alten der ersten Auswanderergeneration musste die »ferne Heimat« heraufbeschworen und den nachfolgenden Deutsch-Argentiniern klargemacht werden, dass eine erneute Verbindung zum Land ihrer Väter, sprich dem wirtschaftlich wieder aufstrebenden Deutschland, nur von Vorteil sein konnte, auch für ihre heranwachsenden Kinder.

Bei meinem ersten Besuch logierte ich in der kleinen, äußerst bescheidenen Familienpension eines jüdischen Schneiders. Er hatte noch meinen Onkel Mateo gekannt, war außerordentlich gesprächig und konnte mich bestens informieren über alle Belange des Städtchens mitsamt seiner Gesellschaft. Nach verschiedenen Besuchen und Kontakten zu deutschstämmigen Familien organisierte ich für mein Wiederkommen im nächsten Monat, o nein, keinen Gottesdienst, sondern einen »deutschen Abend« mit Bier, Sauerkraut und Würstchen in der *Union Germanica*.

Da dieser deutsche Verein aber öfters solche Bierfeste veranstaltete, hätte mein Unternehmen keinen vom Hocker gerissen, wenn ich nicht gleichzeitig ein Singen deutscher Volkslieder ins Gefecht geführt hätte. Dazu wurde meine »Dicke Berta« (eine legendäre Riesenkanone aus dem Ersten Weltkrieg mit 42 Zentimeter Geschosskaliber) in Stellung gebracht: Es war mein Akkordeon Marke Hohner. Mit ihm ging ich an besagtem Abend von Tisch zu Tisch, fragte die alte Oma nach dem Lieblingslied ihrer verblichenen Mutter oder dem in der Heimaterde ruhenden Vater, und dann wurde gesungen. Von der »Goldnen Abendsonne«, dem »Böhmerwald«, von »Hänschen klein« und »Kommt ein Vogel geflogen«. Es gab keine Grenzen. Nur als die ehemaligen ABC-Schützen der deutschen Schule »Die Fahne hoch« anstimmen wollten, ganz stolz, dass sie noch alle Verse kannten, gab es einen schnellen Schwenk zu »Mariechen saß weinend im Garten«.

Es wurde für alle ein sehr erlebnisreicher Abend, und der eine oder andere hart gesottene Chacobauer versprach nach der dritten Bierflasche, eventuell zum ersten angesetzten Gottesdienst zu kommen. Diesen, wie auch alle folgenden, hielt ich in einem Klassenzimmer der ehemaligen Schule, die schon jahrelang leer stand und einen entsprechend verwahrlosten Eindruck machte. Da die Fenster teilweise zerbrochen waren und die Türen nicht mehr schlossen, hatten streunende Hunde und Katzen freien Zugang, besonders wenn sie ein ruhiges Plätzchen fürs »Geschäft« suchten. Dasselbe galt für die wallenden Staubwolken, die von den tagelang anhaltenden heißen Nordwinden aufgewirbelt durch jede Ritze drangen. So war für den Gottesdienst von Seiten des Pastors nicht nur Liturgie und Predigt fest ins Auge zu fassen, sondern ich musste mich auch um solche banalen Äußerlichkeiten wie Katzen- und Hundedreck kümmern.

Die Suche nach einem zu mietenden Pfarrhaus wurde schnell, reibungslos und kostenfreundlich gelöst – hatte man mir doch beim ersten Besuch von einem Schülerinternat berichtet, dessen Betrieb vor wenigen Jahren von der *Union Germanica* wieder aufgenommen worden sei. Jetzt spitzte ich die Ohren. Man berichtete mir weiter, dass das Haus mit 35 Kindern belegt sei. Das andauernde, große Problem läge im Fehlen eines geeigneten Heimleiters und den daraus resultierenden ständigen Wechseln. Auch dem jetzigen Leiter wolle man wegen seiner Unfähigkeit wieder kündigen, und da sei es ein großes Glück, dass man die Köchin habe. Sie habe das Heft in der Hand und würde reibungslos mit der eigentlichen Autorität, dem Vereinsvorstand, zusammenarbeiten.

Ohne zu überlegen wusste ich: »Hier ist mein Platz.« Wir könnten im Internat wohnen, ersparten der Kirche eine Pfarrhausmiete und – ganz besonders wichtig – die 35 Kinder waren ein hervorragendes »Sprungbrett« für unseren Auftrag. Das Komitee war hocherfreut über unser Angebot und versprach, das einstmalige Lehrerhäuschen, jetzt Abstellschuppen, dafür herzurichten. Nur hieß es, man verfüge dazu leider über keinerlei Mittel. Was für ein Glück, dass es in Hohenau eine Geldreserve, schwarze Kasse genannt, gab, die ich zur Verfügung stellen konnte. So versprach man uns, dass bis zu unserem Einzug im Mai 1977 alles fertig sein werde. Doch es sollte anders kommen. Davon im nächsten Kapitel.

Für die Gemeinde Hohenau war ein Nachfolger gefunden worden. Es gab die üblichen Verabschiedungen. Als Abschiedsgeschenk hatte ich mein erstes Lied kreiert. Dort brachte ich im letzten Vers zum Ausdruck, was uns alle bewegte. Die, die gingen und die, die zurückblieben.

Drum, ihr Brüder, reichet euch die Hand
Heimat war's, das uns verband.
Treu Gedenken, sei das Losungswort,
Mög es dauern immerfort.

Natürlich fiel uns der Abschied nicht leicht. Es waren »die besten Jahre unseres Lebens«, die wir zurückließen. Die Gemeinden am Alto Parana waren gewachsen und längst unabhängig geworden, auch was die Finanzen anbetraf. Sie hatte in der La-Plata-Kirche den größten Anteil an jungen Menschen, nämlich zwölf, die sich für den Dienst am Evangelium entschieden, sei es als Pastoren oder als Gemeindehelfer. Leider war die Ausbildungsstätte in Buenos Aires zu damaliger Zeit sehr politisch orientiert, sodass ich manchen Kandidaten nachher in jeder Hinsicht kaum wieder erkannte.

So kam Carlos in den Semesterferien mit wallendem, bis über die Schultern fallendem Haar bei mir anmarschiert und stellte sich provokativ mit der Frage vor mir auf: »Na, was sagen Sie zu meiner Frisur?« Meine Antwort lautete: »Wenn sie dir gefällt, dann ist das in Ordnung. Wenn du sie aber nur deswegen trägst, weil es die anderen auch so machen, dann bist du ein Rindvieh!«

Ein besonders tragischer Fall im Zusammenhang mit unserem missionarischen Nachwuchs war die junge M. Noch als Schülerin wurde sie so vom Glauben erfasst, dass sie als weitaus Jüngste unsere wöchentlichen Bibelstunden besuchte und später ebenso begeistert als Helferin in der sonntäglichen Kinderkirche mitwirkte. Ihr Vater war ein sehr angesehener und tüchtiger Geschäftsmann am Ort. Gern diskutierte er mit mir, wenn sich die Gelegenheit gab, nur von der Kirche wollte er nichts wissen. Er stammte aus einer glaubensfremden Familie. Als seine Tochter vor dem Abitur stand, entschloss sie sich, Missionsärztin zu werden, doch der Vater winkte ab. »Kommt nicht in Frage! Ärztin ja, dafür zahle ich dir das Studium, aber Mission, nein! Das kannst du vergessen!« Und dann schob er nach: »Du wirst mir sowieso viel zu fromm bei dem Pastor, ab sofort hört die Springerei in die Bibelstunde auf und für die Kinderkirche gilt dasselbe.«

Weinend saß das Mädchen vor mir, als sie sich abmeldete. Bald darauf reiste sie zum Medizinstudium nach Buenos Aires. Zwei Jahre später sah ich sie wieder, sie kam zu Besuch. Aber ich erkannte sie kaum. Aus dem jungen, hübschen und so sympathischen Mädchen war das reinste Flintenweib geworden. Dunkle, angemalte Ringe um die Augen, ein verschlossenes Gesicht, ein zerstörtes Menschenbild. Sie rauchte in Kette überlange Zigaretten, und ihr Onkel erzählte, er habe sie so fluchen gehört wie selten einen Menschen. Was war geschehen? Sie war in die Terroristenszene geraten.

Und eines Tages war sie verschwunden. Es war die fürchterliche Zeit, in der die Militärregierung in Argentinien dem Terroristenspuk, und den gab es, ein Ende machen wollte und in der viele Menschen verschwanden. Es hieß, dass man die Opfer von Flugzeugen aus ins Meer warf. Natürlicherweise brachte das Ausbleiben jeder Nachricht die Eltern in helle Aufregung. Man hoffte, dass sie wie andere in irgendeinem Militärgefängnis saß, und setzte alle Hebel in Bewegung, um dies herauszubekommen.

In dieser Zeit kam der Vater zu mir und bat um Hilfe. Sofort setzte ich mich mit einem Kollegen in Buenos Aires in Verbindung, der sich um solche Verschwundenen kümmerte. Dieses Unternehmen brachte ihn selbst in Gefahr, sodass er sich zeitweise verstecken musste. Aber unerschrocken drang er immer wieder bis zu den Ministerien vor. Als Reichsdeutscher hatte er den Schutz der deutschen Botschaft im Rücken. M. war wohl deutschstämmig, aber der Geburt nach Paraguayerin, so konnte die Botschaft selbst nichts unternehmen. Man müsste die M. eben zu einer Deutschen machen können, dann wäre alles viel aussichtsreicher, so berichtete mir der Kollege.

Aber dies ging nach dem Gesetz nur bis zur zweiten Generation, und M. war bereits in der dritten, also aussichtslos. Trotzdem reiste ich eines Tages mit dem Vater nach Asuncion, wo ich dem Botschafter den Fall näher brachte. Der rief seinen Kanzler, erläuterte, aber dieser schüttelte nur mit dem Kopf und sagte »Nein! Gesetzlich unmöglich!« Aber ich gab nicht auf. Der Botschafter kannte mich gut, so brachte ich nochmals alle menschlichen, christlichen und sonstigen Saiten zum herzerweichenden Klingen. Daraufhin rief er nochmals nach dem Kanzler. »Ich gebe Ihnen die dienstliche Order, sofort einen deutschen Pass auf das Mädchen auszustellen, ohne Wenn und Aber. Hier geht es um ein Menschenleben!«

Wir fuhren mit dem brandneuen Pass zurück, aber es war vergebens. Der Vater blieb untröstlich, seine Jüngste war sein Augapfel gewesen. »Hätte ich sie nur dem Pastor gelassen«, so sein oft wiederholter Seufzer. Das hat man mir später zugetragen. Am Abend vor unserer Abreise von Hohenau kam er zu später Stunde ins Pfarrhaus, dass ihn bloß keiner sähe, und brachte mir ein sehr wertvolles Abschiedsgeschenk. In jedem folgenden Jahr bis zu seinem Tod erreichte mich zum Jahreswechsel eine Glückwunschkarte. Ach, es war so traurig.

Hohenau! Auch die neun Vikare und Gemeindehelfer zogen noch einmal an meinem geistigen Auge vorüber, die mir die Kirchenleitung »zu treuen Händen« anvertraut hatte. Sicherlich war es nicht immer einfach mit dem »schnellen Stiefelpastor« Schritt zu halten, so der Ausdruck einer Hausbediensteten, und sicherlich mag auch der Vorwurf gelten, dass ich diese Mitarbeiter manchmal überforderte. Das war ein Fehler, der mich reut. So lasse man mir das Wort zum Trost: »Wer keine Reue kennt, der kann auch dem Teufel keinen Widerstand leisten« (Paracelsus).

Das Alter hat mich gelehrt, dass man bei allem und immer wieder aufs Neue Fehler macht. Es brauchte lange Jahre, bis ich dahinter kam, dass es immer falsch ist, vom anderen genau das zu verlangen, was man selbst zu tun und zu leisten imstande ist. Jeder Mensch hat seine Grenzen und bei jedem liegen sie anders. So muss die Kunst echter Menschenführung immer darin bestehen, zuerst diese Grenze des anderen zu suchen und zu finden und ihn bis dahin zu führen und zu begleiten. – Aber dann halt! Überschreitet man diese Grenzen, das heißt, verlangt man mehr, ist der andere überfordert. Er wird entmutigt, gedemütigt, vielleicht bokkig oder gar böse. Dann ist man – um es fromm auszudrücken – unbarmherzig und hat sich und seinem Herrn einen schlechten Dienst erwiesen.

Ein strahlend blauer Himmel leuchtete für uns zum letzten Mal über dem Hohenauer Pfarrhaus, als der Lastwagen anbrummte und den Hausrat verlud. Die Zollabfertigung an der paraguayischen Grenze Encarnacion ging ohne jede Kontrolle reibungslos und schnell über die Bühne. Die Beamten kannten mich und verabschiedeten sich herzlich mit den besten Wünschen für meine weitere Zukunft. Einer von ihnen drückte mir bewegt die Hand, sah mir tief in die Augen und sagte: »Alles Gute dann in Chacarita.« Er hatte den Namen meines Bestimmungsortes, Charata, mit dem Hauptfriedhof von Buenos Aires, Chacarita, verwechselt. Was für ein frommer Wunsch, zumindest, was die Ruhe betrifft!

Dann setzte die Fähre über den gewaltigen Alto-Parana-Fluss hinüber nach Argentinien.

Adiós Paraguay!

Die vierte Pfarrstelle Charata
1977–1979

Als die Fähre am argentinischen Ufer in Posadas anlandete, war dies wahrhaftig kein Aufbruch in Neuland. Ich ging zum Hauptzollamt und begrüßte den Ressortchef sehr herzlich. Er wusste von meiner Ankunft, denn ich war ihm kein Unbekannter. Hatte ich ihm doch, er war Militariasammler, schon einige Jahre vorher in weiser Voraussicht aus Deutschland einen alten Wehrmachtsstahlhelm mitgebracht.

Damit öffneten sich alle Türen, und unser voll beladener Lastwagen fuhr ohne jede Kontrolle über die Landesgrenze. Trotzdem flüsterte das kleine Teufelchen in mir ganz enttäuscht und vorwurfsvoll: »Warum hast du nicht ein paar Kisten Whisky zugeladen, sie hätten als begehrtes Schmuggelgut den ganzen Umzug bezahlt.« »Pfui!«, konnte ich da nur entrüstet ausrufen, »schäm dich, so was tut ein ehrenwerter Mann doch nicht.«

Jetzt lagen 700 Kilometer vor uns. Wir hatten den Kleinbus des Internats für den Personentransport geliehen, unser Freund Bernardo chauffierte, und auf einem der Hintersitze saß Wolf, unser großer schwarzer Schäferhund. Er war der Enkel unseres treuen Hundepaars aus der Anfangszeit. Kurz nach Posadas verließen wir die Provinz Misiones und durchquerten das Tiefland der sich am Fluss hinziehenden Provinz Corrientes, dem Hauptanbaugebiet von Reis.

In Resistencia, der Hauptstadt der Provinz Chaco, betraten wir den Boden unseres »gelobten Landes«, und nach weiteren 250 Kilometern, immer Richtung Westen, kam die Endstation, das Städtchen Charata.

Seinen Namen hat es von einem fasanenartigen Vogel, der in den dortigen Wäldern auch heute noch zahlreich vorkommt und dessen kreischenden Ruf man bei Sonnenauf- und Sonnenuntergang durch die Dämmerung schallen hört. Sein Ruf, »tscharátscharará«, gab ihm den Namen. Der Vogel erreicht eine Länge von 50 Zentimetern, trägt ein schwarz-olivgrün-bräunliches Gefieder und gehört zur Familie der Hokkovögel. Doch wie immer zuerst ein kurzer geschichtlicher Überblick über das Umfeld und seine Menschen.

Als Argentinien zu Beginn des 20. Jahrhunderts die Erschließung seines Inlandes mit dem Bau von Eisenbahnen vorantrieb, erreichte das durch englische Kompanien gebaute Streckennetz 1913 auch diese Gegend. Quer durch unwegsames wildes Buschland und nur von Indianern bevölkert, kam man an den Kilometerpunkt 708. Da alle 20 Kilometer eine Bahnstation geplant war, wurden auch hier Pflöcke geschlagen und ein erster Schuppen erstellt. So entstand Charata. In Ermangelung eines Namens nannte man den entstehenden Ort ganz einfach nach dem Vogel.

Durch die neu geschaffene Bahnverbindung zur Außenwelt dauerte es auch nicht lange, bis sich 1914 die ersten Landsuchenden einstellten. Es waren zuerst Spanier und Italiener, aber schon im Juli 1916 folgten die ersten deutschen Immigranten. So kam es, dass sich gerade in den folgenden Jahren um Charata eine bedeutende Ansiedlung Deutschstämmiger vollzog. So wie die italienische und spanische Volksgruppe sehr bald ihren Verein zu Volkstumspflege, Beratungsaustausch, Erhaltung und Förderung der Sprache gründete, taten es ihnen die Deutschen nach. Der 25. Juli 1920 war der Gründungstag eines deutschen Vereins, man nannte ihn *Union Germanica*, germanische Vereinigung.

Im Juli 1925 erschien als Gesandter der deutschen Regierung ein Admiral Behnke in der Kolonie. Dabei wurde der Gedanke zur Gründung einer deutschen Schule geboren. Man mietete ein Privathaus und begann mit 13 Schülern. So hatte das kleine Charata plötzlich neben der Landesschule eine zweite Schule am Ort. Die erste Lehrerin dieser deutschen Schule war eine in Berlin geborene Pastorentochter, Maria Molter. Sie kam täglich auf ihrem Pferdewagen angerollt – das Bauernwerk lag sieben Kilometer entfernt im Busch – und verkaufte gleichzeitig ihre Landbutter im Städtchen.

Durch eine sehr intensive Propaganda der Regierung für den Chaco, verbunden mit viel versprechenden Aussichten für den Baumwollanbau – man sprach vom »weißen Gold« –, wurden ständig neue Zuwanderer gewonnen. Die Deutschsprachigen konzentrierten sich auf Charata und Umgebung. Viele kamen aus Ostpreußen und Schwaben, aber auch die übrigen deutschen Landesteile waren vertreten, dazu kamen außerdem Schweizer und Österreicher. So begann ein reges Vereinsleben. Ein gemischter Chor sang Heimatlieder, verschiedene Musikgruppen entstanden, und zu besonderen Festtagen und Anlässen kam man zusammen und feierte in fröhlicher Runde.

Als die Provinzregierung dem Verein ein zentral gelegenes, beinahe ein Hektar großes Grundstück schenkte, wurde der Bau einer eigenen Schule beschlossen. Diese wurde im April 1930 eingeweiht. Natürlich waren alle Eltern, sie sprachen ja nur deutsch, daran interessiert, ihre Kinder in diese Schule zu schicken, wo man die Heimatsprache lehrte. Oft lagen ihre Ländereien weit im Busch verstreut, 50 und noch mehr Kilometer vom Städtchen entfernt.

Daher kam der Gedanke auf, noch ein Schülerinternat zu bauen. Genügend Platz war neben der Schule vorhanden. Die Mittel erbrachten zum Teil die Kolonisten selbst, aber auch der Dachverband »Deutscher Volksbund« in Buenos Aires trug durch Aufrufe und Sammlungen in der deutschsprachigen Zeitung Argentiniens dazu bei.

Schon nach wenigen Jahren stieg die Zahl der Internatsschüler auf 80, während die Schule selbst einen Höchststand von 450 Schülern erreichte. Der Unterricht musste laut Gesetz in der spanischen Landessprache gehalten werden, aber es konnten zusätzliche Freifächer in Deutsch erfolgen. Dies veranlasste nicht wenige Argentinier, auch ihre Kinder in diese Schule zu schicken.

Ich habe noch viele dieser früheren Heimbewohner und Exschüler angetroffen, die mir mit leuchtenden Augen und sehr stolz berichteten, dass sie in die deutsche Schule gegangen seien. Die Disziplin war sehr streng, besonders nach dem Eintreffen von jungen, vom Dritten Reich geprägten Lehrern, aber man habe sehr viel gelernt. Das Schulprogramm war sehr straff und anspruchvoll, damit sei »ihre« Schule allen anderen überlegen gewesen.

Die Lehrer galten als linientreu und auf die Partei des Dritten Reiches eingeschworen. Da die Gründung einer »Hitlerjugend« vom Staat verboten wurde, gab man einer für ganz Argentinien ins Leben gerufenen Jugendorganisation den Namen »Deutsch-Argentinische Pfadfinderschaft«. Sie war in Aufbau und Zielsetzung ähnlich wie die Hitlerjugend in Deutschland.

Große Ferienlager mit Gruppen aus ganz Argentinien wurden in den Andenbergen durchgeführt. »Zelte sah ich, Pferde, Fahnen, roten Rauch am Horizont«, dazu gebratene Würstchen am Lagerfeuer. Man sang mit Gitarre »Ade zur guten Nacht«, »Die blauen Dragoner, sie reiten« und vom kleinen Trommelbuben. Die Jungen waren begeistert, wie wir damals auch. Es gab Sportfeste mit Siegerehrung, man sprang durchs Feuer und so weiter. Bei Schulfeierlichkeiten sangen jung und alt mit erhobenem Arm das Horst-Wessel-Lied, und die Jungen übten tüchtig das Marschieren in Reih und Glied. Schon tauchte die Parole auf: »Heim ins Reich« – »Zurück in die verlorene Heimat«, so seufzten selig manche der Alten. Den Jungen wurde eine gute Berufsausbildung »drüben« in Aussicht gestellt, und so packten nicht wenige ihre Koffer, schlitterten später in den Krieg und kehrten nie mehr heim.

Auf Druck der USA erklärte Argentinien am 27. März 1945 Deutschland den Krieg. Dadurch kamen alle deutschen Firmen, Vereinigungen, Schulen und auch die deutsche evangelische Kirche unter Staatskontrolle. Sie wurden geschlossen und konfisziert, darunter auch Schule und Internat der *Union Germanica* in Charata.

Es dauerte 15 Jahre, bis sich die Reste des Vereins wieder zusammenfanden. Nach einem gewaltigen Papierkrieg mit den entsprechenden Behörden wurde der Besitz 1969 samt leer stehenden Gebäuden zurückgegeben, aber in welchem Zustand: Völlig verwahrlost und ausgeplündert, Schul- und Internatsgebäude waren Ruinen. Leere Fensterhöhlen, zertrümmerte Möbelreste, kahle Wände mit abgefallenem Verputz, herausgerissene Rohr- und Lichtleitungen, ganze Haufen von stinkendem Müll und Unrat, zugeschüttete Brunnen – und alles in mannshohes Unkraut eingewachsen. Es sah übel und hoffnungslos aus.

Aber man raffte sich auf. Der Vereinsvorstand beschloss die Instandsetzung und Wiederaufnahme des Internatsbetriebs, aber die deutschstämmigen Bauern, Landwirte und Handwerker gehörten bereits zur zweiten Auswanderergeneration. Ihr guter Wille allein reichte zu dem Unternehmen nicht mehr aus; auch fehlten die nötigen Geldmittel.

Trotzdem herrschte Aufbruchstimmung. Man organisierte Bierfeste, ließ Spendenlisten laufen und konnte mit vielen Eigenleistungen dem Internatsgebäude wieder ein würdiges Aussehen verschaffen. Im März 1973 wurde der Internatsbetrieb aufgenommen; 30 Jugendliche beiderlei Geschlechts zogen ein. Die Eltern der Kinder kamen aus allen Nationalitäten: Es waren Deutsche, Spanier, Italiener, Russen, Polen, Syrer, Kreolen. Sie wollten ihren Kindern eine gute Schulbildung geben, der gute Name dieser ehemaligen deutschen Schule spielte dabei sicherlich eine Rolle. Wer den niedrigen Pensionsbetrag nicht aufbrachte, bezahlte in Naturalien wie Milch, Fleisch, Obst oder Brennholz für die Küche.

Für die Vereinsleitung am schwierigsten gestaltete sich die Suche nach einer geeigneten Heimleitung. Diese Person sollte pädagogische Erfahrungen und Kenntnisse mitbringen. Aber wer entsprach schon diesen Kriterien? Eine junge deutschsprachige Lehrerin aus Paraguay blieb nur kurze Zeit, ein weiterer Wechsel ließ nicht lang auf sich warten, und so kam es, dass die Köchin Frieda als die eigentliche Herrin das Zepter in die Hand nahm.

Sie war die Tochter eines ehemaligen Häuslers, eines Tagelöhners mit kleinem Grundbesitz, aus Ostpreußen und besaß das uneingeschränkte Vertrauen der Vorstände. Den erzieherisch-geistigen Teil hatte man in die Hände eines lutherischen Pastors von der US-Missouri-Kirche gelegt, der einer kleineren Gemeinde am Ort vorstand. Er wohnte mit seiner Familie nicht weit vom Internat und sollte mit Deutschunterricht und sonstigen Programmen den Kultur- und Wissensstand der Kinder auf Vordermann bringen.

Er galt als wortgewaltiger Prediger, war aber ebenso stadtbekannt durch seine Trinkfestigkeit und den häufigen Besuch aller möglichen Spelunken. Man erzählte, dass er zu fortgeschrittener Stunde, bevor der Wirt zum Kassieren kam, fluchtartig das Lokal durchs Fenster verlassen habe.

Zum häufigen Heimleiterwechsel hat natürlich auch das bescheidene Salär beigetragen. Mein direkter Vorgänger war ein jüngerer, überaus intelligenter und gebildeter Mensch, dessen Vater eine nicht unbedeutende Rolle als Pressechef bei Joseph Goebbels gespielt hatte. Er selbst war gehbehindert und wirkte sicherlich auch dadurch sehr gehemmt. Völlig in sich zurückgezogen, galt er als Sonderling, der sich kaum aus seinem Zimmer traute. Die Halbwüchsigen trieben mit ihm ihren Schabernack. Er tat mir Leid, wenn ich ihn sah. Später zog er in die Nachbarstadt Las Brenas. Dort suchte ich ihn einige Male auf, brachte ihm auch eine Matratze, nachdem ich beobachtet hatte, dass er auf dem Steinboden auf alten Säcken schlief.

Es war drei Uhr in der Frühe und stockdunkel, als wir nach Charata einfuhren. Alle hundert Meter leuchtete eine Glühbirne. Sie hing an einem Draht quer über die Straße gespannt. So wurde zumindest unter ihrem Lichtkreis die zerfurchte, mit Löchern übersäte Erdstraße etwas beleuchtet. Auch im Hof des Internats war es stockfinster. Trotzdem machte unser Wolf einen fröhlichen Sprung aus dem Auto und begann mit großem Eifer, die kaum erkennbaren Bäume nach Hundeart zu markieren.

Wir selbst wollten niemanden stören und erwarteten, vor uns hindösend, den heraufziehenden Morgen. Als es Tag wurde, öffnete sich eine Tür im Internat, heraus schaute ein verschlafener Bubenkopf, der blitzartig wieder verschwand. Dafür hörte man laute Schreie wie »Sie sind da!«, und nach wieder einer Weile erschien mit verschlafenem Gesicht und noch verstrubbelten Haaren Frieda zur Begrüßung.

Aber, oh Schreck! Obwohl wir unsere Ankunft mitgeteilt hatten, war die uns zugedachte Wohnung, sprich der bisherige Abstellschuppen, nicht fertig geworden. Offene Fensterhöhlen starrten uns entgegen, und die noch aufgerissenen Böden der zwei Zimmerchen machten uns klar, dass die geplanten Abflussröhren für das Klo noch nicht gelegt waren. Wo sollten wir jetzt bleiben? Man brachte uns zwei wackelige Stühle, und hier war es das erste Mal in 30 Ehejahren, dass ich meine Marianne bitterlich weinen sah. Nicht hörbar, aber an ihrem erstarrten, unbeweglichen Gesicht liefen zwei Tränenbächlein herunter und tropften auf den Boden. Mein Gott, auf was hatten wir uns da eingelassen!

Wieder verging eine Zeit, da kam der Präsident des Vereins. Man hatte ihn durch einen Eilboten herbeigerufen. Leider könne er uns momentan auch nicht in das Zimmer unseres Vorgängers einweisen, da es von einer Musikkapelle besetzt sei, die von weither, aus der Provinz Entre Rios, angereist war, um bei einer abendlichen Tanzveranstaltung aufzuspielen. So brachte man uns in ein Privathaus auf dem *Camp*.

Das Internat bei unserem Einzug 1977

Nach zwei Tagen zogen die Musiker davon und wir konnten einziehen. Hier sollten wir bis zur Fertigstellung unseres Nebenhäuschens wohnen. Das Zimmer, es gab nur zwei im ganzen Internat, hatte 16 Quadratmeter. Der Bodenbelag bestand aus grauen, abgenutzten und zum Teil zerbrochenen Steinplatten; die beiden großen Werkstattfenster hatten angerostete Eisenrahmen. Sie konnten über eine quietschende Rolle mit einem angerissenen Drahtseil ein Stück nach oben gezogen werden. Aber die im Laufe der Jahrzehnte ausgeleierten Rahmen sowie ausgebrochene Sprünge im Glas sorgten automatisch für die Lüftung, sodass der eiskalte Maiwind durch alle Ritzen pfiff.

Auch die Zimmertür hatte im Oberbereich eine beschädigte Glasabteilung, die wir aber gleich mit einem Leintuch zuhängten, wollte doch die neugierige Kinderschar zu gern wissen, was wir da drinnen machten. Von der Feuchtigkeit abgebröckelte Wandteile und große dunkle Flecken an der Decke verrieten, dass es hereinregnete. Ich fühlte mich wie während des Krieges im Feindesland; es fehlten nur noch die Läuse.

In diesem Zimmer standen nun unsere mitgebrachten Betten, Tische und Stühle, die aufeinander gestapelten Kisten und Schachteln. Es lagen die ausgepackten Wäschestücke, Werkzeuge, Gartengeräte und die Funkstation herum, denn einen Schrank gab es nicht. Dann Säcke mit Orangen, die man uns »zur Erinnerung« mitgegeben hatte, und nicht zuletzt zwei große Korbflaschen mit Wein, damit der Abschied leichter falle. Es war unbeschreiblich.

Aber als Marianne wegen der Kälte einen Kochtopf hervorzog, auf den Boden stellte und darin ein Feuer machte, mit qualmendem Rauch ohne Abzug, da fehlte nur wenig, und ich hätte das Akkordeon aus dem Umzugshaufen herausgezogen und laut angestimmt: »Lustig ist das Zigeunerleben, faria-faria-ho.« Aber ich tat es nicht.

Dafür schenkte ich mir immer häufiger ein Gläschen Roten aus der Korbflasche ein, sodass auf einmal alles viel rosiger wurde, sogar die rostigen Fenster bekamen plötzlich blumige Vorhänge. Es war eine wahre Tragödie. Die immer so tapfere, völlig anspruchslose und nie murrende Marianne sagte nach einigen Tagen zu mir:»Ich möchte mich jetzt auf das Fahrrad setzen und fahren, fahren, immer weiter fahren, bis ich tot herunterfalle.«

Wir standen praktisch unter Schock. Aber schließlich hatte man uns in den bösen Kriegsjahren immer wieder Mut gemacht mit dem Liedchen »Es geht alles vorüber, es geht alles vorbei«, und so war es dann auch in Charata. Wir stürzten uns in die Arbeit, und die stand so groß vor uns wie das Matterhorn. Alle Gefühlsduseleien mitsamt dem Rotwein gerieten sehr schnell in Vergessenheit.

Der lang gestreckte, ebenerdige Internatsbau bestand praktisch nur aus drei rechteckigen Sälen. Der mittlere und größte war Speisesaal und Aufenthaltsraum. Hier standen lange Tische und Holzbänke, an denen gegessen, gespielt und für die Schule gearbeitet wurde. Hier wurde auch Deutschunterricht gegeben und hier fanden die von uns eingeführten Abendandachten statt.

Im Hintergrund stand ein großer, viertüriger Kühlschrank. Wenn sein aufgesetzter Motor ansprang, verursachte dies einen Krach, dass man an das Anrollen eines Panzers erinnert wurde. Die Schlösser seiner Türen waren zum Teil so ausgeleiert, dass sie mit einer Schnur zugebunden werden mussten. Wurde dies verges-

Das Büro – so eine Misere

sen, saß, besonders in den unteren Etagen, schon bald eine der vielen Katzen darin und bediente sich am Siedfleisch für den nächsten Tag. Manchmal besorgten die Tierchen an diesem stillen Ort auch gleich ihr »Geschäft«.

Im »Büro« – so eine Misere! In den anliegenden Seitensälen schliefen links die Jungen und rechts die Mädchen. Hier standen die zum Teil ärmlichen Klappbetten, *Catre* genannt, in langen Reihen. Jedes Modell war verschieden, denn jeder Zögling hatte seine Bettstatt von zu Hause mitzubringen. Nur ganz wenige besaßen einen wackeligen Kleiderschrank; der große Rest schlug Nägel in die Wand und hängte die wenigen Klamotten daran auf. Bröckelte der Nagel aus der morschen Wand, blieben Hemd und Hose auf dem Boden liegen, denn auch Stühle gab es nicht.

In der Küche stand Frieda an einem großen gemauerten Herd, und in den wenigen, großen Töpfen brodelte der Eintopf. Das Feuer im Herd brannte den ganzen Tag. Fehlte es an Scheiten, wurde ein oft bis zu drei Meter langer Baumstamm eingelegt und nachgeschoben. Das Frühstück bestand aus dem üblichen *Mate*-Tee, dazu gab es *cajetas*, so wird in Argentinien das weiße Hartbrot genannt, das man in Säcken kauft. Es kann monatelang aufbewahrt werden.

Den Brotaufstrich brachten die Kinder in der Regel von zu Hause mit. Das Mittagessen bestand, von wenigen Ausnahmen an Sonn- und Feiertagen abgesehen, durchweg aus Eintopf. Dieser wechselte wöchentlich, aber immer in der gleichen Reihenfolge: Kartoffeln, Reis, Nudeln und Mais. Abends aß man den Rest vom Mittag oder eben: siehe Frühstück.

In den ersten Wochen und bis zum Einzug ins Häuschen hatten wir einen Abort nach bayerischer Art. Es war eine ziemlich schiefe Bretterbude von einem Quadratmeter Fläche mit einem durchgerosteten Wellblechdach aus der Gründerzeit. Abseits vom Internat stand die Bude im Unkraut. Der Boden hatte einen Zementbelag und in der Mitte ein ausgemauertes Loch. Es galt zu zielen, ein Kunststück, das nicht jedem gelang, zum Leidwesen des Nachfolgers. Ein geschulter Bomberpilot der *Royal Air Force* hätte man sein sollen!

Als Tür hingen ein paar zusammengenagelte Bretter in ausgeleierten Scharnieren. Praktischerweise war sie unten um 25 Zentimeter gekürzt, so konnte ein herbeieilender Kandidat schon aus der Ferne feststellen, ob besetzt war oder nicht. Als Türverschluss diente ein Draht, der von innen um einen krummen Nagel zu wickeln war. Schon nach wenigen Tagen verweigerte Marianne den Besuch dieses Örtchens. Da ging sie lieber in die Büsche, die wucherten bis ans Haus. Aber auch hier stellten sich unerwartete Schwierigkeiten ein. Die sechs- bis siebenjährigen Mädchen, mit denen sie sich sofort angefreundet hatte, rannten hinter ihr her, sie wollten auch mit.

Die Zöglinge besuchten vormittags die Schulen am Ort, nachmittags wurden die Hausaufgaben unter Aufsicht gemacht, und für die übrige Freizeit galt Spiel und Sport. Unsere Aufgabe bestand in der Überwachung dieses Tagesablaufs, in der Aufrechterhaltung von Ordnung, und ich sollte für die Durchführung von Deutschkursen sorgen. Diese waren freiwillig. Nur noch ganz vereinzelt verstanden die Schüler Deutsch.

Für unsere Dienste hatten wir Wohnung und Verpflegung frei. Als erprobte Heimexperten – denn schon in Posadas und Hohenau hatten wir Erfahrungen gesammelt – standen wir vor einer großen Herausforderung. Es war kein »Berg«, der vor uns stand, aber ein zügelloser »Sauhaufen« von wilden und halbwilden Jugendlichen.

Lügen und Stehlen waren an der Tagesordnung, es wurde mutwillig zerstört, und bei den Jungen wurden des Nachts die Kleinsten von Älteren vergewaltigt.

Wie reizte mich diese Aufgabe! Ich wusste, dass hier mit Strenge allein nichts zu machen war und noch weniger mit der Peitsche. Ich dachte nur an meinen Negro, er hätte mich tot getrampelt. Hier waren Geduld und Herz gefragt. Wir mussten die Kinder gewinnen nach Leib, Seele und Geist.

Deswegen begannen wir, Marianne und ich im Wechsel, sofort mit abendlichen Andachten. Da die Kinder mit wenigen Ausnahmen katholisch waren, blieb die Teilnahme natürlich freiwillig. Wir sangen und lernten einfache Chorusse in Deutsch, Spanisch und sogar Guaraní, begleiteten mit Ziehharmonika beziehungsweise Akkordeon, und wer als Erster ein solches Lied auswendig vorsingen konnte, bekam eine Flasche Coca-Cola. Wir beteten und erzählten biblische Geschichten, lernten die Zehn Gebote und verbanden die Aussagen des Evangeliums ganz einfach mit unserem Alltag.

Zum Beispiel das vierte Gebot: »Ehre Vater und Mutter. Wie sieht das denn aus? Zeigt euren Eltern, die ja alles für euch tun und opfern, dass ihr sie lieb habt. Wenn du zu Hause vom Essenstisch aufstehst, Juan, dann sag zu deiner Mutter ›Mama, bleib sitzen, ich werde das Geschirr spülen und abtrocknen!‹ Und du, Carlos, warum pflückst du nicht heimlich eine Rose im Garten, schleichst dich am Abend ungesehen ins Schlafzimmer der Eltern und legst dort die Rose aufs Kopfkissen der Mama? Was glaubst du, wie die guckt, wie sie sich freut, und wie sie das dem Papa erzählt, der dann plötzlich sagt: ›Jetzt kriegt der Bub doch noch sein Fahrrad zu Weihnachten!‹ Ursache und Wirkung!«

Nach einem halben Jahr besuchte uns ein Elternpaar, von der Abstammung her Portugiesen. Sie hatten zwei Jungen bei uns, schüttelten uns die Hand und stellten die Frage: »Sagen Sie, was haben Sie nur mit unseren Jungen gemacht?« Wir waren auf dem richtigen Weg.

Noch eine Erkenntnis: Wer an Kinder oder Jugendliche »herankommen« will, muss sich, wenn auch nicht immer, auf ihre Stufe stellen. Er muss so sein wie sie, und dazu gehört, dass er lebt wie sie. Ganz bewusst saßen wir am gleichen Tisch und löffelten den gleichen Eintopf, aßen den angebrannten Maisbrei und tauchten mit ihnen das Hartbrot in den aufgebrühten *Mate*-Tee.

Ebenso klar war, dass ich mit den Jungen manchen Blödsinn machte. So konnte es sein, dass ich des Nachts, wenn alle Lichter aus waren, in einem weißen Hemd herumgeisterte, eine sechs Meter lange Bambusstange mit einem angebunden Sack an der Spitze durch das kaputte Fenster ihres Schlafzimmers hinein schob und fürchterlich »Uuuuuu-aaaaa« brüllte. Da jauchzte die Bande vor lauter Begeisterung und versteckte sich kreischend unter den Bettdecken. Brauchte ich aber anderntags ein paar Freiwillige für irgendeine Arbeit, standen sie alle da. Und von diesen Arbeiten gab es viele.

Weil ich auch äußerliche Ordnung und Sauberkeit zu den christlichen Tugenden zähle, machten wir uns sofort an die Säuberung des verwahrlosten Geländes. Das zum Teil mannshohe Unkraut wurde mit dem Buschmesser liquidiert, Blumenbeete wurden gegraben und mit weißen Pflöcken markiert, alte herumliegende Bahnschwellen wurden als Bänke gesetzt und angestrichen, abgefahrene Autoreifen wurden rot-weiß, grün-gelb oder blau-orange angestrichen und mit Erde und Hängeblumen bepflanzt an den Bäumen aufgehängt.

Das große, grauschwarze Internatsgebäude wurde mit Stahlbürsten gereinigt und mit Weißkalk gestrichen, das braungraue Wellblech-Rostdach bekam eine rote Ziegelfarbe. Ebenso wurde das weithin sichtbare Deutschlandwappen an der Vorderfront gereinigt und mit den korrekten Farben angemalt. Das Hakenkreuz aus früheren Tagen war schon vorher aus dem Stein herausgehauen worden.

Es schien manchem Besucher eigenartig, dass der Pastor als Führer der jugendlichen Baukolonne auf den Dächern herumkletterte, von oben bis unten bekleckert mit Farbe, Kalk und Dreck. Es war lustig, wenn man mich immer wieder mit einem Hilfsarbeiter verwechselte, denn in dieser Rolle erfuhr ich am meisten. Nach einem halben Jahr glich das Anwesen, so war zu hören, schon einem Park, der Besucher anlockte. Unsere Kinder wurden auf einmal stolz und ihr Selbstbewusstsein regte sich, auch das war ein Fortschritt.

Marianne war lebenslang eine Frühaufsteherin, schon um sechs

Uhr war sie hellwach und hatte ein offenes Feuer vor unserer Bude entfacht. Hier saß sie auf einem Baumstamm, beobachtete das Kännchen auf der Glut und genoss ihren *Mate*. Neben ihr saß der schwarze Schäferhund Wolf, nervös zitternd und auf unsere Haustür starrend.

Trat ich heraus und blies in die Trillerpfeife, raste er mit Riesensprüngen zum Internat, sprang gegen die Tür zum Schlafzimmerraum der Jungen – diese sprang auf, da das Schloss ohnehin kaputt war –, um dann laut bellend im Mittelgang zwischen den Betten auf und ab zu rennen. »Aufstehen!«, hieß dieses Signal, und genau darauf hatten die Kerle in ihren Betten schon gewartet. Sie zogen ihre Decken über den Kopf und machten sich unsichtbar. Dann

Marianne kocht auf unserem selbstgebastelten Kohlenherd.

genügte es, dass ich auf ein bestimmtes Bett zeigte, und schon sprang Wolf mit einem Satz aufs Bett und zog an der Decke. Das war jeden Tag eine Gaudi.

Nach einem weiteren Trillerpfiff standen die 25 Burschen draußen in Reih und Glied; ich setzte mich an die Spitze, und wir drehten im Dauerlauf drei Runden um den Platz, wobei auch hier die Teilnahme freiwillig war. Nach einem kurzen Frühsport mit etlichen Kniebeugen und Liegestützen ertönte mein Schlusspfiff. Jetzt galt es, im freien Rennen das Internat zu erreichen. Jeder wollte der Erste sein, aber wer auch noch mitrannte, war Wolf, denn jetzt brach das Blut des Schäferhundes durch.

Er trieb nicht nur die Läufer mit heiserem Bellen an, sondern zwickte gelegentlich auch die Faulen in die Hose ihres Schlafanzugs. Groß war die allgemeine Heiterkeit, wenn eine dabei zerrissen wurde. Nur als eines Tages Felipe mit einem blutenden Bein ankam, wollte ich das Theater abstellen, denn das ging zu weit. Aber nichts da, es brach ein so lautes Protestgeschrei aus, dass ich es mit einer strengen Verwarnung des Hundes gut sein ließ. Sie waren wirklich aus hartem Urwaldholz, diese Kerle. Halbwilde, die wie die Affen auf den höchsten Bäumen herumturnten, wenn sie Papageiennester aushoben.

Nur wenige Tage nach unserem Eintreffen kam Marianne auf die Idee, auf ihrem offenen Feuer für die Kinder Pfannkuchen zu backen. Aber dazu brauchte man Eier, und wir dachten mit Wehmut an unsere fleißigen Hühner in Hohenau zurück. »Ach«, sagte Marianne, »jetzt muss ich den lieben Gott daran erinnern, dass ich meine Hühner verschenkt habe und dass ich jetzt Eier brauche!« Sie ging ins Haus, kniete nieder, wie sie das immer machte, und betete.

Es mag erstaunlich klingen, aber ich muss das sagen: Noch am selben Tag fuhr ein Pferdefuhrwerk in den Hof, und vom Wagen stieg ein uns unbekannter, hoch gewachsener Mann mit bereits ergrauten Haaren. Es war Bauer Jabs. Einst aus Ostpreußen eingewandert, betrieb er in der Nähe seine Landwirtschaft. Dieser übergab Marianne ein in Zeitungspapier eingewickeltes Paket mit den Worten: »Frau Pastor, ich musste gerade in die Stadt, da dachte ich, Sie könnten vielleicht ein paar Eierchen gebrauchen.« Es waren drei Dutzend. Ach, haben der Bande die Pfannkuchen geschmeckt, was für eine Abwechslung bei dem eintönigen Fraß!

Eine ganz besondere Attraktion spielte sich gewöhnlich nach dem Abendbrot ab. Kaum hatten die Jungen ihre *Mate*-Tassen geleert, sprangen sie auf und rannten in mein meist unverschlossenes Büro, denn jetzt kam die Stunde, wo ich »erzählen« musste. War ich nicht sofort zur Stelle, zogen sie die Schubladen meines Schreibtisches auf und schauten, was darin war. Sie klopften auf der Schreibmaschine herum, hauten sich gegenseitig den Stempel der Kirchengemeinde auf die Stirn, und bald saß auch schon Miguel hinter meinem Funkgerät und schrie »CQ CQ« ins Mikrofon, den Anrufcode im internationalen Funkverkehr. Da antworte, zur größten Gaudi aller, jemand aus Brasilien oder Chile.

In meiner Bude war alles so interessant, denn man hatte solche Dinge ja noch nie gesehen, geschweige denn in der Hand gehabt. Da wurde auf den Brieflocher gehauen, und mit dem Klammerapparat heftete man alle möglichen Papiere zusammen, ja, man lupfte auch den Deckel der Zigarrenschachtel, in der meine Barkasse war. Es wurde mir aber nie auch nur ein Centavo geklaut.

Tauchte ich dann auf, nahm die ganze Bande Platz auf Kisten oder dem Steinboden, denn Stühle gab es nicht, und dann musste ich erzählen. Alle Lausbubenstreiche aus der Jugend: Wie ich noch in der Heiligen Nacht mit dem neuen Luftgewehr, um dieses auszuprobieren, dem Nachbarn seine Fensterscheiben zerschossen hatte; wie ich mich mit Leintüchern abseilte, wenn man mich zur Strafe ins Schlafzimmer eingesperrt hatte; wie ich dem Lehrer unbemerkt Maikäfer auf den Rücken setzte oder Reißnägel auf seinen Stuhl. Und dann natürlich die Kriegserlebnisse. Die Kerle hingen an meinen Lippen. Aber all das geschah nicht, ohne dass ich genau erklärt hätte, was bei diesen Streichen falsch war und warum man so etwas besser nicht macht.

Meine Erziehungsmethode fußte auf gegenseitigem Vertrauen. Dazu gehörte die Glaubwürdigkeit meiner Person. Was ich sagte, musste stimmen, faule Tricks konnte und durfte ich mir nicht erlauben. Galt es einmal zu strafen, ließ ich den Betroffenen links liegen, weder sah ich ihn, noch sprach ich mit ihm. Es dauerte nie lange, bis er kam und sich entschuldigte. So kam es öfters vor, dass ich im Büro über einer Arbeit saß, und plötzlich klopfte es an der Tür. Da standen verschämt ein paar Kleine und antworteten auf meine Frage, was los sei: »Ach, wir wollten nur zu Ihnen rein.«

Natürlich durften sie kommen. »Aber keinen Lärm!«, und sie flüsterten nur. Aber sie erzählten mir manche Neuigkeit. Zum Beispiel: Ein Brüderchen sei tot geboren worden, deswegen habe man es in ein großes Einmachglas in Spiritus gelegt, und das stehe im Wohnzimmer auf der Kommode.

Sehr häufig kam der Vereinspräsident und kontrollierte. Er sprach sich in der Regel immer zuerst mit der Köchin ab. Über sie wurden eventuelle Reklamationen an uns weitergegeben. So merkten wir, dass es nicht erwünscht war, wenn sich meine Frau in den Küchen- und Speiseplan einmischte. Als ausgebildete Hauswirtschafterin wollte sie anfänglich den mehr als einseitigen Speiseplan aufbessern, indem sie, natürlich ohne jede Mehrkosten, Ideen und Kniffe einbrachte. Als sie beispielsweise einen ganz einfachen Pudding kochte, brachen die 35 Kinder beim Auftragen in laute Ovationen aus.

Das eigene Freibad –
so ein Luxus

486

Aber gleich wurde gebremst, denn unsere Hände waren gebunden. Man konnte nicht unterscheiden zwischen Frieda und Fachleuten, die mit jahrzehntelanger Heimerfahrung Experten auf diesem Gebiet waren. So mussten wir uns, man erlaube mir das harte Wort, von »Nichtskönnern« auf oft beleidigende Weise in Schranken verweisen lassen, die jeder Logik und Pädagogik widersprachen. Unsere christliche Geduld und Demut waren aufs Äußerste strapaziert.

So wurde auch ein anderes Unternehmen sabotiert. Bei dem in der Nachbarstadt Las Brenas jährlich stattfindenden Einwandererfest gab es von den dort ansässigen 14 verschiedenen Nationen beziehungsweise Volksgruppen folkloristische Vorführungen, darunter auch von Deutschen. Aber die eingeübten Volkstänze und Schuhplattler wurden derart primitiv und ärmlich, beispielsweise mit Lederhosen aus Stoff, vorgetragen, dass ich mich beinahe schämte. So schrieb ich ans Auslandsinstitut nach Stuttgart und erhielt eine Bombenzusage. Man wolle für einige Wochen einen Fachmann für Folkloretänze schicken und sogar die Reise bezahlen. Ich musste wieder absagen, was soll's? Wie meinte schon Schiller: »Gegen Dummheit kämpfen Götter selbst vergebens.« Was sollte dann ich als Sterblicher anderes erwarten?

Ende 1977 gab es im Verein die übliche Weihnachtsfeier, zu der gewöhnlich viele hundert Gäste kamen. In der Regel legte man ein paar Schallplatten mit »Stille Nacht« und anderen deutschen Weihnachtsliedern auf, der Präsident sprach ein paar Worte, und schließlich kam der Weihnachtsmann und verteilte Geschenke an die Kinder.

Aber in diesem Jahr hatten wir mit den Kindern ein buntes Programm eingeübt, das vom Publikum mit außerordentlichem Beifall bedacht wurde. Der Präsident sprach seine üblichen Worte, wobei er sich aufs Herzlichste bedankte bei der namentlich genannten Köchin sowie – wörtlich – dem »übrigen Personal«. Schon wenige Tage später erklärte uns der gleiche Mann, dass ab sofort die täglichen Andachten mit den Kindern verboten seien. Der germanische Verein sei schließlich keine Kirche; die meisten Kinder seien sowieso katholisch, außerdem könne man mit den evangelischen Andachten nur ihre Eltern »vergrämen« und so weiter.

Das war der Tropfen, der das Fass zum Überlaufen brauchte,

und wir beschlossen, zu gehen. Denn, so meine Antwort: »Eine Erziehung ohne christlichen Hintergrund macht für uns keinen Sinn.« Wir sagten also die Andachten sofort ab, erklärten den Kindern auch den Grund – und erlebten eine große Überraschung. Sie traten unter lautem Protest in den Streik. Als die Stunde der Andacht kam, stand der Großteil von ihnen vor unserem Häuschen und begehrte Einlass. Sie hereinzulassen konnte uns ja niemand verwehren. Gerührt ließen wir sie eintreten, und so saßen die über zwei Dutzend Kinder auf dem Steinboden unseres 16 Quadratmeter großen Wohnzimmers, hörten das Evangelium, sangen und beteten.

Ich fuhr nach Buenos Aires, um mit der Kirchenleitung unseren Abgang zu besprechen. Als meine Frau vom Präsidenten bei einem seiner Kontrollgänge gefragt wurde, wo ich denn stecke, erklärte sie ihm den Grund. Da schien er plötzlich zu kapieren, dass dieser Schuss nach hinten losgegangen war. Es wäre wohl für ihn selbst die Blamage seines Lebens geworden, so bat er uns, zu bleiben. Wir dürften auch gern die Andachten wieder halten. Wir blieben, aber nur der Kinder wegen.

1978 fand die Fußballweltmeisterschaft in Argentinien statt. Jetzt waren meine Burschen nicht mehr zu halten. Da wir keinen Fernseher hatten, suchten wir uns im Städtchen eine Gelegenheit, und als Argentinien Weltmeister wurde, brach die Hölle los. Ich hatte mir einen ziemlich gebrauchten Ford-Personenwagen angeschafft und musste mich, auf heißes Drängen und Bitten der Kerle, in die kilometerlange Siegeskarawane einreihen, die sich sofort nach südamerikanischer Manier gebildet hatte und sich unter andauerndem Hupen und ohrenbetäubendem Geschrei durch die Straßen Charatas wälzte.

Der Ford mit normalerweise fünf Sitzplätzen platzte schier aus den Nähten, denn ich zählte 14 Insassen, die zum Teil aus den Fenstern hingen. Die Begeisterung war unglaublich schön, und ein Reifen platzte glücklicherweise auch nicht. Das Auto hat mir kurz darauf einer zu Schrott gefahren, dem ich es geliehen hatte.

Wir blieben zwei Jahre in Charata, und das war richtig so. Das anfangs geplante eine Jahr hätte für den vernünftigen Überblick für eine spätere Gemeindearbeit nicht ausgereicht. Doch davon später. Nicht wenige Gedanken machte ich mir über die Zukunft

Der »deutsche Abend«. Was wollt ihr singen?

des Internats. Es könnte von unserer La-Plata-Kirche angemietet und von einem zukünftigen Pastor weitergeführt werden. Denn die kleine Kirchengemeinde allein hätte, wie ich meinte, zu seiner Auslastung nicht ausgereicht. Außerdem wäre rechnerisch mit dem Überschuss der Internatseinnahmen, selbst bei weiterhin konkurrenzlos niedrigen Pensionspreisen, das Problem des anfallenden Pastorengehalts gelöst gewesen.

So machte ich dem Vorstand der *Union Germanica* den Vorschlag, das Internat für die Dauer von zehn Jahren an die Kirche zu vermieten. Ich würde mich stark machen für die Mittel zur Modernisierung der Gebäude und der Anlagen und ebenso bei der Suche nach geeigneten Hilfskräften, möglicherweise durch kostenlose Entwicklungshilfskräfte aus Deutschland. Außerdem hätte der Verein eine sichere Mieteinnahme und bekäme nach zehn Jahren ein intaktes Internat zurück.

Dieses Angebot lehnte man ab. Nachdem das Internat jetzt so gut lief, bräuchte man nach meinem Abgang nur so weiterzumachen, so dachten sie. Ich aber hörte schon die Totenglocken läuten und prophezeite der Anstalt noch ein Jahr Lebenszeit. So war es dann auch. Der Laden brach zusammen. Dazu kam, dass sich mein Nachfolger mit Frau zu dieser Arbeit nicht berufen fühlte.

Doch nun zu meinem eigentlichen Auftrag, weswegen ich nach Charata kam: der Gründung einer evangelischen Gemeinde. Selbstverständlich begannen wir mit sonntäglichen Gottesdiensten in dem bereits geschilderten Lokal des alten Schulhausbaus, und zwar mit dem sprachlichen Schwerpunkt auf Spanisch. Noch saßen einige Alte der ersten Auswanderergeneration auf den wackeligen Bretterbänken, aber die Jugend verstand die Sprache der Väter nicht mehr.

So war auch für mich der Anfang sehr mühsam. Wenn ich da nicht meine »Rosa« gehabt hätte, das Akkordeon ... Aber dieses »So nimm denn meine Hände« oder »Wo findet die Seele die Heimat, die Ruh«, ach, das hatte doch noch die Mutter aus Angerapp oder Insterburg in Ostpreußen gesungen, und schon fiel man mit leiser, zittriger Stimme ein.

Nur langsam wurde aus dem Dutzend Gottesdienstbesucher mehr, zumal auch die Reste der Evangelischen aus dem Nachbarstädtchen Las Brenas angereist kamen. Und da gab es auch schon ein paar Konfirmanden. »Wer die Jungen hat, bekommt auch die ›Alten‹.« Sofort begann ich auch mit der Redaktion eines zweiseitigen Mitteilungsblättchens, dem *Chaqueno*. Auf der Kopfleiste sah man einen Reiter durch den Busch traben. Der Inhalt berichtete nicht nur über die nächsten Gottesdiensttermine, sondern erzählte auch von den schweren Anfangsjahren im Chaco und von den Pastoren unserer Kirche, die schon ab den 20er Jahren hie und da mal angereist gekommen waren.

Meine Recherchen gruben nicht nur die eine oder andere Anekdote aus, sondern auch die damit verbundenen Namen der ersten Kolonistenhäuser, wo man diese Reiseprediger ins Quartier genommen hatte. Auch der von Landsleuten betriebenen Familienpensionen wurde gedacht, wo die deutsche Treue nebst wortgewaltigem Gesang und großem Bierverbrauch gepflegt wurde. Es galt, Vergangenes zu suchen, daran anzuknüpfen und dann den weiten Bogen zu spannen, unter dessen Dach man sich wieder fand, auch wenn es nur ein Kirchendach war.

Die an den Chaco nach Westen angrenzende Provinz ist Santiago del Estero. Nördlich von ihr liegt die kleinste Provinz Argentiniens, Tucuman. Ihre Hauptstadt, ebenfalls Tucuman, liegt in landschaftlich reizvoller Umgebung im sanften Tal des Rio Sali. Schon Sarmiento, der als größter Staatsmann und Kulturschöpfer Argentiniens genannt wird, bezeichnete diese Gegend als den »Garten Eden Amerikas«. Es ist das Hauptanbaugebiet des Zuckerrohrs, dem zweifellos der sichtbare Wohlstand dieser Zone zu verdanken ist. In Tucuman wurde am 9. Juli 1816 die Unabhängigkeit Argentiniens ausgerufen, bis heute der wichtigste Nationalfeiertag. Tucuman wurde auch ein Zentrum der Gelehrsamkeit; es besitzt eine alte, ehrwürdige Universität, an die nach dem Zweiten Weltkrieg auch etwa 60 deutsche Professoren verpflichtet wurden.

In der Hauptstadt selbst gab es eine Gruppe evangelischer Deutscher, die sporadisch in dem fernen Cordoba, das 600 Kilometer entfernt liegt, von einem unserer Pastoren besucht wurde. Jetzt aber wurde ich um diesen Dienst gebeten, zumal ich mit einer Strecke von 400 Kilometern ja viel dichter »dran« sei. So galt der letzte Sonntag eines Monats immer dieser Reise. Morgens um 1.30 Uhr kam der Bus durch Charata. Die Fahrt mit meinem Auto unterließ ich, nachdem ich eine der vielen auf den Straßen Santiagos herumspringenden Ziegen überfahren hatte.

Sehr bald bekam Tucuman für mich einen besonderen Reiz. Dort gab es eine große Fabrik der schwäbischen Firma Bosch, die Zündkerzen herstellte. Die Chefs und Ingenieure kamen aus Deutschland und wohnten sehr dezent und vornehm in Häusern und Villen. Einige besuchten regelmäßig meinen Gottesdienst, und im Anschluss lud mich die Gruppe immer zum Essen ein, entweder privat oder in ein Nobelrestaurant. Ich fühlte mich wie der Schah von Persien, das war ein Hochgefuhl!

Natürlich kreierte ich auch für diese Gruppe sofort ein Nachrichtenblättchen, den *Tucumano*, in dem ich nicht nur die nächsten Gottesdienste bekannt gab, sondern auch besondere Ereignisse in dichterischer Form wiedergab. Wir wurden gute Freunde. Als mich der oberste Fabrikchef einmal mit seiner Familie auf der Durchfahrt in Charata besuchte und unsere Wohnverhältnisse sah, schlug er die Hände über dem Kopf zusammen. Kurz darauf traf eine beträchtliche Spende von ihm ein. Warum wohl?

Auch die Gottesdienste in Tucuman wurden zunehmend besucht. Unvergesslich und rätselhaft bleiben mir bis zur Stunde die Worte eines argentinischen Psychologieprofessors der Universität – er war mit einer Schwäbin verheiratet –, der mir nach einem Weihnachtsgottesdienst am Ausgang die Hand reichte und mir tief in die Augen schauend zuflüsterte: »Es gibt 200.000 Psychologen zu viel auf der Welt!«

Die an Tucuman nördlich anschließende Provinz heißt Salta. Die gleichnamige Hauptstadt hat den Beinamen *La Hermosa*, die Schöne, und sie ist es auch. Sie liegt 1.152 Meter über dem Meer und wurde bereits 1582 gegründet. Mit ihrem altertümlichen Stadtbild liegt sie reizvoll in einem weiten Talkessel, der Blick nach Westen zeigt die Vorberge der Anden. In den Befreiungskriegen errang hier General Manuel Belgrano 1812 seinen ersten Sieg über die Spanier.

Die auffallend vielen Kirchen und Heiligenstatuen im Straßen- und Stadtbild verraten dem Besucher, dass er sich in einer Hochburg des Katholizismus befindet. Auch in dieser Stadt gab es eine Gruppe deutscher Einwanderer, und auch hier begann ich mit Gottesdiensten.

Große Unterstützung erhielt ich dabei von dem dort ansässigen deutschen Konsul. Er war evangelisch und nahm in seinem Büro die Belange der dortigen Deutschen ehrenamtlich wahr. Sofort und gern nahm er mich in seinem Haus auf, ebenso sorgte er für ein Gottesdienstlokal. Mir wurde erklärt, dass es in Salta geradezu »bigott« zuginge und eine Ökumene mit der katholischen Kirche praktisch unmöglich sei. Das zehnjährige Töchterchen des Konsuls kam beispielsweise schluchzend von der Schule heim und erzählte, dass die Lehrerin sie nach vorne gerufen und als »Lutherische« zum Gespött der Klasse gemacht habe. Für Salta gab es sofort das Nachrichtenblatt *Salteno*.

»Sprich den Menschen richtig an und er läuft dir nach!« Leider hat mit meinem Weggang auch diese Arbeit wieder aufgehört. 22 Jahre später, im Jahr 2000, reiste ich mit einer Besuchergruppe aus Deutschland durch die Provinz Salta. Wir hatten eine deutsch sprechende, evangelische Reiseführerin im Bus. Auch sie erzählte von den überaus strengen katholischen Traditionen Saltas, um dann im Zusammenhang zu erwähnen, dass vor vielen Jahren einmal ein deutscher Pastor aus dem Chaco gekommen sei und Gottesdienste gehalten habe, aber leider sei er dann wieder weggeblieben. Groß war das Hallo, als sich herausstellte, dass dieser Mann im Bus saß.

Schon bald nach unserem Aufzug in Charata suchte ich nach einem guten Reitpferd. Die gewünschte Gelegenheit kam sehr rasch. Der *Gaucho*-Club veranstaltete auf dem großen Gelände der *Union Germanica* ein Fest, dessen Hauptattraktion das Zureiten wilder Pferde war. Hier fiel meinem geschulten Auge sofort ein Brauner auf, mit dem ein *Gaucho* angetänzelt kam. Wir wurden nach längerem Feilschen handelseinig, und so kam ich zu meinem *Chaqueno*. Er ist auf der Umschlagseite dieses Buches zu sehen.

Manche freie Stunde trottete ich auf ihm durch den Busch. Nur wenige Kilometer außerhalb des Städtchens hatte der Ostpreuße Dummetat sein Land. Er war sofort bereit, gegen eine bescheidene Summe das Pferd in Pension zu nehmen. Sehr wahrscheinlich rann auch dieses Kapital seine immer durstige Kehle runter, zum großen Leidwesen seiner Familie. Aber die Unterhaltung mit ihm war immer äußerst interessant, besonders wenn er vorher »getankt« hatte.

Neben den sonntäglichen Gottesdiensten begann Marianne in den anliegenden Slums mit einer Kinderkirche. Sie schulterte ihre kleine Ziehharmonika, nahm eine Kiste als Sitzgelegenheit unter den Arm und setzte sich mitten hinein in die Blech- und Bruchhütten dieser besitzlosen Landarbeiter. Die Kinder kamen, auch wegen der Bonbons, die es hie und da als Belohnung gab.

Wie konnte sie strahlen, weil sie diesen verwahrlosten Kindern von Jesus erzählen durfte! Ich war ganz stolz, als mich dort eine alte Kreolin am Rock zwickte und augenzwinkernd fragte, ob nicht ich dieser *Gringo* gewesen sei, der damals, vor 27 Jahren, beim Don Mateo auf jedes Pferd gestiegen sei. Dazu konnte ich nur fröhlich nicken.

Die Zeit verging. Wenn uns die Bombenhitze plagte – ich setzte mich dann in ein altes 200-Liter-Fass mit Wasser – oder wenn der heiße Nordwind tagelang die Staubwolken so vor sich hertrieb, dass wir abends die Betten mit dem Besen abkehren mussten; wenn die Enten unserer Hausmeisterin immer wieder die neu eingesetzten Pflanzen und Blumen zerstörten und in den Wasserbrunnen koteten, dann, ja dann konnte es schon passieren, dass ich mich aufs Fahrrad setzte und zum Bahnhof strampelte, genau zu der Zeit, wenn der zwei Mal pro Woche verkehrende Zug nach Buenos Aires durchkam. Da beobachtete ich die einsteigenden Passagiere und sah dem pfeifenden Zug nach, wie er langsam aus dem Bahnhof hoppelte und im Busch entschwand. Der Zivilisation entgegen und der fernen Heimat.

Natürlich wurde das Gemeindeblättchen *Chaqueno* auch nach Deutschland verschickt. Mit den eingehenden Spenden konnte manchem armen Menschen geholfen werden, auch Schulen wurden bedacht. Das Krankenhaus der Stadt befand sich in einer aufgegebenen Fabrik. Mit Hilfe von »Brot für die Welt« konnte der Flügel eines längst geplanten Neubaus errichtet werden.

Der Bürgermeister gab ihm – »zu Ehren von uns Evangelischen«, wie er sagte – den Namen von Albert Schweitzer. Ich musste ein großes Bild beschaffen; es hängt heute noch im Eingang. Auch einer Behindertenschule wurde geholfen und ebenso einem Altersheim. So kam es, dass der Stadtkämmerer Abraham Katz, ein Jude, lachend zu mir sagte: »Wenn Sie noch eine Weile hier bleiben, wird halb Charata evangelisch.« Ich hatte auch mit Deutschkursen für die Bevölkerung in einem Lokal der Stadt angefangen.

Da sich unsere Gemeinde wohl langsam, aber doch stetig vergrößerte, hielt ich es für vernünftig und ratsam, eine bescheidene Kirche zu bauen. Wir kauften ein beinahe ein Hektar großes Grundstück, sehr günstig neben der Bahn gelegen. Ein älteres Haus darauf konnte hergerichtet werden und stand meinem Nachfolger sofort zur Verfügung; die Mittel dazu kamen ebenso schnell wie unbürokratisch von den *amigos* aus Deutschland. Ein entsprechender Hilferuf war nicht ungehört verhallt, dasselbe galt für den Kirchenbau.

Dann hieß es, die Kisten zu packen, denn die zwei Jahre waren um. Mit sieben Kisten waren wir 1951 ausgewandert und mit neun kehrten wir nach 28 Jahren zurück.

Wir suchten einen Lastwagenfahrer, der uns für den Transport empfohlen worden war. Aber bevor er die 1.100 Kilometer lange Fahrt nach Buenos Aires zum Hafen antrat, suchte er verständlicherweise noch eine Zuladung. So sah ich ihn eine ganze Woche mit unseren geladenen Kisten im Städtchen herumfahren, und immer mehr kamen die Zweifel, ob ich sie jemals wiedersehen würde. Wie groß war die Freude, als ich sie Wochen später wohlbehalten auf dem Zollamt in Ulm entgegennehmen konnte. Wie wahr ist das Sprichwort der Armenier: »Wenn Gott das Herz eines Armen erfreuen will, lässt er ihn seinen Esel verlieren und wieder finden!«

Aber vorher kam der Abschied von der Gemeinde und den Kindern. Letzterer fiel uns besonders schwer, hingen wir doch sehr aneinander. Im Nachhinein zähle ich diese zwei Jahre in Charata zu den schwersten, aber auch schönsten meines Lebens. Wir haben uns nie vergessen. Die Kinder schrieben uns rührende Briefe nach Deutschland.

Miguel wurde Unteroffizier bei den Fallschirmjägern. Er schrieb nach Jahren: »Wenn ich vor meinen Soldaten stehe, erzähle und sage ich ihnen all das, was Sie uns von der Religion gesagt haben.« Töffi ist heute ein maßgebender, angesehener Landwirt in der Region. Als er mich nach vielen Jahren aufsuchte und begrüßte, fing er an zu weinen.

Oder da war der 14-jährige Marcelo; wir werden noch von ihm hören. Er gehörte zu meinen aufmerksamsten Schülern im freiwilligen Deutschunterricht. Aber weil man dabei auch ein bisschen etwas lernen sollte, wurde die Teilnehmerzahl immer kleiner, und so saß schließlich nur noch er vor mir. »Na ja, dann hören wir halt auf«, so mein Kommentar. Aber er antwortete: »Nein, wir hören nicht auf, wir machen weiter«, und so geschah es.

Er sang bei der Fußballweltmeisterschaft vor einem großen Publikum perfekt die Udo-Jürgens-Hymne »*Buenos dias, Argentina*, er war weit, der Weg zu dir«, und bekam riesigen Applaus. Beim Abschied drückte mir Marcelo ganz verschämt folgendes Gedicht in die Hand. Ich übersetze:

*Horch, lieber **Freund**, ich will dir etwas sagen:*
Ich mag dich, weil ich dich einfach mag.
Auch ohne die mir gemachten Geschenke.

*Horch, lieber **Vater**,*
wenn ich falle und nicht mehr aufstehen kann,
dann weiß ich, dass du da bist.

*Horch, lieber **Pfarrer**,*
wenn ich das Wort der Bibel kennen gelernt habe,
du hast es mich gelehrt.

*Horch, lieber **Kollege**,*
deine Frequenz ist auch die meine,
keine Wetterstörung bringt uns auseinander.

*Horch, lieber **Fritz**,*
wenn du jetzt fort gehst, dann vergiss nie,
dass wir auf dich warten.

Heute ist er Gastprofessor an der Universität von Buenos Aires.

Da war Oskar, ein blonder, aufgeweckter Bursche und später glücklicher Familienvater. Er bekam beim Rasenschneiden einen elektrischen Schlag und fiel tot um. Da war noch ... und da war ..., da war außerdem...

Adiós Charata, auf Nimmerwiedersehen. So dachten wir. Aber wie sollten wir uns täuschen. »Der Mensch denkt und Gott lenkt.« Auch hier hinterließ ich ein Lied:

Chacoland, so gerne steht zu dir mein Sinn,
auch aus weiter Ferne zieh'n Gedanken hin.

Das Internat bei unserem Weggang 1979

Die fünfte Pfarrstelle – Scharenstetten 1979–1988

Die Schwäbische Alb ist ein Gebirgszug in Süddeutschland. Sie erstreckt sich vom oberen Rhein bis zum Nördlinger Ries, ist 210 Kilometer lang und 500 bis 900 Meter hoch. Weiße Jurafelsen, tiefe Trockentäler, Erdfälle, Höhlen und dunkle Buchenwälder kennzeichnen die Landschaft. Von ihren Vorbergen grüßen die Burgruinen berühmter Geschlechter wie Plettenberg, Hohenzollern und Hohenstaufen weit ins Land hinaus.

Wegen der Kargheit ihrer steinigen Ackerböden wird sie auch die »Raue Alb« genannt – und so sind auch ihre Menschen, rau und wortkarg, von herbem Schlag. Aber es ist das Land, wo ich als junger Bursche durch die Wälder streifte, wo ich dem einsamen Schäfer mit seiner Herde auf den Wacholderheiden begegnete, wo ich in dem Dorf Berghülen in den ersten Nachkriegsjahren als heimatloser »Ausgebombter« wieder zu mir selber fand. Und es war auch die Alb, wo ich meine liebe Marianne fand.

Deswegen entschieden wir uns schon vor unserer Rückkehr für eine Pfarrstelle in dieser Gegend. Vorher musste ich mich aber beim Oberkirchenrat in Stuttgart vorstellen. Der zuständige Personalreferent wies mich auf gewisse Schwierigkeiten hin, die sicherlich nach einem so langen Aufenthalt in der Dritten Welt auf mich warteten! Als ich aus seinen Worten herauszuhören glaubte, dass die württembergische Kirche mit meiner Übernahme ein gewisses Risiko eingehe, lautete meine Antwort: »Ich will mich nicht aufdrängen. Wenn Sie mich nicht brauchen, gehe ich zur Heilsarmee!«, und ich meinte es ernst. Ich hätte sicherlich auch dahin gut gepasst, mit dem Akkordeon auf der Straße. Leute, die sich wegen ihrer Überzeugung belächeln oder gar auslachen lassen, haben mir schon immer imponiert. Aber mein Gegenüber winkte schnell ab. Dagegen schlug er mir ein Albdorf vor, wo ich, wie er meinte, sehr gut hineinpassen dürfte, denn da befände sich unten im Pfarrhaus noch ein Pferdestall. Sehr gut, sehr gut.

Ich fuhr dorthin und schaute mir alles an. Das Pfarrhaus lag wie gemalt auf einem Berg mit weitem Ausblick ins Lautertal, es war groß und geräumig, und der Gemüsegarten daneben war in bester Lage. Nur, so klagte mir der alte Pfarrer, bei Nacht kämen sehr oft die Hasen bis ans Haus und würden den Kohl und Salat fressen. Noch besser! Schon begann mein Jägerherz höher zu schlagen, und um ein Haar hätte ich auch zugeschlagen. Da war die Kirche, eben frisch renoviert und mit modernster Bestuhlung, wie mir die Mesnerin stolz erklärte. Aber mir gefiel das gar nicht. Ich hatte genug von Neuheiten. Als man mir noch berichtete, dass im daneben stehenden Lehrerhaus ständiger Krach im Gange sei, zog ich von dannen.

Jetzt stand die Kirchengemeinde Scharenstetten-Radelstetten auf der Kandidatenliste. Zwei nebeneinander liegende Dörfer, 25 Kilometer nördlich von Ulm. Es galt natürlich, unerkannt die Lage auszukundschaften. Wir wohnten in der Übergangszeit bei meiner Schwester Helene in Asch.

Da las ich in der Zeitung die Todesanzeige eines in Scharenstetten Verstorbenen, machte mich auf den Weg und fand den Totengräber gerade bei seiner Arbeit. Schon ziemlich in der Tiefe angekommen, stärkte er sich immer wieder aus der Bierflasche am Grabesrand. Sofort kam eine Unterhaltung zustande, wobei ich mich natürlich nicht zu erkennen gab. Jedenfalls erfuhr ich alles Wissenswerte aus der Grabestiefe. Besonders interessierte mich dabei Art und Arbeitsweise der momentanen Pfarrerin.

Ein zweiter Spähtrupp wurde geplant, jetzt mit Marianne. Sehr unverdächtig schlenderten wir durch die Kirchstraße dem Pfarrhaus entgegen. Als wir den großen Misthaufen des Schlossbauers passierten, blieb Marianne plötzlich stehen, atmete durch und sagte aus tiefstem Herzensgrunde – ich kann es nur in Schwäbisch sagen: »Du, do stenkt's so sche noch Mischt, do bleiba mr.« Für die Nichtschwaben: »Hier riecht's so schön nach Mist, hier bleiben wir.« Und so geschah es.

Im Juni 1979 zogen wir in das große, wohl schon 300 Jahre alte Pfarrhaus ein. Vorher sind wir sehr vorsichtig gefragt worden, ob das alte Heizungssystem mit Einzelöfen ausgewechselt werden solle. »Zu was auch«, so meine Antwort »lasst alles so, wie es ist. Wenn es dem Vorgänger recht war, soll es uns auch recht sein.« Keine unnötigen Kosten, sparen und haushalten, diesem schwäbischen Lebens- beziehungsweise Überlebensmotto wollten wir auch hier treu bleiben, hatte es uns doch durch gute und böse Zeiten hindurch getragen.

Im Übrigen sahen wir auch darin die Chance, ein Stück unserer Evangeliumsverkündigung glaubhafter zu machen, nach dem Bibelwort:»Wenn ihr Nahrung und Kleidung habt, lasset euch genügen.« Konfuzius drückte es so aus:»Eine größere Gabe als die Fähigkeit zum Maßhalten kann der Himmel keinem schenken.«

Groß war unsere Freude und noch größer das Erstaunen, als am ersten Abend ganz unerwartet der Gesangverein vor dem Pfarrhaus stand und zur Begrüßung einige Lieder sang. Das hatten wir noch nie erlebt, dass uns als neu angekommene Pfarrersleute jemand so freundlich empfing. Wir sind in Südamerika immer unbemerkt, manchmal sogar mit schiefen Blicken bedacht, in Pfarrhäuser oder provisorische Baulichkeiten eingezogen; manchmal hörten wir sogar die vorwurfsvolle Frage:»Was wollen Sie denn hier?« Aber auch das durfte uns damals zum Segen dienen. Denn immer dann galt es, ganz von unten anzufangen, das heißt von da, wo nichts ist und wo man selber nur eine Null ist. Denn da bekommt Gott freie Hand und kann auch Wunder tun.

Bei meiner Einsetzung durch den Dekan war die Kirche randvoll, das war herrlich! Aber das war immer so, da kamen viele aus Neugier, man wollte ja den neuen Pfarrer sehen. Sein Absturz aus dieser anfänglichen Euphorie erfolgte dann spätestens nach dem dritten Sonntag, wo er wieder vor vielen leeren Kirchenbänken stand.

Zu meiner Einführung war auch der Oberbürgermeister von Ulm mit einigen Stadtvätern gekommen. Ich predige nach gewohnter Urwaldmanier: laut, deutlich und ohne ein Blatt vor den Mund zu nehmen. Baff war ich aber, als nachher der Oberbürgermeister in die Sakristei hereinkam, mir die Hand schüttelte und sagte:»Sie gehören ins Ulmer Münster!« Dadurch nachdenklich geworden, musste ich mich fragen: Was ist denn das? Genügt es schon, einfach und unkompliziert zu predigen, damit man als Exote eingestuft wird, der wie ein Zirkuskünstler das Publikum in die Manege lockt?

Am Nachmittag gab es im Gasthof Adler ein fröhliches Gemeindefest. Und da packte ich mein Geschenk aus. Denn wer etwas bringt, so wusste ich schon als Kind beim Besuch der Tante Frieda, der steigt an Wert und Zuneigung. »Schenken ist ein Brückenschlag über den Abgrund«, so sagte schon Saint Exupéry. Sicherlich ist es auch ein Brückenschlag über diese Kluft, die oft so tief zwischen Pfarrern und Gemeinden zu liegen scheint. Ich packte also mein Geschenk aus. Es war ein Lied, das ich in treuer Begleitung meiner »Rosa« vortrug. Es handelte von einem Baum, der zwischen Scharenstetten und Radelstetten stand, und der seine nostalgischen Erinnerungen an vergangene, bessere Zeiten in die Landschaft hinausklagte. Im Schlussvers beschwor er den Frieden zwischen beiden Dörfern, die, wie ich erfahren hatte, schon traditionsgemäß im üblichen Nachbarschaftsgerangel lagen.

Groß war der Beifall, aber nun kam die neugierige Frage, wo er stünde, dieser Baum. Die früher auf der Alb üblichen Straßenbäume seien alle, wegen des Verkehrs, umgehauen worden. Nun, es vergingen einige Jahre, da wurde 1983 zu Ehren des Liedes zwischen den Dörfern unter großer Beteiligung der Bevölkerung eine Linde gepflanzt. Radio Stuttgart sendete live, und der Gesangverein tat sein Bestes. Bis heute hat sich die Linde prächtig entwickelt und an ihrem Fuß lädt eine Bank den Wanderer zum Verweilen ein.

Natürlich musste ich, was meine Tätigkeit betraf, in vielem umlernen. Eine bittere Lektion sollte ich diesbezüglich schon in kürzester Zeit einstecken. Ein Nachbarkollege hatte mich um Vertretung gebeten, und schon kam eine Beerdigung. Aber der Verstorbene war aus der Kirche ausgetreten.

Für mich war das in Südamerika kein Problem gewesen, ich beerdigte jeden armen Teufel. Aber hier in Deutschland gibt es viele Vorschriften und Gesetze, die ich nicht kannte. So bat ich um Rat bei Kollegen. Schließlich erfuhr ich, dass eine solche Beerdigung der Verantwortung des Pfarrers überlassen bleibe, nur müsste dabei der Kirchenaustritt des Verstorbenen Erwähnung finden. Das tat ich, eben auf meine Art. Ich verurteilte niemanden, stellte aber dafür die Frage an die Kirche und ihre Christen: Was man denn versäumt habe, wenn Menschen, die einmal getauft und konfirmiert wurden, wieder davonlaufen?

Als ich den Friedhof nach dem letzten Amen zufrieden verlassen wollte, riefen mir aufgebrachte Trauergäste nach, dass sie jetzt auch aus der Kirche austräten, und es sei eine Unverschämtheit, was ich da gesagt habe, und und und. In der nächsten Nacht fand ich keinen Schlaf. Aber ich lernte: Diese Gesellschaft verträgt die Wahrheit nicht mehr.

Das Wort eines argentinischen katholischen Bischofs fiel mir ein, der einmal, im Blick auf die katastrophalen Verhältnisse im Land, den Spruch tat: »Wenn das so ist, dann haben wir das Evangelium falsch gepredigt.« Ja, wir sollten wieder lernen, auch als Pfarrer, dass »ein aufrichtiges Donnerwetter gesegneter sein kann als ein falsches Vaterunser.«

Außerordentlich überrascht war ich, als mir eines Tages eine Überweisung von 42.000 Mark ins Haus flatterte. So viel eigenes Geld hatte ich noch nie in den Händen gehabt. Dabei handelte es sich um eine so genannte Eingliederungsbeihilfe der Kirche, die an heimkehrende Auslandspfarrer ausgezahlt wurde. Die Höhe hing von den Auslandsjahren ab, und das waren bei mir immerhin 28. Da wir mit dieser Hilfe nicht gerechnet hatten, und weil wir mit unseren neun Kisten ja vor einem leeren Pfarrhaus standen, war zuvor die ganze Verwandtschaft mobilisiert worden, uns doch übrige Möbel und sonstigen Hausrat anzuliefern. Es kamen sieben Sofas, so brauchten wir nicht allzu viel dazu zu kaufen.

Außerdem nahm uns das Finanzamt sehr rasch die Sorge, »wohin mit soviel Geld«. Es kam eine Steuererklärung, und man forderte genau die Hälfte der ausbezahlten Summe ein. Da platzte mir der Kragen. Ich setzte mich hinter die Schreibmaschine und teilte den Finanzbeamten mit, dass wir in der Dritten Welt das halbe Salär eines Straßenkehrers gehabt hätten, dass ich demzufolge, 56 Jahre alt, über keinerlei Ersparnisse verfüge und im Blick auf den gar nicht mehr so weit entfernten Ruhestand kein eigenes Häuschen vorweisen könne, wie viele meiner Kollegen. Es kam lange keine Antwort, aber dann eines Tages doch. Man ermäßigte die Steuer auf 8.000 Mark, und damit war die Sache in Ordnung. »Leben und leben lassen«, das gilt auch für das Finanzamt.

Aber des Staunens und Lernens war trotzdem kein Ende. Als die erste Sperrmüllsammlung im Dorf war, sträubten sich uns die Haare. Es war uns unfassbar, was die Leute hier wegwarfen. Daraufhin fuhr Marianne bei Nacht mit einem Leiterwägelchen durchs Dorf und lud auf.

Wir waren nicht in der Lage, irgendetwas wegzuwerfen. Hatte man bei Aldi Sauerkraut gekauft, musste unbedingt die leere Büchse aufgehoben werden. Sie glänzte ja innen wie Gold – was für ein nobles Trinkgefäß drüben im Busch. Kam ein Paket, bewunderte man die schöne Schachtel, das gute Packpapier und die weißen Schnüre. Alles aufheben und hinauf auf die riesige, doppelstöckige Bühne, irgendwann kann man alles todsicher wieder gebrauchen. Aber es vergingen nur zwei Jahre, dann kapitulierten wir. Die Bühne war voll, wir kamen nicht mehr durch und die Feuergefahr wuchs in Unermessliche. Also, weg damit, raus! Das eine oder andere Sofa war auch dabei. Wir waren unter die Wölfe geraten, und da blieb kein anderer Weg, als mitzuheulen. Sonst fressen sie einen auf.

Schon nach kurzer Zeit kamen die Dörfler dahinter, was für einen komischen Pfarrer sie sich eingehandelt hatten. Er passte so gar nicht in das gewohnte Schema. Seine Hosen waren entweder zu eng oder zu weit, im Dorf lief er mit Hausschuhen herum, und eines Tages sah man ihn auf den Knien um den großen Pfarrgarten rutschen, wo er den ausgetrockneten, halbmorschen Zaun mit grüner Farbe anmalte.

Nach einer Beerdigung saß er beim traditionellen Bratwurstessen im »Adler« mitten unter der Trauergesellschaft und lachte so schallend, dass sich die ganze Wirtschaft vorwurfsvoll nach ihm umdrehte. Er hatte sich neben ein altes Weiblein in Bauerntracht gesetzt, und die erzählte so unglaublich originell, dass sie genau seinen Lachnerv traf. Das war natürlich nicht recht, aber tu was dagegen, wenn du beim Zahnarzt den Mund aufsperrst und sein Bohrer den Nerv berührt.

Überall, wo wir waren, hatten wir Tiere gehabt, so wollte ich auch hier Rassekaninchen züchten. Als ich eines Tages in der Zeitung las, dass in einem Nachbardorf eine Scheuer abgebrannt war, griff ich umgehend zum Telefon und erkundigte mich nach noch verwertbarem Material.

Dann fuhr ich mit meinem inzwischen erstandenen Anhänger dorthin, baute beziehungsweise montierte ab, was ich nehmen durfte, und schon hatte ich das Material für einen dreistöckigen Hasenstall nebst Heuschuppen beisammen. Er wurde im Pfarrgarten aufgestellt. Ebenfalls wurde eine zwölf Meter hohe Funkantenne in den Boden einzementiert, über die ich die Kontakte zu meinen Funkfreunden in Argentinien und Paraguay aufnahm.

Dann kam eines Tages der Ortsvorsteher. Wir standen im Pfarrhof und unterhielten uns, da deutete er plötzlich auf meine beiden »Gebäude« im Pfarrgarten und fragte, was das sei. Stolz und unbekümmert erläuterte ich ihm Sinn und Zweck.

Jetzt kam seine Frage: »Haben Sie dafür eine Genehmigung eingeholt?«

»Eine Genehmigung? Nein!«

Nun wurde er noch barscher und sagte, dass das hier im Dorf nicht gehe und in ganz Deutschland auch nicht. Dann zeigte er auf die Antenne, ob dafür eine Erlaubnis vorliege. Wieder musste ich verneinen.

Da erscholl sein Befehl: »Das Zeug hier muss alles wieder weg, nur damit Sie es wissen!«

Da wurde es plötzlich in mir ganz still. Ich schaute ihm in die Augen und sagte: »Und jetzt dürfen Sie auch etwas wissen! Wenn dieses ›Zeug‹ wieder weg muss, dann bin ich auch weg. Sagen Sie das Ihrem Gemeinderat und allen, die es hören wollen.«

Ich wäre gegangen, in eine andere Gemeinde, zur Heilsarmee oder zurück nach Südamerika. Doch er ging davon und kam nie wieder. Nur, so war zu hören, sprach er später des Öfteren mit spöttischem Unterton von des Pastors »Hüttenwerken«.

Große Freude hat mir schon von jeher die Arbeit mit Kindern gemacht. Gern übernahm ich nach Beendigung der zwei Sonntagsgottesdienste die Kinderkirche in Radelstetten. Mit ihnen übte ich für den Heiligen Abend das Lied »Stille Nacht« auf Spanisch ein.

Ach, wie feierlich und exotisch war das alles! Die Kinder in weißen Gewändern, eine brennende Kerze in der Hand, der verdunkelte Kirchenraum nur vom brennenden Lichterbaum erhellt, die leise Begleitung des Akkordeons, und dann dieses gefühlsvolle »*Noche de paz, noche de amor*«, natürlich mit allen drei Versen.

Lustig ging es im Konfirmandenunterricht zu. Da summte pausenlos und frech eine Fliege um unsere Nasen. Ganz genervt versprach ich demjenigen mit sofortiger Barauszahlung fünf Mark, der sie finge – unter der Bedingung, dass er die Ruhestörerin nachher auch verschlucke. Es verging keine Minute, da hielt Tobias sie zwischen den Fingern und schrie: »Ich hab sie!« Dann hatte er ruckzuck eine Fliege im Magen und ich fünf Mark weniger im Beutel.

In früheren Zeiten mussten die konfirmierten Jugendlichen in den Dörfern noch ein oder zwei Jahre zur »Christenlehre« gehen, wo sie meist Sonntagabends ins Pfarrhaus kamen, um eine Stunde lang im christlichen Glauben unterrichtet zu werden. Der alte Brauch musste aber eingestellt werden. Die Jungen kamen nicht mehr, weil die häufigen, landauf landab üblichen Dorffeste, die Diskotheken und Vereinsprogramme sie viel mehr in Anspruch nahmen.

Aber mich reizte ein neuer Versuch. Ich lud die entsprechenden Jahrgänge für Sonntagabend von 19 bis 20 Uhr ins Pfarrhaus ein, natürlich bei freiwilliger Beteiligung. Und sie kamen. Nicht immer alle, aber die durchschnittliche Beteiligung lag bei 75 bis 80 Prozent. »Wie können Sie zulassen, dass diese Halbstarken vor dem Pfarrhaus rauchen?«, so kamen einmal empörte Beschwerden aus frommem Munde. Meine Antwort: »Ich kann nur immer wieder vor den Folgen warnen und das tue ich. Aber in meiner Bibel steht nicht, dass nur die Nichtraucher bei Gott Gnade finden ...«

Ach ja, das Rauchen. Ich hatte es mir im Krieg angewöhnt, da griff man automatisch zum zugeteilten Glimmstängel, sieben Stück pro Tag, sei es aus Angst, aus Hunger oder Langeweile. Ich war nie ein Kettenraucher, aber so eine beruhigende Zigarette bei der Predigtvorbereitung, das bringt die richtige Konzentration, so bildete ich mir ein. Ich wusste im Unterbewusstsein sehr wohl, dass, wie Shakespeare einmal meinte, »in Schwachen die Einbildung am stärksten wirkt«. Jedenfalls wurde mir diese Einbildung in Scharenstetten brutal wie eine Binde von den Augen gerissen.

Es war nach einem Diavortrag über die Not und Misere der Dritten Welt, wobei das anfallende Opfer für meine dort laufenden Hilfsprojekte bestimmt war. Da läutete am nächsten Tag die Klingel vom Pfarrhaus, und Hermann, ein großer, stämmiger Bursche von 18 Jahren, Abiturient mit besten Zeugnissen und treues Mitglied des bestehenden Jugendkreises, bat um eine Unterredung.

Er fing an, warum ich als Christ eigentlich rauche? Als Pfarrer sollte ich doch der Jugend ein gutes Beispiel geben. Dazu sei es eine Sünde, wenn man den von Gott geschaffenen Leib bewusst schädige, ja zerstöre und so weiter. Auweia, das saß. Ich konterte mit der weltweit zu vernehmenden und von allen Rauchern gebräuchlichen Ausrede, dass ich in Kürze damit aufhören wolle. Aber Hermann zog den Hammer und sagte:»Wenn Sie mit dem Rauchen aufhören, spende ich von meinem sehr dürftigen Sparkonto 1.000 Mark für Ihre hungrigen Leute in Amerika!« Das war nicht nur ein Schreck, das war eine Erpressung ersten Ranges. Aber es stand Laster gegen Nächstenhilfe. Ich überlegte und überlegte, und plötzlich – weil ich meinem Alter Ego selbst nicht recht traute – fragte ich:»Aber was passiert, wenn ich rückfällig werde?«

Seine Antwort:»Dann müssen Sie die 1.000 Mark aus Ihrer Tasche zurückzahlen.«

Das kam ja immer schlimmer! Schließlich erbarmte er sich meiner Gewissenslage und meinte großzügig:»Machen wir es so: Bei Rückfälligkeit zahlen Sie 100 Mark in die Kasse.«

Jetzt atmete ich erleichtert auf. Darüber ließ sich reden. Trotzdem erbat ich drei Tage Bedenkzeit. Als er dann wiederkam, gab es einen kräftigen Handschlag wie früher bei den Viehhändlern, meine angefangene Zigarettenpackung flog ins Feuer, und Hermann überwies umgehend die 1.000 Mark. Das Rauchen war zu Ende.

Aber noch nach Jahren konnte ich bei Nacht vom Schlaf aufschrecken, denn ich hatte geträumt, dass ich mir eine Zigarette anstecke und vorher, vom schlechten Gewissen geplagt, nach allen Seiten Ausschau halte, ob mich auch ja keiner sähe. Dann war ich froh, dass es nur ein Traum war.

Irgendwann stand Bauer W. mit einem gesattelten Pferd im Hof und rief zum Fenster hinauf:»Das ist Ihr Reitpferd, Herr Pfarrer, der steht bei mir im Stall und Sie können es holen, so oft Sie wollen.« Da freute ich mich, aber ich bin eigenartiger Weise nur einmal ausgeritten.

Da ritten doch allerlei geschniegelte und gebügelte Sonntagsreiter durch Wald und Heide; die aufkommenden Pferdehöfe wurden immer gefragter. Aufrecht wie hölzerne Figuren saßen sie im Sattel, vorschriftsmäßig hielten sie die Zügel in der Hand. Der englische Trab ließ sie elegant auf und nieder wippen, ein herrlicher Sport, von vielen gesehen und bewundert. Ich aber kam mir dabei vor wie eine Gestalt im Wachsfigurenkabinett. Die Wege waren mir zu sauber und gerade, die neugierigen Blicke der Bauern oder Spaziergänger störten mich, alles kam mir so unwirklich und gekünstelt vor.

Nein, das war nicht das, was ich suchte, nämlich die unvergesslichen Ritte auf Negro oder Chaqueno, nur Hemd und Hose auf dem Leib, an den Füßen die ausgetretenen *Alpargatas*, das Schuhwerk der Kreolen, und *Gauchos* aus schwarzem Segeltuch und einer aus Hanfschnur geflochtenen Sohle, manchmal auch ohne Sattel, die fliegenden Haare im Wind, im Galopp oder dem Stechtrab der Kosaken über die menschenleere *Pampa* oder durch den unwegsamen Busch fegen. Das war kein Sport, das war ein Lebensgefühl von ungezwungener Freiheit, von Risiko und vielleicht auch einem Stück dieser Wildheit, die schon die Reiterhorden Dschingis Khans durch die Kontinente jagte. »Nicht, was wir erleben, sondern was wir empfinden, macht unser Schicksal aus!« Sie traf damit den Nagel auf den Kopf, die Schriftstellerin Marie von Ebner-Eschenbach.

Vielleicht noch etwas zu meiner Arbeitsweise. Ich wurde nie mehr das Urteil und die prophetische Voraussage meiner Schulmeister los, denn bis heute signalisiert mir mein Unterbewusstsein sofort und vor jeder Aufgabe: »Das kannst du nicht!« Diese Unsicherheit macht mir bei jedem Anfang immer Mühe und zwingt mich zu einem Anlauf wie den Springreiter vor der Hürde. Hat es dann geklappt, wundere ich mich über mich selbst. Aber so bin ich gezwungen, tagelang an einer Predigt zu arbeiten.

Groß und gewaltig ist daher meine Bewunderung für Kollegen, die sich erst am Samstagabend oder gar am Sonntagmorgen an die Arbeit machen und dann trotzdem mit großer Sicherheit die gute Nachricht von der Kanzel verkündigen. Ob dieses Kunststück auf ihre höhere Intelligenz oder gar auf das Studium an mehreren Universitäten zurückzuführen ist, Gott allein mag es wissen. Aber gar nicht so selten wissen und merken es die Gottesdienstbesucher dann auch.

Mein Predigtgrundsatz hieß: »Nicht zu lang, sie schlafen sonst ein, aber auch nicht zu kurz, denn der eine oder andere könnte morgen schon im Sarg liegen! Und sprich laut wegen der schwerhörigen Alten. – ›Heut brauchen wir keinen Lautsprecher, heut kommt der Held‹, so der Ausspruch des Mesners einer Nachbargemeinde, wo ich des Öfteren Vertretungsdienst hatte. – Rede einfach und so, dass auch ein Kind dich versteht. Denn sollte dich eine arme, bedauernswerte Analphabetin auf der Hinterbank, wobei ich damit Südamerika meine, nicht verstanden haben, dann hast du falsch gepredigt. Verplappere dich ruhig einmal oder fange an zu stottern. Da freuen sich die Leute, weil sie merken: ›Der da vorne ist ja auch nur ein Mensch.‹ Sehr wichtig außerdem: Sorge nach Möglichkeit in jedem Gottesdienst für eine Überraschung. Das macht die Menschen neugierig auf den nächsten Gottesdienst.« Ich habe öfter noch nach Jahrzehnten Gottesdienstbesucher getroffen, die sich an solche Extras erinnerten.

Nur ein Beispiel: Ich predige ohne Kanzel, denn es gab keine, also stand ich direkt vor den Sitzbrettern der Zuhörer. Im heißen Chaco waren es 38 Grad im Schatten, so hatte ich nur Hemd und Hose an. Wie gewöhnlich gestikulierte ich lebhaft, der Schweiß rann in Strömen, und plötzlich spürte ich, wie meine Hose verrutschte. Die Situation war so ulkig, dass die ganze Gemeinde in helles Gelächter ausbrach. Natürlich lachte ich mit.

Was ich dazu sagte, ist mir entfallen. Aber es hätte ungefähr so lauten können: »Da schaut her, jetzt hält nicht einmal mehr die Hose, das kommt wohl daher, weil mir meine Frau nichts zu essen gibt!« Wenn sie 100 Jahre alt werden, diesen Gottesdienst vergisst keiner mehr, und im Zusammenhang damit das eine oder andere Wort Gottes genauso wenig.

Es war an einem strahlenden Sonntagmorgen, schon läuteten die Glocken und ich wollte gerade zur Kirche hinüber gehen, da fuhr ein großer Omnibus in den Pfarrhof herein. »Nanu, was wollen die denn?«, so murmelte ich vor mich hin und lief eilig in den Hof. Dort grüßten mich die Aussteigenden sehr erfreut. Auf meine Frage, wo sie herkämen und was sie wollten, kam die Antwort: »Wir kommen aus Cannstatt«, das liegt bei Stuttgart, »und wir wollen einmal in der Kirche lachen.«

Da kam ich doch sehr durcheinander, denn Lachen auf Kommando schaffen nur die bezahlten Komiker, und als solcher fühlte ich mich nicht. Zudem war mir an diesem Tag überhaupt nicht zum Lachen, aber es klappte dann doch noch bei den Abkündigungen, die gaben mir meistens die entsprechende Chance dazu, sei es durch eine gewissen Betonung oder aber einen dazwischen geworfenen Kommentar.

Humor ist eine Eigenschaft des Herzens, nicht des Verstandes. Er ist eine Weltanschauung. Deswegen sei mir die Frage erlaubt: Wo ist unsere Welt hingekommen, unser Land mit seiner Gesellschaft, ja, auch unsere Kirche, wenn man den Humor suchen oder ihm geradezu nachfahren muss? Humor in der Kirche: ich sah in ihm immer auch ein Stück Barmherzigkeit. Er bildet auf der Waage des Lebens das so nötige Gegengewicht zu Sorgen und Menschenleid, die uns schwer nach unten ziehen können, bis hinein in die tiefste Depression.

Vielleicht gehört zu diesem vielleicht etwas theatralisch scheinenden Thema auch das der Verstellkunst. Denn auch sie kann Heiterkeit erzeugen, zumindest bei dem, der sie ausübt. Es machte mir den größten Spaß, nicht als Pfarrer erkannt zu werden. Der »Herr Pfarrer« im dunklen Anzug oder gar Lutherrock wird bei den oft so nötigen psychologischen Charakterstudien von einem Gegenüber nie das erfahren, was der einfache Mann in seinen ausgetretenen Hausschlappen zu hören oder zu sehen bekommt.

Einmal hatte sich eine christliche Theatergruppe für einen Gottesdienst angesagt. Rechtzeitig vorher fuhren die Autos vor, und man begann mit dem Ausladen von Kisten und Kästen, auch meterhohe Palmen in Kübeln gehörten zur biblisch-orientalischen Dekoration. So ging ich hinüber in die Kirche, um nachzufragen, ob noch etwas fehle. Der Leiter und Regisseur der Truppe war ein Herr Doktor soundso, der mich bei meinem Erscheinen sofort als Kulissenschieber, Strippenzieher und Leiternhalter zum Einsatz brachte, aber das Zupacken war für mich normal.

Als dann alles an der richtigen Stelle stand und aufgebaut war, verwickelte mich der Regisseur in ein kurzes Gespräch. Er wollte erfahren, was man denn für einen Pfarrer hätte, wie er so sei. Als ich mich auswies, erschrak er geradezu und entschuldigte sich, denn er habe geglaubt, ich sei der Mesner. Ab sofort wurde er zusehends freundlicher, ja geradezu liebenswürdig. Man sieht: Kleider machen nun mal eben Leute, aber es sind nur die Dummen, die darauf hereinfallen.

Wenn wir schon bei der Wissenschaft vom Seelenleben sind, auch Psychologie genannt, hier eine weitere Erkenntnis. Bekanntlich geschehen in einer Gemeinde viele Dinge, gute und böse. Da stand der Pfarrer immer wieder vor der Frage, soll oder muss er etwas dazu sagen? Und wenn ja, wie und wem sagt er das? Nur zu schnell kann etwas ins Auge gehen, die getroffenen Hunde bellen nicht nur, sondern sie beißen auch. Sie sind tödlich beleidigt, und am Ende zieht man sich ganz zurück. Man hat auf Lebenszeit einen Grund gefunden, nie mehr zur Kirche gehen zu müssen, oder, was noch besser scheint, gleich auszutreten.

Aber um der Sache des Evangeliums willen, kann die Wahrheit nicht verschwiegen werden. Es ist mit ihr wie mit der Medizin: Je bitterer sie schmeckt, desto besser ist sie. Deswegen sollte sie nicht gerade der Pfarrer, sondern ein anderer sagen.

Dieser andere, das war bei mir »Alb-Michel«, ein Blättchen, das alle drei Monate erschien. Michel deshalb, weil dieser Name noch in meiner Kindheit häufig auf der Schwäbischen Alb anzutreffen war. Er war auf dem Briefkopf abgebildet, im üblichen Blauhemd, zu meiner Jugend noch die Kleidung der Bauern, mit Zipfelmütze, hohen Stiefeln und einem Stock in der Hand, so kam er dahergestapft. Unverkünstelt, ehrlich, manchmal auch grob und rau sagt er, was er denkt, wobei zum größten Entzücken der Leserschaft besonders auch der Pfarrer eine »ans Bein« bekam.

Was die anfallenden Kosten für das Blatt betraf, so sagte Michel gleich zu Anfang zu seiner Leserschaft: »Ich bin ein freier und unabhängiger Mensch. Wer mir etwas spenden will, der soll es tun. Wer nicht, der soll sein Geld behalten!« Dann zitierte er die Bibelstelle: »Ist das Werk von den Menschen, so wird's untergehn, ist's aber von Gott, so könnt ihr's nicht dämpfen.« Das Werk war von Gott. Schon nach kürzester Zeit konnten wir die überschüssigen Spenden nach Südamerika weiterleiten. Aber lächeln musste ich doch, als mich noch lange Zeit später Gemeindeglieder neugierig und wirklich ernsthaft fragten, wer denn dieser Michel sei und wo er wohne.

Noch etwas vom Geld, das nicht nur bekanntlich, sondern wirklich diese Welt regiert. Als die erste »Brot für die Welt«-Sammlung im Dezember 1979 vorbei war, hatte das Gesamtergebnis der beiden Dörfer den, wie man mir sagte, hohen Betrag von 2.400 Mark ergeben. Das sagte mir aber noch lange nichts. Was verstehen die Leute unter hoch und was unter niedrig? Ich konnte

in meinen Gottesdiensten bei Ankündigung der Kollekte des Öfteren sagen: »Gott schaut nicht auf das, was ihr in den Opferkasten reinlegt, sondern auf das, was ihr in euren Taschen für euch zurückbehaltet.«
Jedenfalls begann ich nachzudenken, und das heißt ja, zu vergleichen. Ich erkundigte mich bei einigen Kollegen in den Nachbardörfern nach ihrem Ergebnis und zog, selbstverständlich die jeweilige Kopfzahl der Gemeinde einberechnend, Bilanz. Sie sah sehr betrüblich aus. Wir waren von 22 Gemeinden unseres Dekanats das vorletzte Schlusslicht.

Wie vorgeschrieben, teilte ich dann in einem der nächsten Gottesdienste der Gemeinde unser Ergebnis mit, und freimütig fügte ich hinzu, dass die hinteren Plätze, mit Ausnahme der Schulzeit, nie mein Fall gewesen wären. Deswegen glaubte ich, »dass wir nicht gut zusammenpassen« würden. In der gut besetzten Kirche herrschte Totenstille. Aber man hatte verstanden.

Als wir nach neun Jahren fortzogen, lag der sechs- bis siebenfache Betrag in den Sammelbüchsen. Ob dies nur meine Mahnrede ausmachte oder vielleicht der Umstand, dass ich dem Kirchengemeinderat die Order gab, mir die jeweils höchste Spende mitzuteilen, damit ich da noch 50 Mark dazulegen könne? Ich weiß es nicht. Aber einer hat einmal gesagt: »Gutes Exempel, halbe Predigt.«

Als Gemeindepfarrer hatte ich auch Religionsunterricht in der Schule zu geben. In meinem Fall waren es sechs Wochenstunden in der Grundschule des Nachbardorfs Temmenhausen, also Klasse 1 bis 4. Diesen Dienst empfand ich in der ersten Zeit als ungemein anstrengend. In Paraguay in unseren Konfirmandenfreizeiten hatte ich oft 80 oder gar 100 Jugendliche vor mir im Unterricht gehabt, und das noch im viel schwierigeren Alter von 14 Jahren, und die Kinder hatten, von wenigen Ausnahmen abgesehen, ruhig und still auf ihren Holzbänken gesessen und zugehört. Sie kamen aus einsamen Urwaldgehöften, und so mancher hatte einen Fernsehapparat noch nie gesehen.

Ganz anders in Temmenhausen. Da waren in jeder der zehn- bis 15-köpfigen Klassen ein paar, die umtrieben, nicht still saßen und immerfort redeten. So verließ ich nach drei Unterrichtsstunden völlig geschafft und meist schweißnass die Schule. Ich spürte meine 56 Jahre. Aber da der Mensch, wie allseits zu hören, ein Gewohnheitstier ist, gewöhnten auch wir uns aneinander und es trat so manche Veränderung ein.

So merkte ich sehr bald, dass es mucksmäuschenstill in der Klasse wurde, wenn ich meinen Finger erhob, die Augen nach Dracula-Art verdrehte und das Zauberwort »Geheimnis« flüsterte. Da rissen sie die Augen auf, da machte sie die Gier nach etwas Neuem stumm und bewegungslos. Wenn ich dann eine Geschichte vom Urwald und von Schlangen nur unter dem Siegel strengster Verschwiegenheit erzählte – sie gehörte ja nicht in die Religionsstunde –, hätte man eine Fliege husten hören. Von mir abgezogene Schlangenhäute wurden durchgereicht. Man durfte sie mit leisem Schauer »streicheln«. Und wenn dann bis zum nächsten Mal der Psalm 23 auswendig zu lernen war, gab es keinerlei Reklamationen. Man konnte ihn.

Sehr oft kam es vor, dass sich die Kinder bei meiner Ankunft im Klassenzimmer versteckt hatten. Sie saßen unter den Tischen, in den Schränken oder hinter der Wandtafel. Ich rannte dann laut schimpfend im Zimmer herum und stieß wegen des Schuleschwänzens fürchterliche Drohungen aus, wie Meldung an die Eltern, an die Rektorin, an Schulbehörde und Polizei. Einmal kam ich auf allen Vieren unter einem Jaguarfell versteckt und laut brüllend in das Zimmer herein gekrochen, sodass die ganze Bande kreischend auf Bänke und Tische sprang, um sich zu retten. Die Decke des Jaguars hatte ich in Paraguay einem armen Indio abgekauft, dessen Kalb zur Beute des Raubtieres geworden war. Das war ein Spaß!

Öfters hieß es: »Wann bring'sch die ›Rosa‹ wieder mit?« Ihre Begleitung bei den zu lernenden Chorälen war eine große Hilfe. Nur gab es auch hier gewisse Schwierigkeiten. »Rosa«, mein Akkordeon, hatte ihre Flausen und wollte nicht immer spielen. Dann redete ich ihr gut zu und ihre verschlafenen, ja manchmal frechen Antworten konnte aber nur ich, das Ohr am rosa Gehäuse, vernehmen. Ich gab sie natürlich weiter an die Kinder, die diese Unterhaltung mit größter Spannung verfolgten. Ich zog dann an ihrem Balg, nur mit dem Luftknopf, ermahnte, bat und bettelte. Wenn sie dann immer noch keinen Ton von sich gab, kam die Drohung. Jetzt wurde es für die Schüler immer interessanter. Schließlich platzte mir der Kragen. Ich rief: »Wer nicht hören will, muss fühlen«, und gab ihr die vom Publikum unter Jubel erwartete Ohrfeige. Da wachte sie aber schnell auf und begleitete fröhlich unseren Gesang.

Die kleine Dorfschule lag ganz nahe am Wald. Diese Gelegenheit nutzten wir manchmal, um uns dorthin abzusetzen, natürlich unter allergrößter Geheimhaltung. »Wir müssen völlig lautlos durch die Schule schleichen, wie die Indianer, immer zwei zu zwei mit Abstand von zehn Sekunden! Die Rektorin darf unter keinen Umständen etwas merken.« Natürlich war sie vorher informiert worden. So lauteten meine Instruktionen und so wurde es auch gemacht. Im Wald formierten wir uns zu einer langen Reihe, »Rosa« an der Spitze gab das Kommando, und dann marschierten wir los. Natürlich wurde dabei gesungen »Der Mai ist gekommen«, »Mein Vater war ein Wandersmann« oder »Hohe Tannen«. Ach, wie war das schön – und so geheim!

Mit der gleichen Geheimnistuerei schlich sich die jeweilige vierte Klasse zum Abschied in die »Krone«, wo man sich höchst vergnügt die vorher bestellten Pommes mit Cola einverleibte.

Trotz dieser Extras mit allem Drum und Dran lernten wir unseren Stoff gewissenhaft, und so manchen Gesangbuchvers oder Psalm mit dazu. Knatterte der Rettungshubschrauber durch die Luft, konnten wir für den armen Kranken beten. Alles in allem galt die Devise: »Locker vom Hocker.« Es ging mir nicht um das bloße Wissen, denn zu viele gescheite Intelligenzler waren mir im Leben begegnet, die bei wichtigen Entscheidungen das Falsche taten. Meinte doch schon der griechische Philosoph Heraklit: »Vielwisserei bringt noch keinen Verstand!« Übrigens auch nicht dem, der die Erkenntnis Gottes überbringen will.

In den Klassen saßen öfters auch einige türkische Schüler. Sie nahmen als Moslems natürlich nicht am Religionsunterricht teil, durften aber, wenn sie wollten, im Raum bleiben und ihre Hausaufgaben machen. Es war aber auffallend, wie sie nebenher die Ohren spitzten, zuhörten, und oft kam es vor, dass sie beim Abhören der Hausaufgaben den Finger streckten und fragten, ob sie den Gesangbuchvers oder den Psalm aufsagen dürften, sie hatten ihn zu Hause auch gelernt. Da freute ich mich.

Weniger erfreut, dafür aber sehr erschrocken war ich, als der kleine Erdan einmal mit lachendem Gesicht der Klasse erzählte, sein Lehrer in der Koranschule habe gesagt, dass sie den Christen mit einem Hammer so auf den Kopf schlagen würden, dass das Hirn an die Wand spritzt. Was waren das für Geister, die man da gerufen hatte? Natürlich sind es, wie wir hoffen, nur vereinzelte muslimische Fanatiker und Hetzer, die so etwas ausbrüten. Aber waren es nicht auch in meiner Jugend die Nazifanatiker, die wüteten, laut hetzten und auf die Propagandapauke hauten, während die große Masse des Volkes wie hypnotisiert, stumm und schweigend hinterher trottete?

Eines der Türkenmädchen schrieb mir einen Brief. Sie hatte ein großes Herz mit vielen Blumen herum gemalt und in der Mitte stand: »Lieba Her Fara.« Dann kamen auch noch andere Briefe, wo es hieß: »Lieber Herr Pfarrer, die ganze vierte Klasse liebt Sie, Sie sind ein sehr schöner Mann!« Wie tat dies meinem Kahlkopf gut! Nimmt es Wunder, dass ich unter keinen Umständen das Angebot der Kirche annahm, als Pfarrer mit dem 60. Lebensjahr vom Schulunterricht befreit zu werden? Was mir da gefehlt hätte! Vielleicht ein Stückchen von der Seligkeit, wie sie nur Kindern geschenkt ist.

Als es dann aber galt, durch meine Pensionierung von der Schule Abschied zu nehmen, kreierte ich noch ein Lied zum Andenken. Es soll etwas wehmütig ausgefallen sein, so wurde mir im Nachhinein berichtet, warum auch nicht? Gehört nicht, wie das Wort ja sagt, auch ein Stück Mut dazu, sein Weh in unsere oft so gefühlsarme Welt hinauszusingen?

Dass ich es nicht vergesse: Auch im Blick auf die Pfarrhausheizung kannten wir keine Probleme. Wir sammelten uns aus den umliegenden Wäldern trockenes, herumliegendes Holz zusammen, unter eifriger Beteiligung meiner Motorsäge und der vierten Schulklasse. Es genügte im Unterricht zu sagen: »Heute Mittag um 16 Uhr wird gestartet!« Und sie kamen, setzten sich in meinen Anhänger und ab ging die Post, über Stock und Stein. Im Anschluss gab es dann immer ein Eis.

Ein gängiger Spottvers im Wettbewerb der deutschen Landsmannschaften lautet, dass der Schwabe erst mit 40 Jahren gescheit werde. Lasst uns darüber nicht streiten. Dass er aber die besondere Gabe besitzt, sich dümmer zu stellen, als er in Wirklichkeit ist, das gehört zu seiner Taktik. Gutmütig wie er ist, lässt er sich gern belächeln; sollte er aber ausgelacht werden, ist äußerste Vorsicht geboten! Er kann zur Seite schlagen wie ein Esel – während der Lacher zwischendurch mal Luft holt und sich an seinem eigenen Humor ergötzt, hat der Schwabe einen blitzschnellen Schwenk getan und ist wieder um die berühmte Nasenlänge voraus.

Mit 40! Bei mir hat es 55 Jahre gebraucht, bis ich auf die Idee kam, eigene Lieder zu machen. Es war ein Heimatlied für die jeweilige Gemeinde, es waren Abendlieder oder solche, in denen ich dem Schwabenland meine Liebeserklärung machte. Später wurde sogar Südamerika einbezogen. So kommt es, dass meine Lieder in drei Sprachen, nämlich Deutsch, Schwäbisch und Spanisch verfasst sind.

Meine große Schwierigkeit dabei war, dass ich nie eine Notenlehre gelernt hatte. Hatte ich einmal eine gute Melodie im Ohr, konnte diese bereits am nächsten Tag wieder weg sein. Dieser Zustand besserte sich erst später, als mir jemand ein Aufnahmegerät schenkte. Von da an konnte mir die Melodie nicht mehr entfleuchen.

Die Geburt des Liedes konnte Wochen, aber manchmal nur Stunden dauern, das hing ganz von meiner seelischen Verfassung ab. Ich stellte aber fest, dass meine Kreativität besonders nach seelischen Belastungen, beispielsweise einer Beerdigung, angeregt wurde. Vielleicht war dies der Melancholie zuzuschreiben, die mir die Seele öffnete.

Ein Aufnahmestudio kannte und wollte ich nicht. »Nur frisch, nur frisch gesungen«, nach dieser Devise Eichendorffs ging ich vor und sang einfach in mein Aufnahmegerät hinein, bis Marianne zum Mittagessen rief. Es war mir klar, dass dies nicht nur auf Kosten technischer, sondern auch sonstiger Qualitäten ging, aber das war mir egal. Ich sang in erster Linie für mich, und das nicht nur in meinen vier Wänden, sondern später auch bei den vielen Vorträgen und Veranstaltungen, zu denen ich eingeladen wurde.

Es waren Kirchengemeinden, Gartenbau- und Schützenvereine, Landfrauen- und Bauernverbände, Soldatenvereinigungen, der CVJM, der Schwäbische Albverein, die Albschäfer, Seniorenkreise, Burschenschaften, Homöopathen, christliche Geschäftsleute, Rotarier und Leones, ein württembergisches Landesmuseum, Schulen, Jugendkreise und sogar Logen. Nicht nur evangelische, sondern auch katholische Gemeinden und Freikirchen, Charismatische und Pfingstgemeinden luden ein, und sehr oft erfolgte im Anschluss die Bitte um einen Predigtgottesdienst.

Sehr oft war ich abends unterwegs, zum Leidwesen meiner Frau. Ich glaube nicht, dass die Geschenke wie Blumen, Weinflaschen, Bücher oder Geschenkkörbe, die mir meist im Anschluss überreicht wurden, ihr diese vielen Stunden des Alleinseins aufgewogen haben.

Im Nachhinein denke ich, dass ich es so nicht wieder tun würde. Die Zahl meiner Vorträge mag bei insgesamt 800 gelegen haben. Das Revier, wie die Jäger sagen, lag hauptsächlich im württembergischen Kernland. Die Vorträge, meist in Dia-Form, und die Themen wurden immer auf den Wunsch der Veranstalter abgestimmt. Ich selbst hatte nie ein fertiges Konzept; das hatte zur Folge, dass kein Vortrag dem anderen glich. Natürlich gingen die eingegangenen Opfergelder durchweg in die Dritte Welt.

Ein Honorar nahm ich persönlich nie. Ebenso wenig rief ich im Anschluss zu einem Opfer auf, denn ich wollte nicht betteln. Wenn

Wir singen meine Lieder – Scharenstetter Jugendgruppe in Älbler-Tracht.

der Veranstalter auf das »Körbchen« am Ausgang aufmerksam machte, war das recht; vergaß er es, auch das kam vor, war es eben nichts. Es geschah auch, dass ich nach langer Anfahrt und einem zwei- bis dreistündigen Vortrag beinahe noch mein Glas Bier hätte bezahlen müssen, wenn nicht zufällig einer der Besucher daran gedacht hätte. Aber das waren natürlich die Ausnahmen.

Auch die Kassetten meiner Lieder lagen meistens am Ausgang zum Kauf aus. Sie waren billig, 7,50 Mark, und ich sagte, wenn ich sie anbot, oft: »Wer kein Geld hat, darf auch so eine mitnehmen.« Natürlich lag in dieser Methode auch eine Art Taktik guter Art. »Sei immer großzügig«, so mein Lebensgrundsatz, »und du darfst erleben, wie es die Leute auch werden.«

Es kam vor, dass mir jemand einen Hundertmarkschein in die Hand drückte und nur eine Kassette mitnahm. Man wusste ja, dass es für einen guten Zweck war. Im Gegensatz dazu hat mit den Knickrigen noch nie jemand Bäume herausgerissen. »Geizhälse sind unangenehme Zeitgenossen, aber angenehme Vorfahren«, so Victor de Kowa.

Es ergab sich auch, dass die eine oder andere Ortschaft unserer Gegend ein Lied oder ein Gedicht zur Einweihung einer Feuerwehrhalle oder der Backhausrenovierung bei mir bestellte. Da hatte ich einen Stammkunden, den Ortsvorsteher Paukert von Ettlenschieß. Er war ein Original und galt als Dichter, weil er seine offiziellen Ansprachen in Reime kleidete.

Schon bald nach meinem Aufzug in Scharenstetten entdeckte er mich als »Kollegen in Poesie«. Das hatte zur Folge, dass er hie und da bei mir vorsprach mit der Bitte, ich möge doch sein Gedicht zu diesem oder jenem Anlass etwas verbessern. Es käme nämlich der Landrat, dazu etliche hohe Herren aus Stuttgart. Er überreichte mir ein Papierblatt, aus einem Heft herausgerissen, und darauf waren dann ein oder zwei seiner kreierten Verse abzulesen, im Stile von Herz-Schmerz oder Haus-Maus.

Ich ließ mir den Anlass der Feierlichkeit genau schildern, erkundigte mich nach der gewünschten Verszahl und bat ihn, in drei Tagen wiederzukommen. Er kam und bezahlte in Naturalien, mit einem Schächtelchen Landeier oder einem Brotlaib, im Holzofen gebacken.

Einmal, so erinnere ich mich, kam er mit einem Eilauftrag. Ich saß gerade an der Vorbereitung meiner Sonntagspredigt im Amtszimmer, welche ich nun unterbrechen musste. Ich notierte mir die entsprechenden Eckdaten für das Gedicht, hieß ihn auf dem Sofa Platz nehmen, machte mich an die bestellten zwölf Verse, und nach 20 Minuten hatte ich sie. Als ich ihm das Machwerk vortrug, tat er einen tiefen Seufzer und sagte: »Du bisch halt a Genie.« Paukert war auch Jäger. So schraubte ich mit der Zeit meine Gehaltsansprüche nach oben und verlangte für ein bestelltes Heimatlied die jährliche Anlieferung eines Weihnachtshasen, welcher jedes Jahr auch pünktlich kam. Es kam wohl vor, dass bei der Hasentreibjagd – Teilnehmerzahl 25 Personen – am ganzen Vormittag nur ein einziger Hase geschossen wurde, da sagte Hans offenbar ganz erleichtert zu dem Haufen Grünröcke: »Jetzt hemm'r wenigstens em Pfarr sein Has.«

Mit dem Erlös meiner Kassetten konnten einige Projekte in Paraguay und Argentinien unterstützt werden. Aber auch manch lustiges Erlebnis brachten mir meine Lieder ein. Durch meine Tätigkeit landauf und landab wurde auch der Süddeutsche Rundfunk auf mich aufmerksam und brachte einige längere Sendungen.

So standen wieder einmal zwei Reporter mit umgehängtem Aufnahmegerät vor meiner Pfarrhaustür und wollten mich interviewen. Ich solle irgendetwas erzählen, was, sei egal. Ich berichtete ihnen, dass ich eben ein neues Lied »aus dem Backofen« gezogen habe. Es sei allerdings noch so warm, sprich unfertig, weil ich den Text erst auf dem Papier, aber noch nicht im Kopf habe. »Macht nichts, macht nichts«, so bestürmten sie mich, es würde schon klappen, ich solle einfach singen. Es war das Lied: »I be halt a Schwob.«

Böses ahnend nahm ich »Rosa«, legte das Textblatt vor mich hin und sang. Aber schon beim ersten Vers blieb ich stecken. »Ich hab's doch gleich gesagt«, so meine Entschuldigung. »Macht nichts«, sagten die beiden, »probieren Sie's wieder.« Immer wieder fing ich von vorne an, und erst beim vierten Mal sang ich alle Verse durch.

Selbstverständlich hatte ich angenommen, dass die ganze Sendung so zusammengeschnitten würde, dass nur mein letzter, geglückter Versuch in die Sendung käme, aber ich sollte mich täuschen. Als ich zwei Tage später in die Schule kam, sprangen mir schon von Weitem die Kinder entgegen und schrien begeistert: »Wir haben Sie im Radio singen hören!« Sehr überrascht über die so schnell ausgestrahlte Sendung, ich hatte sie nicht gehört, fragte ich die Kinder, was ihnen denn an diesem Lied besonders gut gefallen habe, und ihre Antwort war: »Dass Sie vier Mal stecken geblieben sind.«

Hatten diese Spitzbuben doch nicht geschnitten, sondern den ganzen Ablauf mit all den missglückten Anläufen und meinen jeweiligen Kommentaren ins Land hinausgestrahlt. Als gewiefte Fachleute wussten sie, dass der Reiz des Besonderen, des anderen das Salz der Suppe ist. Echte Originalität zeigt sich nie da, wo sie beabsichtigt ist.

Aber die Kinder lehrten mich noch etwas: Mach einen Fehler und die Menschen freuen sich, denn es stärkt ihr Selbstvertrauen. Gerade diese Erkenntnis habe ich zum Grundsatz meiner weiteren Pädagogikstudien gemacht und im Unterricht angewandt. Besonders vor schwachen Schülern machte ich auch mal ganz absichtlich Fehler. Wenn ich sie dann demütig eingestand, erntete ich manchen dankbaren Blick.

Es konnte nicht ausbleiben, dass ich von meinen Liedern Kassetten herstellen ließ, und weil ich zu jedem Lied eine Erklärung in gemütlichem Schwäbisch abgab, wirkten diese Produkte auf eine ganz eigenartige Weise. Besonders Behinderte, Depressive und Kinder wurden angesprochen. Ein Krankenhauspfarrer bestellte gleich ein Dutzend davon, weil sie »so beruhigend auf die Kranken wirken«, wie er sagte.

Aber die erste Kassette mit Postversand ging nach Argentinien. Dort hatte ich einmal vor langen Jahren in der Nordprovinz Misiones, wo viele schwäbische Einwanderer saßen, einige Missionsabende gehalten. Der Ort oder die Kolonie, wie man drüben sagt, hieß Monte Carlo.

Ziemlich müde und abgespannt, denn es war spät geworden, hatte ich mich damals gerade ins Bett legen wollen, als es an der Tür klopfte. Es stand ein grauhaariger großer Mann davor. Er bat um Entschuldigung für die späte Störung, aber auch um eine kurze Unterredung. Als er vor mir saß, fing er an, er habe gleich gemerkt, dass ich ein Schwabe sei, wie er auch. Und dann erzählte er. Ich hörte nur zu. Es war das Schicksal so vieler Auswanderer, die ich kennen gelernt hatte. Herauszuhören waren Erklärungen und Entschuldigungen, warum man damals die Heimat verlassen habe, ein stolzes Dennoch, dass man es trotzdem, auch mit allergrößter Mühe geschafft habe, und dann natürlich das unterschwellige Heimweh.

Er war als uneheliches Kind in einem kleinen Albdorf geboren und aufgewachsen, und man habe ihn das immer wieder spüren lassen, besonders als es an die Verteilung des bescheidenen Grundbesitzes ging. Da sei er gegangen und nie mehr zurückgekehrt. Um Mitternacht musste ich den heimwehkranken Schwaben regelrecht wegschicken, aber weil sein Heimatdorf Reutti nur wenige Kilometer von meiner Kirchengemeinde Radelstetten entfernt liegt, konnten meine Lieder und Kommentare auf der Kassette gerade zu dieser Gegend ein besonderer Heimatgruß für ihn sein. Ebenso das Glockengeläute aus Radelstetten, das er schon als Junge am Sonntagmorgen gehört hatte, wenn der Wind vom Süden gekommen war.

Vier Wochen nach Versand dieser Kassette erhielt ich aus Monte Carlo eine Antwort. Die Schwiegertochter teilte mir mit, dass das Kassettengerät bereits rauche, denn es laufe von morgens früh bis abends spät, so sehr habe der alte Mann sich gefreut. Was für ein Erfolgserlebnis für mich! »Wahre Freude ist tatsächlich die Freude am anderen«, so Exupéry. Vier Wochen danach ist der Mann gestorben. Ich hatte ihn gerade noch »erwischt«.

Im Laufe meiner schaffenden Periode, in der ich Lieder schrieb, entstanden zwei Kassetten. »Auf dr Alb do henta« hieß die erste, »Schwabenland-Heimatland« die zweite Kassette. Aber dann besang ich noch eine weitere, zur Verwunderung einiger. Sie hat den Titel: »Fern bei Sedan.«

Sedan ist eine Stadt in Frankreich. Sie liegt an der Maas und im Departement Ardennes. Im deutsch-französischen Krieg 1870/71 fand hier eine entscheidende Schlacht statt, mit großen Verlusten auf beiden Seiten. Da dichtete der sächsische Gefreite Kurt Moser am 29. Oktober 1870 in der Kirche von Villepinte das Lied »Bei Sedan, wohl auf der Höhe«, in dem auf ergreifende Weise von einem tödlich getroffenen Soldaten berichtet wird, der von seinem Kameraden Abschied nimmt und einen letzten Gruß an die Braut in der Heimat ausrichten lässt.

Dieses Lied wurde zum Volkslied und erlangte im Ersten Weltkrieg wieder eine solche Bedeutung, dass es auch die französische Truppe, mit eigenem Text, übernahm und noch bis heute singt, ebenso die Fremdenlegion. Ich hörte das Lied in seiner Originalfassung zum ersten Mal 1951, als es mir Wilhelm im argentinischen Chacobusch mit großer Inbrunst vorsang. Ich kannte seine neue Fassung, denn dieses Lied gehörte – auf Marschrhythmus umgeschrieben – zum Standardrepertoire der Kompanien, die täglich singend durch unsere Garnisonsstadt Ulm zogen, und wir sangen es ebenso häufig, nachher im grauen Rock. Auf der Vorderseite der Kassette ist ein vergehender Abendhimmel zu sehen, und darunter steht: »Der Scharenstetter Pfarrer Fritz Held singt Lieder von einst.« Es sind nur 25 von den vielen Soldatenliedern, die ich kenne, aber beinahe zu jedem spreche ich einen Kommentar.

Warum ich das getan habe? Ich kann es gar nicht genau sagen. Aber vielleicht war es so eine Art von Trotzhaltung, die ich mir aus der Seele sang, nachdem man unsere Soldatengeneration seit Kriegsende auf der ganzen Welt als brutale Mörderbande und Marodeure bezeichnet. Ich sang aus Protest und wollte mich ganz bewusst und laut hörbar neben die Millionen Kameraden stellen, die Lebenden und die Toten, deren Tragödie es war, in diese böse Zeit hineingeboren worden zu sein. Die Soldatenlieder waren keine der üblichen Parteilieder, wie man sie in Jungvolk und Hitlerjugend sang; sie enthielten das, was Männer bewegte. Sie sangen von der Heimat, von der Liebe, dem Abschied und Wiedersehen und vom Tod.

Dass gerade dieses »Produkt« sein besonderes Publikum finden musste und darum auch nicht jedem angeboten wurde, versteht sich von selbst. Aber wenn mir so manch alter Landser ins Ohr flüsterte, dass er das Band immer dann auflege, wenn er allein im Auto säße, oder wenn mir eine Oma verriet, dass ihr »Alter«, wenn er auf dem Sofa läge und sich ganz unbeachtet fühle, aus vollem Herzen die Lieder mitsänge, dann weiß ich, warum ich es so gemacht habe.

Das Kopfschütteln aus den nachfolgenden Generationen oder auch das von so manchen Kritikern über »so einen Pfarrer« nehme ich dafür in Kauf. Meinte doch schon der alte Goethe: »Was ihr nicht fühlt, ihr werdet's nie begreifen.«

Es war Anfang 1983, da brachte mich ein Ereignis total aus der Seelenruhe. Die evangelische Kirche von Württemberg wählt alle sechs Jahre eine Art von Parlament, das als gesetzgebende und leitende Körperschaft an allen wichtigen Entscheidungen der Kirche beteiligt ist. Dazu werden jeweils 90 Landessynodale gewählt, die zu einem Drittel aus Theologen und zwei Dritteln aus Nichttheologen, also Laien besteht. Wie in jedem demokratischen System gibt es auch innerhalb der Kirche verschiedene theologische Richtungen.

In Württemberg sind es drei, nämlich die Liberalen, die Mitte und die Konservativen. Da aber eine Parteienbildung unter seinen Nachfolgern nicht im Sinne Christi liegen dürfte, werden die verschiedenen Gruppen als Gesprächskreise bezeichnet. Dies vielleicht in weiser Voraussicht, damit im Himmel das miese Parteiengezänk nicht weitergeht. Dabei wird dort alles doch ganz anders sein.

So war für November 1983 die Wahl zur 10. Landessynode angesagt, und naturgemäß liefen die Vorbereitungen mit der Suche nach Kandidaten schon ein Jahr vorher an. Da stand eines schönen Tages ein Abgeordneter der konservativen Gruppe »Lebendige Gemeinde« vor meiner Haustür und bat um eine Unterredung. Ich wurde ersucht, mich als Kandidat aufstellen zu lassen.

Von meiner theologischen Richtung her hatte man schon richtig gedacht, aber was meine Person anbelangte, herrschte Fehlanzeige. Was sollte ein in langen Jahren doch ziemlich verwilderter Südamerikaner inmitten einer so kulturell-hochgeistigen und geistlichen Gesellschaft verloren haben? Er würde sich vorkommen wie ein »*perro en cancha de futbol*«, einem argentinischen Sprichwort nach wie ein Hund, der zwischen die Beine einer Fußballmannschaft geraten ist. Unmöglich!

Ich sagte ab, aber nach einiger Zeit kamen sie wieder und wurden wieder abgeschmettert. Dann erschienen sie zum dritten Mal. Auf meine erneuten Einwände erklärte man mir, dass ich überhaupt nichts zu machen brauchte, außer eben ein paar Mal im Jahr meinen parlamentarischen Sitz in Stuttgart zu belegen. Schließlich sagte ich in Gottes Namen zu. Aber nur unter der Bedingung, dass ich mich unter keinen Umständen an dem Wanderzirkus der Kandidaten beziehungsweise ihrer Parteien beteiligen wolle, der schon Monate vor der Wahl im Land herumreiste, um sich dem Wählervolk vorzustellen.

Auch auf diese Forderung ging man ein. Für mich war es der sicherste Schachzug, nicht gewählt zu werden. Aber irgendwie hatte ich die Rechnung ohne den Wirt gemacht. Ich bekam telefonische Anrufe von den Mitbewerbern unserer Gruppierung und wurde händeringend gebeten, wenigstens zu den drei letzten und größten Vorstellungen zu kommen, wo sich die Vertreter der drei »Parteien« noch einmal ein letztes Gefecht liefern sollten. Das Wählervolk sei geradezu böse, so wurde mir berichtet, dass sich da einer habe aufstellen, aber nie sehen lassen.

Nun ja, das war ein Argument, und so ging ich hin. Aber wie groß war mein Schreck, als man mich völlig unvorbereitet auf ein Podium hinauf komplimentierte, wo bereits gewiefte Vertreter der anderen Gesprächskreise auf ihr ahnungsloses Opfer warteten, um mit allerhand Fangfragen darüber herzufallen.

Groß war die Heiterkeit des zahlreichen Publikums, das sich an meiner Naivität ergötzte und an meiner Blamage. Im Urwald von Paraguay hatte es doch keine Podiumsdiskussion gegeben! Als mir ein Pfarrkollege aus dem Publikum die Frage zurief, welches denn mein Programm sei, sollte ich gewählt werden, und ich antwortete: »Gar keins«, da brach alles in helles Gelächter aus. Doch der Kollege setzte noch eins drauf und rief: »Solche Leute wie Sie wollen wir nicht in der Kirchenleitung!«

Schließlich antwortete ich mit dem argentinischen Sprichwort: »Der *Gaucho* fängt nicht an zu galoppieren, bevor er im Sattel sitzt«, und jetzt hatte ich die Lacher auf meiner Seite. Noch nach 20 Jahren erinnerte mich jemand daran. Im November war die Wahl. In unserem Wahlkreis, nämlich Ulm und Blaubeuren, gab es 80.000 Wahlberechtigte.

Da ich von vorneherein nicht mit einem Erfolg gerechnet und dem ganzen Umtrieb keinerlei Bedeutung zugemessen hatte, war ich am folgenden Montagmorgen sehr überrascht, als mir beim Kaffeetrinken aus der Zeitung mein eigener Kopf entgegen strahlte. »Du, Frau«, rief ich in die Küche, »die haben mich gewählt!«

Nicht ganz so desinteressiert soll es am Wahlabend in der kirchlichen Verwaltungsstelle von Ulm zugegangen sein, wo man die Stimmen zählte und wo sich eine ganze Zahl Neugieriger eingefunden hatte. Da habe plötzlich einer gerufen: »Der Held läuft ja allen davon!«, und ein anderer habe geantwortet: »Das braucht der gar nicht, der lässt seine Kassetten laufen!« So war es wohl auch.

Schon bald ging der Synodalbetrieb in Stuttgart los. Mein Hinterkopf signalisierte höchste Alarmstufe: ein Unternehmen, für das man sich neu einkleiden muss. »Du liebe Zeit, was zieht man denn dazu an?« Musste es ein neuer Anzug sein, dunkel und feierlich? Besondere Schuhe, eine Krawatte?

Im Plenarsaal sah es beinahe so aus wie im Bundestag, mit halbrunden Sitzreihen, vorne Präsidium und Rednerpult. Und, oh weh, da die Sitzplätze nach dem Alter bestimmt waren, saß ich zu meinem Schrecken ganz vorne, drei Meter neben dem Landesbischof. Sehr bald lernte ich die Tagesordnung sowie das parlamentarische Gebaren kennen. Groß war die brüderliche beziehungsweise schwesterliche Gemeinsamkeit bei der täglichen Morgenandacht und beim so fröhlichen Gesang von »All Morgen ist ganz frisch und neu«.

Aber ebenso schnell konnte ein Geistesumschwung einsetzen, wenn es zur Sache ging. Da hatte jede Gruppierung ihre Sprecher und Redner, die sehr wortgewandt Anträge einbrachten oder kommentierten. Im Anschluss daran war Aussprache. Hier konnte sich jeder Synodale zu Worte melden, und manchmal wurden da im Widerspruch der Meinungen beleidigende Töne laut, die mich traurig machten. Irgendwie fühlte ich mich dann überflüssig und fehl am Platze.

Da gab es Synodale, die immer und zu allem etwas zu sagen hatten, und andere, die sich so gefielen, dass ihre Rede kein Ende nahm. Ich stellte fest, dass sich, je nach Redner, der Saal schnell lichten konnte. Man musste austreten, schnell mit der Frau telefonieren oder ganz einfach ein bisschen frische Luft schnappen. Aber zum Mittagessen fand sich alles immer wieder schnell und in großer Eintracht zusammen. Das Essen wurde in einem nahe gelegenen Hotel eingenommen, wo wir Angereisten auch übernachteten.

Mir passierte es gleich zu Beginn, dass ich auf dem Weg dorthin von den hungrigen Parlamentariern so rasch überholt wurde, dass ich als Letzter den großen Saal betrat. Alle Tische waren besetzt, wie mir ein schneller Rundblick zeigte, nur ein Platz war noch frei. Und das, oh Unglück, gerade neben dem Direktor des Oberkirchenrates. Also nahm ich dort Platz und bestellte ein Bier.

Aber diese hautnahe Autorität irritierte mich derart, dass ich aus Versehen den ersten Schluck aus dem Glas des Direktors nahm. Der schaute mich durchdringend an und sagte nur ein Wort: »Danke!« Wie heißt es in dem Kirchenlied: »Hätt ich Flügel, hätt ich Flügel, flög ich über Tal und Hügel.« Ja, wie gern wäre ich davongeflogen, irgendwohin, weit weg, in den Urwald von Paraguay oder den argentinischen Busch.

Es mochte wohl ein Jahr seit Beginn meines Synodaldebüts vergangen sein, da stellte ich fest, dass ich, wieder Schlusslicht, der einzige Synodale war, der noch nie ans Rednerpult getreten war. So ließ ich mich eines Tages in die Rednerliste eintragen und trat nach dem Aufruf ans Pult.

Ich weiß nicht mehr, was das Thema war, ich weiß nur noch, dass nach wenigen Sätzen das ganze Haus in helles Gelächter ausbrach. Als ich mich wieder an meinen Platz begab, war der Beifall groß, und zwar durch alle Fraktionen hindurch. Und als wir in die Pause gingen, kam der bereits erwähnte Direktor des Oberkirchenrats auf mich zu, schüttelte mir die Hand und sagte: »Als Sie zu reden anfingen, da war das so, als ob man die Fenster aufmachte und frische Luft herein ließe.«

Ich bin auch in der Folgezeit nur selten ans Rednerpult gegangen, aber wenn, dann verließ niemand den Saal. Es kam sogar so weit, dass ein Antrag beim Präsidium einging, man möge den Synodalen Held von der drei Minuten-Redezeit-Beschränkung ausnehmen. Diese war immer dann notwendig, wenn zu viele Redner das Tagesprogramm zeitlich überzogen. Als mir bei einem Sitzungsbeginn der Bischof mit Handschlag einen guten Morgen wünschte und hinzufügte: »Es ist schön, wieder einmal neben Ihnen sitzen zu dürfen«, da wusste ich, auch diese Synodalzeit war nicht umsonst. Selbst wenn es nur der Umstand war, dass ich ein bisschen frische Luft, fröhliche Atmosphäre und unverkrampftes Gottvertrauen in diese heiligen Hallen hineinblasen durfte.

Es gab aber nicht nur Heiterkeit, sondern manchmal auch sehr betretene Gesichter. Als bei einer Pfarrkonferenz eine heftige Debatte entbrannt war wegen der ungeheuren Arbeitsüberforderung der Pfarrer, und als des Jammerns und der Verbesserungsvorschläge kein Ende war, meldete ich mich zu Wort und bemerkte in aller Kürze, dass ich als Pfarrer noch nie ein so geruhsames Leben geführt habe wie hier in Deutschland. Daraufhin brach der Diskussionsleiter sofort das Thema ab.

Zu einem anderen Pfarrseminar unseres Dekanats hatte man eine Psychologin eingeladen. Sie sollte wohl den Seelenzustand der einzelnen Gottesdiener testen, mit entsprechenden Vorschlägen aufmöbeln und wieder, wenn nötig, ins Gleichgewicht bringen. Dazu gab es eine praktische Übung. Wir saßen im weiten Kreis, und jetzt sollte jeder von uns durch Gebärden und Bewegungen das zum Ausdruck bringen, was in seinem Innersten vorginge. Ich saß auf meinem Stuhl und es verschlug mir die Sprache. Ich kam mir vor wie in einem Affenkäfig. Da machte einer wahre Bocksprünge in die Luft, ein anderer bewegte sich ruckartig und zischte wie eine Lokomotive, und wieder einer schlich lautlos mit geschlossenen Augen, ausgestreckten Armen und zitternden Fingern durch den Saal. Als die Übung zu Ende war, meldete ich mich zu Wort und erklärte:»Entweder spinnt ihr oder ich spinne!«

Bei der anschließenden Aussprache wollte die Psychologin noch einen Test mit einem der Pfarrer machen, dazu deutete sie auf mich. Ob sie mich als Spinner entlarven wollte oder die anderen? Ich bin in meiner Einfalt nicht dahinter gekommen.

Durch meine Pensionierung und Rückkehr nach Argentinien im Jahre 1988 konnte ich leider meine sechs Synodal-Jahre nicht »absitzen«. Aber als 1992 weltweit das 600-jährige Jubiläum der Entdeckung Amerikas durch Kolumbus begangen wurde, lud man mich aus Argentinien ein, sozusagen als Botschafter dieses Erdteils, und ich durfte in der Stuttgarter Hospitalkirche die Festpredigt halten. Ein Prälat sagte mir noch nach Jahren, dass er sie nicht vergessen habe.

Ein Bruder meines Vaters ist zeitlebens begeisterter Jäger und hervorragender Schütze mit vielen gewonnen Trophäen gewesen. Von dieser Linie habe ich sicher einige Gene geerbt, denn auch mein Puls beschleunigte sich, wenn mir ein jagdbares Tier vor Augen kam. Ob Taube oder Ratte, Hase, Reh oder Schlange, eine entsprechende Waffe hatte ich dann schnell bei der Hand.

Das war natürlich in Südamerika kein Problem, dort gab es keinen Jagdschein und keine Jägerprüfung. Jeder konnte, sofern er einen »Ballermann« hatte, losschießen – leider zum Unglück der einstmals so wildreichen Gebiete, die heute total leer geschossen sind. Was hatte es für einen Sinn, dass ich schon viele Jahre auf keines dieser immer weniger werdenden Tiere mehr Jagd machte, wenn dann bei Nacht ganze Horden von »Jägern« mit ihren Autos durch die Fluren ratterten und das mit Scheinwerfern geblendete letzte Stück Wild abknallten. Es ist eine Tragödie.

Nun ist es in Deutschland anders, zum Glück. Da ich keine Jägerlizenz hatte, setzte ich mich öfters am Abend, wenn es die Zeit erlaubte, in den Wald und beobachtete oder fotografierte das Wild. Wenn im Winter die Treibjagden auf Hasen stattfanden, ließ ich mich gern als Treiber einladen. Da streifte man mühselig durch Wald, Gebüsch und Tann, schlug mit einem Stecken heftig gegen die Baumstämme und schrie laut »Ho-ho-ho«.

Am Abend fand dann im »Adler« oder »Hirsch« das so genannte »Schüsseltreiben« mit Rehbraten und Spätzle statt, zu dem die Treiberschar bei freier Kost nebst Getränken eingeladen war. Anschließend gehörte es noch zum guten Ton, dass ich »Rosa«, ohne die ich nicht erscheinen durfte, aus dem Koffer nahm, und wenn dann in der fürchterlich verqualmten Wirtsstube der Gesang von vielen rauen Männerkehlen aufbrauste und es von den mit grünen, feuchten Mänteln und Hüten behängten Wänden widerhallte: »Ich bin ein freier Wildbretschütz« oder »Ein Tiroler wollte jagen« oder, oder ... dann packte es mich, sodass ich mir als Hasentreiber wie ein Mensch zweiter Klasse vorkam. Ich war doch lebenslang auch Jäger gewesen.

Nur stand jetzt eine haushohe grüne Wand zwischen mir und meiner Passion, nämlich die Jägerprüfung. Man nennt sie auch »das grüne Abitur«, und sie sei überaus schwierig, so wurde ich im Blick auf meine bald 60 Lebensjahre immer wieder gewarnt. Nun gab es in meiner Filialgemeinde einen betagten Jäger, dem meine Passion zugetragen worden war. Er lud mich eines Tages zu einer Begleitung ins Revier ein, und das wiederholte sich dann öfters. Mir aber ging es wie dem kaum noch zu bändigenden Jagdhund, der, den Fang im Wind, die Witterung eines nahen Wildes aufgenommen hat.

Und als mir besagter Jagdfreund Leo eines Tages ein Gewehr in die Hand drückte mit dem guten Rat: »Lass dich bloß nicht erwischen«, da brachen alle Dämme. Wie sangen bei einem Gemeinde-fest in Paraguay einige alten Auswanderer noch aus der Erinne-rung: »Wer schleicht dort im nächtlichen Dunkel, so einsam, so wildernd umher? Wer hält in seiner Rechten so krampfhaft, so fest sein Gewehr« – das Wildererlied.

Der Leser erspare mir die Schilderung des weiteren Verlaufs meiner so vom Geheimnis umwitterten Waldeinsamkeit, denn es wäre zweifellos ein gefundenes Fressen für die »Bild-Zeitung« ge-wesen. Aber den Gefallen tat ich ihr nicht.

Jedenfalls ging das so eine ganze Weile, aber dann wollte ich mir diese Schleicherei nicht mehr länger antun. Entweder ich schaffte die Jägerprüfung, oder ich hängte die Jagd an den Nagel und den grünen Hut dazu. So meldete ich mich bei einer Jäger-schule für einen 12-tägigen Kompaktkurs an.

Unsere Gruppe bestand aus 15 Anwärtern, es waren meist jun-ge Bauernburschen aus dem nahen Bayern. In den Pausen gaben sie lachend ihre bisherigen Jagdtriumphe zum Besten, und das trug wiederum sehr zur Beruhigung meines Gewissens bei. Die hatten alle schon »gewildert«.

Die Büffelei war nicht zu unterschätzen. Als wir das erste Mal zum Jagdgewehrschießen ausrückten, stiftete der Leiter eine Ehrenscheibe für den besten Schuss. Darauf saß ein Fuchs, die Zielmitte war ein weißer Punkt in der Größe eines Daumennagels. Wer fängt an? »Na ja, lassen wir dem Alten den Vortritt«, so war aus ihren Mienen zu lesen, und der Alte war natürlich ich.

Also legte ich mich auf den Tisch und lud das in seiner Funkti-on mir völlig unbekannte Gewehr. Als ich es auf die in 100 Meter entfernte Scheibe grob einrichteten wollte, löste sich unerwartet der Schuss. »Auweia«, rief ich ganz erschrocken, »der ging mir raus!« Die Scheibe kam zur Begutachtung herein, und dann sah man nur noch erstarrte, ungläubige Gesichter. Der Schuss saß genau in der Mitte des weißen Punktes.

»Der hat einen Draht nach oben, weil er Pfarrer ist«, so war zu hören. Ich aber schickte ein Dankgebet zum Himmel, denn der lie-be Gott hatte mich durch ein Wunder vor einer Blamage bewahrt. Die Scheibe hängt bei mir an der Wand. Wer sich vergewissern will, dass das kein Jägerlatein ist, darf sie jederzeit besichtigen.

Die Jägerprüfung selbst schaffte ich. Bei den drei Schießdisziplinen umschiffte ich gerade noch die für mich schwierigste des Tontaubenschießens; bei der schriftlichen Prüfung mit 80 Fragen reichte es ebenfalls, und im Mündlichen kam mir das Wohlwollen der Prüfer auffallend warm entgegen, denn man wollte dem alten Pfarrer kein Hindernis in den Weg legen. Schon wenige Monate später konnte ich mich mit einer außerordentlichen Predigt revanchieren, wie das der Kreisjägermeister im Nachhinein zum Ausdruck brachte. Es war bei der Hubertusfeier in der Dornstadter katholischen Kirche vor 600 Grünröcken. So fand alles ein gutes Ende, in der Kirche, im Wald und auf der Heide.

Ein wahrhaft nervenberuhigender, aber ebenso beliebter Zeitvertreib in diesen Jahren wurde mir das Zimmern beziehungsweise Bauen von Jägerkanzeln und Ansitzleitern fürs Jagdrevier, wozu mir der gute Nachbar und Landwirt Keil alles benötigte Material an Tannenstangen zur Verfügung stellte, wie auch den nötigen Platz zum Zusammenbau.

Aber mein grünes Abenteuer hatte noch ein weiteres Nachspiel. Für die nötigen Schießübungen war ich Mitglied im Schützenverein Auingen bei Münsingen geworden. Als man mich dort als Pfarrer entdeckte, dauerte es nicht lange, bis man mich anlässlich eines Vereinsjubiläums um einen Feldgottesdienst bat. Dazu kam auch eine Fahnenabordnung des Patenvereins Mieders aus Tirol. Was war das für ein Bild, die bunten Fahnen und Trachten dieser Schützenabordnung, und wie aufmerksam wurde meine Predigt aus Kolosser 2 aufgenommen, wo der Apostel Paulus die Christen ermahnt, sich das Ziel nicht verrücken zu lassen!

Sofort luden mich die Tiroler zu einem bei ihnen anstehenden Jubiläum ein. So kam es, dass im doch sehr katholischen, »heil'gen Land Tirol«, wie es im Hoferlied heißt, ein evangelischer Pfarrer inmitten einer herrlichen Bergkulisse das Wort Gottes verkündigte, und in der ersten Reihe saß der Landeshauptmann, bei uns Ministerpräsident genannt. So kam es ebenso, dass ich unter den Ehrengästen durchs Dorf marschierte, voraus die Musik, eingeflankt durch die Marketenderinnen mit ihren umgehängten Schnapsfässlein, darüber ein strahlend blauer Himmel mit den hoch aufragenden weißen Gletschern, und über allem die Klänge des Südtiroler Heimatliedes »Wie ist die Welt so groß und weit und voller Sonnenschein«. Das war schön.

Ein weiteres Erlebnis jagt mir noch im Nachhinein wahre Schauer über den Rücken. Da zog eines Tages im Nachbarhaus eine Familie ein, die – von auswärts kommend – einen eigenartigen Eindruck machte. Die drei Kinder kamen zu mir in den Religionsunterricht, und sie waren irgendwie verwettert, verstört. Der Vater musste seine Landwirtschaft aufgeben. Wenn ich hie und da eine Weile im Pfarrgarten saß, konnte es sein, dass er sich zu mir setzte und erzählte. Ich merkte bald, dass bei ihm etwas nicht stimmte. Er hatte eigenartige Ideen und fühlte sich ständig verfolgt. Dieser Mann litt unter Schizophrenie. Da ich gerade in dieser Zeit und im Blick auf die Jägerprüfung des Öfteren auf den Schießstand ging, erzählte er von einem Wehrmachtskarabiner, den er irgendwo noch im Heu versteckt habe. Er wolle ihn verkaufen, für etwa 100 Mark. Da er in sehr gutem Zustand war und auch noch erstklassig schoss, griff ich zu.

Aber die Waffe war nicht angemeldet, und so besprach ich mit der Leitung des Schützenvereins den Weg zu einer offiziellen Eintragung, doch da kam Z. überraschend und verlangte die Waffe zurück. Ein anderer habe ihm mehr geboten. Da mir dieser Mann immer unheimlicher wurde, war ich froh, das Gewehr wieder loszuwerden, was sich aber als Fehler herausstellte. Er hätte sie nicht mehr in die Hände bekommen dürfen. Denn verschiedene Male kamen die Kinder angesprungen und bettelten, ich möge schnell kommen, der Papa wolle sie alle umbringen.

Nicht lange danach warfen im Winter ein paar Buben einige Schneebälle an sein Fenster. Z. schoss auf die Straße, traf aber zum Glück niemanden. Nun rückte die Polizei an, es war schon Nacht, und umstellte das Haus. Auf die Aufforderung, die Waffe zu übergeben, rief er immer wieder: »Die gehort dem Pfarrer!« Mir erstarrte das Blut in den Adern. Schließlich stürmte die Polizei das Haus und führte ihn ab, aber nach einer Woche war er wieder auf freiem Fuß.

Es verging einige Zeit, da kamen die Kinder wieder verzweifelt angerannt: »Der Papa hat uns alle an die Wand gestellt und ist uns mit einem großen Küchenmesser am Hals entlang gefahren«. Ich ließ ihn sofort kommen, aber als er mir mit einer viel sagenden Gebärde und in aller Ruhe erklärte, dass in Kürze alles vorbei sei, denn die Pillen habe er schon, alarmierte ich die Polizei. Er kam für lange Zeit in die Psychiatrie.

Einmal läutete es an unserer Haustür. Davor stand, zu meiner größten Überraschung, ein alter Kolonist aus Hohenau. Die ziemlich schwarzen Augen sowie die Reste von gerollten Haaren wiesen ihn als einen Mann aus, der afrikanisches Blut in den Adern hatte. Unter seinen deutschen Vorfahren hatte es irgendwann einmal die Mischung mit einem Sklaven gegeben.

Groß war die Wiedersehensfreude! Ich bat ihn herein. Er saß auf dem Sofa meines Amtszimmers und erzählte. Ich hatte ihm nach paraguayischer Art gleich eine Flasche Schnaps mit einem Wasserglas auf den Tisch gestellt, dem er auch sofort zusprach. Er war schon in den Siebzigern, wollte aber, so sagte er, vor seinem Tod die Heimat seiner Vorfahren sehen und kennenlernen. Deutschland sei sehr schön, die Wälder und Felder seien so sauber und ordentlich wie ein Park in Paraguay. Aber trotzdem wolle er hier nicht leben. Es sei ihm alles zu steril.

Dann schaute er mich an und fragte: »Und Sie, wie gefällt es Ihnen hier in diesem Land? Sie waren in Paraguay doch einer von uns. Wir merkten in Ihrer Lebensart keinerlei Unterschied zu uns Kolonisten!«

Ja, wo gefiel es mir besser? Eine schwierige Frage. Schließlich antwortete ich so: »Ich glaube, Don A., dass es überall schön ist, solange man jung ist.« Dabei dachte ich an meine schweren, aber so reizvollen Anfangsjahre in Argentinien, wo das Leben noch vor mir stand.

Dann fuhr ich fort: »Und ebenso glaube ich, dass es überall ›nix‹ mehr ist, wenn man alt ist. Da verschieben sich doch alle Werte. Schenk einem alten Menschen ein Schloss, und er kann nicht mehr als zum Fenster hinausschauen, denn vielleicht ist der nahe Friedhof zu sehen. Außerdem kann er den jungen Habenichts auf seinem wackeligen Fahrrad nur beneiden, der so fröhlich pfeifend vorbei fährt.« Der kluge A., er war viele Jahre Präsident der großen landwirtschaftlichen Genossenschaft gewesen, schaute mich tiefsinnig an, nickte mit dem Kopf und sagte: »Da haben Sie eigentlich Recht!«

Auch in Scharenstetten vergingen die Jahre schnell. Wir mussten uns überlegen, wo und wie wir unseren Lebensabend zubringen wollten. Meine Marianne zog es mit aller Gewalt zurück nach Südamerika. In Deutschland fror sie immer, und drüben lachte die Sonne 300 Tage im Jahr vom Himmel. Während hier die Menschen oft fürchterlich ichbezogen sind und großen Wert auf Äußerlichkeiten legen, sind sie drüben in vielem doch anders. Weniger genau und vielleicht auch weniger ehrlich, unzuverlässiger im Versprechen und Halten. Aber oft lügen sie aus purer Menschlichkeit oder drücken aus demselben Grund ein Auge zu.

Ein Beispiel: Mein Vater war ein Fischer. Als er starb, schickte mir meine Mutter ein großes Paket mit zum Teil noch neuen Fischereigeräten. Ich wurde auf das Hauptzollamt von Buenos Aires bestellt, das Paket wurde geöffnet und der Beamte schüttelte den Kopf. »Nein, für solche Artikel besteht absolutes Einfuhrverbot«, so sein abweisendes Urteil. »Das müssen wir wieder zurückschicken!« Aber als ich mit leiser Stimme sagte: »Es ist ein Andenken an meinen verstorbenen Vater«, da sah ich Mitleid in seinen Augen und er sagte nur noch: »Dann nehmen Sie die Sachen halt mit!« Was hätte man wohl auf einem deutschen Zollamt zu hören bekommen? Ja, das ist er, der Unterschied. Aber es gab noch etwas, das uns zurückzog.

Die Südamerikaner sind in der Regel sehr abergläubisch. Aber wer an Geister, Teufel und Dämonen glaubt, der ist auch leichter auf Gott anzusprechen. Oder so gesagt: Ich kann drüben mit jedem Menschen, ob in der Straßenbahn, auf dem Fußballplatz oder im Restaurant ein Gespräch über Gott anfangen. Er wird mir immer respektvoll, andächtig und aufmerksam zuhören. Versuche ich es in Deutschland, bin ich ein Sektierer.

Also zurück nach Südamerika. Aber wohin? Nach Paraguay oder Argentinien? Überall hatten wir gute Freunde, die uns dabei mit Freuden behilflich gewesen wären. Schließlich siegte das Land der *Gauchos* und der Pferde, Argentinien. Und wo?

Natürlich nur dort, wo man mit wenig Geld viel Land kaufen konnte. Das war der Chaco. Ich gab einem Bekannten den Auftrag, im Bereich von Charata eine käufliche und preisgünstige *Chacra* auszukundschaften. *Chacra* wird ein Grundstück von 100 Hektar genannt. Es ist infolge der lang anhaltenden Dürreperioden die Mindestgröße für eine landwirtschaftliche Existenz, wie sie bei der Erschließung beziehungsweise damaligen Landvermessung im Jahre 1915 festgelegt wurde.

Schon bald kam eine positive Antwort. Zehn Kilometer außerhalb der Stadt gab es eine solche Gelegenheit. Die Hälfte war noch urwüchsiger Wald, die andere Hälfte Ackerland, darauf stand ein schon seit 25 Jahren unbewohntes Haus respektive dessen Ruine. Der Preis lag etwas über 40.000 Mark. Es waren genau unsere in Deutschland erworbene Ersparnisse, also schlugen wir zu. Allerdings bestand der Verkäufer auf einer sofortige Auszahlung in bar. So schrieb ich der Sicherheit und Schnelligkeit halber an den zuständigen Finanzverwalter meiner ehemaligen evangelischen Kirche am La Plata nach Buenos Aires und bat um Hilfe beziehungsweise die Möglichkeit, über deren Konto in Deutschland die genannte Summe in den Chaco transferieren zu können. »Aber selbstverständlich«, war die Antwort des mir persönlich gut bekannten Herren bei gleichzeitiger Angabe der entsprechenden Bank in Hamburg. Er würde den Betrag umgehend nach Charata weiterleiten. Gott Lob und Dank, das wäre geschafft.

Nach ungefähr vier Wochen kam ein Brief meines Vertrauensmannes mit der dringenden Bitte, das Geld sofort zu überweisen, der Verkäufer würde sonst abspringen. Es vergingen wieder Wochen. Briefe gingen hin und her, bis sich schließlich herausstellte, dass besagter Finanzverwalter das Geld veruntreut hatte. Es war weg. Einige Betroffene konnten ihr Geld noch retten, aber ich war am weitesten vom »Schuss«. Und den Letzten, in meinem Falle Entferntesten, beißen ja bekanntlich die Hunde.

So kam es, dass meine Blicke öfters hinaufgingen bis zum Himmel, begleitet von der Frage: »Wie habe ich nur das verdient? Ein Leben lang praktisch um Gottes Lohn gearbeitet, und jetzt nimmst du mir auch noch das weg, was mir für meine alten Tage hätte Dach und Heimat geben sollen?«

Um es kurz zu machen: Etwa 30 Prozent gab mir Gott wieder zurück, damit ich nicht ganz verzagte. Dieser Teil wurde dem Spekulanten und Hochstapler noch abgejagt. Ebenso kam eines Tages ein Scheck, den mir eine alte Dame zuschickte, nachdem sie von meinem Unglück erfahren hatte. Dass der Kauf dann trotzdem noch klappte, war einigen hilfsbereiten Menschen zu danken, die mir mit Krediten unter die Arme griffen. Wieder einmal musste ich lernen, dass Jammern nichts hilft. Auch meinten schon die alten Sumerer:»Was du gewonnen, davon sprichst du nie, du redest nur davon, was du verloren.« Und wer immer alles hat, in dem stirbt die Sehnsucht.

Ein Jahr vor unserer Rückreise hatten die Gemeinden Scharenstetten und Radelstetten die von der Kirche vorgeschriebene Hauptvisitation durch den Dekan. Sie dauert eine Woche, wobei nicht nur die Arbeit des Pfarrers kontrolliert und bewertet wird, sondern auch seine Beziehung zu Vereinen, Schulen, zur Kommunalgemeinde und anderen Kirchen. Sein abschließender Bericht über mich fiel äußert positiv aus. Es gab nur einen Punkt, den er etwas beanstandete: Ich würde alles sehr vereinfachen, manchmal zu sehr! Damit hatte er Recht, war er doch ein blitzgescheiter Mann. Als er seinen Abschlussbericht bei einem Gottesdienst brachte, soll ich zur großen Erheiterung der Gemeinde recht gönnerhaft zu ihm gesagt haben:»Sie haben Ihre Sache gut gemacht, Herr Dekan.« Diese Anekdote habe ich aber erst nach Jahren erfahren, weil man selber so etwas gar nicht merkt.

Es kam auch, ganz nach Vorschrift, eine Kommission zur Übergabe des Pfarrhauses. Der zuständige Herr vom Oberkirchenrat erklärte nach der Besichtigung hinsichtlich die Heizung:»Hier muss selbstverständlich und als Erstes eine Zentralheizung eingebaut werden, denn so kriegen wir unmöglich einen Pfarrer in dieses Haus.« Als ich ihn lächelnd fragte, ob ich denn kein Pfarrer gewesen sei, war seine theatralische Antwort:»Ja Sie, Sie sind der Scharenstetter Pfarrer.« Unter dieser Bezeichnung war ich in Teilen des Schwabenlandes bekannt.

Nach den üblichen Abschiedfeiern fuhr Anfang September 1988 der Container im Pfarrhof vor und es hieß wieder einmal:»Nun ade, du mein lieb Heimatland!« Mit Hilfe vieler Gemeindeglieder war innerhalb von zwei Stunden alles verstaut und verladen. Die Helfer rannten treppauf und treppab und packten im Eifer des Gefechts auch meine Klamotten und Schuhe mit ein, die für die Reise gedacht waren.

Als der Lastwagen Richtung Hamburg losdonnerte, stand sehr verlassen nur noch ein Stuhl mitten im Hof. Er hatte keinen Platz mehr gefunden und blieb zurück, genau wie viele Erinnerungen und Menschen, die uns ans Herz gewachsen waren. Wie sang mein Freund, der alte Jude Jakob: »Immer muss geschieden sein«, und so ist es wohl auch.

Wieder in Südamerika 1988–1997

Als die Boeing 747 zu früher Morgenstunde Buenos Aires anflog, kündete im Osten ein leuchtendes Morgenrot den neuen Tag an. Und als wir in Ezeiza den Fuß auf argentinischen Boden setzten, fühlten wir uns wie zu Hause. Der nahende Frühling zeigte sein Kommen, die vielen Bäume an der General Paz, der Ringstraße um die Zwölf-Millionen-Stadt, begannen bereits auszuschlagen, aber ein frischer Wind warnte uns trotzdem vor einem allzu schnellen Kleiderwechsel.

Die Familie meiner Schwester Eva wohnte in Buenos Aires, und hier wollten wir uns ein paar ruhige Tage bis zum Eintreffen unseres Containers machen. Ruhig waren diese auch, zumindest solange, bis das Schiff einlief. Dann war alle Ruhe dahin, und nicht nur das: Es begann eine Tragödie.

Als wir zur Abfertigung beim Hafenzoll vorsprachen – dazu mussten wir uns in eine 100 Meter lange Warteschlange einreihen –, schüttelte der Beamte, der unsere Pässe durchblätterte, den Kopf. »No, *Señor*, unmöglich, wir können Ihnen den Container nicht ausliefern. Sie reisen hier als Tourist ein, und ein solcher kann doch nicht seinen ganzen Hausrat mitbringen!« Womit er natürlich Recht hatte. Aber uns erstarrte das Blut in den Adern.

Was war geschehen? Als ich mich lange Zeit vor unserer Ausreise bei der argentinischen Botschaft in Bonn nach den behördlichen Bestimmungen unserer Rückreise erkundigt hatte, dabei erwähnend, dass wir ehemalige Einwanderer seien mit einer gültigen *Cedula*, dem argentinischen Personalausweis, informierte mich die Angestellte am Telefon mit fröhlicher Stimme sehr kurz – wahrscheinlich surrte gerade die Kaffeemaschine –, dass in unserem Falle einer Einreise überhaupt nichts im Wege stünde. Gleich darauf wünschte sie uns eine gute Reise und hängte auf. Aber die Wirklichkeit sah anders aus. Wer länger als zwei Jahre außerhalb Argentiniens gelebt hat, der muss, will er zurückkehren, seine Einwanderung neu beantragen.

Allein der Gedanke an unsere erste Auswanderung 1951 mit dem vorausgegangenen monatelangen Papierkrieg jagte mir kalte Schauer über den Rücken. »Sie müssen Ihre Einwanderung neu beantragen«, so der Beamte. Dabei waren alle Nachweispapiere und Dokumente im Container! Es folgten schreckliche Tage. Mein Schwager Carlos suchte, wie in diesen Ländern üblich, nach Freunden und Bekannten mit politischem Einfluss. Wir sprachen auf der Chefetage des Zollamtes mit allen nur möglichen Empfehlungsschreiben vor, schließlich sogar mit dem eines Ministers, aber es war alles umsonst. »So sind die Bestimmungen, basta!« Der Container stand währenddessen im Hafen und fraß täglich seine Standgebühr in Dollar!

Nach immer neuen Anläufen – unsere Nerven lagen längst blank – befassten wir uns bereits mit dem Gedanken an eine Rückkehr nach Deutschland, aber noch hatten wir eine Karte in der Hand; es war die allerletzte, und die stachen wir. Wir erzählten den Vorzimmerdamen die traurige Geschichte von unserem einzigen Kind, welches, als Argentinier geboren, in Chacarita auf dem Zentralfriedhof ruhe.

Bei der Erzählung stieg mir selbst das Wasser in die Augen. Da sahen sich die Damen gegenseitig tiefsinnig an, und eine zog sogar ihr Taschentuch. Wir hatten den Nerv getroffen, nämlich ihr Mitleid. Man nennt diesen Begriff auch »Almosen der Seele«. Man wolle nochmals mit dem Chef reden, und wir sollten morgen wiederkommen. Wie von Adlerflügeln getragen eilten wir nach Hause, und ich wusste, diese Schlacht war gewonnen.

Als ich mich an diesem Abend ins Bett legte, läutete noch zu später Stunde das Telefon. Am anderen Ende meldete sich eine der Zolldamen, sie wolle uns nur sagen, damit wir diese Nacht ruhiger schlafen könnten, alles sei okay und wir dürften uns schon morgen die Stempel für die Pässe abholen. Jetzt kamen mir die Tränen. Ach, Argentinien, wie liebe ich dich und deine Menschen. Man stelle sich das einmal in Deutschland vor!

So konnten wir nach fünf Wochen endlich unseren Container aus dem Zollgebiet frei bekommen. Die ausgehandelten 1.000 Dollar öffneten die letzte Barriere, denn schließlich wollen Zöllner ja auch leben. Während unseres unfreiwilligen Aufenthalts in Buenos Aires kauften wir einen guten, gebrauchten *Pick-up*, mit dem wir in den Chaco zu fahren gedachten, aber ebenso wollten wir diese Gelegenheit nutzen, zwei gute Wachhunde für unsere Ranch mitzunehmen.

So studierte ich die ellenlangen Angebote von Rassehunden in der Tageszeitung und entschloss mich zur Besichtigung von zwei Dobermann-Hündinnen. Der Verkäufer wohnte inmitten von Hochhäusern und hielt die Tiere in einem winkligen, dunklen Zwinger, den nie ein Sonnenstrahl erreichte.

Als ich die Tiere sah, erschrak ich, denn sie waren bis auf die Knochen abgemagert und machten einen völlig verwahrlosten Eindruck. Ich kaufte sie sofort, trotz eines unverschämten Preises. Gegen ein Entgelt war der Besitzer bereit, die Tiere bis zu unserer Abreise in Pension zu behalten und betrog mich noch nachträglich. Wir aber fuhren immer nachmittags mit dem Bus zu unserer »Yenka« und »Astri«, so hießen die Hunde, und führten sie spazieren, damit sie sich an uns gewöhnen. Das ging sehr schnell, zumal wir jedes Mal einige Kilo Fleisch an sie verfütterten. So erwarteten sie uns immer mit freudigem Gebell.

Es war der 20. Oktober geworden, als wir eines Morgens mit dem voll bepackten Peugeot zu unserer neuen Heimat losfuhren. Die beiden Hunde waren hinten auf dem Gepäck angebunden und ließen sich verwundert und aufmerksam den Fahrtwind um die Ohren sausen.

Beinahe zehn Jahre waren seit unserer Rückkehr nach Deutschland vergangen, aber immer noch erfreuten uns die großen Viehherden auf den grünen Weideflächen links und rechts der unendlich langen und meist geraden Straßen, auf denen man oft halbstündlich keinem Auto begegnete. Die Sonnenblumenfelder in Santa Fe leuchteten goldgelb, die Straßenpolizisten hielten uns winkend an und wünschten freundlich eine gute Weiterfahrt, nachdem wir ihnen ein paar Pesos in die Hand gedrückt hatten.

Als es Abend wurde, suchten wir ein Nachtquartier. Auf den weiten, unendlichen Strecken im Landesinneren Argentiniens liegt in der Regel etwa alle 20 Kilometer ein *pueblo*, eine Ansiedlung, oft mit einer Tankstelle an der Durchfahrtsstraße. Von dort führten einige wenige braune Erdstraßen ins Dorf. An ihren versumpften und mit Unkraut bewachsenen Abwassergräben stehen in mehr oder weniger langen Reihen die weiß- oder lehmgetünchten Flachdachhäuser, und irgendwo gibt es eine *Plaza*, einen Gemeindeplatz, mit einem Denkmal und einer Fahnenstange. Hier marschiert das Volk an Nationalfeiertagen auf und singt die Nationalhymne. Natürlich steht in diesem Dorfmittelpunkt auch eine Kirche.

So erkundigten wir uns an einer Tankstelle nach einer Übernachtsmöglichkeit. Ja, es gäbe ein Hotel am Ort, so die stolze Antwort des eifrigen Tankwartes, und überaus enthusiastisch wies er uns den Weg. Das »Hotel« stand nicht weit von der *Plaza* und fiel als größeres Gebäude gleich ins Auge. Trat man durch die Eingangstür, befand man sich bereits im Wirtsraum. Ein paar Tische mit abgenutztem grünem Wachstuch bildeten das Mobiliar, im Hintergrund stand die Theke mit einigen staubigen Flaschen im Regal, und von der Wand grüßte San Martin, der Held und Befreier des Landes.

Wir mussten einige Male in die Hände klatschen, bis jemand auftauchte. Es war die wohlbeleibte Wirtin. Als wir sie um ein Nachtquartier baten, machte sie erstaunte Augen. Offenbar schien der Fremdenverkehr am Ort nicht auf Hochtouren zu laufen. Jedenfalls führte sie uns auf unser Zimmer, welches hinten im Hof lag und zu früheren Zeiten einem anderen, unbestimmten Zweck gedient haben musste. Es hatte nämlich kein Fenster. Die drei Bettstellen waren mit Plüschdecken versehen, und wenn man mit der Hand darauf schlug, stieg eine Staubwolke zur Decke. Diese hatte große dunkle Flecken, die uns signalisierten, dass wir bei Regen die Betten unbedingt zu verschieben hatten.

Wir beschlossen, in den Kleidern zu schlafen. Auf die Betten legten wir vorsichtshalber noch unsere mitgebrachten Handtücher. Die Hunde banden wir an die Leine und vor der Tür an einem Pfosten fest. Eine Nacht sollte auszuhalten sein, so sagten wir uns. Dass es eine unvergessliche Nacht werden sollte, ahnten wir zu unserem Glück nicht.

Nun kam die Wirtin mit der Frage, ob wir zu Abend essen wollten. Marianne lehnte ab, ihr war schon beim Anblick des Gastraumes jeder Appetit vergangen. Ich dagegen war nicht so zimperlich. Ich bestellte ein *Bife*, das argentinische Nationalkotelett, dessen Bratengeruch mich lebenslang nie mehr losgelassen hat. Nach dieser Bestellung nahm die Wirtin ein Einkaufsnetz unter den Arm und machte sich auf ins Dorf, zum *carnicero*, dem Metzger.

Dann war es Nacht und Zeit, ins Bett zu gehen, aber schon vorher packte mich eine dunkle Ahnung. Hinten im Hof hatte die Wirtin Hühner laufen, welche, wie dort üblich, des Nachts auf den Bäumen schliefen. Ebenso war dort ein kleiner Pferch, in dem Ziegen eingesperrt waren. Unsere beiden Hunde waren leider in der Großstadt zwischen kahlen Mauern aufgewachsen und hatten noch nie im Leben eine Ziege oder ein Huhn gesehen. Zuerst neugierig, dann aber sehr erbost fingen sie an zu bellen, zu fauchen und schließlich wie Wölfe in Sibirien zu heulen, zum Gotterbarmen. Die Hühner hatten so etwas auch noch nie gehört. Sie gackerten nervös, der Hahn krähte, die Ziegen ahnten Todesgefahr und sprangen vor Schreck und Furcht von einem Eck ihres Pferchs ins andere. Es war ein unbeschreiblicher Krach, der die ganze Nacht hindurch anhielt und – von kürzeren Intervallen unterbrochen – immer wieder von Neuen aufbrandete. Am Himmel stand ein leuchtender Vollmond.

Als der Morgen heraufdämmerte, fingen wir gleich an, zusammenzupacken. Nichts wie weg! Da erschien die Wirtin mit aufgequollenem Gesicht und zerzausten Haaren und klagte, sie habe die ganze Nacht kein Auge zugetan. Erst als ich ihr ein tüchtiges Trinkgeld in die Hand drückte, wurde sie ruhig. Trotzdem meine ich, dass bei der Verabschiedung ihr »Auf Wiedersehen« nicht ganz ehrlich geklungen hat. Aber meines auch nicht.

Es war der 21. Oktober, als wir das morsche Tor unserer *Ranch* aufwuchteten – mein Geburtstag, daher war das Datum gut zu merken. Unser weiß gekalktes Häuschen grüßte schon aus der Ferne einladend, und die Maurer, sie waren noch bei den letzten Arbeiten, begrüßten uns ebenfalls überaus freundlich. Sie waren indianischer Herkunft und sind bis zum heutigen Tag meine Freunde geblieben. Wir werden ihnen noch mehrmals begegnen.

Wir schliefen die ersten Nächte auf dem Boden, aber – welche Freude! – auf dem eigenen. Was war das für ein erhebendes Gefühl, Herr zu sein über ein Stück Land, in das in Deutschland ein paar Dörfer hineinpassten. 100 Hektar, während in der Heimat der Ortsvorsteher meinen Hasenstall reklamierte! Die eine Hälfte des Landes war offen, also Ackerland, die andere war Wald, reiner Urwald, aus dem noch nie Holz geschlagen worden war. Meterdicke Stämme der eisenharten Quebrachobäume, gelb und lila blühende Lapachos und die unverkennbaren *Chaco-Itins*, die mit ihren Wurzeln das Wasser bis zu zehn Meter aus dem Boden ziehen. Diese kreischenden Morgen- und Abendrufe der Charatavögel, und, und, und …

Unsere *Chacra* hatte vor vielen Jahren einmal einem Deutschen gehört. Sein altes Haus blieb als halbe Ruine im Buschwerk eingewachsen stehen. Da wir unbedingt eine Arbeiterfamilie bei uns anstellen wollten, schon um nicht allein in einer Gegend zu wohnen, wo Überfälle immer wieder vorkamen, ließen wir dieses Haus wieder wohngerecht herrichten. Außerdem sollten ein großer Schuppen, eine Garage und ein kleines Gästehäuschen hinzugefügt werden.

Das hatte zur Folge, dass unsere Maurerkolonne, es waren fünf Männer, noch wochenlang mit uns zusammen wohnten. Sie schliefen irgendwo auf dem Boden und fuhren nur an den Wochenenden mit dem alten Ford-Klapperkasten des Meisters Nicasio in das zehn Kilometer entfernte Städtchen Charata zu ihren Familien. Sie bekochten sich selbst über dem offenen Feuer, und wenn die Nacht kam, holten sie ihre Gitarren hervor und sangen. Sie sangen ausgezeichnet, muss ich sagen.

Sie gehörten zu einer evangelischen Pfingstkirche, sangen daher vor allem geistliche Lieder und Chorusse, aber ebenso bekannte Volkslieder. Schnell hatte ich auch mein Akkordeon zur Hand. Sie

Der Charata-Vogel

waren wunderbar, unvergesslich, diese Stunden am lodernden, rauchenden Feuer, unter dem sternenübersäten Nachthimmel – und endlich wieder dem »Kreuz des Südens«.

In den heißen Mittagspausen verschwanden die Männer meistens im Wald. Dort gruben sie nach Gürteltieren oder schossen die unglaublich scheuen und versteckten Charatas aus den Bäumen. Ich selbst entdeckte diese sich meisterhaft getarnten Vögel nie, oder wenn, dann nur per Zufall. Die Beute landete in ihrem Kochtopf.

Eines Tages verlangten sie leere Büchsen, denn sie wollten uns Honig bringen. Schon wenige Stunden später schleppten sie mit verquollenen Gesichtern die Büchsen aus dem Wald, voll mit Waben; es waren mindestens 50 Kilo Honig.

Wie das vor sich ging? Nun, zuerst wurde ein Wildbienenbau in hohlen Baumstämmen gesucht und ausgemacht, dann entfachten sie neben dem Baum ein Feuer mit starker Rauchbildung, hackten den Baum um und den Stamm auf. Der flüssige Honig wurde nachher mit den Händen aus den Waben gedrückt, schwarze Wachsreste oder auch mal eine tote Biene taten dem süßen Genuss keinen Abbruch.

»Eine Schleudermaschine hätte man mitbringen müssen«, so ging es mir durch den Kopf. Aber, oh göttlicher Einfall, wir hatten ja eine Wäscheschleuder, und das ist doch im Prinzip dasselbe! Gesagt, getan. Der flüssige Honig lief unten heraus wie reines Gold. Trotzdem wiederholte ich dieses Experiment niemals wieder, denn die Reinigung der Schleuder dauerte Stunden. Das Zeug klebte beinahe wie Uhu.

Wir hatten 50 Hektar freies Land zur Bearbeitung. Natürlich sollte dies genutzt werden, zumal ich mich dazu, mit Hilfe eines Landarbeiters, absolut in der Lage sah. So suchte ich gebrauchte Maschinen zum Mähen, Ackern, Säen und dazu einen Traktor Fiat, Baujahr 1956. Es waren alles, wie mir die hoffnungsvollen Besitzer zuraunten, Schnäppchen und einmalige Gelegenheiten.

Einmalig waren sie auf jeden Fall. Was ich damit erlebt, gelitten und durchgestanden habe, Gott allein mag es wissen. Mein hoch gewachsener blonder Arbeiter hieß Pablo Tolkmitt, sein Vater kam aus Ostpreußen. Er lernte schnell und verließ den Hof immer nur mit einer Werkzeugkiste. Schaute ich hinaus aufs Feld, lag er meist hämmernd und schraubend unter oder über dem jeweiligen Vehikel.

Dann musste auch ich gleich losfahren, um irgendwo, bis hin zu den Nachbarstädten, die Schrottplätze aufzusuchen und eventuell noch vorhandene Ersatzteile wie Schrauben, Kugelgelenke, Schnittmesser, Zahnräder oder Achsenstücke aufzuspüren. Ich war hereingefallen, nicht nur auf die betrügerischen, verlogenen Verkäufer, sondern auch auf den neuen, glänzenden Anstrich der alten Schrottfahrzeuge. Der jahrelange Aufenthalt in der Heimat hatte Blick und Kriterien für die gängigen Regeln Südamerikas mehr als getrübt.

Freuen dagegen durfte ich mich, als ich auf die Suche nach einer *Chata* ging. So nennt man die vierrädrigen, hölzernen Pferdewagen, auf denen man die Ernte von den Feldern heimfuhr, als es noch keine Traktoren gab. Bei Don Gustavo stehe ein solches Vehikel schon jahrelang ungebraucht in den Hecken, wurde mir berichtet, und so war es auch. Als ich ihn aufsuchte und schließlich im Busch fand, kam ein kleines Männchen aus seinem Häuschen und fragte im ostpreußischen Dialekt nach meinem Begehr. Ich schätzte ihn auf gute 90 Jährchen. Unter einer sehr alten, in allen Farben schillernden Schildmütze blickten mich aus seinem unrasierten Gesicht zwei treuherzige Augen an. Nachdem er mich gebeten hatte, auf einem mehr als wackeligen Stuhl Platz zu nehmen, kamen wir ins Gespräch.

Wie viele Auswanderer begann auch er, mir seine Lebensgeschichte zu erzählen, ohne dass er dazu aufgefordert wurde. Ich hatte sehr oft den Eindruck, als wolle sich der Berichterstatter, unter Angabe aller möglichen Gründe, bei sich selbst entschuldigen, warum er damals die Heimat verlassen habe. Ach, wie gut verstand ich sie!

Gustavo war aus Neidenburg in Ostpreußen, hatte dort eine Lehre in einem Kolonialwarenladen begonnen, wo er, so erzählte er lachend, in erster Linie Salzheringe für die werte Kundschaft aus den Fässern gefischt habe. Er wurde noch Soldat am Ende des Ersten Weltkrieges. Dann kamen die schweren Nachkriegsjahre. Viele wanderten aus, und dies war auch sein Entschluss. Praktisch mittellos wie die meisten, bekam er bei Charata 100 Hektar Regierungsland, das er im Lauf der Jahre abbezahlte. Er blieb Junggeselle, denn, so seine Erklärung, »es genügt, wenn ich ein armer Teufel bin, warum soll ich eine Frau auch noch dazu machen«.

Jetzt begann das Geschäft mit dem Pferdewagen. Wohl hatte er viele Jahre im Freien gestanden, bei Sonne, Sturm und Regen. Auch waren viele der Hartholzbretter morsch und löchrig, aber alle Eisenteile waren, wenn auch verrostet, doch noch brauchbar. Auf meine Frage, was der Wagen kosten solle, nannte Gustav einen Spottpreis. »Nein«, war meine Antwort, »das ist zu billig, ich bezahle das Doppelte!« Da schaute er mich ganz böse an und sagte: »Den Preis bestimme ich!«, und dabei blieb es. Als wir den Wagen mit einem Traktor abschleppten, brach nach hundert Metern bereits das erste Rad auseinander.

Jedenfalls wurden wir gute Freunde. Öfters brachten wir ihm Kuchen oder andere deutsche Spezialitäten. Und um ihm eine besondere Freude zu machen, brachte ich ihm von einer Deutschlandreise – allerdings nur einmal! – eine Stange Limburger-Käse mit, von dem er geschwärmt hatte und den er schon länger als ein halbes Jahrhundert nicht mehr gegessen hatte. Der Käse stank trotz bester Verpackung schon im Flugzeug so penetrant, dass sich die Passagiere nach mir umdrehten, denn sie dachten wohl an etwas anderes.

Da Gustavo keinerlei Verwandte hatte, würden die Nachbarn, so klagte er mir, bereits auf seinen Tod warten, um sich seinen bescheidenen Besitz unter den Nagel zu reißen. Das sei schon abgemachte Sache. Das ließ mir keine Ruhe, denn diesen Schlitzohren galt es, einen Strich durch die Rechnung zu machen. So schlug ich Gustavo vor, das Land auf mich zu überschreiben.

Als Gegenleistung würden wir seine Pflege und Versorgung bis zu seinem Tod übernehmen. Hocherfreut ging er darauf ein. Die Nachbarn verfluchten mich und wünschten mir den Tod. Das Angebot, zu uns ins Haus zu ziehen, schlug er aus, denn er wollte auf seinem Land leben und auch sterben.

Da er schon recht gebrechlich war, baute ich das Haus aus und um. Es wurde eine junge Familie angestellt, die unter sehr guten Bedingungen seine Pflege und Fürsorge übernehmen sollte. Im Jahr 1996 ist er dann hochbetagt gestorben. Sein Grab wird heute noch gepflegt. Die angeheuerte Familie konnte, nachdem sie uns mehrmals betrogen hatte, nur mit Hilfe eines Advokaten und einer namhaften Abfindung vom Land geholt werden. Man war wieder einmal hereingefallen.

Schließlich sollte sich auch mein Pferdetraum erfüllen. Es war allerdings nicht mehr wie noch vor zehn Jahren, als wir nach Deutschland zurückgekehrt waren. Mit der Mechanisierung und Rationalisierung der Landwirtschaft kamen die Traktoren, daher brauchte man keine Pferde mehr. Aufkäufer waren durch den Chaco gereist und hatten gegen Billigpreise ganze Trupps von Pferden davon getrieben.

Sie landeten alle in einem großen Schlachthof bei der Landeshauptstadt Resistencia und warteten dort zu Hunderten in den *Corrals* auf ihr Ende. Das Pferdefleisch wurde direkt, wie man mir berichtete, nach Japan exportiert. Aber wenn ich dort mit meinem Auto vorbei kam, hielt ich öfters an und lief zu den *Corrals*. Was sah ich da für schöne Tiere! Auf meine Nachfrage bei der Verwaltung, ob man Tiere kaufen könne, gab es nur ein Kopfschütteln. So galt es, einen anderen Weg zu suchen.

Es war bekannt, dass es in der südlich angrenzenden Provinz Santa Fe noch größere Pferdebestände auf den großen *Estancien* gab. Bei Gelegenheit erzählte mir ein Straßen-Milchverkäufer, er war Russlanddeutscher, dass er dort in der Gegend Verwandte habe, die mir bei der Pferdesuche sicherlich gern behilflich seien, und so war es auch.

Eines Tages fuhren wir mit dem Auto los. Als wir nach einer langen Fahrt ankamen, war bereits die ganze Gegend alarmiert. »Es kommt ein Pferdeaufkäufer, dazu ein Deutscher, die haben doch alle Geld!«, so ging es durch die Zone. Und dann wurden sie hergeritten, mit Wagen vorgefahren und am Halfter hergeführt: schwere Ackerpferde, leichte zähe Kreolen, Stuten mit Füllen und eine Stute, die schon in Palermo, der berühmten Pferderennbahn von Buenos Aires, gelaufen sei. Es war wunderbar!

Immer wieder wurde ich schwach und schlug in die ausgestreckte Hand des Verkäufers. Nach zwei Tagen war alles zu Ende. Ein altersschwacher Lastwagen wurde aufgetrieben, und als wir damit zu Hause ankamen und hinten den Schlag öffneten, traf Marianne beinahe auch der Schlag. Zwölf Pferde drängten, hüften und sprangen auf sicheres Land und rannten wie von Furien gejagt hinaus in das *Camp*.

Mit Windeseile sprach sich in der Nachbarschaft, also etwa in einem Radius von mindestens zehn Kilometern, mein Kauf herum. Die einen mögen sich an die Stirn getippt haben, andere kamen aus Neugier oder wollten ein Pferd kaufen. Auch arme Kleinbauern, denen eben der letzte Gaul verendet war, kamen zum Betteln. Warum auch nicht? Schließlich war unsere Weide begrenzt, denn ein Pferd frisst, so weiß man das, das Doppelte einer Kuh. Durch weitere Pferdezukäufe vergrößerte sich meine Herde trotzdem. Ich war voll in meinem Element, wenn ich mich auf ihren Rücken schwang, um so Charakter, Bereitwilligkeit, Temperament, aber auch Bösartigkeit testen zu können. Das erwähnte »Rennpferd« zeigte sich nur im Blick auf seinen Preis als Spitze, es war ein absoluter Reinfall. Die Stute war so bösartig, dass es lebensgefährlich war, sich mit ihr einzulassen. Selbst gewiefte *Gauchos* rieten davon ab.

Natürlich kauften wir auch Kühe, Schweine und Hühner. Marianne war als Bäuerin voll im Glück. Sofort nach unserer Ankunft hatten wir die mitgebrachte Funk-Antenne aufgebaut und so beinahe täglichen Kontakt mit der Heimat.

In dieser Anfangszeit entstand mein erstes Lied in spanischer Sprache. Ich wollte, wie meinen früheren Wohnsitzen, auch der Stadt Charata ein Lied schenken. Als Grundtenor nahm ich den Vogelruf, der 70 Jahre zuvor der Siedlung im Busch ihren Namen gegeben hatte: »Cha-ra-ta-ta.« Meine Musiker, die Maurer, begleiteten mit zwei Gitarren und einer Trommel, das war der leere Kasten meiner »Rosa«.

Als wir zwischen ihren Wohnhütten saßen und übten, stand plötzlich ein Mädchen hinter mir und sang mit. Gladis hieß sie, und was für eine Stimme hatte sie! Das war zweifellos unser »Stern von Rio«. Später kreierte ich noch den »*Burro*«, übersetzt heißt das Esel. In diesem Lied brachte ich die ganze Not und Verzweiflung der in Armut Dahinvegetierenden zum Ausdruck, sodass mir ein Betroffener, der zuhörte, sofort bestätigte: »Der Esel, das sind wir!« Ich hatte den Kern getroffen. Später kam noch ein weiteres Lied über den »*Barrio* Ulm« dazu. Sie sind auf meinen CDs zu hören.

Als wir in Charata ankamen, hatte ich einige tausend Mark Spendengelder im Beutel. Sie stammten aus meiner Vortragstätig-

Mit meiner Indio-Band aus Maurern sangen wir das Charata-Lied.

keit im Schwabenland. Ebenso hatten sich nicht wenige Freunde
aus dem doch ziemlich angewachsenen Bekanntenkreis geäußert,
dass sie auch weiterhin gern mit ihrem »Scherflein« helfen wollten,
die Not der Dritten Welt zu lindern. So sprach es sich bald herum,
dass Don Federico Geld habe, und es dauerte nicht lange, bis ich
auf der Straße um Hilfe angesprochen wurde.

Da schleppte mich ein verzweifelter Arbeitsloser zu seiner
dahinsiechenden, krebskranken Frau, für die er so dringend
schmerzstillende Tabletten haben müsse. Da wollte ich im Fotoge-
schäft etwas abholen, und es kam ein alter Mann in den Laden. Er
sei lungenkrank, komme gerade vom kostenlosen Hospital, der
Arzt wolle eine Röntgenaufnahme machen. Nun solle er im Foto-
geschäft eine Röntgenplatte kaufen und am nächsten Tag wiederkommen. Als der Händler den Preis nannte, 20 Mark, schüttelte
der Mann traurig den Kopf. Er habe nur vier. Schon wollte er den
Laden verlassen, da griff ich natürlich in die Tasche. Wie dankbar
hat dieser Mann mich angeblickt, es war auch noch gerade Heiligabend.

Ich konnte Operationen bezahlen, Brot kaufen, einer Familie
mit zwölf Kindern einen zweiten Schlafraum anbauen, ein paar

Matratzen kaufen und noch vieles mehr. Da viele dieser armen Familien für ihre Kinder keine Milch kaufen konnten, wollte ich eine kleine landwirtschaftliche Milch-Genossenschaft gründen, außerdem hatten die Landwirte meiner Nachbarschaft keine Absatzmöglichkeit und somit auch keine sichere Einnahme eines Milchgeldes. So schlug ich zwei Fliegen mit einer Klappe. Aber durch ähnliche, frühere Unternehmen waren die Bauern »gebrannt«, sie hatten schlechte Erfahrungen gemacht. Man hatte den Glauben an die Menschheit zu Recht verloren, da halfen auch keine Beteuerungen, dazu noch ausgerechnet von einem Pfarrer, der sowieso nichts versteht. Ein Nachbar allerdings ging auf den Vorschlag ein, so konnten wir einige Jahre drei Mal in der Woche ein paar bedürftige Familien mit Milch versorgen. Was war das für ein Anblick, wenn Luzero, ein großer Brauner, vor dem hohen *Sulky* dem Städtchen entgegentrabte und die Vorderbeine hochwarf wie ein Lipizzaner, sodass jeder Pferdekenner stehen blieb und bewundernd mit dem Kopf nickte. Es war mein bestes Pferd, unvergesslich.

Als wir auf unserem Land einzogen und der Containerlastwagen anrumpelte, stand schon der bereits erwähnte Marcelo da, um abladen zu helfen. Wir kennen ihn aus der Internatszeit in Charata, wo er als Einziger meinen Deutschkurs durchhielt. Er studierte nach seinem Abitur Zahnmedizin in der Universitätsstadt Corrientes unter unglaublich armseligen Bedingungen. Um sich Bücher und das nötige Schreibpapier kaufen zu können, rannte er mit den Zeitungsjungen schon morgens um vier Uhr durch die Straßen, mit diesem in Argentinien so bekannten Weckruf in den Großstädten: »*Diario!* – Zeitungen!«

Als wir nach Charata kamen, war er eben fertig geworden und hatte in einem Zimmer seine Praxis eröffnet. Die Decke hatte große Flecken, es regnete herein, ein ausgedienter Patientenstuhl war ihm geliehen worden – es sah einfach erbärmlich aus. Da schrieb ich meinem Freund, dem Zahnarzt Dr. Kiess nach Herrlingen, ob nicht die Möglichkeit bestünde, diesen jungen Mann für drei Monate als Praktikant aufzunehmen. Eine positive Antwort kam sofort. Einer der Söhne räumte sein Zimmer frei, und so kam Marcelo nach Deutschland.

Als er zurückkam, kaufte ihm Dr. Kiess eine komplette Praxisausstattung, damit fing er an anderer Stelle in Charata an und war aus dem Schneider. Sehr schnell machte die Nachricht seines »Studiums in Deutschland« im Städtchen die Runde. Es ging aufwärts mit ihm.

Heute ist er Gastprofessor in Buenos Aires und organisiert große Fachkonferenzen. Dabei ist er mein absoluter Vertrauensmann und Berater für Projekte in Charata. Ich kann ihm sorglos jede Summe Geld für die Operationen zur Verwaltung in die Hände legen. Durch ihn war ein Großteil meiner Arbeit in Abwesenheit überhaupt nur möglich. Er ist verheiratet und hat drei Kinder. Die Frau ist ebenfalls Zahnärztin. Sehr oft ruft er mich an, um meine Stimme zu hören, wie er sagt.

Besonders oft wurde ich in die Slums am Stadtrand von Charata gerufen, wo sich viele der Landarbeiter in Wellblechhütten und oft unmöglichen Pappkartonbehausungen angesiedelt hatten. Durch die Technisierung der Landwirtschaft in diesem Gebiet, besonders durch die Einführung von Baumwoll-Pflückmaschinen, hatten diese Pflückerfamilien nicht nur Arbeit und Brot verloren, sondern auch ihre *Ranchos* auf dem Land der Grundbesitzer.

Es blieb kein anderer Weg als der in die Stadt. Vielleicht könnte der Vater dort eine Stelle als Hilfsarbeiter finden; bessere Chancen hatte die Mutter als Haushalthilfe oder Wäscherin. Nur wenige hatten das Reisegeld zur Landeshauptstadt Buenos Aires; so blieb man in Charata.

Aber wenn ich in diese Stadtrandslums kam, fiel mir auf, dass es auch da Unterschiede gab in puncto Sauberkeit. Hier war der kleine Vorplatz sauber gekehrt, davon ein Quadratmeter umgegraben und mit Gemüse bepflanzt, ein Schweinchen am Fuß angebunden oder ein Huhn in einer Kiste eingesperrt, und gleich daneben, beim Nachbarn, stank ein Haufen Müll zum Himmel, auf dem sich schillernde Fliegenschwärme und eilige Ratten ein Stelldichein gaben.

Da kam mir 1990 der Gedanke, diesen ordentlicheren Familien ein Stückchen eigenes Land zu verschaffen, wo sie nicht nur Gemüse anbauen, sondern auch Kleintiere halten konnten, sowohl für den eigenen Verbrauch, aber auch als kleine Erwerbsquelle zum Verkauf. Gleichzeitig hätten die auf der Straße herumlungernden und auf eine Gelegenheitsarbeit wartenden Männer dabei eine sinnvolle Betätigung.

Ich ging auf die Suche, und schon bald wurde mir zwei Kilometer außerhalb der Stadt ein Grundstück von 16 Hektar angeboten. Der Verkäufer, ein alter Pole, verlangte 2.400 Dollar, doch das Geschäft wurde zu meiner Zufriedenheit abgeschlossen. Jetzt fehlte nur noch die Überschreibung auf dem Katasteramt. Aber, oh Schreck, dort erklärte mir der Beamte, dass dieses Grundstück der Stadt gehöre. Der Pole wohne nur schon 60 Jahre auf dem Land und könne außer dem investierten Kapital für errichtete Bauten nichts verlangen. Aber außer einem alten, zusammengefallenen Brunnen und etlichen verrosteten Stacheldrähten gab es dort nichts zu bewerten. Ich war wieder einmal hereingefallen! Schließlich aber, nach meiner Vorsprache beim Gemeinderat und dem Bericht über die Zweckbestimmung des Projekts, wurde mir das Land kostenlos überlassen. Man kannte mich und glaubte mir.

Ich ließ das Land vom wilden Buschwerk säubern und pflügen. Dann vermaß ein Landmesser das Grundstück in Straßen und 30 Parzellen zu je 4.500 Quadratmeter. Jetzt konnte es losgehen. Ich erwartete einen regelrechten Ansturm der Interessenten, zumal das Grundstück ja verschenkt wurde. Aber ich sollte mich täuschen, nur wenige erkundigten sich vorsichtig danach. Man wollte und konnte es nicht glauben, dass da einer kommt, dazu noch ein *Gringo*, und ohne Hintergedanken Land verschenkt. »Vorsicht, der will uns auf irgendeine Art hereinlegen!«

Ich musste gut zureden und den ersten Familien geradezu nachlaufen, bis sie zögernd kamen und sich ihr Stück Land zuteilen ließen. Um aus der gedachten Siedlung nicht das übliche, heillose Durcheinander von *Ranchos* und Blechhütten entstehen zu lassen, entwarf ich drei Hausmodelle. Eines davon wurde, nach Rücksprache mit einem Fachmann, ausgesucht und als Musterhaus auf das Verwaltungsgelände erstellt. Natürlich sehr einfach, nur drei Zimmer mit Wellblechdach. »So müssen eure Häuser später einmal aussehen!« Ebenso wurden die zukünftigen Hausfundamente in genauer Linie abgesteckt, sodass die Häuser später ordentlich in Reih und Glied zu stehen kämen.

Jetzt können sie anfangen mit dem Bauen, dachte ich froh und ahnungslos, aber ich erlebte eine Riesenenttäuschung. Es verging Woche um Woche, und nichts geschah. Nur das Unkraut hatte schon bald nach dem ersten Regen das ganze Projekt überwuchert.

Es wuchs wie meine bösen Ahnungen. »Warum fangt ihr nicht an?«, so meine verzweifelte Frage an die Begünstigten. Aber ebenso verzweifelt kam die Antwort: »Mit was sollen wir anfangen, wir haben keine 20 Pesos, um 100 Backsteine zu kaufen.«

Und natürlich hatten sie Recht. Jetzt wurde mir klar, dass eine Hilfe, auch zur Selbsthilfe, nicht dadurch erreicht wird, dass man dem Hilfebedürftigen nur den kleinen Finger reicht, denn er braucht die ganze Hand. Oder so: Wenn ich jemanden auf ein Pferd und in den Sattel heben möchte, fällt er zurück, wenn ich ihn auf halber Höhe loslasse. Ist der Schwung aber zu groß, gebe ich ihm also zu viel, dann fällt er auf der anderen Seite auf den Boden. Mit anderen Worten: Man muss die Mitte suchen und finden, den Bedürftigen nicht zu wenig, aber auch nicht zu viel geben. Nur so kommen sie in ihr Gleichgewicht, bleiben im Sattel und können losreiten, einer besseren Zukunft entgegen.

Aus diesen Überlegungen heraus entschloss ich mich, jeder Familie noch ein Zimmer zu bauen, aber gleichzeitig schon mit dem Fundament für die weiteren zwei. Dieser Plan ging auf, denn

Arme Landarbeiterfamilien im Rancho

sie kamen, und das sofort. Was tat es, dass oft zehn Personen auf 15 Quadratmeter hausten! Aber es waren die eigenen vier Wände, und das glitzernde Wellblechdach ließ keinen Tropfen Wasser durch. Natürlich hatten die Fenster kein Glas, sondern nur Holzläden, aber die ließ ich wunderschön grün anmalen, so dass sie von der weißen Kalkwand freundlich abstachen. Dazu das rot gestrichene Dach: wie heimelig!

Gleich wurden Obstbäume zum Großabnehmerpreis bei den Baumschulen organisiert und bei vorbildlichem Verhalten auch geschenkt. Dann gab es schon im zweiten Jahr den Wettbewerb »Unser Dorf muss schöner werden« mit Gewinnen. Eine unparteiische Kommission von außen prüfte und teilte nach Punkten ein, beispielsweise Blumenanbau, Gemüse- und Baumpflanzung, Sauberkeit des Anwesens und so weiter.

Den ersten Preis stiftete ich. Es war mein Ziegenbock, der mir ständig Ärger bereitete, besonders wenn er in den Gemüsegarten einbrach. Leider konnte er sich keines langen Lebens erfreuen, denn noch am Abend der Gewinnausschüttung landete er im Kochtopf.

Lange überlegte ich wegen des Namens, den ich der Siedlung geben wollte. Schließlich entschied ich mich für den Namen meiner Geburtsstadt Ulm, aber das nicht allein aus ideellen Gründen. Nein, da war auch die Berechnung, dass dieses Ulmer Geld, das früher einmal »die Welt regierte«, auch heute noch segensreich in Argentinien wirken könnte, wenn ... So schrieb ich an die Stadtväter der früheren freien Reichsstadt: »Euch ist ein Kind geboren!« Sicherlich waren sie nicht weniger überrascht und erschrocken als der Bauernknecht, der die Nachricht von der Geburt seines unehelichen Kindes erfuhr.

Aber sie haben geholfen, die Ulmer, und nicht nur sie. Ich entschloss mich, jedem Häuschen der Siedlung den Namen eines Dorfes aus dem Ulmer Alb-Donau-Kreis zu geben. Dazu schrieb ich die Bürgermeister an, und auch sie antworteten zu 80 Prozent positiv. So ist heute über jedem Hauseingang eine Holztafel mit dem Namen des Patendorfes angebracht. Als amtliches Siegel klebt darunter der Autoaufkleber des Alb-Donau-Kreises, Kostenpunkt etwa 20 Pfennige. Aber der Landrat schenkte mir gleich einen ganzen Stoß, als er von ihrer »amtlichen Wichtigkeit« erfuhr.

Die Siedlung Ulm im Jahr 1997, neue Heimat vieler ehemals armer Landarbeiter

Die anfängliche Größe jeder Parzelle stellte sich im Nachhinein, was die intensive Bearbeitung betrifft, für viele Familien als zu groß heraus, so teilte ich immer wieder auf und zog neue Straßen. Unter den Straßennamen gibt es noch heute: »Schwabenland«, »Alemania«, »Ulmer helft« und auch »Pastor Federico Held«.

Heute stehen 120 Häuser auf dem Gelände; die Einwohnerzahl dürfte bei 550 liegen. Im Zentrum steht das Wahrzeichen von Ulm, der Münsterturm. Natürlich nicht so hoch wie das Original, aber immerhin in der Proportion 1:20, also 8 von 161 Metern. Er wird bei Nacht beleuchtet, gut sichtbar für die Autofahrer und Busse, die auf der Straße der 1.000 Kilometer entfernten Landeshauptstadt Buenos Aires entgegen brausen. So ist die »Siedlung Ulm« weder bei Tag noch bei Nacht zu übersehen.

Die offizielle Einweihung unter Beteiligung hoher Regierungsbeamter war im Jahr 1996. Dazu kam eine Besuchergruppe aus dem Schwabenland mit 50 Personen plus Fernsehteam angereist. Bei meiner Festrede zählte ich dem Publikum drei Gründe auf, die mich zu diesem Projekt veranlasst hatten:

Erstens und absolut vorrangig, um diesen besitzlosen Landarbeitern eine Heimat zu geben.

Zweitens, um der Welt zu zeigen, dass wir Deutschen gar nicht so schlecht sind, wie man uns macht, auch noch 50 Jahre nach dem Dritten Reich, denn kein Land der Welt spendet und hilft so viel wie Deutschland beziehungsweise seine großherzigen Geber.

Und drittens, um dem Land Argentinien meine Dankbarkeit auszusprechen und von dem etwas zurückzugeben, was ich an großherziger Gastfreundschaft erfahren durfte. Aber noch etwas: Ich wollte all den verantwortlichen Politikern zeigen, was man in die Landschaft stellen und fertig bringen kann, wenn die Mittel bis zum letzten Pfennig dahin kommen, wo sie hingehören und nicht in dunklen Kanälen verschwinden, wobei ich damit auf die übliche Korruption anspielte.

Die anwesenden hohen Regierungsvertreter saßen stumm da, applaudierten aber schließlich heftig. Natürlich trug ich mit meiner Maurerkolonne das von mir kreierte »Charata-Lied« vor. Aber absoluter Hammer war die Überraschung für die Besuchergruppe aus dem Schwabenland, als wir auf Schwäbisch das Lied anstimmten: »Muss i denn zum Städtele naus«, und zwar alle drei Verse.

Ein ganzes Jahr hatte ich es ihnen eingepaukt, aber sie wussten textlich trotzdem nicht, was sie sangen. Es klappte nichtsdestotrotz großartig. Natürlich sangen die Schwaben mit, blieben aber, wie üblich, schon beim zweiten Vers stecken, doch meine Indios sangen durch. Das war ein Ding! Es gab langen, stehenden Applaus.

Hier in Charata war es auch, dass am Ende unserer Tour die Reisekasse unserer Gruppe durch die gestraffte und kostengünstige Organisation einen bedeutenden Überschuss aufwies. Da führte ich die Teilnehmer zu einer schon viele Jahre mit mir befreundeten jüdischen Bauernfamilie. Diese saß völlig verarmt auf einem kleinen Stückchen Land und lebte von ein paar Litern Milch, die zwei magere Kühe gaben. Die alte Mutter, hochgebildet, einstmalige Studentin in Polen, saß auf einem wackeligen Küchenstuhl, die drei schon betagten ledigen Kinder trugen flickenreiche Klamotten am Leib. Das Haus war kurz vor dem Zusammenfallen, das Blechdach durchgerostet, die Holzträger waren vom eindringenden Regen morsch – es bestand höchste Einsturzgefahr. Ein wahres Elend.

Die Besucher waren erschüttert und sofort mit meinem Vorschlag einverstanden, unseren Überschuss, anstatt ihn an die Teilnehmer auszuzahlen, zur Totalerneuerung dieses Hauses zu verwenden. Und so geschah es. Ein junger Theologiestudent aus Deutschland, Herr Tilmann, legte in vierwöchiger Arbeit eine elektrische Installation, und ich konnte nach langen Jahren des Kampfes auch eine 500 Meter lange Anschlussleitung in das elektrische Netz legen lassen.

Jetzt haben diese Menschen bei der Nacht nicht nur Licht, sondern können auch – bei oft bis zu 45 Hitzegraden – einen kleinen Ventilator blasen lassen. Später ließ mich die Vorsteherin der jüdischen Gemeinde von Charata zu sich rufen – sie saß gelähmt im Rollstuhl – und übergab mir mit vielen Dankesworten ein Geschenk. Als sie dabei ganz unerwartet meine Hand an ihre Lippen riss und mir einen Kuss gab, war mir das äußerst peinlich. Aber was sollte ich machen?

Bei meinem letzten Besuch in Charata kauften wir der Familie einen guten Kühlschrank. Bei der Auslieferung hatte der Transporteur den Auftrag, auf die Frage nach dem Absender einfach zu antworten: »Den schickt der liebe Gott.«

1997 kam das Problem der Schule. Die immer größer werdende Kinderzahl schrie nach einer Lösung. Es durfte nicht passieren, dass die Kinder, wie die meisten ihrer Eltern, Analphabeten blieben. Sie hätten später nie eine andere Chance als die von Gelegenheitsarbeitern. Ihre Armut war quasi vorprogrammiert.

Als sich außerdem die Schulen in Charata weigerten, unsere Kinder wegen Überfüllung aufzunehmen, mussten wir handeln, und zwar schnell. Wir bauten eine Grundschule, mit einem zu erreichenden Schulabschluss nach sechs Klassen, und ebenso einen Kindergarten. Nach mehrmaligen Vergrößerungen wurde diese im Februar 2005 endgültig eingeweiht.

Die Schule zählt heute mit Kindergarten 450 Schüler bei 23 Lehrkräften. Sie werden vom Staat bezahlt, während wir die zusätzlichen Fächer wie Computer, Englisch und Handarbeiten durch Spenden aufbringen. Die Schule gilt heute schon als Musterprojekt in der Provinz, besonders was die Ordnung und Sauberkeit anbelangt. Da viele Schüler das Wort Milch kaum kennen und ein großer Teil auch kein tägliches Essen hat, gibt es in unserer Schule zur Pause ein Glas Milch mit einem Stück Brot; mittags gibt es einen Teller Suppe. Wohl mag das Sprichwort gelten, dass ein voller Bauch nicht gern studiert, aber ich glaube, ein leerer genauso wenig. Nimmt es Wunder, dass unsere Schule sehr beliebt ist, und dass wir bereits gezwungen sind, weitere auswärtige Schüler abzuweisen? Aber noch eine besondere Freude durften wir erleben. Das Erziehungsministerium der Provinz Chaco hatte einen Schülerwettbewerb ausgeschrieben unter dem Titel:»Wer waren die Pioniere des Chacos?« Daran beteiligten sich fünf Schülerinnen unserer Schule, und sie gewannen den ersten Preis. Zum Pionier ihrer ausführlichen Arbeit hatten sie Don Federico gewählt. Ich kann aber nichts dafür!

Ein frisch pensionierter Pfarrer mag sich vorkommen wie ein blindes Huhn, besonders am Sonntagmorgen. So war es für mich bei unserer Ankunft in Charata selbstverständlich, dass ich mich der dortigen kleinen evangelischen Gemeinde, die von mir ja 1977 neu gegründet worden war, mit gelegentlichen Predigtdiensten, Bibelstunden oder Ähnlichem zur Verfügung stellen wollte. Aber schon in Buenos Aires hatte mir nach unserer Ankunft ein Freund und Kollege ins Ohr geraunt, man sehe in der Kirche mit meiner Ankunft bereits wieder Schwierigkeiten voraus. Nanu!
In Charata angekommen, wurde mir von einem Mitglied des Kirchengemeinderats unter strengster Verschwiegenheit anvertraut, dass man von oben – wobei hoffentlich nicht der liebe Gott gemeint war – den Rat bekommen habe, sich dem Held gegenüber auf Distanz zu halten. Das begriff ich nicht. Trotzdem besuchten wir sonntags die Gottesdienste. Da uns aber die häufig sich wiederholenden Töne in Richtung feministischer Theologie[1] mit der Zeit auf die Nerven gingen, zogen wir uns etwas zurück.
Es kam hinzu, dass wir von meinem früheren Schüler, dem Zahnarzt Marcelo – obwohl aktiver Katholik – geradezu gedrängt wurden, mit einer Bibelstunde im Stil eines Hauskreises anzufangen. Zeitlich entschlossen wir uns nach guter schwäbisch-pietisti-

---

[1] Feministische Theologie verwischt den von Gott gewollten Unterschied zwischen Mann und Frau und geht vielerorts so weit, dass man selbst aus Gott eine »Göttin« machen möchte.

scher Sitte für den Sonntagnachmittag, also außerhalb aller Gottesdienstzeiten. Wir luden dazu auch die durchweg katholischen Nachbarn ein.

Wir sangen nach schwäbischer Stundenart einige Erweckungslieder und unterhielten uns über einen Bibeltext. Nach dem Gebet trank man eine Tasse Kaffee und »schwätzte« noch ein Weilchen. Es war sehr heimelig. Allerdings wurde der Raum in unserer Küche langsam zu klein, da es immer wieder Zuwachs gab, und wir dachten an den Bau eines größeren Raumes.

Aber mein Nicasio, der Maurer-Häuptling, schüttelte den Kopf. »Nein«, so seine Antwort, »ich baue einen Köhlerofen, schön rund und nur aus Backsteinen und Lehm, wie noch heute im Gebrauch zur Gewinnung der Holzkohle, darin einen offenen Kamin mit Abzug, in der Wand einige kleine Öffnungen zum Durchzug, und als Sitzgelegenheit fällen wir einige Hartholzbäume und hauen die Stämme mit der Axt spiegelglatt.« Genau so geschah es. Wenn wir im Rund saßen, oft mit bis zu 25 Personen, hallte es in dem Gewölbe wunderbar beim Klang der »Rosa«.

Die »Stunden« wurden uns allen lieb und vertraut; es war für uns ein Stück Heimat. Für unsere katholischen Besucher aber war es, wie uns schien, eine auflockernde, willkommene Abwechslung

Ach, war das heimelig!

zu ihren doch oft streng gehaltenen liturgischen Messen. Es bedrückte mich jedoch nicht nur, sondern ärgerte mich auch, als mir ein Freund und Kollege nach einem Deutschlandbesuch erzählte, dass dort auf einer Pfarrerkonferenz die Nachricht die Runde gemacht hätte, der Held habe jetzt in Charata eine eigene Kirche gegründet. Dabei zählt meines Wissens das Gebot gegen das »falsche Zeugnis« schon zum Stoff des Konfirmandenunterrichts!

Wen wundert es, dass ich mich noch mehr abnabelte von einer Kirche, der ich immer nur hatte helfen wollen? Und wen wundert es außerdem, dass ich, auch was den Bau der Siedlung betraf, auf Rat und Hilfe von Menschen, zu denen ich kein Vertrauen hatte, keinen Wert mehr legte? Dagegen predigte ich des Öfteren in den »Kirchen« – es waren zum Teil nur armselige *Erdranchos* – der Baptisten und Pfingstler aller möglichen Couleur. Mancher dieser kleinen Gemeinden konnte ich erfolgreich unter die Arme greifen, beispielsweise bei der Anschaffung einiger Bänke oder dem Austausch ihrer durchgerosteten Wellblechdächer.

Schon viele Jahre unterhielt die *Union Germanica* von Charata, wir erinnern uns, eine so genannte »deutsche Stunde« bei der Radiostation Mocovi, Sonntagmorgens von 10.30 bis 11.00 Uhr. Der starke Sender strahlte über 500 Kilometer weit aus. Das »deutsche« Programm bestand damals in der Regel aus deftiger Blasmusik, der Werbung einiger Sponsoren und eventuellen Vereinsnachrichten. Es begann regelmäßig mit dem Schunkelwalzer: »In München steht ein Hofbräuhaus«, dann kam »Trink, trink, Brüderlein, trink«, und gewöhnlich marschierten auch noch die »Alten Kameraden« durch den Äther. Und eh man sich's versah, verabschiedete sich eine Stimme in holperigem Deutsch bis zum nächsten Mal. Es war eine Katastrophe, um nicht zu sagen Schande, für unser deutsches Vaterland.

So entschlossen wir uns, Marcelo und ich, diese Sendung zu übernehmen, und das taten wir sieben Jahre lang. Ich arbeitete das Programm aus, suchte alle möglichen Volks- und Heimatlieder, ebenso Schlager und Märsche zusammen, während mein Moderator Marcelo völlig unvorbereitet am Mikrophon munter drauflos plapperte, nie stecken blieb und auf meine unerwarteten Stichfragen immer blitzschnell eine Antwort parat hatte.

Ich musste ihn gewöhnlich, oft nur zehn Minuten vor der Sendung, durch starkes Klopfen am Fensterladen seines Schlafzimmers aufwecken, bis er schließlich noch völlig verstrubbelt und verschlafen herauswankte mit der Frage:»Was machen wir denn heute?« Trotzdem bekam die Sendung Niveau, was durch häufige telefonische Anrufe im Anschluss bestätigt wurde.

Im Zentrum der Stadt Charata befindet sich die *Plaza*. Dort steht, wie in ganz Südamerika üblich, die alles überragende katholische Kirche. Der ausgedehnte Amtsbezirk wurde von zwei polnischen Priestern verwaltet, Felix und Kasimiro waren ihre Namen. Naturgemäß hatten wir nichts miteinander zu schaffen, bis Pater Felix dahinter kam, dass ich mir als »Wohltäter« in der Gegend bereits einen Namen gemacht hatte. Da er gerade eine Kirche in einem Stadtteil von Charata im Bau hatte, ließ er mir ausrichten, dass er an einer Spende dafür, vielleicht in Form einer Kuh, nicht uninteressiert sei. So eine Frechheit!

Gleichzeitig meldete er seinen Besuch an. Als er vor mir saß und über seine finanziellen Probleme klagte, tat er mir Leid. Die Kuh bekam er nicht, aber ich versprach ihm, die Wellbleche des großen Daches zu stiften. Da zog er fröhlich seiner Wege. Ungefähr ein halbes Jahr später flatterte mir die Einladung zur Einweihung der Kirche ins Haus. Ach, dachte ich, da gibt es so viele Menschen, hinzu kommt die südamerikanische Unpünktlichkeit, die das Volk gewöhnlich in praller Hitze warten und herumstehen lässt, weil man noch auf irgendeine Persönlichkeit zu warten hat, da gehst du nicht hin. Aber schließlich stand ich doch unter der großen Volksmenge und wartete auf den Beginn der Zeremonie und auf den Einzug in die neue Kirche.

Plötzlich ertönte ein Lautsprecher und rief meinen Namen. Sehr verwundert wand ich mich durch die Menge. Da stand Felix und neben ihm der Bischof. Ich wurde sehr herzlich begrüßt, dann drückte man mir eine Schere in die Hand und führte mich an das Kirchenportal, das durch ein Seidenband mit den argentinischen Landesfarben abgesperrt war. Dieses sollte ich durchschneiden und, weil mir niemand gesagt hatte, was im Anschluss zu tun war, schritt ich gemessenen Schrittes als erster durch das Portal. Hinter mir der Bischof mit dem Kreuz, die Priesterschaft aus nah und fern und schließlich das Kirchenvolk. Kurz vor dem Altar schlug ich einen schnellen Haken zur Seite und setzte mich in eine Kirchenbank.

Nachdem der Bischof und Felix ihre Predigten beendet hatten, bat ich um das Wort und trat vor das Mikrofon. Erwartungsvoll lagen die Blicke der viele hundert zählenden Besucher auf mir. Was würde er wohl sagen, »der Lutherische«? Ich bedankte mich für die Einladung, um dann der Gemeinde herzlich zu gratulieren. Alles nickte freudig und zufrieden, war diese Äußerung im Blick auf ihre neue Kirche natürlich angebracht.

»Aber«, so fuhr ich fort, »ich meine mit meiner Gratulation gar nicht so sehr die neue Kirche, sondern vielmehr Ihren Pater Felix.« Und wieder ging ein gefälliges Räuspern durch die Bankreihen. Doch bei meinem nächsten Satz erstarrten die Gesichter. Eine lähmende Stille legte sich auf die Versammlung, man war schockiert, als ich sagte: »Pater Felix ist der größte Bettler, der mir im Leben je begegnet ist!« Sehr schnell erklärte ich aber, dass dies nicht nur erlaubt, sondern geradezu christlich untermauert sei, wenn man dies nicht für sich, sondern für seinen Nächsten tue. Jetzt brach ein erleichtertes Gelächter aus.

Pater Felix war nicht nur ein sehr aktiver, sondern auch äußerst beliebter Seelenhirte. Ich konnte ihm öfters unter die Arme greifen. So etwa beim Bau einer Schule für eine entfernte Indianersiedlung oder auch beim totalen Dachwechsel seiner Stadtkirche. Die alten Wellbleche waren aber an mich abzuliefern, denn sie kamen, ausgebessert, versteht sich, bei meinen Siedlungshäusern zur Verwendung.

Da er in einer entlegenen Gegend auch eine Kinderspeisung unterhielt, brauchte er laufend Spenden in Form von Lebensmitteln, vor allem Fleisch. Magerte in meiner kleinen Viehherde ein Tier aus Alters- oder sonstigen Gründen ab, störte es durch seine Bösartigkeit oder litt es an chronischem Durchfall, sodass diese Tiere kein Metzger mehr kaufte, genügte eine kurze Mitteilung an Felix, und schon rumpelte eine alte LKW-Kiste an und lud auf. Meine einzige Bedingung für die Schenkung lautete: Die Tiere dürfen unter keinen Umständen mehr zurückgebracht werden.

Es war wohl um das Jahr 1995, als mich Felix um die Überlassung eines größeren Grundstücks in der Siedlung bat, denn er wolle für seine Katholiken eine Kirche bauen. Selbstverständlich wurde ihm der Wunsch erfüllt. Aber schon bald darauf kam er wieder, fragend und dabei mit dem Daumen am Zeigefinger reibend, sein Zeichen des Geldzählens, wie's denn damit stünde? Kurz und bündig war meine Antwort: »Schreib nach Rom, die haben genug Geld!«

Dies tat er nicht, aber dafür schrieb er an die Diözese nach Rottenburg in Württemberg und bat um Hilfe. Er bekam eine sehr ausweichende Antwort, sie lautete richtigerweise und ungefähr so: Die ganze Welt schreie um Hilfe, die Warteschlange der Antragsteller sei sehr lang, so gälte es zu warten. Die Zeit verging. Nach einem halben Jahr bekam ich zu hören: »Immer noch nichts.« Wieder vergingen Monate, und die Verzweiflung bei Felix stieg. Da setzte ich mich an die Schreibmaschine und schrieb nach Rottenburg. Ich hatte gelernt, dass schreiben und schreiben nicht dasselbe ist.

Eine briefliche Mitteilung muss so ins Auge stechen und den Empfänger so anrühren, dass er den Brief nicht gleichgültig zur Seite legt oder sofort in den Papierkorb wirft. Dazu muss man die Seele des Lesers erreichen. Dies passiert, wenn man ihn entweder zum Weinen oder zum Lachen bringt. Ich habe das Letztere gewählt – und meine Rechnung ging auf.

Nach vier Wochen hielt ich die Antwort des Generalvikars der Diözese in der Hand. Darin war zu lesen: Jeden Tag bringe ihm die Post einen ganzen Sack voller Briefe aus aller Welt ins Haus, aber mein Brief sei der netteste von allen gewesen; er habe sich dabei köstlich amüsiert. Dann folgte die Bitte und Aufforderung, ich, der evangelische Pfarrer, möge ihm mitteilen, wie viel Geld der katholische Kollege für sein Projekt brauche.

Das habe ich postwendend getan, dabei aber die nach meinen Recherchen nötige Summe genannt, die nicht ganz mit der viel höher angesetzten des Antragstellers übereinstimmte. Wer alles bekommt, wird faul, und wo nicht auch eigenes Gemeindeengagement gefordert wird, werden die Bittsteller verdorben. Schon nach kurzer Zeit trafen die erbetenen 10.000 US-Dollar ein, allerdings schüttelte Felix noch lange fassungslos seinen Kopf über der Frage, wie so etwas nur möglich sei, dass man den Bitten des evangelischen Pfarrers schneller entspreche als denen des katholischen Priesters.

Ein Grund könnte gewesen sein, dass man mich in Rottenburg schon ein bisschen kannte. Kam doch bei einer Synodaltagung in Stuttgart im Jahr 1985, wo ich die Andacht zu halten hatte, der katholische Bischofsvertreter aus Rottenburg auf mich zu, bedankte sich sehr herzlich und schickte mir später ein von ihm verfasstes Büchlein über den damaligen Stuttgarter Oberbürgermeister Rommel,»in achtungsvoller Verbundenheit«. Die Kirche in der Siedlung wurde gebaut und vom Bischof eingeweiht. Bei der Begrüßung hieß er mich »lieber Bruder« und ließ meine Hand gar nicht mehr los. Ich musste mich auf einen Stuhl setzen, direkt vor den Altar.

Eines Tages besuchte mich Felix und erkundigte sich vorsichtig, ob ich ihm nicht etliche meiner Predigten in Spanisch verehren könne. Aber selbstverständlich, nichts leichter als das. Da ich lebenslang und immer jede Predigt vollständig schreibe und aufbewahre, war dies kein Problem. Ich suchte das verstaubte und zusammengeschnürte Predigtbündel aus der Kiste und übergab ihm einen tüchtigen Stoß. Als ein gutes Jahr später in einer Runde das Gespräch auch auf den Ortspfarrer Felix kam, nickte eine eifrige Katholikin sehr lobend mit den Worten, er predige gerade so wie Pastor Held.

In diese Zeit fielen die Parlamentswahlen, und wie überall auf der Welt versuchte jede Partei auf ihre Art, Stimmen zu fangen. Ein wichtiger Parteimann, Besitzer eines Supermarktes, verteilte an arme Leute Schuhe. Aber der arme Schlucker bekam nur einen Schuh, der zweite würde erst nach gewonnener Wahl ausgeliefert, nachdem er seine Stimme dem »Spender« gegeben hatte. Ginge die Wahl verloren, musste der Schuh zurückgegeben werden.

Eine andere Partei hatte es auf die Indianer abgesehen. Diese holte man am Wahlsamstag aus dem 25 Kilometer entfernten Reservat mit dem Lastwagen ab. Dann gab es in einem Schuppen für sie ein Festgelage in Form von gebratenem Ochsenfleisch, dazu jede Menge billigen Landwein aus großen Korbflaschen. Vorher musste aber jeder Beteiligte seinen Personalausweis abgeben, und der Schuppen wurde abgeschlossen, damit keiner abhauen konnte. Nach dem nächtlichen Saufgelage fuhr am Wahlmorgen der LKW wieder vor, lud die Indios auf und los ging's zum Wahllokal, wo dann die Personalpapiere wieder ausgehändigt wurden.

Wieder einmal war der heiße Sommer gekommen, und wir verbrachten die Monate Dezember und Januar bei meiner Schwester Eva und dem Schwager Carlos in Villa Gesell, einem Badeort im Süden des Landes an der Atlantikküste. Dort hatte im Jahr 1940 ein Mann namens Carlos Gesell mit einer wahren Pioniertat diesen heute populären Badeort geschaffen. Er war ein Nachkomme des seinerzeit berühmten »Schwundgeld«-Erfinders Silvio Gesell und unternahm in mühevollster, unermüdlichen Arbeit den Versuch, die endlosen Wanderdünen zu befestigen. Dies war nur möglich, indem er Jahr für Jahr Tausende von Sträuchern und Bäumen pflanzte und wieder nachpflanzte, wenn sie verweht oder von den Ameisen und Hasen aufgefressen worden waren. Man nannte ihn den »Dünen-Narren«.

Aber nach zehnjähriger, unendlich mühevoller Arbeit hatte er es geschafft, sodass er die ersten befestigten Grundstücke verkaufen konnte. Ich habe ihn noch persönlich kennengelernt. Villa Gesell ist heute ein gesuchter Badeort mit bis zu 100.000 Gästen in der Saison. Die erste kleine Familienpension stand damals einsam und verlassen auf einer Düne; sie nannte sich ungemein stolz »Playa-Hotel« und gehörte einem Schwaben. Er war als Matratzenmacher nach Argentinien ausgewandert, musste aber wegen seiner Staublunge auf Anraten des Arztes diesen Beruf aufgeben. Aus Altersgründen verkaufte er das inzwischen immer wieder vergrößerte, aber sehr gemütliche Familienhotel 1964 an die Familie Carlos Held. So kam es, dass wir unseren jährlichen Urlaub dort verbringen konnten, dazu noch bei freier Reise.

Aber ab unserer Rückkehr 1988 konnten wir als Pensionäre den jeweiligen Aufenthalt auf die ganze Saison ausdehnen und tüchtig im Hotel mithelfen. Ich betätigte mich als täglicher Einkäufer aller benötigten Lebensmittel für die Küche, chauffierte Gäste vom und zum Flugplatz oder der Busstation, versorgte plötzliche Rohrbrüche, bohrte mich durch verstopfte Klosetts, bekämpfte alles mögliche Ungeziefer, das immer wieder durch die feinsten Ritzen kroch mit, Rauch und Gift. Dann galt es, für besondere Konzerte und Veranstaltungen die Stühle zu stellen und noch vieles mehr.

Meuterte das aus allen Landesteilen angereiste Dienstpersonal – der Saisonverdienst war sehr hoch – und alles gute Reden half nichts, fing ich auch mal an zu brüllen. Kurzum, es gab immer etwas zu tun. Marianne sorgte für den Blumenschmuck und die Blumenbeete und arbeitete als Aushilfe in Waschküche und Konditorei.

Die Gäste kamen hauptsächlich aus dem 300 Kilometer entfernten Buenos Aires, das gerade in den heißen Sommermonaten durch sein feuchtes, schwüles Klima für viele den wahren Horror bedeutete. Unter ihnen waren viele Juden deutscher Herkunft, die während der Hitlerzeit nach Argentinien ausgewandert waren. Sie interessierten mich ungemein, hatte ich sie doch als Junge nur aus der braunen Propaganda – das heißt auf dem Papier mit gebogenen Nasen, großen Ohrlöffeln und krummen Beinen – kennen gelernt. So setzte ich mich bei jeder Gelegenheit neben diese alte Dame oder jenen betagten Herren und hörte nur zu. Dabei war auffallend, wie sparsam, ja geradezu misstrauisch und vorsichtig sie über die Zeit des Dritten Reiches sprachen. Ich lernte Juden kennen, die Entschädigungssummen von Deutschland kassierten, obwohl sie nie in Europa gelebt hatten, und andere, die fliehen und ihren Besitz um ein Zuckerbrot an skrupellose Käufer verscherbeln mussten, aber mit stolzer Verachtung jede Wiedergutmachungshilfe ablehnten. »Von einem Land, das mich so behandelt hat, will ich nicht einen Pfennig!«

Sehr erstaunt war ich, als sie zur Weihnachtsfeier im Hotel beinahe komplett erschienen. Eine große Tanne war aufgestellt, ich spielte mit dem Akkordeon »Stille Nacht«, »O du fröhliche« und sogar »Ihr Kinderlein kommet«, und sie summten mit glänzenden Augen mit. Nicht weniger erstaunt war ich, als der eine oder andere, nachdem ich eine kurze Weihnachtsandacht gehalten hatte, dankbar meine Hand drückte. Dabei waren sie doch jüdischen Glaubens.

Besonders freundete ich mich mit dem alten Jakob Katz an. Er war in einem Dorf in Hessen aufgewachsen und erzählte mir so manches. Beispielsweise wie ihn einmal die Frau Pastor mit einer Ohrfeige aus der Kirche gejagt habe, weil er als Jude dort nichts verloren habe. Zu strahlen begann er, wenn er vom dortigen Gesangverein berichtete, in dem er mitgesungen hatte, und plötzlich fing er an, sein Lieblingslied zu singen: »Die alten Straßen noch, die alten Häuser noch, die alten Freunde aber sind nicht mehr.«

Ich habe dieses alte Volkslied gesucht, aufgespürt und schickte ihm davon eine Kassette. Sie sei den ganzen Tag gelaufen, sagte später seine Frau. Diese, ebenfalls Jüdin, war die Tochter eines Gutsbesitzers in Ostpreußen. Dort wuchs sie auf und dort lebte sie, bis sie Deutschland verlassen musste. Das alles erzählte sie mir, während sie mit einer Grippe im Bett lag. Ganz traurige Augen bekam sie, als sie vom Abschied ihrer großen Liebe sprach; es war ein Soldat der Wehrmacht.

Um sie etwas aufzumuntern, holte ich mein Akkordeon, und dann sangen wir längst verklungene Lieder ihrer Heimat: »Es dunkelt schon in der Heide«, »Ännchen von Tharau«, »Zogen einst fünf wilde Schwäne« und viele mehr. Ich durfte ihr damit eine unvergessliche Freude machen.

Wieder einmal war eine Saison zu Ende gegangen, es war Februar 1991, und wieder galt es, die Heimfahrt anzutreten. Zwei Nächte zuvor wachte ich in der Nacht auf und merkte, dass Marianne wie so oft schlaflos in ihrem Bett lag. Es plagte sie schon wochenlang dieser anhaltende Kopfschmerz, gegen den die Ärzte keine Arznei wussten. Ich litt dann immer mit, und auch jetzt streichelte ich ihren Kopf.

Da sagte sie plötzlich: »Du, ich glaube, ich muss bald sterben!« Sie hatte nicht die geringste Angst davor, in der Gewissheit, dass weder Tod noch Leben sie scheiden kann von der Liebe Gottes und ihrem Herrn Jesus. Nur die Sorge um mich, so ließ sie öfters verlauten, gab ihrem Leben noch Sinn.

Wieder einmal wurde der Peugeot mit vielen Abschiedsgeschenken, Weinkisten, Konservendosen und sonstigen Lebensmitteln aus dem Lager des Hotels vollgeladen. Vor uns lagen 1.500 Kilometer Weg und es galt, um fünf Uhr in der Frühe loszufahren. Da man gewöhnlich in dieser Aufbruchstimmung unruhig und schlecht schläft, schob mir Marianne gegen 22 Uhr eine Schlaftablette in den Mund und meinte: »Vor so einer langen Reise muss man gut schlafen!«

Nur mit Mühe kam ich, sechs Stunden später, aus dem Bett, aber planmäßig fuhren wir los. Es war noch stockdunkle Nacht. Die endlose, schnurgerade Straße über die weite *Pampa*ebene war praktisch ohne Verkehr, und so kam es, dass ich bei der eintönigen

Fahrt – das monotone Motorengebrumm im Ohr – immer schläfriger wurde. Ich kämpfte am Steuer mit Gewalt dagegen an, schlug den Gedanken an eine Reisepause im Blick auf das ferne Reiseziel aus und fiel kurz darauf in einen Sekundenschlaf. Als ich erschrocken die Augen aufriss, war es zu spät. Ich nahm noch eine auf mich zurasende Leitplanke wahr, dann verlor ich das Bewusstsein. Als ich zu mir kam, fand ich mich hinter dem Steuerrad. Beim zaghaften, aus dem Osten aufsteigenden Tageslicht sah ich, dass der Platz neben mir leer war. Das Auto hatte sich überschlagen, meine Frau war hinausgeschleudert worden. Ich kroch aus der Kabine und sah ein Bild des Schreckens. In weitem Umkreis zerstreut lagen aufgeplatzte Koffer und Kleider, kaputte Flaschen und Taschen. Mitten drin sah ich sie liegen, auf dem Rücken und mit zusammengefalteten Händen. Sie muss sofort tot gewesen sein.

Irgendwann kam dann die Polizei und brachte mich ins Hospital der nächsten Stadt, Bolivar. Ich war am ganzen Körper schwarz von Blutergüssen, hatte aber nichts gebrochen. Mit Gott und dem Schicksal hadernd, dass ich überlebt hatte, lag ich einige Tage im Krankenhaus. Der katholische Priester machte mir einen Besuch und trat äußert verunsichert an das Bett eines protestantischen Pastors. Aber als ich ihn bat, Psalm 23 zu lesen, tat er das mit größer Inbrunst. Die Röntgenaufnahme meines Schädels bewahrte ich gut auf. Sie klebt heute im Fensterglas meines Büros. Ich brauche nur ein wenig den Kopf zu heben, und schon zeigt mir Freund Hein, beinahe grinsend, wie er auch mich verwandeln wird. Soll er, es ist ja nur der Leib.

Es folgte die Überführung der Toten nach Charata. Wie üblich wurde der Sarg luftdicht zugelötet und auch nicht mehr geöffnet. Hunderte von Kilometer weit kamen zwei Kollegen unserer Kirche angereist, um die Beerdigung vorzunehmen, darunter auch mein treuer Freund und Studienkollege Horst Kilian, der viele Jahre später bei einem Überfall erschossen wurde. Am Grab nahm mich auch mein guter Pater Felix in den Arm. Ich selbst bekam die Kraft, ja den Auftrag, einige Worte über Hebräer 13 zu sagen: »Gedenket an eure Lehrer, die euch das Wort Gottes gesagt haben; ihr Ende schauet an und folget ihrem Glauben nach.« Dieses Wort galt auch für mich, denn Marianne war die Hüterin meiner Seele gewesen. Ohne sie – wer weiß, wohin mich mein unruhiger Geist getrieben hätte. Ihr Grab liegt auf dem Friedhof von Charata. Die Stadtverwaltung, die mich zum Ehrenbürger ernannt hatte, verlangt keine Gebühren, und öfters, so wird mir berichtet, legt jemand einige Blumen auf die große Steinplatte.

Allerdings ließ mir in den folgenden Jahren der Gedanke keine Ruhe, dass der Leichnam in dem hermetisch abgeschlossenen, verlöteten Sarg ja nicht wieder »zu Erde werden« kann, wie wir uns das beide immer gewünscht hatten. So gab ich einigen Friedhofsarbeitern ein gutes Trinkgeld, damit sie das Grab öffneten und den zugelöteten Sargdeckel entfernten. Hocherfreut über so ein unerwartetes Zubrot kam sofort ihr Angebot, ich dürfte gern zuschauen, aber ich lehnte ab.

Jetzt begann für mich eine schwere Zeit. Wie oft in meinem Beruf und Leben musste ich den Satz von Hinterbliebenen hören: »Jetzt bin ich halt allein!«, und wie oft dachte ich dabei: »Ja, ja, ich weiß schon, ich weiß schon, es ist immer das alte Lied. Aber da musst du mit Gottes Hilfe eben durch!« Alle Tröstungen sind gut gemeint. Aber wie heißt es im Lied vom »guten Kameraden«: »Eine Kugel kam geflogen«, und diesmal traf sie mich.

Es folgten traurige Tage und Wochen. In der Nacht atmete niemand mehr neben mir, und am Morgen sagte mir keiner, welches Hemd und welche Hose ich anziehen sollte. So zog ich eben immer die gleichen an, was dann sicher die anderen merkten, aber ich nicht. Es war mir auch völlig gleichgültig. Gekocht wurde ein Topf Kartoffeln, eine Knorrsuppe oder ein *Bife*, ein Steak.

Sehr intensiv dagegen wurde mein Verbrauch von Alkoholika, denn da verbesserte sich mit jedem Glas mein Seelenzustand. Wenn ich mich aufs Bett legte, hatte ich nur den einen Wunsch, nicht mehr aufzuwachen. Ich bekam regelrecht Angst vor einem Gang ins Städtchen, weil ich bei der Rückkehr die Bank, es war ein zugehauener Baumstamm, leer finden würde, auf dem Marianne immer gesessen und auf mich gewartet hatte.

Oft setzte ich mich aufs Pferd und ritt ziellos in die Gegend hinein, wobei mir eigenartigerweise immer wieder ein Lied durch den Kopf ging. Wir hatten es im Jungvolk gesungen: »Es klappert der Huf am Stege.« Der letzte Vers heißt: »Wir reiten und reiten und reiten, im Herzen die bitterste Not, die Sehnsucht will uns bezwingen, doch wir reiten die Sehnsucht tot.« Die Sehnsucht nach dem, was einmal war, nach dem verlorenen Glück.

Trotzdem machte ich, bei all dem Jammer, doch eine Entdeckung. Ich sah plötzlich Kummer und Elend meiner Umgebung mit völlig anderen Augen. War es vorher nur der abwägende Blick des erfahrenen Beobachters und Helfers gewesen, spürte ich jetzt beinahe körperlich die Not des anderen und nahm Dinge wahr, die ich vorher nicht gesehen hatte.

Es war, als wenn man mir einen Schutzverband von der Seele gerissen hätte. So fand ich mancherlei Trost im Blick auf noch Ärmere und erfuhr, was mit dem Rat aus dem Talmud gemeint war: »Auch ein Armer soll einem noch ärmeren Wohltaten erweisen.« Dass gerade in dieser Zeit mancher Strolch meine Seelenlage auszunutzen verstand, was soll's. Meinte doch schon der schwäbische Dichter, Theologe und spätere Hofprediger Karl von Gerok:

Und warf ich manchmal auch mein Brot ins Wasser,
selbst Gott im Himmel füttert manchen Wicht!
Mich macht ein Schelm noch nicht zum Menschenhasser,
es reut mich nicht.

So las ich eines Tages in »Das Beste« – mein Freund Albert aus Ulm schickte es mir regelmäßig – den Bericht über ein Buch namens »Tränen im Regenbogen«. Es besteht aus lauter Beiträgen von an Leukämie erkrankten Kindern der Universitätsklinik Tübingen. Unter ihnen die elfjährige Kerstin, die von einem schneeweißen Pferdchen träumte und von dem Wunsch, ein solches zu besitzen.

Da schrieb ich ihr einen Brief, in dem ich ihr mitteilte, dass ich ein weißes Pferd leider nicht habe, dafür aber ein halbes Dutzend Brauner und Schwarzer. Ich zählte ihr jedes Einzelnen mit Namen, Alter, Charaktereigenschaft und genauer Farbe auf. Davon dürfe sie sich ein Tier als Geschenk heraussuchen. Wenn sie dann einmal, wieder gesund, zu Besuch käme, stünde das Pferd gesattelt für sie bereit. Sie dürfte aber, wenn sie das wolle, »ihr« Pferd auch verkaufen, ich würde ihr dann den Erlös überweisen.

Es dauerte nicht lange, da brachte mir die Post ein Päckchen mit dem Buch »Tränen im Regenbogen«. Auf die erste Seite schrieb Kerstin mit ihrer Kinderschrift: »Für den nettesten Menschen, den ich kenne, mit dem Namen Fritz Held aus Argentinien, der einem Mädchen mit elf Jahren ein Pferd schenken möchte, und ich freue mich darauf. Unterschrift: Kerstin Notter.« Das war so um das Jahr 1991. Sie kam nie und ich erfuhr auch nicht, ob Gott sie am Leben ließ oder heim holte, vielleicht auf einem schneeweißen Schimmel. Als ich einige Jahre später nach Deutschland zurückkehrte, unternahm ich Nachforschungen, aber sie waren vergeblich.

Ein Jahr war vergangen, da besuchte mich Freund Pedro, ein wackerer Westfale, der früher Pfarrer und zeitweise auch Präsident unserer La-Plata-Kirche gewesen war. Was hat er wohl bei meinem Anblick gedacht? Federico verkommt? Also lautete sein energischer, aber weiser Freundesrat: »Du fährst jetzt ins Schwabenland und holst dir wieder eine Frau!«

Dieser Gedanke war mir auch schon gekommen, denn es war mir aufgefallen, dass allein stehende Frauen aller möglichen Semester besonderen Anteil an meinem Schicksal zu nehmen schienen. Aber wie soll man so etwas anstellen? Brautwerber mit 67 Jahren? Womöglich noch mit einem Rosenstrauß in der Hand und »ich liebe dich!«. Das war mir unvorstellbar. Schon bei dem Gedanken daran kam ich mir blöd vor. Aber ich wusste genau: Wenn ich es jetzt nicht packe, über den eigenen Schatten zu springen, dann ist der Zug abgefahren. Brautwerber! Aber bei wem?

Beim nächsten Aufenthalt in Deutschland bekam ich den Anruf von einer Liebenzeller Schwester des Missionswerks. Sie hieß Gerda Hörsch und stammte aus Radelstetten, meiner ehemaligen Teilgemeinde. Wir kannten uns flüchtig, da sie nur besuchsweise in ihr Elternhaus kam. Nun feierte ihr Vater den 70. Geburtstag und sie bat mich, ihm zur Freude einen Gottesdienst in Radelstetten abzuhalten. Ich sagte ab, denn ich wusste, damit käme die urgewaltige Erinnerung an die schönen Jahre unserer dortigen Pfarrerszeit. Das wollte ich mir nicht antun.

Aber irgendwie stand jetzt diese Schwester im Raum. Ob das ein Wink Gottes war? Aber sie war beinahe 30 Jahre jünger und hätte mein Enkelkind sein können! Doch ich fegte alle Bedenken weg, schrieb ihr einen Brief, hielt darin um ihre Hand an und gab ihr drei Tage Zeit zur Beantwortung. Dies entsprechend meiner

Erfahrung, dass Verzögerungen und langwierige Überlegungen nichts bringen. Was man nach drei Tagen nicht weiß, weiß man nach drei Wochen noch weniger und nach drei Monaten am allerwenigsten. Nicht umsonst hatte man mir den Spitznamen »schneller Fritz« gegeben. Die Antwort kam umgehend. Es war eine Absage. Damit hatte ich vor jeder weiteren Brautschau »die Schnauze voll«, dann sollte es eben nicht sein. Wieder zurück in Argentinien, bekam ich nach Monaten überraschenderweise einen Brief von Schwester Gerda. Es habe ihr keine Ruhe gelassen, und wenn ich noch niemanden gefunden hätte, dann ... Wir heirateten im Juni 1993 im allerkleinsten Kreis. Die Trauung vollzog der gute Pfarrersfreund Scheifele in der kleinen Dorfkirche zu Auendorf.

Bedenkenlos erklärte sich Gerda bereit, mit mir nach Argentinien zu ziehen. Ihre Kündigung bei der Liebenzeller Mission rief dort keine Begeisterungsstürme hervor, verlor man doch eine tatkräftige, zuverlässige und treue Gemeindeschwester, die in Wilferdingen bei Karlsruhe sehr segensreich gewirkt hatte. Der Abschied von dort war für alle Beteiligten nicht leicht.

Sofort und problemlos war sie auf unserer *Ranch* im Chaco zu Hause. Als versierte Gärtnerin blühten nicht nur Gemüsegarten und Blumenbeete auf, sondern ebenso ich. Als Meisterköchin – sie besitzt 125 Kochbücher – fand meine »Auszehrung« ein rasches Ende, und die fachgerechte Zerlegung eines Schafes machte ihr so wenig Mühe wie der sichere Schuss, mit dem sie die Wildtauben von den Bäumen holte.

Eine monatliche Einladung an die deutschstämmigen Nachbarn brachte diesen die schwäbische Küche mit allerlei Rezepten näher wie Spätzle, saure Kutteln, Knödel und Sauerkraut, aber auch Zwiebelkuchen und Linzertorte. Nach dem Mahl zog ich »Rosa« aus dem vom Unfall schwer beschädigten Koffer, wir sangen und holten längst vergessene Volkslieder aus der Mottenkiste.

Trotzdem beschäftigte uns immer mehr der Gedanke, nach Deutschland zurückzukehren. Der Grund war der doch sehr große Altersunterschied von beinahe 30 Jahren. Sollte ich das Zeitliche segnen, säße Gerda mutterseelenallein im fremden Land ohne die so überlebenswichtigen Erfahrungen derer, die einmal der Heimat den Rücken gekehrt hatten. Außerdem lebten ihre Eltern noch.

Gerda und ich
heirateten 1993.

Es war für mich kein leichter Entschluss, aber wie früher galt es, den Verstand über die Gefühle zu stellen. Nur, wer könnte die Verwaltung und weitere Führung unserer Siedlung Ulm übernehmen? Eine Kirche? Ein Verein? Die Stadtverwaltung? Eine Vertrauensperson? Wer wäre die juristische Person, auf deren Namen der Besitz wie Verwaltungsgebäude, Schule, Kindergarten eingetragen werden würde?

Lange, sehr lange gingen meine Überlegungen hin und her. Wenn die Kirche den falschen Mann oder die falsche Frau schickte, ein Verein persönliche Vorteile seiner Mitglieder damit verbände, wenn die Stadtpolitiker für ihre Partei daraus Kapital schlagen oder die Vertrauensperson sterben würde, dann könnte innerhalb kürzester Zeit das Projekt auseinander driften und erledigt sein. Ja, wem?

Da las ich eines Tages in der Zeitung, dass ein Staat in Nordamerika seine Gefängnisse mit 25.000 Insassen der Heilsarmee zur Verwaltung übergeben habe. Anstatt wie die Wachmannschaften den Revolver im Gürtel, hätten diese Leute die Bibel in der Hand, und anstatt mit Repressalien zu drohen, würden sie auf eine gute Art versuchen, die ihnen anvertrauten Sträflinge zu lenken.

Da blitzte es bei mir im Oberstübchen. Das war es! Die Heilsarmee, die ich ja schon als Junge kannte, die weltweit in über 115 Ländern arbeitet, der ich immer wieder begegnet bin, wo die Armut und das Elend hilfsbereite Hände und Herzen erforderte, ohne nach dem Lohn zu fragen. Die Heilsarme, sie war es. Ich schrieb nach Buenos Aires, und sie kamen und übernahmen nahtlos die Arbeit.

Es kam ein junges Ehepaar mit zwei kleinen Kindern – beide im Rang eines Hauptmanns, denn diese Leute tragen ja militärische Ränge –, und schon drei Tage später fand ich die Frau, sie war im sechsten Monat schwanger, noch in der Morgenfrühe mit dem Buschmesser, um das meterhohe Unkraut im Anwesen abzuhauen. Ihr Vorgesetzter hatte mich zuvor noch gebeten, ich möge bitte dafür sorgen, dass sie nicht zu viel schafften! Wo gibt's denn so etwas noch?

Allerdings musste ich für diese »Truppe« viele gute Worte einlegen, sowohl bei den Medien als auch bei der Stadtverwaltung und Bevölkerung von Charata. Kein Mensch kannte diese christliche Freikirche. Man hörte nur das Wort »Armee« und dachte an eine militärische Einheit, die da anrücke. Heute genießen sie, auch durch ihren sofortigen Einsatz bei den Überschwemmungen der letzten Jahre, höchste Anerkennung. Selten trug ein Einfall von mir so sichtbare und segensreiche Früchte. Ich bin Gott dankbar, dass er ihn mir gegeben hat.

So wurde es 1997 wieder einmal Mai, mein Reisemonat, als der Container aus Buenos Aires in unsere Ranch einbog, und wieder standen meine Maurer-*Amigos* bei Fuß, um einzuladen. Da wir unser Häuschen für die geplanten, jährlichen Besuche eingerichtet hatten und in wohnlichem Zustand halten wollten, blieben manche Möbel und Betten zurück, sodass der Container nicht voll wurde.

Beim Ausfüllen der Zollpapiere mit Inhaltsangabe führte ich wahrheitsgemäß auch »Kaffee« auf. Es war eine Ein-Kilo-Packung, nicht ahnend, dass gerade sie die Hamburger Zollbehörde in höchste Alarmstufe versetzen sollte, sodass der Container zurückgehalten, geöffnet und mit Spürhunden aufs Genaueste durchsucht wurde. Man vermutete einen Kaffee-Schmuggel größeren Stils, außerdem war kurz zuvor ein Container aus einem südamerikanischen Nachbarland mit verstecktem Rauschgift entdeckt worden.

Da ich im nicht gefüllten Container Kollisionen der eingepackten Gegenstände verhindern wollte, packten wir noch allen möglichen Ramsch hinein wie Brennholz, Bretter, Säcke mit Altpapier und so weiter, was allein schon das besondere Misstrauen der Zöllner hervorrufen musste. Als wir den Container fertig geladen und mit einem großen Vorhangschloss abgesichert hatten, war auch ich fertig: Es war der siebzehnte Umzug in meinem Leben. Mit ungläubigen Augen starrte mich der Speditionsbegleiter an, nachdem er mir die Vorteile einer Transportversicherung erklärt hatte und sie mit mir abschließen wollte.

Meine wie aus der Pistole geschossene Antwort lautete: »Versicherung? Kommt nicht in Frage. Es ist mir völlig egal, ob der ganze Mist mitsamt dem Schiff im Ozean versinkt!« Ich meinte das in diesem Moment wirklich so, im schreckhaften Blick auf den erneuten Ausladebetrieb, dazu an einem Ort, der mir völlig unbekannt war. Als wir abfuhren, schaute ich nicht mehr zurück. Und das Gebell unserer Hunde war wie ein letzter Gruß.

1997 bis heute

Nach unserer Heimkehr zogen wir vorübergehend bei den Schwiegereltern in Radelstetten ein. Doch in dem kleinen Haus war für eine zweite Familie kein Platz, daher gingen wir auf die Suche nach einer Wohnung. Der Traum wäre ein eigenes Heim mit Garten gewesen, aber Träume sind ja bekanntlich Schäume. »Kein Geld«, hätte mir mein Spezzini in Paraguay zugeflüstert. So blieben auch hier »zerbrochene Träume« – laut Martin Luther King – »die Kennzeichen unseres irdischen Lebens«. Was mir speziell noch blieb, war die Bewunderung von Eigenheimen anderer Leute. Handelte es sich bei den stolzen Besitzern gar um ehemalige Schüler und Erstklässler, konnte es schon vorkommen, dass ich dabei ein bitteres Gefühl auf der Zunge bekam, sodass ich gar keine Lust mehr hatte, weiterzumachen. Aber da war ja meine Frau. Also suchten wir weiter nach einer Bleibe.

Wir fanden sie in dem kleinen Dorf Hofstett-Emerbuch, welches auf der Schwäbischen Alb nahe bei Amstetten liegt. Ein guter Freund bot uns die Mietwohnung in seinem Haus an. Dass es ein wirklicher Freund war, zeigte sich am Mietpreis. Dort fuhr eines Tages sehr verspätet unser Container vor, der ja am Hamburger Zollamt eine Untersuchung auf Herz und Nieren hinter sich gebracht hatte. Auch jetzt waren wieder freiwillige Hilfskräfte aus verschiedenen Richtungen herbeigeeilt und packten beim Ausladen und Hochschleppen in den ersten Stock mit an. Ja, es gibt sie noch, die Freunde in der Not, ohne sie wäre die Fremde dieser Welt wohl kaum auszuhalten.

Als gebeutelter Weltbürger hielt ich mich mit dem Eingewöhnen nicht lange auf, denn Begriffe wie Heimweh oder Ähnliches waren schon längst auf der Strecke geblieben. Tauchten sie trotzdem auf, dann nie nach verlorenen Orten, sondern nur nach einer verlorenen Zeit. Auch Gerda fühlte sich schnell daheim. Die Entfernung zum Elternhaus in Radelstetten beträgt nur elf Kilometer, und der große elterliche Garten schlug die begeisterte Hobbygärtnerin sofort wieder in seinen Bann. So blieb keine Zeit, den treuen Hunden im Chaco nachzutrauern und dieser göttlichen Ruhe in der Nacht unter dem südlichen Sternenhimmel.

Schon sehr bald wurde ich um Vertretergottesdienste, aber auch Vorträge in Seniorenkreisen, Schulen und bei sonstigen Veranstaltungen kirchlicher und profaner Art gebeten. Man kannte mich noch oder ich wurde durch verschiedene Radiosendungen wieder neu entdeckt.

Nach wie vor fühlte ich mich als »Kapitän« unserer Siedlung Ulm, galt es doch unter anderem, für die noch geplanten Projekte wie Schule, Kindergarten, Krankenstation die Mittel aufzutreiben. Außerdem konnte ich die über Jahre geleisteten monatlichen Hilfen bei schweren Not- und Krankenfällen unmöglich abbrechen. Da waren beispielsweise die drei Mal wöchentlichen Busreisen und Arzneikosten für Osvaldo nach Saenz Pena zur Dialyse, eine Strecke von 100 Kilometern, die Windeln für die gelähmte Deolinda oder die monatliche Lebensmittelverteilung an besonders verarmte Familien oder, oder, oder ...

Bald nach unserem Eintreffen schenkte uns mein Schwager Carlos eine Computeranlage. Er lebte damals als Attaché der argentinischen Regierung mit meiner Schwester Eva in München. Obwohl mir vor dieser Moderne grauste, ließ ich mich schließlich von ihrer Wichtigkeit überzeugen, und wir belegten einen Computer-Kurs in der Volkshochschule.

Es begann großartig. Im jeweils zweistündigen Unterricht ging es munter und zielstrebig voran. Die Lehrerin redete und erklärte, die Schüler tippten, nickten und freuten sich über jede Erscheinung auf dem Bildschirm. Auch ich gab mein Bestes. Aber nach einer Stunde, oder sagen wir mal zur Halbzeit, begann sich die Lage schlagartig zu verändern.

Wohl waren mir schon zeitig Informationen zugegangen, wonach ein Computer in der Lage sei, plötzlich abzustürzen, und so kam es dann auch. Nur: Der Sturz kam nicht beim Computer, sondern bei mir. Es war so, als wenn ein Rollladen herunterrasselt und man sitzt im Dunkeln. Aus! Mein Geisteslicht verlosch, der Rollladen war die Technik des 21. Jahrhunderts. Man hatte versucht, ein altes Schlachtross nochmals ins Gefecht zu führen, aber der Schuss ging nach hinten los, und die Schlacht war verloren. Ich musste leider kapitulieren. Wenn mir die Lehrkraft aus der Ferne wegen meines regungslosen Zustandes fragende Blicke zuwarf, konnte ich nur resigniert auf meine Nachbarin Gerda zeigen. Sie hatte mit ihrem jugendlichen Verstand begriffen, wo es lang geht. Sie steht auch heute nach jedem Hilfeschrei sofort an meiner Seite, wenn ich vor lauter Nachdenken wieder einmal eine falsche Taste gedrückt habe und mir der Bildschirm leer und schadenfroh entgegen grinst. Aber er verschwand nicht nur blitzartig, sondern hatte, oh Schreck, auch gleich die Predigtausarbeitung mitgenommen, an der ich stundenlang gesessen hatte.

Wenn ich am Schreibtisch meines kleinen Bürozimmerchens sitze und durch das Fenster schaue, sehe ich vordergründig nur Felder, Baumwiesen und den nahen Wald. Zu gewissen Tageszeiten treten Rehe in die Felder, die ich mit dem Fernglas gut beobachten kann. Im Hintergrund zieht sich auf einem leichten Höhenzug das Nachbardorf Stubersheim dahin. Wenn am Sonntag die Glocken seines Kirchturms läuten, öffne ich das Fenster und schließe die Augen. Das ist wie ein heimatlicher Gruß vom Himmel.

Gleich nach unserer Ankunft drückte mir mein Freund Hans aus Schalkstetten – das ist das übernächste Dorf – einen Jagdbegehungsschein in die Hand, sodass ich manche Abendstunde von irgendeiner heimlichen Kanzel aus der Abendsonne nachträumen kann, und natürlich fällt hie und da auch ein Reh. Dann ist der entrüstete Ruf zu vernehmen: »Wie kann ein Pfarrer nur so ein liebes Tierchen tot schießen, es hat doch niemand etwas zu Leide getan!« Ich antworte darauf schon lange nicht mehr.

Aber wenn das Tier im Sekundenbruchteil gefallen ist, kann mir beim Herantreten schon der Wunsch durch den Kopf gehen: »So möchte ich auch einmal sterben.« Vielleicht noch stehend und mit erhobenen Armen, wie man es dem Gründer des abendländischen Mönchtums im sechsten Jahrhundert, Benedikt von Nursia, nachsagt. Nur noch abschließend: Ließe man die Rehe alle leben, würden ihre Rudel weder Wald noch Getreidefelder hochkommen lassen, weil es ihre natürlichen Feinde wie Wolf und Bär nur noch im Zoo gibt.

Öfters werde ich zu den im November stattfindenden Hubertusfeiern der Jägerschaft eingeladen. Hier bin ich in meinem Element, denn so ein »kirchenscheues« Publikum bekommt ein Prediger selten »vor die Flinte«. Auch bat man mich wiederholt zu Traditionstreffen von Divisionen der ehemaligen Wehrmacht. Dass man dabei im Anschluss üble, ja beleidigende Worte von Kritikern zu hören bekam, was soll's. Viel Feind, viel Ehr. Auch zu Vertreterdiensten in der weiteren Umgebung werde ich öfters gerufen. Schon mancher Freund bat mich, ihn zu beerdigen, wenn es einmal soweit sein sollte. Anfänglich tat ich es noch, aber dann musste ich die Ampel auf rot schalten; dasselbe galt für Trauungen und Taufen. Zu Vorträgen bei Seniorennachmittagen bin ich immer noch gern bereit. Sie sind ein dankbares Publikum und fallen mit strahlenden Augen in den Gesang ein, wenn ich mit »Rosa« die alten Volkslieder anstimme, die sie noch in der Schule gelernt haben.

Auch Gerda konnte und wollte als langjährige Missionsschwester ihre Gaben nicht an den Nagel hängen. Sie nahm an einem Lektoren-Kurs unserer württembergischen Landeskirche teil und freut sich über jeden Predigtdienst, um den sie gebeten wird. So sind wir öfters am Sonntagmorgen auf der Alb unterwegs und predigen an verschiedenen Orten. Zusätzlich unterhält sie noch Frauenkreise, hält Andachten im Altersheim und Vorträge bei Landfrauen oder auch bei den so genannten Frauenfrühstücken. Da gibt es nach der Heimkehr eben schnelle Küche.

Durch unsere jährliche Besuchsreise nach Argentinien sind wir, was unsere Reiseunternehmungen anbelangt, vollauf bedient. Nur einmal im Jahr geht die Reise noch nach Tirol zum »Jägerschießen«, an dem wir beide teilnehmen. Man schießt auf Tier-Papierscheiben in 180 Meter Entfernung bergauf, und wenn ich dann wie dieses Jahr mit dem Abzeichen eines Meisterschützen am Hut heimkehre, würde ich am liebsten jodeln. Ich kann es nur nicht, leider!

Da ich von der Stadt Charata zum Ehrenbürger ernannt worden bin, fühle ich mich auch aus der Ferne mit den argentinischen Freunden verbunden. Es ist mir klar, dass Hilfen materieller Art und gute Ratschläge nie ausreichen, um ein Land voranzubringen. Eine Stadt ohne Wasserversorgung, wo sich jeder Bürger hinten im Gärtchen seinen eigenen Brunnen graben muss, und wo sich oft nur wenige Meter daneben die Sickergrube für Abort und Spül-wasser befindet; wo der Müll einfach zwei Kilometer vor der Stadt in die freie Landschaft abgekippt wird; eine solche Stadt hat andere Vorstellungen von Hygiene und Sauberkeit als wir. Aber dass dort trotzdem manches verbessert und verändert werden könnte, war mir klar und beschäftigte mich sehr. So kam mir die Idee, den Gemeinderat von Charata einzuladen.

Nach einem Beschluss unseres Förderkreises wurde der Vor-schlag angenommen, und im September 1998 reisten die acht Ver-treter mit Bürgermeister an. Sie wurden privat untergebracht, und man spulte ein 14-tägiges Programm ab, das kaum Zeit zum Atemholen ließ. Empfänge beim Ulmer Oberbürgermeister, bei Polizei und Feuerwehr mit Informationen und Besichtigungen, bei Daimler-Benz in Cannstatt, dem Ulmer Wasserwerk und einer Müllverbrennungs- und Kläranlage, landwirtschaftlichen Betrie-ben, Schulen, Kindergärten, Seniorenheimen, Heimatmuseen, Bur-gen – und beim Ulmer Wochenmarkt.

Die Gäste machten große Augen! Als an einem Marktstand der Metzger jedem Besucher einen großer Ring Wurst als Geschenk in die Hand drückte, fand ihre Bewunderung und Sympathie für Deutschland und seine Bewohner kein Ende. Dass die Sache vor-her abgesprochen war und die Würste nachher von mir bezahlt wurden, haben sie natürlich nicht erfahren. Wieso auch? Die Völ-kerverständigung muss immer im Kleinen beginnen, und sei es bloß bei einer Bockwurst.

Für außerordentlich wichtig hielt ich gleich zu Beginn einen Informationsabend für diese Reisegruppe, in welchem ich Dias vorführte, die das zerbombte Ulm von 1944 zeigten. »So sah es damals nach dem Krieg in Deutschland aus. Ruinen, Trümmer, Hunger, Hoffnungslosigkeit!« Dann kam das so genannte Wirt-schaftswunder. Es war aber kein Wunder, sondern das Ergebnis von viel Arbeit, großer Mühe und vergossenem Schweiß. Auch im Blick auf ihr wirtschaftlich total zu Grunde gerichtetes Land Argentinien, so meine Schlussfolgerung, können es ebenfalls nur diese Faktoren sein, die ihre schöne Heimat wieder auf die Beine bringen.

Neben einigen Ausflügen beispielsweise zum Blumenparadies Mainau mit einer Schiffsreise auf dem Bodensee oder dem Münchner Oktoberfest durften mich die Gäste bei einem Gottesdienst im Ulmer Münster auf der Kanzel sehen. Auch dies war Absicht, denn so sollten die durchweg sehr katholisch geprägten Gäste spüren, dass wir Evangelischen mit dem höchsten Kirchturm der Welt auch jemand sind, und nicht nur eine abtrünnige Sekte von Ketzern, wie ich das öfters zu hören und zu spüren bekommen hatte.

Ein Abschiedsabend mit dem Musikverein Scharenstetten rundete die für uns mehr als turbulenten Tage ab, und schon im folgenden Jahr stellten wir bei unserem Besuch in Charata Veränderungen fest. Ein Marktwesen wurde angekurbelt, der Müllplatz geordnet und eingezäunt, das städtische Altersheim bekam plötzlich ein sauberes Gesicht.

Persönlich geknüpfte Kontakte der Besuchergruppe mit ihren Quartiergebern bestehen bis heute. Schließlich und endlich, aber beileibe nicht nebensächlich, darf als Ergebnis außerdem genannt werden, dass die Stadtväter kaum noch in der Gemütslage sein werden, irgendwelche Anträge oder Bitten unserer Siedlungsverwaltung abschlägig zu behandeln. Na ja, warum soll sich die christliche Nächstenliebe nicht hie und da auch mal bezahlt machen?

Gute vier Jahre später, nämlich 2003, kam es erneut zu einer ähnlichen Einladung. Diesmal waren es die Lehrerinnen unserer Barrio-Schule, die das Wunder Deutschland bestaunten. Auch hier lief für die zehn Frauen ein ähnlich volles Programm ab, allerdings mit anderen Schwerpunkten. Grund-, Mittel-, Ober-, Behinderten- und Hauswirtschaftsschulen, ebenso Kindergärten waren die Anlaufstellen. Beim Abschiedsabend spielte wieder die Musik. Als dann einige der jungen Damen den Musikanten, wie in Südamerika üblich, aus Dankbarkeit ein Küsschen auf die Wange drückten, schauten sich die Männer erst ganz ent-, dann aber begeistert an und riefen: »Auf nach Argentinien!« Und so geschah es knappe zwei Jahre später.

Unsere Lehrerinnen stellen sich heute uneingeschränkt und zuverlässig als Kontrollorgane für allerlei laufende Projekte zur Verfügung. Sie wollen, wie sie sagen, guten Willen zeigen und zurückgeben, was sie von Deutschland an Hilfe und Liebe gelernt und empfangen haben. Völkerverständigung schafft man weder mit dem Kopf, noch mit Gut und Geld. Natürlich schleppten alle volle Koffer mit nach Hause. Eine gestand mir später sogar, dass sie die gebrauchten Bettlaken weder benütze noch wasche, sie rieche nur immer wieder mit der Nase hinein, denn darin dufte es so gut nach Deutschland.

Dann hatten wir noch einen besonders interessanten Besuch eingeladen. Bei einem früheren Aufenthalt in Asuncion kam ich mit einem Mann ins Gespräch, der als der hervorragendste Harfenspieler Paraguays gilt. Er hatte schon alle fünf Kontinente bereist, und seine Musik wurde von der UNESCO zum Welt-Kulturerbe erklärt. Als ich ihm von meiner Heimatstadt erzählte und voller Stolz eine Postkarte des Ulmer Münsters vorzeigte, bekamen seine Augen einen sonderbaren Glanz und er sagte, dass er den Traum habe, einmal in solch einer Kathedrale spielen zu können.

Sein Wunsch ließ mich nicht mehr los. Einem Menschen einen Traum zu erfüllen, das war Motivation für Einfallsreichtum und alle Mühen an Vorarbeit und Organisation. Dass vor seiner Anreise im Dezember 2000 noch ein Schlaganfall meinerseits mit Krankenhausaufenthalt alle Planungen erschütterte, und dass trotzdem

Der argentinische Botschafter überreicht mir in Bonn das Ritterkreuz; (v.l.n.r.) der Botschafter, ich, Gerda, meine Schwester Eva, mein Schwager Carlos.

innerhalb von 14 Tagen 23 Auftritte zustande kamen, tat dem großen Wunder keinen Abbruch. Denn genau am Weihnachtsgottesdienst durfte Rito Pedersen im Ulmer Münster, wenn auch mit klammen Fingern, in die Saiten greifen. Dass dabei eine riss, merkte nur er. Das Publikum war immer begeistert, zumal er jedes Konzert nach einer kurzen Erklärung von mir mit »*I have a dream*« begann. So sind Träume nicht immer nur Schäume; das Leben wäre sonst unerträglich.

Dann kam eine Überraschung. Irgendwelche mir gut gesinnten Menschen hatten meinen Namen für das Bundesverdienstkreuz eingereicht; dieses wurde auch gewährt und überreicht. Dass es aber am Bande einen höheren Grad an Ehre bedeute als ohne, darüber klärte mich ein Kollege sehr ernsthaft auf. Ich merkte aber keinen Unterschied.

Doch noch nicht genug der Ehren. Eines Tages bekam ich eine Einladung von der argentinischen Botschaft in Bonn. Aufgrund meiner Verdienste um das Land Argentinien wolle mir das Außenministerium eine Auszeichnung überreichen. Es war der »*Orden de Mayo al Merito*«; dieser geht zurück auf die argentinische Unabhängigkeitsbewegung, die am 25. Mai 1810 in Buenos Aires mit einer Volksversammlung vor dem *Cabildo*, dem Rathaus, ihren Anfang nahm. Der Botschafter steckte mir das aus purem Gold gearbeitete Kreuz an die Brust. Es hat den Grad eines *Caballero*, eines Ritters.

Einige Zeit später wurde mir durch das Bundespräsidialamt in Berlin offiziell die Erlaubnis erteilt, dieses Ritterkreuz auch in der Öffentlichkeit zu tragen. Wäre ich ein russischer Kriegsveteran, könnte ich meine linke Brustseite damit schmücken, aber als ehemaliger deutscher Landser, der auch 60 Jahre nach Kriegsende immer noch gesagt bekommt, was er falsch gemacht hat und anders hätte tun müssen, lasse ich solche Kinkerlitzchen wohlweislich weg. Wurde mir doch bereits mitgeteilt, dass »Lorbeerblätter als Gewürz in den Kochtopf, aber nicht auf die Stirn gehören«.

Aber es gab noch eine dritte Auszeichnung. Auch die Heilsarmee verlieh uns einen Orden »Für Barmherzigkeit«. Darüber habe ich mich sehr gefreut, denn er gilt mehr als alles andere. Warum? Er behält einen längeren, weil ewigen Wert.

Eine Auszeichnung anderer Art wurde mir auf der Botschaft in

Bonn zuteil. Bei einer Unterhaltung mit der Dame im Vorzimmer stellten wir fest, dass diese nach meinem Weggang von Posadas 1963 in das von mir geführte und mit meinem Namen verbundene Schülerinternat eingetreten sei. Darauf sei sie heute noch stolz. Wir hatten also einen guten Namen. Beide freuten wir uns, und die Umarmung bei der Verabschiedung war nicht nur gespielt herzlich.

Jedes Jahr reisen wir für einige Wochen nach dem Chaco, der abgedroschenen Devise Lenins folgend, dass Kontrolle besser sei als Vertrauen. Dass diese stimmt, besonders im Blick auf alle Hilfeleistungen an die Dritte Welt, musste ich auf manchmal sehr bittere Weise erfahren. Ich habe Jahre gebraucht, bis von vielen Freunden und Bekannten dieser verschwindend kleine Rest übrig geblieben ist, dem ich wirklich vertrauen kann, besonders für die treue Verwaltung unserer Hilfsgelder.

In diesem Zusammenhang seien noch einmal unsere Mitarbeiter von der Heilsarme genannt, durch deren beispielhaftes Christentum der Tat schon manche verändert wurden, sodass Menschen, die von der Gesellschaft bereits abgeschrieben waren, wieder zu wertvollen Mitgliedern wurden.

Carlos ist einer von ihnen. Durch den Suff zerstörte er nicht nur seine Gesundheit, sondern auch die vielköpfige Familie. Doch heute steht er bei den Gottesdiensten am Eingang der Kirche und begrüßt die Ankömmlinge mit Handschlag und den Worten: »Der Herr segne dich!« Eines Tages im Jahre 2003 vertraute er mir einen großen Wunsch an. Er hätte zu gern eine alte, gebrauchte Uniform der Heilsarmee. Nun konnte ich ihm 2005 eine solche überreichen; der gute Freund Hofer aus der Schweiz hatte sie mir beschafft.

Da wir aber bereits Übergepäck für den Flug hatten, entschloss ich mich kurzerhand, die Uniform selbst anzuziehen. Den Einwurf Gerdas, ich könne mich doch nicht mit fremden Federn schmükken, schmetterte ich mit dem Argument ab, dass meiner Person im Leben schon so viele Federn gerupft worden sein, dass es auf ein paar mehr oder weniger nicht ankomme.

Außerdem wollte ich mit dieser Verkleidung noch meine Studien in Psychologie vertiefen. Denn den Charakter des Menschen erkennt man nicht nur an seinem Gang, sondern auch an der Art,

Der Heilsarmist
2005

worüber er lacht. So tritt doch beim Namen »Heilsarmee« so manchem Zeitgenossen ein sicherlich nicht böse gemeintes, aber doch spöttisches Lächeln auf die Lippen.

Diese Reise war interessant, ja geradezu herrlich. Schon auf dem Stuttgarter Flughafen übersah die Dame der Abfertigung bei meinem Anblick sämtliches Übergewicht. Ein Herr lief mit vorgestrecktem Hals und zusammengekniffenen Augen mehrere Male an mir vorbei und versuchte, die Schrift auf dem Mützenrand zu entziffern. Dann rauschten zwei Damen vorüber und ich hörte, wie die eine zur anderen in mitleidigem Ton seufzte: »Ach, die Heilsarmee.«

Bei der Passkontrolle in Mailand warf mir der Beamte einen äußerst misstrauischen Blick zu und rief nach seinem Vorgesetzten. Dieser zwängte sich eilends durch die wartenden Fluggäste, drehte sich aber noch aus der Ferne bei meinem Anblick auf dem Absatz herum und winkte mit einer geringschätzigen Handbewegung seinem Kollegen ab. »Ach, den kannst du laufen lassen, der ist bloß von der Heilsarmee!«

In Buenos Aires standen wir zur Passkontrolle in einer langen Warteschlange. Als ich an den Schalter trat, lächelte mir der Beamte freundlich entgegen und meinte: »Das nächste Mal brauchen Sie nicht in die Schlange, kommen Sie einfach hier hinten bei mir vorbei.« Da habe ich mich gefreut – für die Heilsarmee, versteht sich.

Nach Ankunft in Charata fand der Festakt zur Namensgebung unserer Schule statt. Sie bekam die Nummer 1027 vom Ministerium der Provinzregierung Chaco zugesprochen und trägt den Namen »Federico Held«. Sehr nachdrücklich wurde mir von ministerieller Seite mitgeteilt, dass dies eine Ausnahme und erst das zweite Mal in der Geschichte des Chacos sei, dass man eine solche Namensgebung noch zu Lebzeiten des Geehrten vornehme. So eine Ehre!

Aber noch viel mehr freuten mich die vielen dankbaren Gesichter der großen Festgemeinde. Denn »das schönste Denkmal, das ein Mensch bekommen kann, steht nicht auf irgendeinem Platz, sondern im Herzen seiner Mitmenschen«, so sagte Albert Schweitzer.

Die Schule »Frederico Held« in der Siedlung Ulm in Argentinien 2005

Es heißt, das Alter mache weise. Das mag wohl stimmen, denn der alte Mensch sieht und erkennt manche Dinge und Abläufe, die ihm früher verborgen blieben. Daher möchte er die nachkommende Jugend, die Vorstände seines Fußballvereins oder gar die Politiker seiner Stammpartei beraten, ermahnen und manchmal auch warnen. Aber er wird merken, dass – wenn er Glück hat – sein Rat wohl angehört, aber schwerlich beherzigt wird. Wie soll man auf »Gruftis« hören, die mit einem Bein schon in der Grube stehen, die den ganzen Tag ihre verlegte Brille suchen und beim Erzählen ihrer alten Geschichten nicht mehr wissen, dass sie damit ihre Zuhörer schon zum zwanzigsten Mal nerven?

Dazu kommt, dass man als Betroffener diesen ständigen Abbau von Geist und Körperkraft selber gar nicht so mitbekommt. Der alte Mensch kann nur darüber staunen, dass ihn alle Welt auf einmal so intensiv und teilnahmsvoll nach seinem Ergehen befragt, und obwohl er weder einen Schlaganfall, Arthritis, Hüft- oder Prostataoperationen nachweisen kann, gratuliert ihm sein Gegenüber wohl, nickt aber doch sehr bedenklich mit dem Kopf, als ob er sagen wollte: »Warte nur, du kommst auch noch dran!«

So bin ich jetzt 80 Jahre alt geworden. Am liebsten würde ich mich an den Tisch setzen und dem lieben Gott einen Brief schreiben, ähnlichen Inhalts, wie es der von mir hoch verehrte Heerführer »Marschall Vorwärts[1]« in seinem Abschiedsgesuch an den König von Preußen tat: »Ich bin alt und mein Leben ist bald zurückgelegt. Auch finde ich, dass ich mich überlebt habe und nicht mehr hier passe!« Dabei war der Schreiber damals noch um einige Jahre jünger, als ich es heute bin. Aber sei es drum: Solange mir Gott noch die Kraft gibt, wird weitergemacht. Immer mit der Parole des alten Blüchers: »Vorwärts und drauf!«

An meinem achtzigsten Geburtstag suchten wir das Weite. Entsprechende Festlichkeiten sind sicherlich erfreulich, wenn man sie im Kreis von dankbaren Kindern und fröhlichen Kindeskindern feiern kann. Aber wer das nicht hat, den lasse man mit den »wilden Schwänen« davonziehen. »Sing, sing, was geschah, keiner ward mehr geseh'n.«

---

[1] Der preußische Generalfeldmarschall von Blücher wurde aufgrund seiner offensiven Taktik auch »Marschall Vorwärts« genannt.

Trotzdem kann das Alter nicht nur vergesslich und weise, sondern auch mutig und verwegen machen. Es schwindet die Angst vor der Meinung derer, die schon immer wussten, was richtig ist, und die man, um des lieben Friedens willen, bisher geduldig ertragen hat. Das gilt für mich auch für die Predigt von der Kanzel. Viel leichter und manchmal auch unüberlegter kommen einem die Worte über die Lippen, und viel weniger kümmern nun die Reaktionen der Zuhörerschaft. Auch wenn darauf der Postbote ein Briefchen ins Haus bringt, in dem ein schockierter Gottesdienstbesucher sein Entsetzen zum Ausdruck bringt, weil er mitsamt der Gemahlin den Gottesdienst beunruhigt verlassen habe.

Nun bezeichnet der größte christliche Missionar aller Zeiten, der Apostel Paulus, den Lebens- und Glaubensweg von uns Menschen nicht als einen Spaziergang, sondern als Kampf. Gemeint ist nicht der Kampf gegen andere, sondern gegen sich selbst.

Wo gekämpft wird, da fliegen bekanntlich auch Kugeln und fallen Späne. Das »Schicksal« trifft jeden woanders. Beim einen lief alles glatt, das sind dann die »Glücklichen«; beim anderen lief alles schief, das sind die »Pechvögel«. Nur gibt es im Glaubensbereich das Wort Glück oder Pech so nicht, dafür aber den Ausdruck »Gottesführung« und »Gottesgnade«.

Ich habe lange Jahre gebraucht, bis ich meinen langen Weg als Gnade Gottes begreifen und annehmen konnte, aber dieser Weg hat mich geprägt. Sicher auch eigenartig und so, dass mancher Pfarrerkollege über meine Art zu predigen verwundert den Kopf schüttelt und sorgenvoll feststellen muss, wie sehr sie sich von der seinen unterscheidet.

Sie mögen Recht haben. Aber ich darf manchen unter ihnen ein Wort entgegenhalten, das einst von dem argentinischen Oberst Manuel Dorrego seinem Vorgesetzten zur Antwort gegeben wurde, als dieser ihn wegen seiner Respektlosigkeit streng zur Rede gestellt hatte. Dorrego war Sohn portugiesischer Einwanderer und hatte es – während der argentinischen Befreiungskriege ab 1810 durch seine Tapferkeit hoch ausgezeichnet – bereits im jugendlichen Alter von 27 Jahren zum Oberstleutnant gebracht. Vom Charakter her stürmisch und ein Hitzkopf, bekam er mit allen Vorgesetzen Ärger.

Sein Ende war tragisch. Auf Befehl eines putschenden Generals wurde er am 13. Dezember 1828 in dem Dorf Navarro erschossen, einem Ort in der *Pampa*, hundert Kilometer südwestlich von Buenos Aires. Aber es gibt kaum eine Stadt oder Ansiedlung in Argentinien, die nicht seinen Straßennamen aufweist. Sein Wort: »Ich entsinne mich nicht, dem Herrn General auf dem Schlachtfeld begegnet zu sein!«

Als die Siedlung Ulm 1996 in Charata eingeweiht wurde, nahm daran auch eine 50-köpfige Besuchergruppe aus Deutschland teil. Sehr beeindruckt von dem Projekt gründete der Teilnehmer Erwin Schrade nach der Rückkehr einen »Förderkreis Barrio Ulm« mit der Absicht, dieses Werk weiterzuführend zu unterstützen. Der Verein zählt heute über 300 zahlende Mitglieder. Von dem äußerst aktiven Vereinsvorstand, nämlich dem Finanzminister Walter Bayer, werden die Zuschüsse und Spenden verwaltet und über ihre Verwendung beraten und beschlossen.

Ich selbst redigiere zweimal jährlich einen »Freundesbrief« mit entsprechenden Informationen und dem letzten Stand der dortigen Arbeit. Er verlässt mit einer Auflage von 1.500 Exemplaren die Druckerei GmbH Gerhard Keitel. Mir selbst bereitet jede Ausgabe viel Kopfzerbrechen, denn ich weiß, dass ein nüchterner Bericht keinen vom Stuhl reißt. Es muss zugehen wie ehemals im wilden Paraguay, wo man auf mein Gemeindeblatt mit Sehnsucht wartete.

So werde ich auch heute noch oft nach dem Erscheinen der nächsten Nummer gefragt. Ein Zeichen, dass ich auf der richtigen Schiene fahre. Man kann, darf, soll immer das schreiben, was man will, denn alles ist erlaubt, nur langweilig darf es nicht sein. Es gibt Gemeinden und Kreise, die meinen Brief vervielfältigen, daher rechne ich mit einer Leserzahl von 5.000 oder mehr.

Seit meiner Zeit in Scharenstetten von 1979 bis 1988 hielt ich immer einen selbstverständlich äußerst losen Kontakt zu unserem ehemaligen Ministerpräsidenten Dr. h.c. Lothar Späth. Als ich ihm damals eine meiner Liedkassetten schickte, antwortete er dankend mit einem kleinen Gedicht. Als ich wieder in Argentinien war, verhalf er auf meine Bitte der Handwerkerschule Charata zu einer nötigen Drehbank.

Jedenfalls bat ich ihn im Jahr 2000, er möge noch einmal für die anstehende Bundestagswahl kandidieren. Ich tat es in Gedichtform und bezog mich dabei auf den »politisch kalten Wind, der durch Deutschland« wehe. Seine Antwort, sie lag schon nach drei Tagen in meinem Briefkasten, war so nett, dass der geneigte Leser sie auch hören soll:

Kalt weht der Wind durchs deutsche Land,
zu viel ist nur gebaut auf Sand.
Da hilft kein Geld auf schwarzen Konten,
viel Schatten fällt auf die Besonnten.
Da hilft nur noch der liebe Gott,
um aus dem ganzen Polit-Schrott
Altes zu tilgen, Neues zu bauen
mit jungen Männern, jungen Frauen.
Ich selbst will dabei nicht mehr siegen,
ich müsste mich zu sehr verbiegen!
Ich hoffe auf die heile Welt
und bet dafür mit Pfarrer Held.

PS: Bei dem, was Sie in Argentinien geleistet haben, vergibt Ihnen auch der liebe Gott ein bisschen berechtigten Stolz!

Schade. Aber so sind sie, die Schwaben. Wer sie nicht braucht, ist selber schuld. Was für Dichter haben sie doch neben ihrem Schiller! Sie fallen nur nicht auf, weil es so viele sind.

Übrigens: Kennt der Leser den »Freund Hein«? Das ist eine volkstümliche Bezeichnung für den Tod, von Matthias Claudius erstmals in die Literatur eingeführt. Auch der berühmte Professor Sauerbruch hat ihn gebraucht, als er 1934 am Sterbebett des Reichspräsidenten Hindenburg stand und von diesem gefragt wurde, ob Freund Hein schon im Zimmer sei? »Nein«, hat er geantwortet, »aber er schleicht schon ums Haus herum.«

Nun, bei mir hat er sich noch einmal davongeschlichen. »Schleich di!«, so sagen die Österreicher. Wie das kam? Wir hatten mit einer Gruppe unseres Förderkreises im Oktober 2000 eine Argentinienreise gemacht. Die ganzen Vorbereitungen waren sehr anstrengend, die Busfahrten in den Anden dauerten Tage, und Gerda bemerkte eines Abends einen starken Bluterguss in meiner rechten Kniebeuge. Durch das stundenlange Anwinkeln der Beine beim Sitzen hatte sich das Blut zu einer apfelgroßen Beule gestaut. Ob dies der Auslöser war?

Zwei Tage nach unserer Rückkehr wachte Gerda in der Nacht von einem eigenartigen Stöhnen und Schnaufen im Nachbarbett auf. Schlaganfall! Die ganze linke Seite war gelähmt. Ich konnte mit meinem schiefen Mund nur noch stammeln, wollte aufstehen, aber auch das ging nicht mehr.

Nach 15 Minuten fuhr der herbeigerufene Notarztwagen aus Geislingen vor, aber in der Zwischenzeit konnte ich schon wieder reden und gehen. Nach 14 Tagen Krankenhausaufenthalt durfte ich heim. Aber drei Wochen später folgte ein Kreislaufzusammenbruch, und sofort kam wieder der Notarzt. Jetzt verrate ich dem Leser etwas, das für manchen unglaublich klingen mag, aber es war so. Ich lag auf der Trage nicht nur gelassen, sondern geradezu heiter und erwartungsvoll. Hatte die große Stunde der Heimkehr geschlagen? Doch der »Heini« schlich sich noch einmal. Ich aber durfte am zweiten Weihnachtsfeiertag wieder auf der Kanzel von Lautern stehen und verkündigen: »Euch ist heute der Heiland geboren.«

Der sterbende Gaucho nimmt Abschied von seinem Pferd. Ein Ölgemälde aus Argentinien von 1875.

Die überaus reizvolle alte Kirche aus dem 16. Jahrhundert hat einen wunderschönen Altar aus der Ulmer Schule. Sie liegt romantisch und abgeschieden im so genannten kleinen Lautertal. Ein munterer Forellenbach schlängelt sich durch dieses stille Tal, das – eingerahmt von weißen Kalksteinfelsen, Wacholderheiden und steil abfallenden Tannenhängen – ein beliebter Ausflugsort für viele Ulmer ist. Im nahen Herrlingen liegt Generalfeldmarschall Erwin Rommel begraben.

In der romantischen Kirche sind Trauungen sehr gefragt, mir aber bleibt das Privileg, an den zweiten Feiertagen von Ostern, Pfingsten und Weihnachten in der meist übervollen Kirche zu predigen. Der zuständige Pfarrer heißt Burmann. Lange bat er mich um ein »Lautern-Lied«, aber ich wehrte immer entschieden ab. Lag doch meine letzte Dichtung bereits zehn Jahre zurück. Im Alter bekommt man doch keine Kinder mehr, und außerdem hatte ich eben alle meine Lieder in einem Liederbuch unter dem Titel »Spatzen sind auch Sänger« veröffentlichen lassen, und damit, wie ich meinte, den Sack zugebunden.

Aber der hartnäckige Mann bohrte weiter. Wenn es eine Reinkarnation gäbe, wie die Buddhisten glauben, dann wäre dieser Mensch in seinem früheren Leben todsicher ein Bohr- oder Holzwurm gewesen. Schließlich griff ich zu Feder und Papier und siehe da, innerhalb weniger Stunden waren Text und Melodie geboren.

Merke: Auch im Alter soll und darf man sich etwas zutrauen, denn es wird oft viel besser als gedacht. Aber weil dies mein letztes Lied sein wird, und weil wir auch am Ende dieses Buches angekommen sind, möchte ich mich mit ihm verabschieden. Da in seinen Versen Abschiedsstimmung mitschwingt, lassen wir es schwingen. Wer geht, der fühlt selbst als »Dichter« anders als einer, der im jugendlichen Übermut durch die Welt marschiert. Man denkt zu oft an alle, die schon vorausgegangen sind, und lebt bereits in ihrem Schatten.

Lauterquelle, hell und klar, blauer Himmelsbogen,
flinke Fischlein, Paar bei Paar, kommen her gezogen.
Grünes Tal und Felsenwand, dunkler Tann am Hange,
Lüftlein streicht mit zarter Hand mir um Stirn und Wange.

Doch, wenn Dunkel fällt ins Tal, lauscht das Herz beklommen,
Schatten kriechen kalt und fahl, weil die Nacht will kommen.
Auch der Vöglein letzter Ton ist im Zweig verklungen,
Abendwind trug ihn davon, und was sie gesungen.

Jetzt, o Seele, schwing empor dich in letzte Weiten!
Gleite, wie der Bussard hoch, über Stund und Zeiten.
Kirchlein dort im Talesgrund, Heimatluft die Fülle,
Glockenton verhallt im Grund und dann wird's ganz stille.

Refrain:
Lautertal, o stille Zeit, an dich denk ich auch von weit.

Lied und Buch sind am Ende, wie alles auf dieser Welt ein Ende hat
... Blühen wir doch nur, so sagt Psalm 103, »wie eine Blume auf
dem Felde, wenn der Wind darüber geht, so ist sie nimmer da und
ihre Stätte kennet sie nicht mehr. Aber die Gnade des Herrn wäh-
ret von Ewigkeit zu Ewigkeit über die, so ihn fürchten«. Es war
Gnade, dass dieser Herr mich, trotz vielem Versagen, als sein
Werkzeug gebrauchen konnte. Und es war außerdem Gnade, dass
ich so manch armem Teufel und verzweifeltem Menschen dabei
die helfende Hand reichen durfte.

Sollte nun der eine oder andere Leser durch diesen Lebensbericht neue Orientierung und Wegweisung gefunden haben, dann –
so meine ich – hat sich die Mühe gelohnt. Wenn meine Rosinante,
so hieß das Pferd Don Quijotes, mitsamt meiner »Rosa«, so heißt
mein Akkordeon – erstaunlich, wie sich die Bilder gleichen! – einmal mit mir hinter dem letzten Horizont verschwunden sein werden und noch leise Spuren von uns zu finden sind, dann war unser
Ritt durch diese Zeit nicht vergeblich. Ich meine:

Spuren, die vielleicht ein andrer, der den steilen Pfad beginnt,
ein verirrter, müder Wandrer, sieht und neuen Mut gewinnt.

Die Geschwister sind wieder beisammen – Normandie 1998.

Nachwort

Das Buch ist zu Ende, aber mein Weg noch nicht. Der Leser hat mich begleitet und ist sicher dahinter gekommen, dass ich manches hätte anders sagen oder schreiben sollen. Darüber zu diskutieren lohnt sich nicht. Jeder Mensch hat nun mal seine Weltanschauung. Daher erhebe ich keinerlei Anspruch auf mehrheitliche Zustimmung oder gar den Beifall für mein Werk. Ich bin zufrieden, wenn man aus meinem Lebensbericht das ehrliche Bemühen um Wahrhaftigkeit herausspürt. Dazu gehört, dass ich versuche, jede kollektive Be- und Verurteilung abzulehnen, ebenso das Freund-Feind-Denken.

Ich bin allergisch gegen Lüge und Unwahrheit, aber wiederum großzügig da, wo man begangene Fehler zugibt, eingesteht und den Versuch unternimmt, wieder gutzumachen. Wie meinte Goethe dazu:»Ein Mensch kann irren, im Irrtum verharren kann nur der Tor.«

Dass diese begangenen Irrtümer uns aber immer wieder in Erinnerung kommen und»ans Leder« wollen, mag uns vor Überheblichkeit und Stolz bewahren. Sind sie uns doch so nah wie der Tod und der Teufel, die Albrecht Dürer in seinem weltberühmten Kupferstich an die Seite des dahin reitenden Ritters stellt.

Dieses Bild hängt schon mein Leben lang über meinem Schreibtisch und ich blicke immer wieder darauf. Der Ritter reitet durch ein finsteres Tal, so im Psalm 23. Der Tod hält ihm die Sanduhr vor Augen, er will ihn erschrecken, ihm Angst einjagen:»Da, sieh her! So schnell wie der Sand verrinnt deine Lebenszeit! Deswegen gilt es, sie zu nutzen. Suche jede Gelegenheit zu Spaß, Unterhaltung und Vergnügen und lass sie dir was kosten. Aber vergiss auch nicht, zu schuften, weil du nur so ein angesehener Mensch werden kannst, ein Machtmensch, zu dem alle anderen aufzuschauen haben.« Der Ritter soll abgelenkt und verunsichert werden. Unsicherheit aber schafft Angst, und in der Angst machen wir die meisten Fehler.

Hinter dem Ritter steht der Teufel mit seinem Schweinekopf. Er ist der Meister von Lüge und Intrige und flüstert dem Reiter viele angeblich gute Ratschläge und Versprechungen ins Ohr. »Komm herunter vom Weg, mach mal Pause, verweile beim schönen Augenblick«, so auch im Faust zu lesen. »Bleib stehen, aber auch bei deinen Selbstvorwürfen über das, was du in deinem Leben versäumt und verloren hast. Wie viele falsche Entschlüsse, wie viele verpasste Gelegenheiten gab es da, und manches Unrecht, das du anderen – vielleicht deiner eigenen Frau – angetan hast. Und überhaupt dein Glaube! Was hat er dir denn gebracht? Da sind doch viele andere, die darauf pfiffen, viel weiter, unbeschwerter und wohlhabender durchs Leben gekommen. Ein glückliches Familienleben mit froher Kinderschar, ein eigenes Heim und Zuhause. Und du?

Der berühmte Stich »Ritter, Tod und Teufel« von Albrecht Dürer aus dem Jahr 1513

Keine Bleibe, dafür 18 Mal im Leben umgezogen. Und immer gegangen, wenn's am schönsten war.«Oh, dieser altböse Feind, wie Luther ihn nannte, was hat er für ein fabelhaftes Gedächtnis, wenn es darum geht, ein Menschenherz schwach und verzagt zu machen. Er will den Ritter aus dem Sattel heben, aber dieser schenkt den beiden finsteren Gesellen weder Blick noch Gehör, sondern zieht gelassen seine Bahn. Er weiß sich geschützt durch die Waffenrüstung des Geistes, Epheser 6, er kennt seinen Weg. Wie ruft Quijote seinem dicken Begleiter zu:»Sie bellen, Sancho, Zeichen, dass wir reiten.«Ja, sie bellen! Der Tod und der Teufel. Und ehrlich, sie können mir bis heute immer wieder zu schaffen machen. Für ihre Einflüsterungen bin ich besonders dann anfällig, wenn mein Stimmungsbarometer auf»himmelhoch jauchzend« geklettert ist, aber ebenso, wenn meine Seele am Boden liegt. Nur mit Gottes Hilfe bleibe ich dann im Sattel. Mein Gaul ist der Glaube, der trägt. Dieses Pferd kennt seinen Weg. Es lässt sich nicht abbringen vom unüberhörbaren Gebell aufgescheuchter Zeitgenossen, der Gutmenschen und Besserwissern.

»Lass sie bellen, Sancho, Hauptsache, wir reiten!« Leisetreter wecken keinen auf! Hauptsache, wir bleiben auf dem einzig sicheren und festen Weg.»Ich bin der Weg«, sagt Jesus. Er ist die Mitte. Nur am Rande stoßen sich die Gegensätze, rangeln sich die Halben und Einäugigen, feiert das»Wischiwaschi« fröhliche Urständ. Das gilt übrigens nicht nur für die politischen Parteien, sondern ebenso für manche christliche Kirche und Gemeinschaft.

Doch halt! Beinahe hätte ich den Hund auf dem Dürerbild vergessen. Warum wohl lässt Dürer einen Vierbeiner mitlaufen? Wollte er damit sagen, dass auf Tiere manchmal mehr Verlass ist als auf Menschen? Gar nicht übel. Auch mir sind Hunde lebenslang immer treue Begleiter gewesen. Ebenso sind allerlei Gewürm, Echsen und Schlangen auf meinem Weg herum gekrochen, wie sie Dürer mit Vorliebe auf seine Bilder brachte. Vier Mal haben sie mich sogar gebissen, ich meine richtige Schlangen! Lassen wir unseren Ritter ziehen, dem Himmel zu. Man sieht im Hintergrund sein Ziel, seine Heimat, die feste Burg, und ich reite ihm getrost nach. Dass man an seiner Seite keine Menschenseele wahrnimmt, deutet auf die letzte Einsamkeit hin, wie sie ohne Ausnahme unser aller Los ist, wenn es durchs »finstere Tal« des Todes geht.

Schiller drückt es in seinem Reiterlied so aus: »Da tritt kein anderer für ihn ein, auf sich selber steht er da, ganz allein.« Und sieh da, Gepäck hat er auch nicht bei sich. Und wo bleibt der Möbelwagen? Und die Bankkreditkarte? Nicht einmal ein Pfarrer ist zu sehen! »Ganz allein« – und das, obwohl man immer die liebende Gemeinschaft gesucht hat und oftmals glücklich über die gefundenen Menschen gewesen ist. Ganz allein. Das spürt und weiß unser Reitersmann. Aber er weiß auch, und darauf kommt es letztendlich an, dass nicht der Weg entscheidend ist, sondern das Ziel. »Denn an kleinen Dingen muss man sich nicht stoßen, wenn man zu Großen auf dem Wege ist«, so Hebbel.

Quellen

J. Sarrazin, H. Petershagen: »*Schopper-Schiffer-Donaufischer*«
Hubert Krier: »*Tapferes Paraguay*«
Wilfried von Oven: »*Argentinien – Paraguay – Uruguay*«
Wilfried von Oven: »*Argentinien – Stern Südamerikas*«
Bolko von Hahn: »*Das Herz der Gauchos*«
Hans Schmidt: »*Die Vögel Südamerikas*«
Hans Schmidt: »*Argentinische Kriechtiere, Lurche, Fische*«
Hans Schmidt: »*Argentinische Säugetiere*«
Juan A. Mierez: »*Los Alemanes da Charata*«
Omar H. Zenoff: »*Los Percherones*«

Von Fritz Held sind außerdem erschienen

»Auf dr Alb do henta«
Der evangelische Pfarrer Fritz Held singt seine Lieder mit dem
Akkordeon, damit vom Erlös 800 hungrige Kinder im Chaco in
Argentinien täglich einen Teller Suppe bekommen.
Doppel-CD, 15 Euro

»Fern bei Sedan«
Fritz Held singt Lieder aus vergangener Zeit. CD, 12 Euro

»Auch Spatzen sind Sänger«
Lieder des schwäbischen Pfarrers Fitz Held. Ein illustriertes
Liederbuch mit Texten, Noten und Kommentaren. Heft, 12 Euro

Alle Bestellungen nimmt entgegen:
Gerhard Keitel
Sirgensteinstraße 9
89143 Blaubeuren-Weiler

Der Erlös geht durchweg in die diakonische Arbeit nach
Argentinien.

Ron Susek
Ernst Vatter
Tb., 13,5 x 20,5 cm, 280 S.,
Nr. 394.051,
ISBN (13) 978-3-7751-4051-5

Mission war und ist der Lebensinhalt von Ernst Vatter. Seine
Geschichte und die seiner Familie, die hier lebendig und anschau-
lich erzählt wird, ist eine Geschichte von Gottes wunderbarer Führung. "Wenn du Christ sein willst, dann sei ein ganzer Christ! Halbe gibt´s schon genug!" Das war ein guter Rat, den sein Mentor
dem damals 17-Jährigen gab. "Ausgeschlossen - Sie werden nie
mehr ins Ausland können!" Das war eine ärztliche Fehldiagnose,
die nicht mehr mit einem Wunder rechnen wollte. Und trotzdem
war er 12 Jahre in Japan und danach mehr als doppelt so lange als
Missionsdirektor der Liebenzeller Mission in aller Welt unterwegs.
Ernst Vatter hat im Leben und im Dienst und nicht zuletzt in seiner
Familie erfahren, dass es sich lohnt, ganze Sache mit Gott zu
machen. Dieses Buch ist das ehrliche Zeugnis eines Mannes, der
sich ganz Gott hingegeben hat.

Bitte fragen Sie in Ihrer Buchhandlung nach diesem Buch!
Oder schreiben Sie an:
Hänssler Verlag GmbH & Co. KG, D-71087 Holzgerlingen.